Das philosophische Denken
im Mittelalter

Kurt Flasch

Das philosophische Denken im Mittelalter

Von Augustin zu Machiavelli

Zweite, revidierte und erweiterte Auflage

Philipp Reclam jun. Stuttgart

Die Deutsche Bibliothek – CIP-Einheitsaufnahme

Flasch, Kurt:
Das philosophische Denken im Mittelalter :
von Augustin bis Machiavelli / Kurt Flasch. –
2., rev. und erw. Aufl. – Ditzingen : Reclam, 2000
ISBN 3-15-028345-0

Satz: Wilhelm Röck, Weinsberg
Druck: Reclam, Ditzingen
Buchbinderische Verarbeitung: Sigloch Buchbinderei, Künzelsau
Printed in Germany 2000

ISBN 3-15-028345-0

Für Cesare Vasoli und Nydia Danelon
in Freundschaft

Inhalt

III

Der Aufbruch: Das 11. Jahrhundert

IV

Das 12. Jahrhundert

V

Das 13. Jahrhundert

VI

Das 14. Jahrhundert

VII

Das 15. Jahrhundert: Zwischen Mittelalter und Moderne

Dritter Teil
Die neue Zeit

Anhang

Vorwort

1. Dieses Buch entwickelt die Geschichte des philosophischen Denkens im Mittelalter. Es versucht, nicht vom Schulbegriff der »Philosophie« auszugehen, sondern die Texte der mittelalterlichen Denker zu lesen als Dokumente ihrer Auseinandersetzung mit realen Erfahrungen in Natur und Geschichte.

Handbuchartige Vollständigkeit habe ich nicht beabsichtigt. Ich wollte mich auf die wichtigen Entwicklungspunkte beschränken. Auch dann blieb noch ein gewaltiger Stoff, den ein einzelner Autor nicht vollständig durchdringen konnte. Dieses Buch ist ein Anfang. Doch macht es, wie ich hoffe, die intellektuelle Entwicklung des Westens und ihren Zusammenhang mit der Realgeschichte sichtbar.

Ich wollte ein Lese- und Arbeitsbuch schreiben, das, wie Lessing forderte, »nach den Quellen schmeckt«. Einschränkend muß ich hinzufügen, daß ich die arabischen und jüdischen Quellen des Mittelalters nur in ihrer lateinischen Fassung kenne.

2. Das mittelalterliche Denken gehört der Geschichte an. Und bei geschichtlichen Themen fordert man zu Recht, die Methodendiskussion dürfe die Darstellung nicht überwuchern. Daher habe ich meine Ansichten über Verfahrensfragen in der Einleitung nur knapp angedeutet. Wer gleich »zur Sache« kommen will, mag sie nachträglich lesen. Er kann mit der Situationsbeschreibung der Spätantike (S. 31) oder auch des karolingischen Aufschwungs (S. 135) beginnen. Er darf freilich nicht glauben, die Geschichte des mittelalterlichen Denkens ließe sich »naiv«, ohne theoretische Vorüberlegung und ohne Einwirkung unserer Gegenwart, herzählen.

Ob man sich für das Mittelalter interessiert und was man darin sucht, hängt ab von den Bedingungen der jeweiligen Gegenwart. Man kennt das Kommen und Gehen der Mittelalter-Begeisterungen. Goethe sah 1810 eine dieser Wende-Wogen kommen und bemerkte mit Gelassenheit: »Ich will diese ganze Rücktendenz nach dem Mittelalter und überhaupt nach dem Veralteten recht gerne gelten lassen, weil wir sie vor 30 oder 40 Jahren auch gehabt haben und weil ich überzeugt bin, daß etwas Gutes daraus entstehen wird; aber man muß mir nicht glorios damit zu Leibe rücken.«[1]

Wer heute an der Erforschung des Mittelalters arbeitet, mag es gerne sehen, wenn sich seit dem Ende der siebziger Jahre das Publikum wieder herandrängt, nachdem das Mittelalter von 1945 bis 1953 seine Rolle bei den bundesrepublikanischen Restaurationsbestrebungen gespielt hat. Schließlich hat auch Goethe nicht das Interesse am Mittelalter verworfen, selbst wenn es in modischen Wogen heranschwappte. Freilich droht die Inszenierung des Mittelalters zum Zweck alt-neuer Geborgenheit. Die genauere Beschäftigung mit dem Mittelalter und seinem Denken zerstört die Idylle. Vielleicht enttäuscht sie die Trosterwartung des Publikums. Indem ich das Mittelalter als konfliktreiche Zeit zeichne, verletze ich das Goldgrundbedürfnis vieler Zeitgenossen. Aber dafür kann ich mich noch einmal auf Goethe berufen: »Die größte Achtung, die ein Autor für sein Publikum haben kann, ist, daß er niemals bringt, was man erwartet, sondern was er selbst auf der jedesmaligen Stufe eigener und fremder Bildung für recht und nützlich hält.«[2]

Mainz, 14. November 1985 *Kurt Flasch*

Vorwort zur zweiten Auflage

1. Dieses Vorwort gibt mir Gelegenheit, den Akzent hervorzuheben, um den es in diesem Buch geht. Es zeigt: Die unpersönlichsten Theorien und die erhabensten Themen sind an Zeiten und Landschaften gebunden. Daher behandle ich das mittelalterliche Wissen nicht nur als abstrakte Spekulation, sondern immer auch im Rahmen seiner Lebenswelt. Dazu gehören seine Zeitstelle und sein Bezug auf eine kulturelle Region. Nicht, als habe es zu einem bestimmten Zeitpunkt und an einem geographischen Ort nur *eine* bestimmte Theorie geben können; einen solchen Determinismus wird man in diesem Buch nicht finden, auch nicht in der ersten Auflage. Wohl aber sind Theorien, auch theoretische Konflikte, an vorausgehende Diskussionen und an bestimmte Voraussetzungen gebunden, z. B. an das Vorhandensein von Texten und Bildungseinrichtungen, an ein Minimum ökonomischer, sozialer und politischer Organisation. *Das Denken des Mittelalters* differenziert sich nach Regionen, nach Autoren, nach deren Erfahrungen, Lektüren und Entwicklungsstadien. Wer nach einer einheitlichen Scholastik sucht oder wer nur den Ursprung der Moderne in ihm nachweisen will, beseitigt seine Lebendigkeit. Der erste Schritt in Richtung auf die tatsächlich vorhandene Vielfalt im mittelalterlichen Denken besteht in der Wahrnehmung der kulturellen Regionen. Es gab nicht nur Paris; es gab auch Köln und Krakau, Neapel und Chartres, Bologna und Oxford. Von dieser Vielfalt, zu der auch Laon und Pavia, Fulda und Prag, Córdoba und Erfurt gehören, verschaffe man sich eine Anschauung, am besten durch Reisen, jedenfalls aber mit einem Geschichtsatlas.

Mein Buch bricht mit der Vorstellung, das Denken sei im Mittelalter eine Einheit gewesen, die sich auf wenige Richtungsnamen beschränken oder gar in Thesen zusammenfassen ließe. Inzwischen ist die Forschung in dieser Richtung weitergegangen: Ruedi Imbach hat die sozialen Schichten der Urheber und Adressaten des mittelalterlichen Wissens behandelt und gezeigt, daß es sich nicht nur um Klerikerwissen gehandelt hat: Ruedi Imbach, *Laien in der Philosophie des Mittelalters*, Amsterdam 1989; ders., *Dante, la philosophie et les laïcs*, Fribourg/Paris 1996. Loris Sturlese hat die Regionalgeschichte der Philosophie bereichert: *Die deutsche Philosophie im Mittelalter. Von Bonifatius bis zu Albert dem Großen*, München 1993; Alain de Libera hat eine neue synthetische Darstellung vorgelegt, die gerade die Vielfalt der Orte und Kulturen, der Themen und Antworten sichtbar macht: *La philosophie médiévale*, Paris 1993. Es sind neue Textausgaben hinzugekommen; eine Fülle neuer Untersuchungen, vor allem aus dem angelsächsischen und dem italienischen Sprachraum sind erschienen. Ich habe davon so viel aufgenommen, wie es die Architektur meines Buches und der äußere Rahmen gestatteten; es sollte bei *einem* Band in Reclams Universal-Bibliothek bleiben.

2. Für diese Neufassung habe ich meinen Text überprüft, korrigiert und an vielen Stellen erweitert. Einige Kapitel sind aufgrund fremder und eigener Forschung weitgehend umgestaltet. Dies gilt vor allem für das 12. Jahrhundert. Dessen Vielfalt und Ideenreichtum haben mich beim Abfassen der ersten Auflage in eine Art Torschlußpanik versetzt, so daß ich auf Abschluß drängte und selbst von Autoren schwieg, mit denen ich mich zuvor intensiv befaßt hatte.

Inzwischen habe ich eine Reihe von Themen an anderer Stelle weiterverfolgt; ich nenne auswählend einige meiner Arbeiten, im Hinblick auf die ich mich bei der Neubearbeitung kurz fassen konnte:

Kurt Flasch, *Einführung in die Philosophie des Mittelalters*, Darmstadt 1987, ^{3}1994; ders., *Aufklärung im Mittelalter? Die Verurteilung von 1277*, Mainz 1989; ders., *Was ist Zeit? Augustinus von Hippo. Das XI. Buch der Confessiones.* Historisch-philosophische Studie, Text, Übers., Komm., Frankfurt a. M. 1993; ders., *Logik des Schreckens. Augustinus von Hippo. Die Gnadenlehre von 397*, 2., verbesserte Auflage mit Nachwort, Mainz 1995; ders. / Udo Reinhold Jeck (Hrsg.), *Das Licht der Vernunft. Die Anfänge der Aufklärung im Mittelalter*, München 1997; ders. (Hrsg.), *Interpretationen. Hauptwerke der Philosophie. Mittelalter*, Stuttgart 1998; ders., *Nikolaus von Kues. Geschichte einer Entwicklung*, Frankfurt a. M. 1998.

3. Ich danke meinen Lesern der ersten Auflage, auch den meisten Rezensenten. Sie haben meine Sicht und Schreibart zu schätzen gewußt. Sie haben sie »quellennah, frisch, nicht professoral« genannt. Dabei hatte ich beim Schreiben nur an meine Bochumer Studenten und an mich selbst gedacht: Ich wollte – oft mit angehaltenem Atem – ausprobieren, ob man textorientiert durch 1200 Jahre intensiver Denkgeschichte »durchkommen« kann. Mir war die Unmöglichkeit fühlbarer als der Erfolg. Daher danke ich Freunden und Lesern für die Ermutigung.

Im Rückblick auf die erste Auflage freut mich am meisten, daß ich sie Cesare Vasoli (Florenz) gewidmet habe. Damals, bei beginnender Freundschaft, überwog mein Respekt für seine Humanität, seine immense Gelehrsamkeit und klassische Rhetorik. Ohne ihn hätte ich den Abschnitt über das 15. Jahrhundert nicht schreiben können. Inzwischen hat sich über allen gelehrten Austausch hinaus die Freundschaft vertieft und schließt auch seine Frau Nydia ein. Daher widme ich die neue Fassung ihnen beiden – in dankbarer Erinnerung an herzliche Zuwendung und an toskanisch-gewürzte heitere Unterhaltungen bei vielen Gelegenheiten, in Florenz, in Rom und anderswo.

Gaeta, den 14. Juni 1999 *Kurt Flasch*

Einleitung

1. Die Philosophie des Mittelalters war der Versuch Einzelner und ganzer Gruppen, sich in ihrem Leben denkend zu orientieren. Sie wollten wissen, ob die Bilderverehrung vernünftig ist oder wie die Pest entsteht. Dabei verwickelten sie sich in allgemeinere Fragen, denn sie mußten z. B. entscheiden, ob es ein zulässiges Argument war, wenn ein Erzbischof die Bilderverehrung damit begründen wollte, sein Archidiakon sei in einem Traum dazu aufgefordert worden. Oft hatten sie einfache Ausgangsfragen: War die Monarchie besser als die Volksherrschaft? Sollten möglichst alle wie die Mönche leben? War jeder Handel und jeder Kriegsdienst Sünde? Aber diese Fragen verwandelten sich in komplexe Theorien, denn die mittelalterliche Zivilisation begann unter primitiven Bedingungen und war auf antike Muster angewiesen, auch in ihren Wissensformen. Gewiß besaßen die Experten die Bibel. Sie lasen sie in jeder Einzelheit unterschiedslos als Wort Gottes, auch das Alte Testament. Dabei stießen sie auf Differenzen und Widersprüche, die wir heute historisch, aus der jahrhundertelangen Entstehung dieser Bücher erklären. Sie sahen darin zeitlose Wahrheit und erklärten die Unebenheiten »logisch«, das heißt: nach den Regeln der spätantiken Dialektik. Da sie voraussetzten, die Heilige Schrift enthalte *alle* Wahrheit, legten sie hinein, was sie brauchten und bedienten sich dabei wiederum spätantiker Auslegungskünste. Dadurch wurde der einfache Ausgangspunkt vielfach überlagert. Die Auslegungen und die Dispute wurden kompliziert und wirken auf den heutigen Leser abstrakt – verständliche Begleiterscheinung einer sekundären Zivilisation.

Auch die Erörterung scheinbar rein theoretischer Fragen stand in praktisch-politischen Zusammenhängen. Versuchte ein Autor des lateinischen Westens die Wahrheit des Christentums mit philosophischen Argumenten zu beweisen, dann versicherte er damit den lateinischen Christen, sie seien im Besitz einer überlegenen Wahrheit und daher eines legitimen Anspruchs auf Macht und Expansion. Dies wiederum hatte Folgen für die Stellung des Klerus in der Gesellschaft. Disputierten sie z. B. darüber, ob alle menschliche Erkenntnis mit den Sinnen beginne, so verknüpfte sich diese Diskussion mit der ethisch-politischen Frage, ob die Bücher der heidnisch-griechischen, der arabischen oder auch der byzantinischen Gelehrten denen des christlichen Westens vorzuziehen seien. Konnte es sein, daß die heidnischen und die islamischen Denker der Wahrheit nähergekommen waren als die Väter der Kirche? So blieben Debatten über das abstrakt klingende Thema des Ursprungs der menschlichen Erkenntnis keine akademisch-erkenntnistheoretischen Diskussionen. Als seit dem 12. Jahrhundert die Autorität der sichtbaren Kirche und ihre Forderung nach Gehorsam und Zehntzahlung mehr und mehr in Zweifel gezogen wurden, verteidigte sie die sichtbare Gnadenvermittlung mit dem Argument, alle menschliche Erkenntnis fange mit den Sinnen an. Die »scholastisch« und »überzeitlich« anmutende Frage hatte also ihren präzisen »Sitz im Leben«. Ihn gilt es wieder zu sehen. Denn nicht »Ideen« oder »Probleme« standen am Anfang, sondern Menschen, die für die Konflikte ihrer Zeit Antworten suchten. Oft haben gesellschaftliche und politische Gruppen sich erst konsolidiert, indem sie sich theoretische Positionen als Zugehörigkeitsmerkmale schufen. Das gilt insbesondere für die religiösen Orden des Spätmittelalters; sie suchten ihre Identität nach Innen und ihre Schlagkraft nach Außen zu sichern, indem sie eine Hausphilosophie vorschrieben. In diesen Fällen ist es skurril, wenn moderne Philosophiehistoriker nach dem rein theoretischen Gehalt dieser Positionen fahnden.

Dies ist oft genug vorgekommen. Philosophen (vor allem deutsche) haben zu lange »Ideen« hypostasiert und »Probleme« zu selbständigen Trägern der Geschichte erhoben. Der vorliegende Text ist ein Versuch, sich von ihnen durch eine andere Forschungspraxis und Darstellungsweise zu distanzieren. Schlagworte wie »Nominalismus« oder »Realismus«, »Aristotelismus« oder »Platonismus« erfassen nicht das geschichtliche Leben der Philosophie im Mittelalter. Das Denken dieser Epoche bestand nicht primär im Ringen dieser Richtungen miteinander. Das Verstehen ihrer Werke besteht nicht darin, ihnen bereit liegende Parteinamen als Etiketten aufzukleben. Ich möchte nicht darauf verzichten, *einzelne Argumente* als »platonisch« oder »aristotelisch« zu charakterisieren. Aber dies tue ich nur behelfsweise und in einleitender Analyse, um dann eine Philosophie als Antwort auf eine geschichtliche Situation zu lesen. Eine Antwort, die ihrerseits die Situation mitbestimmte und Strukturen für die Folgezeit schuf. Eine »Ableitung« von Philosophien aus gegebenen geschichtlichen Umständen scheint mir ebenso unmöglich wie ihre Abtrennung vom historischen Kontext. Diese Abtrennung hat in der deutschen geisteswissenschaftlichen Tradition, aber auch bei gelernten Neuscholastikern und im Restaurationsdenken der Nachkriegszeit einseitig dominiert. Es wäre reizvoll, die entgegengesetzte Perspektive stark zu machen. Doch damit wäre eine neue Einseitigkeit geschaffen, während es darum geht, mit der vulgäridealistischen Hochstilisierung des »mittelalterlichen Geisteslebens« zu brechen und zugleich die Rückwirkung des Denkens auf die Realverhältnisse des Mittelalters zu suchen. Mit dieser Interessenrichtung stehe ich nicht allein; ich verweise auf einen Meister des Faches wie R. W. Southern, *Scholastic Humanism and the Unification of Europe*, Bd. 1, Oxford 1995.

2. Allerdings setzen heute immer noch viele Erforscher des mittelalterlichen Denkens die Abgetrenntheit der philo-

sophischen Probleme stillschweigend voraus. Ein feinsinniger Gelehrter wie Clemens Baeumker hatte sie 1909 noch als eine Voraussetzung deklariert, die einer Begründung bedürfe; nur war seine Begründung falsch. Er schrieb: »Wenn wir von der mittelalterlichen Weltanschauung reden, so sehen wir hier ganz davon ab, zu untersuchen, wie das mittelalterliche Leben in seinen Gesinnungen und Motiven, in seinen Bestrebungen und Zuständen sich tatsächlich gestaltete. An dieser Stelle halten wir uns allein an das, was die führenden Geister, und zwar diese, soweit sie zugleich als philosophische Denker auftreten, als ideale Forderung aufstellen und durch ihre wissenschaftliche Spekulation zu begründen trachten« (Sperrungen im Original).[1]

Daß diese Vorentscheidung problematisch ist, liegt auf der Hand: Eine lebendige Philosophie erschöpft sich nicht darin, »wissenschaftliche Spekulation« oder »ideale Forderung« zu sein. Als »ideale Forderung« verliert sie das Salz, wenn sie sich nicht auf das tatsächliche Leben bezieht. Dies übersah Baeumker, als er die Ausschließung des tatsächlichen mittelalterlichen Lebens zum Programm erhob für die geschichtliche Darstellung der mittelalterlichen Philosophie.

Er hätte, meine ich, unterscheiden sollen zwischen einer philosophiehistorischen *Spezialuntersuchung* und einer historischen Gesamtdarstellung. Wenn ich untersuche, was Siger von Brabant zur aristotelischen Definition der Zeit gesagt hat, dann klammere auch ich sozial- und kulturgeschichtliche Hintergründe methodisch aus. Will ich hingegen – wie im vorliegenden Buch – die *Geschichte des mittelalterlichen Denkens* schreiben, muß vom Ottonischen Imperium, vom Programm päpstlicher Weltherrschaft, aber auch von Landwirtschaft und Städtebildung die Rede sein, nicht um von ihnen irgend etwas *abzuleiten*, sondern um bestehende Zusammenhänge zu zeigen. Für die Geschichtsschreibung gelten andere Regeln als für die Detailstudie.

Andererseits: Wenn Individuen, nicht Ideen der Ausgangspunkt geschichtlichen Wissens sind, so ist das Verhältnis von Denkinhalt und Individualität doch problematisch bis zur Paradoxie. Wenn gedacht wird, gehört das Gedachte nicht nur einem Individuum an. Ferner agieren und theoretisieren Individuen unter geschichtlichen Rahmenbedingungen. Von diesen gilt, was Hermes Trismegistus von den Sternen sagte: Sie drängen, aber sie zwingen nicht. Sie bilden unvermeidliche Dispositionen; sie ermöglichen und begrenzen das Sagbare, aber sie determinieren nichts. Von ihnen, nicht von »Leben und Werk« der Individuen, muß die Darstellung der mittelalterlichen Philosophie *ausgehen*. Dann aber vertieft sie sich in individuelle Konstellationen, einschließlich der Biographien, um schließlich konkret der Bewegung individueller Denker zu Ansprüchen von höchster Allgemeinheit mitdenkend zu folgen. Wer hier von Determinismus, Soziologismus oder Reduktionismus spricht, beweist nur, daß er nicht imstande ist, *Wechselwirkung* zu denken, da ihm alles entweder Substanz oder Akzidens, entweder Basis oder Überbau ist. Diese klötzchenhaften Wirklichkeitsauffassungen verfehlten das geschichtliche Leben, sowohl in ihrer schularistotelischen wie in ihrer vulgärmarxistischen Form. Beide Schemata behinderten das historische Denken und waren theoretisch unhaltbar.

3. Es geht nicht darum, die Philosophie des Mittelalters in ihrem sachlichen Gehalt zu rechtfertigen, sondern ihren sachlichen Gehalt im geschichtlichen Kontext zu sehen und damit unseren Begriff des »sachlichen Gehalts« und der »Rechtfertigung« zu problematisieren. Es ist unbeholfene Apologetik, von einem mittelalterlichen Theorem beweisen zu wollen, es sei »aktuell« und habe »uns heute noch etwas zu sagen«. So mögen moderne Prediger reden, nicht Philosophen. Daher verschwende ich keine Energie darauf, im Gewesenen »bleibende Kerne« zu ermitteln oder von mittel-

alterlichen Doktrinen zu behaupten, sie seien späteren Systembildungen gleichwertig oder gar überlegen. Dies hieße, dem Jahrmarkt der Meinungen zu viel Respekt erweisen. Damit verliert die historische Erforschung der mittelalterlichen Philosophie aber keineswegs ihre inhaltliche Relevanz. Nur suche ich diese Relevanz nicht metahistorisch in direkten Kontinuitätselementen, sondern in der Analyse der Entstehungs-, Erhaltungs- und Untergangsbedingungen der Theoriebildungen einer Epoche. Das Studium dieser *Verflechtungen einer geschichtlichen Welt mit den höchsten Ansprüchen menschlicher Theorie* kann, denke ich, nicht ohne Rückwirkung auf unseren Begriff von Theorie überhaupt bleiben. Die mittelalterliche Philosophie war, einer antiken Einteilung folgend, primär Logik, Physik und Ethik, aber sie war auch *in* diesen Disziplinen Metaphysik. Ihre historische Untersuchung macht die Zusammenhänge dieser Metaphysik mit den Formen menschlicher Herrschaft über die Natur und über Menschen sichtbar. Sie illustriert somit konkret das Konzept dieser Metaphysik, die für die neuzeitliche Metaphysik und Metaphysikkritik grundlegend wurde. Nicht indem wir die Denkoperationen der mittelalterlichen Metaphysiker in der Gegenwart fortzusetzen versuchen, sondern indem wir deren Fortgang historisierend unterbrechen, stellen wir uns der sachlichen Relevanz ihrer Argumente.

Auch die quellennahe, selbst die »positivistisch« gehaltene Untersuchung hat für die Relevanz kein anderes Kriterium als ein gegenwärtiges. Auch wenn wir direktes Aktualisieren vermeiden wollen, hängen wir ab von gegenwärtigen Beurteilungskriterien. So entspringt das Interesse an der historisch-gesellschaftlichen Funktion des mittelalterlichen Denkens einem gegenwärtigen Problembewußtsein. Dies gilt auch, wenn wir die Rolle der Sprache oder die philosophische Beurteilung der Logik als Problem thematisieren. Ich möchte an Elementen der mittelalterlichen Philosophie zeigen, daß sie das Wissen einer Welt war, in der es Kaiser und Könige, Feudalherren und Bauern, weltbeherrschende Päpste und religiöse Bettelbewegungen gab. Dies heißt natürlich nicht, das philosophische Denken habe diese Welt abgebildet.

»Hierarchie« war ein betont mittelalterliches, explizit metaphysisches Konzept. Dies läßt sich seit der Krise der Hierarchievorstellung konkreter beschreiben als vorher. Das Bewußtsein, philosophische Bezugspunkte in der Gegenwart zu haben, verhindert nicht notwendigerweise, sondern befördert möglicherweise die historische Untersuchung. Das Ziel solcher Recherchen ist die philosophische Explikation der historischen Erfahrung des Abstands.

4. Das Wort »Mittelalter« war ein polemischer Einfall eines Humanisten. Es sollte eine fremdartige Zwischenzeit von etwa 1000 Jahren bezeichnen. Das Wort stellt künstlich eine Einheit her, die nie existiert hat. Man vergegenwärtige sich, daß dazu die »Weisheit« der jüdischen Gelehrten des 11. Jahrhunderts ebenso gehört wie die philosophischen Überzeugungen des Erasmus von Rotterdam. Zwischen der für die Ausbildung der königlichen Beamten errichteten Universität Neapel und dem Generalstudium der Dominikaner in Köln bestanden Unterschiede, die in unserer Rückschau zu rasch zusammenfließen. Zwar war die Lebensdeutung der Menschen zwischen 500 und 1500 in Europa relativ einheitlicher als im 20. Jahrhundert. Aber die Erfahrung der intellektuellen Zerrissenheit der Gegenwart erzeugte im 19. und 20. Jahrhundert eine harmonisierende Tendenz, die das Denken des Mittelalters ungebührlich vereinheitlichte. Gegenüber dieser Uniformierungstendenz gilt es geschichtlich zu verfahren, d. h. die Vielfalt zu belassen und die Mannigfaltigkeit innerhalb der gemeinsamen Strukturen zu sehen.

Die Erforschung eines so großen Zeitraums wie des Mittelalters erfordert einen ständigen Wechsel der Sehweise. Es ist wie bei der Erkundung einer großen alten Stadt, sagen wir Venedigs. Aus der Ferne erscheint sie einem einheitlichen Stilwillen entsprungen. Prägnant hebt sie sich von anderen italienischen Städten ab; ihre Charakterzüge sind unverwechselbar. Begibt man sich aber in das Gewirr der Straßen, Häuser und Kanäle, stößt man auf die Unterschiede der Quartiere, der sozialen Gruppen und auf die nicht reduzierbare Vielheit der einzelnen Menschen. So zeigt auch die Philosophie des Mittelalters für den entfernteren Betrachter einheitliche Charaktere, die sich bei näherer Betrachtung auflösen und die dennoch keine reine Fata Morgana sind, wenn auch an ihnen nostalgische Bedürfnisse nachweisbar mitzeichnen. Die Erkenntnis der Philosophie des Mittelalters beginnt, wenn man die distanzierte Betrachtung aus dem historischen Abstand verbindet mit der Versenkung in ausgewählte exemplarische Einzelheiten. Sie muß die allgemeinen Lebensbedingungen, die umfassenden geschichtlichen Grundlagen, die markantesten Stadien der Entwicklung sowie die wichtigsten Resultate der Philosophie des Mittelalters ermitteln. Sie muß Einsicht verschaffen in die Lebensfunktion der mittelalterlichen Theorien. Sie muß die Entstehung der modernen Welt aus ihrem spätmittelalterlichen Ursprung vor Augen stellen. Dies möchte ich versuchen, ohne in generalisierende Schemata zu fallen. Dabei beziehe ich das Wort »Mittelalter« geographisch auf den lateinischen Westen. Aber dieses Gebiet verdankte der jüdischen und der islamischen Welt Wesentliches, ebenso der Beziehung zu Byzanz. Eine prestigereiche und auch von mir dankbar benutzte Bibliotheksgeschichte schiebt die arabische Zivilisation ab mit der Erklärung: »Die islamische Welt ist etwas Neues und dem Abendlande ihrem Wesen nach fremd.«[2]

Da ich einem so unbedachten Gebrauch des Wortes »Wesen« und der abendländlerischen Abwehr des arabischen

Einflusses nicht zustimmen konnte, mußte ich in Kauf nehmen, auch von der arabischen Welt zu sprechen, wenn auch, zugegeben, aus zweiter Hand schöpfend.

5. Historische Erkenntnis hängt immer auch ab von dem Betrachter, der sie vollzieht. Daher ist es nützlich, wenn der Verfasser in der Einleitung seinen subjektiven Ausgangspunkt scharf markiert. Ich möchte drei kurze Thesen formulieren, die ich anderswo[3] ausführlich begründet habe:

Erstens: Ich stelle die Philosophie des Mittelalters nicht mit der Absicht vor, mein Leser sollte in ihr seine intellektuelle Heimat finden. Auch die heftigste Kritik an der Gegenwart reicht nicht aus, einen solchen Fluchtversuch zu begründen. Gerade indem wir uns Rückkehren versagen, gewinnt das Mittelalter an historischem und zugleich an philosophischem Interesse. Für die intellektuelle Orientierung in der Gegenwart könnte es sich als nützlich erweisen, die Funktion der Philosophie in einem untergegangenen, aber fortwirkenden Zeitraum zu analysieren. Danach wird man das Verhältnis von Theorie, Natur und Gesellschaft anders sehen können. Probleme der Metaphysik und der Religionsphilosophie treten in ein neues Licht, wenn man die mittelalterliche Welt kennt, der sie entsprachen. Dabei kommt es darauf an, die vermeintlich einheitliche »mittelalterliche Welt« nach Regionen, nach Zeitabschnitten und literarischem Kontext zu differenzieren. Nur dadurch könnte es gelingen, Hildegard von Bingen oder Meister Eckhart vor Zudringlichkeiten und Verwertungsabsichten zu bewahren.

Zweitens: Zionswächter rufen mir regelmäßig zu, die mittelalterlichen Autoren seien *Theologen* gewesen und ich, sagen sie, würde ihnen Gewalt antun, indem ich sie als Philosophen behandle. Es stört sie in ihrem frommen Eifer nicht, daß ich eingehend nachgewiesen habe, daß zum Beispiel Nikolaus von Kues unter »Theologie« eine philosophische Operation angebbaren Typs, nämlich eine platonisierende

Ideentheorie verstanden hat. So sehr sind sie von der Immergültigkeit ihrer Haustheologie überzeugt, daß sie übersehen, daß Boethius und eine mächtige mittelalterliche Tradition die *theologia* der obersten, abstraktesten Erkenntnisstufe zugeordnet haben. Diese ältere Art von *theologia* hat nichts mit Hören, nichts mit Gehorchen und Erinnern zu tun; sie ist der denkende Aufstieg zur Welt der reinen Formen, also philosophische Ideenlehre.

Außerdem ist hier eine Unterscheidung nötig: Ich bestreite nirgends den jüdischen, den muslimischen oder christlichen Glauben meiner Autoren. Die Frage ist nur, wie sie *argumentiert* haben. Ein frommer Mathematiker kann sehr wohl beten, bevor er seine Rechnungen beginnt; er kann uns versichern, er rechne zur Ehre Gottes, der rechnend die Welt begründet habe; wir werden dieses Glaubensbekenntnis respektvoll zur Kenntnis nehmen, aber seine Ergebnisse mathematisch und nicht etwa theologisch überprüfen. In einer vergleichbaren Lage ist der Historiker der mittelalterlichen Philosophie. Die Autoren, von denen er zu sprechen hat, haben vielfach ihr Denken als die Anwendung einer philosophischen Theorie auf die Daten ihres jüdischen, muslimischen oder christlichen Glaubens verstanden; ich lese sie dann als Religionsphilosophen, nicht im Sinne einer neuscholastischen oder lutherischen Theologie. Wenn sie sich »Theologen« nannten, dann ungefähr in dem Sinne, in dem Paul Tillich sich als Theologen verstand. Die anderen heutigen Theologiebegriffe wähnen sich zeitlos, sind aber vom Mittelalter sachlich wie zeitlich viel weiter entfernt als mein beweglicher, für religionsphilosophische Themen (wie Erschaffung, Trinität und Inkarnation) durchaus offener Philosophiebegriff.

Die späteren Trennungen von Theorie und Praxis, von »Scholastik« und »Mystik«, von »Philosophie«, »Theologie« und »Naturwissenschaft« sinne ich dem Mittelalter nicht an. Die Trennung dieser Disziplinen ging erst aus der spätmittelalterlichen Entwicklung hervor; sie darf nicht als mittelalterliche Voraussetzung unterstellt werden.

Drittens: Zwar gab sich die mittelalterliche Philosophie vielfach als reine Theorie. Doch war sie es nach dem Bewußtsein ihrer Urheber weniger, als dies in den modernen Darstellungen der mittelalterlichen Philosophie zum Ausdruck kommt, welche die Probleme der praktischen Vernunft nicht selten vernachlässigen. Dagegen habe ich mir vorgenommen, auch die Wertungen zu beachten, die in mittelalterlichen Theoriebildungen zum Ausdruck kommen.

6. Es kam mir darauf an zu zeigen, daß die Philosophie des Mittelalters eine wirkliche Geschichte hat. Verbal wird das jeder zugestehen. Ich wollte versuchen, diese Einsicht zu realisieren. Sie bedeutet, daß die mittelalterliche Philosophie eine ähnliche Entfaltungsbreite zeigt wie die Kunst dieser Zeit: Zwischen einer merowingischen Fibel, der Architektur von St. Michael in Hildesheim und Masaccios Fresken von 1422 liegen jeweils Welten. Solcherart Unterschiede wollte ich für die intellektuelle Entwicklung herausarbeiten. Keine spätere Stufe galt mir als das normative Ziel einer früheren. Es ging mir darum, Entwicklung sichtbar zu machen. Aber ich verstehe »Entwicklung« nicht länger als pflanzenartiges Wachstum auf eine ideale Gestalt hin, sondern als geschichtlichen Prozeß, in dem offene Situationen in Konflikten entschieden werden und in dem die Vielfalt individueller Sichtweisen bis zuletzt ihr Recht behauptet.

Die Metaphern von »Hoch«- und »Spät«-Scholastik habe ich mir daher versagt. Von »Blüte« und »Verfall« ist nicht die Rede. Dagegen wollte ich zeigen: Nach 1050 kam es zu einer relativ kontinuierlichen Entwicklung; sie erreichte an bestimmten historischen Knotenpunkten eine besondere Dichte, so zwischen 1050 und 1130 und wiederum zwischen 1277 und 1350. Dieser letzte Zeitabschnitt, weit davon entfernt, eine Epoche des bloßen Zerfalls zu sein, erweist sich als der Ursprung entscheidender Alternativen des frühneuzeitlichen Denkens. Da es bei der Geschichte des mittelalterlichen Denkens auch um die Genesis der modernen Welt geht, galt meine besondere Aufmerksamkeit dem 14. und 15. Jahrhundert.

7. Das Wort »Mittelalter« ist eine Konvention. Es bezeichnet ein Arbeitsfeld, mehr schlecht als recht. Zu seinen Nachteilen zählt, daß selbst manche Fachleute es als einen Begriff behandeln, aus dem sich mangels empirisch-historischer Daten Erkenntnisse gewinnen lassen. Ich lade den Leser ein, bei sich selbst die Probe zu machen, ob er zu diesem Fehler neigt. Er stelle sich vor, er finde auf meinem Arbeitstisch ein mittelalterliches Buch über den Regenbogen. Nehmen wir an, von diesem Traktat seien etwa 20 Manuskriptseiten verloren gegangen. Neigt er zu der Annahme, in den verlorenen Partien habe der Verfasser – ein Mönch der Zeit um 1300 – vom Regenbogen als dem Zeichen der Versöhnung zwischen Gott und den Menschen gesprochen? Wenn ja, ist er in die Falle gegangen, die das Wort »Mittelalter« ihm stellt. Denn der Text ist vollständig erhalten, er stammt tatsächlich aus der Zeit kurz nach 1300 und spricht mit keinem Satz von der religiös-symbolischen Deutung des Regenbogens; er behandelt das Problem seiner Entstehung streng optisch. Er analysiert das Phänomen, ausgehend von der Bewegung des Lichtstrahls im einzelnen Wassertropfen. Dieses unterkühlte Absehen von Offenbarung, Seelenheil und Symbolik gab es im Mittelalter de facto, aber es paßt nicht recht in die Phantasiebilder, die das Wort »mittelalterlich« suggeriert.

Ich möchte ein zweites Beispiel bringen: Die Pestkatastrophe des Jahres 1348/49 bedeutete einen ungeheuren Einschnitt im mittelalterlichen Leben. Kann man sich vorstellen, daß ein mittelalterlicher Autor, ein Kleriker zumal, diese

Schreckenszeit bis ins einzelne schildert, aber dabei vergißt, den christlichen Glauben als Trost im Leiden auch nur zu nennen? Kann man sich vorstellen, daß er vergißt zu erwähnen, daß dieses Leiden auch von Gott kommt? Viele Menschen, selbst brave Fachleute, verneinen die Frage. Aber auch sie sind in die Mittelalter-Falle gegangen. Denn Boccaccio schildert um 1350 die Pest bis in alle grausamen Einzelheiten; er erwähnt auch religiöse Zeremonien und Gebete, aber er erwähnt sie als Leerlauf, der so wenig zu etwas führte wie die hilflosen Aktionen der Ärzte. Boccaccio versichert gar, er wisse nicht, ob die Pest dem Zorn Gottes oder der Ungunst der Sterne entsprungen sei; er erwähnt die astrologische Deutung gleichberechtigt neben der theologischen.

Die radikal-optische Deutung des Regenbogens bei Dietrich von Freiberg und die theologisch neutrale Schilderung der größten Katastrophe des 14. Jahrhunderts warnen davor, aus dem Wort »mittelalterlich« irgend etwas zu folgern. Die Sache wird auch nicht besser, wenn man sagt, diese methodische Beschränkung bei Dietrich und die skeptische Bemerkung Boccaccios seien »moderne« Züge in mittelalterlichen Schriften. Denn das Wort »modern«, samt den Substantiven »die Moderne«, »Post«- und »Prämoderne«, hat denselben Behelfscharakter wie die Vokabel »mittelalterlich«: Es dient zur vorläufigen Markierung, es erspart fürs erste umständliche Chronologien, aber es bietet keine sachhaltige Erkenntnis. Martin Luther, bekanntlich ein Schriftsteller des 16. Jahrhunderts, war sehr viel »mittelalterlicher« als Boccaccio. Das heißt: Unsere Epochenbezeichnungen, die gewiß irgendwann reale Erfahrungen des Andersseins aussprachen, können für uns nur den Charakter äußerlicher Einteilung haben, sie erwecken aber, besonders in ihrer adjektivischen Verwendung, den Anschein inhaltlicher Bestimmtheit. Sie hemmen die konkrete Forschung, und sie ermöglichen Scheindiskussionen etwa über den religiösen

Charakter der Renaissance. Ich habe meine Darstellung des mittelalterlichen Denkens nicht mit Ockham oder Cusanus beendet; ich habe im einzelnen gezeigt, daß im 15. Jahrhundert wirklich Entscheidendes geschehen ist, dessen Neuheit ich nicht bestreiten kann und nicht bestreiten will, wenn ich auf den verbalen Gegensatz von »Mittelalter« und »Renaissance« nicht erst eingehe.

Im Ober- und Mittelitalien des 15. Jahrhunderts ist qualitativ Neues entstanden, überdies hat die Erfindung des Buchdrucks das Lesen und Lernen, aber auch das Selbstverständnis der Lesenden und die Ausübung von Macht verändert; aber zwischen 1080 und 1150 fand ein vergleichbarer Umbruch statt, den ich allerdings nicht als »Renaissance« bezeichnen möchte, um dieses ohnehin verbrauchte Wort nicht noch mehr durch Ausweitung zu schwächen. Zu Beginn des 17. Jahrhunderts zeichnete die neue Physik (Galileis und Descartes') einen entscheidenden Trennungsstrich zum Mittelalter; das Ende dieses Jahrhunderts brachte die intensive Neuentwicklung der durch Lorenzo Valla, Machiavelli und Erasmus begründeten historischen Forschung – bei Pierre Bayle, Jean LeClerc, Richard Simon, Antonio Ludovico Muratori, bei Vico und Voltaire. Die historische Objektivierung vermehrte die Kenntnis der vorausliegenden Zeit, aber schuf auch Abstand zu ihr, den dann die Industrialisierung und die Französische Revolution weltgeschichtlich markierten.

Im Bewußtsein dieser Distanz schreibe ich die Geschichte des philosophischen Denkens von Augustin bis Machiavelli.

Erster Teil

Grundlegung der mittelalterlichen Philosophie

1 Die geschichtliche Situation

Das Mittelalter war kein radikaler Neubeginn; es hat sich von Anfang an auf antike Formen bezogen. Es war zunächst die christliche Spätantike, die ihm Lebensmuster und Auslegungsformen gab. Was sich anbot, waren vor allem die Werke Augustins, sodann die Schriften des Boethius und des Dionysius Areopagita. Um die philosophische Entwicklung des Mittelalters zu verstehen, muß man herausfinden, was in diesen Texten philosophisch erreicht war, denn sie bildeten den geschichtlichen Ausgangspunkt für Bemühungen, die über das Kompilationsstadium hinausführen.

Nun läßt sich für die vorliegende Einleitung das Denken Augustins, des Boethius und des Dionysius nicht in der wünschenswerten Ausführlichkeit darstellen. Ich beschränke mich auf eine grobe Charakterisierung ihrer gedanklichen Welt und ihrer geschichtlichen Stellung. Sie stammten alle aus der Zeit zwischen dem Ende des 4. und dem Anfang des 6. Jahrhunderts. Durch ihre charakteristische Verschiedenheit schufen diese drei Autoren eine legitimierte, christlich-philosophische Verschiedenheit. Alle drei schrieben innerhalb des Rahmens, den die wirtschaftliche, die soziale und die politische Entwicklung der Spätantike geschaffen hatte. Die philosophischen Konzepte und die Werttafeln der Antike waren für sie noch erreichbar; aber sie waren durch die dogmengeschichtliche und die religionspolitische Entwicklung in Frage gestellt.

Der einheitliche Kulturraum der Mittelmeerwelt begann zu zerbrechen: Konstantin hatte seit 324 seinen Sitz in das von ihm gegründete Konstantinopel verlegt. Er hatte damit eine Entwicklung bestätigt und beschleunigt, welche die östliche und die westliche Reichshälfte zunehmend trennte. Besonders seit dem Ende des 4. Jahrhunderts, also gerade seit dem Beginn des uns interessierenden Zeitraums, vertiefte sich die politische und die kulturelle Trennung: Es gab im Westen immer weniger Menschen, die griechische Bücher lesen konnten; auch Augustin hat dies nicht mehr getan. Damit riß die Verbindung zur klassisch-griechischen Wissenschaft und Philosophie ab; nur unter besonders günstigen Ausnahmebedingungen – wie bei Boethius – konnte sie noch einmal geknüpft werden. Aber die allgemeine Tendenz ging auf Trennung der Reichshälften: Im Osten prosperierten noch immer der Fernhandel und die Städte; der Abstand zwischen Reichen und Armen blieb immer noch fein abgestuft, während im Westen die soziale Polarisierung voranschritt. Hier hörten die Städte auf, für die Reichen attraktiv zu sein. Die Besitzenden flohen aufs Land, arrondierten ihren Grundbesitz und erhielten, da die zentrale Verwaltung immer schwächer wurde, hoheitliche Rechte: Jurisdiktion, Steuereintreibung und Verteidigung fielen mehr und mehr in die Zuständigkeit regionaler und lokaler Instanzen. Die Folge war die einsetzende Verländlichung der spätantiken Zivilisation; das Feudalzeitalter bereitete sich vor. Gleichzeitig sanken die Einnahmen aus der Landwirtschaft; die Sklavenhaltung wurde teurer; die Anbaufläche ging zurück. Um seinen aufgeblähten Beamtenapparat und die steigenden Militärlasten zu finanzieren, mußte der spätantike Staat bei zunehmendem Produktionsschwund der Wirtschaft mit ruinösem Steuerdruck reagieren. Eine Reglementierung und Bürokratisierung des gesamten Lebens war die Folge. Die rhetorisch herausgehobene absolute Macht des Kaisers setzte sich immer weniger effektiv durch. Die Menschen der unteren Schichten identifizierten sich immer weniger mit diesem Staat, den ein Althistoriker wie Matthias Gelzer einen »Zuchthausstaat« genannt hat – wegen der Starrheit der Strukturen, der Zunahme des Zwangs und des Erlöschens privater Initiativen. Die handwerklichen Berufe wurden kastenartig organisiert. Man fürchtete die Abwanderung und machte handwerkliche Berufe erblich. Die individuelle Lebensgestaltung wurde zunehmend erschwert. Die öffentlichen Ämter waren mit derart hohen Abgaben belastet, daß niemand mehr sie freiwillig anstrebte; man mußte sie ebenfalls erblich machen. Einen Ausstieg aus diesem starren System boten das Eremitentum, die Rhetorik und die klerikale Laufbahn. Die philosophische Idee der Selbstbestimmung und der in der eigenen Tätigkeit zu erreichenden Eudämonie konnte allenfalls in diesen Lebensformen einen Nachklang haben. Die Philosophie konnte dazu dienen, individuelle Resignation und Abstand vom gesellschaftlichen Betrieb auszudrücken; sie konnte weiterleben als klerikales Selbstverständnis oder als rhetorischer Dekor. Gegenüber der klassischen Tradition war dies eine Verkürzung; sie schnitt sowohl die Dimension der polisbezogenen Praxis wie die der dialektischen Entwicklung der Vernunftinhalte ab. Was als »vernünftig« galt, gerann zur dogmatischen Position. Dies galt für den Osten wie für den Westen. Nur trat in dem verarmten und unsicheren Westen das vernünftige Selbstbewußtsein in einen unaufhebbaren Gegensatz zum irrational erscheinenden Lauf der realen Geschichte. Sollten vernunftgemäßes und wahres Leben den Menschen überhaupt zu eigen werden, dann nur im Jenseits.

Die militärische Bedrohung, die den Westen mit seiner extrem langen Grenze empfindlicher traf als den Osten, führte täglich die Hinfälligkeit der Welt vor Augen. Der göttliche Glanz des Kaisers bot keinen realen Schutz mehr. Was nahe war, das waren die angestammten Bedrücker oder die barbarischen Unterdrücker. Zudem wirkten die militärischen Niederlagen auf die innenpolitische, die soziale und die ökonomische Position des Westens zurück. Eine Schlacht wie die spektakuläre Niederlage des Kaisers Gratian gegen die Goten (378) – Augustin war 24 Jahre alt – hatte vielfache Folgen: Der Steuerdruck nahm zu, aber da längst keine Kriegsgefangenen mehr auf den Sklavenmarkt kamen und die Handarbeit immer teurer wurde, sanken die Rentabilität des Grundbesitzes und damit die Staatseinnahmen. Die Bevölkerungszahl nahm ab. Die Germanenstämme, die wir uns nicht zu groß vorstellen dürfen – höchstens etwa 20000 Kampffähige –, verwüsteten Städte und zerstörten Verkehrsverbindungen. Dies erschwerte den Handel und förderte die Dezentralisierung und somit die Machtbefugnisse der Großgrundbesitzer. Schon unter dem Druck der Rezession in der Landwirtschaft hatten sich gegen 400 – es sind die Jahre, in denen Augustin die Gnade über den freien Willen siegen ließ – freie Bauern in die Hand von Latifundienbesitzern begeben, um, von der Steuererpressung befreit, auf deren Gütern zu arbeiten: Sie tauschten Unabhängigkeit gegen ein wenig Sicherheit, individuelle Freiheit gegen die Gunst eines Mächtigen ein. Als die Eroberer plündernd durchs Land zogen, suchten die Bauern Schutz vor ihnen bei ihren Herren. Kolonen gerieten so in eine Situation, die der von Sklaven ähnlich war. Wo die Ausbeutung zu schroff und die Hoffnung auf eine Wende noch nicht ganz verschwunden war – in Afrika, Gallien und Spanien – kam es zu Bauernaufständen. Diese internen Auseinandersetzungen wiederum beschleunigten den militärischen Zusammenbruch.[1]

Wenn in dieser Gesamtsituation das Denken überhaupt noch die Kraft hatte, den rein individuellen Ausstieg aus der allgemeinen Misere zu nehmen – den Weg der Wüstenväter – oder die Aufrechterhaltung einer brüchig gewordenen Kulturfassade – die Welt der Rhetorik – zu kritisieren, so mußte es angesichts der allgegenwärtigen Unsicherheit dazu tendieren, Gewißheit, Wertfülle und richtiges Leben in eine jenseitige Welt bzw. in die Vorbereitung dafür zu verlegen. Wie weit sich diese Tendenz durchsetzte, wie weit sie in der Nachwirkung der antiken Philosophie und Wissenschaft noch aufzuhalten oder umzuformen war, dies muß für jeden Autor der christlichen Spätantike differenzierend untersucht werden.

2 Augustin

Die erste Konzeption des Christlichen (386–395)

Alle Schriften, die von AUGUSTIN († 430) erhalten sind, hat er nach seiner Taufe (Ostern 387) geschrieben. Aber die »Bekehrung«, die der Taufe vorausging (386), war nicht der einzige Umbruch in Augustins intellektueller Entwicklung. Seit er im Jahre 397 in einer dem Mailänder Bischof Simplician gewidmeten Schrift (*Quaestiones ad Simplicianum*) seine Gnadenlehre entwickelt hatte, sah er seine Veröffentlichungen des Jahrzehnts von 386–396 als korrekturbedürftig an. Drei Jahre vor seinem Tod veröffentlichte er eine Schrift mit dem Titel *Revisionen* (*Retractationes*). In ihr ging er sein literarisches Werk kritisch durch. Die Kritik am eigenen Werk war als Einführung in das Studium seiner Schriften gedacht; sie erfüllt diese Funktion noch heute. Denn sie legt sowohl die Vielfalt seiner Ansätze wie das Leitmotiv seiner letzten Entwicklungsphase offen. Dem am Mittelalter interessierten Leser gibt er damit einen Überblick über die Bandbreite der Möglichkeiten, die sich auf sein Werk berufen konnten.[1]

Augustin kritisiert an den Werken seiner Anfangszeit vor allem, in ihnen fehle die richtige Lehre von der Gnade, nämlich »Gnade« als unvorgreiflicher Akt des souveränen Gottes, der zum Heil und zum Unheil auswählt, wen er will, ohne auf die sittliche Willensqualität des zu Begnadenden zu achten. Damals habe er, Augustin, dem menschlichen Willen eine von der Gnade unabhängige Selbständigkeit zugesprochen. Er habe deswegen den Glauben als einen spontanen Anfang mißverstanden, den der Mensch von sich aus setzen könne.

Im einzelnen beanstandete Augustin:

- Er habe die Philosophen zu hoch geschätzt.
- Er habe vom Himmelreich des Evangeliums in Ausdrükken gesprochen, die dem platonischen Gegensatz von sinnlicher und geistiger Welt angemessen sind.
- Er habe Jesus wegen seiner Gewaltlosigkeit gerühmt. In Wirklichkeit habe sich Jesus nicht auf Lehren und das Zureden beschränkt, sondern Gewalt angewendet, körperliche Gewalt.
- Er habe gelehrt, das glückselige Leben bestehe darin, »dem Geist gemäß« zu leben, während es in Wahrheit darin bestehe, »Gott gemäß« zu leben.

Diese Beanstandungen richteten sich also nicht etwa auf die Zeit, da er zuerst von Cicero, dann vom Manichäismus, zuletzt vom antiken Skeptizismus abhängig war. Seine Kritik galt der Art, wie er nach seiner »Bekehrung« Philosophie und Christentum zu verbinden gesucht hat. Nach 397 schien ihm diese Verbindung zu sehr von der Seite der Philosophie her konzipiert. Sie brachte nicht hinreichend zum Ausdruck, was jetzt für Augustin das Charakteristische am Christentum war: Die grundlos freie Berufung einer kleinen Anzahl von Menschen zum ewigen Heil in einer geschichtlich bevorstehenden, auch das irdische Leben mit umfassenden Neuordnung aller Dinge. Alle erhaltenen Werke Augustins sind »christlich« konzipiert. Aber die Gnadenlehre von 397 markierte einen Bruch in der Konzeption des Christentums. Von 386 bis 391 waren die christlichen Glaubensinhalte wahr, weil sie auf die neuplatonisch gefaßte wahre, d. h. intelligible Welt verwiesen. Das Christentum war eine weise pädagogische Einrichtung, um innerhalb der sichtbaren Welt die Menschen auf ihr eigenes Inneres zurückzuwenden, das durch Einsicht und Tugend seine Verwandtschaft mit dem göttlichen Geist realisieren sollte.

Augustins erste Konzeption des Christlichen war durch folgende Motive des spätantiken Denkens bestimmt: Ciceros Begriff der Weisheit als das Wissen von göttlichen und menschlichen Dingen, d.h. als Naturkenntnis und als vernünftige Gestaltung des ethisch-politischen Lebens, sollte sich im Leben des christlichen Intellektuellen realisieren, da diese »Weisheit« nicht nur Gott und Mensch im Denken verband, sondern auch – in Jesus – sichtbare Person und – in der Kirche – eine pädagogische Institution geworden war. Das elitäre Ideal der Weisheit sollte jetzt allen zugänglich werden, entweder direkt im intellektuell-willentlichen Aufstieg zur göttlichen Weisheit oder indirekt durch den willentlichen Bezug auf die unanschaubare geistige Welt und das entschlossene Festhalten der Formeln und Symbole, die auf sie verwiesen. Christus war auf dieser Stufe der augustinischen Entwicklung die göttliche Weisheit, der Inbegriff des Richtigen, an dem durch intellektuelle Anstrengung oder autoritative Bindung Anteil zu gewinnen den Sinn des menschlichen Lebens ausmachte. Was die göttliche Weisheit ist, ließ sich vorzüglich in der Sprache der Neuplatoniker sagen. Sie ist das »Wort«, der denkende Inbegriff der Ideenwelt, also das eigentliche Leben und die wahre Wirklichkeit; die sinnliche Welt ist nur ihr Abbild. Der Mensch hat, sofern er denkt, eine ausgezeichnete Beziehung zu diesem »Wort«; »Denken« ist nichts anderes als der bewegte Nachvollzug der ewig-unveränderlichen Gesamtheit der Grundstrukturen der Dinge, d.h. der »Ideen«. Nach dem Neuplatonismus ging das »Wort« hervor aus dem göttlichen Einen oder dem »Guten selbst«, das in neidloser Mitteilung sich verströmt, zuerst an den Logos, dann durch die allesbewegende »Weltseele« an die Natur, vor allem aber an den Menschen, der durch Einsicht und rechte Lebensführung zu dem Ursprung von allem zurückkehrt. Das neuplatonische Schema von göttlicher Weltbegründung (Erschaffung) und ethisch-intellektueller Rückkehr zum Guten als dem Ursprung war schon vor Augustin zur Deutung des Christlichen verwendet worden, vor allem bei Origenes, dem Ambrosius viel verdankte, und bei Marius Victorinus, dem berühmten römischen Rhetor, dessen Übertritt zum Christentum in der Jugendzeit Augustins Aufsehen erregte. Für den Augustin des Jahres 386 hatte die Beschäftigung mit den neuplatonischen Büchern eine individuelle Funktion; sie ermöglichte ihm eine relativ einfache Auseinandersetzung mit der antiken Skepsis, die in letzter Zeit über ihn Macht zu gewinnen drohte. Er konnte unterscheiden: Sinnestäuschungen, Irrtümer und verwirrende Meinungsvielfalt bezogen sich auf die täuschende sinnliche Welt; die Beziehungen der Ideen waren, wie die mathematischen Gewißheiten zu beweisen schienen, von solchen Zufälligkeiten nicht betroffen; es gab also »Wahrheit«. Die neuplatonischen Bücher, insbesondere die z. T. ins Lateinische übersetzten Werke Plotins, aber auch Porphyrius', boten dem jungen Augustin vor allem einen Ausweg aus dem Manichäismus, dem er neun Jahre lang angehangen hatte. Der Manichäismus war eine religionsphilosophische Strömung, welche die Erfahrung des Zwangscharakters der spätantiken Gesellschaft radikal artikulierte. Sie ergriff seit dem Tod Manis (275) die verschiedenen spätantiken Religionsgruppen und fand auch innerhalb des Christentums zahlreiche Anhänger. Sie sprach den Grundsatz aus, der allen Erlösungsreligionen zugrunde liegt, daß das jetzige, hiesige Leben noch nicht unter der Herrschaft des wahren Gottes steht, daß in »dieser Welt« der »Herrscher der Finsternis« regiert und daß Erlösung darin besteht, die Vorherbestimmten (Prädestinierten) aus dem Reich des Todes in das Reich des Lichtes hinüberzuretten – dank des Abstiegs des Boten des Lichtreiches.

Das Reich der Finsternis hält die Erwählten, die Kinder des Lichtes, gefangen. Aber wenn diese, vom Boten des Lichtes aufgeweckt, der sichtbaren Welt absterben, durch geschlechtliche Enthaltsamkeit und durch Verzicht auf Fleischgenuß, so kehren sie zurück zum Vater des Lichts. Abgesehen von dieser Erlösungsmöglichkeit, herrscht ein radikaler Gegensatz von Oben und Unten, Licht und Finsternis, Geist und Fleisch. Die sichtbare Welt ist das Werk eines bösen Demiurgen, den die Manichäer mit dem Gott des Alten Testaments identifizierten.

Für den jungen Augustin bedeutete der Manichäismus eine große Faszination; er vereinigte logische Konsequenz mit philosophischer Liberalität und ethischem Rigorismus. In vielfältigen Bilderreden sprach er das Bewußtsein aus, daß die Welt zerbrochen war, daß sie Dissonanzen enthielt, die zu harmonisieren die Kraft des Einzelnen überstieg. Er brachte intensiv zum Ausdruck, daß ein Nachdenklicher in der gegebenen Welt der Spätantike nicht zu Hause sein konnte; er formulierte ein universales Heimweh.

Die neuplatonische Philosophie sicherte für Augustin die Freiheit des menschlichen Willens. Sie überwand die Zweiteilung der Menschen. Sie bot für Augustin die Möglichkeit, das Bewußtsein festzuhalten, in der sichtbaren Welt, zumal in der korrupten Welt des Mailänder Hofs – für den er damals als Rhetoriklehrer tätig war –, nicht zu Hause zu sein und dennoch die gedanklichen Schwierigkeiten eines Dualismus, also einer Zwei-Prinzipien-Lehre, wie er sie im Manichäismus kennengelernt hatte, zu vermeiden. Das neuplatonische Denken erlaubte ihm, aus dem radikalen Gegensatz von himmlischer und sichtbarer Welt eine Abstufung zu machen. Vor allem stellte sich ihm nun das Problem des Bösen in einer theoretisch und emotional befriedigenderen Weise. Es war kein Weltgrund mehr, dem man in der sichtbaren Welt nicht entkommen konnte; es verlor seine Selbständigkeit, Substantialität und Unvermeidlichkeit. Jetzt mußte man nur das Licht des Logos aufnehmen und das Böse vermeiden wollen. Man konnte, aber man brauchte es auch nicht völlig zu leugnen; es ließ sich einordnen. Die kausale Ordnung der Welt, die im manichäischen Denken den Charakter einer tödlich-fremden Weltmechanik hatte, schloß im neuplatonischen Weltkonzept auch das Böse ein. Der Rhetor Augustin behielt immer ein Organ für ästhetische Valeurs; er verglich jetzt das Böse mit den dunklen Farbflekken, die der Künstler einem guten Gemälde lassen muß. Das Böse, so sagte er jetzt in neoplatonisierender Manier, ist nichts Substantielles, sondern nur das Fehlen von Etwas an einer Substanz; es ist Mangel, »Beraubtsein«, privatio. Diese Theorie bedeutete zwar nicht die gedankenlose Verflüchtigung des Bösen – sie bedeutete nur die eindeutige Vorrangstellung des Guten vor dem Bösen und die Seinslosigkeit eines radikal Bösen –, aber es gereicht dem Denker Augustin doch zur Ehre, daß er es bei dieser Lösung nicht bewenden lassen konnte. Zunächst bot sie außerordentliche Vorteile: Indem sie die Zwei-Prinzipien-Lehre zerstörte, brachte sie die Ein-Prinzipien-Lehre zur Geltung, die Parmenides zur philosophischen Tradition gemacht, die Plotin mit seiner Lehre vom Einen erneuert hatte und die mit dem Monotheismus der jüdischen und der christlichen Tradition zusammenstimmte. »Gott« konnte nur *einer* sein, und er mußte gut sein; damit war die von Sokrates und Platon begründete moralische Weltkonzeption gerettet. Plotin hatte in feiner, theoretisch wohlbegründeter Unterscheidung vom Einen gesagt, es stehe jenseits des Denkens, des Geistes bzw. des Logos. Aber er ließ den Geist aus dem Einen hervorgehen, und wenn man ihn ungenau, sozusagen im eiligen Hinblick auf die weltanschaulichen Resultate seines Denkens las, konnte man meinen, seine Philosophie bestehe vor allem in der These, Gott und Seele seien nicht stofflich. So las Augustin seinen Plotin bzw. Porphyrius und entnahm ihnen, Gott könne, da er immateriell sei, nicht passiv in eine Auseinandersetzung verwickelt sein; der manichäische Gedanke eines Kampfes der beiden Prinzipien sei also mit der reinen Geistigkeit Gottes unvereinbar. So lief für den Augustin des Jahres 386 die Beschäftigung mit dem Neuplatonismus darauf hinaus, gegen den Manichäer in sich selbst die Immaterialität Gottes und der Seele, die Unzerstörbarkeit der kosmischen Ordnung, den Privationscharakter des Bösen und die Möglichkeit freier Willensentscheidung zu entdecken. In der antiken Tradition lag es, das richtige Leben, zu dem sich jeder Einzelne entscheiden können sollte, als ein vernünftiges Leben, als ein Leben im Kontakt mit der unwandelbaren Wahrheit, folglich als ein Leben mit Gott und als glückseliges Leben zu beschreiben. Dies sind die Hauptthemen des augustinischen Denkens vor 391, dem Jahr, in dem er Priester wurde. Dieses Datum bedeutet nicht wie 386 und 397 einen Umbruch, aber von da an traten Fragen der Kirchenorganisation ins Bewußtsein Augustins.

In Afrika war die Mehrheit der Christen Donatisten. Der Donatismus war eine lokal-afrikanische, in den nicht romanisierten unteren Volksschichten beheimatete Bewegung, die eine Kirche der Reinen anstrebte. Vor allem wollte sie die Kirche vom Staat getrennt halten; sie machte die Gültigkeit der kirchlichen Sakramente abhängig von der sittlichen Reinheit des Spenders. Augustin reagierte zunächst diskutierend und als Schriftsteller; dies zwang ihn, die afrikanische Tradition der Kirchenschriftsteller zu studieren; Fragen der Bibelauslegung und der Kirchengeschichte, die in seinem neuplatonischen Konzept von Philosophie keinen Ort hatten, gewannen an Bedeutung. Als er schließlich sah, daß das Diskutieren gegen die donatistischen Mitchristen nichts nutzte (besonders nach 411), rief er die kaiserliche Polizei und das Militär zu Hilfe. Seine Auffassung von Institution und Individuum hatte sich nach 397 also prinzipiell verschoben. Nach dieser für das christliche Denken und die mittelalterliche Welt entscheidenden Wendung zur Institutionalisierung des menschlichen Wahrheitsbezugs und zur Sakramentalisierung des christlichen Lebens wurden Wahrheit und Glückseligkeit, die Augustins Frühschriften noch in der vernünftigen Unterhaltung philosophierender Freunde zu erreichen suchten, zur jenseitigen Erfüllung der wenigen Auserwählten; für die Zeit der irdischen Pilgerschaft verwalteten dann Autorität und Tradition die wesentlichen Interessen der Menschen.

Diese Wandlung läßt sich zunächst einmal aus dem Kampf gegen die Donatisten verstehen. Vor allem aber muß die Philosophie der augustinischen Frühschriften theoretische Schwächen gehabt haben, die ihrem Urheber nahelegten, sie aufzugeben. Sie überschätzte den Einfluß vernünftiger Beschlüsse auf den realen Lauf des Lebens. Sie konzentrierte sich auf den Einzelnen, besonders den »Weisen«, und unterbewertete die übergreifenden Gemeinschaften, denen er angehört. Vor allem konnte sie nicht erklären, wieso in der Welt des guten und allmächtigen Gottes die Unschuldigen, also vor allem die Kinder, leiden. Augustins Schriften hatten vor 395 die Philosophie aufgefaßt als den Hafen, in dem die intellektuellen und affektiven Irrfahrten enden; sie hatten die neuplatonische Philosophie mehr von ihrem gedanklichen Resultat als von ihrem argumentativen Niveau und ihrem Problemsinn her aufgenommen. Die Tradition der griechischen Philosophie war für den jungen Augustin nur noch bruchstückhaft zugänglich – die westliche Reichshälfte begann, sich von der griechischen Welt abzusondern; schon Augustin war auf Übersetzungen angewiesen. Auf weltanschauliche Beruhigung versessen, kombinierte er philosophische Strömungen der Spätantike, besonders Neuplatonismus und Stoa, ohne deren Vereinbarkeit gründlich zu prüfen; so setzte er Kosmosvorstellungen, die im stoischen Materialismus ihren ursprünglichen Sinn hatten, neben die einseitig als Spiritualismus ausgelegte neuplatonische Philosophie. Vom Platonismus blieb dabei nur dieser Rest:

– Die Welt geht aus der göttlichen Vernunft, welche die Ideen als Urbilder der Dinge denkt, hervor.
– Unsere Vernunft, wenn sie sich vom Sinnlichen freimacht, erfaßt diese göttlichen Ideen.
– Diese Ideen sind das Bleibende, Wahre – die Sinnesdinge sind vergänglich, folglich unwahr, nicht wirklich seiend.
– Der Mensch, der sich von den trügenden Körperdingen abwendet, findet in der Betrachtung der wahren, ewigen Welt sein Glück.

Diese Konzeption beruhte darauf, durch Verzicht auf irdische Erfüllungen und durch die Fixierung der Vernunft auf das Bleibende, Untrügliche das Glück des Menschen zu sichern. Daß der Mensch dies selbst zu leisten habe, daß er es aufgrund seiner dem Göttlichen verwandten Vernunft auch tatsächlich leisten könne, dies war für den Augustin der Jahre 386 bis 395 unbestrittenes Erbe der antiken Philosophie. Er glaubte, das Christentum sei psychologisch, also de facto, für die Realisierung dieses Zweckes notwendig, weil es den Menschen in seiner sinnlichen Welterfahrung aufsuche, um ihn an das Übersinnliche zu verweisen. Das Christentum war ihm damals kein Anlaß, am neuplatonischen Vernunftkonzept und seiner Übertragbarkeit auf Gott, der nach dem Johannesevangelium das *Wort* ist, zu zweifeln. So zweifelte Augustin weder an dessen nicht-dialogischem intuitionistischem Erkenntnisbegriff noch an der einseitigen Orientierung des Wissens am ideenhaft Bleibenden, noch an dem elitären Primat des kontemplativen Lebens, noch an der Durchsetzbarkeit dieser intellektualistischen Glückseligkeit in einem irdischen, sinnengebundenen

Leben. Augustin arbeitete damals an der kulturellen Assimilierung der Christen an die antike Zivilisation: Das System der spätantiken Bildung, festgeschrieben im Curriculum der »Sieben Freien Künste«[2], sollte voll erhalten bleiben; Augustin plante, ein Lehrbuch der Artes zu verfassen; die *Dialektik* und die *Musik* hat er teilweise fertiggestellt. Die wissenschaftliche Betätigung sollte die Seele daran gewöhnen, über das sinnlich Gegebene hinauszudenken auf seinen nichtsinnlichen, bleibenden Grund. Politische Probleme erörterte Augustin zu dieser Zeit so gut wie nicht. Es scheint, als habe er geglaubt, die Geschichte der Kirche wie des Einzelnen seien in der Hand eines christlichen Kaisers wie Theodosius († 395) gut aufgehoben. Die Vernunft schien Macht zu haben, im öffentlichen wie im privaten Leben, bis hinunter zur rigorosen Beherrschung der sexuellen Begierde, die für Augustin immer etwas Bedrohliches an sich hatte.

Die Wende von 397. Die Gnadenlehre

Im Jahre 397 schrieb Augustin seine Schrift an Simplician. Sie enthielt erstmals die neue Gnadenlehre. Fast zur selben Zeit wurde Augustin Bischof; er verwickelte sich zunehmend in kirchenpolitische Händel, forderte staatliche Hilfe gegen abweichende Mitchristen; er lernte aber auch mehr die sozialen, rechtlichen und politischen Probleme der Zeit kennen.

Nach der neuen Gnadenlehre ist es dem Menschen unmöglich, sich durch Nachdenken und sittliches Wollen auf die Gnade vorzubereiten. Pelagius widersprach dieser Lehre im Namen eines ethisch-radikalen Christentums. Er warf Augustin vor, er zerstöre die Freiheit des Willens und kehre zum manichäischen Dualismus zurück. Augustin beharrte: Gott gibt die Gnade, wem er sie geben will; er versagt sie, wem er sie versagen will. Dies ist zwar die Mehrheit der Menschen, aber das berechtigt uns nicht, Gott zu tadeln. Wir dürfen deswegen noch nicht einmal an seiner Gerechtigkeit zweifeln. Gott ist gerecht, aber was seine Gerechtigkeit bedeutet, können wir mit unserem menschlichen Begriff von Gerechtigkeit nicht wissen. Dieser letzte Gedanke drohte zu zerstören, worum es in den Frühschriften Augustins vor allem ging, nämlich die philosophische Erkenntnis Gottes und der Seele. Wenn Gottes Wege andere Wege sind als unsere, wenn Gottes Gedanken andere Inhalte und andere Wertungen haben als menschliche Gedanken, auch als die geläuterten, von Anthropomorphismen sorgfältig gereinigten Gedanken der besten Philosophen, dann war die philosophische Theologie von Grund auf erschüttert. So radikal konnte der Plotin- und Cicero-Schüler Augustin nicht denken. Er hielt bis an sein Lebensende daran fest, Gott sei dem philosophischen Denken zugänglich. Aber dieses menschliche Nachdenken über Gott stand nun unter erschwerten Bedingungen: Die Autorität der Schrift bekam zunehmend Gewicht. Was aus menschlichem Denken über Gott zu sagen war, mußte sich an der Schrift beurteilen lassen; die allegorische Methode, die de facto eine philosophische Bibelkritik gewesen war, indem sie von allzu handfesten Bibelstellen behauptete, sie seien »bildlich« zu verstehen, verlor an Bedeutung. Vor allem sollte das Nachdenken nicht mehr überzeugt sein, daß seine Inhalte auch Inhalte vor Gott seien; keinesfalls sollte aus ihm etwas für das faktische Geschehen in der Welt und für das Glück des Menschen folgen: Tatsächliche Ereignisse und Glückseligkeit der Menschen sollten dem Willensentscheid Gottes vorbehalten bleiben. Das Denken veränderte damit seinen Charakter. Es mußte sich zurücknehmen aus der Sphäre des Faktischen; es verlor die unmittelbare Beziehung auf Glücksherstellung. Glückseligkeit blieb das Ziel des Menschen, aber seine Erreichung hing ausschließlich von Gottes Willen, nicht von menschlicher Einsicht und Tugend ab. Die Vernunft, auf die Augustins erste Konzeption des Christlichen alles abstellte, erhielt hypothetischen Charakter, da das reale Leben unter dem Vorbehalt des göttlichen Willens stand. Wiederum zog Augustin nicht die radikalen Konsequenzen: So wie er am Programm der philosophischen Theologie der Spätantike festhielt, so gab er auch das philosophische Ideal der Weisheit und der Tugend nicht völlig auf. Aber er relativierte dies alles zugunsten faktischer Willensentscheide Gottes, der zwei große Gruppen schafft – die der Erwählten und die der Verworfenen.

Seit etwa 400 beschrieb Augustin diese Gemeinschaften auch als Rechtsgemeinschaften oder »Staaten«: Die Zugehörigkeit zum Gottesstaat ergibt sich aus der richtigen Wahl des Lebenszieles. Wen die Gnade bestimmt, das höchste Gut, Gott, über alles zu lieben, der ist Mitglied des Gottesstaates. Er allein wählt wirksam das richtige Leben. Die Mehrheit der Menschen bildet die Masse der Verworfenen, die im Machtstaat, vor allem im Imperialismus des Römischen Reiches, ihre Repräsentation fand. Beide Gemeinschaften wandern durch die Geschichte; nie sind sie völlig trennbar – bis zum endgültigen Sieg des Gottesreichs, welcher das Ende der Geschichte, die Fesselung der Dämonen und die seelische wie körperliche Bestrafung des Bösen bringen wird.

Doch noch bevor Augustin aus seiner neuen Gnadenlehre eine Geschichtstheologie entwickelte, die den Gottesstaat mit der unsichtbar-sichtbaren Kirche identifizierte, zog er daraus zwei andere Konsequenzen: Er entfaltete das neue Konzept einer strikt christlichen Kultur und Wissenschaft in seiner Schrift *Von der christlichen Lehre* (*De doctrina christiana*), und er entdeckte die autobiographische Dimension in seinen *Bekenntnissen*. Augustin hat nicht die Autobiographie entdeckt. Seine *Bekenntnisse* sind überhaupt keine

Autobiographie im modernen Sinn. Aber er gab der spätantiken Idealvorstellung von »Weisheit«, indem er sie durch seine Gnadenlehre umstürzte, einen Rückbezug auf das eigene, individuelle Leben, an dem sich die auswählende Gnade Gottes beweist, auch durch die eigenen Fehler und Irrtümer hindurch. Körperlich-seelische Erfahrungen, Lieben und Geliebtwerden, das Böse in vielfältigen Formen – alles dies, was der Neuplatonismus der niederen Sphäre zurechnete, erhielt eine neue Aufmerksamkeit als Erfahrungsbeleg der übermenschlichen göttlichen Weisheit. Individuelle und kollektive Zusammenbrüche traten dadurch in eine kritisch-aufmerksame Beleuchtung. Jetzt konnte Augustin auch den Anteil an Gewalt, Dummheit und Täuschung thematisieren, ohne den bislang keine Herrschaft von Menschen über Menschen ausgekommen ist. Die Geschichte, vor allem die römische, wurde damit zum Gegenstand des theoretischen Interesses, freilich immer im Rahmen der Exposition der theologischen These von der menschlichen Ohnmacht und der unvorgreiflich bestimmenden Gnade. Augustin sah die Geschichte immer noch in der Manier spätantiker Rhetoriker: Sie war Beispielsammlung. Insofern dachte er nicht ›historisch‹. Von »Geschichtsphilosophie« kann bei ihm gar nicht, von »Geschichtstheologie« nur mit diesen Einschränkungen die Rede sein.

Indem die Gnadenlehre die Gemeinsamkeit von Normen zwischen dem göttlichen und dem menschlichen Geist bestritt oder einschränkte oder jedenfalls ins Ungewisse rückte, schuf sie ein neues Bewußtsein des Abstands von Schöpfer und Geschöpf. Verlief die »alte«, philosophische Demarkationslinie zwischen intelligibler und sinnlicher Welt, wobei der menschliche Geist der intelligiblen, göttlichen Sphäre zugerechnet wurde, so sah Augustin die alles entscheidende, nur von der Gnade zu überbrückende Differenz zwischen dem ewigen Schöpfer und der zeitlichen Schöpfung, der er den geschaffenen menschlichen Geist zurechnete. Auf diese Differenz zielte auch Augustins Analyse der Zeit im 11. Buch der *Bekenntnisse*. Der Mensch als zeitliches Wesen zersplittert in die Vielheit der gewesenen, des gegenwärtigen und der zukünftigen Augenblicke. Versucht man, den Augenblick zu fassen, aus dem sich zeitliche Entwicklungen aufbauen, so zerrinnt er ins Nichts – er ist immer schon gewesen oder noch zukünftig. Zwar sprach Augustin es aus, daß der menschliche Geist diese verströmenden Zeitmomente zusammenfassen und dadurch überhaupt erst Zeiterfahrung ermöglichen konnte, aber Augustin legte den Nachdruck nicht auf die zeitbegründende Konstitutionsleistung des menschlichen Geistes, sondern auf sein Mitzerrinnen in der unübersehbaren Vielfalt von Augenblicken. Auch wenn er es als Geschichtsdenker in seinem *Gottesstaat* mit relativ kontinuierlichen Ereignisreihen der politischen Geschichte zu tun hatte, zielten seine Analysen doch in erster Linie auf den absoluten Kontrast zwischen aller Geschichtszeit und der ewigen Sabbatruhe Gottes. Ein konkretes Programm christlicher Weltumgestaltung, gar im Sinn einer Anleitung zur Ergreifung der politischen Macht durch die Kirche, gar durch den Bischof von Rom, lag seinem Denken fern; insofern war er noch ganz spätantiker, nicht mittelalterlicher Christ.

Spätantik blieben auch Aufbau und Inhalte seiner Bildungskonzeption, die er kurz nach der Abfassung der *Bekenntnisse* entwickelte; neu war die rigorose Art, die »Sieben Freien Künste« ausschließlich als Mittel zum Zweck der Bibelauslegung zu konzipieren. Auch in den Frühschriften hatte Augustin das spätantike Bildungssystem instrumentell nehmen wollen, aber als Mittel zum selbständigen Aufstieg des Geistes zu seiner Selbsterkenntnis und als Medium der Erkenntnis Gottes. Aufgrund der neuen Gnadenlehre bezog er es ausschließlich auf die Schrift und die kirchliche Tradition, was trotz einer gewissen Hochschätzung philologischer und historischer Faktensammlungen auf eine Verengung hinauslief. Der Weltbezug des Wissens verkümmerte; die Naturforschung verlor ihr Gewicht. Damit schuf Augustin das Konzept höherer christlicher Erziehung, das bis in die Zeit um 1200 das vorherrschende blieb.

Augustins Folgen

Was Augustin für das mittelalterliche Denken bedeutet, läßt sich in Kürze nicht sagen. Dafür war sein Werk zu vielfältig. Es bewirkte, daß das christliche Denken des Westens Gott und die Seele, das Glück und das Böse in einer beschnittenen neuplatonischen Manier konzipierte, daß aber auch Gegenmotive formulierbar wurden, z. B. alttestamentlicher Realismus. Es bedeutete die Zurückdrängung – jedoch nicht die Vernichtung – einer Deutung des Christentums, die wie die seines Gegners Pelagius das Freiheitsbewußtsein der Antike und die Wertmaßstäbe der stoischen Ethik innerhalb des christlichen Denkens aufrechterhalten wollte. Es verschaffte dem Ich ein Anrecht, in philosophisch-theologischen Grundfragen zum Ausdruck zu kommen; es wurde ein Gegengewicht gegen logischen Formalismus, primär kosmologischen Objektivismus; es ließ seelische Phänomene als bevorzugten Ausgangspunkt philosophischen Nachdenkens zu; es verdankte wichtige Einsichten auch literarischen Erfahrungen, z. B. beim Lesen Vergils und Ciceros. Als Konstante in allen Phasen seiner intellektuellen Entwicklung hielt Augustin bestimmte Minimalthesen des mittleren Platon fest, vor allem die Identifikation des Seienden mit dem Bleibenden, die Erfaßbarkeit der Wahrheit durch das reine Denken. Augustin bestimmte durch seine Modifikation des Neuplatonismus, durch seine Rezeption stoischer Elemente, durch seine Umformung des antiken Bildungskonzepts, vor allem aber durch seine Erbsünden- und Gnadenlehre die intellektuelle Selbstverständigung der westlichen Christenheit bis ins 12. Jahrhundert ziemlich unbestritten. Erst mit Abaelard traten konkurrierende Konzeptionen des Christlichen auf. Sie mußten sich alle mit Augustin auseinandersetzen. Das gilt für das gesamte Mittelalter, aber auch für die Reformation in Deutschland und für die französischen Debatten des 17. Jahrhunderts (Jansenius, Pascal).

Besonders folgenreich war Augustins Theorie der Trinität. Sie verfolgte auch ein apologetisches Interesse; sie sollte zeigen, daß der aus der Dogmenentwicklung des 4. Jahrhunderts resultierende Gottesbegriff (ein göttliches Wesen in drei Personen) den philosophischen Monotheismus nicht zerstörte; sie sollte gegenüber den immer noch vorhandenen arianischen Christen die orthodoxe Tradition als die wahrere erweisen. Aber das Unternehmen Augustins wuchs über diese Zielsetzung weit hinaus; christliche und griechisch-philosophische Elemente, die Anregungen des Marius Victorinus und eigene Gedankenarbeit flossen in einer Theorie zusammen, die den menschlichen Geist als Abbild des dreieinigen Urbildes zu denken hatte.

Ohne die Distanz von Schöpfer und Geschöpf zu beseitigen, nähert Augustins Trinitätslehre den menschlichen Geist dem göttlichen Geist wieder an. Augustin will zeigen, wie schon die intensive Erforschung unserer selbst zu der Erkenntnis führt, wir seien nur wir selbst, weil sich in unserem geistigen Leben drei unterscheidbare Momente untrennbar wechselseitig durchdringen. Wir erkennen z. B. nur, wenn wir erkennen wollen; wir wollen nur, wenn wir erkennen; wir erkennen und wollen nur, wenn eine grundlegende geistige Selbstgegenwart das Erkennen und Wollen als unsere Tätigkeiten zusammenhält, so, daß wir vor allem Erkennen und Wollen ein vorreflexives Wissen haben, daß wir es sind, die da erkennen und wollen. Das philosophisch Interessante der Trinitätsspekulation Augustins besteht nicht in seiner Verteidigung der orthodoxen Formeln von der einen Wesenheit in drei Personen – in bezug auf sie gestand er, daß er nicht recht wisse, was das Wort »Person« hierbei bedeuten könne –, sondern in einer philosophischen Analyse, die Gott und Geist zwar nicht als identisch, aber auch nicht als radikal anders, sondern als einander entsprechend aufwies, und die dem in der griechischen Philosophie so pointiert herausgearbeiteten Intellekt die willentliche Bewegung oder die Liebe als gleichwesentliches Moment zuordnete. Wenn man im Mittelalter von »Gottesebenbildlichkeit« des Menschen sprach, bezog man sich in der Regel auf Augustins trinitarische Analysen.

Der *Gottesstaat* enthielt keine Geschichtsphilosophie und keine politische Ethik, aber er prägte das Nachdenken über den Sinn des menschlichen Lebens und verstärkte die Tendenz, diesen Sinn im Jenseits zu suchen und alle irdischen Instanzen diesem jenseitigen Sinn unterzuordnen. Die irdischen Vertreter des jenseitigen Lebenssinns, der Klerus, profitierten von dieser Instrumentalisierung des gesamten irdischen Lebens. Aber die Kirche des 5. Jahrhunderts war noch nicht die papalistisch ausgerichtete Großorganisation des Hohen Mittelalters. Der Kaiser beanspruchte, daß der göttliche Geist ihn führe; ein Papst wie Leo I. konnte noch vor dem römischen Kaiser niederknien.

Die sichtbare Kirche konnte für Augustin noch nicht der *Gottesstaat* sein. So enthielt Augustins Geschichtsbetrachtung noch mancherlei Möglichkeiten: Man konnte die Unvordenklichkeit der Gnadenwahl betonen und alle Institutionen relativieren. Man konnte die Kirche dem Staat politisch überordnen, und man konnte dem Staat religiöse Aufgaben zuschreiben. Alle diese Varianten hat das Mittelalter entwickelt.

3 Boethius

Die geschichtliche Situation

Augustin war ein Provinzler, der sich nur durch das Studium der Rhetorik bis zum Kaiserhof in Mailand hocharbeiten konnte. Seine »Bekehrung« bedeutete die Abkehr von der »Welt«, d. h. von Karriere, Reichtum und Ehe. Doch das Bischofsamt brachte ihn mit der Sphäre der Macht erneut in Berührung – nun in dem Bewußtsein, sie in den Dienst der klerikalen Wahrheitsverwaltung stellen zu sollen. Er unterstellte damit den antiken Staatsapparat einer neuen, zumindest negativen Norm; daneben hatte er zahlreiche skeptische Bedenken, ob das irdische Leben dem jenseitigen Endzweck auch nur so weit angepaßt werden könnte, daß es ihm nicht widersprach. Er verzichtete auf die Zuordnung der Vernunft zu irdischem Glück und *polis*-bezogener Vollkommenheit; damit zerstörte er die Grundlagen der politischen Theorie der Antike. Seine Gnadenlehre höhlte das antike Ideal des Weisen aus, auch wenn sie es verbal bestehen ließ. Nach dem späten Augustin konnte der Mensch sich nicht zum Guten entschließen. Wirklich frei waren nur die wenigen Prädestinierten. Damit vernichtete er das antike Konzept praktischer Philosophie.

Dagegen blieb Boethius († 524), obgleich fast 130 Jahre nach Augustin geboren, der antiken Wertordnung näher. Er war kein Emporkömmling; er entstammte einer der mächtigsten und reichsten Familien Roms. Sein Vater, Konsul des Jahres 487, starb früh; der Junge wurde zur Erziehung dem gebildeten Memmius Symmachus übergeben, dem Boethius zeitlebens auch intellektuell verbunden blieb und dessen Tochter er heiratete. Boethius war von Beruf Politiker, also kein Kleriker. 510 wurde er Konsul. 522 erhielt er das höchste Amt, das Theoderich zu vergeben hatte – er wurde dessen »Kanzler« (*magister officiorum*). Im selben Jahr waren seine beiden Söhne Konsuln; zwei Jahre später ließ Theoderich ihn hinrichten.[1]

Boethius war vermutlich der letzte Mensch, der im lateinischen Westen den vollen Umfang der antiken Bildung aktiv in sich vereinigte. Symmachus ließ ihn sorgfältig ausbilden, besonders auf den Gebieten der Logik, der Philologie und der Naturwissenschaft. Während Augustin nur wenig Griechisch konnte, verstand Boethius es gut; vielleicht hat er in Athen studiert. Dies ist ungewiß; aber jedenfalls war seine Ausbildung besser als die Augustins: Er kannte vollständig Platon und Aristoteles. Er trieb naturwissenschaftliche, technische, mathematische und logische Studien. Er kannte Augustin; er erwähnte ihn gelegentlich rühmend, aber dessen Gnadenlehre übernahm er nicht. Seine Wertetafel wirkt ungebrochen antik; seine wissenschaftlichen Studien vertieften die naturkundlichen und mathematischen Interessen, die Augustin vor 397 philosophisch-erbaulich und nach 397 theologisch-erbaulich umfunktioniert hatte. Von diesen Forschungen dürfen wir keine übertriebenen Vorstellungen hegen; vielleicht haben sie zu einem Traktat über die Mechanik im Anschluß an Archimedes gereicht. Immerhin: Wenn sich der Frankenkönig an Theoderich wandte, weil er einen Zitherspieler suchte, oder wenn der Burgunderkönig eine Sonnenuhr gebaut haben wollte, gab Theoderich diese Bitten an Boethius weiter.

Boethius wurde Konsul, als er gerade damit beschäftigt war, einen Kommentar zu einer logischen Schrift des Aristoteles zu verfassen. Dies gab ihm Gelegenheit zu erklären, wie er den Zusammenhang seiner philosophischen Schriftstellerei mit seiner politischen Tätigkeit sah: Zwar hinderten ihn jetzt die Pflichten des Amtes daran, alle seine Kraft seinen Studien zu widmen, schreibt er in der Einleitung zum 2. Buch seines Kategorienkommentars, aber es gehöre zur

Verantwortung für den Staat, durch wissenschaftliche Lehre die Bürger zu instruieren. »Ich würde mich um meine Mitbürger nicht wenig verdient machen, wenn ich, nachdem die Tüchtigkeit meiner Vorgänger Herrschaft und Befehl über die anderen Städte auf diesen einen Staat übertragen haben, das, was noch übrig ist, (nach Rom überführe) und die Lebensführung unserer Stadt mit den Wissenschaften der griechischen Weisheit ausstattete. Das Amt des Konsuls steht dem nicht entgegen; es war immer römische Lebensart, was bei irgendwelchen Völkern schön und lobenswert ist, durch Nachahmung zu ehren.«[2] Das war das Selbstbewußtsein eines römischen Konservativen: Er hatte nicht den Ehrgeiz, selbständig mit den griechischen Wissenschaften zu konkurrieren; er wollte sie durch Nachahmung ehren (*imitatione honestare*). Der politische Bezug des Wissens lag nicht mehr in philosophischen Reformprojekten wie bei Platon. Der Staat sollte nicht philosophisch revolutioniert, sondern um die in Griechenland vorhandenen Wissenschaften bereichert werden. Boethius unterschied wie die Tradition theoretische und praktische Philosophie; aber er, der Berufspolitiker, folgte der nacharistotelischen Abtrennung von Theorie und Praxis. Auffällig ist, wie wenig Boethius an der Fortdauer Roms zweifelte. Er wußte nichts vom »Zusammenbruch« des römischen Reiches; 410 oder 476 waren für ihn keine epochalen Daten. Er redete, als gehe es nur noch darum, die römische Wissenschaft kulturpolitisch zu stabilisieren und zu dekorieren. Dazu entwarf er ein umfangreiches Programm der Konkordanz:

a) Er stellte die vier Fächer des Quadriviums (der Ausdruck stammt von ihm) nach griechischen Vorlagen dar. Zum Quadrivium gehören: Arithmetik, Musik, Geometrie, Astronomie. Arithmetik und Musik besitzen wir noch.[3] Die Einleitung zur Arithmetik erklärt: Das Studium der Zahl und der zahlenhaften Verhältnisse der Welt ist die Vorbedingung zur Philosophie. Denn die Philosophie hat mit dem, was wirklich ist, zu tun; dies sind Zahlen und Zahlenhaftes. Der Weltenschöpfer blickt auf die Arithmetik; sie war sein Urbild (*exemplar*)[4], als er die Dinge schuf. Boethius legte damit den Prozeß der Welterschaffung aus im Sinne einer neupythagoreischen Metaphysik der Zahl als Weltgrund.

b) Boethius wollte den ganzen Platon und Aristoteles übersetzen und so kommentieren, daß die Übereinstimmung beider deutlich würde.[5] Diesen Plan konnte er nur für die logischen Schriften ausführen, und von diesen sind nur erhalten: Die zwei Kommentare zur *Isagoge* des Porphyrius, die Übersetzung und der Kommentar zur Kategorienschrift des Aristoteles, ferner zwei Kommentare zu dessen Schrift über den Satz (*De interpretatione*). Hinzu kommen eigene Traktate über logische Probleme.

Durch diese Übersetzungen und Kommentare machte Boethius Aristoteles dem Westen bekannt. Dies geschah im Rahmen seines Konkordanzprogramms: Aristoteles und Platon sollten so interpretiert werden, daß der Nachdruck auf ihren fundamentalen Gemeinsamkeiten, nicht auf den unleugbaren Differenzen lag. Die Idee, man könne Platon und Aristoteles so auslegen, daß ihre Übereinstimmung (*concordia*) sichtbar würde, hatte Cicero[6] von seinem Lehrer Antiochus von Askalon übernommen. Boethius übermittelte sie dem Mittelalter. Sie leitete die Aristoteles-Deutung vieler Araber. Ihre größte Entfaltung erreichte sie im 15. Jahrhundert (Cusanus, Ficino, Pico della Mirandola). Sie entsprang dem vernünftigen Impuls, nicht die spätantiken Schulstreitigkeiten fortzusetzen, sondern aufs große Ganze zu sehen. Für das Konkordanzbestreben sprach auch, daß Aristoteles de facto von Platon hergekommen und in mancher Hinsicht ein Platoniker geblieben war. Dennoch lief dieses Programm auf eine bedenkliche Harmonisierung hinaus.

Platon hatte die Art (*species*) als Teil der Gattung (*genus*) gedacht. Nach Aristoteles war es umgekehrt. Daraus ergab sich eine divergierende Auffassung der Realität. Aristoteles hatte den Begriff des »Grundes« verändert. Der »Grund« muß nach ihm »unabhängig« und »einfach« sein, also anders als die komplexen Begriffsbeziehungen, welche die platonische Dialektik aufdeckt. Deshalb hatte Aristoteles von der Ideenlehre gesagt, sie sei »Grillengezirp«, also Geschwätz. Er sah demnach einen schneidenden Gegensatz in den Grundlagenfragen. Da er damit recht hatte, mußte das Versöhnungsprogramm auf Ungenauigkeiten und Abschwächungen hinauslaufen. Auch der Gegensatz in der Verhältnisbestimmung von Theorie und Praxis wurde dann nicht ausgetragen, sondern im aristotelischen Sinn entschieden, also im Sinn des Vorranges der Theorie, z. B. einer eher deskriptiven als normativen Politiktheorie.

Folgenreich war, daß Boethius in der Ausführung seines Programms nicht weit kam; er wurde aufgrund behördlicher Gewalteinwirkung nur etwa 44 Jahre alt. Er hat lediglich die ersten logischen Traktate des Aristoteles übersetzt, also die Kategorienschrift und die Schrift über den Satz. Damit fehlten dem frühen Mittelalter die aristotelischen Realwissenschaften, die Seelenlehre, Biologie, Physik, Poetik, aber auch die Metaphysik, die Ethik und die Politik. Aristoteles galt daher für sechs Jahrhunderte primär als Logiker. Da die Logik die am besten dokumentierte philosophische Disziplin war, erhielt sie für das Denken des frühen Mittelalters paradigmatische Funktion. Wissenschaftlich denken, das hieß: die Logik des Aristoteles auf ein gegebenes Feld anwenden.

Exposition des Universalienproblems

Boethius hat die logische Schulung des Mittelalters und dessen vorrangiges Interesse an Logik begründet. Er war es auch, der die bekannteste Debatte der mittelalterlichen Logiker ausgelöst hat, den Universalienstreit. Beim Universalienstreit ging es um die Frage, ob allgemeine Bestimmungen, z. B. »Mensch«, real sind oder bloß gedacht. Im Mittelalter nahm die Diskussion ihren Anfang mit einem Text, und zwar mit einer Stelle in der *Einführung* (*Isagoge*) des Porphyrius zu den logischen Schriften des Aristoteles, in der Übersetzung des Boethius. Porphyrius erklärte dort, er wolle in einer Einführungsschrift nicht die Frage entscheiden, ob Gattungen (*genera*), wie z. B. »Lebewesen«, oder Arten (*species*), wie z. B. »Mensch«, real seien oder bloß gedacht. Porphyrius nannte aber die Alternativen, die er für denkbar hielt: Sind die Allgemeinbestimmungen real, können sie entweder körperlich oder unkörperlich sein; sind sie unkörperlich, können sie entweder von den sinnlichen Dingen getrennt oder mit ihnen verbunden sein, wie etwa ein Punkt und eine Linie mit Ausgedehntem verbunden sind.[7]

Diese Alternativen, die Boethius nicht hinterfragte, bilden den Rahmen, in dem die mittelalterliche Universaliendebatte sich bewegen wird: vergänglich – unvergänglich, das ist der Gegensatz, in dem die Platon-Rezeption sich bewegte; getrennt – immanent, dieses Begriffspaar spiegelte die aristotelische Fragestellung und die Kritik an der Ideenlehre wider. Innerhalb dieses Bezugsrahmens suchte Boethius, über den Text des Porphyrius hinausgehend, seine Lösung. Zunächst erörterte er aporetisch die möglichen Positionen:

Die Universalien können keine Substanzen sein.

1. Beweis: Was vielen Einzeldingen gleichzeitig gemeinsam ist, kann nicht in sich Eines sein. Zumal nicht, wenn dieses Eine wie die Gattung ganz in jeder Art, *species*, ist.

Die Arten greifen nicht Teile der Gattung heraus, sondern jede einzelne Art enthält zu gleicher Zeit ganz die übergeordnete Bestimmung der Gattung.

Boethius macht folgende Voraussetzungen des Arguments ausdrücklich kenntlich:

a) Was gleichzeitig ganz in vielen Einzelnen ist, kann nicht in sich Eines sein;
b) »ein Eines sein« bedeutet hier soviel wie: ein Individuum sein. Über mögliche andere Arten realen Einsseins denkt Boethius nicht nach;
c) etwas, das kein Eines ist, kann überhaupt nicht existieren; Einssein ist eine Bedingung des Existierens.

Wäre »Tier« eine reale Einheit, so wäre es gleichzeitig Affe und Frosch, würde gleichzeitig geboren und sterben, ruhen und sich bewegen. Unter dieser Prämisse ist das reale Allgemeine widersprüchlich, also nicht-wirklich; man hat es aber eingeführt, um das Schwanken der veränderlichen Dinge begrifflich fixieren zu können.

2. Beweis, daß die Universalien keine Substanzen sind, also nicht existieren: Nehmen wir an, das Allgemeine existiere zwar nicht als eines, sondern als vieles, und zwar als so vieles, wie unter es subsumiert werden soll. Dann braucht es noch ein Allgemeines, das die Ähnlichkeit zweier Fälle darstellt. Diesem geht es jedoch genau so; wir brauchen immer neue Erklärungsinstanzen. Wenn die Universalien Substanzen sind, gibt es Substanzen der Substanzen, so ins Unendliche. Der Sinn der Einführung eines realen Allgemeinen war aber, die Vielheit zu reduzieren. Dieser Sinn wird nicht erfüllt.

So haben wir als Ergebnis: Die Gattung kann weder eins noch vielfältig sein. Dann kann sie überhaupt nicht real existieren.

Man könnte aber, so argumentierte Boethius weiter, den

Versuch machen, die reale Gattung anders zu verstehen, z. B. als etwas Gemeinsames (*commune*), das mehreren Trägern zugehört, so wie ein Sklave mehreren Herren gehört oder ein Schauspiel von vielen gleichzeitig aufgenommen wird.

Aber derartige Formen von Gemeinsamkeiten sind sekundär; sie machen nicht das Wesen, die Substanz der Einzelwesen aus, die an ihr teilhaben. Die Gattung aber prägt das Wesen der Art und der Einzelwesen (*constituere valet et conformare substantiam*)[8]. Sie ist unzerteilt, ganz, in jedem einzelnen (*totum in singulis*)[9]. Dadurch unterscheidet sich ein reales Allgemeines von etwas, das, wie eine Theatervorstellung, vielen gemeinsam ist.

Das war eine platonische Überlegung; sie stammt aus Platons »Selbstkritik« am Anfang des *Parmenides* (131 b–c): Die Annahme der »Ideen« wird sinnlos, wenn sie wie ein Zeltdach vielen Dingen gemeinsam sein sollen. Dann wären sie ein Eines über Vielen, nicht ein Eines in Vielen. Sie wären zerstückelbar.

So ergibt sich als mögliche dritte Theorie: Die Universalien sind bloße »Begriffe« (*tantum intellectibus capiuntur*).

Das wäre die Lösung des Universalienproblems, die man später die nominalistische nannte; das Allgemeine wäre dann nur ein subjektives Gebilde, ohne Anhalt in der Wirklichkeit. Aber auch das ist unmöglich. Denn ein Begriff muß ein Begriff von Etwas sein; er wäre nicht Begriff, wenn er sich auf nichts bezöge.

Diese drei Theorien vor Augen, suchte Boethius seine Lösung. Sie soll die Realität des Allgemeinen sichern, ohne in die aufgezeigten Widersprüche zu fallen. Seine Lösung, die er im Anschluß an Alexander von Aphrodisias entwickelte, lautet: Das Denken geht auf allgemeine Bestimmungen; es hat einen Inhalt. ›Es hat einen Inhalt‹ bezieht sich dabei auch auf einen dinghaften Gegenstand. Es nimmt diesen aber nicht so, wie er sich selbst befindet (*non tamen ut esse ipsum subiectum habet*)[10].

Ist das Denken in Allgemeinheiten dann aber nicht falsch? Boethius antwortet: Falsch ist ein Begreifen, das den Gegenstand anders begreift als er ist. Aber in unserem Fall hat »Andersheit« die Bedeutung: Das Begreifen, wohl wissend, daß das »Objekt« (*subiectum*) ein Einzelnes ist, nimmt es als Allgemeines. Wir überschauen den Prozeß, wenn wir ihn von der Leistung unserer Sinne her analysieren:

Nach Boethius geben uns die Sinne Körperdinge zusammen mit den in ihnen liegenden unkörperlichen Dingen (*omnes enim huiusmodi res incorporeas in corporibus suum esse habentes sensus cum ipsis nobis corporibus tradit*)[11]. Also schon unsere Sinne nehmen nicht nur Körperliches wahr. Modern gesprochen: Sie nehmen wahr in sprachlich ausgelegten Zusammenhängen. Der Geist (*animus*), führt Boethius fort, hat die Macht (*potestas*), das Getrennte zusammenzusetzen und das Zusammengesetzte aufzulösen. In dieser Macht unterscheidet er, was ihm die Sinne verworren und nur in der Verbindung mit Körpern darbieten. Er distinguiert und sieht daher das unkörperliche Wesen, wie es in sich ist, ohne die Körper, mit denen es verwachsen (*concretum*) ist. Hier werden einige Prämissen deutlich, die Boethius machte und die im Mittelalter einflußreich wurden:

a) Vorausgesetzt ist eine Art Zweiweltenlehre und ein anthropologischer Dualismus: »Die Sinne geben uns (die wir von den Sinnen verschieden sind) die Körper und zudem die unkörperlichen Dinge (*res*)«, wobei die intelligiblen Inhalte als Gegenstände »Sachen«, nur eben nichtsinnlicher Art sein sollen.

b) Wir haben zwei Arten von Erkenntnis. Entweder sehen wir die unkörperlichen Realitäten (»Ideen«) in sich selbst oder wie sie in den Körperdingen sind. Nur die zweite Erkenntnisart analysiert Boethius hier. Dabei hebt er die

Aktivität des menschlichen Geistes hervor: Dieser trennt das Geeinte, er vereint das Getrennte. Er erweist im Erkennen seine »Macht« (*potestas*), wie Boethius in römischer Manier sagt. Der Geist gewinnt das Allgemeine durch Abstraktion.[12] Boethius gebraucht das Wort »Abstraktion«. Aber es hatte für ihn nicht den empiristischen Klang, den es heute hat. Er meinte eine Art von Ideenschau. Denn die allgemeine Bestimmung, die der Geist erfaßt, ist nicht bloßer Gedanke, sondern gestaltendes Prinzip des Wirklichen. Nach der Abstraktion betrachtet sie unser Geist nicht als bloßes Gedankending, sondern als die Wirklichkeit in ihrer reinen Gestalt (*solam puramque ut in seipsa forma est contuetur*). Auch diesen Grundbegriff der »Form« entnahm Boethius der antiken Tradition: Der reine Begriffsgehalt, der nicht nur gedacht ist, ist zugleich das Prägende einer Sache, deren »Form«.

c) Boethius bemüht sich zu erklären, daß unser Geist nicht irrt, wenn er die Körperdinge unter unkörperlichen Formen auffaßt: Irrtum liege nicht darin zu sondern, was in der Wirklichkeit vereint ist, solange man nicht behauptet, das intellektuell Gesonderte *existiere* getrennt. Ein Irrtum liegt vor, wenn man in der Behauptung miteinander vereint, was in der Wirklichkeit getrennt ist. Die Abstraktion urteilt nicht, sie geht dem Urteilen voraus, meint Boethius. Sie löst die allgemeinen Bestimmtheiten, Gattungen und Arten, von den Einzeldingen ab, ohne zu behaupten, sie existierten getrennt. Sie existieren nach Boethius »in« den Körperdingen. Boethius beschreibt sie, als wären sie eine Art von Dingen – er nennt sie ausdrücklich *»res«* –, eingepackt in die Sinnesdinge. Die Abstraktion befreit sie von dieser Umhüllung und betrachtet sie, wie sie in sich sind. Boethius erklärt dies näher so: Das Denken der Arten und Gattungen besteht darin, aus den Einzeldingen, in denen die allgemeinen Bestimmungen enthalten sind, deren Ähnlichkeit (*similitudo*) zusammenzufassen. Daraus ergeben sich die Definitionen von »Gattung« und »Art«, die Boethius vorträgt: »Gattung« ist ein Gedanke, der hergenommen ist aus der Ähnlichkeit von Arten; »Art« ist ein Gedanke, der hergenommen ist aus der wesenhaften Ähnlichkeit zahlenmäßig verschiedener Einzeldinge (*ex individuorum dissimilium numero substantiali similitudine*).

Der Leitbegriff ist die Ähnlichkeit (*similitudo*). Wenn sie in den Einzelwesen ist, ist sie sinnlich (*sensibilis*); wenn sie in den Allgemeinbestimmungen (*in universalibus*) ist, wird sie intellektuell erkennbar (*intelligibilis*). Darin liegen wichtige Weichenstellungen für die Philosophie des Mittelalters: Unterschiede, die das Denken angehen, sind allein die allgemeinen. Die Einzelwesen unterscheiden sich nur, wie man sagt, »der Zahl nach«. Ihre Unterschiede gehen nur die Sinne etwas an. Boethius zog noch nicht die Konsequenz, daß »Denken« nur das Haben des Allgemeinen sein soll, unter Absehung von individuellen Differenzen. Aber die Universaliendebatte und maßgebliche Ontologien des Mittelalters ließen sich vielfach von dieser Voraussetzung leiten. Zugrunde lag die axiologische Vorentscheidung, wonach das Bleibende, Identische besser ist als das vergängliche Einzelne. Diese Unterbewertung des Individuellen entsprach dem geschichtlichen Vorrang der Korporation und der Familie vor dem Einzelnen – so wie der Dualismus von Geist und Sinnen die Einteilung der Gesellschaft in Kontemplative und Politiker einerseits, in Handarbeiter andererseits spiegelte und begründete.

Boethius faßt seine Antwort zum Universalienproblem schulmäßig dahin zusammen: Die Universalien existieren, aber bei den Sinnesdingen; geistig erfaßt werden sie jedoch außerhalb der Körper (*subsistunt ergo circa sensibilia, intelleguntur autem praeter corpora*)[13]. Sie sind unkörperlich, aber mit den Sinnesdingen verbunden (*sunt incorporalia, sed sensibilibus juncta*)[14].

Obwohl Boethius betonte, er wolle mit seiner Lösung des Universalienproblems nicht den Konflikt zwischen Platon und Aristoteles austragen, stellte er sich de facto auf seiten Platons. In schulmäßiger Form gab er Thesen des mittleren Platon wieder, wenn er lehrte, wir könnten Gattungen und Arten entweder in ihnen selbst oder in den Körpern betrachten,[15] sie seien unkörperlich, aber den Sinnesdingen verbunden (*sunt incorporalia, sed sensibilibus juncta*)[16]. Als er sowohl die dinghafte Existenz wie die völlige Nichtexistenz der Universalia[17] ablehnte, gab er eine Paraphrase des Anfangs des platonischen *Parmenides* (130a). Doch kombinierte er die platonische Ideenlehre mit einer Abstraktionstheorie. Dies war kein Widerspruch, denn er verstand »Abstraktion« nicht als allmähliche, schematisierende Verallgemeinerung. Im Porphyrius-Kommentar (S. 165, 13f.) deutete er nur an, daß die »Ideen« »geschaut« werden; in seinem Hauptwerk, dem *Trost der Philosophie*[18], führte er dies aus. Die sinnliche Erfahrung ist danach nur nötig als Anreiz intellektueller Selbsttätigkeit. Für diese legte Boethius ein intuitionistisches Modell der Erkenntnis zugrunde. Sein »Allgemeines« war ein punktueller, kein satzhafter Gehalt, eine hypostasierte Bedeutung isolierter Vokabeln. Man muß fragen, was in diesem Zusammenhang »denken« bedeutet. »Denken« heißt hier: klassifizieren, einen sinnlichen Eindruck mit einer allgemeinen, begrifflichen Markierung verbinden. Dieser Begriff von Denken war orientiert an der Einordnung von Dingen.

Religionsphilosophie

Weder Augustin noch Boethius waren bloße Betrachter der Weltgeschichte. In beider Biographie spiegeln sich die großen Veränderungen, denen die antike Welt zwischen 380 und 530 unterworfen war; beide haben an einigen wesentlichen Entwicklungen der Spätantike teilgenommen. So hat der Bischof von Hippo die staatliche Macht für kirchliche Zwecke reklamiert; in seinem Alltag machte sich die fast schon »mittelalterliche« Stellung eines Bischofs spürbar: Er war eine politische und juristische Autorität. Die zunehmende Dezentralisierung der spätantiken Welt kam auch in der Bedeutung der von Augustin dominierten afrikanischen Provinzialkonzilien zum Ausdruck. Die augustinische Gnadenlehre formulierte den Verlust selbständiger Eigeninitiative, der die spätantike Zwangsgesellschaft kennzeichnete, in theologisch-transzendenter Form. Ihre Hervorhebung des Elends, der Hinfälligkeit und der Ohnmacht der menschlichen Natur erwies sich immer mehr als realistisch. Die Belagerung seiner Bischofsstadt durch die Vandalen machte selbst im geschützten Nordafrika die Gefahren einer neuen, durch die Germaneninvasion verunsicherten Zeit fühlbar.

Boethius war als Angehöriger einer der großen Familien Roms und als Kanzler Theoderichs noch intensiver in die geschichtliche Situation verwickelt. Er war der Exponent der auf kulturelle Assimilation ausgerichteten Politik des Ostgotenkönigs Theoderich, der die staatsrechtliche Konstruktion vom Weiterbestand des Römischen Reiches aufrechterhielt, so daß ein Mensch wie Boethius nicht auf den Gedanken kam, das römische Reich sei untergegangen. Boethius hatte das Bewußtsein ungebrochener Kontinuität. An seinem Lebenslauf und an denen seiner beiden Söhne schien es sich zu beweisen, daß die römische Ämterlaufbahn noch fortbestand – unter der obersten Führung durch den König eines Wandervolkes, der 493 an die Macht gekommen war, nachdem er Odoaker, einen germanischen Heerführer, der 476 den letzten weströmischen Kaiser abgesetzt hatte, eigenhändig ermordet hatte. Die Wandervölker hatten einen längeren Prozeß der Angleichung an die überlegene römische

Zivilisation hinter sich. Theoderich erkannte formell die Oberhoheit des Kaisers in Ostrom an; auch dies begünstigte den Glauben, die römische Welt bestehe fort. 518 kam in Byzanz Justin zur Regierung. Er wollte aus der formellen Oberhoheit eine reale machen. Er suchte eine Koalition mit dem römischen Senat und dem Papst gegen Theoderich. Theoderich hatte nach Ansicht Justins und des Papstes nicht den rechten Glauben; er war Arianer. Die Ostgoten waren wie die Westgoten, die Burgunder, die Vandalen und die Langobarden zum Christentum in seiner arianischen Form bekehrt worden. Nach Ansicht der Arianer war Jesus »Gott« in einem abgeleiteten Sinne; er war geringer als Gott Vater. Aber nach der Ansicht des Bischofs von Rom war auch der Glaube des Patriarchen in Ostrom nicht korrekt. Er schien nicht die römische Auffassung zu teilen, Christus bestehe aus zwei Naturen, der göttlichen und der menschlichen, und die beiden Naturen hätten einen getrennten Fortbestand, das Sein Christi bestehe also aus und in zwei Naturen (*ex et in duabus naturis*). Die oströmische Christologie galt in Rom als monophysitisch; sie schien zu sagen, Christus bestehe nur aus einer Natur, und zwar der göttlichen.

Für uns erscheinen diese Glaubensgegensätze geringfügig. Aber in der Mittelmeerwelt des 6. Jahrhunderts hatten sie politisches Gewicht. In diesem Zusammenhang muß man die vier kleinen Schriften lesen, die Boethius über Fragen der christlichen Glaubenslehre verfaßt hat.[19] Man nennt sie auch »theologische« Traktate. Aber damit überträgt man eine spätere Wissenschaftseinteilung ins 6. Jahrhundert. Wenn es sich überhaupt um »Theologie« handelt, war es eine eigentümliche Art von »Theologie«: Boethius brachte kein einziges Bibelzitat, und im Prolog zu der Schrift *Über die Trinität* (*De Trinitate*) erklärte er, er wolle die Streitfragen »aus den innersten Disziplinen der Philosophie« (*ex intimis philosophiae disciplinis*)[20] entscheiden. Boethius wollte die großen, auch politisch wichtigen Debatten der Zeit mit Hilfe der Philosophie klären. Er wollte die Ansicht der oströmischen Kirche über Christus und die arianische Auslegung der Trinität bekämpfen. Man nimmt heute an, diese Traktate seien um 520 geschrieben, also kurz nach dem Regierungsantritt Justins. Justin war daran interessiert, den Streit über die eine oder die zwei Naturen in Christus beizulegen; er ließ eine Einigungsformel aufstellen, die der Patriarch von Ostrom akzeptieren mußte. Damit wurde der Weg zu einer Koalition gegen Theoderich frei. Daß die Schriften seines Kanzlers bei deren intellektueller Vorbereitung mithalfen und daß sie seinen – den arianischen – Glauben bekämpften, das mußte ihn mißtrauisch machen.

Theoderich konnte aus den Spannungen zwischen Justin und Rom (dem Senat wie dem Papst) nur Nutzen ziehen. Die Gelegenheitsschriftstellerei seines Kanzlers (so mochte Theoderich es sehen) zielte aber darauf ab, sie abzubauen. Es kam tatsächlich zur Einigung zwischen dem Papst und Ostrom.

Die kleinen Traktate des Boethius waren für die Entwicklung der mittelalterlichen Philosophie grundlegend:

- Sie boten in knapper, klarer Fassung den nachaugustinischen Stand der Trinitätslehre. Sie zeigten in philosophischer Form, daß die Trinitätslehre kein Dreigötterglauben sein sollte, daß sie nicht hinter den philosophischen Monotheismus der Antike zurückfallen durfte. Es ging darum, volkstümliche, auch biblische Redeweisen in diesem Sinne zu korrigieren.
- Sie galten als Muster für die Anwendung philosophischer Verfahren auf theologische Fragen; sie wurden maßgebend für den Wissenschaftsbegriff und die Methodenkonzeption des Mittelalters, vor allem seit dem 12. Jahrhundert. Boethius war Mathematiker und Logiker; er schuf

mit seinen Traktaten Muster einer an Euklid angelehnten strengen Argumentationsform.

– Sie definierten für die Folgezeit so wichtige Begriffe wie »Person« und »Natur«.

Wir werden diesen Definitionen im lateinischen Westen allenthalben begegnen; sie brachten das Endstadium der antiken Philosophie in griffige Schulformeln. Indem sie die griechisch-lateinische Wissenschaft in ein terminologisches Schema gossen, bewahrten sie diese auf, aber sie ließen sie auch zu starren Formen gerinnen. Ihre weitere Verbreitung im lateinischen Mittelalter begünstigte den Eindruck, diese sprachlichen Fixierungen enthielten unmittelbar die Sachen. Sie prägten eine kulturelle Welt, die selbständige philosophische Erörterungen neben dem Bibelstudium vorsah. Aber es war eine Welt von spätantiker Starrheit. Daß es sich um die Ontologisierung einer Sprache, dazu noch einer einseitig aufgefaßten und künstlich präparierten Sprache handelte, erkannte erst Lorenzo Valla († 1456). Indem er die Ontologie des Boethius und seine Tendenz zur Harmonisierung der Philosophie mit der Theologie eingehend kritisierte, läutete er das Ende des boethianischen Zeitalters ein. Denn es ist keine Übertreibung, die Philosophie des lateinischen Mittelalters mit dieser Formel zu bezeichnen. Monolithisch wurde es deswegen nicht: Die Ontologie des Boethius enthielt widerstrebende Motive, die man gegeneinander stellen konnte. Seine Harmonisierung von Glauben und Wissen reizte zum Widerspruch, sei's im Namen des Glaubens, sei's in dem des Wissens. Dann gab es neben Boethius immer die beunruhigende Wirkung Augustins. Also darf man sich das »boethianische Zeitalter« nicht zu kompakt vorstellen. Aber Boethius war immer zugegen, wenn jemand einen Patron suchte für eine relativ selbständige Philosophie. Vor allem wirkte er durch sein einflußreiches Werk, den *Trost der Philosophie*.

Trost der Philosophie

Das Hauptwerk des Boethius, *Trost der Philosophie* (*Consolatio philosophiae*),[21] war gleichmäßig durch das ganze Mittelalter bis ins 17. Jahrhundert eines der meistgelesenen philosophischen Bücher. Es wurde früh in die Volkssprachen übertragen. König Alfred hat es ins Englische, Notker von St. Gallen ins Althochdeutsche, Jean de Meun ins Französische übersetzt. Königin Elisabeth I. schuf eine weitere englische Übersetzung, nachdem Chaucer um 1380 eine mittelenglische verfaßt hatte.[22]

Boethius hat das Buch im Kerker geschrieben, in den Monaten vor der Hinrichtung, bereits nach der Verurteilung zum Tode. Die »Philosophie« tritt als Person auf; in Gesprächen führt sie den von Trauer und Empörung erschütterten Boethius zu gefaßtem Einverständnis mit seinem Schicksal. »Philosophie« als Psycho-Therapeutin; die Analogie zu einem medizinischen Heilungsverfahren hat Boethius bewußt intendiert; er folgte der antiken Tradition, die das philosophische Erwachen mit einem medizinischen Heilprozeß in Parallele gesetzt hatte. Das Buch ist kunstvoll stilisiert: Metrisch streng geformte Teile wechseln mit Dialogpartien in Prosa ab. Ich halte dieses Buch für die beste Einleitung in die Philosophie des Mittelalters; daher folge ich seinem Aufbau und seiner Argumentation. Zwar stört uns heute vielleicht seine literarische Stilisierung. Soviel Rhetorik scheint uns mit dem letzten Ernst der Situation schwerlich vereinbar. Augustin hatte in den *Bekenntnissen* mit weitaus intensiverem Vibrato geschrieben; daneben wirkt die Trostschrift römisch unterkühlt, spätantik stilisiert, allegorisch verspielt. Noch seltsamer ist, daß Boethius Christ war, aber vom Christentum in den letzten Wochen seines Lebens keinen Gebrauch machte. Er suchte den Trost nicht in der Schrift, nicht in den Sakramenten, nicht im Glauben, sondern in der

Philosophie. Diese Philosophie erörtert zwar, wie in der Antike häufig, Fragen, die wir heute »theologisch« nennen würden: Die Existenz Gottes, die Vorsehung, den Hervorgang der Welt aus dem göttlichen Denken, den Anteil, den Menschen am Göttlichen erreichen können, um glückselig zu sein, trotz Unglücks. Aber die Philosophie erörtert diese Fragen mit rationalen Argumenten, ohne Abstützung durch Autoritäten. So hatte es Augustin in seinen Frühschriften getan, doch mit einer Konzentration auf »Gott und die Seele«, wie sie der in einer unerschüttert antiken Interessenrichtung lebende Boethius nicht teilte. Er legte den Akzent nicht nur auf die kosmische Ordnung, deren Anblick dem Bedrängten Trost gibt, sondern ebenso auf die Macht des menschlichen Geistes, der gerade im Unglück mächtig ist, sich selbst wiederzufinden und zu besitzen. Es ist das antike Ideal des »Weisen«, das Boethius in teils platonisierenden, teils stoischen Farben malte, um sich selbst wieder aufzurichten.

Einleitend schildert Boethius, warum er schuldlos verurteilt worden ist. Er habe versucht, philosophisch zu leben, und das heiße nach Platon, aus Philosophie Politik zu treiben. Das Ergebnis sei, daß man ihn zum Tode verurteilt habe. Er fragt sich, wie diese Erfahrung zu vereinen ist mit Platons Satz, daß die Staaten nur glücklich werden, wenn die Philosophen Könige oder die Könige Philosophen werden. Beweist sein individuelles Schicksal nicht, daß dies eine überspannte, eine nie realisierbare Forderung ist?

Daß das Böse mächtig ist in der Welt, das mag hingehen als ein Zeichen unserer Schwäche; daß es sich aber gegen den Schuldlosen durchsetzt und daß Gott nur zusieht, das ist ungeheuerlich (*inspectante Deo monstri simile est*)[23]. Es geht um Lebenssinn, um sittliche Selbstbestimmung in einer Welt, die vom Bösen beherrscht scheint. Aber Lebenssinn ist hier – platonisch, auch römisch – immer auch politisch verstanden: Es geht um die Frage der Theodizee, aber nicht im modernen, primär privaten Sinn, sondern im Kontext einer Theorie der politischen Praxis. Die Philosophie selbst steht also in Frage, vor allem mit ihrem öffentlichen Anspruch.

Damit ist das Thema gestellt: Die Bösen haben Macht (*perversi resident celso [solio]*)[24]. Woher kommt der Kontrast zwischen der Rationalität der Naturordnung und dem Treiben der Menschen?

Bevor »Philosophie« die Argumentation aufnimmt, diagnostiziert sie die seelische Situation des Gefangenen: »Du bist nicht so sehr vertrieben worden, als daß du dich selbst vertrieben hast«.[25] Sie zeigt dem Gefangenen, daß er, von Trauer bedrängt, sein wahres Ich preisgegeben hat und daß er deswegen unter dem Gefängnis und der Todesstrafe leidet. Sie will erst seinen Geist wieder kräftigen, mit milden Mitteln zunächst, um ihm dann die wichtigeren Einsichten zu vermitteln. Sie hält den Ausgangspunkt der kommenden Erörterungen fest: Boethius gehe doch davon aus, die Welt (als Natur) sei geordnet. Dieser Ausgangspunkt ist nicht der des christlichen G l a u b e n s; Boethius hebt hervor, daß er das w e i ß (*operi suo conditorem praesidere deum scio*)[26]. Alles wird durch Vernunft (*ratione*) gelenkt – nur das Handeln der Menschen scheint die Ausnahme. Alles kommt von »Gott« (*deus*), aber das Wort *»deus«* ist eine Formel für die Rationalität des Naturablaufs. Boethius denkt dabei an die Regelhaftigkeit im Laufe der Sterne, im Wechsel von Tag und Nacht, von Sonne und Mond.

Die »Philosophie« will dann diesen keimhaften und für die Menschenwelt zerbrochenen Glauben an vernünftige Leitung des Geschehens wiederherstellen, aber nicht allein durch Reflexionen über die Welt, sondern als Anleitung zur Selbsterkenntnis. »Ich weiß«, sagt sie zu Boethius, »die Ursache deiner Krankheit: Du hast aufgehört zu wissen, was du selbst bist« (*quid ipse sis nosse desisti*)[27]. Zwar weiß Boethius, daß man den Menschen definiert, als vernunftbegabtes sterbliches Wesen (*animal rationale atque mortale*), er weiß auch, daß er unter diese Definition fällt, aber die »Philosophie« will ihm zeigen, daß er, obwohl er dies weiß, die wahre Erkenntnis seiner selbst verloren hat. Weil er zwar den Ursprung, nicht aber das Ziel von allem denkend erfasse, halte er unrecht Handelnde für mächtig und für glücklich. Er müsse nur die Finsternis täuschender Anhänglichkeiten vertreiben, dann werde er den Glanz des wahren Lichtes sehen.

In Naturbildern zeigt »Philosophie«, wie die Wahrheit sichtbar wird, wenn wir die Affekte abstreifen: Freude und Hoffnung, Furcht und Schmerzempfindung. Der platonische Vergleich der Wahrheit mit der Sonne erhält bei Boethius einen römisch-stoischen Akzent: »Vertreibe die Freuden, vertreibe die Furcht« (*gaudia pelle, pelle timorem*).

Das zweite Buch vollzieht die erste Stufe der Heilung: Die »Philosophie« benutzt die Rhetorik,[28] um einschneidend zu heilen. Zunächst befreit sie von dem Wahn, das Glück bestehe in Reichtum, in Würden, in Macht oder Ruhm. Dieser negativen Glückseligkeitslehre wird im 3. Buch die positive folgen. Der negative Aspekt ist der, daß die äußeren Güter uns nicht glücklich machen können, da sie nie wirklich uns gehören. Sie stehen nicht in unserer Macht. Auch wenn wir sie besitzen, gehören sie uns nur scheinbar. Boethius bedient sich der stoischen Unterscheidung zwischen dem, was in unserer Macht steht und was nicht. Mit den Stoikern rät er, sich an das zu halten, was bei uns liegt. Kynisch-stoische Popularphilosophie, auch aus Cicero entlehnt, liegt zugrunde: Der Unglückliche soll nicht überrascht tun. Was ihm widerfährt, konnte er erwarten. Es ist die Beständigkeit des sogenannten »Glücks«, unbeständig zu sein. Gegenüber Fortuna gilt keine Beschwerde: »Wenn dein wäre, was du als verloren beweinst, hättest du es unmöglich verloren.«[29] Fortuna dreht ihr Rad und ruft dem Menschen zu: »Das ist meine Macht, dies beständige Spiel spiele ich: ich drehe das Rad mit schnellrollender Felge: Das Unterste gegen das Höchste, das Höchste gegen das Unterste zu tauschen, ist meine Freude. Steige empor, wenn du willst, aber unter der Bedingung, daß du es nicht für Unrecht hältst herabzusteigen, wie es der Gang meines Spieles fordert.«[30]

Selbst wenn das Glück uns günstig ist, füllt es uns nicht aus; etwas fehlt. »Wer besitzt ein so gesichertes Glück, daß er nicht zu einem Teile mit der Beschaffenheit seines Loses haderte?«[31] »Warum also, ihr Sterblichen, sucht ihr ein Glück draußen, das doch in euch liegt?«[32] Damit ist die Richtung gewiesen: nach innen. Schon die kynische und die stoische Philosophie reagierten auf den Zusammenbruch der Polis mit dem Rückzug auf den Einzelnen, vor allem auf den Willen des Einzelnen. Wirklich gut ist danach nur, was zu uns, zu unserem Willen gehört, worin wir autark sind. Unglück ist danach nur eine Sache der Meinung, der falschen Meinung (*nihil est miserum, nisi cum putes*)[33].

Die Glücksgüter täuschen, da sie uns äußerlich bleiben. Sie bieten nicht Macht, wenn »Macht« das Vermögen bedeutet, zu verwirklichen, was man will. Sie bieten nicht wirkliches Glück. Daher ist das sogenannte Unglück besser als das sogenannte Glück; »dieses täuscht, jenes belehrt«[34].

Das 2. Buch endet mit einem durch Argumente wenig vorbereiteten Hymnus auf die Liebe (*amor*), die alles lenkt, vor allem den Himmel. Wenn sie nicht alles zusammenhielte, wäre selbst der Kampf nicht möglich. Die Liebe beherrscht Erde und Meer und Himmel. Sie ist das kosmologische Prinzip der Ordnung, sie bewegt Himmel und Erde, aber die Menschen leben nicht aus ihr. Mit dieser Auffassung stand Boethius in einer nachhaltig wirkenden antiken Tradition; Empedokles, Platon und Aristoteles hatten »Liebe« als Weltgrund betrachtet. Dante hatte die »modernere« Konzeption von Liebe als einem Verhältnis zwischen zwei Personen, gab aber gleichwohl der boethianisch-aristotelisch-platonischen Auffassung Raum, wenn er im letzten Vers der *Divina Commedia* von der Liebe sagt, sie bewege Sonne und Sterne: *l'amor che move il sole et l'altre stelle*.

Das dritte Buch setzt ein mit folgender Überlegung: In allen Dingen suchen die Menschen nur das Gute. Sie meinen jenes Gute, worüber hinaus man, wenn es erreicht ist, nichts ersehnt. Es füllt alles Begehren aus. Es ist das höchste Gut.[35] Wenn ihm etwas fehlte, könnte es nicht das höchste Gut sein. Glück ist daher zu bestimmen als »ein Zustand, der durch die Vereinigung aller Güter vollkommen ist« (*liquet igitur beatitudinem esse statum bonorum omnium congregatione perfectum*)[36]. Wie aber kam Boethius bei seinem Pessimismus gegenüber der sichtbaren Welt zur Annahme eines höchsten Gutes (*summum bonum*) und eines wahren Glücks? Dafür gab er folgendes Argument:[37]

Daß es einen Quell aller Güter gibt, ist nicht nur de facto wahr; es kann nicht geleugnet werden, d. h. es ist notwendigerweise wahr. Denn alles, was »unvollkommen« genannt wird, heißt »unvollkommen« durch Minderung des Vollkommenen. Daher muß es in jeder Gattung, in der es ein Unvollkommenes gibt, ein Vollkommenes geben. Denn höbe man die Vollkommenheit auf, könnte man den Ursprung des Unvollkommenen nicht mehr erklären. Die Natur der Dinge (*natura rerum*, wie der stoische Ausdruck innerhalb des neuplatonischen Arguments lautet) nimmt nämlich nicht vom Geminderten und Unvollendeten ihren Ausgang, sondern sie geht von Ganzem und Unabhängigem aus und zerfällt in diese äußersten und mangelhaften Dinge. Wenn es also das unvollkommene Glück über ein zerbrechliches Gut gibt, dann muß es auch ein festes und vollkommenes Glück geben. Worin besteht es? Daß Gott, der Fürst aller Dinge *(rerum omnium princeps)* gut ist, beweist der gemeinsame Begriff aller Menschen (*communis conceptio*). Denn da nichts Besseres als Gott ausgedacht werden kann, kann niemand daran zweifeln, ob der, über den hinaus es nichts Besseres geben kann, gut ist (*id quo melius nihil est bonum esse quis dubitet*). Die Vernunft beweist aber, daß Gott in dem Sinne gut ist, daß in ihm auch das vollkommene Gut sein muß. Das Wort »Gott«, das zunächst auftritt wie der Name eines Individuums, ist zu verstehen von seiner Begründungsfunktion her für abgeleitete Güter. Dann zeigt sich das, was das Volk »Gott« nennt, als das vollkommene Gute (*perfectum bonum*).

Wenn Gott nicht das vollkommene Gute wäre, könnte er nicht der Fürst (*princeps*) aller Dinge sein – die soziomorphe Vorstellung vom Fürsten aller Dinge illustriert das idealistische Schema: Alles Vollkommene und Ganze ist »früher« als das Unvollkommene. »Früher« nannte Aristoteles, platonisierend, den »Grund« – das, was ohne das Begründete sein kann. Boethius setzte dieses Modell einseitiger Dependenz (das »Frühere« kann sein ohne das Spätere, nicht umgekehrt) bei seinem Gottesbeweis voraus. »Verstehen der Welt« hieß für ihn, das Unvollkommene als Bild des Vollkommenen denken. Dabei sprach Boethius noch eine weitere Voraussetzung seines Arguments aus: Die Reihe der Erklärungsinstanzen mußte endlich sein. Es mußte für die zahlreichen Einzelfälle von »gut« und von »glücklich« eine einheitliche Norm, einen einzigen Grund geben. Die Überlegung darf nicht ins Unendliche gehen, deshalb muß man nach Boethius zugeben, daß der »höchste Gott« (Boethius bleibt bei diesem antiken Sprachgebrauch) voll des höchsten und vollkommenen Guten sein muß. Boethius deutet also den Inhalt des Wortes »Gott« vom höchsten Guten her, nicht umgekehrt. Deshalb greift die modern-christliche Identifikation der höchsten Glückseligkeit mit *»deus«* zu kurz. Boethius wollte erst festlegen, was wir denken sollen, wenn wir den volkssprachlichen Ausdruck *»deus«* gebrauchen, nämlich: das, worüber hinaus es nichts Besseres gibt (*id quo melius nihil est*). »Das vollkommene Gute« ist auch das wahre Glück. Also muß im höchsten Gott die wahre Glückseligkeit wohnen, nicht zufällig, nicht wie in einem Fremden, sondern als sein wahres Wesen. Das Wesen des besitzenden Gottes und das besessene Glück können wir nicht als verschieden denken. Das höchste Gut zu sein macht sein einfaches Wesen aus. Also ist es notwendig, von Gott zu sagen, daß er die Glückseligkeit ist. Vollkommenheit und Glückseligkeit müssen e i n e sein. Daher werden Menschen nur glücklich, wenn sie Gott werden (*omnis igitur beatus deus*)[38]. Von Natur ist nur e i n Gott. Aber wir können durch Teilhabe (*participatione*) Gott werden. Alles, was die Menschen sonst erstreben – Selbstgenügsamkeit, Macht, Freude, Ruhm, Geld – erstreben sie nur, weil sie es für ein Gut halten (*quoniam id quoque esse creditur bonum*)[39]. Das Gute ist also das eigentlich Erstrebte. Wenn jemand der Gesundheit wegen reitet, so sucht er nicht eigentlich die Reitbewegung, sondern die Gesundheit. Da wir alle Einzelgüter um des Guten willen erstreben, erstreben wir nicht das Einzelgut, sondern »das Gute selbst«. Das, um dessentwillen man alles andere will, ist das Glück. Also ist das Wesen des Glücks und »des Guten selbst« dasselbe.

Dieses Gute ist zugleich das Eine. Dies zeigt Boethius, indem er beweist, daß alles, was ist, seine Einheit bewahren will. Es ist nur, sofern es eines ist. Verliert es die Einheit, verliert es sich selbst. Das Eine ist also das Gute. Das Gute ist das, was von allen ersehnt wird (*cuncta igitur bonum petunt; bonum est, quod desideratur ab omnibus*)[40].

Am Schluß des 3. Buches eliminiert Boethius die Erfahrung des Bösen mit Hilfe der gewonnenen Erkenntnis des höchsten Guten: Gott begründet alles Gute. Er ist also allmächtig. Allmächtig ist, für wen es nichts gibt, was er nicht kann. Gott kann nicht das Böse tun. Da Gott es nicht tun kann, wo er doch alles vermag, ist das Böse nicht (*malum igitur nihil est*)[41].

Daß es sich bei der Überlegung im 3. Buch um einen Gottesbeweis handelt, hat Boethius selbst ausgesprochen.[42] Der Gott, der am Ende dieses Arguments steht, ist das Vollkommene, das früher ist als alles Unvollkommene – »früher« nicht der Zeit, sondern der Begründungsfolge nach. Dann ist die Allmacht Gottes nicht mehr zu verstehen als schrankenlose Willkür, sondern als Macht, das Gute zu tun. Die Folge davon ist, daß das Böse als ein Nichts gilt. Im Munde eines schuldlos zum Tode Verurteilten heißt das, daß die Bosheit zwar Macht hat und daß es in diesem Sinne das Böse »gibt«. Aber es »gibt« das Böse, wie es den Mangel, z. B. die Blindheit, gibt. Zugrunde liegt die Theorie, das Böse sei »Beraubung« (*privatio*), also ein Fehlen von etwas, das dasein sollte, aber kein positiver Seinsbestand. Diese Theorie definiert »Sein« im Hinblick auf Ordnung, Gutsein, Moral. Ein ontologischer Optimismus, der bei Boethius mit einem gesellschaftlichen Pessimismus zusammenging. Mit seiner philosophischen Theologie hat Boethius die volkstümliche Gottesvorstellung verlassen. *»Deus«* ist das, worüber hinaus Besseres nicht sein kann. Von auswählender Begnadung, von exclusiven Berufungen, gar vom Abweichen von moralischen Normen sprach Boethius nicht. Er stabilisierte noch einmal das antik-philosophische Wertsystem, das der späte Augustin angezweifelt hatte: Vernunft soll Macht haben. Er verstand »Vernunft« als Möglichkeit, das Gute zu erfassen und zu realisieren, in einer Glückseligkeit, die nicht von außen als zusätzliche Belohnung auf uns zukommt.

Das 3. Buch hatte großen Einfluß auf die mittelalterliche Anschauung der Welt, besonders der Natur. Sein Höhepunkt ist der Hymnus »O qui perpetua«, der im Geist des platonischen *Timaios* und des Aristoteles den Weltenschöpfer als unbewegten Beweger, als neidlos gut preist. Er habe die Welt geschaffen nach den Normen, die in seinem Geiste seien. Von dieser wahren Form her habe er deren Abbilder gemacht.[43] Der Welt liegen Zahl-Ideen zugrunde, musikalische Proportionen. Hieran sieht man, wie Boethius sein Konkordanzprogramm verstand: Platonischer Exemplarismus – wobei die Ideen als Urbilder im göttlichen Denken gefaßt sind –, neupythagoreische Zahlenmetaphysik, aristotelische Lehre von Form und Stoff, die Lehre von den vier Elementen – dies alles fließt zum Preis des vollkommenen Weltalls und seines Begründers zusammen. Diese »idealistische« Kosmologie soll zeigen, wo das wahre Glück liegt, nämlich in der intellektuellen Teilhabe des menschlichen Geistes am weltbegründenden Geist Gottes: »Dich sehen ist Endziel« (*te cernere finis*). Der Intellektualismus ist ungebrochen.

Das vierte Buch mutet dem, der Trost braucht, nun schon Schwereres zu. Die »Philosophie« verteidigt zwei Sätze, von denen sie weiß, daß sie paradox sind:

(1) Die Guten sind immer stark, die Schlechten immer schwach. Denn die Guten erreichen in jedem Fall ihr Ziel, die Glückseligkeit, die eben darin besteht, im Guten zu leben. Die Schlechten erreichen nie, was sie intendierten. Denn die Ziele, die sie anstrebten (Macht, Genuß, Ehre), schließen sich gegenseitig aus. Das »wahre« Gut steht außerhalb solcher Konkurrenz.

(2) Für den Schlechten ist es besser, bestraft zu werden, also Unglück zu leiden, als sich der Strafe entziehen zu können, denn nur dadurch erhält er wenigstens einen Anteil an der Gerechtigkeit, also am Guten. Boethius polemisiert gegen Rachejustiz – der Schlechte verdient Mitleid, nie Haß – und gegen die gewöhnliche Verteidigung vor Gericht.

Dies sind platonische Motive, vor allem aus dem *Gorgias*. Wichtig ist der Gedanke der Immanenz der Strafe: »Suche nicht außerhalb den Rächer!«[44] Die »Philosophie« gibt zu, daß diese Überlegungen von denen des »Volkes« weit abliegen; bei Boethius war »Volk« die unvernünftige Masse, wie in der antiken Philosophie. Das einfache Volk der christlichen Urgemeinde existierte in seinem Denken nicht mehr – es hatte auch in der Realität aufgehört zu existieren. Das Ethos jener kleinen Gruppen zu rekonstruieren und als überlegen zu erweisen, dazu lag für Boethius kein Anlaß vor; die etablierte Kirche, die sich als Hierarchie verstand, hatte es bereits aufgesogen.

Um den Volksansichten etwas entgegenzukommen, erörtert die »Philosophie« die göttliche Weltregierung. Wie ein Künstler einen Plan realisiert, so die göttliche Providenz.[45] Boethius unterscheidet »Vorsehung« (*providentia*) und »Schicksal« (*fatum*): Die Providenz ist die unbewegliche und einfache Form dessen, was geschehen soll, das »Schicksal« ist ihre bewegliche Verknüpfung und zeitliche Ausführung.[46] Je weiter weg vom göttlichen Plan, um so schwerer, schicksalhafter, unfreier sind die Dinge. Doch soll das Fatum gegen die Providenz nicht selbständig sein; es führt deren Inhalte aus und berücksichtigt dabei die besondere Anlage jedes Menschen. Alles wird so zum Guten geleitet, auch wenn wir dies im einzelnen nicht durchschauen. Wir müssen mit dem Urteil zurückhalten, können wir doch noch nicht einmal die Guten von den Schlechten sicher unterscheiden. So bleibt die moralistische Weltkonzeption intakt: »Weil jedes Geschick, sei es angenehm oder hart, verhängt wird, um die Guten zu belohnen oder zu üben und um die Bösen zu strafen und zu bessern, ist jedes gut. Es steht fest, daß es gerecht oder nützlich ist«.[47] Der Weise beschwert sich nicht über Fortuna; er weiß, daß es in seiner Hand liegt, das Geschick zu gestalten: Ist das Geschick hart, so übt, korrigiert, bessert es ihn oder es straft.[48]

Dies setzt Freiheit des Wollens voraus. Aber wie ist sie möglich, wenn die Providenz alles geregelt hat? Diesem Problem ist das fünfte Buch gewidmet. Wenn Gott alle Ereignisse im voraus weiß, können sie nicht ausbleiben oder von uns geändert werden, aber dies zerstört die menschliche Freiheit nicht, da in Gottes Ewigkeit alles, auch das Zukünftige, auch das Wissen um die freie Verursachung des Zukünftigen, zugleich ist. Ewigkeit ist der Vollbesitz der ganzen Fülle des Lebens als Gegenwart.[49] Die Zeit ahmt diese Gegenwart nur nach, auch wenn sie anfangs- und endlos ist (*perpetuitas*). Dieser terminologische Unterschied von Ewigkeit (*aeternitas*) und unendlicher Zeitdauer (*perpetuitas*) war dem Mittelalter wichtig; es konnte mit diesen Termini ausdrücken, die antik-philosophische Anfangs- und Endlosigkeit des Kosmos widerspreche nicht der göttlichen Allverursachung, auch wenn die Welt ewig wäre (keinen Anfang in der Zeit hätte), sei sie dennoch durch Gott begründet.

Boethius bemühte sich, menschliche Freiheit und göttliche Providenz zu vereinen, und zwar auf folgendem Weg: Die Notwendigkeit, die das göttliche Vorherbestimmen zur Folge hat, ist keine Eigenschaft der menschlichen Handlungen, sonst könnten diese selben menschlichen Handlungen nicht frei erfolgen. Aber diese Notwendigkeit ist die des göttlichen Wissens, das in der Ewigkeit steht. Man dürfe überhaupt nicht glauben, die Erkenntnis werde nur von den Sachen bestimmt. Die Erkenntnis werde vielmehr bestimmt durch die Seins- und Erkenntnisweise des Erkennenden. Boethius kritisierte ausdrücklich den Objektivismus in der Erkenntnislehre, den man gewöhnlich der Antike und dem Mittelalter zuschreibt.[50] Boethius analysierte eingehend, wie die Seinsweise des Erkennenden alle Erkenntnisformen bestimmt. Das göttliche Vorwissen ist von solcher Einfachheit, daß es Vergangenes wie Zukünftiges als gegenwärtig denkt.

Nur weil wir meinen, das Erkennen werde von den Sachen bestimmt, können wir göttliches Vorherwissen und menschliche Freiheit nicht zusammendenken. Boethius verwarf die Vorstellung, der menschliche Geist sei von sich her eine unbeschriebene Tafel, eine *tabula rasa*. Er wußte, daß er seine Einsicht in die entscheidende Funktion des Erkennenden bei allem Erkennen polemisch aussprechen mußte. Aber die Polemik betraf nicht Platon, nicht einmal Aristoteles, sondern den stoischen »Realismus«. Gegen die Stoa machte Boethius die Aktivität der menschlichen Erkenntnis geltend. Kann man von »Spontaneität« sprechen? Anregung von außen, die Unüberspringbarkeit sinnlicher Erfahrung, wollte Boethius nicht bestreiten. Aber er dachte den Geist als eine mächtige Kraft, die nicht nur durch die Rezeptivität der Eindrücke bestimmt sein könnte. Der Geist ist voll von eigener Bewegung (*propriis vigens motibus*). Er ist charakterisiert durch Selbstbezug (*tum sese referens sibi veris falsa redarguit*)[51]. Nur im Selbstbezug unterscheidet er das Falsche vom Wahren. Nur im Selbstbezug löst er ein, was die Vokabel »Gott« meint. Nur dadurch findet er sein Glück.

Blicken wir noch einmal zurück auf den *Trost der Philosophie*. Die »Tröstung« besteht darin, die Erfahrung von Niedertracht in Einklang zu bringen mit moralischen Erwartungen. Den Einklang stellte Boethius her, indem er zeigte: Das Böse kommt in der Welt vor, beherrscht vielfach die menschliche Erfahrung, ist aber nicht eigentlich wirklich. Eigentlich wirklich ist, was Form ist, was nach dem Guten und Einen tendiert. Das ist zunächst nur eine Frage der Definition: Wenn »wirklich« definiert wird als *forma*, als Teilrealisation des Guten und Einen, dann ist alles Böse und Viele nur insofern, als es im relativ Guten seinen Anhalt hat.

Diese Sprachregelung ist »idealistisch« – nicht im Sinne von Erfahrungsferne, Träumerei, bloßer Spekulation, sondern in dem Sinne: Als »wirklich« gilt, was ideen-haft, form-artig, gut-haft, ein-gestaltig ist oder es zu sein bestrebt ist. Das ist platonisierender Idealismus, oft in aristotelisierender Diktion. Er besteht in dem Beschluß, konsequent sein zu wollen und das allein als »wirklich« gelten zu lassen, was mit dem stärkeren Argument übereinstimmt. Boethius wiederholt Platons Einsicht, daß der Böse nicht wirklich konsequent sein kann. Daneben stehen Common-sense-Argumente, vor allem im vorbereitenden 2. Buch. Boethius nahm diese, wo er sie finden konnte, vor allem aus der stoischen und kynischen Tradition. Diese Argumente haben mehr reinigenden, einleitenden Sinn. Nähme man sie theoretisch streng, stimmte ihr kynischer Kontext nicht mit dem stoischen, der stoische nicht mit dem platonisch-neuplatonischen überein. Boethius verfuhr in der Kombination vorliegender Philosopheme recht sorglos. Aber dies gilt mehr für das Buch II als für die folgenden. Der Hymnus »O qui perpetua« entsprang einer klaren philosophischen Option. Dennoch enthält er nicht, wie ein mittelalterlicher Leser begeistert ausrief, die Summe der Philosophie des Boethius. Die Originalität ist in Buch V am größten – bei der Verteidigung des subjektiven Elements der Erkenntnis. Hier, wo der stoische Materialismus und die stoische Abbildtheorie des Erkennens dem platonisierenden Idealismus und der Konzeption von der Aktivität und Spontaneität des menschlichen Geistes entgegenstanden, entschied Boethius sich klar gegen die Stoa. Der Widerspruch liegt zuerst bei den Stoikern selbst, deren materialistische Ontologie mit ihrer rigorosen Vernunftethik schwerlich zusammenstimmte. Doch bleiben auch Unstimmigkeiten bei Boethius: Die Berufung auf den Konsens, auf die *communis animi conceptio*, ist mit Platon unvereinbar, ebenso das Vertrauen auf den Naturablauf, auf die stoisch gefaßte *natura rerum*.

Die *Consolatio* vermied christliche Anspielungen und biblische Zitate. Man kann annehmen, daß das bereits zur

Konvention erstarrte Christentum des 5. Jahrhunderts für die letzten Lebenswochen des Boethius ohne Bedeutung blieb. Die *Consolatio* hat antike Denkformen und Ausdrucksweisen für das Mittelalter legitimiert. Sie überlieferte sowohl die antike Orientierung an Naturinteresse als auch an strenger, römisch konzipierter Ethik; sie hielt eine Reihe antiker Motive – wie die Gottwerdung des Glückseligen, die strikte Providenz aller Ereignisse, auch mythologische Stoffe und Namen (man denke nur an das Rad der Fortuna), in Erinnerung. Boethius gebrauchte Begriffe wie »Fatum« und »Weltseele« ohne christliche Zensur; er lehrte die Präexistenz der Seele und das Immer-vorhanden-gewesen-sein des Weltstoffs. Die *Consolatio* zeigte ein römisch-aristokratisches Ethos im Angesicht des Todes: Verhaltenheit, Formwille, Bewußtsein von der Unabdingbarkeit der sittlichen Forderung. Der junge Augustin hatte versucht, in einer ähnlich geschlossen-antiken Denkart zu leben; seit 397 fand er, dies sei unmöglich. Boethius realisierte diese Möglichkeit noch einmal, mit größerer Erfahrungsbreite, besserer philosophischer Ausbildung, bei weitem philosophie-historischem Horizont. Aber er bezahlte dies durch künstliche Abgeschlossenheit, durch allzu biedere Inanspruchnahme der Realgeltung logischer Formen. Es fehlte ihm die Zerrissenheit und Leidenschaftlichkeit Augustins, aber auch dessen Vielschichtigkeit, Offenheit, Subjektivität. Er bewahrte eine Vernunftkonzeption und ein an die Mathematik angelehntes Methodenkonzept, das nach 1100 die vom Augustinismus geprägte Welt des frühen Mittelalters wenn nicht zerstören, so doch transformieren sollte. Boethius verstand sich nicht, wie Augustin, als Kirchenmann. Dem Bischof von Hippo haben die Massen über Gebühr imponiert; er hielt die weite Verbreitung des Christentums für einen Ausweis seiner Wahrheit. Und wenn er auch die überwiegende Mehrzahl der Menschen für verdammt hielt, so wollte er doch auf die Massen wirken; jedenfalls waren sie ihm wichtig. Boethius hielt sie sich fern, zumal in den späteren Schriften. Die Erfahrung seines hohen politischen Amtes ist in seine Schriften nur insofern eingegangen, als er das Getriebe der Macht verachten gelernt hat.

4 Dionysius Areopagita

Ein unbekannter Autor

Zu Lebzeiten des Boethius verfaßte ein griechisch schreibender Christ vier Abhandlungen, die im Mittelalter zu den angesehensten Texten gehörten. Es waren dies eine Schrift *Über die göttlichen Namen* (*De divinis nominibus*), eine kurze Abhandlung *Über mystische Theologie* (*De mystica theologia*) sowie je ein Buch *Über die himmlische Hierarchie* und *Über die kirchliche Hierarchie* (*De caelesti hierarchia, De ecclesiastica hierarchia*). Hinzu kommen zehn Briefe. Wer der Verfasser dieser Schriften war, ist bis heute unbekannt. Es ist wahrscheinlich, daß sie um 500 verfaßt worden und daß sie stark von dem Neuplatoniker Proklos beeinflußt sind. Der Verfasser kann also nicht der gewesen sein, als der er sich in diesen Texten ausgibt: der in der Apostelgeschichte (17,34) erwähnte Ratsherr von Athen, der als einziger Zuhörer von dem Apostel Paulus durch dessen Predigt auf dem Areopag bekehrt worden war, DIONYSIUS AREOPAGITA († Anfang 6. Jh.). Mit dieser Fiktion spekulierte der Verfasser auf erhöhtes Prestige, was sich in Ost und West bald auch einstellte. Im Westen erhöhte es sich noch dadurch, daß man den Verfasser mit dem Pariser Märtyrer Dionysius identifizierte. Er wurde zum Schutzpatron des französischen Königtums; die Kathedrale St-Denis im Norden von

Paris wurde zur Grablege der französischen Monarchen. Seit Johannes Eriugena im 9. Jahrhundert seine Werke übersetzt hatte, beeinflußte Dionysius das europäische Denken intensiv, vor allem seit dem 12. Jahrhundert und noch einmal entscheidend bei Nikolaus von Kues.[1]

»Mystik« und »Scholastik«

Man hat sich daran gewöhnt, von Dionysius zu sagen, er habe die philosophische »Mystik« des Mittelalters begründet. Oft versteht man dann diese philosophische »Mystik« als Gegenströmung zur »Scholastik«. Aber der Ausdruck »Scholastik« ist unglücklich. Er ist nicht geeignet, die Gesamtheit der mittelalterlichen Philosophie zu bezeichnen, auch nicht für die Zeit nach dem 12. Jahrhundert. Wenn man von »Mystik« spricht, riskiert man überdies Mißverständnisse. Die wichtigeren Denker der sogenannten »mystischen« Richtung im Mittelalter, also besonders Meister Eckhart, haben nicht in dem Bewußtsein gelebt, eine zweite, andere Richtung neben der »Scholastik« zu vertreten; sie waren Philosophen wie andere auch. Sowohl in der platonisch-neuplatonischen Richtung wie im Aristotelismus gab es Gedankenmotive, die man als »mystisch« bezeichnen könnte: die Einstrahlung der geistigen Erkenntnis durch den Logos, die Gottähnlichkeit der Vernunft, die Vereinigung mit dem Leben der Gottheit durch zweckfreie Theorie. Diese Motive hatte Augustin aufgenommen und um die Lehre von der Gottebenbildlichkeit des dreieinigen menschlichen Geistes vermehrt; aber auch Averroes hat den Gedanken der Gottwerdung durch das Denken weiterentwickelt. Vor allem aber ist seit Parmenides der Gedanke nicht mehr verschwunden, daß das Eine der Grund von allem sei. Seit der Proklos-Rezeption des 13. Jahrhunderts gewann dieser Gedanke erneut Virulenz, z. B. bei Eckhart und bei Berthold von Moosburg. Dieses Eine mußte, wenn man konsequent dachte, auch die Vielheit der menschlichen Personen umfassen. Es mußte als unendlich gedacht werden. Dann stand es nicht außerhalb dessen, der über es nachdachte.

Über das Unendliche nachdenken hieß: die Vorstellung aufgeben, man könne dem Unendlichen irgend etwas gegenüberstellen. Dies auszusprechen, bedeutete nur, daß man bestimmte, in fast allen mittelalterlichen Philosophien vorhandene Theoreme rational weiterdachte; es bedeutete nicht, daß man sich zu einer »mystischen« Richtung zählte; man sprach nur den Mystizismus aus, der im gesamten philosophischen Traditionsbestand von Parmenides her vorhanden war. Dennoch hätte auch ein mittelalterlicher Autor von sich sagen können, er treibe »mystische« Theologie. Aber was er damit gemeint hätte, darf nicht von daher bestimmt werden, was die Begriffe »Mystik« und »Theologie« im heutigen Sprachgebrauch bedeuten; dieser Begriff von »Mystik« hatte nichts mit Gefühl, Ekstasen und Visionen, dieser Begriff von »Theologie« hatte fast nichts mit Bibelwissenschaft zu tun. Auch alle Autoren der sogenannten »scholastischen« Richtung trieben in diesem Sinne »mystische« Theologie. Dafür sorgte allein schon die überragende Autorität des Dionysius Areopagita.

Auch Augustin und Boethius haben ihren »Gott« als das Eine angesehen. Aber Dionysius blieb insofern näher als sie bei Plotin, als er sich weigerte, dem göttlich Einen weitere Prädikate – und seien es die des Seins, des Denkens oder der Liebe – hinzuzufügen. Das Eine, wenn es in sich betrachtet wird, ist nichts als das Eine; jede weitere Charakterisierung würde es in die Vielheit hineinziehen. Wenn wir ohne solche Zusatzaussagen nicht auskommen, wenn insbesondere die biblischen Texte solche enthalten, so müssen wir uns klarmachen, daß sie nur Manifestationen des Einen, nie dieses selbst, treffen. Was benennbar und denkbar ist, sind »Theophanien«, Erscheinungen des Göttlichen, nie dieses selbst.

Am nächsten kommt dem Einen noch die Bezeichnung »das Gute«; sie hebt hervor, daß vom Einen alles ausgeht wie von der Sonne jedes Licht. Das Eine, das Gute, steht nach Dionysius »jenseits« des Seins und »jenseits« des Denkens. Dies will mehr besagen als eine überschwengliche Versicherung, Gott sei transzendent: Mit der Bestimmung »Sein« ist untrennbar verbunden die Bestimmung »Nicht-Sein«; wenn wir »Denken« sagen, gehört dazu auch der Inhalt dieses Denkens. Wir bewegen uns bei den Prädikaten »Sein« und »Denken« immer schon innerhalb der Vielheit und Gegensätzlichkeit. Das Eine steht jenseits der Gegensätze. Das Gute, dessen Wesen darin besteht, sich zu verströmen (*diffusivum sui*), begründet die Gegensätze, auch den von Sein und Nicht-Sein, unterliegt ihnen also nicht. Wir nähern uns dem Einen, wenn wir alle Benennungen von ihm fernhalten, die vielfältig und gegensätzlich sind. Alle sprachlichen Äußerungen sind vielheitlich; sie haben ihre Bestimmtheit, indem sie andere ausschließen. Folglich müssen alle Aussagen vom Einen ferngehalten werden; dies fordert das Programm der »negativen« Theologie. Das Wort »negative Theologie« kann vielfache Bedeutungen annehmen. Bei Dionysius bezeichnet es ein Nachdenken über das Mißverhältnis zwischen allen unseren, auf Vielheit und Gegensatz beruhenden, Benennungen und der göttlichen Einheit. Dionysius dachte die negative Theologie nicht als Komplement zur »positiven« Theologie, sondern als deren Wahrheit.

Für die mittelalterliche Philosophie, welche die Spuren ihrer Entstehung aus dem Unterricht in aristotelischer Logik nie abgestreift hat, war das Werk des Dionysius ein ständiges Stimulans: Es zwang dazu, über die Grenzen und Bedingungen des Unterscheidens und Einteilens nachzudenken, auf das die Schultradition das Denken fast reduziert hatte. Die Lehre vom göttlichen Einen zwang dazu, den Wahrheitsanspruch der vielfältigen und der sinnenhaften Vorstellungen, die in der Bibel enthalten sind, zu bedenken; sie konnten Symbol des Unnennbaren sein, nie dieses selbst. Alle Offenbarungstatsachen, die Inkarnation und die Sakramente, wurden damit unter den Vorbehalt gestellt, »Theophanien«, aber nie das Eine selbst zu sein. Derselbe Logikunterricht, der das Denken mit dem Distinguieren von Wortbedeutungen nahezu identifizierte, gab dem mittelalterlichen Denken auch eine Richtung aufs Dinghafte, das man »Substanz« nannte. Denn Aristoteles hatte gelehrt, alles Wirkliche zuletzt als »Substanz« zu denken (Kategorienlehre). Bei Dionysius las man, daß alles Sichtbare nur ein Gleichnis war für das Unnennbare. Das mittelalterliche Denken mußte sehen, wie es mit diesen gegensätzlichen Impulsen fertig wurde.

»Mystische Theologie« – das bedeutet also im Anschluß an Dionysius das Nachdenken über den befangenen, weil in Gegensätzen verbleibenden Charakter unseres Redens vom Einen. Es bedeutete die Freisetzung sprachlicher Möglichkeiten. Denn jetzt war man ermächtigt, vom Einen zu sagen, es sei Licht *und* Finsternis, es sei *jenseits* von Licht und Finsternis, unser Wissen von ihm müsse ein *Nichtwissen* werden usw. »Mystische Theologie« bedeutete die Aufforderung, sinnliche Zeichen als Zeichen zu nehmen und über alles Gegebene zum Nicht-Gegebenen, zum unbestimmbaren Einen, aufzusteigen. Dies setzt nach Dionysius »Reinigung« voraus, also Abkehr von der affektiven und kognitiven Anhänglichkeit an die sinnlichen Dinge. Nur wenn man das wahre Glück vom sinnlichen Genuß, das reine Denken von der Phantasievorstellung unterscheide und seine Lebensrichtung auf das Nicht-Gegebene gründe, könne man die »Erleuchtung« erfahren – »Erleuchtung« nicht als »mystischen« Vorgang in der umgangssprachlichen Bedeutung dieses Wortes, sondern als Erleuchtetwerden vom Logos, als aktiven Mitvollzug der idealen Strukturen, deren Einheit er ist. Aber da das Eine noch »über« der Vielheit idealer Strukturen steht, da es »jenseits« der Ideen und des Denkens steht – in einer unräumlichen Jenseitigkeit, die nur ausspricht, daß das Prinzip nicht die Charaktere des Prinzipiierten trägt –, muß unser Geist auch über die Stufe des Ideendenkens hinaus, in den Abgrund der bestimmungslosen Einheit. Dies ist die letzte Stufe, die das Denken, sich selbst verlassend, erreicht auf dem dreifachen Weg der Reinigung, *via purgativa*, der Erleuchtung, *via illuminativa*, und der Einigung, *via unitiva*.

Hierarchien

Die geistige Welt des Dionysius war die des östlichen Mönchtums unter dem Einfluß der neuplatonischen Philosophie. Es fehlten ihr der Weltbezug und die Wissenschaftsnähe, die Boethius auszeichnen. Sie kreiste um das unsagbare Eine; ihr Ziel war die Vereinigung der Seele mit dem bestimmungslosen Grund der Welt. Aber so monastisch und kontemplativ sie angelegt war, sie hatte dennoch politisch-praktische Bedeutung, und zwar durch ihre Lehre von den himmlischen und kirchlichen Hierarchien. Nun war es schon vor Dionysius eine schwierige Frage gewesen, wie man den Abstand zwischen dem bestimmungslosen Einen und der Vielfalt der sichtbaren Welt überbrücken könne; man nahm Zwischenwesen an, z. B. Dämonen oder die Weltseele. Die Neuplatoniker sprachen von »Hypostasen« wie dem »Geist« und der »Seele« als Zwischenstufen zwischen dem Einen und der Materie. Die Bibel sprach von himmlischen Heerscharen, aber diese bildeten vor dem Eingreifen des Dionysius eine unübersichtliche Vielfalt von

Gruppen; die meisten Kirchenschriftsteller, Augustin eingeschlossen, hielten sie auch nicht für reine Geister, sondern dachten sie als luftartige Körperwesen. Dionysius vollzog eine doppelte Reform: Zunächst wandte er konsequent die neuplatonische Lehre vom Vorrang des Geistes vor dem Körper an und erklärte die himmlischen Wesen, Engel und Teufel, für reine Geister. Sodann brachte er die Vielfalt der himmlischen Zwischenwesen in eine gehörige Ordnung – in drei mal drei, also neun, Chöre. Diese geben die göttlichen Erleuchtungen von oben nach unten weiter; der unterste Rang der Engel widmet sich dann dem obersten Rang der Menschen, d.h. der Kirche. Die kirchliche Hierarchie besteht aus zwei mal drei Stufen: Bischöfe, Priester, Diakone einerseits, Mönche (die in der Regel nicht Priester waren), Gläubige und Katechumene bzw. Büßer andererseits.

Das Beste, was der Mensch tun kann, ist, sich den reinigenden und erleuchtenden Einwirkungen dieser Hierarchien hinzugeben, um schließlich das Eine wie das Viele vom Einen her zu betrachten. Von einer aktiven Weltaufgabe des Menschen ist nicht die Rede; der Mensch ist dazu da, um mit der Hilfe der Höheren sich von Leidenschaften zu reinigen, die Welt im Licht ihrer Idealgründe zu betrachten und mit dem Einen zu vereinen. Die Welt tritt als Kosmos, als bleibende Struktur und Ausdruck des göttlichen Friedens vor den kontemplativen Blick; von der geschichtlich-politischen Welt ist in dieser östlichen Mönchsphilosophie nicht mehr die Rede; für den Papst in Rom oder für den Kaiser in Ostrom ist, soviel ich sehe, kein theoretischer Ort vorgesehen. Geschichtliche Erfahrung, die im Werk des späten Augustin und im Trostbuch des Boethius dicht präsent war, spielt in die dionysischen Schriften nicht hinein; allenfalls lassen sich Beziehungen zum monophysitischen Streit finden. Individuelle Selbsterkundung, wie Augustin, oder Naturforschung und Mathematik, wie Boethius, trieb Dionysius nicht. De facto stärkte er die Stellung der Bischöfe und hob die Bedeutung des Mönchtums hervor.

5 Der Problemstand zu Beginn des Mittelalters

Tendenz zum idealistischen Realitätsbegriff

Die problemgeschichtliche Situation, die Augustin, Boethius und Dionysius für das frühe Mittelalter festlegten, war relativ homogen. Zwar stimmten diese Autoren in vielem nicht überein, und Augustins Texte hatten den Vorzug, nicht einmal in sich übereinzustimmen; außerdem lebte die antike Tradition in vielfältigen anderen Rinnsalen fort. Vor allem blieben Cicero und Seneca zugänglich. Für die Folgezeit wichtig wurde die Enzyklopädie des Bischofs Isidor von Sevilla († 636). Dieses Buch ist ein Beispiel dafür, wie für das Mittelalter Texte maßgebend waren, denen wir heute nur pädagogische oder kompilatorische Bedeutung zubilligen können, da wir – im Gegensatz zu ihren mittelalterlichen Bewunderern – ihre antiken Vorlagen kennen.[1] Isidor hat eine Enzyklopädie geschrieben, die den Titel *Etymologiae* trug, eine Anspielung darauf, wie wichtig ihm die Vokabeln für die Sacherklärung schienen. Was er bot, war das, was nach seiner Meinung Kleriker des 7. Jahrhunderts wissen sollten. Es hing mehr von spätantiken Nachschlagewerken als von den römischen Klassikern ab. Die lateinischen Kirchenväter und späte Schulhandbücher waren seine Quellen. Für Isidor waren das klassische Griechenland und die augusteische Zeit weit entfernt. Er wollte anderen Bedürfnissen genügen. Er wollte die vorhandenen heidnischen Nachschlagewerke ablösen im Interesse einer Klerikerausbildung, die den Wissensstand von 600 konservierte. Wenn im Mittelalter eine eingehendere philosophische Reflexion einsetzen sollte, mußte man nach anderen Texten Ausschau halten. Dies erklärt, warum man seit etwa 1120 mit Eifer die griechischen und arabischen Philosophen übersetzte. Aber auch vor 1120 gab es Texte, die über Isidor hinausführten: Augustin, Boethius und seit dem 9. Jahrhundert auch Dionysius – begleitet von den erklärenden Zusätzen (Scholien) des Maximus Confessor und wiederbelebt im Denken des Johannes Eriugena. Sie schufen eine intellektuelle Atmosphäre, in der bestimmte Fragestellungen, bestimmte Lösungsverfahren und bestimmte Schemata von Antworten vorrangig waren, wenn auch nicht ausschließlich herrschten.

Der Weltkontakt, den die von Augustin und Boethius in je verschiedener Gewichtung anerkannten sieben »freien Künste« schufen, war schon im Zug der spätantiken Entwicklung aufs Exempelhafte, rhetorisch Verwertbare und literarisch Belegte zusammengeschrumpft; er konnte folglich kein Gegengewicht bilden gegen die vorrangige Aufforderung, sich vom Sinnlichen zum Übersinnlichen zu erheben.

In dieser Forderung stimmten die biblischen Texte (wie man sie seit der christlichen Spätantike verstand) und die drei philosophischen Autoritäten des Frühmittelalters überein. Dadurch entstand eine religiös-idealistische Gesamtatmosphäre, in der der Aufstieg des denkenden Einzelnen zum »Guten selbst« im Vordergrund des Interesses stand. Daneben machten sich oft unvermittelt konkrete praktische Bedürfnisse, z. B. politische oder kirchenpolitische Zwecksetzungen, bemerkbar. Man trieb Logik, sammelte medizinische oder naturkundliche Kenntnisse, pflegte elementare Rechenkünste oder sprach in stoischer Manier von der Natur wie von einer Gottheit. Dennoch herrschte insgesamt eher ein spiritualistisches Konzept von Wirklichkeit. Es gestattete zu sagen, was oben und was unten war und wohin der Weg ging: Oben war das göttliche Eine, unten die körperliche Welt; der Weg führte über die eigene geistige Seele zum geistigen Grund der Welt. Für die argumentative Fassung dieses Weges benutzte man Bestandstücke der platonisch-neuplatonischen Tradition: Der Aufstieg zum »ersten Liebenswerten« im platonischen *Lysis*, der Weg zur Idee des Guten in den Zentralpartien von Platons *Staat*, die Erhebung zum »Schönen selbst« im platonischen *Symposion*, die stufenweise Annäherung an das Eine in Plotins Schrift *Über das Schöne* waren in Augustins »Vision« von Ostia (*Bekenntnisse* IX 10,20–23), in seiner Beschreibung des Aufstiegs zum »Guten selbst« (*De trinitate* VIII 3) und in dem Trostbuch des Boethius (3. Buch) wiederaufgenommen. Andere philosophische Traditionen der Antike waren verschüttet: Die skeptische Philosophie der Antike hielt man für widerlegt durch Augustins Schrift gegen die Akademiker; Epikur und Demokrit hatten im frühen Mittelalter weder mit ihrer Ethik noch mit ihrer atomistischen Naturerklärung eine Chance. Doch gab es außer alltagsweltlichen Motiven auch theoretische Gegeninstanzen gegen die bevorzugte Richtung auf das jenseitige reine Gute: So die aristotelische Logik, der in den logischen Schriften des Aristoteles ausgesprochene Begriff der Substanz, der das sinnliche Dieses-da zum Ausgangspunkt erhebt, ferner der durch Cicero und Seneca präsent gehaltene stoische Begriff von Natur, der eine körperliche Natur meinte.

Man muß von Autor zu Autor prüfen, wie ein mittelalterlicher Philosoph zwischen diesen Tendenzen die Akzente verteilte. Insgesamt herrschte ein unbedachtes Nebeneinander zweier an sich unvereinbarer Realitätskonzepte; je nach Gelegenheit bediente man sich des einen oder des anderen – doch in den ausdrücklichsten Passagen, vor allem, wenn von dem Weg zu Gott die Rede war, herrschte der platonisierende Wirklichkeitsbegriff vor. Ich möchte ihn daher noch etwas genauer charakterisieren:

»Wirklich« ist danach, was bleibt. Geschichtliche Wandlungen sowie körperliches Werden und Vergehen verdienen kein Interesse; sie werfen keine begrifflichen Strukturen, keine in Definitionen faßbare Erkenntnisinhalte ab; sie bestätigen nur den hinfälligen, vom Nichts durchdrungenen Zustand der geschaffenen Welt. Nun wurde zwar der Wirklichkeitsbegriff Augustins, des Boethius und des Dionysius zur Zeit der Völkerwanderung konzipiert; aber er wurde unter Bedingungen formuliert, die noch nicht durchweg von der großen Wanderungsbewegung geprägt waren; man kann ihn nicht aus den Bedingungen des historischen Umbruchs »erklären«. Origenes im Osten und Marius Victorinus im Westen hatten vorher schon das Christentum platonisierend interpretiert. Die Hierarchisierung und Immobilisierung der spätantiken Gesellschaft lagen dem neuplatonischen Hierarchienschema bis hin zu den Engelchören des Dionysius zugrunde. Der platonisierende Realitätsbegriff hatte im frühen Mittelalter angesichts der Instabilität der Lebensverhältnisse eine Wissenschaft ermöglichende und Werte stabilisierende Funktion. Sie wurde noch dadurch verstärkt, daß auch der aristotelische Wirklichkeits- und Wissensbegriff am Bleibenden orientiert war. Daß alles hinschwand, war nur auszuhalten, wenn wenigstens irgend etwas feststand. Die wahre Realität mußte eine bleibende sein; von den irdischen Dingen war nichts bleibend, also war die wahre Realität unsichtbar – dies wurde der philosophische Grundgedanke der frühmittelalterlichen Welt. Daß die Menschen vom 4. bis ins 9. Jahrhundert weniger Möglichkeiten hatten, sich in der sichtbaren Welt mit irgend etwas Stabilem zu identifizieren, macht ihre Neigung verständlich, allein das Bleibende als wirklich anzuerkennen und aus der antiken Traditionsmasse andere, entgegengesetzte Motive auszuschließen. Das epikureische Leben setzte Mindestbedingungen voraus, die in der weltgeschichtlichen Unruhe nicht gegeben waren; das skeptische Ich, mochte es auch an seiner substantiellen Identität zweifeln, konnte diesen Zweifel nur identisch festhalten und aussprechen, solange ihm die Lebenswelt eine Minimalidentität problemlos gewährte. Dies eben ermöglichte die frühmittelalterliche Welt durchweg nicht mehr. Die Bischofssitze waren vielleicht noch am ehesten ein Moment der Kontinuität; aber die Bischofslisten dieser Jahrhunderte weisen Lücken auf, die vielleicht auf die Ungunst der Überlieferung, vielleicht aber auch auf das Abbrechen der kontinuierlichen Sukzession zurückgehen.[2] Oft blieben von einer antiken Stadt nur der Name und die Gunst der geographischen Lage, z. B. an einem Flußübergang. Selbst als im 8. Jahrhundert die Wanderbewegung zur Ruhe gekommen war, hatten die meisten Menschen nichts Sichtbares um sich, das sie zuverlässig mit sich selbst in Beziehung setzen konnten, denn selbst wenn sie Eigentum an Grund und Boden hatten, so bedeutete dies wegen der vielen Abgaben und Verpflichtungen eher eine Last; der Weg zu einem besseren Leben bestand für die Bauern in der Flucht. Der Besitz wurde nie Eigentum im Sinne des bürgerlichen Rechts; er konnte vom Herrn eingezogen und anderweitig vergeben werden. »Vom Bauern bis zum Herrn hat jeder einzelne, jede Familie, nur mehr oder minder beschränkte Rechte auf widerruflichen Besitz, auf Nießbrauch. Einmal hat jeder, ob Bauer oder Lehensmann, noch einen Herrn über sich oder doch einen mit größeren Rechten, der ihm den Boden mit Gewalt wegnehmen kann. Zum anderen erkennt das Recht dem Herrn die Möglichkeit zu, dem Hörigen oder Vasallen den Grundbesitz zu entziehen, vorausgesetzt, er weist ihm an einem anderen Ort, wo und wie weit entfernt auch immer, einen entsprechenden anderen zu.«[3]

Eine weitere Verunsicherung brachten die bis ins 10. Jahrhundert fortdauernden Invasionen durch Araber, Wikinger, Normannen und Ungarn. Erst als gegen das Jahr 1000 eine gewisse Befriedung erreicht war und im 11. Jahrhundert die Städte in der täglichen Erfahrung einen konkreten Fixpunkt boten, konnte sich das Denken dem Zeitlichen und Geschichtlichen eher zuwenden, vielfach immer noch, indem es das Vergängliche auf den Goldgrund der Ewigkeit malte.

Das Gute

Der zu einer spiritualistischen Weltanschauung und zur Zwei-Welten-Ontologie gerinnende Platonismus der Spätantike bot dem Frühmittelalter nicht nur einen jenseitigen Anhalt zur Gewinnung seiner Identität; er vermittelte auch die Zuversicht, daß der Grund der Welt gut sei.

Es gab mindestens drei Gründe, diesen ursprünglich einmal in die platonische Dialektik gehörigen Gedanken des »schlechthin Guten« zu rezipieren: Die Völkerwanderungszeit brachte eine zunehmende Verrohung mit sich; im Werk des späten Augustin freundete sich die Kirche gegen den Geist ihrer Gründungsurkunden mit der Gewaltanwendung an. Das moralische Desaster wäre – nach der relativen Domestizierung der mittelalterlichen Menschheit durch die griechisch-römische Zivilisation – psychologisch kaum zu verarbeiten gewesen ohne den Gedanken, daß wenigstens der jenseitige Urheber der Welt »gut« sei. Man litt in dieser Welt, aber man durfte hoffen.

Zweitens brauchte man, wenn schon die ethischen Regeln des antiken Alltagslebens erschüttert waren – wie z. B. das Ethos des römischen Soldaten durch das der christlichen Urgemeinde oder die Wertvorstellungen des antiken Kaufmanns durch die monastische Ethik der Spätantike –, irgendeinen moralischen Fixpunkt, den »guten« Gott, der dann zwar inhaltlich leer war, aber im Wandel der Wertvorstellungen einen Halt versprach.

Drittens waren die spätantiken Menschen versucht, das Mißverhältnis von Weltlauf und ethischen Erwartungen dadurch zu erklären, daß sie zwei Prinzipien der Welt annahmen, ein gutes und ein böses. Diese Lösung lag besonders dann nahe, wenn man das Bewußtsein hatte, erlösungsbedürftig zu sein: Wie sollte ein guter und allmächtiger Gott die Menschen in einen schlechten Zustand versetzt haben, um sie anschließend daraus zu erlösen? Andererseits hatte ein radikaler Dualismus auch theoretische Schwächen, vor allem die, daß zwei radikal und in allem entgegengesetzte Reiche nicht denkbar sind. Die Behauptung nun, der jenseitige Weltgrund sei gut, schuf gegen die dualistische Bedrängnis – wie Augustin in seinem Kampf gegen die Manichäer, zu denen er neun Jahre lang gehört hatte, exemplarisch bewies – eine Art Schutzwall, der, wie man las, auch in der trostlosen Situation des todgeweihten Boethius Ruhe verschaffte. Wenn sich alle Einzelgüter als unzuverlässig erwiesen und wenn die Wertetafeln einer Epoche, z. B. auch das antike Ideal des »Weisen«, erschüttert waren, bot sich das »schlechthin Gute« als Zuflucht an. So war es, allem gegenteiligen Anschein zum Trotz, bei Platon nicht gedacht. Bei Platon hatte die »Idee des Guten« signalisiert, daß kein ethischer Einzelinhalt mehr feststeht, da der Staat von Athen seinen gerechtesten Bürger umgebracht hatte, und daß jeder Anspruch auf ethische und politische Werte dialektisch geprüft werden müsse, was ohne die Voraussetzung einer letzten, freilich inhaltlich nicht fixierten und jenseits der Alternative von Sein und Nichtsein stehenden Quelle allen Seins und aller Erkenntnis unmöglich sei. Schon Augustin hatte den Weltbezug der »Idee des Guten« abgeschnitten und nicht mehr verstanden, warum sie – wie das Eine Plotins – aus gutem Grunde »jenseits des Seins« (d. h. jenseits des inhaltlich Fixierten) stehen mußte; die »Idee des Guten« diente dann nicht mehr als Voraussetzung der denkenden Suche nach dem richtigen Leben; sie wurde eine Formel dafür, daß die moralische Weltkonzeption trotz vieler Enttäuschungen aufrechterhalten werden müsse. Nahm man es nicht genau, konnte sie auch für den Namen Gottes gehalten werden, zumal es in der Schrift hieß, Gott allein sei gut, und zumal Augustin, Boethius und Dionysius die Prädikate »das Eine« und »das Gute« als die vorzüglichsten Namen Gottes angesehen hatten.

Platonismus als biblische Hermeneutik

Im Mittelalter war die Bibel das Buch. Zwar bemerkte erst Abaelard mit aller Schärfe, daß sie voller Widersprüche und Dunkelheiten steckte, aber das Bedürfnis nach einer Auslegungsregel für zweifelhafte Stellen war längst gefühlt worden; Philo hatte schon versucht, die Anstößigkeiten des Alten Testaments durch allegorische Deutung zu beseitigen. Die platonistische Ontologie mit ihrer Identifikation des wahrhaft Seienden mit dem Bleibenden, Guten und Identischen hatte in christlicher Spätantike und Mittelalter ihren Lebensbezug darin, daß sie zu sagen gestattete, alles Vergängliche deute auf das Bleibende, alles moralisch Zweifelhafte auf das wahrhaft Gute. Der junge Augustin las, von Ambrosius und durch diesen von Origenes angeregt, die biblischen Bücher als volkstümliche, sinnenfällige Darstellungen jener Wahrheiten, die er in anspruchsvollerer Form in den plotinischen Schriften gefunden hatte; er vermißte nur die Inkarnation. Das Buch des Dionysius, *Über die göttlichen Namen*, leitete ausdrücklich dazu an, die Dunkelheiten der Schrift mit Hilfe der Theorie des namenlosen und überseienden Einen zu klären. Dort fand man auch eine Begründung, weshalb selbst häßliche und verächtliche Passagen der

Schrift voller Weisheit seien: In ihnen komme die Übergegensätzlichkeit Gottes reiner zum Ausdruck als in den Prädikaten, die nur die Steigerung einer irdischen Vollkommenheit aussprächen. Damit trug Dionysius in frommer Sprache eine einschneidende Korrektur der biblischen Texte vor: Alles, was mit der unbestimmten Erhabenheit des schlechthin Guten kollidierte, erklärte er damit zu einer pädagogischen Maßnahme, mit der Gott uns in die negative Theologie habe einführen wollen. So ähnlich hatte Augustin 386–390 gedacht; aber zunehmend gab er, die Bibel wörtlicher interpretierend, dem »höchsten Gut« mehr anthropomorphe Züge. Vor allem sollte es wählen können, wen es aus der Sündenmasse, die die Menschheit seit 397 für Augustin war, erretten wollte. Augustin deutete die göttliche Vorherbestimmung oder Prädestination zuletzt mit Berufung auf Paulus so hart, daß er Mühe hatte zu erklären, wieso sein Gott noch der Inbegriff alles Guten sei. Boethius war Augustin darin nicht gefolgt, noch weniger Dionysius. Daher konnte man sich im frühen Mittelalter auf Augustins Frühschriften und auf Boethius stützen und so tun, als habe die augustinische Gnadenlehre die Identifikation »Gott« – »höchstes Gut« nicht berührt, zumal Augustin in seinen Spätschriften damit fortgefahren war, Gott als das Gute in allem Guten (*bonum omnis boni*) zu beschreiben. An dieser Stelle genau setzte die selbständige Entwicklung der Philosophie im Mittelalter wieder ein. Der Mönch Gottschalk von Fulda hatte seinen Augustin besser gelesen als die Kirchenfürsten, die Gottschalk verurteilten, weil er die doppelte Prädestination – die der Auserwählten zum Heil, die der Nicht-Erwählten zur Hölle – lehrte und damit den Sinn einer weltzugewandten und kulturfreudigen Kirchenorganisation zu bestreiten schien. Die Kirchenfürsten Hinkmar von Reims und Hrabanus Maurus von Mainz beauftragten den Iren Johannes, Scotus oder Eriugena genannt, mit einem Gutachten, das zwar zu dem Ergebnis kam, daß Gottschalk irre, das aber der Substanz nach auf eine Korrektur Augustins hinauslief, indem es die Anthropomorphismen, die sich der späte Augustin in seiner Gnadenlehre gestattet hatte, mit Hilfe des auch von Augustin geteilten Grundmotivs der Einfachheit des höchsten Gutes zurücknahm und insofern die Willensfreiheit verteidigte, die der späte Augustin nur verbal hatte stehen lassen.[4] Mehrere Synoden verwarfen den Eingriff des Eriugena und schufen somit eine Situation, die das philosophische Denken in seinem mittelalterlichen Kontext herausforderte; Anselm von Canterbury nahm gegen 1100 das Problem wieder auf; er wollte beweisen, daß göttliche Vorherbestimmung und menschliche Freiheit vereinbar seien. Auf diesem Wege schloß man Kompromisse zwischen der platonistischen Ontologie als Auslegungsregel und einer mehr oder minder moderierten Buchstabentreue.

Ideenlehre und Partizipation: Ding und Wesen

Daß das wahre Glück, das einzig verläßliche Gute und der Anhalt jeder Identität, nicht auf Erden zu finden sei, sondern jenseits als das »höchste Gut«, dieser in antiken Resignationserfahrungen, die gleichwohl auf Politik bezogen blieben, erstmals ausgesprochene Gedanke (Platons *Staat*; Ciceros *Somnium Scipionis*), wurde für das Mittelalter eine beherrschende Vorstellung, vermutlich als Reflex seiner tumultuösen Entstehung und der von Armut, Mühsal und Bedrückung charakterisierten Lebensumstände der Mehrzahl der Menschen vor dem 11. Jahrhundert. Während philosophisch gebildete Kleriker die Transzendenz Gottes so zu deuten versuchten, daß diese Aussage wenigstens sich nicht aufhob, Gott also gewisse Funktionen für die Welt und in der Welt behielt, schmückte die volkstümliche religiöse Vorstellung die Jenseitigkeit aus. Wer gebildet war, ortete sie kosmologisch: Gott wohnte über der äußersten Himmelsschale, während die Engel und die Seligen in der vorletzten Himmelssphäre hausten. Der Kosmos war dann als konzentrisches System von Schalen gedacht, in dessen Mitte die Erde als runde Scheibe oder Kugel lag. Selbst bei philosophisch anspruchsvollen mittelalterlichen Autoren wie Thomas von Aquino und Nikolaus von Kues erhielt sich die Vorstellung einer Gott bzw. den Engeln und Seligen vorbehaltenen Lokalität, des »Feuerhimmels« (*caelum empyreum*). Gleichzeitig bestand in der mittelalterlichen Philosophie von ihrer Grundlegung durch Augustin, Boethius und Dionysius her die Tendenz, diese Verräumlichung zu überwinden, Gott als reines Prinzip und die Transzendenz immanent, d. h. auf die Welt bezogen, zu denken.

Gott hieß im *Johannesevangelium* auch »Logos«. Das personifizierte göttliche Denken sollte alle Weltinhalte in sich erzeugen: Alles, was ist, war in ihm Leben. Dieses Leben wurde gedeutet als das denkende Prägen der Grundstrukturen der Welt; diese Grundstrukturen nannte man »Ideen«. Der entscheidende Text darüber wurde Augustins 46. Frage in seinem Buch *Über 83 verschiedene Fragen*. Dort las man, das Wort »Idee« stamme von Platon, aber nur eben das Wort. Die Ideen habe man längst vor ihm gekannt, denn es sei unwahrscheinlich, daß es vor Platon keine Weisen gegeben habe, und ohne Ideen sei Weisheit undenkbar (*siquidem tanta in eis vis constituitur, ut nisi his intellectis sapiens esse nemo possit*)[5]. Was sind nun nach Augustin »Ideen«? Ideen sind gewisse ursprüngliche Formen, beharrende und unveränderliche Wesensgründe der Dinge (*principales formae quaedam vel rationes rerum stabiles atque incommutabiles*); sie verhalten sich immer auf dieselbe Weise. Sie sind im wahren Sinne, denn sie sind ewig. Durch Teilhabe an ihnen (*participatione*) wird jedwedes Ding das, was es ist. Sie sind die Muster der Weltdinge im göttlichen Geist (*in divina intelligentia continentur*). Die Ideenlehre war für den Augustin der Zeit vor 395 eine philosophische Einsicht in den göttlichen Ursprung der Welt, eine Einsicht, die man religiösen Menschen nicht abverlangen muß, der diese aber auch nicht widersprechen dürfen, da sie zugeben müssen, daß Gott die Welt denkend erschaffen hat und daß der Mensch aus einem anderen Wesensgrund hervorgegangen ist als ein Pferd. Daß Gott beim Erschaffen nicht auf ein außerhalb seiner befindliches Muster geblickt haben kann, werden sie auch zugeben. Die Ideen sind also in Gott; sie verbinden ihn mit der Welt als deren intelligenten Urheber, der die Vielzahl ihrer Wesensgründe in sich vereint.

Dieses Motiv der idealen Präexistenz in Gott entnahm auch Boethius der platonischen Tradition; er gab ihm, besonders in dem Metrum III 9 der *Consolatio*, eine Wendung in die Zahlenmetaphysik: Gott hat alles nach den Idealzahlen geordnet, die in seinem Geist sind.[6] Der Gott des Dionysius steht jenseits geistiger Tätigkeiten und idealer Präkonzeptionen; deshalb heißt er »das Eine«. Aber seine Gutheit teilt sich mit, und sie teilt sich nach ideenhaften Mustern mit. Ein entscheidender Text dazu ist das 5. Kapitel in der Schrift *Über die göttlichen Namen*: So wie aus der Eins jede weitere Zahl hervorgeht und wie der Mittelpunkt alle Kreise aus sich entläßt, so entläßt das überseiende Gute aus sich die Fülle der Wesenheiten. Insofern heißt Gott auch »Wesen« oder »das Sein selbst«; dies bedeutet nach Dionysius: Gott ist die Fülle der Ideen; er begründet sie, indem er sie ursprünglich als seiend setzt. Genauer: Das erste Geschenk der Gutheit ist das Hervorbringen des Seins. »Sein« ist hier verstanden als »Bestimmtsein«, daher sind die Ideen die Prinzipien aller Dinge. Damit sucht Dionysius die Transzendenz des Einen gegenüber den Ideen hervorzuheben und doch die modifizierte Ideenlehre festzuhalten.[7]

Bei Augustin, Boethius und Dionysius ist die geschaffene Welt mit Gott verbunden, weil sie teilhat an seinen Vollkommenheiten. Der menschliche Geist hat eine bevorzugte Beziehung zu den Ideen; nur er ist imstande, sie zu erfassen. Aber die Ideen Gottes sind in der Eigenart (*species*) jedes Wesens anwesend; mit dieser Überlegung korrigierten Philosophen des Mittelalters die volkstümlich-bildhafte Vorstellung von Gottes Transzendenz.

Um den Zusammenhang von Transzendenz des ersten Guten, Ideenlehre und Teilhabe zu präzisieren, entwickelte Boethius eine Reihe von Grundsätzen, die zum Gerüst vieler mittelalterlicher Ontologien wurden:

Ziel der Überlegung ist es, zu zeigen, daß Gott das schlechthin Gute ist und daß von ihm das »Sein selbst« aller Dinge ausgeht (*ipsum esse omnium rerum ex eo fluxit quod est primum bonum*)[8]. Diese Erkenntnis stützt sich darauf, daß in jedem Geschöpf zu unterscheiden ist zwischen dem konkreten Ding (*id quod est*) und seinem Wesen (*esse*)[9]. Das »Sein« eines Dings ist sein Bestimmtsein, also sein Wesen. Am Einzelding mischen sich verschiedene Bestimmtheiten; die Bestimmtheit selbst ist rein, unvermischt. Das Einzelding hat an Bestimmtheiten teil; die Bestimmtheit selbst hat an nichts teil. Dafür kann Boethius auch sagen: Das, was ist (das Einzelding), hat am Sein teil; das Sein selbst hat an nichts teil. In jedem Einzelding ist es die »Form«, die Wesensgestalt, die ihm Bestimmtheit gibt, durch die es am Sein teilhat. Die Materie ist das Moment in jedem Dinge, durch das sich die Bestimmungen unklar überlagern. Sie bewirkt, daß Zufälliges vorkommt. Sie hindert das Ding, mit seiner Wesensform identisch zu sein. »Wesensform« (*forma*) ist ein anderer Ausdruck für die real existierende »Idee«. Auch Augustin hatte die »Idee« als »Form« definiert. Boethius bewegte sich gerne in dieser aristotelischen Ausdrucksweise. Schule machte er durch seine Ontologie, die in jedem Geschaffenen eine Zusammensetzung behauptete: Kein Ding ist das, wodurch es es selbst ist. Es tritt in eine Art Komposition mit seiner allgemeinen Bestimmtheit. Da Ding (*id quod est*) und Wesensform (*id quo est*) zu unterscheiden sind, existiert kein Geschaffenes in einfacher Weise. Für ein schlechthin einfaches Wesen wäre sein Sein und das, was es ist, identisch (*omne simplex esse suum et id quod est unum habet*)[10].

Boethius schuf damit die schulmäßigen Formeln der Partizipations- und Kompositionsmetaphysik. Er nutzte dazu die sprachliche Regel aus, daß wir zwar sagen können, Sokrates ist groß, aber nicht: Sokrates ist die Größe. So sind wir zwar gut, sogar im Wesen gut, aber nicht das Gutsein. Er wollte zeigen, daß nichts Gegebenes einfach mit sich identisch ist, sondern daß seine Art von Identität die genannte Divergenz voraussetzt. Er erläuterte den Unterschied von Ding und Wesensform an folgendem Beispiel: Man sagt von der Statue nicht, sie sei Erz. Sie kann freilich ohne Erz nicht sein. Sie stützt sich auf etwas, das ihrem allgemein bestimmten Wesen äußerlich bleibt. Ihre Art der Identität setzt diese Nicht-Identität voraus.

Hieran konnte man im Mittelalter anknüpfen, um eine Ontologie zu entwickeln, die dem mittelalterlichen Lehnswesen entsprach: Jedes geschaffene Ding, sagte man dann, ist nicht sein Sein, es hat es nur; es hat es zu Lehen. Man folgerte weiter, daß diese Teilhabe mannigfache Stufen erzeuge, wobei man insbesondere – im Anschluß an Dionysius – an die Hierarchien der Engel und der Kirche dachte. Die Bildersprache des Lehnswesens paßte gut in diesen Rahmen einer auf Rangstufen abzielenden Ontologie. Aber das Beispiel des Boethius zeigt, daß die Bauelemente der mittelalterlichen Ontologie traditionell vorgegeben, also nicht aus dem mittelalterlichen Lehenswesen ableitbar sind. Die Idee ontologischer Hierarchie stammte aus Dionysius; ihr realgeschichtliches Vorbild war der byzantinische Beamtenstaat, nicht das Lehenswesen. Wir dürfen den Zusammenhang von mittelalterlicher Philosophie und Feudalismus, der besteht, daher nicht zu eng konstruieren. Es ist zu beachten, daß im 12. Jahrhundert, als die mittelalterliche Philosophie und Wissenschaft ihren Aufschwung nahmen, bereits die städtische Welt neben die feudale getreten war und daß intellektuelle Umwälzungen gerade dort stattfanden. Andererseits war die Betonung der Unselbständigkeit, Wandelbarkeit und Nicht-Identität der Sinnenwelt ein platonisches Motiv. Die Nicht-Identität des Einzeldings mit seinem Wesen hatte auch die aristotelische *Metaphysik* thematisiert.

Sein – Wesen – Substanz – Sache

Augustin wollte Gott und die Seele erforschen, nicht ein abstraktes System der Ontologie aufstellen. Dennoch hat auch er dazu beigetragen, daß die mittelalterliche Philosophie sich als Lehre vom Seienden (Ontologie) verstand und daß diese Ontologie eine Lehre von der Substanz wurde. Augustin hatte, als er zwanzig Jahre alt war, die Kategorienschrift des Aristoteles gelesen. Aristoteles hatte darin gelehrt, die Eigenschaften (Akzidentien) eines Dings von diesem selbst zu unterscheiden. Das Ding selbst, sofern es eindeutig begrifflich bestimmt ist, nannte Aristoteles »Substanz«. »Substanz« sollte diejenige Bestimmtheit einer Sache sein, die zum Verstehen aller anderen Bestimmungen dieser Sache einsinnig vorausgesetzt werden muß. Augustin legte die Kategorienschrift zwar bald enttäuscht zur Seite, aber deren Grundbegriffe, besonders den der Substanz und des Akzidens, übernahm er. Was wirklich ist, war nach Augustin das Beharrende, Bleibende. Da die Substanz bleibt, wenn ihre Eigenschaften wechseln, ist sie in höherem Maße wirklich.

Sie ist sozusagen das Modell, auf das wir blicken, wenn wir von »sein« reden. »Sein« heißt »subsistieren«, »Wesen« (ein Ausdruck, der bei Augustin mit »Sein« gleichbedeutend ist, also nicht als Gegenbegriff zu »Dasein« gemeint ist) war für Augustin fast gleichbedeutend mit »Substanz«.[11] Ich sage »fast gleichbedeutend«, weil Augustin Bedenken hatte, von seinem Gott zu sagen, er sei »Substanz«. Denn »Substanz« komme von subsistere im Sinne von »zugrunde liegen«. Ein Körper liegt zugrunde, um eine zusätzliche Bestimmtheit, z. B. Farbe, zu empfangen. Wenn solche zusätzlichen Eigenschaften verschwinden, ist das Sein des Körpers nicht zerstört; sein Sein besteht nicht in dem Haben jener zusätzlichen Bestimmung. Wenn einem Ding zusätzliche Eigenschaften anhaften (inhärieren), ist es zusammengesetzt, und der Zufall hat an ihm mitgewirkt; deswegen können unveränderliche und einfache Wesen nicht eigentlich »Substanz« heißen, denn sie tragen keine zusätzlichen Eigenschaften. Zu Gott kommen nicht nachträgliche Bestimmungen hinzu. Wenn wir sagen, er sei gut, meinen wir, er sei in seinem Wesen, nicht durch eine hinzukommende Eigenschaft gut. Gott wird also mißbräuchlich »Substanz« genannt. Eher sollte man ihn »Wesen« (*essentia*) nennen; man sollte vielleicht Gott allein »Wesen« nennen, weil er allein unwandelbar ist. »Er allein ist im wahren Sinne des Wortes, weil er unveränderlich ist, und diesen seinen Namen nannte er seinem Diener Moses, als er sagte: ›Ich bin, der ich bin‹, Exodus 3,14.«[12] Eine andere Frage ist, ob Augustin, wenn er statt »Substanz« nun »Wesen« sagte, über die mit »Substanz« verbundene Vorstellung der Inhärenz hinausgekommen ist. Was die Termini »Wesen« und dann auch »Person« angeht, wird man dies verneinen müssen; schließlich sprach Augustin, wenn er von drei Personen in Gott sprach, auch wieder von drei Substanzen in einer Wesenheit, war dann aber unzufrieden, weil »Gottsein« und »Personsein« identisch seien. Er wollte von »drei Personen« nur sprechen, um auf die Frage »Was für drei?« nicht gänzlich schweigen zu müssen; schließlich verwirrte er seinen Leser zusätzlich durch die Bemerkung, die Ausdrücke »Substanz« und »Wesen« (*essentia*) gebe es noch nicht lange im Lateinischen und bis dahin habe man dieselbe Sache »Natur« (*natura*) genannt.[13] Halten wir als Ergebnis fest: Für die Körperwelt fand Augustin an dem Ausdruck »Substanz« und an der Vorstellung der Inhärenz nichts auszusetzen; auf Gott wollte er ihn nicht oder nur korrigiert angewendet sehen. In der Analyse des dreieinigen Geisteslebens wehrte er körperbezogene und räumliche Vorstellungen nicht nur ab; hier zeigte er, wie in Gott und im menschlichen Geist ein dreigliedriges, einiges Selbsterfassen statthat, an das wir die Vorstellung der Inhärenz nicht herantragen dürfen; die geistigen Grundtätigkeiten, selbst wenn sie relativ aufeinander sind, sind in sich »Substanz«, wie Augustin jetzt doch wieder sagte.[14] Und alle drei Grundtätigkeiten des Geistes sind auch zusammen ein Leben, ein Wesen oder auch: eine »Substanz«.[15] So konnte Augustin auch sagen, in Gott sei die Caritas »Substanz«.[16]

Völlig arglos war der Umgang Augustins mit dem Terminus »Sache«, *res*. Er gebrauchte ihn ohne Umstände und ohne Bedenken, auch wenn es dabei um Gott und die Seele ging. »Sache« (*res*) war sozusagen alles, und anders als bei dem Ausdruck »Substanz« kümmerte Augustin sich nicht darum, welches griechische Wort dem lateinischen *res* entsprach. Auch als er, vor 395, definierte, was Liebe ist, gebrauchte er den Ausdruck »Sache«: Liebe ist das Begehren einer Sache (*res*) um ihrer selbst willen.[17] Diese linkische Definition war nicht alles, was Augustin im Laufe seines Lebens zum Thema Liebe zu sagen hatte, aber sie zeigt, wie problemlos er die Liebe von objektiven Gehalten, von »Sachen« (*res*) her definierte. Nun brauchte das Wort »Sache« (*res*) nicht notwendig auf einen dinghaften Gegenstand bezogen zu werden; es konnte – wie etwa in dem Ausdruck *res publica* für »Staat« – soviel wie »Angelegenheit« bedeuten. Es war das lateinische Äquivalent für das griechische *on*, »seiend«, dem erst später das bis heute gekünstelt wirkende *ens* als Entsprechung zugeordnet wurde. Aber in dieser Bevorzugung der Vokabel *res* drückte sich die römische Mentalität mit ihrem vorrangigen Interesse an Ackerbau und Militärwesen, an Landvermessung und juristischer Fixierung aus. Von dieser Belastung hat Augustin sich in Augenblikken spekulativer Anstrengung – besonders in den Büchern IX bis XV seines Trinitätswerks – einigermaßen freigemacht, aber sich nicht durchweg gelöst; sowohl in seiner Sprachtheorie wie in seiner Sakramentenlehre stellte er die »Sache« (*res*) in den Mittelpunkt.

Man kann in der großen Debatte des 11. Jahrhunderts, im Streit um Berengars Abendmahlslehre, verfolgen, was dieser Primat der *res* für Folgen hatte: Wenn Christus gegenwärtig ist in den eucharistischen Zeichen, dann sind sie nicht nur Zeichen, sondern »Sachen«.[18] Wenn Christus als *res* gegenwärtig ist, dann ist er »wahrhaft« gegenwärtig. Dann ist er, wie Lanfrank es ausdrückte, auch »sinnenhaft« (*sensualiter*) gegenwärtig. In diesem Diskussionszusammenhang stieß man auf die fast unbewußte Assoziationsreihe von »Sache« (*res*), »Substanz«, »wahrhaft wirklich« und »sinnenhaft gegeben«, die Augustin gegen seine ausdrücklichsten Intentionen für das Mittelalter mitbegründet hatte.

Gegengründe gegen den Zwang der *res*-Vorstellung hätte man bei Dionysius finden können, und Johannes Eriugena hat sich dabei auf ihn gestützt. Aber Dionysius entfaltete erst vom 12. Jahrhundert an seine breite Wirkung. Für das frühe Mittelalter hatte Boethius die Verdinglichungstendenz verstärkt, obwohl weder seine neoplatonisierende Einheitsphilosophie noch seine Zahlenmetaphysik, noch seine Theorie von der Aktivität des menschlichen Geistes mit ihr zusammenstimmte. »Sache« ist auch für ihn ein Grundbegriff, und zwar in mehrfacher Hinsicht: Er deutete »Wahrnehmen« als das Aufnehmen einer sinnlichen »Sache« (*res*), in der andere, nicht-sinnliche Sachen, die allgemeinen Bestimmungen, enthalten sind. Von daher bekam die Theorie des Universale die Tendenz, das Allgemeine als eine Sache, nur eben nicht-sinnlicher Art, zu verstehen. Abstraktion war dann das tätige Herauslösen der allgemeinen »Sachen« aus den sinnlichen Einzeldingen. Aber welchen Sinn hatte es, von den Sinnesdingen zu behaupten, in ihnen seien »allgemeine Sachen« enthalten? Dies war die Frage, die zum Universalienstreit führte.

Die Tendenz zur Reifikation zeigte sich auch, wenn man die in der aristotelischen *Physik* genannten Prinzipien einer Sache, also den Stoff, die Form, die Bewegungsursache und das Ziel, jeweils wieder als etwas Sachhaftes, nach Art einer *res* auffaßte. Dann suchte man einen realen Unterschied auch noch zwischen dem Ding und seinem Formgrund (in der Sprache des Boethius: zwischen *id quod est* und *id quo est*), schließlich auch noch zwischen dem aus Stoff und Form bestehenden Dingganzen und seinem Dasein (in der Sprache des Thomas von Aquino: zwischen *substantia* und *esse* bzw. *actus essendi*). Diese Debatte um die sogenannte Realdistinktion beschäftigte die Scholastiker vom 13. Jahrhundert an bis in die Gegenwart; sie war aufgrund der Befangenheit in der *res*-Vorstellung unentscheidbar.

Stoff – Form – Ziel

Ähnlich wie auf die Erfassung der Welt unter dem *res*-Aspekt war die Philosophie des Mittelalters von ihrer Grundlegung her auf den Stoff-Form-Dualismus festgelegt. Etwas verstehen, das hieß: etwas nach dem Schema von zugrunde liegendem Stoff und prägender Gestalt oder Form verstehen. Denn »verstehen« hieß: etwas aus seinen Gründen verstehen, und die »Gründe« einer Sache waren zunächst ihr Stoff und ihre Wesensgestalt, dann auch ihre Wirkursache und ihr Ziel. Diese Lehre von »vier Gründen« (*causae*) ist dem Mittelalter nicht erst mit der Rezeption der aristotelischen *Physik* bekanntgeworden; dann hätte sie noch eher den Charakter des Bestreitbaren und Begründungsbedürftigen gehabt; sie war dem Mittelalter ebenso wie der *substantia*-Begriff von Augustin wie von Boethius her vorgegeben.

Augustin war in seiner Theorie der Körperdinge – wie auch Plotin – der aristotelischen Lehre von Stoff und Form gefolgt, ebenso Boethius. Aristoteles hatte, als er sie in der *Physik* vortrug, für sie zwei Anhaltspunkte. Einmal war es die Art, wie wir von körperlichem Werden sprechen. Wir sagen, bemerkte Aristoteles, es werde immer etwas aus etwas zu etwas. Aristoteles deutete das so: Das »Aus« stehe für den Stoff, das »Zu« für die Form. Die zweite Stütze der aristotelischen Stoff-Form-Lehre (auch Hylemorphismus genannt) war das handwerkliche Herstellen, das immer einem Stoff, z. B. dem Holz, eine Form aufprägt, z. B. die des Tisches. Das eigentlich seinsgebende Prinzip war dabei die Form; *omne namque esse ex forma est*, sagte Boethius.[19] Die Wesensform sollte nicht nur das äußere Erscheinungsbild bestimmen wie der Plan des Tischlers die Tischform, sie sollte das Ding von Grund auf prägen. Während in der Folgezeit die Herkunft der Stoff-Form-Zweiheit aus der Sprache wenig beachtet wurde, hat sich die Vorstellung eines Welthandwerkers zunehmend durchgesetzt. Man kannte den platonischen *Timaios*, wo von einem Welthandwerker, dem Demiurgen, die Rede war. Man las das erste Buch der *Genesis*, wo die Herstellung der Welt noch naiver als eine Art handwerkliche Bearbeitung eines formlosen Urstoffs –

allerdings in der Kraft des Wortes – geschildert wird. Die Welt nach handwerklichen Mustern, also technomorph, zu begreifen, entsprang im Mittelalter weniger der eigenen Lebenserfahrung, sonst hätten, zumal im frühen Mittelalter, eher agrarische Assoziationen den Vorrang gehabt. Es entsprach einer traditionellen Denkbahn, die fast unvermeidlich war. Die Stoiker hatten in ihrer Naturbetrachtung die Zweckmäßigkeit der Natureinrichtung so sehr betont, daß sie dafür schon in der Antike verspottet worden waren; die Logosspekulation der Neuplatoniker schien ungefähr das zu sein, was der weltbegründende Handwerkergott des Alten Testaments war; so ergab sich eine fast überwältigende Übereinstimmung verschiedener Traditionen in der teleologischen, nicht mechanistischen, Betrachtung der Welt. Erst mit Galilei und Descartes wurde diese spätantik-mittelalterliche Betrachtungsweise anfangsweise zerstört; sie beherrschte bis zu Kants Kritik an der Teleologie noch vielfach die Naturforschung. Sie wurde seit den Stoikern als Grundlage eines Gottesbeweises benutzt: Wenn in der Natur alles zweckmäßig eingerichtet ist, zeigt dies, daß die weise Providenz alles leitet. Für die Stoiker war dies nur ein anderer Ausdruck dafür, daß die Natur, die insgesamt materiell ist, durchgängig rational ist; bei christlichen Autoren diente das Argument dazu, dem als Person gedachten Gott Weisheit attestieren zu können. Es erlaubte ferner, dem Gott der Bibel und dem neuplatonisch konzipierten höchsten Guten ein, wenn man so sagen darf, kosmologisches Relief zu geben, ihn also im einzelnen mit der Struktur des Kosmos in Verbindung zu bringen. Dies hatte zur Folge, daß schon beim frühen Augustin das philosophische Interesse, das eigentlich nur »Gott und der Seele« gelten sollte, auf die Welt übertragen wurde und daß das Problem der menschlichen Schuld und Sühne ebenso wie das Problem der Rechtfertigung Gottes angesichts der Übel in der Welt (Theodizeeproblem) in stark kosmologischer Weise gelöst wurde. Es gab also nicht nur die Möglichkeit, die Transzendenz Gottes anzuführen und das Gute, das man »hier« vermißte, im »Jenseits« zu vermuten; es gab ebenso für das frühmittelalterliche Denken die Möglichkeit, auf das Ganze der Welt zu verweisen, das geordnet bleibt, auch wenn die Menschen schuldig werden. Das Universum erschien dem Rhetor Augustin als ein Kunstwerk, zu dessen Vollkommenheit auch die dunklen Flecken gehören. Besonders die Sterne schienen zu beweisen, daß die Welt im ganzen ihren planmäßigen Gang weitergeht. Da auch Boethius sich diesen astronomischen Trost ausgiebig verschafft hatte, konvergierten die für das frühe Mittelalter maßgeblichen Autoritäten in der Ansicht, die Welt sei, aufs Ganze gesehen, in Ordnung. Selbst wenn es in der geschichtlichen Erfahrung der Menschen drunter und drüber ging, konnten sie auf den herrlichen Kosmos blikken. Dionysius Areopagita eröffnete ihnen noch eine weitere Perspektive: Das göttliche Eine durfte auch »Friede« genannt werden, weil es in seiner jenseitigen Vollkommenheit die irdischen Gegensätze vereinte, und wenn die geschichtlichen Ordnungen wankten, so erwiesen sich die himmlischen Hierarchien doch als stabil.

Inhärenzmodell – Interdependenz – Personbegriff

Daß Boethius, aber auch Augustin »Substanz« zu einem Leitbegriff des mittelalterlichen Denkens gemacht hatten, hatte einschneidende Folgen. Etwas philosophisch verstehen, hieß: ein gegebenes Phänomen auf die Instanz beziehen, der es inhäriert. Das Letzte sollte immer ein Selbständiges, ein Unabhängiges sein. Man erkannte den »Grund« an seiner Autarkie. »Denken« hieß: Ontologische Dependenzen verfolgen bis zu dem, das schlechthin nicht mehr in einem anderen ist, zu Gott. Letztendlich wirklich war das, was in keiner Weise in einem anderen war, sondern nur in sich.

Diese Zurechtlegung drängte Erfahrungen der Wechselseitigkeit an den Rand der Aufmerksamkeit. Veränderung war dann eine Eigenschaft an einem Unveränderten. »Gehen«, z. B. war ein Akzidens an einer ruhenden Substanz. Die Beziehung, z. B. die des Kindes zu den Eltern, war nur ein schwaches Sein an dem Naturbestand der Substanz. Nun lagen diese Tendenzen zur Reduktion der Aktion und der Relation schon in der aristotelischen Kategorienlehre vor; Boethius strebte keine theoretische Innovation auf diesem Feld an. Er wiederholte die aristotelischen Grundbegriffe; er teilte die Ansicht, die Beziehung sei das Beiläufigste an einer Sache. Aber für die Trinität ließ er dies nicht gelten: Gott Vater bezieht sich wesenhaft – nicht beiläufig – auf Gott Sohn und den Hl. Geist, wie auch Gott Sohn und der Hl. Geist ihr Wesen nur haben, indem sie sich auf die anderen Personen substantiell beziehen. Bei Aristoteles konnte es keine substantielle Beziehung geben. Eine Beziehung war akzidentell, sogar von allen Zusatzbestimmungen der Substanz die schwächste. Ohne diesen Grundsatz generell anzufechten, durchbrach ihn Augustin bewußt in seiner Trinitätslehre. Ohne die Tragweite des Vorgangs zu bemerken, veränderte er das Modell des Wirklichkeitsbegriffs: Die höchste und eigentliche Wirklichkeit, die Gottes, war danach nicht durch ihr In-sich-Sein, sondern durch das wechselseitige substantielle In-einander-Sein charakterisiert.

Boethius hat beide Linien, also die generelle Reduktion aller Wirklichkeit auf die Substanz und die Trinität als »Ausnahme«, noch schärfer ausgezogen; er schloß sich darin ausdrücklich Augustin an. Seine Trinitätslehre war gegen den Arianismus gerichtet und wies den Vorwurf zurück, die römische Auffassung ende im Tritheismus. Deshalb betonte

Boethius, die drei Personen seien wesenhaft eins und nur aufgrund von Relationen verschieden; er konnte so weit gehen, zu sagen: »Gott Vater ist Gott, der Sohn ist Gott, der Hl. Geist ist Gott, und diese Dreieinigkeit ist ein Gott«, sei eine Aussage wie die folgende: »Die Sonne, die Sonne, die Sonne ist eine Sonne.« Ich gebe zu bedenken, ob Boethius mit dieser Erklärung nicht in das Substanz-Akzidens-Schema zurücksank. Von lebendiger Wechselseitigkeit kann schwerlich die Rede sein. Jedenfalls kodifizierte Boethius die technische Terminologie der Trinitätslehre im Sinne Augustins: Einheit im Wesen bei Differenz in Relationen. Da Isidor von Sevilla im 7. Jahrhundert und Alkuin[20] um 800 diese Theorie übernahmen, war sie für das westliche Mittelalter die einzig ernst zu nehmende Trinitätsauffassung.

In der Kategorialanalyse verstärkte Boethius den Primat der Substanz. »Substanz« bedeutete ihm, wie Aristoteles, sowohl das Zugrundeliegende wie dessen primäre Bestimmtheit. Er unterschied unter den zehn von Aristoteles aufgezählten Kategorien zwei Gruppen, von denen die erste Bestimmungen enthalten sollte, die *»secundum rem«* gelten, also Bestimmungen an der Sache selbst meinen, und dies seien allein die Kategorien: »Substanz«, »Quantum« und »Qualität«, während die zweite Gruppe alle übrigen aristotelischen Kategorien umfasse. Diese letzteren Kategorien bestimmen nicht die Sachen in sich selbst; sie betreffen nur ihre Außenseiten und Nebenumstände. Boethius erläuterte diese Theorie besonders an dem Beispiel der Relation: Wenn wir von jemandem sagen, er sei »Herr«, dann beziehen wir ihn auf seinen Sklaven; wir bestimmen ihn nicht, wie er in sich ist. Verliert er den Sklaven, verliert er die Bezeichnung »Herr«, dann bleibt er in sich selbst unverändert. »Man kann nicht behaupten, daß eine relative Aussage an der Sache (*res*) an sich (*secundum se*), auf die sie sich bezieht, irgend etwas vermehrt, vermindert oder verändert.«[21] Ein

Verhältnis verändert nicht die »Sache an sich selbst«, ebenso wenig die weiteren akzidentellen Bestimmungen, wie z.B. Erleiden oder Bewirken. Das Vorgehen des Boethius ist beachtenswert: Zuerst isoliert er »die Sache an sich«. Von der Dingvorstellung geleitet, erklärt er die quantitativ und qualitativ bestimmte Einzelsubstanz für vollständig; dann kann er von allen weiteren Bestimmungen, wie z.B. der zeitlichen Bestimmtheit oder der Tätigkeit, nur noch sagen, daß sie die so isoliert gefaßte Sache in sich nicht betreffen.

Man kann sagen, Boethius bewege sich hier in Tautologien: Die von allen Beziehungen losgelöste »Sache an sich« (*res secundum se*) wird von allen weiteren Bestimmungen nicht verändert; das versteht sich von selbst. Die Frage ist, welches Interesse Boethius daran hatte, die »Sache« so auszuzeichnen vor ihren sekundären Zuständen. Die als ruhend vorstellbaren Bestimmungen wie das Quantum und das Quale zählte Boethius immerhin noch zur »Sache an sich«; daran zeigt sich, wie die *res*-Vorstellung alle Bewegung zum Zustand gerinnen läßt und von der »Sache selbst« fernhält. An eine Wechselwirkung, die das Sein einer »Sache« ausmachen könnte, ist dann gar nicht zu denken. Und doch will Boethius zeigen, daß das Sein Gottes durch ein wesenhaftes Bezogensein sich auszeichnet. Die hinfälligen Dinge, sagt er in *De trinitate*[22], sind so sehr durch Andersheit (*alteritas*) geprägt, daß sie eine solche Beziehung auf sich selbst, die mehr ist als eine bloße Tautologie des Betrachters, nicht aufweisen können. Nur die göttliche Einheit bezieht sich aktiv auf sich selbst und existiert nur als dieser Selbstbezug. Boethius spricht nicht einmal mehr wie Augustin vom menschlichen Geist als dem Bild dieses wesenhaften Bezogenseins. Die Demarkationslinie verläuft zwischen Gott einerseits und allen geschaffenen Dingen andererseits. Die rigoros gefaßte Dingvorstellung soll für die gesamte nicht-göttliche Wirklichkeit die angemessene Beschreibung bilden; ineinanderströmendes Leben, seinsbestimmende Interdependenz, wesenhafte (nicht bloß zufällige, äußerliche) Tätigkeit – dies alles wird zum exklusiven Privileg Gottes. Bei Augustin sollte es sich noch abbilden in der inneren Tätigkeit des Geistes, und auch in der Liebe, mit der wir einander lieben. Diese Gemeinsamkeit zwischen Gott und Mensch erwähnte Boethius nicht einmal. Die in den urchristlichen Gemeinden mögliche Erfahrung, erst durch die Zuwendung anderer Menschen wahrhaft »Person« zu werden und nur durch tätige Zuwendung zu anderen »Person« zu sein, diese Erfahrung wird von dem römischen Aristokraten Boethius nicht völlig verleugnet, aber mit Hilfe der Substanzontologie aus der menschlichen Welt hinausverlegt (*in cunctis aliis rebus non potest inveniri*).

Der Kontrast von ungeschaffener selbstbezüglicher Einheit und geschaffener, durch unüberbrückbare Andersheit charakterisierter Substanzenvielheit beherrscht diese Weltansicht. Er bestimmt auch den boethianischen Begriff der »Person«. Um in den trinitarischen Streitigkeiten einen klaren Ausgangspunkt zu schaffen, gab Boethius eine förmliche Definition; »Person« sei nichts anderes als »eine individuelle Substanz rationaler Natur« (*naturae rationabilis individua substantia*)[23]. Auch hier ist »Substanz« der leitende Begriff, und zwar »Substanz« als individuelle Substanz, nicht als allgemeines Wesen. Das allgemeine Wesen oder die »Natur« der Person ist das Vernunftbegabtsein.

Boethius kam zu dieser Definition, indem er die Einteilungen der aristotelischen Ontologie entlangging: Die Person gehört nicht zu den Akzidentien, also müssen wir sie unter den Substanzen suchen. Aber nicht alle Substanzen sind Personen. Also müssen die Substanzen weiter eingeteilt werden:

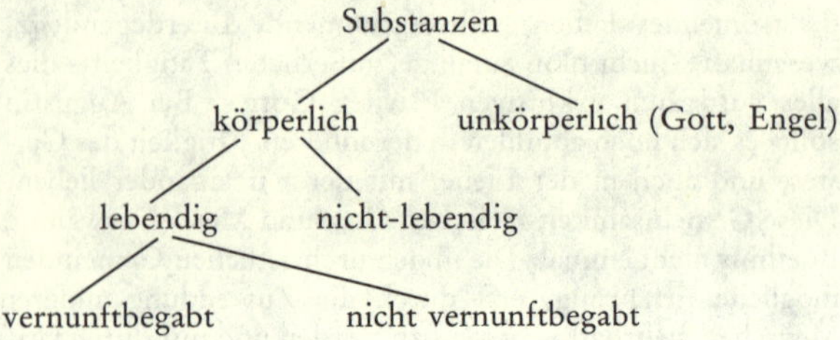

Boethius vermerkt, kein Mensch nenne nicht-lebende und nicht-rationale Substanzen »Personen«. Also kommen nur rationale Substanzen als Personen in Frage. Weiterhin teilt Boethius die Substanzen auf. Wieder hält er sich an die aristotelische Kategorienschrift: Danach sind die Substanzen entweder universal oder partikulär, allgemein oder besonders. »Allgemein« sind die Substanzen, die von den besonderen Substanzen ausgesagt werden, wie »Mensch«, »Lebewesen«, »Stein« und die übrigen Gattungen und Arten. »Besondere« sind die Substanzen, die von keinem anderen ausgesagt werden, wie »Cicero«. Aber von »Person« ist nie bei allgemeinen Substanzen, sondern immer nur bei Einzelwesen die Rede. Deswegen definiert Boethius die »Person« als »individuelle Substanz rationaler Natur«.

Die boethianische Person-Definition erhielt im Mittelalter klassische Bedeutung. Ihre historische Bedeutung ergibt sich, wenn man bedenkt:

Der »Person«-Begriff hatte keine philosophische Tradition. Wie Boethius[24] und auch Augustin[25] wußten, entsprach ihm im Griechischen *»hypostasis«*, was lateinisch als *subsistentia* oder auch *substantia* wiedergegeben wurde, wodurch die Verwirrung komplett war, denn *»una essentia«* war gleichbedeutend mit *»una substantia«*. Die drei Personen der kirchlichen Trinitätslehre (Vater, Sohn, Geist) konnte man dann nicht mehr vom Wesen der Gottheit unterscheiden. »Persona« hieß die »Maske« im Theaterspiel (*persona dicta est a personando*)[26]. Von daher sei das Wort übertragen worden auf menschliche Einzelwesen. Das griechische Denken war an der Individualität als Individualität nicht interessiert; daher fehlte ihm auch der Begriff für »Person«. Es verstand den Menschen von seinen Erfahrungen her, von dem, was er sieht, was er denkt, was er erstrebt. Wenn der boethianische Personbegriff gegenüber der antiken Philosophie auch eine Neuerung darstellt, so erreicht er doch nicht, was wir aufgrund der neuzeitlichen philosophischen Entwicklung unter »Person« verstehen, nämlich bewußten Bezug auf sich, die freie Urheberschaft von bewußten Handlungen und die Verantwortlichkeit nach ethischen Normen. Der neuzeitliche Begriff von »Person« hat wesentlich damit zu tun, daß der Mensch nicht nur einfach etwas weiß, sondern daß er weiß, was er weiß, und wissen sollte, was er nicht weiß. Er ist ethisch-politisch definiert, durch Freiheit, Verantwortung und Menschenrechte. Dies alles kommt bei Boethius nicht vor. Das ist Boethius nicht vorzuhalten. Er sicherte immerhin die Selbständigkeit der Person; seine Formel bewahrte das antike Autarkie-Ideal auf, das in die Geschichte der menschlichen Freiheit gehört. Wenn ich so deutlich den Preis nenne, den er zu zahlen hatte, so richtet sich das nicht gegen Boethius. Er tat in seiner Situation das Mögliche. Es richtet sich gegen thomistische Versuche der jüngsten Zeit, den Personbegriff des Boethius als gültiges Konzept ins Spiel zu bringen oder gar als der »modernen Philosophie überlegen« zu behaupten.

Boethius hat seinen Personbegriff gefunden durch ein formales Einteilungsverfahren (Dihairese), als gelte es, das allgemeinste Etikett zu finden, das Menschen und Dingen gemeinsam zukommt und von dem aus dann die unterscheidende Kennzeichnung (»vernunftbegabt«) gesucht wird.

Was Rationalität bedeutet, wird inhaltlich nicht einmal andeutungsweise entfaltet. Leitbegriff bleibt die »Substanz«, ein in die äußerste Verallgemeinerung gesteigerter Begriff vorhandener Dinge, deren spezifische Differenz die rationale Natur ist.

Was die Person eigentlich ist, darüber hat ihre universale Natur, die Boethius als reale Allgemeinheit auffaßt, längst entschieden, bevor sie sich als Person selbst versteht. Selbst-Verstehen als für die Daseinsweise konstitutiv zu denken, ist innerhalb der boethianischen Person-Definition undenkbar. Nicht Freiheit, sondern »Substanz« ist der Leitfaden, durch den sie zur Person zu finden glaubt.

»Substanz« stellte man sich vor als das, was sich durchhält, was beim Wechsel der Zustände identisch bleibt. Daß ein Mensch ein anderer wird, daß er sich bekehrt oder sich verliert, ist in dieser Konzeption sekundär. Es ist auch nicht vorgesehen, daß die Person erst durch Relation zu anderen Personen sie selbst wird – dies gilt nur für den Ausnahmefall, die Trinität. Diese Art des Denkens ist orientiert am Subsumieren von Naturdingen. Es ist klassifikatorisches Denken, das arglos dem Realitätsanspruch des Definitionswillens folgt. Diese Ontologie der Person kennt keine individuelle oder kollektive Geschichte, die an die Substanz ginge; sie faßt Interaktion als nachträglich, nicht als für die Person konstitutiv; sie stellt sich nicht das Problem der Authentizität der Person. Sie hält sich an die Vorstellung; sie verweist auf das bleibende Subjekt und fragt nicht, ob ich als ich selbst gehandelt habe; sie nimmt Erfahrungen des Sollens, des Wissens, auch des Zweifelns, kurz: sie nimmt Bewußtseinsphänomene nicht als Ausgangspunkt der Analyse. Sie hängt das Bewußtsein von menschlicher Freiheit bestenfalls an die Substanzvorstellungen an, additiv.

Augustin hatte den Menschen sich als Selbstgegenwart und Selbstbejahung begreifen gelehrt, sofern er Bild Gottes (*imago Dei*) ist. Augustin hatte dies allerdings auch nicht mit dem Begriff der Person, sondern mit dem des Geistes (*mens*) verbunden. Boethius konzentriert sich völlig auf Kategorialanalyse bei seiner Theorie der Person; er hat seine Person-Definition geschaffen, um Bewußtseinsphänomene vom Personsein getrennt halten zu können: In Christus soll es ein menschliches und ein göttliches Wissen, ein menschliches und göttliches Wollen, also zwei Bewußtseine, aber nur eine Person geben. Das zeigt, wie dinghaft »Person« gefaßt wurde: nur als Träger, dem zwei Bewußtseine, zwei Freiheiten inhärieren.

Widerspruchsprinzip

Mit dem ontologischen Konzept von Substanz und Akzidens waren eine Reihe von metaphysischen und ethisch-politischen Konsequenzen verknüpft. Ihm korrespondierten eine Reihe von intellektuellen Verfahrensregeln, vor allem das Gebot, den Widerspruch zu vermeiden. Da dem frühen Mittelalter das Buch der aristotelischen *Metaphysik*, in dem Aristoteles den Satz vom Widerspruch begründet und mit dem Substanzmodell verknüpft hatte, nicht zugänglich war, konnte es den Zusammenhang zwischen Dingvorstellung und Widerspruchsvermeidung nicht thematisieren; es erlag ihm problemlos. Es ging davon aus, einer Sache dürften keine Prädikate zugesprochen werden, die mit ihrem Wesen unvereinbar waren. Boethius, der Logiker, hatte davon ein ausgeprägteres Bewußtsein als Augustin, der in seinem Trinitätswerk eingehend untersuchte, wie im göttlichen und im menschlichen Geist drei wesenhafte Tätigkeiten das Ganze des Geistes sind und auch nicht sind. Augustins Gnadenlehre suchte den Standard der Widerspruchslosigkeit zu wahren. Sie wollte nicht daran rütteln, daß Gott gut war, aber sie mußte den Begriff der Gutheit, auch den der Gerechtigkeit, in solch unerkennbare Ferne rücken, daß in ihrem Namen keine ethisch anstößige Aussage über Gott ausgeschlossen werden konnte. An solche Passagen konnten mittelalterliche Gegner der Dialektik anknüpfen, wenn sie sich weigerten, der göttlichen Allmacht irgendwelche aus dem Satz vom Widerspruch folgende Grenzen zu setzen; Gott konnte auch Geschehenes ungeschehen machen.[27]

In anderer Weise konnte man dem Werk des Dionysius Areopagita die Aufforderung entnehmen, nicht vor widersprüchlichen Aussagen über Gott zurückzuscheuen. Das göttliche Eine steht über den weltlichen Gegensätzen; da das Eine die entgegengesetzten Bestimmungen der Weltdinge begründet hat, können sie von ihm ausgesagt (und auch wieder verneint) werden: So können wir ihn zugleich als ähnlich und unähnlich, als bewegt und als ruhend, als aussagbar und als nicht-sagbar bezeichnen.[28] Das Eine enthält in sich alles, auch das Entgegengesetzte.[29] In seiner *Mystischen Theologie* warnte er davor zu glauben, bezüglich des göttlich Einen könnten Bejahung und Verneinung nicht zusammen bestehen.[30] Bezüglich des unbestimmbaren Einen verlieren Aussagen, die sich als Bejahung und Verneinung gegenüberstehen, ihre Gegensätzlichkeit. Gegensätzlich können Aussagen nur sein, wenn sie sich auf ein definiertes Wesen, ein bestimmtes Seiendes (*on*) beziehen. Setzt man mit Dionysius das Eine jenseits des Seienden an, dann steht es auch über der Alternative von Sein und Nichtsein; folglich jenseits des Gegensatzes von Bejahung und Verneinung.

Diese Theorie ging wesentlich weiter, als Augustin hatte gehen wollen; mit dem Präzisionsbedürfnis, das sich in den sogenannten theologischen Traktaten des Boethius aussprach, war sie vollends unvereinbar. Dieser Konflikt führte zu zahlreichen philosophischen Problemen. Die philosophische Entwicklung seit der Mitte des 11. Jahrhunderts war wesentlich durch die Frage ausgelöst, ob man mit der wichtigsten logischen Regel, mit dem Gesetz vom zu vermeidenden Widerspruch, bezüglich des wichtigsten Inhalts, den das Mittelalter kannte, nämlich bezüglich Gottes, irgend etwas anfangen könnte oder nicht.

Negative Theologie

Während Boethius sich wenig dafür interessierte, wie sich sein philosophischer Gott zum Gott der Bibel verhalte, kreiste das Denken Augustins und Dionysius' um dieses Problem. Der junge Augustin glaubte es zu lösen, indem er den Aufstieg zum plotinischen Einen nachvollzog und das Christentum als die volkstümliche Form des Aufstiegs zur intelligiblen Welt deutete. Auch nach 397 hielt er an diesem Aufstieg durch Wegdenken aller Einzelbestimmungen fest: *tolle hoc et illud*.[31] Da er das Eine immer schon – unplotinisch – als das wahre Sein und als Denken bestimmt, also die negative Theologie abgeschwächt hatte, konnte er nach der Entwicklung der Gnadenlehre eine buchstäblichere Theologie seiner Lehre vom höchsten Guten aufpfropfen. So sprach er gleichzeitig vom unbestimmbaren Gut alles Guten, prägte das Stichwort von der »Einsicht des Nicht-Wissens« (*docta ignorantia*), die, wenn von Gott die Rede ist, alle gegenständlichen Festlegungen fallen läßt, und glaubte gleichwohl behaupten zu dürfen, nur die wenigsten Menschen seien aufgrund exklusiver Gnadenwahl zum Heil bestimmt. Augustin häufte die Anthropomorphismen und äußerte gelegentlich, man müsse sie vermeiden. Am neuplatonischen höchsten Guten festhaltend, deutete er die biblischen Wundertaten als zeichenhaftes Erscheinen des immer unsichtbar bleibenden geistigen Gottes. Gott selbst, war seine Überzeugung, wird nie gesehen, auch wenn die biblischen Texte sich gelegentlich so ausdrücken. Der Platonismus blieb Auslegungsregel, sowohl für die biblischen Gotteserscheinungen der Vergangenheit wie für die eschatologische Zukunftsperspektive: Gott werden wir nie sehen, wie er ist. Andererseits betonte Augustin durch seine Trinitätsanalogien die Affinität von menschlichem und göttlichem Geist, so daß inhaltliche Bestimmungen von uns auf Gott übertragbar werden. Wenn sein Gott in einem Abgrund von Unverständlichkeit zu versinken drohte, so nicht, weil Augustin die negative Theologie forciert, sondern weil er die Anthropomorphismen des göttlichen Allmachtswillens urgiert hat.

Bei Dionysius war das anders. Er hob die Unbestimmtheit des Einen so schroff hervor, daß es immer im Verborgenen blieb – auch wenn es in Zeichen erschien, die Dionysius »Theophanien« nannte, auch wenn es sich in drei Personen darstellte, auch wenn es im jenseitigen Leben »von Angesicht zu Angesicht« geschaut wurde. Dem Einen war jeder Zusatz, also jede sprachliche Verknüpfung, folglich jede weiterschreitende menschliche Erkenntnis fremd. Es wurde verfehlt, wenn man es mit irgend etwas in Verbindung brachte, – seien es die Wunder, seien es zusätzliche Prädikate, seien es sichtbare Zeichen. Wir haben nach Dionysius nie es selbst, wenn wir es in einem anderen, in einer diskursiven Entfaltung oder in einer Theophanie haben. Am einschneidendsten wirkte sich dies auf die Deutung der Trinität aus; auch sie erschien mehr als eine Zurechtlegung für uns denn als innere Gliederung des obersten Einen. Ohne irgendeine Einzelheit des christlichen Glaubens zu bestreiten, konnte diese Religionsphilosophie alle Offenbarungserfahrungen auf die Seite des menschlichen Erkennens rücken oder als göttliche Pädagogik deuten, die die Unbestimmbarkeit des göttlichen Einen nicht tangiere. Im Werk des Dionysius fehlte jede Metaphysik des gottebenbildlichen menschlichen Geistes. Die Philosophie des Dionysius war nicht eine Philosophie des Geistes, sondern der Geister und des unbestimmbaren Einen. Sie stellte in Frage, ob die Seligen Gott schauen oder nur eben wieder eine Theophanie; sie rückte nicht nur Kirche und Sakramente, Bibelwort und theologisches Denken, sondern die Trinität selbst auf die Seite der Theophanien. Diese im Ton frommer Meditation und ostkirchlicher Hymnik vorgetragene Religionsphilosophie hatte zwei Seiten: Einerseits korrigierte sie den Drang zum Buchstäblichen und Handfesten, der das Christentum der Völkerwanderungszeit zunehmend charakterisierte. Sie bildete eine Gegenkraft zu der allgegenwärtigen Herrschaft der Dingvorstellung. Andererseits rückte sie das göttliche Eine in eine leere Jenseitigkeit, der gegenüber nicht nur die biblischen Metaphern, sondern auch das Leben des menschlichen Geistes selbst äußerlich bleiben sollte, bloß auf Erscheinungen fixiert. An diesen Fragen hat sich das mittelalterliche Denken vom 9. bis zum 15. Jahrhundert erregt. Der heutige Betrachter mag bei der Rückschau versucht sein, der negativen Theologie und ihrer Loslösung von allen dinghaften Vorstellungen den tiefsinnigeren Part zuzugestehen. Die Tendenz zum Übergegenständlichen konnte in der von handfester Kirchenpolitik, römischem Verwaltungsstil, Sakramentenwesen und Reliquienkult bestimmten westlichen Welt ohnehin nie das tägliche Leben der Christenheit bestimmen. Aber für den Historiker gilt auch die andere Seite: Weder Augustin noch Boethius, noch Dionysius konnten eine begriffliche Fassung des urchristlichen Bewußtseins geben, daß Gott die Welt so sehr geliebt hat, daß er seinen Sohn für sie dahingab. Daß Gott sich selbst liebte, war plausibel zu machen; er war das höchste Gut. Aber daß er sich erniedrigte und daß die Liebe, die ihn dazu bewog, sein wahres Wesen war – dieser im urchristlichen Glaubensbewußtsein enthaltene Gedanke fand keine adäquate philosophische Form. Die Erfahrung der wechselseitigen Liebe in der urchristlichen Gemeinde mit ihrer Überschreitung des antiken Ideals der Autarkie und der Selbstsicherung und mit dem daraus folgenden Verzicht auf Privateigentum und Gewaltanwendung war aber das geschichtliche Novum, das seiner konzeptionellen Fassung harrte.

Wertbegriffe

Mag der Gott des jungen Augustin (vor 397), des späten Augustin (nach 397), des Dionysius und des Boethius jeweils ein anderer sein, die Anthropologie und die Wertetafel dieser Denker konvergierten im Sinne eines platonisierenden Spiritualismus und Dualismus: Der eigentliche Mensch, das ist der Geist. So wie in diesem Satz der Gegensatz von Platon und Aristoteles zum Verschwinden kam, so einigten sich in ihm die ansonsten divergierenden Philosophien des Augustin I, des Augustin II, des Boethius und des Dionysius. Sie kamen in dem sokratisch-plotinischen Hauptmotiv überein, daß es um Selbsterkenntnis und um Selbstgewinnung gehe – daß darin der Sinn aller Aktivität, aller Wissenschaft und auch aller Religion liege. Sie stimmten ferner darin überein, daß der Mensch in seiner höchsten Erkenntnisform – ob sie sie Geist (*nus*) oder Einsicht (*intellectus*), Vernunft (*ratio superior*) im Gegensatz zum Verstand (*ratio inferior*), Weisheit (*sapientia*) im Unterschied zur Wissenschaft (*scientia*) nannten – den Ideen zugeordnet sei und daß diese Erkenntnis verfehlt werde, wenn wir sie nach Art der alltäglichen Dingerfahrung und ohne Korrektur des vorstellenden Denkens auslegen. Daß die Vorstellung irreführt, daß sie vom Denken zu unterscheiden sei, war eine gemeinsame Überzeugung der für das Mittelalter grundlegenden Denker; sie wußten, daß Platon, Aristoteles und Plotin in ihr übereingekommen waren. In der Nachwirkung des englischen

Empirismus hat man oft das Denken als eine Unterart des Vorstellens beschrieben; diese Verwechslung, zu der das frühmittelalterliche Alltagsdenken vermutlich sehr neigte, müssen wir von den grundlegenden Philosophien Augustins, des Boethius und des Dionysius bewußt fernhalten; in dieser Hinsicht haben sie alle das platonisch-aristotelische Erbe bewahrt.

Doch die Konzentration des philosophischen Interesses auf den Intellekt, der vom Verstand (*ratio*) zu unterscheiden ist und dessen Inhalte die Ideen sind, begünstigte ein einseitig kontemplatives Lebensideal, das Platon sich aus ethisch-politischen Gründen nicht gestattet hatte. Für die aktive Weltauseinandersetzung und ihren ethischen Wert hatte einzig der späte Augustin, und dieser mit einer Tendenz zur Gewaltanwendung, einen Sinn. Boethius war Berufspolitiker, aber er sehnte sich aus den Geschäften zur Kontemplation und zurück in seine Bibliothek. Dionysius hatte zur Welt einzig durch seine ästhetisierend-religiöse Kontemplation einen Zugang; zur Sphäre der Macht fand er nur auf dem Weg der Religionsstreitigkeiten und durch sein Konzept der Hierarchien, das die Herrschaft der Bischöfe begünstigte, die sich realhistorisch herausbildete. Das frühe Mittelalter mit seinem erhöhten Bedarf an politischem und technisch-zivilisatorischem Neuaufbau begann aufgrund der Nachwirkung Augustins, des Boethius und des Dionysius mit einem eher entgegengesetzt orientierten Bewußtsein. Daraus erwuchs eine Neigung zur moralisierenden Kritik an weltgestaltendem Verhalten, die im Effekt mit dem aus anderen Quellen gespeisten Vorrang des monastischen Lebensideals zusammenstimmte. Dem wirkte die römische Bildungstradition wiederum entgegen; überall, wo Cicero und die rhetorische Tradition der Antike rezipiert wurden, zitierte man das antike Tugendsystem Klugheit, Gerechtigkeit, Tapferkeit und Maßhalten (*prudentia*, *iustitia*, *forti-*

tudo, temperantia) in mehr oder minder konsequenter Anpassung an christliche bzw. monastische Lebensregeln und durchweg in formelhafter Erstarrung.[32]

Natur

War das Interesse an methodisch strenger Erforschung der Natur schon in der Spätantike auf die Herausarbeitung des Exempelhaften und Wunderbaren zusammengeschrumpft, so verstärkte sich diese Tendenz bei den Kirchenvätern noch.[33] Sie betrachteten die Natur vornehmlich als Symbol der Weisheit Gottes und als einen Weg, der über die Natur hinausführte. Augustin warnte davor, ihr zuviel Eigeninteresse zuzuwenden. Was wir heute Naturwissenschaft nennen, war in seinen Augen verwerfliche »Neugier« (*curiositas*), weil sie nicht darauf abzielt, über die sichtbare Natur hinauszugehen.

Weiterführende Impulse enthielt das Werk des Boethius. Zunächst einmal veränderte Boethius die Stellung und die Funktion der Dialektik. (Dieses Wort verwende ich immer im mittelalterlichen Sinn von Logik.) Bei Augustin und dessen antiker Vorlage (Varro) hatte die Dialektik zwischen Grammatik und Rhetorik gestanden; sie bildete einen Bestandteil eines vorwiegend rhetorisch-literarischen Bildungskonzepts. Mit einer für den ersten Anschein geringen Verschiebung postierte Boethius die Dialektik an das Ende des Triviums; er ließ ihr also Grammatik und Rhetorik vorangehen. Dadurch wurde sie der Übergang von den literarwissenschaftlichen zu den realwissenschaftlichen Disziplinen (Quadrivium; vgl. S. 56). Durch seine Kommentare und durch seine selbständigen logischen Schriften verstärkte Boethius das Gewicht der so umfunktionierten Dialektik. Boethius soll Schriften über die Mechanik verfaßt haben, die wir nicht mehr besitzen. Jedenfalls konnte man aus seiner Zahlenmetaphysik der Natur die Forderung herauslesen, zu einer konkreten Erforschung der zahlenhaften Verhältnisse der Naturdinge überzugehen, sprach doch die Bibel selbst davon, Gott habe alles »nach Maß, Zahl und Gewicht geordnet« (Weish. 8,21). Dieser in hellenistischer Zeit geschriebene Bibelvers stand seinerseits unter dem Einfluß des weitverbreiteten Pythagoreismus, dem Boethius sowohl in dem Hymnus »O qui perpetua« (*Consolatio* III 9) als auch in seinen Lehrbüchern der Musik und der Arithmetik Stimme verlieh; aber es dauerte bis ins 12. Jahrhundert, bis auf dieser Grundlage ein Impuls zu exakter Naturforschung und Medizin erwuchs. Bis dahin begnügte man sich mit einer moralistisch-religiösen Kontemplation der Naturerscheinungen. Wenn überhaupt naturkundliche Tatsachen, z. B. der Botanik oder der Mineralogie, Interesse fanden, so suchte man die Erklärungen auf, die in Plinius' *Naturgeschichte* gegeben waren. Plinius (der Ältere, † 79 n. Chr.) hatte eine umfangreiche Kompilation angelegt, die mit der allgemeinen Kosmologie begann (Buch 2) und nach der Schilderung der Erdteile (Buch 3–6) den Menschen (Buch 7), die Tiere (Buch 8–11), die Pflanzen (Buch 12–19), die Heilkräuter (Buch 20–27) und zuletzt die Mineralien beschrieb (Buch 33–37).[34] In diesen Büchern wechselten Wundergeschichten (Plinius glaubte an Einhörner, Nereiden und Tritonen) mit eigenen Beobachtungen, die aber in einer oberflächlich-empirischen Systematik präsentiert waren. Doch hatte Plinius eine ausgedehnte Kenntnis der antiken naturwissenschaftlichen Literatur und stellte insofern für das Mittelalter eine unschätzbare Fundgrube dar. Man beutete sie, vielfach reduzierend, ständig aus. Die Nachschlagewerke des frühen Mittelalters waren direkt oder indirekt von ihr abhängig. Zwar bemühte Isidor von Sevilla für seine schon erwähnten *Etymologien* Plinius nicht, wohl aber Beda († 735) in seiner

Schrift *De rerum natura*, und spätere Autoren wie Alkuin von York († 804) und der Abt von Fulda Hrabanus Maurus († 856 als Erzbischof von Mainz) schrieben Beda aus. Diese Texte legten das Weltbild des frühen Mittelalters fest, mit unerheblichen Unterschieden: Immer stand die Erde im Mittelpunkt, sei es als vom Ozean umflossenes Rad (Isidor), sei es als Kugel (Beda). Um die Erde kreisten konzentrische Schalen. Über der letzten Sphäre bzw. oberhalb des »Firmaments« war der Himmel der Engel, der Auserwählten. Nach Beda trennte das Firmament die körperliche von der geistigen Schöpfung, sprach doch der Schöpfungsbericht der Bibel von den »Wassern, die über den Himmeln sind«. Die Kirchenväter bemühten sich, diese hebräische Kosmologie mit der griechischen zu verbinden. Dies ging nicht ohne Verzerrungen. Origenes wahrte die hellenistische Konzeption der Natur und erklärte diese »Wasser über den Himmeln« als symbolische Wasser, d. h. als die Engel. Ihm sollte im Westen einzig Johannes Eriugena folgen. Die anderen Autoren folgten den lateinischen Kirchenvätern, welche die Theorie des Origenes verwarfen, also den Konflikt mit dem naturwissenschaftlichen Weltbild der Antike riskierten. Vom 4. bis zum 17. Jahrhundert lehrten also die kirchlichen Schriftsteller die Existenz jener physischen Wasser jenseits der Himmelssphären. Sie waren freilich zu dem Eingeständnis gezwungen, daß ihnen die Funktion dieser Wasser unbekannt sei. Beda gestand: »Was für Wasser das sind und wofür sie nützlich sind, das weiß allein der, der sie schuf.«

Deutlicher konnte man nicht sagen, daß man zwar eine rationale Kosmologie wollte, daß man sie aber nur soweit wollte, als sie einer buchstäblichen, »realistischen« Bibelinterpretation und Institutionssicherung nicht im Wege stand. Diese Situation blieb für den lateinischen Westen bis über die Galilei-Prozesse hinaus charakteristisch, nur daß sich hier seit dem späten 11. Jahrhundert (Constantinus Africanus, † 1087, Medizinschule von Salerno, bald auch Chartres) ein neues Interesse an empirischer Naturforschung, vor allem in der Medizin, erhob, das den moralistisch-symbolischen Naturbegriff der Patristik überwand zugunsten einer praktischen Weltverbesserung und eines strengeren Methodenkonzepts.

Wer sich einen Begriff verschaffen will, unter welchen Rahmenbedingungen man vom 5. bis zum 11. Jahrhundert (und oft darüber hinaus) die Natur betrachtete, der lese die Kapitel 3 bis 8 im 21. Buch von Augustins *Gottesstaat*.[35] Augustin verteidigt hier seinen Glauben, die Leiber der Verdammten würden durch ewiges (physisches) Feuer gepeinigt, aber nicht verzehrt. Wenn unsere Gegner behaupten, das widerspreche der Natur, so argumentiert Augustin, so beachten sie nicht, wieviel Unerklärliches die Natur enthält. Augustin öffnet dann die Schleusen seiner Beredsamkeit, um eine Fülle rätselhafter Naturerscheinungen aufzuzählen – aus der Literatur wie aus der eigenen Erfahrung. Er erzählt, wie er selbst sich in Karthago davon überzeugt habe, daß das Fleisch eines Pfaus nicht verwese, wie unbekannte magnetische Kräfte oder die Dämonen eine metallene Lampe in einem Tempel ständig in der Schwebe hielten usw. Er sucht das Rätselhafte, um die Berufung auf Naturgesetze zum Schweigen zu bringen. Er will zeigen, wie viele Naturdinge es gebe, bei denen die Kraft unseres Geistes und die menschliche Sprache versagten. Das rätselhafte Verhalten des Kalksteins genügt ihm, um die Berufung auf Naturgesetze rhetorisch zurückzuschlagen. Gottes Allmacht in der Natur ist grenzenlos – er wird wohl auch die Leiber der Verdammten am Leben erhalten können, damit sie die Strafe des ewigen Verbranntwerdens erleiden können.

Die Nachfolger Augustins hatten nicht mehr dessen rhetorische Kraft und dessen literarische Kennerschaft, um mit Berufung auf antike Naturfabeln den Begriff des Naturgesetzes zu zerstören. Aber sie teilten seine Ansicht, die menschliche Vernunft und Sprache seien für die Naturerklärung zu schwach. Nach ihrer Ansicht war die Natur schon in sich ein Rätsel. Darüber hinaus war sie ein Spielball in der Hand von Engeln und Dämonen. Vor allem aber war sie das Feld der Krafterweise eines allmächtigen Gottes. Dieses augustinische Erbe war nur mit Hilfe des Boethius und der Araber zu korrigieren, aber erst in einer Zeit, da rationales Weltverhalten – in der Staatsverwaltung, in der Landwirtschaft, im Geldwesen und im Städtebau – wieder Zutrauen zu sich fassen konnte, gegen 1100.

Nachdem die Menschheit im Zeitalter der Industrialisation und der Massenvernichtungsmittel eher zuviel Zutrauen zu sich im Umgang mit der Natur gefaßt hat, könnte man versucht sein, das frühmittelalterliche Naturverhältnis idyllisch, frei von Ausbeutung und von Vergegenständlichung zu finden. Die Natur damals sagte dem Menschen etwas; sie war ein für ihn bestimmtes Zeichensystem. Doch bevor man sich mit dieser Ansicht begnügt, lese man die genannten Kapitel im *Gottesstaat* (XXI 3–8). Nicht nur, daß Augustin die abstrusesten Histörchen der antiken Naturbeschreibungen hervorholt, um die Berufung auf die Natur gegen das physische Höllenfeuer zu verhindern, ist charakteristisch, sondern ebenso, daß er versichert, wir müßten diese Geschichten nicht alle glauben; es genügten die Wunderdinge, die wir selbst erlebten, z. B. (er selbst kommt darauf erneut zu sprechen), daß das Fleisch des Pfaus nicht verwest. Diesen Satz muß man im Original lesen, um die Pointe Augustins zu erfassen:

de carne non putrescente pavonis,
cum putruerit et Platonis (c. 7 n. 2).

Der Reimanklang soll die Absurdität noch fühlbarer machen:

Der *pavo* (Pfau) verwest nicht,
während Plato verweste.

Augustin verabscheute solche kleinen Effekte nicht. Er wollte das Vertrauen in die Regelmäßigkeit der Natur erschüttern, um seine Höllenvisionen aus der Angriffslinie – vielleicht gerade der Platoniker? – zu nehmen. Dies war ebenfalls eine Instrumentalisierung der Naturerfahrung, nur nicht, um das Leben der Menschen zu erleichtern, sondern zum Zweck einer rhetorisch raffinierten Apologetik. Abgesehen davon, daß die Landwirtschaft, welche die frühmittelalterlichen Kontemplativen für sich betreiben ließen, eine nie in Frage gestellte Herrschaft über die Natur ausübte, hatte Augustins Naturbetrachtung nicht die Absicht, die Natur als autonomen Gegenstand methodischer Forschung zu erklären. Er betrachtete Vulkane, um zugunsten des Höllenfeuers argumentieren zu können: Seht, auch hier ist ständiges Verbrennen, das die Form des Berges nicht verzehrt!

Zweiter Teil

Entwicklungsstadien der mittelalterlichen Philosophie

I
Neue Rahmenbedingungen

Der Übergang vom Altertum zum Mittelalter stellt nicht nur in faktischer, sondern auch in geschichtstheoretischer Hinsicht eine Reihe von reizvollen Fragen. Wenn ein karolingischer König in ein Kreuz seines Hofschatzes eine Gemme des ersten nachchristlichen Jahrhunderts einfügen ließ, so veränderte sein Goldschmied an ihr vielleicht kein einziges Detail, aber durch die neue Funktion, durch die Zugehörigkeit zu einem karolingischen Königsschatz, der zusammen mit dem Blut der Ahnen und mit der Haartracht magisch-religiösen Beistand zu verbürgen hatte, änderte sich doch alles.

Wenn ein karolingischer Schriftsteller die Philosophiedefinition Ciceros (»Wissen der göttlichen und der menschlichen Dinge in ihren Gründen«) zitierte, ließ er – ebenso wie der Goldschmied – jede Einzelheit stehen, stand aber in einem anderen Realzusammenhang, den man verdecken kann mit einer Fülle richtiger Feststellungen über die Kontinuitätselemente. Als man nach den Zusammenbruchsjahrhunderten wieder zu schreiben begann, schrieb man in Nachahmung der christlichen Spätantike; aber die reale Welt war durch den Untergang des römischen Reiches radikaler betroffen, als wir uns gewöhnlich vorstellen; die Wiederkehr einer Gemme oder eines Cicero-Zitates können leicht darüber hinwegtäuschen.

Dabei waren zwischen 350 und 700 nicht nur die alten Führungsschichten verschwunden und mit ihnen ihre Bildung. Neue Herren waren aufgetreten, charakterisiert durch nordische Herkunft und eine »barbarische« Sprache. Ein öffentliches Rechtssystem hatten sie nicht. Sie waren beschäftigt mit Raubzügen und Krieg; sie waren abergläubig und aßen, wie Sidonius Apollinaris stöhnte, »Butter und Zwiebeln«, statt Wein und Brot, wie am Mittelmeer üblich. Das politische und militärische System war zusammengebrochen; die wirtschaftliche Produktion war nicht nur empfindlich zurückgegangen – sie hatte ihren Charakter verändert. Nicht, daß man zur geschlossenen Hauswirtschaft zurückgekehrt wäre. Salz und Edelsteine, Gewürze, Wein und Sklaven wurden über weite Entfernungen transportiert, auch Papyrus und edle Stoffe. Aber bis auf das Salz waren dies seltene Luxusgüter; normalerweise war die wirtschaftliche Produktion nicht mehr für den Export bestimmt. Schon in der Antike hatten die Reichen begonnen, den Städten zu entfliehen; diese Ruralisation setzte sich fort. Die Städte blieben Straßenknotenpunkt und Bischofssitz, aber ihre Bedeutung als Handelsplätze ging zurück. Das für den Export produzierende Gewerbe verschwand oder befaßte sich ausschließlich mit Waffen und Repräsentationsstücken einer dünnen, kriegerischen Oberschicht. Römerstraßen waren vielfach unpassierbar, jedenfalls unsicher; viele Brücken waren zerstört. Der immer schwächer werdende Fernhandel wich auf die Flüsse aus. Aber auch die Produktivität der Landwirtschaft sank. Die Bewässerungssysteme verkamen, die Arbeitskräfte fehlten oder wurden nicht rational eingesetzt. Die landwirtschaftlich genutzte Fläche wurde kleiner, die Bearbeitungsweise primitiver. Metallwerkzeuge waren überaus selten.[1]

Aber die Welt war nicht nur ärmer geworden. Sie wurde auch anders gesehen, anders gedacht und anders bewertet. Wo uns diese Änderungen schriftlich überliefert wurden, standen sie immer schon unter dem Zwang, sich der Tradition zu assimilieren. In die stilisierte Welt der Wissenschaft traten diese neuen Wertungen und Sehweisen nicht oder verspätet ein. Dennoch können wir davon ausgehen, daß Tod und Recht, Königtum und Religion, die Welt der Bücher und die der Natur jetzt anders gesehen wurden als früher. Begriffe wie »nützlich« und »gut«, »reich« oder »arm«, »verwandt« und »fremd« veränderten Bedeutung und Wertgehalt. Die schlichte Tatsache, daß etwas aufgeschrieben wurde, veränderte dessen Bedeutung in einer Welt von Analphabeten. Zwischen der Absetzung des letzten weströmischen Kaisers (476) und der Kaiserkrönung Karls des Großen am Weihnachtstag des Jahres 800 haben sich die Rahmenbedingungen geändert, unter denen jede Weiterentwicklung, auch die wissenschaftliche, stand. Ich hebe vier Charakteristika der neuen Situation hervor:

6 Das Christentum

Mit dem Zusammenbruch des römischen Reiches und dem Untergang seiner Beamtenschaft veränderte auch die »Wissenschaft« ihre Funktion. In der Welt, die jetzt entstand, erhielt »Denken« einen anderen Sinn. Der antike Zusammenhang von denkender Orientierung und politischem Handeln hatte sich seit dem 1. Jahrhundert gelöst, jetzt zerbrach er vollends – wenigstens in seiner bisherigen Form. Mit dem Vermögensverlust der bisher führenden Schichten verschwand auch die soziale Vorbedingung des antiken Lebensideals der Muße: Sofern die Wissenschaft in den nächsten Jahrhunderten überhaupt noch vorkam, diente sie kirchlichen Zwecken. Diese Abzweckung war allerdings nicht leicht und nicht schnell durchführbar. Wir dürfen in ihr nicht nur die Zerstörung der antiken Art von Vernunft sehen; für eine Reihe von Jahrhunderten waren die kirchlichen Zwecke nicht nur partikuläre Interessen; insofern ist in dem Bruch, den wir zu konstatieren haben, auch Kontinuität enthalten. Die Kirche nahm Allgemeininteressen wahr, z. B. arbeitete sie an der Durchsetzung rechtlicher Formen der Konfliktaustragung (»Gottesfrieden«). Das politische Handeln bestand jetzt auch in Klostergründungen und in der Durchsetzung der Kirchendisziplin. Diese bot zunächst die einzige Möglichkeit zur einheitlichen Lebensorganisation. Dadurch, daß die Franken sich zum Katholizismus, nicht, wie die Goten und Langobarden, zum Arianismus bekehrt hatten, war im Westen die religiöse Vielfalt am Ende des 8. Jahrhunderts verschwunden: Es gab hier außer den Juden nur noch Christen, und zwar der orthodoxen (= nicht-arianischen) Richtung. Freilich standen die Araber bedrohlich nah: Der Islam, der sich nach 632 (Tod Mohammeds) in Nordafrika ausgebreitet hatte, beherrschte die Iberische Halbinsel und seit 827 auch Sizilien. Die Schlacht bei Tours und Poitiers 732 verhinderte aber sein weiteres Vordringen, und eine intellektuelle Herausforderung bildete der Islam noch lange nicht. Es blieb Byzanz. Aber die wirtschaftliche, politische und religiöse Entwicklung der Spätantike hatte den Osten schon so weit vom Westen getrennt, daß er für die wissenschaftliche Entwicklung vorerst nur als ferner Gegner eine Rolle spielte.

Daraus ergab sich eine relativ große Homogenität in religiöser Hinsicht: Die mittelalterliche Lebenswelt war durchgängig christlich geprägt. Doch wenn man dies ausspricht, sind eine Reihe weiterer Präzisierungen nötig, um nicht dem neoromantischen Phantombild des »christlichen Mittelalters« zu verfallen.

Zunächst einmal: Auch die Antike und die frühneuzeitliche Welt waren religiös geprägt, in Politik und Philosophie. Von den Vorsokratikern bis zu Kant und Hegel hat das philosophische Denken durch die Religionen sowohl Anregungen wie Störungen erfahren; nicht erst die spätantike Philosophie hat über das Gebet und die Providenz, über die wahre Gottesverehrung und die Schädlichkeit anthropomorpher Gottesvorstellungen nachgedacht. Spezifisch für das Mittelalter war nur, daß eine dogmatisch fixierte Religion mit amtlichen Lehrentscheidungen und Polizeigewalt herrschte. Aber wenn man sich so ausdrückt, übersieht man leicht wichtige Aspekte des tatsächlichen mittelalterlichen Lebens. Zwar ist es richtig, daß die dogmatische Entwicklung der Spätantike ein relativ festes Gerüst von Glaubensaussagen hervorgebracht und sie dem mittelalterlichen Denken autoritativ vorgelegt hat; insofern begann die mittelalterliche Philosophie unter Bedingungen, die von denen der Entstehungszeit der antiken Philosophie deutlich sich abheben. Aber einmal boten die dogmatischen Formeln, die ihrerseits einem philosophisch beeinflußten Deutungsprozeß entsprungen waren, dem beginnenden mittelalterlichen Denken einen spekulativen Stoff; sodann waren sie vielfältiger Deutung fähig, je nach den philosophischen Prämissen, von denen her man sie ansah. Die verschiedenen mittelalterlichen Theologien entstanden durch die Anwendung divergierender philosophischer Voraussetzungen auf die Schrift und Glaubensbekenntnisse. Diese Verschiedenheiten in der Konzeption des Christentums entsprachen realen Verschiedenheiten der mittelalterlichen Gesellschaft, so daß bestimmte soziale und regionale Gruppen sich in bestimmten Deutungen des Christentums wiederfanden, in anderen nicht.

Diese sozialen Gruppierungen waren das Resultat geschichtlicher Konstellationen; ihr je verschiedenes Weltverständnis hatte seinen Sitz im tatsächlichen Lebensinteresse der Menschen. Das mittelalterliche Christentum war nicht so einheitlich wie der nachtridentinische Katholizismus. Zum Beispiel änderte sich die für die mittelalterliche Welt so wichtige Liturgie im 8. Jahrhundert wesentlich. Die private Beichte setzte sich durch. Bußbücher enthielten die Tarife für die verschiedenartigen Verfehlungen. Die Gemeinde verlor an Bedeutung. Der Bau der Kirchen folgte einer Abtrennung des Klerus vom Volk, einer Betonung eher der magischen als der spirituellen Seite der Eucharistie. Seit dieser Zeit wurde der Laienkelch – im 15. Jahrhundert Anlaß der Hussitenkriege – immer seltener. Der Wandel der Spiritualität veränderte auch die Funktion des philosophisch-theologischen Wissens. Andererseits hatte das philosophische Denken Anteil an der lebensbezogenen Vielfalt religiöser Formen; es konnte etwa die christliche Endzeiterwartung intensivieren oder durch Umdeutung eliminieren; es konnte z. B. das Interesse vom Alten Testament oder auch von der *Apokalypse* weg zum *Johannesevangelium* verlagern.

Augustin, Thomas von Aquino, Wilhelm von Ockham und Meister Eckhart sahen dasselbe Bibelwort – etwa »Am Anfang war das Wort« – mit verschiedenen Augen an, je nach ihrem philosophischen Deutungsschlüssel; sie waren also nicht einseitig abhängig von der christlichen Religion, sondern arbeiteten noch an deren Modifikation, und zwar in dem Sinne, daß durch ihre philosophische Arbeit die überlieferten Glaubensformeln unter veränderten geschichtlichen Konstellationen von je anderen repräsentativen Gruppen akzeptiert werden konnten. Das e i n e, autoritativ verfestigte Christentum gestattete also nicht nur divergierende Philosophien, sondern es provozierte sie sogar als die Bedingung dafür, daß es bei so verschiedenen Gruppen wie antiken Großgrundbesitzern und spätmittelalterlichen Tagelöhnern, deutschen Fürstbischöfen des 11. Jahrhunderts und Wollhändlern von Assisi des 13. Jahrhunderts akzeptabel wurde. Ein starres Formelsystem wäre als Lebensgrundlage untauglich gewesen; die Philosophie hatte die Chance, eine reiche Vielfalt zu entwickeln, weil dadurch das offiziell geltende einheitliche Credo der de facto vorhandenen Mannigfaltigkeit adaptiert wurde.

Es gab im Mittelalter eine Vielzahl christlicher Philosophien, weil sehr divergierende geschichtliche Gruppen ihre Identität herstellten mit Hilfe ihres Konzepts von Gott und ihrer Vorstellung von Christus und den Heiligen. Das »Christliche« bestimmte man nicht so sehr im Hinblick auf eine Anzahl dogmatischer Sätze, sondern zunächst durch ein reich differenziertes Corpus autoritativer Texte. Hinzu kam, daß philosophierende Christen, auch wenn sie Kleriker und Mönche waren, nicht explizit sich verpflichteten, eine christliche Philosophie zu konzipieren, sondern der fraglos vorausgesetzten christlichen Zivilisation die Reichtümer der antiken und bald auch der arabischen Philosophie erschließen wollten. Eine christliche Selbststilisierung lag fern, da der christliche Lebenszusammenhang unbestritten war und da es dringende Anlässe gab, die kulturell überlegene antike und arabische Philosophie zu rezipieren; sie hatte z.B. zweifellos die bessere Medizin und Naturforschung. Bei dieser Rezeption machte man die Erfahrung, daß die antike und die arabische Philosophie Probleme verfolgten, die weder in der Bibel noch bei den Kirchenvätern behandelt waren. Dies galt allemal für die Logik, die schon in der ersten Hälfte des 11. Jahrhunderts durch ein beträchtliches Corpus antiker Texte in Dom- und Klosterbibliotheken vertreten war. Sie hat im ganzen Mittelalter eine unangefochten-selbständige Existenz geführt; umstritten war nur, ob und inwieweit sie auf den Kirchenglauben anzuwenden war. Die kulturellen Kontexte der Bibel einerseits, der griechisch-arabischen Wissenschaft andererseits, erwiesen sich, obwohl es Konfliktzonen gab, als so verschieden, daß sich de facto eine zweigleisige Weltbetrachtung nahelegte und sich die Tendenz ergab, eine solche Zweigleisigkeit auch programmatisch zu erklären; jedenfalls mußte man eine Zweistufigkeit der Erkenntniswege zugestehen; man unterschied dann, was man aus dem Glauben und was man mit Hilfe der »natürlichen Vernunft« erkannt habe; was »natürliche Vernunft« war, dies bestimmte man in der Regel durch einen Blick auf antike oder arabische Texte. Auch dadurch ergab sich die Möglichkeit einer großen Vielfalt christlicher Philosophien. Man konnte den Schwerpunkt entweder auf die Harmonisierung oder auf die Kontrastierung beider Traditionen legen. Es wäre ein ungeschichtliches Vorgehen, wollte man nur den harmonisierenden Typus als »christliche Philosophie« gelten lassen, also etwa die Lösung des Thomas von Aquino, und nicht auch die zweite, also etwa den Weg Wilhelms von Ockham. Es scheint sinnvoll, von »christlicher« Philosophie zu sprechen, ähnlich wie wir von griechischer oder arabischer Philosophie sprechen. Aber diese Ausdrücke dürfen nicht normativ, sie können nur deskriptiv gemeint sein, also ohne den Ehrgeiz, eine bestimmte Philosophie vor anderen als die »christlichere« auszuzeichnen; es ist daher sinnlos, die Geschichte der christlichen Philosophie auf das Mittelalter einzuengen, als seien Descartes und Pascal, Leibniz, Kant und Hegel nicht auch »christliche« Philosophen. Wenn wir deren »Christlichkeit« als anders, gar als geringer empfinden, identifizieren wir das Christliche mit kirchlich-institutioneller Verwertbarkeit, ohne daran zu denken, wie wenig verwertbar Eriugena und Berengar, Joachim von Fiore und Ockham waren. Doch da im Mittelalter die nationalen Differenzen des philosophischen Stils weniger ausdrücklich sind, legt sich die Bezeichnung »christliche Philosophie« nahe, wenn man die westeuropäische Entwicklung von ihren antiken und arabischen Vorlagen absetzen will. Jedenfalls muß klar sein:

– Es gab im Mittelalter nicht nur »christliche« Philosophien, sondern ebensogut jüdische und arabische; durchgängig war ein Block antik-philosophischer Texte vorhanden, insbesondere Cicero und Seneca, aber auch Schriften zur Logik und zur Naturkunde (Plinius);

- »christliche« Philosophien gibt es nicht nur im Mittelalter;
- es gab zahlreiche, untereinander konkurrierende »christliche« Philosophien.

Daraus ergibt sich, daß man mehrfache Reduktionsschritte unternimmt, wenn man im Mittelalter nur die christlichen Philosophien sieht und die Vielzahl der christlichen Philosophien auf eine einzige, vermeintlich besonders christliche, reduziert und dazu noch diese einzige christliche Philosophie unter dem einseitigen Gesichtspunkt darstellt, sie wahre den Abstand zwischen Gott und Welt, vermeide also den Pantheismus, indem sie in allem Geschaffenen den realen Unterschied zwischen diesem Geschaffenen und dessen Dasein (Existieren) hervorhebe und diese Differenz einzig in Gott negiere.[1] Abgesehen von den philosophischen Bedenken gegen diese Theorie der sogenannten Realdistinktion zwischen Sache und Existenzakt, abgesehen ferner von historischen Rückfragen nach dem genuinen Kontext jener Theorie, springt der abstrakt-ungeschichtliche Charakter dieser Konzeption des Christlichen der christlichen Philosophie ins Auge. Dieser Maßstab der Christlichkeit ist so eng gewählt, daß nicht einmal Augustin, wenn es konsequent zuginge, als christlicher Philosoph gelten könnte. Es fragt sich auch, wo dieser Maßstab des Christlichen in den biblischen Texten seinen Anhalt findet. Der alttestamentliche Satz, in dem Gott sagt: »Ich bin, der ich bin« (Ex. 3,14), definiert nicht den Gottesbegriff des Christentums; überdies ist fraglich, ob er in dieser Form korrekt übersetzt ist. Schließlich wurde schon im Jahr 1304 gegen den Anspruch protestiert, daß mit diesem Satz das christliche Konzept von »Gott« charakterisiert sei; Meister Eckhart wandte ein, der Evangelist habe nicht geschrieben: »Am Anfang war das Sein (*ens*)«, sondern »Am Anfang war das Wort«; das Wort aber sei seinem Wesen nach bezüglich auf den Intellekt.[2] Damit ist belegt, daß es schon im Mittelalter einen Disput über die adäquate philosophische Fassung der christlichen Erfahrung gab, daß wir also Anlaß haben, nach der geschichtlichen Berechtigung eines Maßstabs für die Christlichkeit von Philosophien zu fragen.

Man kann derartige Diskussionen um die »Christlichkeit« von Philosophien als unfruchtbar ablehnen. Sie entspringen in der Regel dem Bedürfnis nach einer dogmatischen Zensur. Aber das heißt nicht, die religiöse Atmosphäre, in der die Philosophien des Mittelalters entwickelt worden sind, sei diesen äußerlich geblieben. Man verhindert wichtige historische Einsichten, wenn man einen ahistorischen Kanon des Christlichen gegen die Vielfalt christlicher Philosophien durchzusetzen sucht, aber auch, wenn man es aufgibt, in den Philosophien des Mittelalters nach der Art zu fragen, wie sie religiöse Erfahrungen artikulieren. Denn unter den durch die Wanderjahrhunderte geschaffenen Bedingungen der mittelalterlichen Welt kamen geschichtliche Gruppen vor allem in religiösen Erfahrungen und in deren begrifflicher Fassung zu ihrem Selbstverständnis. Eine Betrachtung der mittelalterlichen Philosophie würde geistlos, wenn sie Leben und Werk der einzelnen Denker hererzählte, aber nicht danach fragte, wie Individuen und Gruppen durch diese philosophischen Werke sich über sich selbst verständigt haben. Um dies etwas konkreter zu sagen: Wenn Meister Eckhart es als unbefriedigend ansah, Gott allein oder primär als das in sich ruhende Sein zu definieren, wenn er dagegen Gott als Geist und Wort verstanden wissen wollte, also bezüglich auf den »Intellekt« des Menschen (ein Ausdruck, der noch erläuterungsbedürftig ist), so sprach er ein menschliches Selbstbewußtsein aus, das zu Anfang des 14. Jahrhunderts möglich war, wenigstens in Paris und Köln, und das wir nicht ebenso der primär agrarisch geprägten Welt des

9. Jahrhunderts unterstellen dürfen. Die Stadtbewohner um 1300 waren nicht mehr damit zufrieden, einen gnädigen obersten Herrn zu haben. Sie wollten Selbstbestimmung; sie wollten Begründungen hören. Sie brauchten einen anderen Gott als die Königsbeamten des 9. Jahrhunderts. Änderte man aber in einer von der Religion geprägten Zeit die Gotteskonzeption, so veränderte sich die gesamte gedankliche Konstellation. Mit Inkonsequenzen und partieller Immobilität ist immer zu rechnen; es könnte z. B. sein, daß aus einer gedanklichen Neuerung nicht sofort alle politischen Konsequenzen gezogen werden. Wenn eine theoretische Innovation des Mittelalters den Gottesbegriff oder das Selbstverständnis der jüdischen, christlichen oder islamischen Religion veränderte, so beschreiben wir diesen Vorgang inadäquat, wenn wir ihn als eine Neuerung innerhalb der »Theologie« analysieren. Denn einmal hat sich die wissenschaftliche Disziplin »Theologie« erst im Laufe des Mittelalters aufgrund umfassender Konzeptionsverschiebungen gebildet und hat, selbst nachdem seit etwa 1200 eine institutionelle Trennung von dem in der Artistenfakultät gelehrten Wissen vorlag, niemals die für die neuere Zeit charakteristische Abgetrenntheit erreicht. Sodann und vor allem: Eine Neudeutung der jeweiligen Religion bedeutete eine Neudeutung des gesamten Lebens; sie griff in das alltägliche Leben verändernd ein, indem sie z. B. neue liturgische Formen, dann auch architektonische und städtebauliche Konsequenzen herbeiführte. Gleichzeitig brachte sie objektive Veränderungen zu ihrem theoretischen Ausdruck, indem sie z. B. den neuen Geist der Stadtbürger von dem der frühmittelalterlichen Agrar- und Feudalgesellschaft scharf abzusetzen gestattete. Ohne eine Neukonzeption der jeweiligen Religionen war im Mittelalter eine grundlegende geschichtliche Verschiebung nicht möglich; für das historische Verständnis der mittelalterlichen Welt sind derartige Debatten nicht

»Theologengezänk«, sondern Indikatoren umfassender geschichtlicher Prozesse. Welche reale Rolle die Philosophie im Mittelalter ausgeübt hat, läßt sich nur ermessen, wenn man die großen Diskussionen um die Deutung des Christlichen analysiert. Es ist auch philosophisch von Interesse zu erfahren, wann und wie die christliche Erfahrung der Nächstenliebe, des Verzichts auf Privateigentum, der Erwartung und Verzögerung des Weltendes und der alle kosmischen Hierarchien durchbrechenden Inkarnation theoretisch realisiert wurden. Dies bedeutet zunächst eine erhebliche Komplizierung; einfacher wäre es, die Theologiegeschichte von der Philosophiegeschichte des Mittelalters zu trennen. Aber dann greift man mit Hilfe eines ungeschichtlichen Philosophiebegriffs in die tatsächlichen geschichtlichen Abläufe gewaltsam ein. Man trennt die Philosophie von ihrer mittelalterlichen Lebensgrundlage; man beraubt sie ihres vorzüglichsten Anwendungsgebiets; man präpariert einige ihrer Resultate in geschichtsfreier »Reinheit«. Dagegen läßt sich zeigen, daß den einschneidenden Wandlungen im christlichen Selbstverständnis philosophische Entwicklungen vorausgingen bzw. immanent in ihnen wirksam waren. Dies gilt für die seit dem 2. Jahrhundert chronische Umdeutung der Endzeiterwartung; es gilt für Augustins Gnadenlehre, für die Hierarchisierung der Welt, des Himmels und der Kirche bei Dionysius Areopagita, für die Prädestinationsdebatte im 9. Jahrhundert, für die Eucharistiediskussion des 11. Jahrhunderts, für die Entstehung der sogenannten »deutschen Mystik« und für die Rechtfertigungslehre Martin Luthers. Selbst wo diese Neuerungen aus der direkten Begegnung mit der Bibel hervorzugehen schienen, wie besonders bei Augustin und bei Luther, konnten die entsprechenden Bibelstellen, die man immer schon gelesen und erklärt hatte, erst aufgrund einer spezifischen Entwicklungsphase des menschlichen Selbstverständnisses ihre Virulenz entfalten.

7 Die lateinische Sprache

Als Folge der Völkerwanderung hat sich der politische Mittelpunkt Europas vom Mittelmeer zum Norden und Westen verlagert. Als die Völkerbewegungen zu Beginn des 8. Jahrhunderts zur Ruhe kamen, hatte sich das Bild Europas auch in sprachlicher Hinsicht grundlegend geändert. Die Eindringlinge zerschlugen das römische Verwaltungssystem und die Alleinherrschaft der lateinischen Sprache, aber das Gotische, Fränkische und Langobardische konnten das Lateinische nicht ersetzen. Die westliche Kirche hatte gerade im Zusammenbruch des spätantiken Staates ihre lateinische Identität verstärkt; im Unterschied zum slavischen Bereich drangen hier die Volkssprachen nicht in die Liturgie ein. Die neuen Sprachen konnten nicht einmal für die Zwecke der Verwaltung ausreichen: Die ethnische Vielfalt der Wandervölker und ihre oft recht kleine Anzahl schloß dies aus, abgesehen davon, daß sie römische Gewohnheiten gerade übernahmen und z. B. lateinische Ehrentitel schätzten. Die Folge war ein sprachliches Zwei-Schichten-System, das für viele Jahrhunderte die vorgegebene Bedingung schriftstellerischer Tätigkeit war. Die Werke der Philosophen nach 800 sind durchweg nicht in der Muttersprache ihrer Verfasser geschrieben. Dies unterscheidet sie von den Autoren der christlichen Spätantike. Zwar dürfte Augustins Mutter, von Hause aus punisch, nicht lateinisch gesprochen haben, dennoch war für Augustin Latein die Umgangssprache. Ebenso für Boethius, der, aus einer der vornehmsten römischen Familien stammend, sich wie selbstverständlich im Lateinischen bewegte. Für die Schriftsteller der karolingischen Zeit war dies anders: Sie mußten sich, wie fast alle nachfolgenden Philosophen, in einer erlernten Bildungssprache ausdrücken.

Dies bedeutete einerseits eine Einbuße an subjektiver Direktheit. So etwas wie Lichtenbergs Aphorismen oder

Nietzsches Fragmente aus dem Nachlaß der achtziger Jahre wäre im Mittelalter sprachlich nicht möglich gewesen. Aber das gab es auch in der Antike nicht. Das Latein, die Sprache also, in der man einzig seine Gedanken darstellen konnte, war ein universales Regelsystem. Doch dürfen wir dessen Zwangscharakter nicht übertreiben. Neoromantisch und nachweisbar falsch die Vorstellung, Autoren der Zeit vor 1500 hätten ihr Eigenstes nicht ausdrücken können, da sie nicht in der »Muttersprache« schrieben. Denn Latein war in Klöstern und Schulen, in Universitäten und Kanzleien zu einer Art Umgangssprache avanciert. Und gerade dadurch, daß bis 1300 ausschließlich die lateinische Sprache zur Verfügung stand, hatte diese eine Plastizität erhalten, die sie für den Ausdruck subjektiver Erfahrungen geeignet machte. Dies zeigen aus dem 11. Jahrhundert die Gebete Anselms von Canterbury, die er schriftlich fixiert hat; für das 12. Jahrhundert belegen es die lateinischen Vagantenlieder wie die *Carmina Burana*. Der Zwang, die lateinische Sprache zu gebrauchen, führte zu deren Transformation. Am deutlichsten zeigt sich diese in der Syntax, in der mittelalterlichen lateinischen Dichtung auch im Endreim, den die Antike nicht kannte.

In einer Zeit, in der die europäischen Nationalsprachen erst im Entstehen waren, bot allein das Lateinische die Möglichkeit einer überregionalen Kommunikation. Die übernationalen Einrichtungen – die Kirche, die Universitäten, das Imperium – waren auf das Lateinische angewiesen und begründeten mit seiner Hilfe eine relativ einheitliche europäische Kultur. Philosophische Diskussionen hatten einen internationalen Charakter, wie er seit dem 18. Jahrhundert zunehmend verlorengegangen ist. Die Biographie der mittelalterlichen Denker zeigt, welche Beweglichkeit die internationale Sprache ermöglichte: Wir treffen den Lombarden Anselm von Aosta in Bec (Normandie) und in Canterbury, den Süditaliener Thomas d'Aquino in Köln, in Orvieto und mehrfach in Paris.

Man kann die Ansicht vertreten, die zeitliche Abgrenzung des »Mittelalters« sei eine eher pragmatische Frage. Doch ist dies unter dem uns hier beschäftigenden Gesichtspunkt der sprachlichen Bedingungen der Philosophie des Mittelalters nur teilweise richtig: Die Autoren der christlichen Spätantike – wie Augustin und Boethius – waren unter diesem Gesichtspunkt in einer anderen Situation als die Späteren; sie gehören noch der Antike an. Da wir philosophisch nennenswerte Texte erst wieder aus dem 9. Jahrhundert haben, müßten wir, von den sprachlichen Rahmenbedingungen her gesehen, das Mittelalter mit der karolingischen Zeit beginnen lassen.

Erst recht fraglich wird die übliche Festsetzung des Endes des Mittelalters: Calvin und Servet, Descartes, Christian Wolff und Leibniz, schließlich noch Kant und der junge Hegel schrieben in lateinischer Sprache philosophische Werke. Dies bedeutete freilich für einen neuzeitlichen Autor nicht dasselbe wie für einen mittelalterlichen; der neuzeitliche Schriftsteller hatte eine Alternative. Er schrieb in zwei Sprachen, Leibniz sogar in dreien.

Doch gab es Ansätze in dieser Richtung schon im Mittelalter: Man übersetzte philosophische Texte in die Volkssprache. Notker von St. Gallen (950–1022)[1] ist der berühmteste Übersetzer, nicht der einzige. Eine bewußte und erfolgreiche Umsetzung der lateinisch sprechenden Wissenschaft finden wir gegen 1300 bei Dante (*Convivio; De vulgari eloquentia*), bei Lull und bei Eckhart.

8 Das Bildungssystem

Die Wandervölker wuchsen nicht nur in die Religion und in die Sprache der westlichen Spätantike hinein, sondern auch in ihr Bildungssystem. Es hat bis zum Beginn des 13. Jahrhunderts mehr oder minder unbestritten geherrscht und bildete bis dahin eine Lebensbedingung des mittelalterlichen Denkens. Der Unterricht war aufgebaut auf dem Vorrang der Rhetorik und der Klassikerlektüre. Man unterschied in diesem System sieben »Freie Künste« (*artes liberales*), näherhin folgende zwei Gruppen von Wissenschaften:

a) Grammatik, Rhetorik, Dialektik. Sie bildeten zusammen das Trivium.
b) Arithmetik, Geometrie, Musik, Astronomie. Sie bildeten zusammen das Quadrivium.[1]

Diesem antiken Schema lag die Forderung zugrunde, die formalen, literaturbezogenen Kenntnisse mit der Naturkunde zu verbinden. Aber die Auswahl der Naturwissenschaften war schon recht einseitig – es fehlte z. B. die Biologie, erst recht die Mechanik. So kam es – entgegen dieser Intention – schon in der Spätantike zu einer Rhetorisierung, Atomisierung und Moralisierung des naturkundlichen Stoffes. Von der wissenschaftlichen Energie der griechischen Ärzte, Geographen und Historiker konnte man auf diesem Weg keinen Begriff mehr erhalten. Aber auch die römischen Klassiker, besonders die Historiker, wurden das Opfer einer einengenden Pädagogisierung. Es war also nicht allein die Ungunst der Rezeptionssituation seit dem 7. und 8. Jahrhundert, die dieses Bildungssystem formalistisch werden ließ; die Wandervölker stießen auf die antike Bildung, als diese selbst unter Traditionsverengung litt. Sie hatte den Zusammenhang mit ethisch-praktischen Bedürfnissen verloren; sie war zum Dekor geworden, zu einer unverbindlichen

Mußebeschäftigung einer untergehenden Schicht Privilegierter. Sie schöpfte ihr Erziehungsprogramm auch nicht mehr direkt aus Cicero und Quintilian, sondern benutzte seit etwa 400 das Buch des afrikanischen Rhetors Martianus Capella *Über die Hochzeit des Merkur mit der Philologie*.[2] Bei dieser Hochzeit des Merkur treten sieben Brautjungfern auf und bringen ihre Gaben, eben die Sieben Künste. Bemerkenswert ist, wie hier der Begriff der »Kunst« gefaßt war. »Kunst« (*ars*) bedeutet hier soviel wie »Lehrfach« oder »Disziplin«. Der handwerklich-technische Aspekt der *ars* fehlt. Er wäre mit der allegorisierenden Rhetorik dieses Ausbildungsschemas unvereinbar gewesen. Man suchte schon in der Spätantike das Spektakuläre, das Phantastische und Wunderbare. Man studierte die Geographie nicht mehr bei Ptolemäus oder Strabon. Selbst Plinius trat zurück gegenüber der phantastischen Geographie des Julius Solinus[3] (3. Jh.). Die Zoologie lernte man aus dem *Physiologus*[4], einem alexandrinischen Populärwerk des 2. Jahrhunderts, das im 5. Jahrhundert ins Lateinische übersetzt worden war. Geschichtskenntnisse schöpfte man seit dem 5. Jahrhundert weniger aus den klassischen römischen Historikern, als aus Orosius, der augustinische Motive zu einer »vulgären Apologetik«[5] umgearbeitet hatte.

Die Koordination des so erstarrten spätantiken Bildungskonzepts mit der eigenen christlichen Überzeugung warf Probleme auf, denen die Zeit zwischen Boethius und dem 9. Jahrhundert nicht gewachsen war. Solange einzelne Städte – besonders in Südgallien und Italien – noch Lehrer hatten, die nach diesem System unterrichteten, war das Christentum oft nicht mehr als eine äußerliche Zutat oder Korrektur. Man kombinierte zwei divergierende Wertsysteme mehr oder minder oberflächlich miteinander. In dieser Situation konnte die Radikalität der augustinischen Erbsünden- und Gnadenlehre ihre bildungstheoretische Konsequenz nicht entfalten. Der späte Augustin hatte in der Schrift *De doctrina christiana* die Unterordnung der Freien Künste unter die Bedürfnisse der Bibelauslegung gefordert. Jetzt konnte man zwar Grammatik lehren, um die Bibel lesen zu können. Man konnte einfache Rechnungen durchführen. Aber man wußte nicht, wie man die Freien Künste im einzelnen auf die Bibel anwenden sollte.

Auch die Klosterschulen waren damit überfordert; sie beschränkten sich in der Regel auf das Nötigste. Die Anfänge des Mönchtums waren ohnehin eher chaotisch und bildungsfeindlich. Benedikt von Nursia († 547), dem Studium in Rom entlaufen, suchte die Einsamkeit von Montecassino nicht, um dort eine Bildungseinrichtung zu gründen. Benedikt war ein »Anachoret mit dürftigen Schulkenntnissen«.[6] Gregor d. Gr., der in seinen *Dialogen* für ihn Propaganda machte, sagte von ihm, er habe vom Studium Abstand genommen, weil er bewußt nichtwissend, in seiner weisen Art ungelehrt habe bleiben wollen.[7] In der »Regel« Benedikts ist von Studium und Buchkultur nicht die Rede. Zwar schrieb Benedikt die »Lesung« vor, aber es sind die Bibel und die Kirchenväter, die gelesen werden sollen. Im Vordergrund stand das Anhören dessen, was in der Klostergemeinschaft für alle laut vorgelesen wurde; für Benedikt war diese Art Lesung (*lectio*) gleichbedeutend mit Meditation. Benedikts Mitbrüder waren Laien, nicht studierte Priester. Wahrscheinlich war er selbst nicht Priester. Er wollte mit seinen Brüdern von der Handarbeit leben; von Bücherabschreiben sprach er nie. Wir dürfen die kulturelle Funktion, die einige Benediktinerklöster vor allem zwischen dem 8. und dem 12. Jahrhundert hatten, also nicht dem Ordensgründer und nicht allen Klöstern zuschreiben. Es bedurfte bestimmter Initiativen und bestimmter Situationen, die aus den Benediktinern in einzelnen Abteien die wichtigsten Erzieher des frühen Mittelalters machten. Zu diesen Konstellationen gehörte vor allem um 800 die Verbindung mit Karls d. Gr. politischen Plänen. Bis dahin war die Verbindung des Ordens mit der Kultur nur sporadisch. Die Aufgabe, Bücher zu sammeln und abzuschreiben, die Bibel und die heidnischen Schriftsteller sprachlich aufzuschließen und inhaltlich auszulegen, ist den Benediktinern erst in einem jahrhundertelangen Prozeß zugewachsen. Cassiodor, der selbst nicht Mönch war (vgl. S. 160), Beda und Alkuin haben den Orden erst zur Bildungsinstitution gemacht. Aber wenn durch deren Bemühungen den »weltlichen« Studien wenigstens ein gewisser Platz eingeräumt wurde, so blieb es doch immer das spätantike System der »Freien Künste«, in mehr oder minder problematisierter Unterordnung unter das Studium der Bibel.

9 Die Bibliotheken

Zu den gesellschaftlichen Rahmenbedingungen der mittelalterlichen Philosophie gehört die Einbindung der philosophischen Autoren in gesellschaftliche Strukturen. Waren Boethius und Cassiodor noch Laien, so waren die meisten mittelalterlichen Philosophen Kleriker, oft Mönche. Die aus dem 19. Jahrhundert überkommene Auffassung des philosophischen Schriftstellers als des Urhebers philosophischer Texte bedarf gewisser Korrekturen. Natürlich waren auch schon im 11. Jahrhundert die individuelle Begabung und die persönliche Entscheidung unerläßlich bei der Produktion philosophischer Texte. Anselm von Canterbury besaß ein ausgeprägtes Bewußtsein davon; er regelte z. B. ausdrücklich, in welcher Reihenfolge er seine Texte gelesen haben wollte; er überwachte sorgfältig die Abschriften seiner Werke. Dennoch müssen wir uns einen Autor des 9. oder 11. Jahrhunderts in einem intensiven Zusammenhang mit der

Institution denken, in der er lebte. Wenn wir heute an mittelalterliche Gelehrte denken und dabei das Bild vor Augen haben, das die Maler des 15. und 16. Jahrhunderts von den Kirchenlehrern geschaffen haben, so stellen wir sie uns vor in einem zurückgezogenen Studierzimmer, umgeben von ihren Büchern. Aber dieses Bild des »Hieronymus im Gehäus« täuscht uns über die Realität des Schriftstellers im Mittelalter, jedenfalls für die Zeit vor 1400. Denn die von den Malern des 15. und 16. Jahrhunderts wiedergegebene Situation des Gelehrten war erst das Ergebnis der mittelalterlichen Entwicklung; sie stand nicht an ihrem Anfang. Boethius hatte freilich noch seine Privatbibliothek und sein privates Studierzimmer. Aber wenn ich eine Bemerkung in Eadmers Lebensbeschreibung des hl. Anselm richtig verstehe, besaß Anselm weder ein eigenes Schlafzimmer noch einen abgetrennten Arbeitsplatz, jedenfalls nicht, bevor er Abt war. Man kann auch davon ausgehen, daß er keine private Bibliothek besaß. Dafür stand ihm die von Lanfrank zusammengestellte Bibliothek des neugegründeten Klosters Bec zur Verfügung.

Die Stellung des Gelehrten gegenüber den ihn tragenden Institutionen wandelte sich im Laufe des Mittelalters. Am Ende stand ein größerer individueller Spielraum. Er drückte sich auch aus in einer eigenen Bibliothek. Dabei gab es Unterschiede zwischen Mönchen, Weltklerikern und Laien. Die großzügige, auf die Person ihres Besitzers zugeschnittene Bibliothek des Nikolaus von Kues ist daher nicht für alle Schriftsteller des späten Mittelalters als charakteristisch anzusehen. Aber sie zeigt doch, wie sehr die individuelle Eigenart am Ende des Mittelalters sich darstellen konnte. Jetzt war – in bezug auf Bibliothek und äußere Arbeitsbedingungen der Schriftsteller – ungefähr wieder die Situation hergestellt, die am Ende der Spätantike, z. B. bei Boethius, die selbstverständliche war.

Auch das produktivste philosophische Genie wird in seinen Theorienbildungen mitbestimmt von dem, was ihm die Tradition zuspielt. So wäre Kants kritische Philosophie nicht entstanden, hätte ihn nicht die Lektüre Humes aus dem »dogmatischen Schlummer« geweckt. So sind auch die mittelalterlichen Denker nicht zu verstehen ohne die Bücher, die sie angeregt haben. Vielleicht hatten im Mittelalter die maßgeblichen Bücher eine aufs Ganze gesehen größere Bedeutung für die philosophische Theorienbildung als im Altertum und in der Neuzeit. Zwar erklärte auch schon der platonische Sokrates seinen philosophischen Weg durch seine Erfahrungen beim Lesen vorsokratischer Texte, aber die antike Philosophie stand insgesamt in einem unmittelbaren Zusammenhang mit den politischen Problemen ihrer Zeit. Den Philosophen der Neuzeit wuchsen ihre Probleme durch geographische und naturwissenschaftliche Entdeckungen, durch die Religionskriege und die Erfolge der mathematisierenden Weltbetrachtung sowie wiederum durch die politischen Umwälzungen zu. Die Philosophie des Mittelalters war vergleichsweise mehr Bücherwissenschaft. Dies entsprach ihrer geschichtlichen Situation: Als ein bestimmter historischer Entwicklungsstand erreicht war, ergaben sich ihre Problemstellungen – nicht immer – schon daraus, daß überlieferte und angesehene Texte in entscheidenden Fragen sich widersprachen. Ein wesentlicher Impuls der mittelalterlichen Philosophie war es, das Konzert der Stimmen der Tradition zu vereinheitlichen. Dies eben, daß die großen Texte der Vergangenheit sich widersprachen, war eine ursprüngliche Erfahrung, die der Philosophie des Mittelalters zugrunde lag. Sie sah sich zu neuen Konstruktionen gezwungen, weil man erstaunt, vielleicht gar erschreckt, feststellen mußte, daß die überlieferten Weltdeutungen oft zugleich Ja und Nein sagten. Dabei ging es nicht nur um die Kontrolle der Köpfe. Eine auch nur minimal komplexe Gesellschaft kommt, scheint es, nicht aus ohne den Willen, sich auf eine mythische, theoretische, religiöse oder literarische Selbstauslegung zu einigen. Daß im Mittelalter das Buch wichtiger war als in Antike und Neuzeit, bedeutete nicht, konkrete Welterfahrungen aus dem Umgang mit der Natur und mit geschichtlichen Konflikten hätten der Philosophie des Mittelalters gefehlt. Dieser Eindruck entsteht nur aus vorwiegend »geisteswissenschaftlich« oder theologisch orientierten Darstellungen ihrer Geschichte. Dennoch bestand im Mittelalter die gedankliche Deutung einer neuen Erfahrung fast immer auch darin, sie auf die überlieferten Texte zu beziehen oder die Tradition im Hinblick auf neue Erfahrungen und neue Wertungen umzudeuten. Um diese Prozesse zu verstehen, müssen wir die Bücher kennen, die auf dem Arbeitstisch eines Philosophen des Mittelalters lagen.[1]

Halten wir uns für einen Augenblick bei der äußeren Form dieser Bücher auf. Die antiken Bücher waren Rollen (*volumina*), meist aus Papyrus. Die mittelalterlichen Bücher waren meist Bände aus Pergament. Diese Technik hatte den Vorteil, daß man leichter zurückschlagen und Textstellen bequemer vergleichen konnte. Blätter und Seiten waren in der Regel nicht durchgezählt. Man konnte also nicht durch Seitenangaben, sondern nur durch die Angabe des Buchabschnitts (z. B. Buch 2, Kapitel 4, oder Teil 1, Frage 2, Artikel 3) zitieren. Dies verstärkte die Neigung, einen Text in kleine Einheiten zu gliedern. Diese Neigung entsprach auch einem bestimmten Konzept von Wissenschaft. Wenn man von der wissenschaftlichen Behandlung eines Textes vor allem verlangte, daß sie Übersicht schaffen sollte, dann war die Angabe der Einteilung eines Textes ein wesentlicher Bestandteil der Methode. Diesem Prinzip der »Einteilung« (*divisio*) folgte man bei der Erklärung der Bibel ebenso wie bei einem philosophischen oder medizinischen Text.

Noch ein Wort zum Material der mittelalterlichen Handschriften. Papyrus war zwar noch bekannt, wurde auch für Urkunden noch im 11. Jahrhundert verwendet, war aber ungebräuchlich für Handschriften. Das Papier war in China längst erfunden. Als die moslemischen Araber Samarkand eroberten, machten sie es sich zu eigen; so kam das Papier auf dem Weg über Syrien und Ägypten nach Süditalien und ins islamische Spanien. Von Spanien kam es nach Frankreich, von Italien nach Deutschland. Die erste Papiermühle Europas arbeitete seit 1276 in Fabriano, Italien. Es ist kein Zufall, daß intellektuelle Zentren wie Bologna (1293) und Padua (1340) eine Papiermühle errichteten; Frankreich folgte; seine erste Papiermühle arbeitete seit 1338 in Troyes. Die erste deutsche Papiermühle wurde 1390 in Nürnberg errichtet.[2] Erst durch die Papiermühlen wurde das Papier, das längst bekannt war, so billig, daß es für Bücher verwendet wurde. Die neue technische Handhabung des Papiers verbilligte das einzelne Buch außerordentlich. Dadurch nahm die Zahl der Bücher zu; selbst die größten Bibliotheken des Mittelalters waren wegen des hohen Preises der Bücher – 200 Schafe für ein Buch, oft noch mehr – relativ klein; sie haben in der Regel nicht viel mehr als einige hundert, höchstens gut tausend Bände beherbergt.[3]

Also schon für das Material der Bücher war der arabische Einfluß entscheidend. Als die interne Wandlung der westlichen Gesellschaft und die Berührung mit der arabischen Welt einen Wechsel im westlichen Bildungssystem erzwangen, bestimmten arabische Vorbilder das westliche Bücherwesen noch nachhaltiger. Die Studenten der neu entstandenen Universitäten brauchten ihre Textbücher. Das Abschreiben der Bücher war nicht mehr länger Sache der Mönche. Bücher wurden nicht mehr nur von Abteien und Kathedralschulen gesammelt und vervielfältigt, sondern es entstand in den Universitätsstädten der Buchhandel mit eigenen Schreibstuben, die von den Universitäten streng überwacht werden sollten. Die Situation des 14. und 15. Jahrhunderts unterschied sich grundlegend von der vorausgegangenen Zeit. Das frühe Mittelalter kannte schon internationale Beziehungen zwischen Bibliotheken, aber diese waren nicht kommerzialisiert. Nur Italien machte eine Ausnahme; dort überlebten Buchproduktion und -verteilung den Zusammenbruch des Römischen Reiches. Wer sonstwo ein Buch erwerben wollte, mußte es abschreiben lassen oder ein entsprechendes Äquivalent anbieten. Der intellektuelle Austausch innerhalb der relativ streng abgegrenzten Rezipientengruppe erfolgte dennoch zuweilen sehr rasch und über die Ländergrenzen hinaus. Bernhard von Clairvaux klagte lebhaft darüber, wie rasch sich die Bücher seines Feindes Abaelard verbreitet hätten: »Seine Bücher fliegen durch die Welt ... Seine Bücher sind von einer Nation zur anderen gekommen, von einem Königreich zu einem anderen Volk.«[4]

Dieser Satz charakterisiert – außer der Lust Bernhards an rhetorischen Effekten – das 12. Jahrhundert. In den Jahrhunderten vorher ging es ruhiger zu. Aber ohne überregionalen Austausch dürfen wir uns die Autoren des frühen Mittelalters auch nicht vorstellen. Ihre Zugehörigkeit zum Orden Benedikts war Förderung und Einschränkung zugleich. Hier fanden sie Lehrer, überregionalen Austausch und Bücher. Andererseits war, wie angedeutet, das ältere Mönchtum bildungsfremd, zuweilen bildungsfeindlich. Der Protest gegen weltliches Wissen, auch gegen Bücherbesitz, tauchte immer wieder auf. Es waren einzelne Klöster, deren Äbte eine kulturelle Tradition begründeten. So war es nicht Benedikt, der aus dem Orden eine Pflegestätte der Wissenschaften machte. CASSIODOR († nach 580), der nach seinem Rückzug aus der Politik (538) das Kloster Vivarium in Kalabrien gründete (555), blieb lange vereinzelt. Vermutlich wurde er selbst nicht einmal Mönch; seine geistige Welt war eine andere als die monastische. Er gründete Vivarium erst, nachdem sein Plan, mit Papst Agapet I. in Rom eine Hochschule zu schaffen, gescheitert war. Er kam, wie Boethius, aus einer der vornehmsten römischen Familien, ein gebildeter Geschichtsschreiber, der keine Skrupel hatte, nach dem Justizmord an Boethius dessen Amt zu übernehmen. Mit dem klaren Ziel, das bedrohte Erbe der Antike zu wahren, richtete er die Bibliothek von Vivarium ein; er arbeitete einen Studienplan für die Mönche aus, der die antiken »Freien Künste« integrierte. Er schrieb eine Psalmenerklärung, *Expositio in psalterium*, in der er die antike Physik und Mathematik ständig heranzog. Er war ein leidenschaftlicher Büchersammler; er richtete eine Schreibstube (*scriptorium*) ein und pries das Bücherabschreiben als einen siegreichen Kampf gegen den Teufel. Er kümmerte sich um Kalligraphie und Interpunktion; er verfaßte eine eigene Schrift über die Orthographie. So begründete er theoretisch wie praktisch die mittelalterliche Klosterbibliothek. In seinen *Institutiones*[5] gab er an, was darin zu stehen hatte: Neben der Bibel und neben theologischen Werken – unter denen Augustin ein besonderer Platz zukommen sollte – sollten Kirchengeschichte, Kosmographie, Geographie und die klassische Literatur vertreten sein. Er besorgte die Übersetzung griechischer Bücher ins Lateinische. Auch medizinische Werke wurden übersetzt, und er forderte die Mönche auf, die griechischen Ärzte wenigstens in der Übersetzung zu studieren. Seine Bibliothek enthielt noch die Werke Homers, Hippokrates', Galens, Platons, Aristoteles', Euklids, Ptolemäus' und Archimedes'. Von den lateinischen Schriftstellern besaß sie Ennius, Terenz, Lucretius, Varro, Cicero, Sallust, Vergil, Horaz, Seneca, Plinius, Quintilian und Macrobius.[6] Einige Handschriften aus Vivarium existieren heute noch (Leningrad Cod. Lat. Q. v. I 6). Von der Zerstörung der Gründung Cassiodors und vom Schicksal seiner Bibliothek wissen wir nichts Näheres. Die rekonstruierte Bibliothek des oberitalienischen Klosters Bobbio, das 612 durch den Iren Kolumban gegründet und durch die Langobardenkönige reich ausgestattet worden war, weist inhaltlich große Ähnlichkeiten mit ihr auf. Aber daraus läßt sich nicht schließen, daß die Bibliothek Cassiodors nach Bobbio kam; die *Institutiones* reichen zur Erklärung des Bestandes von Bobbio aus; sie konnten als bibliographischer Leitfaden für die Neuerrichtung einer Bibliothek dienen. Bücher Cassiodors sind nach Rom (Lateranbibliothek) gekommen, andere wohl in Bibliotheken oberitalienischer Bischofssitze wie Pavia, Mailand, Ravenna und Verona, die ihrerseits die antike Tradition einer mit dem Tempel verbundenen Bibliothek kontinuierlich fortsetzten. Das Scriptorium von Bobbio war im 7. Jahrhundert besonders aktiv; es benützte übrigens bis ins 10. Jahrhundert nicht die langobardische, sondern die irische Schreibschrift. Doch zeigt gerade Bobbio, daß man das Interesse der Mönche an der antiken Kultur nicht überschätzen darf. Als ihnen das Pergament auszugehen drohte für die im Gottesdienst gebrauchten Bücher – nach der Eroberung Ägyptens durch die Araber 634 wurde Papyrus seltener –, entfernte man Klassikertexte, um kirchliche Gebrauchsliteratur auf ältere Handschriften aufzutragen. Im 19. Jahrhundert entdeckte man ausradierte, aber noch zu entziffernde römische Texte, z. B. Ciceros *De re publica*.

Das »normale« Kloster der Zeit um 600 hatte wenig oder gar kein literarisches Interesse. An Büchern besaß man die Bibel und gottesdienstliche Texte, keine klassische Literatur. Andererseits gab es damals noch Reste der klassischen Bildungstradition bei Laien: Als in der Mitte des 6. Jahrhunderts der römische Priester Eugippius eine Textsammlung aus Augustins Schriften zusammenstellte, benutzte er dazu die Bibliothek der vornehmen Römerin Proba.[7] Gregor von Tours berichtete um 590 noch von gallischen Adligen, die sich Sklaven hielten zum Vorlesen und Abschreiben literarischer Texte;[8] verächtlich sprach er von gebildeten Adligen und »philosophierenden Beamten«.[9]

Zur selben Zeit gingen von Rom neue Impulse aus. Da war einmal das literarische Werk des Papstes Gregor d. Gr. (590–604). Gregor, aus vornehmer römischer Familie, hatte sich zum Mönchtum bekehrt und allem weltlichen Wissen entsagt. Im Auftrag des Papstes reiste er nach Byzanz und wurde dort mit der östlichen Theologie, z. B. mit Dionysius Areopagita, bekannt. Aber er übernahm nur, was mit seinen Mönchsinteressen harmonierte. Ein theoretisches Interesse, im Sinne der obsolet gewordenen antiken Tradition, hatte er nicht mehr, und es ist nicht die Aufgabe des Historikers, ihm ein solches abzuverlangen. Er moralisierte und erzählte Wundergeschichten. Er tadelte den Bischof von Vienne, in der Öffentlichkeit ein Gedicht vorgelesen zu haben. Die Freien Künste sollten nur studiert werden, um die Bibel besser zu verstehen.[10] Gregor veröffentlichte die Ansprachen, die er für Mönche über das Buch Job gehalten hatte: *Moralia in Hiob*. Er gab damit ein Beispiel monastischer Bibelauslegung; sie war gekennzeichnet durch den Verzicht auf spekulative und philologische Fragen; sie zielte direkt ab auf das geistliche und moralische Leben der Mönche. Sie brach mit dem antiken Theoriebegriff. Sie war nicht mehr nach dem Vorbild der Freien Künste konzipiert; sie wurde Lebenshilfe, Mittel zum monastischen Zweck. Dieses Buch gehörte zur Regellektüre mittelalterlicher Leser: Resignation, monastische Ethik, Wundersucht, Heiligenverehrung – dies war das Erbe Gregors. Er berief sich auf Augustin, aber dessen Problembewußtsein lag ihm fern. Er sah eine zusammenbrechende Welt vor sich; er glaubte, am Ende der Weltgeschichte zu stehen. Er arbeitete, ohne theoretische Umschweife, um möglichst viele Menschen vor dem göttlichen Zorngericht zu retten. Deswegen gab er dem Mönch Augustin den Auftrag, zusammen mit 40 Gefährten die Angelsachsen zu missionieren. Dieser Mönch Augustin brachte aus Rom Bücher mit. Für die nächsten zwei Jahrhunderte kamen weitere Codices von Rom nach England, vor allem nach York. An die so entstandenen englischen Bücherschätze konnte Winfried-Bonifatius († 755) anknüpfen. Wie seine Briefe beweisen, war Bonifatius nicht nur Politiker, Kirchenfürst und Heidenmissionar; er war auch ein Bücherliebhaber. Er erbat sich Bücher aus seiner englischen Heimat, um die erneuerten Bischofssitze von Mainz und Salzburg und seine Klostergründungen, vor allem Fulda, auszustatten. Die klassische römische Literatur war ihm fremd; aber er verfaßte selbst eine Grammatik. Damit bewies er sein Interesse an den Freien Künsten.

Eine Generation später wurde in York Alkuin († 804)[11] erzogen. Er machte mit seinem Lehrer Aethelbert Reisen nach Italien, um Bücher zu besorgen. Auf einer Romreise begegnete er 781 Karl d. Gr. in Parma; dieser lud ihn ein, ins Frankenreich zu kommen. Ein Jahr später folgte Alkuin mit einer Schar von Schülern diesem Ruf. Er inspirierte das, was man die »karolingische Renaissance« nannte. Sie beruhte auf Boethius und Cassiodor, auf der irischen Tradition, die sich in der Bibliothek von Bobbio verkörperte, auf der Kontinuität mit der Spätantike in den bischöflichen Bibliotheken zu Pavia, Mailand, Ravenna und Verona, auf der traditionellen Bücherschiene Rom – York und York – Fulda; hinzu kamen Verbindungen wie z. B. die des Bischofssitzes Verona mit der Abtei Reichenau.

Die Bestände einiger Bibliotheken des frühen Mittelalters können wir gut rekonstruieren. Wir besitzen eine ganze Reihe von Katalogen. Oft sind Teile dieser Bibliotheken selbst erhalten: So beherbergt die Herzog-August-Bibliothek in Wolfenbüttel noch eine stattliche Anzahl von Codices des Klosters Weißenburg im Elsaß; in St. Gallen hat sich viel vom älteren Bestand erhalten.[12]

Eine größere Bibliothek der karolingischen Zeit umfaßte einige hundert Handschriften, darunter zahlreiche liturgische. In der Regel war das Amt des Bibliothekars mit dem des Cantors vereinigt – ein Indiz, wie sehr die Belange des Gottesdienstes die Bibliotheken bestimmten. Die meisten Texte enthielten biblische Bücher und Bibelerklärungen; es folgten Heiligenlegenden, wie die Lebensbeschreibungen der Wüstenväter, das *Leben des hl. Martin von Tours* von Sulpicius Severus und die des hl. Benedikt von Gregor d. Gr. in seinen *Dialogen*. In der Regel besaß man die Werke Gregors d. Gr. und einzelne Bücher der anderen lateinischen Kirchenväter Ambrosius, Augustin, Hieronymus. Von Augustin waren selten das Gesamtwerk, häufig die Bibelerklärungen, die *Bekenntnisse* und der *Gottesstaat* vertreten; man muß auch mit vielen Zitatsammlungen (*Florilegien*) rechnen. Von Boethius waren fast immer der *Trost der Philosophie*, seltener die Aristoteles- und Cicero-Kommentare sowie die Schriften über Arithmetik und Musik vorhanden.

Dionysius Areopagita hatte ein wechselhafteres Geschick in den mittelalterlichen Bibliotheken: Der oströmische Kaiser schenkte 827 Ludwig dem Frommen eine noch erhaltene kostbare Handschrift mit dem griechischen Text des Areopagiten (heute Paris, Bibliothèque nationale, gr. 437). Der Abt Hilduin von St-Denis fertigte eine erste, unbeholfene Übersetzung an (832–835). Im Auftrag Karls des Kahlen arbeitete Johannes Eriugena an einer neuen, besseren Übersetzung (um 860). Aber von einer Gegenwart des Dionysius können wir für die Zeit von 860 bis nach 1100 nicht ohne weiteres reden. Seine Aktualisierung begann im 12. Jahrhundert, und zur Normalausstattung einer anspruchsvollen Bibliothek gehörte er erst seit dem 13. Jahrhundert.[13]

Relativ oft dagegen trifft man auf Texte von Cicero und Seneca. Sie wurden für den Schulunterricht gebraucht. Einzelne, wie Lupus von Ferrière, lasen sie auch unabhängig von der Schule. Man konnte also Grundbegriffe der stoischen Philosophie mit dem Lateinunterricht kennenlernen. Von Seneca las man sowohl die Briefe moralischen Inhalts (*Epistulae morales*) wie die naturkundlichen Schriften. Man war dadurch konfrontiert mit einer autonomen Ethik wie mit einer von der Theologie unabhängigen Naturforschung. Ciceros Schriften boten nicht nur ein entwickeltes philosophisches Vokabular; sie enthielten auch Berichte über die Ansichten zahlreicher antiker Philosophen, also nicht nur der Stoiker und Skeptiker, denen Cicero meist beistimmte. Schon in den Bibliotheken des frühen Mittelalters fand man relativ häufig einen spätantiken Kommentar zum *Traum des Scipio* (*Somnium Scipionis*), einem Textstück aus Ciceros Schrift über den Staat (*De re publica*). Er war verfaßt von Macrobius, einem lateinischen heidnischen Autor der Zeit um 400, der Ciceros Text benutzte, um in loser Anknüpfung neuplatonische Theorien über die Seele und die Zahlen, über Tugend und Träume, über die Sterne und das Weltall vorzutragen.[14]

In Bibliotheken des frühen Mittelalters fand sich außerdem Origenes in der lateinischen Übersetzung des Rufinus. Origenes hatte das Christentum mit der neuplatonischen Philosophie zu vereinen gesucht; seine Schriften bildeten ein heute wenig beachtetes Element der eher vom Neuplatonismus geprägten intellektuellen Atmosphäre des frühen Mittelalters. Gewisse Elemente des origenistischen Denkens hatte Ambrosius übernommen, vor allem in der allegorischen Deutung der Schrift. Auf diese Autoritäten gestützt, konnte Johannes Eriugena seine Bestreitung körperlicher Höllenstrafen vortragen. Er wurde dafür erst zu Beginn des 13. Jahrhunderts verurteilt; erst dann siegte die Auffassung, man müsse vom Höllenfeuer dinghaft-realistisch denken. Eine solche Entwicklung dürfte nicht nur ideengeschichtliche Gründe gehabt haben; ich vermute, sie war ebenso durch die Überlieferungsgeschichte bedingt wie durch die Selbstbehauptung des kirchlichen Amtes in einer Umwelt, die an seinem Führungsanspruch zu rütteln begann.[15]

Die Situation der Bibliotheken veränderte sich noch im Laufe des Mittelalters charakteristisch: Während die Dom- und Klosterbibliotheken sich oft nicht mehr weiterentwikkelten und nur noch der Sammlung liturgischer Bücher dienten, haben die Universitäten und die Bettelorden den Bücherumsatz quantitativ und qualitativ zugunsten der Universitätstexte (Kommentare zur Bibel, zum Sentenzenwerk des Petrus Lombardus, zu Aristoteles) und der Predigtsammlungen verschoben. Sie haben Neuerscheinungen angeschafft und geben deswegen ein lebendiges Bild von den Debatten zwischen 1250 und 1500. Seit dem 13. Jahrhundert gab es größere Bibliotheken auch bei Laien, z. B. bei König Robert von Anjou in Neapel. Aus dem 14. Jahrhundert sind heute noch Bibliotheken von philosophisch interessierten Ärzten erhalten, z. B. die Amploniana in Erfurt oder die Biblioteca Malatestiana in Cesena. Gleichzeitig gründeten die Städte Ratsbibliotheken; die Medici machten ihre Bibliotheken öffentlich zugänglich.

Die Erfindung des Buchdrucks veränderte seit etwa 1460 die Situation der Bibliotheken grundlegend: Die Bücher wurden billiger, die Bibliotheken größer. Die Traditionen der Naturkunde, der Medizin, der Jurisprudenz, der Philosophie und der Theologie waren nun selbst in mittleren Bibliotheken vollständiger zu überschauen. Der einzelne Leser wurde unabhängiger von der oralen Kommunikation innerhalb der Institutionen (Universität); er konnte sich mit divergierenden Ansichten leichter auseinandersetzen. Er konnte Textverderbnisse bequem feststellen und korrigieren; die humanistischen Philologen stellten bald die wichtigsten Texte in den Originalsprachen zur Verfügung. Dies galt nicht nur für die Bibel, sondern auch für den griechischen

Aristoteles, den Aldus Manutius noch vor dem Jahrhundertende druckte (Venedig 1495ff.). Das neue Bild tradierter Autoritäten und die Erfahrung der Vielfarbigkeit des Überlieferten veränderten das Verhältnis zur Tradition, insbesondere, seit der Buchdruck die pädagogischen Bestrebungen der italienischen Humanisten und die Theologie der Reformatoren rasch über ganz Europa verbreitete.

Der Buchdruck wirkte umwälzend auf das gesamte kulturelle System, auch auf die Philosophie. Früher betonte man einseitig deren Emanzipation von den bisherigen Bildungsinstitutionen, also von Kirche und Universität. Aber Leser wie Autoren gerieten gleichzeitig in neue Abhängigkeiten von Verlegern und Buchhandel, von Moden, Massenbewegungen und von Zensur. Gewiß wären Umwälzungen wie die Reformation und das Vordringen der Volkssprachen in die wissenschaftliche Literatur ohne den Buchdruck nicht möglich gewesen. Dennoch darf man das Tempo des Einschnitts nicht übertreiben, den die bewegliche Letter aus Metall brachte: Es gab schon zuvor kommerzialisierte Schreibbüros, die Bücher manufakturartig herstellten. Der Druck eines Buches war kostspielig, die Auflagenhöhe am Anfang gering; daher setzten die ersten Verleger vorwiegend auf Titel, mit deren sicherem Absatz sie rechnen konnten, also auf Schulbücher, lateinische Klassiker, Kirchenväter, die Bibel, juristische und medizinische Handbücher, Universitätstexte der philosophischen und theologischen Autoritäten (Aristoteles, Petrus Lombardus, Albert, Thomas von Aquino, Bonaventura). Erst in der aufgewühlten Atmosphäre von Reformation und Gegenreformation und seit der Entwicklung der Buchmessen kam Gutenbergs Erfindung voll zur Wirkung; aber jetzt griff auch die Zensur wirksamer ein, die mit dem Zensuredikt des Erzbischofs Berthold von Mainz vom 22. März 1485 begonnen hatte.[16]

II
Karolingische Reform

10 Ökonomie – Politik – Kultur

Die mittelalterliche Zivilisation beruhte auf der Landwirtschaft. Es war eine Landwirtschaft mit primitiven Werkzeugen, mit Holzpflug und vor-industriellen Anbaumethoden. Das alltägliche Leben war geprägt von einem ständigen Kampf gegen die Unbilden der Natur. Das Wetter war wichtiger als für uns heute, und eine Klimaverbesserung um etwas weniger als 1° Celsius in der Durchschnittstemperatur, wie sie von der Mitte des 8. bis zur Mitte des 12. Jahrhunderts nachweisbar ist, konnte zur Grundlage eines wirtschaftlichen Aufstieges und einer politischen Konsolidierung werden. Demographische Schätzungen sind für diese Zeit schwierig, doch ist wahrscheinlich, daß die Bevölkerungsabnahme, die sich nach dem 2. Jahrhundert n. Chr. abzeichnete und die mit der Pest in der Mitte des 6. Jahrhunderts am stärksten wurde, im 8. Jahrhundert zu Ende war. Wir müssen uns das Europa dieser Jahrhunderte menschenarm und von dichten Wäldern bedeckt vorstellen; Skelettfunde weisen auf Unterernährung hin. Der Ertrag des schlecht gedüngten Bodens war gering; Hungersnöte kehrten regelmäßig wieder.

Die Zeit Karls d. Gr. († 814) bildete einen neuen Anfang – in Wirtschaft, Politik und Kultur. Man spricht mit Recht von Karls Bildungsreform und von den Bemühungen Alkuins, von dessen angelsächsischer Herkunft schon die Rede war.[1]

Aber man muß diese kulturelle Erneuerung in ihren Zusammenhängen sehen. Ihr Verdienst war es, Impulse und

Einrichtungen, die es bislang nur regional gab, z. B. in York, für das ganze Reich zu organisieren. Alkuin setzte in Aachen und Tours das fort, was er in York gelehrt und betrieben hatte. Die kulturelle Situation im Frankenland hatte strukturell Ähnlichkeit mit der Lage in Angelsachsen hundert Jahre zuvor.

Ferner muß man den kulturellen Aufschwung um 800 im politischen und wirtschaftlichen Zusammenhang sehen: Die Landwirtschaft wurde ertragreicher, da man die Anbaumethoden verbesserte, zunächst auf den Gütern des Kaisers, bald auch bei anderen Großgrundherren. Die bebaute Fläche nahm zu; der Kaiser vergab Grundbesitz mit der Verpflichtung, ihn zu pflegen und zu erweitern. Man richtete Jahrmärkte ein; der Handel gewann an Umfang und Bedeutung. Es wurde mehr gebaut, und nicht nur immer mit Holz.

Um das weitverzweigte Gebiet zusammenzuhalten, mußte die schmale Führungsschicht homogen sein. Dies war nur durch eine ähnliche Ausbildung erreichbar. Deshalb gründete Alkuin in Karls Auftrag Schulen; er ließ antike Bücher abschreiben und für die künftige Führungsschicht erklären. Er verbesserte wesentlich den Gebrauch der lateinischen Sprache; er unterstützte die Einführung einer neuen Schrift, der sogenannten »karolingischen Minuskel«. Er sammelte und verbesserte Handschriften. Er vergegenwärtigte das System der sieben artes in seiner Ganzheit: Es sollte nicht länger nur Grammatik getrieben werden. Bei all dem ging es um die Ausbildung der geistlichen und weltlichen Verwaltungschefs. Es handelte sich um eine kleine Minderheit über der Masse der Analphabeten. Diese Schicht war auf den »Hof« oder besser: auf die Person des stets herumreisenden Kaisers zentriert. Aber durch Schul- und Bibliotheksgründungen kam es auf längere Sicht zu Wirkungen, die darüber hinausgingen.

Einhart blieb selbst als Abt von Seligenstadt Laie. Aber auch wenn die Mitarbeiter Karls Mönche oder jedenfalls Kleriker waren, verwandelten sie doch die Konzeptionen des monastischen Lebens. Dieses neue Mönchtum bezog sich auf das Reich. Dem Kreis um Karl ging es darum, unter den Bedingungen des christlichen Glaubens und der neuen historischen Gesamtsituation das karolingische Kaisertum als Fortsetzung des christlich-antiken Imperiums darzustellen: Karl d. Gr. als der »neue Konstantin«, mit sakraler bachtfülle, verantwortlich auch für die Kirche. Dazu gehörte eine bestimmte Kulturpolitik: Der Blick nach Byzanz stärkte diese Tendenz. Was Kaiserwürde und Kultur war, sah man an Ostrom: Fortführung der christlichen Spätantike mit klarer Unterordnung der Kirche unter den Kaiser. Dazu mußte man die weltflüchtigen Tendenzen des Mönchtums zurückdrängen. Wenn man in der Bibel Rat suchte, dann vor allem im Alten Testament; das Jerusalem der Könige und der Hohenpriester war das naheliegende Muster.[2] Die nach alttestamentlichem Muster vollzogene Königsweihe und der Eid gaben den politischen Strukturen religiösen Rang. Aus der Orientierung am Alten Testament ergab sich die hohe, auch politische Bedeutung der Liturgie. Sie mußte einheitlich, d. h. vorschriftsmäßig, vollzogen werden. Dies setzte eine minimale Bildung voraus. Dazu mußte man die lateinische Antike nachahmen. Theoretisch konnte man sich auf Augustins Programm der Instrumentalisierung der Sieben Freien Künste im Dienst der Bibellesung berufen. Inhaltlich änderte das nicht viel. De facto kam es zu einer Neuaufnahme des spätantiken Bildungssystems.

Dieses System war in der realen geschichtlichen Situation um 800 eine ungeheure Kraftanstrengung zur Formierung ungeordneter Verhältnisse; insofern behielt es etwas Fremdes, Stilisiertes. Diese Art von Bildung mochte zur Vereinheitlichung der Führungsschicht des Riesenreichs nützlich sein. Aber sie tendierte dazu, eine Art Zeremoniell des Hofes zu werden – der Kaiser liebte es, »David« genannt zu werden. Oder sie stand als bloße Schulkultur neben den wirklichen Bedürfnissen der Menschen. Als Wissen des Hofes und der Kleriker verstärkte sie die Tendenz der Geistlichen zur Bildung einer abgehobenen, intellektuell und materiell privilegierten Kaste (Verpflichtung der Gläubigen zum Zehnt). Das gebräuchliche Wort von der »karolingischen Renaissance« muß man in diesem Sinne relativieren. Das Höchste, was mit Anstrengung erreichbar war, war die Anwendung der formalen Denkschemata der Freien Künste auf Fragen des christlichen Lebens und des neuen politischen Selbstverständnisses, konkret: auf die Beratung des Kaisers, auf die Bibelauslegung, auf Fragen des monastischen Lebens und der liturgischen Praxis. Die sogenannten *Libri Carolini*, ein von Karl in Auftrag gegebenes ausführliches Gutachten über Bilderverehrung und die Aufgabe der kaiserlichen Religionspolitik, sind ein eindrucksvolles Zeugnis für diese Bemühung: das erste Dokument der politischen Philosophie und der Kunsttheorie in Europa seit dem Untergang der antiken Welt.[2]

Wie vieles in Karls Reich, waren die *Libri Carolini* aus der Konkurrenzsituation zu Ostrom entstanden. Schon daß der Kaiser in eine Diskussion eingriff, die zwischen Ostrom und Westrom lief und die bei dem Mangel an Kunstwerken im Frankenreich keinen realen Anlaß hatte, war ein imperialer Machtanspruch: Das Reich Karls, in dem Bilder als Erinnerung, als religiöse Ermahnung geduldet, aber nicht verehrt wurden, sollte als wahrhaft christlich und »vernünftig« erwiesen werden. Gott ist nicht wie ein Kaiser an einen bestimmten Ort gebunden, deswegen braucht man nicht seine Bilder als Ersatz für seine reale Anwesenheit zu verehren.

Die augustinische Zäsur zwischen Schöpfer und Geschöpf sollte jede theophaniehafte Grenzüberschreitung verhindern: Weder sakrale Bilder noch gottähnliche Herrscher sollten als etwas angesehen werden, das diesen Abgrund überschreitet. Daraus ergab sich eine poesielos-nüchterne Betrachtung der Bilder und eine fast utilitaristische Bewertung des Kaisertums. Die *Libri Carolini* sind mit ihrer Akzentuierung des Unterschieds von Bildern und wirklichen Dingen, mit ihrer Abwehr einer speziellen Gottähnlichkeit des Kaisers und ihrer Einschränkung von Traumoffenbarungen ein eindrucksvolles erstes Zeugnis der westeuropäischen Rationalität.

Die *Libri Carolini* sind ein theologisch-politischer Traktat, der häufig hervorhebt, es müsse vernünftig zugehen im christlichen Leben und bei der Auslegung der Schrift. Insofern ist er ein philosophischer Text von erheblicher Bedeutung.[4]

11 Johannes Eriugena

Was die karolingische Reform kulturpolitisch bedeutete, zeigte sich in voller Deutlichkeit erst nach einigen Jahrzehnten: Die Texte der Antike waren wieder vorhanden, und das Interesse an ihrer Auslegung war institutionalisiert. Es gab wieder ein Publikum für gelehrte Diskussionen. Widersprüche, die sich allenthalben zeigten, wurden als Herausforderung empfunden. Man begann, an einer inhaltlichen (nicht bloß äußerlichen) Verbindung der divergierenden Traditionen zu arbeiten. Es kam zur ersten großen Debatte des mittelalterlichen Denkens, zum Streit um die Prädestination. In dieser Situation entstand der bedeutendste theoretische Gesamtentwurf des lateinischen Westens nach Augustin. Beides verbindet sich mit dem Namen des JOHANNES ERIUGENA[1] († um 880).

Die Prädestinationsdebatte: Gottschalk und Eriugena

Im Oktober 848 verurteilte eine Synode in Mainz den sächsischen Mönch Gottschalk wegen seiner Ansichten über die Prädestination.[2] Es war nicht der erste Konflikt, den Gottschalk mit dem Vorsitzenden dieser Synode, dem Erzbischof Hrabanus Maurus, hatte. Gottschalk war als Kind von seinem Vater, einem sächsischen Adligen, dem Kloster Fulda als sogenannter *oblatus* übergeben worden. Daß Eltern in dieser Weise über ihre Kinder verfügten, war bis ins 12. Jahrhundert eine weitverbreitete Gewohnheit. Aber Gottschalk bestritt ihre Rechtmäßigkeit. Als er erwachsen war, verlangte er, daß er selbst entscheiden dürfe und daß man ihn aus dem Kloster freilasse. Damals war Hrabanus Abt in Fulda; er widersetzte sich Gottschalk, obwohl eine Mainzer Synode von 829 diesem den Austritt gestattet hatte. Gottschalk mußte Mönch bleiben, wechselte nur ins westfränkische Kloster Orbais über. In seinem praktischen Leben handelte er sich Schwierigkeiten ein, indem er für die individuelle Selbstbestimmung stritt; wenn er als Theoretiker auftrat, bestritt er sie.

In seiner Schrift *De praedestinatione*[3] lehrte er, es gebe eine zweifache Vorherbestimmung – die der Erwählten zum Guten und die der Verworfenen zum ewigen Unheil. Damit gab Gottschalk die Lehre Augustins wieder, und er sagte dies auch. Er arbeitete die Gnadenlehre des späten Augustin scharf heraus; er schreckte nicht vor der Konsequenz zurück, daß Gott nicht wolle, daß alle Menschen selig werden. Auch darin unterschied Gottschalk sich nicht von Augustin. Die Bischöfe der karolingischen Zeit waren keine Pelagianer (vgl. S. 46); aber sie wollten die extreme Konsequenz der augustinischen Gnadenlehre vermeiden. Sie verteidigten gegen sie die Willensfreiheit; ohne sie schien ihnen ihr Lebenswerk und die karolingische Zivilisation jeden Sinn zu verlieren.

Es war für Gottschalk nicht schwer, Zitate aus Augustin beizubringen. Er berief sich auch auf Isidor von Sevilla, der die Lehre Augustins auf die Formel gebracht hatte: »Es gibt eine doppelte Vorherbestimmung, die der Erwählten zur Ruhe und die der Verworfenen zum Tod.«[4] Die führenden Bischöfe der zweiten karolingischen Generation, vor allem Hrabanus Maurus von Mainz und Hinkmar von Reims, beugten sich diesen Autoritäten nicht. Sie sahen in dieser spätaugustinischen Lehre einen Fatalismus, der ihr kirchenpolitisches Selbstverständnis bedrohte. Er schien zu vernichten, was sie wollten – eine von der Kirche geprägte, auf der christlichen Moral basierende Gesellschaft. Er stellte die karolingische Kulturkonzeption in Frage; er bedrohte auch die monastische Askese. Daher verurteilten sie Gottschalk; er wurde vor der Synode gegeißelt und verbrachte den Rest seines Lebens im Gefängnis, ohne seine Überzeugung zu ändern. Albert Hauck nannte ihn »den ersten mittelalterlichen Märtyrer des Augustinismus«.[5] Die Bischöfe, die ihn verurteilten, glaubten, die Güte und Gerechtigkeit Gottes gegen deren blasphemische Bestreitung zu verteidigen.[6] Sie wünschten, daß, wer gerettet werden *wolle*, auch gerettet werde.[7]

Sie warfen Gottschalk ins Gefängnis, weil sie durch ihn die Willensfreiheit gefährdet sahen. Unberührt von den Zweifeln des späten Augustin, glaubten sie sagen zu können, was konkret aus der Güte und Gerechtigkeit Gottes folge. Insofern ehrten sie die menschliche Vernunft, deren Selbstgewißheit sie gegen einen theologischen Radikalismus verteidigten. Sie nahmen die augustinische Infragestellung des antiken Wertsystems zurück. Sie dachten eher im Sinne der antiken Tradition als Augustin; nur verfuhren sie inkonsequent, während Gottschalk konsistent dachte. Denn sie wollten die Autorität Augustins unangetastet lassen, sich aber den Folgen seiner Gnadenlehre entziehen.

In diesem Streit beauftragte Hinkmar von Reims, gegen 850, den in Laon lehrenden Hofgrammatiker Karls des Kahlen, Johannes Eriugena, mit einem Gutachten zum Problem der Prädestination. Eriugena erfüllte den Auftrag auf seine Weise. Er hielt sich an die Lehre des frühen Augustin, wonach es ein substantiell Böses nicht geben könne. Er hob Augustins frühe Verteidigung des freien Willens gegen die Manichäer hervor und spielte sie gegen die spätaugustinische Gnadenlehre aus. Er berief sich also auf Augustin, um die augustinische Lehre von der doppelten Vorherbestimmung zu verwerfen. Hatte Gottschalk sich auf die Seite des späten Augustin gestellt und dessen Freiheitslehre gestrichen, so eliminierte Eriugena alle dualistischen Züge und allen anthropomorphen Voluntarismus. Die starken Ausdrücke Augustins erklärte der Hofgrammatiker als bildliche Reden, die nur den Kontrast zwischen Gott und dem Bösen festhalten sollten. Von »Vorher«-Wissen und »Vorher«-Bestimmung könne schon deshalb keine Rede sein, weil Gott ewig sei. Zwischen seinem schöpferischen Denken und dem irdischen Ereignis verfließe keine Zeit. Eriugenas Text, von dem wir erst seit 1978 eine befriedigende Edition haben (G. Madec), ist ein instruktives Dokument für die konkrete Funktion der Philosophie in der karolingischen Welt. Ich gehe daher etwas näher auf ihn ein und hebe folgende Motive hervor:

In der Vorrede zeigt sich Eriugena geschmeichelt, daß die Kirchenfürsten sich an ihn gewandt haben: So wie Sonne und Mond das Licht der Sterne nicht verachten, um die letzte Finsternis zu vertreiben, so hat der Adel der Beredsamkeit (*nobilitas eloquentiae*) der Kirchenfürsten, der ausgereicht hätte, jede Häresie zu vertilgen, seine, des Eriugena, Argumente nicht verschmäht: bei ihnen »Beredsamkeit« (*eloquentia*), bei ihm »Beweise« (*ratiocinationes*).

Er warnt eingangs davor, nicht kopfscheu zu werden wegen zweier seiner Thesen,

(1) daß er Vorhersehen und Vorherbestimmen von der Einheit des göttlichen Wesens her deute, in der sie eins sind,
(2) daß, was nicht sei, von Gott auch nicht gewußt oder vorherbestimmt sei.[8]

Damit ist die Richtung des Buches gezeigt: Es stellt die Einfachheit Gottes gegen ein anthropomorphes Vorherwissen und -bestimmen Gottes heraus. Böse Entscheidungen der Menschen, Übel und Strafe, werden als nichtseiend erwiesen. Gott hat folglich damit nichts zu tun. Der Gott Eriugenas hat nicht mehr – wie der Gott des späten Augustin – eine Hölle ausgedacht und vorbereitet, um die überwiegende Mehrzahl der Menschen darin zu quälen. Die mittelalterliche Philosophie beginnt 850 damit, die menschliche Selbstbestimmung und die Einfachheit des göttlichen Grundes gegen die antihumanistischen Roheiten der spätaugustinischen Gnadenlehre zu verteidigen.

Eriugena erklärte in c. I 1, er wolle das Prädestinationsproblem p h i l o s o p h i s c h entscheiden. Dieses Selbstbewußtsein und diese Unterscheidung von Philosophie und Offenbarung traut man dem frühen Mittelalter oft nicht zu. In der Tat war dies nicht die Disziplinentrennung, wie sie gegen 1300 von radikalen Aristotelikern und fideistischen Theologen betrieben wurde. Aber es gab auch eine christlich-antike Tradition der Selbständigkeit der Philosophie, vor allem durch Boethius; auch in einigen Texten Augustins war sie enthalten. So berief Eriugena sich auf den frühen Augustin[9], wonach die wahre Philosophie die wahre Religion sei und umgekehrt. Er faßte diese Gleichsetzung von der Seite der Philosophie her auf: Deren Verfahren können zeigen, was der wahren Religion zukommt.[10] Wenn der König und die Erzbischöfe wollten, daß fromm und wahr über

Gott gedacht werde, so wollte er als Fachmann für Grammatik und Rhetorik zeigen, was das konkret bedeutete.[11] Dabei dachte er vor allem daran zu zeigen, daß Ausdrücke wie »das Böse wird vorhergewußt« bloße »Redeweisen« (*modi loquendi*) sind.[12] Doch beschränkte Eriugena sich nicht auf Sprachanalyse, er appellierte an christliche Selbstverständlichkeiten, um zu zeigen, daß in ihrer Konsequenz der freie Wille anzuerkennen ist:

- Wenn es ein gerechtes Weltgericht gibt, muß der Mensch frei sein.[13]
- Wenn Gott frei ist und wenn der Mensch sein Ebenbild sein soll, dann gehört es zur göttlichen Weisheit, den Menschen als freien zu wollen.[14]
- Wenn irgend etwas den menschlichen Willen zwingen könnte, etwas zu wollen, was er nicht will, müßte man sagen, der Mensch hätte keinen Willen.
- Den freien Willen bestreiten heißt, den Willen überhaupt bestreiten.[15]
- Die christlichen Dokumente reden von »Sünde«. Von Sünden reden, aber den freien Willen leugnen, ist sinnlos (*voluntate ergo peccatur*).[16] Das Christentum (*christiana lex et disciplina omnis religionis*) verlöre sonst seinen Sinn.

Eriugena verstand das Christentum also nicht primär kultisch, sondern ethisch. Im Grunde verwarf er damit die spätaugustinische Erbsündenlehre. Doch tat er dies in unpolemischer, in positiv-umdeutender Weise. Er gab damit ein Beispiel diskreter, aber gedanklich entschiedener Augustin-Korrektur, wie sie allein möglich war, bis das philologische Methodenbewußtsein der Humanisten und die Schläge Luthers eine neue Form der Diskussion um Augustin schufen. Vom späten Augustin (in *De trinitate*) belehrt, konnte Eriugena den Menschen nur denken als Sich-Wissen und Sich-Wollen; die Anthropomorphismen der spätaugustinischen

Gnadenlehre mußten im Licht dieser Konzeption »interpretiert« werden. Denn die Freiheit ist nicht etwas am Menschen: sie ist der Mensch. Der Mensch existiert, sofern er sich weiß und sich will.[17] Das Sein des Menschen und seine willentliche und intellektuelle Tätigkeit sind eine Natur.[18] Dies war eine Reprise der augustinischen *mens*-Lehre mit ihrer Rehabilitierung des Willens, einer spätaugustinischen Theorie also, nur verwandte Eriugena sie gegen die spätaugustinische Gnadentheologie. Eingehend zeigte er, der menschliche Wille sei wesenhaft frei.[19]

Natürlich konnte er nicht bestreiten, daß in Schrift und kirchlicher Tradition davon die Rede ist, Gott habe jemanden zum Untergang bestimmt. Er wollte aber zeigen, solche Ausdrücke seien als bildlich gemeint zu interpretieren. Dazu deutete er eine Sprachtheorie an:

Wenn schon alle Worte Zeichen sind, aber nicht naturhafte, sondern konventionelle,[20] darf man sich gar nicht wundern, wenn sie der göttlichen Natur nicht angemessen sind. Es gibt Worte, die im höchsten Maße Gott angemessen sind, dazu gehören Verben wie »sein«, Substantive wie »Wesen«, »Wahrheit«, »Weisheit«. Dagegen beruhen Worte wie »Vorherwissen« und »Vorherbestimmung« auf einer Übertragung der Vorstellung zeitgebundener Dinge auf Gott.[21] Wenn also Bibel und Tradition sagen, »Gott hat die Sünden, den Tod oder die Strafen vorherbestimmt«, so müssen wir dies auslegen. Nach Eriugena können diese Reden nur so gemeint sein, daß Gott gewollt hat, daß alle sich selbst durch ihre eigene Verkehrtheit strafen. Alles Böse, auch die Strafe, ist nichts – es kann daher nicht Gegenstand göttlichen Wollens sein.[22] Gott will so wenig den Tod, die Strafe, das Nichts, wie wir die Dunkelheit, die nur das Fehlen des Lichts ist, eigens sehen. Dies war ein Bruch, nicht nur mit volkstümlichen Vorstellungen, sondern mit theologischen Überzeugungen, die seit langem die Hölle als physisch existierenden

Peinigungsraum installiert und mit körperlichem Feuer ausgestattet hatten. Eriugena hatte schon vor *De praedestinatione* an der physischen Existenz der Hölle gezweifelt; er hatte gesehen, daß sie im kosmologischen System der Spätantike (dem das 9. Jahrhundert keine Alternative entgegenzusetzen hatte) nicht rational unterzubringen war. Jetzt erklärte er: Das Feuer der Hölle besteht nur in der Abwesenheit der ewigen Seligkeit.[23] Im Sünder beginnt sofort mit der Sünde die Strafe.[24] Wie beim frühen Augustin hatte für Eriugena das Weltgericht lediglich die Aufgabe, diesen inneren Zustand des Einzelnen offensichtlich zu machen. Wie Boethius wollte Eriugena den Rächer nicht außen suchen. Das Höllenfeuer ist kein Teil der Schöpfung. Wenn aber doch vom Feuer die Rede ist, das denen bereitet ist, die dem Satan folgen, so deutete dies Eriugena als Hinweis auf das vierte Element, das in den höheren Schichten des Universums konzentrierter ist als bei uns. Dort werden die Bösen sein, aber auch die Guten, nur wird dieselbe Umgebung ihnen sehr Verschiedenes bedeuten.[25] Also: Wenn schon »Feuer« – und als Leser der Bibel (bes. Mt. 25,41) kam Eriugena darum nicht herum –, dann keinesfalls eines, das eigens zur Qual der Bösen von Gott vorbereitet ist.

Überschauen wir noch einmal die Argumentation: Eriugena zitierte Augustin und kehrte ihn gegen ihn selbst. Sein Widerwille gegen das Höllenfeuer mag durch Origenes (*De principiis* II 10) inspiriert sein, den Eriugena in der lateinischen Übersetzung des Rufinus kannte. Aber insgesamt hielt Eriugena sich an lateinische Autoren, teils, weil es im polemischen Zusammenhang nützlich war, teils auch, weil er die griechische Tradition um 850 noch nicht in dem Ausmaß kannte wie später. Gott dachte er in *De praedestinatione* noch als Sein oder Wesen (*essentia*) und Weisheit (*sapientia*), wie es die lateinische Tradition getan hatte. Aber so sehr sich Eriugena noch an sie hielt, so befremdlich wirkte seine Schrift doch. Man sah in ihr einen neuen Pelagianismus. Man erkannte: Dies war eine Korrektur Augustins, nicht seine Interpretation. Das Buch war ein Skandal. Es erschienen Widerlegungen, von Bischof Prudentius, von Bischof Florus.[26] 855 verdammte das Konzil von Valence seine Schrift; verächtlich nannte es die Theorien des Eriugena einen »irischen Brei«.[27] Hinkmar, der erzbischöfliche Auftraggeber, dem das Buch gewidmet war, wusch seine Hände in Unschuld: Einmal versicherte er, er kenne es nicht, ein andermal, er sei wegen seiner erzbischöflichen Pflichten noch nicht dazu gekommen, es gründlich zu lesen.

Es existiert nur eine Handschrift des Buches. Seine Thesen wurden im Mittelalter nicht diskutiert. Erst im Streit um den Jansenismus interessierte man sich wieder dafür.[28]

Eriugenas Schrift wurde bekämpft, aber seiner Person trat – anders als bei Gottschalk – niemand zu nahe. Der König schützte ihn. Wollte Karl das Prestige seines Hauses verteidigen, oder dachte er das Reich als einen Ort freier Selbstbestimmung, als Organisation selbständiger Willen? Wir kennen seine Motive nicht. Für die geschichtliche Rückschau zählt das Gesamtbild: Einige Kirchenfürsten bekämpften Eriugena, andere verhielten sich abwartend. Der Zwiespalt, der sich durch Augustins Gesamtwerk zieht und den Eriugena wenigstens in einigen Teilen beseitigen wollte, stellte sich wieder her: Den antiken Quellen, den frühaugustinischen und den boethianischen Texten standen der späte Augustin und seine Schüler gegenüber. Mit dem nächsten Abschnitt seines Lebenswerkes vergrößerte Eriugena die Vielfalt der Möglichkeiten noch: Er erschloß dem Westen den dionysischen, auf Proklos zurückgehenden Neuplatonismus und eröffnete zugleich den Weg zu dessen »westlicher« Korrektur.

Eine neue Konzeption der Welt und des Christentums – Eriugena: De divisione naturae

Das Hauptwerk des Eriugena, *Über die Einteilung der Wirklichkeit* (*De divisione naturae*), entstand in engem Zusammenhang mit seiner Übersetzung des Dionysius Areopagita. 860 hatte Karl der Kahle seinen »Grammatiker« beauftragt, Dionysius Areopagita neu zu übersetzen. Eriugena arbeitete daran bis 862. Danach begann er mit seinem Hauptwerk; veröffentlicht hat er es wahrscheinlich 867. Seine Anziehungskraft, seine Eigenart und Befremdlichkeit für das lateinische Mittelalter bestanden darin, daß er in einer Zeit der kulturellen Abgeschlossenheit des Westens die östlich-griechische Tradition, speziell den dionysischen Neuplatonismus erschloß und zu einer neuen Gesamtdeutung der Welt transformierte.

Auch Augustin hatte vom Neuplatonismus gezehrt, ihn aber vielfach verändert. Vor allem hatte er mit dessen Gebot gebrochen, das göttliche Eine gänzlich unbestimmt zu lassen; er hatte seinen Gott »Wesen«, »Geist«, »Denken«, »Wille« und »Liebe« genannt. Die von Origenes und Plotin, von Gregor von Nyssa, besonders aber von Dionysius Areopagita repräsentierte Tradition beharrte hingegen auf der Unbestimmbarkeit des Einen.[29]

Eriugena führte Dionysius in das westliche Denken ein und korrigierte ihn zugleich. Er machte in dessen Denkwelt geltend, was ihr fehlte: Der Mensch sollte nicht nur als Schauplatz theophanischer Erleuchtung vorkommen, sondern als lebendiger, selbstbewußter Schlüssel der Welt, der auch das Göttliche erschließt – gerade als das Unbestimmbare.

Der Mensch als Bild der Gottheit repräsentiert sie gerade in ihrer Unendlichkeit. Er ist wie sie das All-Eine, das Unbestimmbare und Übergegensätzliche. Besonders im 4. und 5. Buch erklingt ein Preis der Würde des Menschen, wie wenige Moderne ihn im Mittelalter erwarten würden: Alles wurde im Menschen erschaffen, die sichtbare wie die unsichtbare Welt. Im Denken des Menschen existieren die Naturdinge wahrer als in sich selbst. Der Mensch trägt sie, vereinigend, in ihren Ursprung zurück. Mit deutlicher Korrektur der Hierarchienlehre betont Eriugena, die menschliche Gattung stehe unmittelbar zu Gott, »ohne daß eine andere Kreatur dazwischenträte« (*nulla interposita creatura*), wie er mit einer frühaugustinischen Wendung sagt.[30] Eriugena hatte als Grammatiker begonnen mit der Erklärung des Martianus Capella, als »Dialektiker« (d. h. Logiker) mit der Interpretation des aristotelischen *Organon* im Sinne des Boethius. Aber er öffnete die westliche Schulkultur für die östliche Tradition. Zuweilen verlor er sich in ihr, brachte aber insgesamt seine eigenen Gedanken entschieden zur Geltung. Das Werk ist trotz seiner formal-strengen Gliederung ein Konglomerat von Ideen, Zitaten und Interpretationen. Es ist bald Religionsphilosophie, bald Logik, bald Kirchenvätererklärung. Es ist Schriftauslegung, besonders zur *Genesis*, aber eine spekulative, »symbolische« Exegese, die den Weg der Welt vom unbestimmbaren Einen (»Gott«) über das göttliche »Wort« (den Logos) zu den Erstbestimmungen wie Wesen, Wahrheit (den *causae primordiales*) zu den Ideen verfolgt, aus denen die sichtbare Welt hervorgeht und zu denen sie über den Menschen zurückkehrt. Bei der Betrachtung der einen Wirklichkeit als Endziel erhält die menschliche Tätigkeit eine zentrale Rolle, auch wenn Eriugena sie vorgängig als Kontemplation faßte. Die Stadien der christlichen Heilsgeschichte (Weltschöpfung, Sündenfall, Inkarnation, Weltgericht) dachte Eriugena als Weisen, in denen das göttliche Eine sich entfaltete.

Eriugenas Lehre von Gott hob die Trinität als philosophischen Gehalt hervor: Die Existenz des Universums zeigt, daß Gott ist (als Gott Vater); die Ordnung des Universums zeigt die Weisheit Gottes (als Logos und als Sohn); die Bewegung im Universum zeigt das Eine als Leben (also den Hl. Geist).[31] Trotz dieser Trinitätsphilosophie blieb Eriugenas Eines unbestimmbar. Gott ist an sich selbst unbestimmt. Er ist es auch für sich selbst; er begreift sich also nicht in bestimmten Begriffen (kategorial), sondern durch sich selbst dank seiner Unendlichkeit. Aber das verborgen bleibende Eine beginnt zu erscheinen, wenn es sich mit einer intellektuellen Natur verbindet. Dieses Begreiflichwerden des Unbegreifbaren, dieses Erscheinen des Verborgenen nannte Eriugena »Theophanie«.[32] Er blieb beim Vorrang der negativen Theologie; gleichzeitig wertete Eriugena das Aus-sich-Herausgehen der Gottheit in den Theophanien auf. Sie sind ein »wunderbarer« Schein; sie treten nicht eigentlich aus der Gottheit heraus; sie zeigen sich in ihr. Sie haben, wenn man sich so ausdrücken darf, Bedeutung nicht nur für uns, sondern für die Gottheit selbst, die nur durch sie sich zu begreifen, also zu bestimmen beginnt. Zugleich sind sie der Aufstieg der Geistwesen durch Reinigung und Erleuchtung zur Einung mit dem Einen.

Eingehend erörterte Eriugena das Problem, ob die Kategorien auf Gott anwendbar seien. Sie sind es nicht. Dabei kritisierte er die schularistotelisch-boethianische Kategorienlehre. Sie führt in die Irre, weil sie die Grundbestimmungen isoliert vor Augen stellt. In der Wirklichkeit, hob Eriugena hervor, sind alle Grundbestimmungen in allen; auf ihre Verflechtung kommt es an.[33] Es sei auch nicht einzusehen, wenn die Dialektiker unterscheiden wollen zwischen Dingen, Eigenschaften an Dingen und Aussagen über Dinge. Wenn die Kategorien nur Gedankenbestimmungen über die Dinge (*de subiecto*) oder Eigenschaften an ihnen (*in subiecto*) sein sollen, erfüllen sie nicht ihre vorgesehene

Funktion. Sie erschließen dann nicht die Rationalität der Welt.[34] Gedanken und Wirklichkeit müssen dasselbe sein; die Vorstellung eines unbestimmten, sprachfrei vorgegebenen Gegenstandes, der nachträglich durch uns begrifflich bestimmt würde, macht Erkenntnis unmöglich. Was wir »Gegenstand« nennen, ist hervorgegangen aus der Verflechtung der Kategorien, die ineinander übergehen und in einem wunderbaren *coitus* die Welt der Gegenstände erzeugen.[35] Eriugena kritisierte den Anspruch, die zehn aristotelischen Kategorien stellten die letzten, nicht weiter reduzierbaren Stammbegriffe dar. Die Kategorien Substanz, Quantität, Lage und Ort ließen sich reduzieren auf »Ruhe« (*status*), die sechs anderen auf »Bewegung« (*motus*). Diese beiden obersten Gegensätze kämen überein in einer obersten Gattung; die Griechen nannten sie πᾶν, die Lateiner *universitas*.[36] So frei ist bis ins 14. Jahrhundert, bis zu Dietrich und Lullus, nicht mehr mit der aristotelischen Kategorienlehre umgegangen worden. Indem das Ineinander des Gegensatzpaares »Ruhe, Bewegung« Vorrang erhielt vor der Substanz- und Quantitätskategorie, veränderte sich die ganze Konzeption der Welt:

Für die philosophische Theologie bedeutete dies: Gott ist ruhende Bewegung und bewegte Ruhe (*motus stabilis et status mobilis*)[37]. Gott wird nicht festgelegt auf die eine Seite eines Gegensatzpaares, wie es sowohl in der schularistotelischen wie in der vulgärplatonischen Gotteskonzeption der Fall war. Für die philosophische Anthropologie ergab sich: Auch der Mensch als Geist (*mens*) ist ruhende Bewegung und bewegte Ruhe. Er ist nicht vorstellbar als Ding mit Eigenschaften. Die Koinzidenz von Ruhe und Bewegung charakterisiert nicht nur sekundär seine Tätigkeit; sie ist sein Wesen (*essentia*).[38] Für die philosophische Kosmologie folgte daraus: Das reale gedankliche Ineinander von Ruhe und Bewegung bestimmt auch die sichtbare Welt. Es ist nur der sinnliche Anschein, der dagegen spricht. Wir können gedanklich Ruhe und Bewegung, die sich diametral entsprechen, nicht voneinander trennen, also kann es auch die Realität nicht, wenngleich sie in einzelnen Gegenständen – wie in der ruhenden Erde – getrennt vorzukommen scheinen.[39]

Dies sind weitausgreifende Perspektiven. Sie ließen im 15. Jahrhundert einen Leser dieses Buches (Nikolaus von Kues) das ptolemäische Weltbild als bloßen Sinnenschein denken, den die Vernunft beim Übersteigen der Verstandesgegensätze hinter sich läßt. Eriugena dachte die Körperwelt als ständig bewegt; die Annahme, die Erde sei in völliger Ruhe, bereitete ihm Schwierigkeiten.[40] Diese Beispiele zeigen, wie unmöglich es ist, das Werk des Eriugena zu erfassen mit Hilfe der seit dem 13. Jahrhundert entstandenen Disziplinentrennungen von Metaphysik – Naturphilosophie, Philosophie – Theologie, biblischer – dogmatischer Theologie, Scholastik – Mystik. Daß Eriugena diese Einteilungen nicht respektierte, ist nicht als Mangel, als noch fehlende, erst im Hochmittelalter erreichte Präzision zu bewerten; es ermöglichte ihm einen spekulativen Entwurf, der Schrift und Kirchenväter, Logik und Ethik, Heilsgeschichte und Metaphysik vereinte. Wenn man dennoch nicht darauf verzichten will, Eriugena mit einer bestimmten philosophischen Disziplin zu verbinden, dann könnte man sagen: Er trieb eine offensive, in die Bibelauslegung und Vätertradition eingreifende Religionsphilosophie. Aber diesen Akzent wählte er nicht innerhalb einer vorhandenen Reihe von Fächern aus subjektiver Vorliebe aus. Die Religion war in der Gesellschaft des 9. Jahrhunderts der Anknüpfungspunkt weiteren Nachdenkens – so wie etwa heute die Technisierung, die Politik, die Psychoanalyse. Er veränderte durch sein Denken den Traditionsbestand der christlichen Religion; er wirkte innerhalb ihrer im Sinne einer Humanisierung, z. B. indem er die Prädestination, die Ewigkeit der Höllenstrafen und den materiellen Charakter des Höllenfeuers bestritt. Vor allem wirkte er im Sinne einer theoretischen Vereinheitlichung der für die karolingische Welt maßgeblichen Traditionen, also vor allem der biblischen, der augustinischen, der boethianischen und der dionysischen. In den Dienst dieser Aufgabe stellte er die Sieben Freien Künste, vor allem aber die boethianisch-aristotelische Logik, mit der er unvergleichlich freier umging als die Schulphilosophie bis ins 18. Jahrhundert. Eriugena schuf für das Mittelalter – bis sein Werk verboten wurde, also immerhin bis 1210 – eine Verbindung zur intellektuellen Welt der griechischen Kirchenväter. Er vermittelte das Denken des Origenes, des Gregor von Nyssa, des Maximus Confessor; für immer bürgerte er Dionysius Areopagita im westlichen Denken ein. Dies bedeutete:

- eine freiere, »spekulativere«, auch poetischere Denkart als die mehr juridische, institutionsnahe Denkart des lateinischen Westens;
- ein Gegengewicht gegen den harten Denkstil des späten Augustin, gegen dessen dualistische und direkt ideologische Tendenzen (die kirchliche Institution als Norm des Denkens; Prädestination);
- Akzentuierung der Einheit der Realität und der Menschheit im Sinne des Plotin und des Proklos;
- Deutung der Erfahrungswelt als der Theophanie der allumfassenden Einheit. Die Hauptstadien der Weltgeschichte, markiert durch Sündenfall, Menschwerdung und Endzeit, dachte Eriugena als Entfaltungsformen jener Einheit. Er metaphysizierte die Religion und historisierte die Metaphysik. Man sprach bezüglich Eriugena fälschlich von »Pantheismus«. Zwar ist nach ihm »Gott« ein Wort für das Eine, das alles ist. Aber er vermied den Pantheismus, indem er die Transzendenz des allumfassenden

Gottes betonte, insbesondere durch die Theoreme: Gott ist das Nichts, während jedes Etwas begrenzt ist; Gott ist Urbild, als Verbum, die Welt ist Teilhabe.

Von der Nachwirkung Augustins und Boethius', vor allem aber von der späteren Aristoteles-Rezeption her gesehen, war die Philosophie des Eriugena im Westen ein Fremdkörper; sie artikulierte einen Konflikt mit wichtigen Motiven der aristotelischen Logik, Ontologie und Erkenntnislehre. Indem sie das Eine als Einheit von Gegensätzen deutete, relativierte sie den Satz vom Widerspruch als umfassendes negatives Wahrheitskriterium. Sie bestritt offen die Autarkievorstellung im Substanzbegriff. Ferner kollidierte sie mit der Ansicht, die aristotelische Kategorienlehre sei in sich abgeschlossen. Eriugena geriet in Gegensatz auch zu Augustin, weil er strenger als dieser die Plotin-Proklos-Dionysius entstammende negative Theologie rezipierte, aber ihren Stellenwert neu bestimmte, indem er die trinitarische Theorie des Geistes als des Bildes Gottes im Sinne Augustins fortführte, aber unser Wissen als Formung des Formlosen, als Erscheinen der Gottheit deutete (Lehre von den Theophanien). Eriugena gab dem christlichen Selbstverständnis eine erweiterte kosmologische Konzeption, indem er das neuplatonische Schema von Ausgang und Rückkehr rezipierte, es aber nicht nur auf die Einzelseele bezog, die durch Askese und Schau zum Einen zurückkehrt, sondern auf die gesamte sinnliche Welt, nach Maximus Confessor: Die Natur insgesamt trat in eine erweiterte Erlösungsperspektive. Dabei fiel dem Menschen eine zentrale, aktive Rolle zu. Er faßt, denkend und wollend, die Welt zusammen. Daraus ergab sich ein Vorrang der Anthropologie vor der Engellehre. Eriugena rezipierte die dionysische Konzeption der Hierarchien, schuf diesen aber ein gedankliches Gegengewicht, indem er lehrte, der menschliche Geist sei gottunmittelbar und sein produktives Denken sei alle Dinge. Er relativierte die für die mittelalterliche Vorstellungswelt wichtige Abfolge der Hierarchien, indem er die Gegensatzlosigkeit des allumfassenden Einen aussprach, das Ursprung, Mitte und Ziel ist, bei dem es weder »Unten« noch »Oben« gibt. Von ihm her gedacht, war die Dualität von Im-Grunde-sein und Herausgetreten-sein, von Selbständigkeit und allesumfassender Interdependenz immer nur vorläufig. Bibeltext, Kirche und Sakramente, also die höchsten Interessen des 9. Jahrhunderts, waren dann Bilder der göttlichen Alleinheit. Aber sie waren deshalb nicht abgewertet. Ohne die geschichtlichen Berichte der Bibel zu bestreiten, gab diese Religionsphilosophie eine allegorische Deutung der Hauptstationen der Heilsgeschichte: Sündenfall, Inkarnation, Weltende. Dabei dachte Eriugena das Negative jeweils als Umschlag: Was zunächst Abfall – d. h. ein Nachlassen der intellektuellen und willentlichen Energie – war, dient der reicheren Entfaltung, der vollständigeren Darstellung der einen Wirklichkeit.

Ein Zug zur Aktivität kam dadurch in die Menschenwelt, vitale Dynamik in die allbelebte Natur. Ohne daß Eriugena zu einer prinzipiellen Neubewertung menschlicher Praxis und Weltveränderung vorgedrungen wäre, dachte er im Anschluß an Maximus Confessor den Menschen als Werkstatt des Universums.[41] Durch all dies beendete er Jahrhunderte rein rezeptiven Verhaltens zu den Autoritäten. Er realisierte, daß durch Karl d. Gr. in Westeuropa neue Grundlagen des politischen Lebens und Denkens gelegt waren; auf der Basis einer für die damalige Zivilisation außerordentlich weitgehenden Vereinheitlichung der realen politischen und kulturellen Welt konnte er wieder die Einheit der Realität, die *res publica* aller Naturen,[42] thematisieren. Er konnte diese Einheit denken als bewegte Einheit von Gegensätzen; damit bereitete er den Weg für Nikolaus von Kues, Giordano Bruno,

Hamann und Hegel. Er ließ Koinzidenzphänomene gelten, so die Einheit von Aufstieg und Abstieg, von Ruhe und Bewegung, von Offenbaren und Verbergen. Den Menschen dachte er als Einheit von Substanz, »Vermögen« und Tätigkeit. Eriugena artikulierte ein jetzt wieder geschichtlich möglich gewordenes Selbstbewußtsein des Menschen, der nicht blind auf Autoritäten zu hören braucht, weil er selbst Anteil hat an den Erstgründen der Welt. Er intendierte ein neues Bewußtsein vom Rang des Menschen. Dieser ist

– die Zusammenfassung der Welt,
– in der Inkarnation aufgenommen in die Gottheit,
– deifiziert, damit erhöht über alle Chöre der Engel.

Eriugena formulierte dieses Selbstbewußtsein innerhalb der östlich-neuplatonischen und der christlichen Tradition. Das neue Selbstvertrauen zeigte sich – bei Fortdauer des Vorrangs, des relativierten Vorrangs, der negativen Theologie – in der Hochschätzung der Sieben Freien Künste, in – eingeschränktem – Interesse an Naturforschung, in der Lehre von der Immanenz der Belohnungen, in der Verwerfung der äußerlichen Bestrafungen (Hölle), in der Ablehnung der spätaugustinischen Theorie der Prädestination.

III

Der Aufbruch: Das 11. Jahrhundert

12 Eine neue imperiale Kultur: Die Ottonen – Gerbert von Reims

Das Ende des 9. und die erste Hälfte des 10. Jahrhunderts waren einem Ausbau der karolingischen Ansätze nicht günstig. Mit dem Zerfall des Reiches wuchs die Unsicherheit. Die karolingische Kultur war zu sehr am Hof orientiert, um den Niedergang der Dynastie zu überleben. Ihre »klassische« Einstellung, ihre Tendenz zur Abtrennung vom Volk haben wohl auch zu einer inneren Erschöpfung geführt. König Alfred von England († 899) verwirklichte noch einmal das Ideal des gelehrten Herrschers, aber die Einfälle der Wikinger, der Normannen und der Ungarn zerstörten die ohnehin bescheidenen Städte und bedrohten die wenigen noch kulturell bedeutenden Klöster.

Die Ottonen brachten für Mitteleuropa seine Konsolidierung. Der Sieg Ottos I. über die Ungarn auf dem Lechfeld und über die Slawen an der Recknitz (955) sicherte das Reich an der Ostflanke. Aber es waren nicht primär diese militärischen Erfolge, denen sich ein neues Herrschaftsgebilde und der kulturelle Aufschwung unter den Ottonen verdankten. Schon in karolingischer Zeit hatten sich die politischen und kulturellen Schwerpunkte von West nach Ost verschoben. Das karolingische Aachen hatte das merowingische Paris zurückgedrängt. Damit war auch eine Verschiebung der ökonomischen Zentren verbunden. Jetzt, unter den Ottonen, erhielt Sachsen eine neue Bedeutung; Magdeburg wurde Erzbistum. Diese Entwicklung hatte eine wirtschaftliche Grundlage: Die Handelsverbindungen mit den sich ökonomisch konsolidierenden arabischen Ländern liefen schon längst über Osteuropa. Diese Verbindung begünstigte eine Dynastie am Ostrand des bisherigen Reichsgebiets. Neue Silberminen wurden um 970 in Rammelsberg im Harz entdeckt. Der Handel mit England entwickelte sich (Wolle), und diese Geld- und Handelswege wurden nun verbunden mit dem Rhein und dem Westen, aber auch mit Oberitalien. So kam es zu dem, was ein englischer Historiker die »monetäre Explosion« nennt.[1] Sie nahm ihren Ausgang von sächsischem Gebiet und machte aus dem sächsischen Herrscherhaus die dominierende Macht der Jahre um 1000. Doch kam der wirtschaftliche Impuls bald auch anderen zugute, vor allem Pisa und Genua. 995 wurden sarazenische Seeräuber bei Fraxinetum geschlagen; Pisa und Genua setzten seit 1016 zur Eroberung Korsikas an. Französische und spanische Ritter rückten seit der Mitte des 11. Jahrhunderts gegen die Araber auf der Iberischen Halbinsel vor.[2]

Die Bauten der ottonischen Zeit, die Bronzearbeiten Bernwards von Hildesheim, die Dramen der Nonne Hrotsvita von Gandersheim, dies alles zeigt, wie der karolingische Impuls wieder auflebte, eine an der Antike orientierte, eine imperiale Kultur zu schaffen.[3] Otto I. bemühte sich, eine Ehe zwischen seinem Sohn und einer byzantinischen Prinzessin zustande zu bringen, um als ebenbürtig anerkannt zu sein. Seine Söhne betonten den universalen Charakter des Kaisertums und die Wiedergeburt des römischen Imperiums. Dazu gehörte eine bestimmte Kulturpolitik. Sie fand ihren sichtbarsten Ausdruck, als Otto III. den berühmtesten Gelehrten der Zeit, seinen Lehrer Gerbert von Reims, zum Papst machte (als Silvester II., 999–1003). Schon Otto II. hatte Gerbert protegiert und ihm 983 die Abtei Bobbio verliehen. Er wußte, daß Gerbert ein Büchernarr war und daß Bobbio von seiner irischen Gründerzeit her eine glänzende Bibliothek besaß.[4]

Gerbert und die Ottonen, Gerbert auch als Erzieher des Sohnes von Hugo Capet, des künftigen Königs Robert von Frankreich – das ist, wie bei Karl d. Gr. und bei Alfred, der Traum einer Verbindung von Macht und Wissenschaft. Dieser Traum nährte sich an den Gestalten des Augustus und des Theoderich. Die Verbindung mit den Ottonen endete vorschnell, als Otto III. im Januar 1002 früh starb. Gerbert folgte ihm ein Jahr darauf in den Tod. Aber seine Schriften und seine Wirksamkeit als Lehrer in Reims überdauerten.[5]

Das Denken Gerberts bewegte sich in dem karolingisch konzipierten Rahmen der freien Künste. Er gab Proben von der Nützlichkeit der Dialektik, begrüßte ihre Anwendung bei theologischen Streitfragen. Seine Hauptverdienste hatte er auf dem Gebiet der Mathematik. Er verfaßte eine Anleitung zum Gebrauch des Rechenbretts (Abacus) und soll als erster die arabischen Ziffern benutzt haben. Er war in Aurillac erzogen worden, wo es eine Nachblüte der karolingischen Reform gegeben hatte, die bis ins 10. Jahrhundert reichte. Er hatte in Katalonien naturwissenschaftliche und mathematische Studien getrieben, wahrscheinlich in Kontakt mit Arabern. Eine philosophisch-theologische Gesamtansicht der Welt zu geben, scheint er nicht intendiert zu haben. Als Lehrer war er bedeutend. Sein wichtigster Schüler war Fulbert, der die Schule von Chartres gründete.

Gerbert gehörte einerseits noch der karolingischen Welt an. Er verkörperte die Idee der Einheit von Imperium, Kirche und Bildung. Er beließ es bei dem Nebeneinander von christlicher Tradition und *artes*-Kultur. Aber andererseits entstammte er der Nahtzone zwischen christlichem Westen und arabischem Spanien. Und da war sein Interesse an der Welt der Zahl. Es war einerseits auch durch Boethius vermittelt, der für Gerbert der wichtigste Autor war, dessen *Consolatio* der Kaiser las und über die er meditierte, als er Pavia – die Grabstätte des Boethius – besuchte. Aber andererseits entsprang dieses Interesse der Nähe der arabischen Welt. Die weitere Entwicklung hing nicht am Silber des sächsischen Kaiserhauses, nicht an der Harmonie von Kaiser und Papst. Die nationalen Unterschiede machten sich geltend; es gab in Zukunft nicht mehr nur ein einziges Zentrum. Es gab Schulen in vielen Städten, vor allem in Frankreich. Es begann ein kultureller Polyzentrismus. Gerbert hatte als Lehrer in Reims und als der Anreger des Schulgründers von Chartres auch daran Anteil.

13 Der ökonomische Aufschwung

Die Ottonen gingen, aber der wirtschaftliche Aufschwung blieb. Für das gesamte Gebiet Westeuropas setzte er erst Mitte des 11. Jahrhunderts ein. Dabei zeigten sich geographische Unterschiede. Die wirtschaftlichen, politischen und intellektuellen Schwerpunkte nach 1000 waren weder Rom noch Sachsen, sondern Oberitalien, der Rhein, Flandern und die Ile de France. Die Kathedralschulen in den Städten begannen, die Klosterschulen der einsam gelegenen Abteien abzulösen; für sie spielte der Hof als Orientierungspunkt keine entscheidende Rolle mehr. Die gefürsteten Bischöfe schufen eine Reihe von Zentren; die Entwicklung der Städte ermöglichte dies.[1] Im 11. Jahrhundert, verstärkt seit der Jahrhundertmitte, setzte eine Umwandlung der gesamten westlichen Zivilisation ein. Ohne sie sind weder der Übergang von der Klosterschule zur Kathedralschule noch der kulturelle Aufschwung des Westens zu verstehen. »For a scholar possessed with insatiable curiosity, not only for what changes have happened in the distant past but how change happens at all, the opportunity to study the eleventh and twelfth centuries after Christ is too good to be missed.«[2]

Obwohl das Geld in den von Klerikern verfaßten Geschichtsquellen des 11. Jahrhunderts eine größere Rolle spielt als eine romantisierende Auffassung des Mittelalters wahrhaben will, war die Gesellschaft dieser Zeit durch die Landwirtschaft geprägt. Auf diesem Gebiet brachte das 11. Jahrhundert wichtige Neuerungen: Man führte die Dreifelderwirtschaft ein. Jetzt lag nicht mehr die Hälfte, sondern nur ein Drittel des landwirtschaftlichen Besitzes für ein Jahr brach. Die Erträge stiegen, und die Erträge wurden wiederum investiert für die Verbesserung der Landwirtschaft: Man entwickelte ein neues Verfahren, Lasttiere anzuspannen, das Kummet. Das Zugtier war nun beim Ziehen nicht mehr, wie vorher, behindert; es zog mit seiner ganzen Kraft; der Pflug konnte den Boden tiefer umgraben. Man entwickelte den Räderpflug mit Egge. Die Eisenbearbeitung machte Fortschritte; Ackergeräte, nicht mehr nur Schwerter, wurden aus Eisen hergestellt. Die ertragreichere Landwirtschaft konnte mehr Menschen ernähren, und die konnte sie besser ernähren als bisher. Die Hungersnöte gingen im Laufe des 11. Jahrhunderts zurück; die Menschen wurden zahlreicher, kräftiger und aktiver. Sie gingen zu Rodung und Kolonisation über. Sie nahmen den Kampf auf gegen die riesigen Wälder, die bis dahin das Aussehen West- und Mitteleuropas geprägt hatten. Die politische Konsolidierung, die in Mitteleuropa durch die Ottonen erreicht war und in Frankreich im Laufe des 11. Jahrhunderts nachgeholt wurde, bot dem Landausbau Schutz.

Die Bauern wurden ausgebeutet. Das Feudalsystem, das die »normale« soziale Struktur des 11. Jahrhunderts bestimmte, machte aus dem Grundherrn zugleich die maßgebliche politische Autorität, den Richter und den militärischen Führer der Bauern. Doch gab es Ansätze einer Veränderung: Das Geldwesen breitete sich auch auf dem Lande aus, zunächst in Italien und Frankreich. Es gab Grundherren, die damit einverstanden waren, daß Bauern ihre Frondienste ablösten gegen eine Geldabgabe. Andere Bauern flohen in die Stadt. Oft wurden sie verfolgt von ihren Herren, aber wenn sie innerhalb eines Jahres nicht eingefangen wurden, galten sie als frei: »Stadtluft macht frei.« So kam es insgesamt in einer relativ stationären und noch immer auf der Landwirtschaft basierenden Gesellschaft zu größerer sozialer Mobilität.

Dies gilt besonders für die Städte. Dort beseitigte man nicht nur die Schäden der Invasionen von Normannen und Ungarn; die Städte erhielten einen neuen Charakter. Sie waren nicht mehr in erster Linie Bischofssitz und Verwaltungszentrum, sondern sie lebten vom Fernhandel und vom Gewerbe. Hier entwickelte sich allmählich die Geldwirtschaft mit ihren ökonomischen, mentalen und psychischen Folgen. In den Städten traten die Menschen in ein Verhältnis zueinander, das nicht mehr durch die Feudalität geprägt war: Man schwor nicht seinem Herrn Vasallentreue, sondern beschwor die in gemeinsamer Beratung beschlossenen Regeln des Zusammenlebens. Oft kam es zu blutigen Konflikten zwischen Stadtbürgern und ihren fürstlichen, besonders den bischöflichen Herren. Ein neues Rechts- und Selbstbewußtsein war die Folge. Die Stadtbürger, z. B. die Großkaufleute von Worms, begannen bei Konflikten zwischen Kaiser und Papst eine selbständige Rolle zu spielen. Oft stärkte der Kaiser die Städte gegen die Feudalherren.

In den Städten selbst kam es zu immer weitergehenden Arbeitsteilungen, die zu technischen Fortschritten, z. B. in der Textilverarbeitung und bei der Glasherstellung, führten. Im 11. Jahrhundert wurden erstmals Windmühlen gebaut und die Nockenwelle erfunden. Technische Probleme fanden eine von der klerikalen Mentalität zunächst nur schwer zu erbringende Aufmerksamkeit. Das Verhältnis des Menschen zu sich selbst veränderte sich, als er die steigende Macht gemeinsamer Naturbeherrschung erfuhr. Die spezialisierten Gewerbe organisierten sich in Zünften und Gilden. Die Städte wuchsen und wurden reicher, politisch mündiger; sie zeigten dies durch Stadtmauern, Türme und andere Steinbauten.

Der ökonomische und soziale Wandel des 11. Jahrhunderts hatte mentale Folgen, von denen ich nur einige wenige nennen kann: Es war nun möglich, komplexe Vorgänge und Verhältnisse besser als vorher zweckrational zu durchdringen. Dies zeigte sich z. B. in dem steigenden Interesse der königlichen Verwaltungen an präzisen Katastern. Das von den Normannen eroberte England ging voran mit dem *Domesday Book* (1085). Die päpstliche Kanzlei schuf sich neue Techniken der Registratur. Das Interesse an Zahlen, am Rechnen, z. B. auch an dem von Gerbert beschriebenen Abacus, wuchs. Ein Bedürfnis, Übersicht zu erhalten, die Verhältnisse klarzustellen, zeigte sich in vielfacher Form. Gerade weil die Welt aufhörte, nur Jammertal, nur unsicher zu sein, konnte man jetzt Abgrenzungen vornehmen. Im 11. Jahrhundert war es zunächst die Abgrenzung der Kirche von der »Welt«. Die Klosterreformbewegung hielt den Mönch dazu an, bis in die alltäglichen Einzelheiten sein einmal gewähltes Lebenskonzept durchzuführen.[3] Dies war ein wichtiges Übungsfeld methodischen Vorgehens; man untersuchte sorgfältiger, welche Mittel zu welchen Zwecken nötig seien. Deshalb distanzierten die Mönche sich schärfer von dieser »Welt«; sie brachen mit dem Kulturoptimismus der karolingischen Zeit; sie wurden aggressiver. Sie verstanden ihr Leben als Kampf, als Kampf gegen sich selbst, vor allem aber als Kampf gegen die Dämonen. Da sie konsequenter waren und Konsequenz nun ein Wert zu werden begann, gelang es ihnen, den gesamten Klerus unter monastische Wertvorstellungen zu beugen. Das Ziel war, ein Leben möglichst wie die Engel zu führen. So wurde erst jetzt der Zölibat amtlich durchgesetzt. Die monastische Askese schien den Vorzug zu haben, die eindeutigere Lebensform zu sein. In der monastischen Askese, in der liturgischen Regie von Cluny und in der überregionalen Organisation der Fürbitte für die Toten wurde – nach den karolingischen Reformen – das Ideal konsequenten Vorgehens eingeübt; die Rationalisierung der königlichen Finanzen und die Organisationsleistungen der Fernkaufleute folgten gegen Ende des Jahrhunderts.

Die Menschen bewerteten mit den neuen Maßstäben auch sich selbst. Sie entdeckten jetzt Spannungen, Zerrissenheiten in sich selbst, die vorher nicht thematisiert worden waren. So berichtete Otloh von St. Emmeran in Regensburg von seinen »Versuchungen«. Das autobiographische Interesse erwachte, da man sich für die Faktoren interessierte, die die angestrebte Selbstformierung störten. Jetzt entdeckte z. B. ein Mönch, daß das Streben nach philosophischem Wissen eine gefährliche Selbstgewißheit erzeugen konnte. Die karolingische Selbstverständlichkeit, sich als Christ den *artes* zu öffnen, war dahin. In dem Streben nach Eindeutigkeit gliederte, wenn man so sagen kann, die Kulturmasse ihre Extreme aus. So gab es am Jahrhundertende kulturfeindliche Radikalreformer hier, methodisch vorgehende Spezialisten für Argumentationstechnik dort. Die vorhandenen Konflikte zwischen antikem Bildungskanon, monastischer Weltverachtung, biblischen Motiven und tatsächlichen Bedürfnissen der Menschen wurden nun ausgesprochen und ausgekämpft. Dies alles in einer Atmosphäre erhöhter eschatologischer Spannung, in der viele Mönche auch die Bibel mit neuen Interessen lasen; nicht mehr die Moral der Herrschergestalten des Alten Testaments, sondern die Parusie-Erwartung und die Beschreibung von Weltuntergang und Weltgericht rückten ihnen in den Mittelpunkt. Die generelle Behauptung, die Jahrtausendwende oder das Jahr 1033 (tausend Jahre nach dem Tod Christi) hätten die apokalyptische Angst ungeheuer gesteigert und das geistige Leben der Zeit bestimmt, ist aber einzuschränken. Der ottonische Aufbau wäre mit einer konkreten eschatologischen Naherwartung kaum vereinbar gewesen. Ein Praktiker wie der mächtige Erzbischof Willigis ließ sich von ihr nicht beirren; er begann um 975 seinen mächtigen Dombau in Mainz. Gewiß gab es Berechnungen über das nahe Weltende, aber es gab sie seit langem. Das Ausgangsdatum war zudem strittig. Bibelleser konnten einwenden, vor Gott seien tausend Jahre wie ein Tag. Gewiß lebten Christen in dem Bewußtsein, die Weltzeit gehe zu Ende; aber da sie dies seit dem 1. Jahrhundert sagten und da Papst Gregor I. es lebhaft eingeschärft hatte, blieb generell eine vage Endzeitstimmung, die bei Naturkatastrophen oder bei politischem Bedarf abgerufen werden konnte. Wer im Hinblick auf den Weltenrichter und mit geschärftem Bewußtsein für Widersprüche über das Verhältnis von Kirche und Staat nachdachte, stieß auf die unklaren Kombinationen von Regnum und Sacerdotium, von Antike-Nachahmung und monastischer Berufung; er mußte ihre striktere Trennung oder ihre eindeutigere Zuordnung nach dem Paradigma von Mittel und Zweck fordern. Die Kaiser waren bis etwa Mitte des Jahrhunderts der an Byzanz orientierten karolingischen Vorstellung von der priesterlichen Rolle des Herrschers gefolgt. Sie hatten wie ihre antiken Vorbilder Konzilien einberufen und dabei den Vorsitz geführt. Jetzt entwarf die Papstkirche ein neues, ein konsequenteres Bild von sich selbst; sie begann, um den Vorrang zu kämpfen. Im Investiturstreit, der seit 1075 Europa erschütterte, ging es zunächst um das traditionelle Recht des Kaisers, Bischöfe einzusetzen. Das Papsttum, durch die Klosterreformbewegung moralisch gestärkt, bestritt dieses Recht und entwikkelte sein Programm einer eindeutigen Unterordnung des Weltlichen unter das Geistliche. So war der Investiturstreit zugleich ein Machtkampf und eine intellektuelle Auseinandersetzung. Manegold von Lautenbach erklärte zur Rechtfertigung der päpstlichen Politik, das Königtum sei eine nach Nutzen und Nachteilen zu bewertende Funktion; einen Herrscher, der sich ihr nicht gewachsen zeige, könne man davonjagen wie einen gemieteten Schweinehirten.[4] Diese Entsakralisierung des Imperiums war realiter im Mittelalter nicht durchsetzbar. Aber sie war in den letzten Jahrzehnten des 11. Jahrhunderts formulierbar. Die Publizistik des Investiturstreits führte vor Augen, welch eine Waffe ein gut geführter Beweis oder eine prägnant vorgebrachte Textstelle sein konnte. Damit wurde nicht nur die formale Fähigkeit des Argumentierens geschult. Die Inhaber der Gewalt lernten erstmals die Macht des Denkens kennen. Sie mußten von da an sehen, wie sie mit ihm zurechtkamen. Politik und Wissenschaft standen von da an in einem intensiveren, von den Philosophiehistorikern noch wenig beachteten Verhältnis.

Der wirtschaftlich erstarkte lateinische Westen konnte es sich von der Jahrhundertmitte an leisten, sich offensiv gegen die überlegene, längst beneidete Welt seiner viel reicheren Nachbarzivilisationen zu wenden, gegen Byzanz und gegen den Islam. Byzanz war christlich, wich nur in Details von der römischen Glaubenslehre ab (ob der Hl. Geist nur vom Vater oder auch vom Sohn ausgehe, ob man für das Abendmahl gesäuertes oder ungesäuertes Brot verwenden müsse). Aber der Papst betrieb den Bruch; 1054 wurde er feierlich vollzogen. Von der Expansion auf der Iberischen Halbinsel war schon die Rede. Seit dem 11. Jahrhundert drängte der lateinische Westen den Islam dort Stück für Stück zurück (Reconquista). 1085 fiel Toledo. Am Jahrhundertende rief der Papst auf zum Kreuzzug. 1099 wurde Jerusalem von den Kreuzfahrern erobert. Der Westen hatte die Offensive an sich gerissen; der bis dahin moralisch verworfene Umgang mit der Waffe wurde als Mittel zum Zweck christlicher Mission und päpstlicher Weltherrschaft geheiligt. Die christliche

Zivilisation wurde auch aggressiv gegenüber den Juden. Hatten diese vor dem Jahr 1000 relativ unbelästigt in den Städten gelebt, so verschlechterte sich ihre Lage im 11. Jahrhundert, besonders in dessen zweiter Hälfte, teils weil sie als die Schützlinge des zeitweise vom Papst gebannten Kaisers galten, teils weil mit zunehmender Geldwirtschaft ihre ökonomische Bedeutung wuchs und weil es jetzt getaufte Kaufleute gab, die sie als Konkurrenz ansahen.[5] Dies gab der theologischen Polemik eine neue Schärfe. Der lateinische Westen empfand die prosperierenden und gebildeten jüdischen Gemeinden, die seit dem 10. Jahrhundert am Rhein Hochschulen hatten, als Herausforderung; er mußte sich rechtfertigen. Diese Polemik war ebenso wie der Investiturstreit nicht in den strengen Formen der karolingischen Latinität auszutragen. Die Sprache der Schriftsteller befreite sich zunehmend von den Steifheiten des höfischen Stils; sie wurde geschmeidiger und direkter. Es entstand eine Beweglichkeit des Ausdrucks, eine Freiheit der Diktion, die dem 9. Jahrhundert fehlte. Doch hatte die neue Art, die Grundlagen dieser Gesellschaft zu diskutieren, in den Augen der klerikalen Führungsschicht einen erheblichen Nachteil: Sie erzeugte Ketzer. Aus dem 10. Jahrhundert ist uns keine einzige Ketzerei bekannt. Dagegen sind aus dem 11. Jahrhundert eine Reihe von Ketzerhinrichtungen bezeugt.[6] Sie markieren den geschichtlichen Zusammenhang, in dem das wissenschaftliche und speziell das philosophische Leben des lateinischen Westens neu erwachte. Eine Gesellschaft, die eine der »industriellen Revolution« vergleichbare »kommerzielle Revolution« durchmachte, deren innere Dynamik sie mit den anderen konfrontierte – mit Juden, Arabern, griechischen Christen –, die durch eine neu erstarkte Schuldisziplin instand gesetzt war, diese Erfahrungen gedanklich zu bearbeiten und kontrovers auszutragen, war die Voraussetzung der philosophischen Entwicklung des 11. und 12. Jahrhunderts.

14 Berengar von Tours und Anselm von Canterbury

Der Wiederanfang des philosophischen Lebens in der zweiten Hälfte des 11. Jahrhunderts war keine Urzeugung. Meist sucht man ihn bei Anselm von Canterbury und bei dessen Lehrer Lanfrank. Studiert man aber die Texte Lanfranks, fällt es schwer, sie als die entscheidende Anregung Anselms anzusehen. Lanfrank, ein ehemals gefeierter Lehrer der *artes*, hatte in Lebensgefahr ein Gelübde getan, Mönch zu werden und auf die weltliche Bildung zu verzichten. Lanfrank wollte jetzt die *artes* zurückdrängen, vor allem die Dialektik (= Logik). Er wollte fortan das Wort Gottes, nicht die Gedanken der Menschen seiner Wissenschaft zugrunde legen. Die Schriften, die uns von Lanfrank erhalten sind, stammen alle aus der Zeit nach seiner antidialektischen Bekehrung. Um so einsamer steht Anselm dann im 11. Jahrhundert. Gewiß kannte er Augustin; er selbst wies darauf hin, daß er Augustin nirgends widerspreche. Aber selbst in diesem Bekenntnis war das Bewußtsein ausgesprochen, sich von Augustins Denken deutlich zu unterscheiden. Anselm kannte auch Boethius, obwohl er dies nirgends sagt. Schon die Umschreibung Gottes als das Wesen, über das hinaus nichts Besseres gedacht werden kann, klingt boethianisch; sie fand sich allerdings auch bei Cicero[1], Seneca und bei Augustin. Doch so wichtig die logische Strenge des Boethius für Anselm war, so verstärkt dieser Hinweis eher den Eindruck: Anselm war ein Anfang, ohne unmittelbare Vorgänger. Aber dieser Anschein trügt. Sein Vorgänger war der Ketzer BERENGAR VON TOURS († 1088).[2] Als Anselm nach Bec in der Normandie kam, lag Lanfrank in heftigem Streit mit Berengar. Es ging um die Frage, ob das Wissen, konkret: die aristotelisch-boethianische Dialektik (= formale Logik), konsequent auf den Glauben, konkret: auf die seit dem 9. Jahrhundert sich entwickelnde dinghaft-realistisch konzipierte Eucharistielehre angewendet werden soll. Berengar hatte dies bejaht und in seiner Theorie des Abendmahls eine Probe gegeben, wie eine solche durchgängige Anwendung aussehen könne. Lanfrank wollte der Dialektik nur eine untergeordnete, eine dekorative oder höchstens eine apologetische Aufgabe zuweisen.

Berengar kam aus der Schule von Chartres. Sein Lehrer war der Gründer dieser Schule, Fulbert. Vermutlich hatte auch Lanfrank bei Fulbert studiert. Fulbert wiederum war ein Schüler Gerberts von Reims gewesen. Die Traditionszusammenhänge sind also dichter, als es gewöhnlich erscheint. Manche Historiker tragen Bedenken, bei Anselm, den sie mit einer biologischen Metapher den »Vater der Scholastik« nennen, an den Erzketzer Berengar zu denken. Aber wir wissen, daß vom vorhandenen Werk Lanfranks kein Weg zum Werk Anselms führt, ja, daß Lanfrank an Anselm kritisiert hat, er gebe den Autoritäten keinen Raum. Doch vor allem kommt es auf das Programm Anselms und Berengars an: Beide wollten »nur mit der Vernunft« (*sola ratione*) die Wahrheiten des christlichen Glaubens beweisen. Berengar wandte sich gegen eine Theorie, die im 9. Jahrhundert aufgekommen war, wonach beim Abendmahl das Brot aufhören müsse, Brot zu sein, um der wahre Leib Jesu sein zu können. Berengar, von Beruf Lehrer der Grammatik und der Dialektik in Tours, wandte dagegen ein: Wenn bei dem Satz »Dies ist mein Leib« das Demonstrativpronomen »dies« auf die Substanz des Brotes hinweist, dann verliert der Satz seinen Sinn, wenn man ein neues Subjekt, den physisch gedachten Leib Jesu, einfügt. Vor allem deckte Berengar den Widerspruch auf, daß die Eigenschaften von Brot und Wein bleiben, aber ihre Substanz verschwinden solle. Dies widerspreche einem einfachen Grundbegriff der Dialektik: Eigenschaften seien dort definiert als das, was einer

Substanz zukomme. Wer die Eigenschaften ohne Substanz existieren läßt, zerstört die aristotelische Kategorienlehre; er bricht – ohne diese Konsequenz tragen zu wollen – mit der menschlichen Vernunft und mit dem System der *artes*. Aber die Vernunft ist es, kraft deren wir Ebenbild Gottes sind. Und sich in allen Dingen an die Vernunft zu halten, dies sei nichts anderes, als seine Ehre als Ebenbild Gottes zu wahren.[3]

Berengar hat nicht, wie immer noch behauptet wird, die reale Gegenwart Christi beim Abendmahl geleugnet; er hat »real« nur nicht als dinghafte Anwesenheit gedeutet. Die »Realität« des Sakraments ist seine verwandelnde Kraft (*vis*). Berengars zahlreiche Gegner verstanden »real« als »sinnenhaft vorhanden«. Da sie zwei sinnenhafte Dinge nicht an derselben Stelle denken konnten, ließen sie das eine Ding (den Leib Christi) das andere (das Brot) verdrängen. Demgegenüber hielt Berengars Theorie des Abendmahls solche dinghaften Vorstellungen fern. Er wollte Widersprüche und magische Assoziationen vermeiden; er wollte ein vernünftiges Christentum, das sich vom Aberglauben unterscheidet. Er wollte nicht dinghafte Gegenwart, die zusammen mit ihrer widersprüchlichen Theorie nur die Kluft zwischen Klerus und Volk zementierte, sondern spirituelle Verwandlung der mit ihrem Wissen und Willen beteiligten Gläubigen.

Berengar wurde verurteilt. Aber die Affäre zog sich über Jahrzehnte hin. Lanfrank berichtet, die Lehre Berengars habe sich über ganz Frankreich, in Deutschland und Italien verbreitet. Es gab eine Fülle polemischer Traktate. Neben und schon vor dem Investiturstreit war die Berengar-Debatte die erste große literarische Diskussion in Europa seit dem Ende der antiken Welt. Jetzt gab es eine literarische Öffentlichkeit, die nicht mehr – wie bei der Prädestinationsdebatte des 9. Jahrhunderts – an einen Hof gebunden war, ein Novum. Der Streit hatte zunächst zur Folge, daß Rom begann,

Ketzerverurteilungen an sich zu ziehen, also die Provinzialsynoden entmachtete. Es bildete sich allmählich die Vorstellung, Rom habe bei der Verwaltung der Wahrheit ein Monopol. Andererseits bewies die Debatte, daß es ein literarisch interessiertes Publikum gab. Es gab jetzt mehr Menschen mit einer qualifizierten Ausbildung. Der Polyzentrismus zeigte nun seine Vorzüge: In einer ganzen Reihe von Städten gab es Kathedralschulen. So hören wir nicht nur von Reims und Chartres, sondern auch von Lüttich und Tours und vielen anderen. Damit war die institutionelle Voraussetzung der weiteren Entwicklung gegeben. Aber was in diesen Schulen im 11. und 12. Jahrhundert gelehrt wurde, waren eben die *artes*, für deren konsequente Anwendung Berengar erfolglos gekämpft hatte. Je mehr aber die Schulen in die Städte kamen, um so mehr war das bisherige Mönchswissen Fragen ausgesetzt. Die Rationalisierung der Verwaltungen, das Vordringen der Rechenhaftigkeit, die Organisation des Handels, die Entwicklung des Geldwesens, die Erfahrung in der Selbstverwaltung kommunaler Körperschaften und die selbständige Regelung von Rechtskonflikten in den Städten veränderten den Begriff dessen, was die Menschen als ein gutes Argument anerkannten: Die Masse des Überlieferten sah sich einem neuen Kriterium der Rationalität gegenübergestellt. Eine Zivilisation wurde sich bewußt, daß sie auf uneinheitlichen, vielleicht sogar unvereinbaren Grundlagen ruhte. Eine international verbrüderte, eifernde Religionspartei erhob gerade die Überlegenheit über rationale Argumente zur Signatur des allmächtigen Gottes und seines um die Weltherrschaft kämpfenden Stellvertreters. Dies war die zugleich symbolische und realpolitische Bedeutung der Niederlage Berengars. Doch ANSELM VON CANTERBURY († 1109) wandte Berengars Verfahren – nur unwesentlich abgeschwächt – auf die gesamte christliche Lehre an.[4] Seine Assimilation der Dialektik und ihre konsequente Anwendung in Glaubensfragen war von großer geschichtlicher Tragweite: Die Überzeugung Berengars, der Mensch sei Ebenbild Gottes durch die Vernunft, und die Dialektik habe teil an den Gedanken Gottes, erhielt auf Jahrhunderte hinaus einen Platz in der Kirche. Nicht nur dies. Anselm zeigte im einzelnen, was das für die Hauptinhalte des christlichen Glaubens bedeutete. Er zeigte im *Monologion*, daß fast alle Bestimmungen der christlichen Gotteslehre sich auf augustinisch-neuplatonischer Grundlage in strenger boethianisch-dialektischer Form rein rational beweisen lassen. Er war überzeugt, die Trinität als vernunftnotwendig erwiesen zu haben.

Sein berühmter Gottesbeweis im *Proslogion* entschied das Problem der Existenz Gottes durch eine rein semantische Analyse des Satzes, der Gottes Existenz bestreitet, dabei aber voraussetzt, bei dem Wort »Gott« sei das zu denken, worüber hinaus Vollkommeneres nicht gedacht werden könne. Für die einzelnen Elemente dieses Arguments (das später das »ontologische« genannt wurde) hatte Anselm bei Cicero, Seneca, Augustin und Boethius Vorlagen; die Verfahrensweise hatte Berengar zuerst in der Eucharistiedebatte eingeführt, aber die Konstruktion dieses Arguments und seine bruchlose Einfügung in die monastische Meditation war Anselms eigenes Werk. Es entsprach der frühmittelalterlichen Schulkultur mit ihrem Vorrang der Dialektik vor den Realwissenschaften; das Argument beruhte nicht auf irgendwelchen Annahmen über den realen Aufbau der Welt. Aber indem es im Denken selbst, nicht mehr in der Kosmologie die Gottesgewißheit begründete, drückte es einen epochalen Wandel aus: Ein Argument dieser Art hatte es in der Antike nicht gegeben, während die Diskussion um seine Wahrheit zu einem Hauptinhalt der neuzeitlichen Philosophie wurde – von Descartes zu Spinoza, zu Leibniz, zu Kant bis zu Schelling und Hegel.

Amselm wollte mit seinen streng rationalen Konstruktionen die Wahrheit des augustinisch gedeuteten Christentums beweisen; er wollte mit Hilfe der Dialektik die monastische Lebensform vertiefen und das Selbstbewußtsein der westlichen Kirche gegenüber Ostrom und dem Islam stützen. Aber die rationale Reihung und Ableitung der Glaubenslehre lief doch auch auf eine reinigende Revision hinaus. So kritisierte Anselm in seinem großen Werk *Cur Deus homo* die herkömmliche Vorstellung von der Erlösung. 600 Jahre lang hatten die Christen den Kreuzestod Christi und damit die Erlösung als die Ablösung der Rechte des Teufels auf die Menschheit gedeutet. Diese dualistisch inspirierte Vorstellung ließ sich nicht rational konstruieren. Obwohl sie von der Autorität Augustins und anderer Kirchenschriftsteller gedeckt war, griff Anselm sie an und ersetzte sie durch eine andere, nach der die unendliche Ehre Gottes, nachdem sie durch einen Menschen verletzt worden war, nur durch eine unendliche Sühneleistung, also durch den Einsatz Gottes selbst, aber doch auch nur von einem Menschen, folglich allein durch den Gottmenschen, versöhnt werden konnte. R. W. Southern hat im einzelnen nachgewiesen, wie die Reduzierung der Rolle des Satans einer neuen realgeschichtlichen Situation des 11. Jahrhunderts entsprach; er hat gezeigt, wie Anselms Konzeption abhängig war von der Bilderwelt des gleichzeitigen Lehnswesens.[5] Gott wurde vorgestellt wie ein vom Vasallen beleidigter Lehnsherr, dem durch eine angemessene Gegengabe »Genugtuung« (Satisfaktion) geleistet wird. Dieser feudale Begriff von Entsühnung konnte nicht lange befriedigen in einer Epoche wachsender Bedeutung der Städte. So wurde Anselms Theorie bald mit derselben Strenge kritisiert, mit der er die jahrhundertealte Theorie der Teufelsrechte um ihr Ansehen gebracht hatte. Die Dialektik veränderte zunehmend das Selbstverständnis der christlichen Religion, obwohl sie »nur« dazu dienen sollte, ihren Hauptinhalten eine logisch kohärente Form zu geben.

IV

Das 12. Jahrhundert

15 Eine geschichtliche Wasserscheide

Das 12. Jahrhundert war eine Art geschichtlicher Wasserscheide. Dies gilt für das ökonomische, soziale, institutionelle, juristische und religiöse Leben; es betrifft insbesondere die sprachlichen Lebensbedingungen des mittelalterlichen Denkens. Die Umwälzung, die in der zweiten Hälfte des 11. Jahrhunderts begann, erbrachte jetzt in den führenden Regionen – Frankreich, Ober- und Mittelitalien, England, Flandern und Rheingebiet – den Übergang von einer primär agrarischen zu einer mehr urbanen Zivilisation.[1] Freilich blieb die Landwirtschaft prägend, und der Feudalismus war nicht beseitigt. Die Initiativen einzelner Herrscher wie Barbarossa oder einzelner Äbte wie Petrus Venerabilis von Cluny oder Suger von St-Denis blieben auch auf dem Feld der Kultur bestimmend. Aber es entstand eine neue Welt daneben; sie zwang die Herren, die Städte zu besiegen oder sich zu arrangieren. Die neuen Schichten – Tuch- und Waffenhändler, Notare – erzwangen sich Freiheiten. Die Arbeitsteilung schritt voran. Daraus ergab sich das Bedürfnis nach mehr und nach besser ausgebildeten Juristen, Ärzten, Lehrern und Geistlichen. Dies forderte neue Organisationen der Ausbildung: Die Klosterschulen traten stark zurück, die Kathedralschulen blühten, und es entstand die Universität. Sie wurde für das intellektuelle Leben bald entscheidend, so daß man vereinfachend sagen kann: Das intellektuelle Leben der vorausgehenden, mehr agrarischen Zeit war monastisch geprägt, von jetzt an wurde es universitär. Im 15. Jahrhundert kam die Universität in eine Krise: Der französisch-englische Krieg bedrohte die internationale Funktion von Paris; die Territorialstaaten schufen sich eigene, provinziellere Ausbildungsstätten; das intellektuelle Leben erstarrte; die entscheidenden Entwicklungen fanden außerhalb der Universität statt; weder die italienischen Humanisten noch Nikolaus von Kues waren in ihr heimisch. Aber von 1200 bis 1400 war die Wissenschaft vor allem Universitätswissenschaft. Ihr Zentrum war Paris, dann auch Oxford, Bologna und Montpellier. Die Universitäten des 13. Jahrhunderts waren, Neapel ausgenommen, keine fürstlichen oder päpstlichen Gründungen, sondern sie entstanden in Analogie zu den städtischen Korporationen als der Zusammenschluß der Lehrer und Studenten. Ihre organisatorische Ausgestaltung erfolgte im 13. Jahrhundert; ich werde später davon sprechen. Für das 12. Jahrhundert ist festzuhalten, daß es in Paris mehrere Schulen gab: Die Kathedralschule von Notre-Dame, die Schule auf dem Mont Ste-Geneviève auf dem linken Seineufer, ferner die Schule der Stiftsherren von St-Victor. Diese Vielzahl von Schulen machte in den ersten Jahrzehnten des 12. Jahrhunderts Paris besonders attraktiv; hinzu kam die Anwesenheit bedeutender Lehrer in der Stadt: Wilhelm von Champeaux lehrte an der Kathedralschule, Abaelard, sein Gegenspieler, drüben im Quartier Latin. Die Schule von St-Victor, unweit gelegen, entwickelte ihre andere Eigenart. Dadurch wuchs die Zahl der Studenten und der Lehrer. Man schloß sich zusammen. Die »Universität« war nichts anderes als die Gesamtheit der Lehrenden und Lernenden.[2]

Auch die christliche Religion veränderte sich im 12. Jahrhundert auf charakteristische Weise: Die magischen und rituellen Elemente traten zurück gegenüber dem Interesse für die Menschheit des Erlösers. Ein neues Verhältnis zur Frau schuf sich in der Verehrung Marias einen öffentlichen Ausdruck, der auf die psychologische und soziale Realität zurückwirkte.[3] Der Wandel des Wertesystems drückte sich in einem neuen Konzept und in einer neuen sinnlichen Darstellung Gottes aus: Gott nicht als drohender Richter, sondern als Vater, als Lehrer, als »le beau Dieu«. Es ist die Zeit des Übergangs vom romanischen zum gotischen Stil.[4] Jesus und die Gestalten der Heiligen wurden nicht mehr primär als Repräsentanten einer geheimnisvollen hierarchischen Ordnung dargestellt; sie begannen ein »menschliches« Gefühl zu zeigen. Die Mutter des göttlichen Kindes trat, zunächst in Frankreich, zu ihm in eine gefühlsmäßige, in eine »moderne« Beziehung.

Die wachsende wirtschaftliche Produktivität und Mobilität ermöglichten nicht nur neue Aktivitäten, z. B. im Kirchenbau und im Bildungswesen; sie vergrößerten auch die sozialen Spannungen, selbst auf dem Land, wo die bisher wenig differenzierte Masse der Bauern sich in kleine Landbesitzer und Tagelöhner ausgliederte. Noch sichtbarer war der Gegensatz von reich und arm in den Städten – die Begriffe von »reich« und »arm« erhielten erst in diesem Zusammenhang ihre heutige, primär ökonomische Bedeutung; vorher bedeutete »reich« eher soviel wie »mächtig, mit Waffen ausgestattet, angesehen«. Da das religiöse Bewußtsein sich immer weniger mit bloßer Legalität, mit Reliquienwesen, Bestattung und Ritualen begnügte, wurde die Armut ein ethisch-religiöses Problem von großer Tragweite.[5] Als im zweiten Drittel des 12. Jahrhunderts durch die italienischen Handelsverbindungen mit dem Balkan ältere dualistische Motive in den Westen kamen, boten sie die Möglichkeit, eine Religion der Armen im Protest gegen den Reichtum der Kirche zu formulieren.[6] Das Ideal des »apostolischen Lebens« erhielt eine die feudalisierte Kirche sprengende Kraft, auch bei Gruppen wie den Waldensern oder den »Armen von Lyon«, die keine prinzipiell andere, auch keine manichäische Weltauffassung hatten wie die Katharer, die zwischen 1150 und 1250 zu den »Ketzern«

schlechthin wurden. Die westliche Kirche hat diese Herausforderung primär mit militärischer Gewalt, sekundär mit individueller Askese Einzelner beantwortet. Doch haben Autoren wie Alanus von Lille[7], Hugo von Amiens[8], Gerhoh von Reichersberg[9] und die *Summa contra haereticos*, die Praepositinus von Cremona zugeschrieben wird,[10] die Probleme, die das Katharertum aufwarf, theoretisch aufgegriffen. Auch wenn man Schriften verbrannte, statt sie zu widerlegen, blieben die Armut und das Böse als Probleme wach; sie stellten die überlieferte Kirchenordnung ebenso in Frage wie den Vorrang des kontemplativen Lebens, in dem die monastische Tradition mit der spätantiken Philosophie übereinkam. Sie beunruhigten und haben dadurch das religiöse Leben, die Poesie und das philosophisch-theologische Denken des Mittelalters gefördert.

Die sozial- und frömmigkeitsgeschichtlichen Umwälzungen seit der zweiten Hälfte des 11. Jahrhunderts veränderten auch die Sprache. Das Latein wurde flüssiger, schmiegsamer, der Ausdruck persönlicher. Sowohl Abaelard als auch sein Gegner Bernhard von Clairvaux bedienten sich der neuen Möglichkeiten: Ihr Latein war noch nicht »scholastisch« und nicht mehr hochstilisiert karolingisch. Es war frei fließend, und es war subjektiv, mehr der Ausdruck einer selbstbewußten Individualität als eines starren Regelsystems, zugleich der Ausdruck einer neuen Fähigkeit, sich in andere Menschen hineinzuversetzen, wodurch sich der biblische Begriff des »Nächsten« verwandelte.[11] Die Poesie der Zeit belegt diesen Wandel:

Salve, regina misericordiae,
vita, dulcedo et spes nostra, salve!
Ad te clamamus exsules filii Evae,
ad te suspiramus gementes et flentes
in hac lacrimarum valle.[12]

Sei gegrüßt, Königin des Erbarmens!
Unser Leben, unser Glück und unsre Hoffnung, sei
gegrüßt!
Zu dir rufen wir heimatlosen Kinder Evas,
Zu dir seufzen wir, stöhnen und weinen wir
in diesem Tal der Tränen.

Dieses Gedicht, um 1087 entstanden und bald liturgisch verwendet, verband das frühmittelalterliche Bewußtsein, im Elend zu sein, mit einer neuen Gefühlsintensität, die sich in einer noch immer überwiegend agrarisch und männlich-militärisch geprägten Welt zunächst am Marienkult festmachte, um bald dieses Jammertal ökonomisch zum Blühen zu bringen und es politisch wie rechtlich zu organisieren. Im Laufe des 12. Jahrhunderts entwickelte sich eine höfische und ritterliche Kultur; sie brachte weltliche Inhalte zu Wort. Wir finden sie beim Archipoeta, im höfischen Versroman von Chrétien de Troyes (um 1140 bis um 1190) oder bei diesem Gedicht der *Carmina Burana*:

Stetit puella

Stetit puella rufa tunica;
si quis eam tetigit
tunica crepuit.
eia!
Stetit puella tamquam rosula
facie splenduit
et os eius floruit.
eia![13]

Stand da ein Mädchen

Stand da ein Mädchen im roten Rock.
Faßte jemand sie an,
knisterte der Rock.
Eia!
Das Mädchen stand da wie eine kleine Rose.
Ihr Gesicht strahlte.
Ihr Mund blühte.
Eia!

Dies war keine beflissene Ovid-Nachahmung mehr. Dies war ein neuer, selbstbewußter Ton. Auch der Reim mit seinem sinnlich-einschmeichelnden Klang war neu. Ohne monastisch-moralistischen Beiklang spricht ein Mann einen Augenblickseindruck an: das Knistern eines weiblichen Rocks. Selbst wenn es sich nicht um individuelle Erfahrung handelte, ist der Verzicht auf eine metaphysische oder theologische Deutung bemerkenswert. Jacob Burckhardt sah darin einen Vorboten der Renaissance. Seitdem hat man von so vielen »Renaissancen« im Mittelalter gesprochen – karolingische Renaissance, ottonische Renaissance, Renaissance des 12. Jahrhunderts –, daß es sich empfiehlt, auf diesen Ausdruck zu verzichten und statt dessen die historischen Phänomene, z. B. die Veränderung der Latinität, zu analysieren.[14]

16 Die Kirche und die Ketzer

Die Kirche – das war im lateinischen Westen des 12. Jahrhunderts *die Gesellschaft*. Die Taufe bedeutete den Eintritt in die zivile Gemeinde; der Ausschluß aus der Kirche war der gesellschaftliche und meist der physische Tod. Gesellschaftliche Wandlungen des 12. Jahrhunderts waren fast immer auch kirchliche, und sie hatten Folgen für die von Klerikern gemachte Wissenschaft.

Der Bischof von Rom, seit dem 11. Jahrhundert auf dem Weg zur politischen Weltherrschaft, baute seine überregionale Macht weiter aus, wie bekannt, in regelmäßigen Konflikten mit dem Reich der Staufer. Der juridische Charakter der Kirche wurde weiterentwickelt. Das 12. Jahrhundert brachte den bedeutendsten Aufschwung in der Geschichte des kirchlichen Rechts und der Kanonistik. Man suchte Überblick und Vereinheitlichung auch hier; die Fülle historisch gewachsener Rechtsverhältnisse wurde gesichtet. Dies war vor allem das Verdienst des GRATIAN mit seinem *Decretum* (um 1150).[1] Man unterbewertet die geschichtliche Rolle des Gratian, wenn man von ihm sagt, er habe ein juristisches Buch verfaßt. Gratian hat die ethisch-rechtlichen Normen für die Lebensverhältnisse des lateinischen Westens bis zur Reformation geprägt. Er hat aus einer Vielzahl oft lokaler Rechtsregeln herausgefiltert, was eine Ehe und was eine Erbschaft ist. Während in Paris fast gleichzeitig – die *Sentenzen* des Petrus Lombardus stammen aus den Jahren 1155 bis 1157 – ermittelt wurde, was man glauben mußte, um in den Himmel zu kommen, bestimmte Gratian mit Sorgfalt und Gelehrsamkeit, wie das christliche Leben auf Erden auszusehen habe. Beide für den Westen grundlegenden Aktivitäten erfolgten zunächst ohne den Papst; aber die Päpste griffen diese Vereinheitlichung auf, und die Ausweitung des überregionalen Verkehrs und die Geldwirtschaft kamen der päpstlichen Zentralisierung entgegen. Doch während die Kirche ihren institutionellen Apparat ausbaute, wuchs auch der Protest gegen diese Entwicklung. Der Protest konnte im Rahmen der Orthodoxie bleiben, wie bei vielen Mönchen der neuen Richtung. Seit dem Ende des 11. Jahrhunderts war eine Reformbewegung in Gang, die sich von den Zentren der älteren Reformbewegung, den inzwischen reich gewordenen Klöstern wie Cluny, im Namen der Armut distanzierte. Es kam zu einer Reihe von neuen Ordensgründungen: Kartäuser 1084, Zisterzienser 1098, Prämonstratenser 1120. Diese Mönche trugen Gewänder aus »weißer«, d. h. ungefärbter Wolle; sie wollten arm sein, wie Jesus arm war. Das neue Interesse am irdischen Leben Jesu – gegenüber der früheren Stilisierung Christi als Pantokrator und Richter – veränderte auch die Vorstellung von der Art, wie man ihm nachzufolgen habe. Diese Bewegung sprengte bald die Grenzen der Orthodoxie. Das 12. Jahrhundert wurde ein Jahrhundert der Häresien.[2] Die intellektuelle Neuerungssucht vermehrte die Zahl der Ketzer und mehr noch der Häresieverdächtigen: Roscelin, Abaelard, Gilbert de la Porrée, Arnold von Brescia waren Häretiker oder wurden der Häresie verdächtigt.[3] Allein schon die neue Art, die Inhalte des christlichen Glaubens von der sprachlogischen Seite her anzugehen, schuf eine Reihe von Konflikten. Aber die Unruhe war nicht nur die der Intellektuellen. Dies bewies die weite Verbreitung der Katharer[4], die ähnlich wie die Manichäer eine Zwei-Prinzipien-Lehre vertraten. Sie sahen die katholische Kirche und das mit ihr so eng verbundene gesellschaftliche System als eine Verkörperung des Bösen. Sie zwangen die Kirche zu einem erheblichen argumentativen Aufwand: Sie mußte zeigen, daß es nicht zwei widerstreitende Weltprinzipien gab. Sie mußte die Konkordanz des Alten Testaments mit dem Neuen und ihre Zugehörigkeit zur Welt des Lichts beweisen. Herr geworden ist sie über diese gefährliche Bewegung nur mit Waffengewalt.

Die Militäraktionen gegen die Katharer waren nicht der einzige Waffengebrauch, den die Kirche gebot. Das 12. Jahrhundert war die Zeit der Kreuzzüge. Sie brachten Westeuropa mit der arabischen Zivilisation in Berührung, aber für die intellektuelle Berührung waren die Zonen ruhiger Vermischung in Nordspanien und Sizilien bedeutungsvoller. Die

Kreuzzüge sind nur die andere Seite der Bevölkerungsexplosion und des Expansionsdrangs des Westens. Das Wichtigste waren die zahlreichen Städtegründungen und die rasch aufeinander folgenden Ausweitungen der alten Städte; man studiere im Geschichtsatlas die Vergrößerungen der Stadtmauer in Köln oder in Florenz zwischen 1050 und 1350. Dabei machten die Stadtbürger die weltgeschichtlich wichtige Erfahrung selbständiger, nicht mehr von der Hierarchie betriebener Rechtssetzung. Hinzu kamen die Landgewinnung im Landesinnern und an den Küsten (Eindeichungen in Flandern), die Züge der Normannen nach England und nach Süditalien, die Ostkolonisation und die Slawenmission. Die Ausweitung des Fernhandels und die Kreuzzüge bildeten nur einen Aspekt dieser Dynamik. In diesem Rahmen stand auch die intellektuelle Entwicklung des Jahrhunderts.

17 Das neue Wissen

Neue Empirie, Öffnung zur arabischen Welt

England besaß um 1100 eine fortschrittlich organisierte Verwaltung, aber sein Bildungswesen war im Stadium der Klosterschulen stehengeblieben, während in Frankreich und im Reich die Kathedralschulen florierten. Vielleicht erklärt dies, daß es zunächst Engländer waren, die das neue Wissen des Jahrhunderts auf langen Reisen suchten.

Anselm von Canterbury lebte noch, als ein junger Engländer, Adelard von Bath († um 1150), sich auf den Weg machte, um die Schätze der Wissenschaft zu suchen. Er ging nicht nach Canterbury. Er ging nach Paris und von da nach Chartres. Aber auch dort hielt es ihn nicht, und er sagt selbst, warum nicht: Statt der »gallischen Sentenzen« wollte er die arabische Empirie kennenlernen. Zurückgekehrt, gab er in Gesprächsform einen Abriß des empirischen Wissens, das er kennengelernt hatte – von den Pflanzen über die biologischen Prozesse bei Tier und Mensch zu Sinnesphysiologie und zur Kosmologie, mit besonderem Interesse an hydrographischen und meteorologischen Problemen. Wichtiger war: Adelard verstand – schon zu Beginn des Jahrhunderts – Naturwissen als kausale Analyse; nur wenn gar keine natürliche Ursache zu finden sei, dürften wir ein Ereignis auf den Willen Gottes zurückführen. Eine bloß beschreibende, meist an Vokabeln und sichtbaren Einzelheiten orientierte Naturkenntnis gab es auch im frühen Mittelalter; es gab sie auch noch Jahrhunderte nach Adelard; von ihr zehrten Nachschlagewerke und Prediger noch in der Zeit der Frühdrucke. Aber Adelard hatte ein neues Konzept des Naturwissens. Er wußte, daß seine Anerkennung der arabischen Überlegenheit Widerstände auslöste und sprach dies auch offen aus. Er erzählte im Vorwort seines Traktats *De eodem et diverso* von den Vorwürfen, die sein Neffe ihm machte; dieser habe die Reiselust seines Onkels nur für eine Art von Leichtsinn und Unbeständigkeit gehalten. Adelard hatte aber die wissenschaftliche Unterlegenheit des Westens erkannt; er schuf die ersten fachwissenschaftlichen, rein empirischen Erörterungen; nur Mathematik und Astronomie waren – durch Gerbert – vor ihm ähnlich behandelt worden. Adelard brachte eine Reihe arabischer Bücher von der Reise mit; er arbeitete sich mehr und mehr ins Arabische ein und übersetzte einige arabische Werke.[1]

Einen ähnlichen Überdruß am Schulbetrieb des beginnenden 12. Jahrhunderts sprach Adelards jüngerer Landsmann Daniel von Morley aus. Auch er tadelte das reine Bücherwissen, verließ Paris, wo, wie er schrieb, »stumpfsinnige Typen mit schwerfälliger Autorität« die Lehrstühle besetzt hielten, und ging nach Toledo, das seit 1085 unter christlicher Verwaltung stand. Auch er vermittelte arabisches Naturwissen, vor allem Astronomie/Astrologie, und er ermahnte seine Leser, sich auf die Sache einzulassen und seine Lehre nicht abzulehnen, weil sie arabischen Ursprungs sei. Die lateinischen Lehrer seien den arabischen deutlich unterlegen. Daniel widerlegt ohne besonderen Respekt vor der päpstlichen Autorität die Einwände, die Gregor d. Gr. im Anschluß an Augustin gegen die Astrologie vorgebracht hatte.[2]

Autoren wie Adelard und Daniel zeigen, daß die Klerikalisierung des Christentums und die Monastizierung des Klerus, welche die zweite Hälfte des 11. Jahrhunderts charakterisierten, keine Chance hatten, das 12. Jahrhundert zu dominieren. Dazu war die geschichtliche Entwicklung zur Internationalisierung und Urbanisierung, die im 11. Jahrhundert begonnen hatte, zu konsequent weitergegangen.

Übersetzen

Genau seit dieser Zeit, seit dem letzten Drittel des 11. Jahrhunderts, seit Constantinus Africanus, hatte der Westen sein Interesse an der arabischen Wissenschaft ständig gesteigert. Begonnen hatte es mit Übersetzungen aus der arabischen Medizin; aber bald, noch in der ersten Hälfte des 12. Jahrhunderts, las man im Westen astronomisch-astrologische Traktate, die wiederum mit der Medizin und der allgemeinen Kosmologie zusammenhingen, vor allem das *Introductorium magnum* des Abu Ma'shar, das innerhalb weniger Jahre gleich zweimal übersetzt wurde, 1133 durch Johannes von Sevilla und 1140 durch Hermann von Carinthia. Man verfügte über astronomische Schriften des Thabit (Thebit) und über chemische Traktate des Razi; man besaß mathematische Traktate, aber auch Schriften zur Optik, zur Alchemie und Pharmakologie. Am Ende des Jahrhunderts konnte man im Westen die Werke der griechischen Meister des Wissens lateinisch lesen: Aristoteles für die Physik, Euklid für die Geometrie, Galen für die Medizin und Ptolomaeus für die Astronomie. Damit wurden nicht nur einzelne Wissensgebiete verändert beziehungsweise erstmals eingeführt. Es veränderte sich der Begriff des Wissens und die intellektuelle Orientierung überhaupt. Das Wissen wurde weltlicher; es verlor die erbauliche Abzweckung, oft auch jeden Bezug zur Heiligen Schrift. Diese Tendenz zur Autonomie der Wissenschaften hat die monastische Denkwelt, der Anselm verbunden geblieben war, definitiv gesprengt.

Dies führte zu heftigen Protesten. Aber die Proteste konnten die Aneignung des griechisch-arabischen Wissens nicht mehr aufhalten. Waren es zuerst medizinische und naturwissenschaftliche Schriften, die man übersetzte, so folgten etwa seit der Jahrhundertmitte die Texte der arabischen Philosophen.

Es gab Übersetzungen aus dem Griechischen und Übersetzungen aus dem Arabischen. Drei Zentren des Übersetzens und Aneignens zeichnen sich gegen 1140/60 ab: die Ärzte von Salerno, die Übersetzer von Toledo und die Umgebung des Kaisers Barbarossa. Die Untersuchungen von Peter Classen zur ›Hofkapelle‹ Barbarossas und die innovativen Forschungen von Loris Sturlese und von Thomas Ricklin haben auf die Intellektuellen hingewiesen, die im Auftrag Barbarossas in Byzanz verhandelt haben und mit der griechischen Wissenschaft vertraut wurden.[3] 1136 ist Iacobus Veneticus in Byzanz bezeugt; er hat um 1140 als erster die *Physik* des Aristoteles, für die in Byzanz schon länger lebhaftes Interesse bestand, aus dem Griechischen übersetzt. Die erste Benutzung der aristotelischen *Physik* findet sich bei einem Mann aus der Umgebung Barbarossas, bei Hugo von Honau (im Elsaß). Er gebrauchte die *Physik*, um den Begriff der Einheit zu erläutern, der für die spekulative Erörterung der Trinität wichtig war. Dieser Jacobus hat auch als erster die *Zweiten Analytiken* des Aristoteles aus dem Griechischen übersetzt, ebenfalls schon in den vierziger Jahren. Diese erste Übersetzungsschiene verdankt sich der Politik und dem wissenschaftlichen Mäzenatentum Barbarossas; sie verband Byzanz mit dem deutschen Sprachraum. Verbindungen zwischen deutschen Kaisern und Byzanz gab es längst; sie hatten schon in ottonischer Zeit kulturelle Folgen. Anselm von Havelberg berichtet von Debatten, die er 1136 in Byzanz führte, wo er mit einer Gesandtschaft Kaiser Lothars III. weilte.

Burgundio von Pisa übersetzte die philosophisch-naturkundliche Anthropologie des Nemesius von Emesa *Über die Natur des Menschen* (*De natura hominis*) für Barbarossa. In der Widmung bot er dem Kaiser weitere Übersetzungen an und erklärte ihm, was der Kaiser aus griechischen Büchern noch alles erfahren könne: »über den materiellen Bestand des Himmels, seine Gestalt und seine Bewegungen, über alles, was unterhalb des Himmels ist, über die Milchstraße, die Kometen und die Winde, über Blitz und Donner, über den Regenbogen, über Regen, Hagel und Tau, warum das Meer salzig ist und wie es kommt, daß das Meer, obwohl so viele Flüsse sich in es ergießen, weder ansteigt noch zu Süßwasser wird.« Dies ist ein wichtiges Zeugnis dafür, was ein Kenner byzantinischer Bibliotheken dort an Aufschluß zu finden hoffte bzw. dafür, wovon der Gelehrte annahm, daß es den Kaiser interessieren könnte.

Die beiden anderen Hauptverbindungen für Übersetzungen gingen von Salerno und von Toledo aus und wurden, scheint es, zuerst in Nordfrankreich rezipiert.

So wenig wie die Byzanzreisen des Jakob von Venedig und des Burgundio von Pisa entstand auch die Übersetzergruppe in Toledo aus der bloßen Neugierde von Gelehrten;

beide Aktivitäten entsprangen vielmehr einem politischen Willen: Toledo sollte Ausgangspunkt künftiger militärischer, politischer und intellektueller Expansion gegen den Islam werden. In Toledo treffen wir um 1145 Gerhard von Cremona. Die Liste seiner Übersetzungen umfaßt mehr als 70 Bücher; er übersetzte aus dem Arabischen das astronomische Handbuch des Ptolomaeus, den *Almagest*, und die *Physik* des Aristoteles. In Toledo, dessen Hauptaktivität etwa in die Jahre 1150 bis 1175 fällt, arbeiteten Avendauth und Dominicus Gundissalinus; sie übersetzten Avicennas enzyklopädisches Hauptwerk; Gerhard von Cremona übertrug Al-Farabi. Ein anderer wichtiger Übersetzer, aber auch ein Philosoph im eigenen Namen war Hermann von Carinthia, dessen Werk *De essentiis*[4] eine selbständige Kosmologie darstellt, die Thierry von Chartres gewidmet ist. Am Ende des Jahrhunderts lagen fast alle arabischen Philosophen in lateinischer Übersetzung vor, mit Ausnahme des Averroes, der erst gegen 1230 zugänglich wurde. Die Aneignung der griechisch-arabischen Philosophie wird uns im Abschnitt über das 13. Jahrhundert beschäftigen; aber jetzt ist schon deutlich: Sie gab dem Westen neue Fragen auf und verlangte ihm neue Antworten ab. Vor allem auf zwei Gebieten bot sie differenziertere Begriffe als der Westen: Sie hatte die Analyse des menschlichen Erkennens mit Hilfe des Aristoteles und seiner Kommentatoren weiter getrieben als die augustinische Tradition und dabei eine differenziertere Theorie des Intellekts und eine entsprechende Terminologie entwickelt. Sie besaß zweitens eine subtilere Ontologie. Die Begriffe des Seins und des Wesens, der Materie und der Form, des Notwendigen und des Zufälligen waren in ihr – fast möchte man sagen – scholastischer ausgebildet als im Westen zu Beginn des Jahrhunderts; die Übersetzer hatten ihre Mühe, den feinentwickelten terminologischen Apparat der arabischen Ontologie zu übertragen.

Sichtung der westlichen Traditionen: Platon – Cicero – Seneca

Man muß die Gleichzeitigkeit dieser Vorgänge sehen: Der Westen öffnete sich gegenüber der arabischen Welt, aber auch zu jüdischen Schriftstellern in arabischer Sprache wie Ibn Gabirol, dessen *Fons vitae* Dominicus Gundissalinus übertrug. Und genau in diesen Jahrzehnten eignete sich der lateinische Westen für seine neuen Interessen seine eigene Tradition neu an. Neben der Traditions*erweiterung* kam es zu einer Traditions*sichtung*. Texte, die längst vorhanden waren, entfalteten nun in einem anderen geschichtlichen Kontext eine neue Dynamik. Das beste Beispiel dafür bietet Platons *Timaios*. Dieser Spätdialog beschreibt die Weltentstehung als das Werk eines göttlichen Künstlers (Demiurg), der im Auftrag des höchsten Gottes die Materie nach den Mustern der Ideen formt. Er zeigt die sinnliche Welt als ein geordnetes und beseeltes Ganzes, das die Ideen abspiegelt. Platons Text bot den Versuch einer geometrischen Ableitung der körperlichen Elemente. Er lehrte Naturbetrachtung als Weg zu den ewigen Mustern und zur unsagbaren Gottheit. Platon wußte, daß er den Aufbau der Natur nicht durchschaute; er trug seine Sicht der Weltentstehung und des zahlenhaften Aufbaus der Dinge als eine bloß *wahrscheinliche* Erzählung vor, als einen Mythos; er rechtfertigte auf diese Weise philosophisch die Dichtung, die er sonst hart kritisierte. Alle diese Charakteristika machten den *Timaios* zu einem für das 12. Jahrhundert überaus wichtigen Buch; es vereinigte Ideenmetaphysik, geometrische Physik, Gotteserkenntnis aus der Natur und Theorie der Dichtung als Hülle (*integumentum*) der Wahrheit. Dieser Text war längst, wenn auch nicht ganz vollständig, ins Lateinische übersetzt. Seit dem Beginn des 5. Jahrhunderts gab es den Kommentar des Calcidius zum *Timaios*. Es war ein Teilkommentar (zu Abschnitt 31c–53c), aber von großer philosophischer Bedeutung: Er behandelte das Thema der göttlichen Providenz und der Erschaffung der Welt, die er als die Einführung der Formenvielfalt in die chaotische Materie (Hyle) beschrieb. Der Weltprozeß entfaltete sich bei Calcidius in hierarchischen Stufen: Er geht aus vom unsagbaren, obersten Gott. Dieser bedient sich der Providenz, welche die Gesetze des Weltaufbaus festsetzt; die dritte Instanz, der Intellekt, vermittelt an die Seelen und den Stoff. Als Helfer stehen dem Intellekt zur Verfügung: Natura, Fortuna und der Zufall. Sie prägen die sinnliche Welt, den *mundus sensibilis*, nach den Mustern der intelligiblen Welt, also nach den Ideen. Calcidius untersuchte den Begriff der Notwendigkeit und der Weltseele; er handelte vom Menschen, von seiner Seele und seinen Sinnen. Darüber hinaus teilte der Kommentator philosophische Theorien aus anderen Werken Platons mit, und er vermittelte wichtige stoische Grundbegriffe.

All das lag, wie gesagt, um 1100 längst vor, aber diese Ideen bekamen im Zusammenhang mit dem neuen säkularen Charakter des Wissens eine andere Funktion. Sie wurden Teil der kulturellen Expansion; sie veränderten Philosophie und Dichtung; sie boten die Grundlage für eine Höherbewertung der Poesie. Ähnliches gilt für die »klassischen« Bücher des Boethius, des Macrobius und des Martianus Capella. Bei der Aktualisierung der Tradition spielte ein spätantiker hermetischer Text eine produktive Rolle, der auf ein verlorenes griechisches Original zurückgeht, der *Asclepius*. Oft wurde er dem Apuleius zugeschrieben, einem Platoniker des 2. Jahrhunderts n. Chr., aber er gehört eher zu den Schriften des sog. Hermes Trismegistus aus dem 4. Jahrhundert. Auch er leitet an, die kosmische Ordnung als Vorbild menschlicher Lebensgestaltung und als Weg zur Erkenntnis der Gottheit zu sehen. Er beschreibt dieses oberste Prinzip als die Einheit des Männlichen und Weiblichen. Diese These korrigiert die traditionelle Selbstverständlichkeit, Gott als Mann und als Vater zu denken. Allerdings ist sie konsequent, denn für Asclepius sind Gott und das Universum eins. Freilich macht er Unterscheidungen zwischen Gott und der Materie; er spricht, in stoischer Tradition, von dem allesdurchwaltenden Pneuma, das alles beseelt. So ergab sich eine philosophisch-religiöse Kosmologie, die den christlichen Denkern des 12. Jahrhunderts einige korrigierende Auslegungen abverlangte. Aber das war eine Kunst, in der sie geübt waren. Sie sahen sich durch den *Asclepius* in ihrem Naturinteresse bestätigt. Wir besitzen von diesem Text insgesamt sechs Handschriften. Sie stammen alle aus dem 12. Jahrhundert.

Noch ein anderer alter Traditionsbestand wurde jetzt neu ausgewertet: die Schriften Ciceros und Senecas. Auch sie waren in den vorausliegenden Jahrhunderten vorhanden gewesen; aber jetzt wurden sie neu zum Sprechen gebracht. Cicero und Seneca wurden bevorzugte Autoren des 12. Jahrhunderts.[5] Sowohl die stoische Ethik wie die stoische Naturbetrachtung ließen sich aktualisieren. Hier fanden sich eine Ethik der rationalen Selbstgestaltung und eine bibelunabhängige Physik. Die stoische Ethik lernte man aus Ciceros *De officiis* und *De finibus* kennen, ebenso aus den Briefen des Seneca über Moral, *Epistulae ad Lucilium*. Diese Bücher enthielten eine nicht-monastische, sogar eine nichtchristliche Ethik. Wer sie wohlwollend las, konnte sich überzeugen, daß die Tugenden der Heiden nicht nur, wie Augustin gemeint hatte, glänzende Laster waren. Er konnte ihnen die Idee des Naturrechts entnehmen, das für alle Menschen, also auch für Juden und Sarazenen gleich sein sollte. Von da an konnte es »edle Heiden« geben. Konnten sie vielleicht gar in den Himmel kommen ohne Taufe? Abaelard zitierte in seinen *Collationes*, einem *Dialog zwischen einem Philosophen, einem Juden und einem Christen*, Ciceros Projekt des Naturrechts (*ius naturale*); er unterschied zwischen bleibendem Naturrecht und wandelbaren positiven Gesetzen, und er folgerte, Menschen könnten gerettet werden allein aufgrund des Naturrechts (*homines salvari posse sola naturali lege*). Dieses Konzept des Naturrechts, allerdings ohne seine freigeistige Konsequenz, wurde von Gratian ins kanonische Recht aufgenommen und findet sich auch bei Thomas von Aquino.

Auch die stoische Physik kam Interessen des 12. Jahrhunderts entgegen. Man entnahm sie Ciceros Buch *De natura deorum* und entdeckte neu Senecas *Naturales quaestiones*. Auch die Lehrberichte des Calcidius gaben geschätzte Informationen. Dabei ging es um einzelne Naturereignisse wie Donner und Blitz, Erdbeben und die Natur des Äthers. Aber den Rahmen bildete das Programm einer natürlichen Erkenntnis der Gottheit aus der Ordnung des Universums. Die monistischen und materialistischen Positionen der Stoiker brachten manche Auslegungsschwierigkeit, aber einige Forscher des 12. Jahrhunderts erneuerten die alte Auffassung von der Natur als eines kreativen, geistvollen Feuers und entwickelten Theorien über den Äther als den Wesenskern von Sonne und Sternen. Manche verzichteten sogar auf christliche Korrekturen der materialistischen und pantheistischen stoischen Physik. David von Dinant lehrte am Ende des Jahrhunderts, die Materie der Welt sei identisch mit Gott. David wurde 1210 verurteilt; von seinen *Heften* (*Quaternuli*) ist zu wenig erhalten, um mit Sicherheit seine Quellen zu bestimmen. Aber alles deutet auf die wiederentdeckte stoische Physik, die er Seneca oder auch Calcidius entnehmen konnte.[6]

18 Zwei neue Wege nach Anselms Tod

Als Anselm – 76jährig wie Augustin – 1109 in Canterbury starb, bedauerte er auf dem Sterbebett, daß er nun das Buch über die Unsterblichkeit nicht mehr schreiben werde, das er geplant hatte. Er hatte daran gearbeitet, das gesamte System der christlichen Lehre aus bloßer Vernunft zu entwickeln; aber vom Investiturstreit aufgerieben, durch ein zweifaches Exil behindert, war er nicht dazu gekommen, die von Augustin mit merkwürdigem Schwanken erörterte reine Geistigkeit der Seele mit seiner neuen Methode zu behandeln. Doch war die Zeit ohnehin schon über ihn, der keinen irgend adäquaten Schüler hatte, hinweggegangen. Wenn wir selbst einmal vom griechisch-arabischen Wissen und von dem Neuerer Abaelard absehen, gilt dies im doppelten Sinne.

1. Da war zunächst ein Mißverhältnis zu beseitigen: Das Werk Anselms war so schroff gegen die mächtige antidialektische Bewegung der zweiten Hälfte des 11. Jahrhunderts gerichtet und so wenig auf lebensweltliche Bedürfnisse – wie etwa die Bibelerklärung – zugeschnitten, daß die folgende Generation an seinem *sola-ratione*-Programm nicht festhalten konnte. Dies zeigt am deutlichsten die Schule von Laon. Anselm von Laon († 1117), bei dem bald Wilhelm von Champeaux und Abaelard studieren sollten, war noch in Bec Anselms Schüler gewesen. Aber er stellte wieder die Autorität neben die Vernunft als Beweisgrund – so wie Lanfrank es gewollt, Anselm aber zur dessen Enttäuschung verweigert hatte. Anselm von Laon verfaßte wieder – wie Lanfrank – Bibelkommentare. Diese literarische Gattung hatte aus inneren Gründen im Werk des Erzbischofs von Canterbury keinen Ort gehabt. Wenn in Laon dessen Erbe wirksam blieb, dann in der systematischen Anlage der Erörterungen und der Sentenzensammlungen. »Systematisch« heißt hier nur so viel, daß man die christliche Glaubenslehre

als ganze durcharbeitete, konkret: einem gleichförmigen Frage-Antwort-Schema unterwarf. Die Schule von Laon hatte Anteil an der Entwicklung der scholastischen Quaestio, aber dies verdankte sie eher den Disputationsregeln im achten Buch der aristotelischen *Topik* und den Verfahrensregeln der Rechtsschule von Bologna als dem Vorbild Anselms von Canterbury.[1] Jedenfalls entstand auf diesem Wege die neue, die »scholastische« Bibelauslegung, die sich von der monastischen, symbolischen oder allegorischen Lektüre unterschied, ohne daß sie deswegen, wie heute Irrationalisten nicht müde werden zu behaupten, weniger bibelnah oder weniger »fromm« wäre. Sie entsprach einem neuen intellektuellen Standard. Der ältere Auslegungsstil bestand neben ihr noch lange fort – in Frankreich bei Wilhelm von St-Thierry und bei Bernhard, am Rhein bei Rupert von Deutz und Hildegard von Bingen, bei Gerhoch von Reichersberg und Honorius Augustodunensis. Die ersten Jahrzehnte des 12. Jahrhunderts sind für die Geschichte des christlichen Denkens auch insofern entscheidend, als hier die folgenreiche Trennung von »monastischem« und »scholastischem« Denken eintrat. Heute gehört die Sympathie vieler Spezialisten den Anti-Rationalisten und Symbolisten. Aber die »monastische« Richtung bestand nicht nur aus Liebe zu den Wissenschaften und aus Sehnsucht nach Gott. Einer der besten Kenner dieser Zeit gibt davon ein konkreteres Bild:

»Häresieanklagen und Prozesse, Buchverbrennungen, Denunziationen, erzwungene Widerrufe, die Heranziehung der Apokalypse, um Gegner in Verruf zu bringen und sie auszuschalten, dies alles gehört ebenso zur ›Monastik‹ wie die ruhige, bedächtige Lektüre, die fromme Meditation und die Trauer über die Sünden der Welt.«[2]

2. Die Erweiterung des Naturinteresses und die Erneuerung des Traditionsbestandes waren der bestimmende Zug des Jahrhunderts; auch wer nach Anselms Tod in seiner

Richtung fortgehen wollte, mußte darauf Rücksicht nehmen. Er mußte eine Art Naturerklärung in sein Programm aufnehmen. Er mußte versuchen, die säkulare Neugierde zu befriedigen, etwa aus Augustins Genesiskommentaren oder aus dem *Periphyseon* des Johannes Eriugena. Einen solchen Weg, das Erbe Anselms zu verändern, belegt das *Elucidarium* des Honorius Augustodunensis († um 1137). Es wurde vermutlich vor 1108 geschrieben, fand im Mittelalter viele Leser und wurde auch ins Deutsche übersetzt. Man kann es lesen als das Werk eines philosophisch-theologischen Durchschnittsschriftstellers am Beginn des 12. Jahrhunderts. Wer dieser Honorius war, steht nicht fest. Vermutlich lebte er von etwa 1080 bis etwa 1137, war Mönch des Schottenklosters zu Regensburg und hatte möglicherweise vor 1097 als Mönch bei Anselm von Canterbury studiert.[3] War dies der Fall, so zeigt sein Text, wie schwer es war, Anselms philosophischen Konzeptionen zu folgen. Das *Elucidarium* gibt jedenfalls einen Einblick in ein weniger strenges Mönchsdenken um 1110. Es folgte dem Zug zur Systematisierung und stellte in drei Büchern zusammen, was den Menschen damals wichtig war: die Lehre von Gott (Buch I), von der Kirche (Buch II), von dem künftigen, jenseitigen Leben (Buch III).[4] Das Buch hat die Form eines Gesprächs zwischen Schüler und Lehrer, und die Schülerfragen deuten auch etwas an vom Problembewußtsein der Anselm-Schule. So beginnt die ziemlich abrupt von Punkt zu Punkt forthastende Erörterung mit der Frage: Was ist Gott? Man sagt, niemand wisse, was er sei. Aber ist es nicht absurd, daß wir anbeten sollen, was wir nicht kennen? Anwort des Lehrers: Soviel Menschen zu wissen gestattet ist, ist Gott eine geistige Substanz (*substantia spiritualis*) von so unschätzbarer Schönheit, daß die Engel, die siebenfach schöner sind als die Sonne, ihn immerdar anschauen wollen.[5] Die eher ästhetisch konzipierte Steigerung: Schönheit der Sonne, Schönheit der

Engel, Schönheit Gottes dient zur Überwindung der negativen Theologie. Gott ist der Lebenssinn des Menschen, weil er der Inhalt beglückender Anschauung ist. Seine kosmologische Funktion – etwa als Weltenordner – ist hier noch nicht berührt. Gott tritt auch nicht primär als Herr auf, sondern in augustinischer, wohl auch dionysischer Tradition als Schönheit und »unsägliche Süße« (*ineffabilis suavitas*), als Gegenbild also zu einer häßlichen, harten, bedrückten Welt, aus der man sich sehnend auf der Stufenfolge des Schönen – Sonne, Engel, Gott – herausbewegt. Honorius gebraucht von Gott den Substanzbegriff, den Augustin lieber zugunsten von »Wesen« (*essentia*) vermieden sehen wollte. Auch dies ein Rückschritt im Problembewußtsein.

Aber wir würden das *Elucidarium* falsch beurteilen, wollten wir es an Augustin messen. Es gehört der Mönchswelt des beginnenden 12. Jahrhunderts an. Doch versucht dieser Text immerhin, die Transzendenz Gottes mit philosophischen Formeln zu sichern: Wenn gefragt wird, wo Gott wohne, lautet die Antwort: Gott ist überall. Aber wohnt er nicht im Himmel? Doch – und wieder springt der Substanzbegriff ein: Gott ist überall der Macht nach (*potentialiter*), im Himmel aber ist er seinem Wesen nach (*substantialiter*).[6] Die zeitgenössische Sozialvorstellung der Lehnspyramide klingt an, wenn Gott mit den Menschen nur mit Hilfe der Engel verkehrt.[7] Gott ist ein König, der sich zuerst seinen Palast, den Himmel, baute, danach den Kerker, die sichtbare Welt mit der Unterwelt. Für diesen Palast hat der Himmelskönig eine genau bestimmte Anzahl ausgewählter Ritter vorbestimmt. Diese Zahl soll sich aus Engeln und Menschen zusammensetzen.[8] Der Teufel, einst der glänzendste Engel, ist aus dem Palast hinausgeworfen und in den Kerker verbannt worden, nachdem er nicht einmal eine Stunde lang im Himmel war.[9] Doch der Mensch wurde geschaffen, um die durch den Engelssturz verminderte Zahl der Palastbewohner wieder aufzufüllen. Der Mensch ist ein Mikrokosmos, denn er vereinigt in sich alle Elemente. Von der Erde hat er sein Fleisch, vom Wasser sein Blut, aus der Luft seinen Atem, aus dem Feuer die Wärme – eine Reminiszenz an Cicero.[10] Sein Haupt ist rund wie die Himmelssphäre. Er gleicht ihr auch darin, daß im Haupt zwei Augen leuchten wie Sonne und Mond am Himmel. Wie das Haupt der Himmelssphäre, gleicht die Brust, die atmet, der Luft. Sein Bauch ähnelt dem Meer, das alle Ströme aufnimmt. Die Füße tragen – wie die Erde – alles Gewicht.[11] Ein solches Mikrokosmosmotiv fehlte bei Anselm. Er suchte nach Vernunftnotwendigkeit, nicht nach Fakten, während Honorius dem neuen Naturinteresse entgegenkam und sich zugute hielt, daß er vieles sehr genau wußte. Er weiß, wo Adam erschaffen wurde, nämlich in Hebron,[12] er erzählt Details aus dem Leben im Paradies – die Zeugung war ohne sinnliche Lust, die Geburt ohne Schmerzen,[13] die Kinder konnten sofort nach der Geburt sprechen und laufen; die Menschen wären im idealen Alter von 30 Jahren in den Himmel aufgenommen worden.[14] So aber sündigten sie, und sie verfielen der Konkupiszenz – die ganze Verwirrung entstand in dem Glied, von dem die Fortpflanzung abhing (*in illo membro exorta est confusio, unde humana procedit propago*). Warum gerade da? Damit die Menschen wüßten, daß sie alle die Erbsünde haben.[15] Die Paradiesherrlichkeit war kurz; mit seiner merkwürdigen Vorliebe für exakte Angaben lehrt Honorius, sie habe sieben Stunden gedauert.[16] Wir erfahren Adams Stundenplan: In der dritten Stunde gab er den Tieren ihre Namen, in der sechsten Stunde, offenbar beim Mittagsschlaf, wurde Eva geschaffen, und dann dauerte das Glück nur noch eine Stunde.

Unter Verwendung anselmianischer Motive betont Honorius die Schwere der Schuld Adams.[17] Seitdem ist es gerecht, daß die Menschheit, die Gott als gültigen Vater zu haben verschmähte, in ihm ihren Herrn hat, dessen gezielte

Qualen sie spürt wie ein rebellischer Knecht.[18] Dann beschreibt Honorius den Erlösungsplan, wieder im Anschluß an Anselm, aber mit Ausmalung der symbolischen Bedeutung des Lebens Jesu. Detailfreude, dreistes Behaupten und immer wieder Zweckmäßigkeitsüberlegungen führen die Feder. Honorius wußte, daß Christus als neugeborenes Kind bereits allwissend war, daß er neun Monate im Schoß seiner Mutter war, nur um zu zeigen, daß er die Menschen zurückführen werde zu den neun Chören der Engel[19] – also wieder eine nichtkausale, teleologische, symbolische Erklärung. Warum drei Magier? Wegen der drei Erdteile Asien, Afrika, Europa. Die Ethik des Honorius war die streng monastische: Am Ende ihres Lebens werden die Mönche gerettet, die ihre Gelübde erfüllt haben. Honorius weiß Genaueres: Ritter werden so gut wie keine gerettet; sie leben vom Raub.[20] Gerettet werden viele Bauern, denn sie leben einfach und ernähren mit ihrem Fleiß das Volk.[21] Die Detailsucht des Honorius treibt bei der Ausmalung der künftigen Herrlichkeit merkwürdige Blüten: Er erörtert, was nach der Auferstehung mit abgeschnittenen Haaren und Nägeln geschieht.[22] Er gibt die Stunde an, wann das Jüngste Gericht statthat.[23] Honorius malt Höllenvisionen; er weiß, wie die Körper der Verdammten dort hängen: die Köpfe nach unten, Rücken an Rücken.[24] Man mag versucht sein, die Naivitäten des *Elucidarium* zu belächeln. Es gab vor und nach Honorius Denker, die kritischer dachten. Honorius wirkt ihnen gegenüber durchschnittlicher »mittelalterlich«; er zeigte kindliche Neugierde und fand eine symbolische Erklärung einleuchtender als eine logische oder kausale. Gleichzeitig verfehlte Honorius die eigentümliche Logik »symbolischer« Erläuterungen, weil er sie so lange preßte, bis etwas Quasi-Faktisches herauskam. Eine religionsphilosophische Gesamtkonzeption, eine Theorie des symbolischen Sprechens hatte er nicht; er vermißte sie auch nicht. Eine solche hat er gekannt, hatte er doch mit seiner *Clavis physicae* eine Kurzfassung von Johannes Eriugenas *De divisione naturae* vorgelegt. Einige Motive Eriugenas hat Honorius aufgenommen, seine spekulativen Gewagtheiten aber nicht geteilt. Dadurch hat er sich eine Verurteilung gespart und blieb für niedere Bildungsschichten das ganze Mittelalter über ein beliebter Autor. Noch unter den Frühdrucken begegnet man ihm häufig, lateinisch und deutsch. So verabschiede ich mich denn von Honorius mit einem Lob: Dieser monastische Symbolist hatte zumindest von den Rittern ein realistischeres Bild als manch gerühmter Germanist; er idealisierte sie nicht, sondern steckte die Herren allesamt in die Hölle.

19 Selbstbewußtsein in Wissen und Handeln

Werfen wir nun, aus der – vermutlich bayerischen – Provinz kommend, einen Blick auf die kulturelle Situation der Ile de France, so finden wir dort die weitertreibenden Bewegungen der Zeit. Dort löste sich das Wissenschaftskonzept ab von der monastischen Meditation und von den engeren Ausbildungsmöglichkeiten einer Diözese mit einer einzigen Kathedralschule. Eine ungewohnte Mannigfaltigkeit der Ansichten entfaltete sich; noch im 12. Jahrhundert hören wir Klagen über das Chaos der Meinungen. Für Jahrzehnte blieb die Frage offen, wie die neue Wissenschaft sich verstand: Sollte sie sich der Erforschung des Makrokosmos widmen, um dann den Menschen als Mikrokosmos zu denken? Oder sollte sie nach kurzer Erfahrung der Vergänglichkeit der Außenwelt wieder ins Innere der Seele zurückkehren, wo, Augustin zufolge, allein die Wahrheit wohnt? Sollte sie die Erfahrung der immer zahlreicheren und effizienter agierenden Stadtbürger aufarbeiten und vertiefen, z.B. ihre

Erfahrungen als Handwerker, ihre Fertigkeiten in der Mechanik, aber auch ihre neuen Erfahrungen in der Administration der Kommunen? Oder sollte sie eine vom aufstrebenden Bürgertum losgelöste Wissenschaft treiben und eine Art Autonomie neben Adel, Kirche und Kommunen anstreben? Man weiß, daß die endgültige Entscheidung im Sinne des zweiten Teils der Alternative fiel. Aber dies war um 1150 noch nicht abzusehen. Alte Theoreme über die Würde des Menschen und die zentrale Bedeutung der Selbsterkenntnis erhielten jetzt eine neue Funktion; sie artikulierten den Anspruch einer Intellektuellengeneration, nichts dürfe dem Urteilsspruch der Vernunft entzogen werden; sie fundierten das Recht der Universitätsmitglieder auf intellektuelle Selbständigkeit und legitimierten die aktive Weltlichkeit der Bürgerstädte in Italien und Westeuropa. Sie drückten das Selbstbewußtsein von Menschen aus, die der Natur nicht mehr nur hilflos erschreckt oder religiös-kontemplativ gegenüberstanden. Die Gesellschaft hatte ihr Verhältnis zur Natur verändert: Jetzt gewann auch der Begriff der Natur an Konsistenz, etwa im Vergleich zum Denken Anselms von Canterbury.[1] Dies erreichte man mit Hilfe des platonischen *Timaios* und der Idealzahlenmetaphysik des Boethius und des jungen Augustin; Augustins Verbot der Neugierde (*curiositas*) sah sich immer häufiger respektvoll vorgetragenen Korrekturen ausgesetzt: Der Weltbezug des Wissens, der sowohl durch eine formalistische Konzeption des Systems der Freien Künste wie durch theologische Motive (Erbsünde) verkürzt worden war, stellte sich wieder her. Stimmen mehrten sich, die alles für erforschbar erklärten, dies theologisch-philosophisch begründeten und gegen eine ältere, monastische Mentalität durchsetzen wollten. Schon wurde formuliert, eine andere Weisheit als die Philosophie gebe es überhaupt nicht (*nullus igitur sapiens nisi phylosophus*).[2]

Dies war bei Thierry von Chartres nicht aggressiv gegen

die Theologie gesagt. Zumindest galt es nicht gegen die philosophische Theologie; Thierry verstand *philosophia* mit Boethius als die wahre Theologie. Aber es begannen die Konflikte, die das Programm eines kohärenten Vernunftgebrauchs in einer theologisch bestimmten Zivilisation auslösen mußte; die Angriffe Bernhards von Clairvaux gegen Abaelard und Gilbert von Poitiers richteten sich nicht nur gegen Einzelthesen, sondern gegen das, was Bernhard für den rationalistischen Grundzug seiner Zeit hielt. Abaelard wolle – so kritisierte Bernhard – für alles Gründe und Beweise und nehme damit dem Glauben sein Verdienst.[3] Abaelard bringe immer Neues vor, statt sich ans Bewährte zu halten. Er führe neue Wörter ein und gebe den alten Wörtern neue Bedeutungen: *Quis non horreat profanas novitates et vocum et sensuum?*[4]

Diese Hochbewertung des Neuen und die Infragestellung der Tradition entsprachen dem umfassenden Wandel, durch den es im Lauf des 12. Jahrhunderts zu einer neuen Konzeption der politisch-sozialen Welt kam.

Im 12. Jahrhundert nahm die Kritik an magischen Praktiken der Rechtspflege, vor allem am Gottesurteil, zu. Während 1080 Papst und Konzilien das Gottesurteil wie selbstverständlich praktizierten, wurde ihm zunehmend die Rechtspflege durch Beratung vorgezogen. 1215 verbot das Laterankonzil die Teilnahme von Klerikern an Gottesurteilen. Damit war eine Entwicklung abgeschlossen, die gemeinschaftliche menschliche Bemühung dem Wunderglauben vorzuziehen.[5] Dies setzte eine Veränderung der Wertkonzeption voraus, die auch in folgendem Wandel zum Ausdruck kam:

In der frühmittelalterlichen Welt war es üblich, daß Kinder von ihren Eltern dem Kloster bzw. seinem Patron dargebracht wurden, sogenannte *oblati*, die sich nie aufgrund eigener Wahl zum Mönchtum bekehrt hatten. Im 9. Jahrhundert erfuhr der Mönch Gottschalk, der ein solches Recht auf freie Wahl forderte, heftigen Widerstand; er kam in Haft. Im 12. Jahrhundert nun wurde eben dieses Recht auf eine eigene Wahl zur allgemeinen Überzeugung. Das Institut der *oblatio* verschwand.

Die monastisch geprägte Ethik hatte das Privateigentum als Sünde angesehen, ebenso den Handel und den Kriegsdienst. Anselm von Canterbury z. B. hielt Besitzlosigkeit bzw. Gemeinsamkeit von Besitz für eine von der Vernunft gebotene allgemeine Vorschrift, nicht für eine spezielle Kondition der Mönche. Das 12. Jahrhundert brachte nun eine moralische Anerkennung der tatsächlichen Verhältnisse, oder genauer: Der Kirchenrechtler Gratian schuf dafür die Grundlagen. So wurde das Privateigentum – mit charakteristischer Verspätung auch der Handel und der Krieg – ethisch legitimiert. Durch eine Reihe von Unterscheidungen korrigierte man in allen drei Punkten (Privateigentum, Handel, Krieg) die altchristliche Tradition. Ein anderes Selbstverständnis des Menschen und neue Wertmaßstäbe setzten sich somit durch. Nicht nur die Natur gewann im 12. Jahrhundert Konsistenz, sondern ebenso die Selbsteinschätzung menschlichen Wissens und menschlichen Handelns.

Damit war die Rezeption der aristotelischen Ethik im 13. Jahrhundert vorbereitet. Sie enthielt zwar neue Hindernisse für die ethische Anerkennung des Handels und des Geldwesens, aber sie hob das Privateigentum als Voraussetzung guten Lebens so ausdrücklich hervor, daß sie der spätmittelalterlichen Armutsbewegung Anlaß zur Polemik gab.

Die im 12. Jahrhundert erreichte Konsistenz des Denkens über Natur und Mensch wurde in einer Vielfalt von individuellen Ansätzen thematisiert. Solche finden sich bei Bernhard von Clairvaux ebenso wie bei Hugo von St-Victor, Gilbert von Poitiers und Johannes von Salisbury, Otto von Freising, den Ärzten von Salerno, den Juristen von Bologna, der Schar der Übersetzer aus dem Griechischen und Arabischen, wie Burgundio von Pisa und Gerhard von Cremona, bei Autobiographen wie Guibert von Nogent und Giraldus Cambrensis, der einer der witzigsten und genauesten Geschichtsschreiber des Jahrhunderts war. Man versündigt sich gegen die »Vielgestalt des 12. Jahrhunderts«[6], wenn man diesen Reichtum auf wenige Punkte einengt. Dennoch hebe ich zunächst einmal nur drei Namen hervor: Abaelard, Thierry von Chartres und Wilhelm von Conches. Als vereinfachende Formel für diese drei Großen unter den vielen Genies des Jahrhunderts schlage ich vor: Abaelard brachte die neuen Impulse und Wertungen auf den Gebieten der Logik, der Ethik, der wissenschaftlichen Methodenlehre und der Religionsphilosophie zur Geltung; Abaelard war an Physik wenig interessiert, hingegen entwickelten Thierry von Chartres und Wilhelm von Conches erstmals eine immanent philosophische Naturerklärung. Doch muß man hier ein wenig ins Detail gehen.

20 Abaelard

Abaelard mit und ohne Heloïse

Sieht man auf die philosophische Substanz, so war Petrus Abaelard († 1142) einer der bedeutendsten Denker des Mittelalters.[1] In historischer Hinsicht ist er eine Schlüsselfigur des 12. Jahrhunderts. Nicht, daß er allerseits anerkannt gewesen wäre; er suchte den Streit, und er fand ihn. Aber an ihm traten die Widersprüche seines Jahrhunderts zutage. Zwei Konzilien haben ihn verurteilt; Bernhard von Clairvaux und Wilhelm von St-Thierry haben ihn heftig angegriffen, aber Arnold von Brescia, Otto von Freising und Johannes von Salisbury verehrten ihn als ihren Lehrer. Zu seinen

Schülern zählten Bischöfe und ein Papst (Coelestin III.). Der Abt von Cluny, Petrus Venerabilis, rühmte ihn als »den Sokrates Frankreichs, den Platon des Westens, unseren Aristoteles«. In solchen Lobsprüchen kam, ebenso wie in der Polemik, die Erfahrung zum Ausdruck, welche Divergenzen die Gesellschaft des beginnenden 12. Jahrhunderts bereits entwickelt hatte. An der Person und am Werk Abaelards zeigten sich die Kontraste. Diese außerordentliche Rolle hat manche Historiker verführt, Abaelard einseitig als revolutionäres Genie zu deuten und ihn von den Rahmenbedingungen seines Jahrhunderts loszulösen. Er, der Adlige, faßte seine Diskussionen als ritterliches Turnier auf und gehörte doch in die Zeit allmählicher Ablösung der agrarisch-feudalen Welt durch eine städtische Zivilisation. Er sprach und schrieb im Hinblick auf die intellektuelle Beweglichkeit, die Paris und andere städtische Zentren auszeichnete; er schürte die Unruhe ebenso wie er deren Sprachrohr war. Er gab dem Begriff der Wissenschaft eine neue Strenge und Lebensnähe. Er brachte das individuelle Selbstbewußtsein zur Sprache, das die realgeschichtliche Entwicklung ermöglicht hatte. Die traditionelle Kulturlandschaft, noch wesentlich vom augustinischen und vom monastischen Konzept einer meditativen Wissenschaft bestimmt, zeigte nun Divergenzen, auch Brüche, die vor Abaelard niemand bemerkt hatte. Eine neue Konzeption des Wissens brach sich Bahn. Er verstand Wissen als Kritik und Diskussion, nicht mehr als die Mitteilung einer feststehenden Weltauslegung durch den durch Wahrheitsbesitz privilegierten Klerus; er bezog sich auf vorhandene Fragelust und stimulierte neue Infragestellungen. Insofern war es kein Zufall, daß die Auseinandersetzung um Abaelard ein öffentliches, ein soziales Faktum wurde. Bernhard glaubte, gegen ihn das Christentum und die Wertetafel des frühmittelalterlichen Lebens verteidigen zu müssen. Daß Abaelard die Wahrheit als etwas ansah, was noch gesucht werden mußte, daß er das Neue hochschätzte, daß ihm das Alte nicht schon das Bessere und das Wahrere war, schon dies beunruhigte eine traditionsorientierte Gesellschaft, die in ihrer Mitte die Städte als Unruheherde sich entwickeln sah und die ihre großen Taten, von den Kreuzzügen über die Universitätsgründungen zu den Kathedralbauten, ohne die Städte und ohne deren Geldwirtschaft niemals hätte realisieren können. Abaelard knüpfte an eine neue soziale Kraft und an eine neue Mentalität an, nicht um das Christentum zu umgehen oder zugunsten der Logik aus dem Bewußtsein zu drängen, sondern um das Christentum mit einem zugespitzten und dynamisierten Wissenskonzept und einem neuen Wertesystem in innere Übereinstimmung zu bringen.

So hatte Abaelards Denken Bedeutung für die gesamte mittelalterliche Welt, nicht nur für die entstehende Universität und die sich von der monastischen Meditation ablösende Theologie. Paris, das schon vor ihm bedeutende Schulen besaß, wurde nicht zuletzt durch Abaelards Lehrtätigkeit zum Zentrum der philosophischen und theologischen Studien. Gerade der für Paris so charakteristische Denkstil, die Verbindung von Logik und Theologie mit Vernachlässigung der Sprachstudien und der Naturforschung, lebte vom Erbe Abaelards. Sein Interesse, widerstreitende Autoritäten gegeneinanderzustellen und dann einen rationalen Ausgleich zwischen ihnen herzustellen, wurde grundlegend für die »scholastische Methode«. So war Abaelard eine säkulare Figur. Er wurde angefeindet und verehrt. Seine Gegner sprachen davon, seine Bücher hätten sich ausgebreitet über die Meere und die Alpen – eine Anspielung auf englische und italienische Schüler. Aber wurde Abaelard im 12. Jahrhundert viel gelesen? Nach der Zahl der Handschriften zu urteilen, sind Zweifel daran gestattet. Jedenfalls wurde der naiv-harmonisierende Honorius Augustodunensis mehr gelesen als der umstrittene Abaelard.[2] Doch hatte Abaelard nicht nur das geschriebene Wort, um auf sein Jahrhundert einzuwirken; sein Einfluß über seine Schüler war bald größer als seine direkte Wirkung. Abaelards philosophische Bedeutung wird nicht dadurch geringer, daß seine Zeitgenossen ihn offenbar selten gründlich studiert haben. Ich sehe seine Leistung auch nicht darin, daß er ewige Wahrheiten erfaßt und uns in deren Besitz gebracht hätte, sondern in der begrifflichen Artikulation eines neuen Selbstverständnisses, einer neuen Welt- und Wertkonzeption, die er zu einer Neudeutung des Christentums fortentwickelt hat.

Wenn Abaelard der Verfasser der *Historia calamitatum mearum* und der Briefe an Heloïse war, hat er seine philosophischen Innovationen mit seiner Person verknüpft. Daß sein neues Bewußtsein von der Würde des Menschen und seine Entdeckung der Individualität auch das autobiographische Interesse stimulieren mußten, das seit der zweiten Hälfte des 11. Jahrhunderts ohnehin reger geworden war, mag seine innere Richtigkeit haben. Doch sind in den siebziger Jahren die Zweifel an Abaelards Verfasserschaft, die Gilson mehr mit souveräner Rhetorik als mit philologischer Erudition zurückgedrängt hatte, wieder stärker geworden. Die älteste Handschrift der *Historia* stammt aus den letzten Jahrzehnten des 13. Jahrhunderts; sie ist also etwa 150 Jahre jünger als die berichteten Ereignisse. Diese »autobiographischen« Texte zeigen inhaltliche Abweichungen: Die *Historia* erzählt, Abaelard habe mit Heloïse das Kloster zum Parakleten eingerichtet, doch im ersten Brief beklagt Heloïse sich darüber, daß sie ihren Gatten seit dem Beginn ihres Klosterlebens nicht mehr gesehen habe. Die Verteidigung der Echtheit durch Gilson beruhte nicht etwa auf dem Nachweis, die stilistischen Eigenheiten der *Historia* entsprächen denen der unzweifelhaft authentischen Texte Abaelards. John F. Benton hat eine sorgfältige Analyse der Textgruppe (*Historia* und Briefe) vorgelegt, in der er unterschied zwischen einer authentischen Vorlage Abaelards, einer umformenden Redaktion des 12. Jahrhunderts und Zusätzen des 13. Jahrhunderts.[3] Dies ist, wie Benton selbst sah, ein kompliziertes Gebäude neuer Hypothesen. Benton selbst hat seine Ansicht 1979 weitgehend korrigiert.[4] Neuere Untersuchungen zum Stil und zur Überlieferungsgeschichte des Textes haben den Schock gemildert, den Benton ausgelöst hatte.[5] Solange die dadurch angeregte Diskussion nicht entschieden ist, empfiehlt es sich, Abaelard vorerst ohne Heloïse zu nehmen und sein philosophisches Werk ohne Zuhilfenahme des Briefwechsels zu interpretieren.[6]

Eine Abaelard-Darstellung verliert dadurch an poetischem Zauber. Sie muß auch auf einige Polemiken gegen Abaelards Vorgänger verzichten, die der Geschichte seiner Lehrentwicklung in der *Historia* Würze gaben. Auf die Dauer kann das historische Problem Abaelard – Heloïse nicht ausgeklammert bleiben; dafür ist es sozial- und kulturgeschichtlich zu wichtig. Aber fürs erste gewinnt eine philosophie-historische Darstellung auch durch die Konzentration auf die philosophischen Texte. Sie verliert den Ballast psychologisierender Hypothesen. Und sie kann sich trösten mit neuen Einsichten in die ideologischen Prämissen einer Mittelalterforschung, die mehr als ein Jahrhundert lang die Zweifel zu unterdrücken verstand, die gegen die Authentizität der genannten Texte vorgebracht worden waren.[7]

Der Logiker – Die Universalien

Beginnen wir mit der Lektüre Abaelards ungefähr dort, wo er selbst seine Arbeit begonnen hat – bei seinen Erklärungen logischer Texte der Tradition. Abaelard hat seinen Ruhm wie seine Feindschaften gewonnen als Lehrer der Dialektik. Er glossierte seit etwa 1112–14, zunächst in enger Anlehnung an den Text, dann zunehmend mit größerer Freiheit, die wichtigsten Texte des Aristoteles, *Kategorien* und *Peri hermeneias*, sowie die *Isagoge* des Porphyrius (*Logica Ingredientibus* und *Logica Nostrorum*). Zeitlebens arbeitete er an der systematischen Darstellung seiner Logik, der *Dialectica*.

Die »Dialektik« war für Abaelard mehr als Hilfswissenschaft oder Propädeutik. Er sah in ihr ein Regelsystem, das über Wahrheit und Falschheit von Sätzen zu entscheiden gestattete. Abaelards Logik war keine rein formale. Sie umschloß auch realwissenschaftliche (ontologische) Probleme, z. B. die gesamte Kategorienlehre. Abaelard bedauerte, für diese Fragen nicht die *Physik* und die *Metaphysik* des Aristoteles konsultieren zu können, da sie noch keinen lateinischen Übersetzer gefunden hätten.[8]

Dies ist ein wichtiges Zeugnis dafür, daß die Aristoteles-Rezeption des 13. Jahrhunderts nicht die Ursache, sondern bereits die Folge eines entwickelteren Problembewußtseins war. Abaelard hat dieses Problembewußtsein anhand des schmalen Textbestandes entwickelt, der ihm zugänglich war. Er beklagte, nicht die Werke Platons zu besitzen, um die Vorwürfe des Aristoteles gegen die platonische Philosophie sachlich überprüfen zu können; sie kamen ihm verdächtig vor.[9] Die logische Untersuchung Abaelards mußte sich zu fundamental-philosophischer Forschung fortentwickeln, wenn er der aristotelischen Kategorienlehre und der Polemik gegen die Ideenlehre nachging. Dasselbe gilt für die Frage nach der Realität der Universalien; er selbst ordnete diese Untersuchung der Realwissenschaft (*physica*) zu.[10]

Man kennt Abaelards antirealistische Antwort: Die Universalien existieren nicht real. »Menschsein«, »Lebewesen« kann keine Realität sein, denn existierte die Bestimmung »Lebewesen« real, so müßte sie gleichzeitig vernunftbegabt und nicht-vernunftbegabt sein. Ein real existierendes Allgemeines bildet nach Abaelard einen Widerspruch in sich, denn es müßte widersprechende Attribute in sich tragen. Es war die Tradition der griechischen Philosophie, die das Denken in der Zuversicht gestärkt hatte, was in sich widersprüchlich sei, könne auch nicht in der Realität vorkommen. Abaelard erneuerte dieses Selbstzutrauen der Vernunft.

Es war durch die real- und kulturgeschichtliche Entwicklung wieder möglich geworden. Aber es war in einer prekären Situation, wie Petrus Damiani gezeigt hatte, für den Gott an unser Widerspruchsgesetz nicht gebunden ist. Anselm hatte das Vertrauen gestärkt, die Vernunft könne das Widersprüchliche als irreal ansehen, auch bei Gott. Kraft dieses Vertrauens setzte Abaelard Zweifel in die Realität des Allgemeinen zugunsten der einzig realen Individuen. Man nannte diese Position »nominalistisch«; um die Unterschiede zwischen Abaelard und dem Nominalismus des 14. Jahrhunderts nicht zu verwischen, erfand man eigens für Abaelards Theorie das Etikett »Konzeptualismus«. Diese Ausdrücke sollten klarstellen: Abaelard hielt ein real existierendes Allgemeines für einen Widerspruch. Insofern war er »Nominalist«: Was allgemein ist, sind nur die »Namen«. Die »Namen« sind Zeichen für die allein wirklichen Einzeldinge. Das Allgemeine ist kein Ding; es ist von uns hervorgebracht. Abaelard verminderte den objektivistischen Schein. Er zeigte, wie der Mensch in seiner Welterfahrung mitgestaltend tätig ist. Er dachte den Menschen nicht länger als rezeptiv, auch nicht nur als Bewunderer der göttlichen Werke. Er thematisierte den tätigen Anteil des Menschen an seiner Welt – insofern war er unzweifelhaft von einer gewissen »Modernität«. Andererseits unterschied er sich von radikalen Nominalisten dadurch, daß er den menschlichen Begriff (*conceptus*) der Dinge nicht als willkürlich gebildet ansah, sondern als Ergebnis einer Abstraktion aus den Einzeldingen. Diesen objektiven Anspruch allgemeiner Bezeichnungen wollte man mit dem neuzeitlichen Wort »Konzeptualismus« festhalten. Abaelard selbst unterschied zwischen Sache (*res*) und Wort (*vox*); er bestand gegen die Tradition des Universalienrealismus darauf, daß nur das Wort allgemeinen Charakter habe.

Sein unmittelbarer Gegner war Wilhelm von Champeaux († 1121). An ihm kritisierte er im einzelnen die Tendenz zur Verdinglichung. Aber er wollte auch nicht in den Nominalismus seines Lehrers Roscelin fallen: Das Allgemeine sollte nicht bloß, wie bei Roscelin, ein Wort sein. Um dies zu verdeutlichen, unterschied er in der *Logica Nostrorum* das Wort (*vox*) als Naturlaut, der immer auch individuell ist, von der Rede (*sermo*), die einen allgemeinen Gehalt hat.[11] Das Wort als Naturlaut kann nicht vom Menschen hervorgebracht werden; es gehört als solches zum Bestand der Schöpfung. Aber das Wort als Sinn verdankt sich menschlicher Einrichtung (*ex hominum institutione*), und es ist etwas Eigenes, auch wenn es keine sinnvolle Rede gibt, die nicht auch physischer Laut wäre. So erbrachte Abaelards Aufmerksamkeit auf den Anteil des Menschen an seiner Weltauslegung eine neue Theorie der Sprache, insbesondere vom Doppelcharakter des sprachlichen Zeichens. Auch die intramentale Seite des Sprechens untersuchte Abaelard genauer; hier wollte er unterschieden wissen zwischen der psychischen Bewegung des Erkenntnisaktes und dessen semantischem Gehalt. Dadurch sollten die radikalen Konsequenzen eines psychologischen Nominalismus vermieden werden.

Abaelard war auch aus anderen Gründen weit von einer solchen Position entfernt. Er bekämpfte zwar eindeutig den Universalienrealismus, gab aber zu verstehen, daß er zur platonischen Ideenlehre neige. Er rekonstruierte diese aus Andeutungen Priscians und aus dem platonischen *Timaios*[12], hinzu kam die Einwirkung des Macrobius.[13] Einerseits also interpretierte Abaelard die aristotelischen Texte eher nominalistisch (ohne zu leugnen, daß bei Aristoteles universalienrealistische Elemente stehengeblieben waren), andererseits neigte er zur platonischen Ideenlehre. Dies muß kein Widerspruch sein: Für uns sind Gattungen und Arten bloße Namen. Für die an die Sinne gebundene menschliche Erkenntnis gilt der »Nominalismus«. Aber wenn wir die semantischen und die kategorientheoretischen Fragen gelöst haben, können wir die menschliche Erkenntnis unterscheiden von der göttlichen, in der Gattungen und Arten ihren ewigen Ausgang nehmen. So beließ Abaelard den Universalien zuletzt doch, mit Platon, Priscian und Augustin, eine metaphysische Dignität. Sein primäres Interesse galt der logischen und der kategorialen Analyse. Aber er konnte die Ideenlehre, die er in der Logik sozusagen als Grenzbegriff stehengelassen hatte, für seine philosophische Theologie gebrauchen: Die Ideen, diese ewigen Vorbilder der Gattungen und Arten, waren ihm der Inhalt des göttlichen Geistes.

Philosophische Theologie

Abaelard war nicht nur Logiker. Er wollte philosophische Theologie treiben. Ich möchte dies am Beispiel seiner Trinitätslehre zeigen. Man hat ihm »Rationalismus« vorgeworfen, aber er war, was die Ansprüche der philosophischen Vernunft auf dem Feld der Glaubenslehre angeht, bescheidener als Anselm von Canterbury. Anselm wollte die Trinität beweisen, aus bloßer Vernunft, ohne Rücksicht auf Offenbarung und Schrift. Abaelard dagegen erklärte, er schmeichle sich nicht, schlechthin die Wahrheit zu lehren; er wolle nur etwas vorbringen, das der menschlichen Vernunft gemäß sei und der Bibel nicht widerspreche. Darin lag eine doppelte Polemik: Einmal sollte die menschliche Vernunft sich nicht rühmen können, den Glauben widerlegt zu haben. Dies ging wahrscheinlich gegen die Juden, die zu bekehren, sei's mit Argumenten, sei's mit Gewalt, im 12. Jahrhundert ein starker Impuls bestand; die christliche Gesellschaft sollte homogen sein. Ihnen gegenüber, vielleicht auch gegenüber Roscelins angeblichem Tritheismus, wollte Abaelard zeigen, daß die Trinitätslehre vernünftig sei. Andererseits war Abaelards Beweisziel begrenzt. Die Vorwürfe Bernhards, er räsoniere über alles und unterwerfe die Gottheit seiner Vernunft, trafen nicht das, was er wirklich tat. In seiner *Theologia christiana* unterbreitete Abaelard die »Zeugnisse der Philosophen« für die Trinität erst in einem zweiten Abschnitt; der erste Abschnitt war für die Propheten reserviert. Aber da es darum gehe, das Christentum mit Vernunftgründen gegen Leute zu verteidigen, die es mit philosophischen Argumenten angriffen, müsse man die Argumente der Philosophen berücksichtigen. Sie seien zur Erkenntnis Gottes gelangt; dies beweise auch ihre Weltverachtung und ihre Enthaltsamkeit.[14]

Abaelard berief sich auf die hermetische Tradition, um zu zeigen, wie tief die Philosophen in die Geheimnisse der Gottheit eingedrungen seien.[15] Daß Gott nicht nur gut ist, sondern »das Gute selbst«, daß er als weltbegründende Weisheit die Gesamtheit der Ideen produziert und daß er das Weltganze liebend bewegt – diese Grundzüge einer philosophischen Trinitätslehre fand Abaelard bei Hermes Trismegistos ebenso wie bei Augustin,[16] vor allem aber bei Platon,[17] dem größten aller Philosophen: Das »Gute selbst« stand für Gott Vater, die weltbegründende Weisheit für den Sohn, die Liebesbewegung für den Geist. Daß Abaelard dabei die platonische Lehre von der Weltseele auf die dritte Person der Gottheit bezog, trug ihm trotz aller Vorsicht scharfe Kritik ein.

Insgesamt suchte er eine Verlebendigung (Dynamisierung) des Gottesbegriffs. Die Ideenlehre sollte zeigen, daß im göttlichen Ursprung der Welt alle Dinge schon lebendig waren, bevor sie in ihre vereinzelte Existenz traten: »Alles, was geschaffen wurde, war in ihm Leben.«[18] Die Ideen waren ihm zugleich zahlenhafte Strukturen der Welt. Ähnlich wie die Autoren von Chartres sah Abaelard die quasi-geometrische Verfassung der Welt als Ausdruck der Güte Gottes. Abaelards Mathematico-Theologie fehlte nicht das Bewußtsein der Inadäquatheit menschlicher Rede gegenüber der Gottheit. Dies alles sind *Timaios*-Motive. Doch die Konservativen wie Bernhard und Willhelm von St-Thierry witterten Umsturz. Tatsächlich hat Abaelard das Verhältnis von Wissen und Glauben verändert, wenn auch nicht so, wie Bernhard behauptete. Abaelard hat gezeigt, wie eine zusammenhängende (um nicht zu sagen: systematische) Darstellung der christlichen Lehre aussehen könnte. Er sah die Auseinandersetzung mit jüdischen Intellektuellen als philosophische Herausforderung. Er setzte das christliche Selbstverständnis in Beziehung zur intellektuellen Selbständigkeit; als Vehikel diente die antike Philosophie, mit Mercurius (Hermes) und Platon vor Aristoteles.

Widersprüche der Tradition

Die neue Weltorientierung Abaelards war zu konkret, um die Traditionsbezüge des zeitgenössischen Wissens zu ignorieren. Anders als Anselm bezog Abaelard sich bewußt auf Bibelauslegung und Kirchenväterlektüre. Hier brachte er die Mannigfaltigkeit zu Bewußtsein, die sich unweigerlich einstellte, wenn man vom einzelnen Autor und seiner Aussageabsicht ausging. Die neue Aufmerksamkeit auf die Differenzen von Text und Aussageabsicht brachte Nuancen, Differenzen und Brüche zutage, die zwar harmonisiert werden sollten, deren Übereinstimmung Abaelard aber nicht mehr unterstellen wollte. Der Prolog zu *Sic et non* nennt einige Regeln, die sich aus der Berücksichtigung des subjektiven Faktors ergaben: Einzelne Ausdrücke konnten, je nach Aussageabsicht, in einem je verschiedenen Sinn gebraucht worden sein. Es war damit zu rechnen, daß Texte im Laufe der Zeit korrumpiert worden waren, daß die originale Textform also erst zu rekonstruieren war. Man mußte unterscheiden, ob der Text von einem Augenzeugen stammte oder ob er eine mittelbare Überlieferung enthielt. Man mußte sich zu einer Rangfolge entschließen, wenn nur Autoritätsbeweise möglich waren. Durch eine Fülle von Belegen zeigte Abaelard, daß die anerkannten Autoritäten sich widersprechen. Er schuf damit ein Bewußtsein von der Auslegungsbedürftigkeit der Tradition. Er ermutigte den Interpreten, die Widersprüche der klassischen Texte als solche festzuhalten. Erst dann konnte man in eigener Verantwortung eine rationale Auflösung der unleugbaren Traditionskonflikte beginnen. Der Ausleger der Tradition hörte in der Konzeption Abaelards auf, das letzte, das schwächste Glied der Überlieferungskette zu sein. Der Ausleger erkannte sich als unüberspringbar. Die Tradition verlor die blockhafte Starrheit. Ihre Würde bestand nicht mehr darin, gegenüber der Verschiedenheit und Mannigfaltigkeit ihrer Ausleger souverän abweisend zu sein. Sie erhielt selbst vielförmigen, menschlichen Charakter. Dabei wollte Abaelard die Bibel selbst nicht antasten. Er war weit entfernt von deren historisch-kritischer Relativierung. Er gedachte die Relativität der Auslegungen zu überwinden durch die Aufmerksamkeit auf ihre relativen Ausdrucksformen. Aber die Objektivität war jetzt als Aufgabe gedacht, nicht mehr als Besitz des die Wahrheit verwaltenden Klerus.[19] Abaelard sagte nichts gegen den Klerus, aber er wünschte sich den Klerus erleuchteter. Der Kleriker verwandelte sich, wenn er den Mut zu der Frage hatte, ob ein gegebener Text eine authentische Quelle darstellte oder ob der Autor etwa selbst eine bestimmte Absicht später aufgegeben hatte. Dann trat Mannigfaltigkeit in seinen Blick; die selbständige Auswahl der Autoritäten und die methodische Anwendung der Dialektik konnten dann einer selbstbewußter gewordenen Generation das alte Wahre sichern. Der Vernunftbegriff dieser Generation beanspruchte Allgemeingültigkeit. Auch mit herben Konsequenzen. So sind nach Abaelard Juden und Heiden nicht zu entschuldigen, wenn sie den dialektisch gereinigten christlichen Glauben verweigern.[20] Züge von Zwanghaftigkeit wies auch dieses Vernunftkonzept auf; von der Anerkennung freier Mannigfaltigkeit individueller Weltansichten war auch Abaelard, den man als Entdecker der Individualität gefeiert hat, um historische Welten entfernt.

Die neue Ethik

Man sollte Abaelard eher den Entdecker der unüberspringbaren Subjektivität nennen. Wie er die menschliche Aktivität bei der Einsetzung sprachlicher Bedeutungen und die Differenz von Interpretation und Text nachgewiesen hat, so thematisierte er auf dem Gebiet der Ethik die überragende Rolle der subjektiven Intention. Er stellte seine *Ethik* schon im Titel unter das sokratisch-christliche Leitmotiv »Erkenne Dich selbst!« In relativ »moderner« Einstellung suchte er nicht nach einer Tafel der objektiven Werte, sondern nach einem Kriterium der Moralität. Nicht das äußere Verhalten und nicht die psychische Disposition zählen in moralischer Hinsicht. Nicht die Lust oder der Wille sind gut oder böse, sondern allein der innere Akt der Zustimmung zu einem Begehren oder einem Wollen. Entgegen der frühmittelalterlichen Gewohnheit der Bußbücher, die auf die Intention des Handelnden nicht achteten, wertete er die äußere Handlung ab. Genauer: Er erklärte sie für wertneutral. Der faktische Vollzug vermehrt die Bosheit oder Gutheit einer inneren Entscheidung nicht. Damit öffnete Abaelard einen Innenraum der moralischen Reflexion, den viele heute geneigt sind, für allgemein christlich zu halten, der aber de facto in den biblischen Texten erst entdeckt worden ist, nachdem Abaelard der Ethik eine subjektive Wende gegeben hat. Auch hier sind ahistorische Modernisierungen sorgfältig zu vermeiden. Zwar war für Abaelard nur dasjenige Sünde, was gegen das Gewissen ist. Aber nicht alles, was irgend jemand guten Gewissens tut, ist deswegen schon als gut anerkannt. Abaelard dachte noch an eine objektive Wertordnung, so wie er die Autorität der Bibel den subjektiven Operationen des Interpreten vorordnete. Es kann nach Abaelard auch ein irrendes und sogar ein böses Gewissen geben. Das gute Gewissen geht konform mit dem göttlichen Gesetz. Von Subjektivismus kann bei Abaelards Entdeckung der Subjektivität also nicht die Rede sein.[21] Aber Abaelard hat mehr getan als einige traditionelle Motive der christlichen Gesinnungsethik klarzustellen. Er entmythologisierte – wenn man so sagen darf – den äußeren Akt. Er löste den Schein auf, als sei ethisches Handeln nur Konformität mit objektiven Regeln. Er zerstörte den einseitigen Objektivismus herkömmlicher Wertetafeln. Er hob hervor, daß die innere Zustimmung allemal in unserer Macht steht. Damit kritisierte er stillschweigend die Gnadentheorie des späten Augustin. Er verwies auf einen allgemein-menschlichen Ermöglichungsgrund sittlichen Handelns, der nicht von der Gunst äußerer Umstände, aber auch nicht vom positiven Gesetz der verschiedenen Religionen und der willkürlichen Vorbestimmung von seiten des begnadenden oder verwerfenden Gottes abhängt. Die Konkupiszenz, mit der Augustin gegen Pelagius argumentiert hatte, gehört nach Abaelard zu einer vor-moralischen Sphäre. Die Berufung auf die in ihr zutage tretende Erblast der Menschheit darf nicht die Selbstbestimmung des Willens zum Guten außer Kraft setzen. Dies war ein entscheidender Schritt in der Gewinnung eines ethisch-rationalen Selbstbewußtseins, das sich nicht als Folge einer religiösen Erfahrung, sondern als deren allgemein-menschliche Vorbedingung zu begreifen begann. Von da an konnte man den Gedanken fassen, die tatsächlich existierenden Religionen seien die kontingente Ausformung der humanen Sittlichkeit und Religiosität.

Philosophie der Religionen

Damit hat Abaelard das Koordinatensystem der vom späten Augustin geprägten Theologie des Frühmittelalters verschoben. Er hat, um das Mißverhältnis des spätaugustinischen Denkens zu dem gesteigerten menschlichen Wertbewußtsein seiner Zeit zu beseitigen, einen neuen Begriff der Erlösung geschaffen. Augustins Erlösungstheorie enthielt zwar, in theokratischer Verwandlung, den neuplatonischen Aufstieg der Seele zu den intelligiblen Weltgründen, aber sie verstand die Erlösung durch den Kreuzestod vorab als die Abgeltung der durch den Sündenfall wohlerworbenen Rechte des Teufels auf die Menschheit. Anselm von Canterbury hatte in *Cur Deus homo* den dieser Theorie zugrunde liegenden Dualismus verworfen. Er war der erste, der eine neue Theorie der Erlösung für erforderlich hielt. Im Einklang mit der feudalistischen Wertekonzeption verstand er die Erlösung als Genugtuung für die Ehre Gottes, die durch den Sündenfall beleidigt und durch den Kreuzestod wiederhergestellt sei. Abaelard kritisierte in seinem *Kommentar zum Römerbrief* diese Theorie. Er erklärte, es sei nicht einzusehen, wie Gott dadurch mit uns versöhnt werden könne, daß wir seinen Sohn umbringen. Er fand, Anselms Vorstellung einer

Satisfaktion Gottes gehöre nicht ins Christentum. Damit zog er Konsequenzen aus dem Verblassen der feudalen Wertewelt. Er deutete die christliche Erlösungslehre im Hinblick auf das, was dem neuen, dem »subjektiven« Zeitalter am verständlichsten war, auf die Erfahrung der Liebe. Damit schuf er eine neue Variante des christlichen Denkens. Sie sah Gottes Motiv für die Menschwerdung nicht in einer mythologischen Teufelsbesiegung, nicht in einem Ehrenhandel mit der Gottheit, sondern im Erweis seiner Liebe für die Menschen. Der Kreuzestod wurde Vorbild eines ethischrichtigen Lebens. Die Tötung eines Unschuldigen war nun nicht länger die Bedingung dafür, daß Gott sich uns zuwandte. Der Gott Abaelards sah sein eigenes Interesse darin, von den Menschen frei geliebt und von ihnen als von seinen Freunden, nicht seinen Knechten, verstanden zu werden. Abaelards moralphilosophische Soteriologie brach mit der archaischen Vorstellung, es sei Gott angemessen, durch ein Menschenopfer versöhnt zu werden. Seine Erlösungslehre setzte ein »modernes« Wertekonzept voraus: Lieben *und* Geliebtwerden als wesentlich für die Gottheit. Es ging ihm um Installierung des Bezugs auf die Menschheit in der Gottheit selbst, wie es Anselm intendiert, aber durch feudalistische Ehrvorstellungen verfehlt hatte. Abaelard hat sich damit in den folgenreichsten Deutungen des Christentums nicht durchgesetzt. Weder Thomas von Aquino noch Luther folgten ihm. Aber ganz übergehen konnten sie ihn auch nicht. Sie kontaminierten seine Ideen mit den Vorstellungen, die er hatte überwinden wollen.

Abaelards *Collationes*, auch *Dialog eines Philosophen, eines Juden und eines Christen* genannt, sind ein spätes Werk des verfolgten Denkers. Es diente der philosophischen Verständigung unter den Religionen, die zu Abaelards Zeit in zunehmenden realen Kontakt traten. Abaelard stellte seine philosophischen Forschungen in den Dienst dieses realen

Bedürfnisses. Es war seine Überzeugung, daß die göttliche Weisheit, die zweite Person der Trinität, auch die nichtchristlichen Denker inspiriert habe. Auf dieser Grundlage begann Abaelard eine Tradition irenischer Religionsphilosophie, die sich bei Raimundus Lullus und bei Cusanus in der Form des Dialogs der Vertreter verschiedener Religionen darstellte. Es war diese Tradition, die Lessing in voller Kenntnis der genannten historischen Filiation in seinem *Nathan* fortführte. Die trinitätsphilosophische Transformation der neuplatonischen Logoslehre, zusammen mit der Rezeption der stoischen Lehre vom Naturrecht, erlaubten es Abaelard, ein neues Konzept für das Verhältnis zu Islam und Judentum zu entwickeln, das der »natürlichen Religion«.

21 Chartres

»Die Schule von Chartres«

Im 12. Jahrhundert entwickelten sich mehrere intellektuelle Zentren nebeneinander: In Paris traten die Schulen des Mont Ste-Geneviève und von St-Victor neben die Kathedralschule. Es gab die Schule von Laon; es gab Bernhard, außerhalb aller Schulen. Und es gab Chartres.

Nachdem im Laufe des 13. Jahrhunderts der Aristotelismus gesiegt und gleichzeitig Paris seinen Vorrang als Studienzentrum durchgesetzt hatte, trat die SCHULE VON CHARTRES in den Schatten. Was als ihre Stärke erschienen war, die empirische Naturforschung, glaubte man mit Hilfe der aristotelischen Physik und Biologie besser realisieren zu können. Aber die Chartrenser hatten nicht schlechtweg Naturforschung, sondern eine mathematisierende Weltbetrachtung betrieben. Als im 15. Jahrhundert die Sterilität der aristotelisierenden Naturphilosophie sichtbar wurde, griff Nikolaus von Kues auf Texte aus Chartres zurück, weil auch er dachte, nur durch Mathematik lasse sich Gewißheit über die Natur erreichen. Er fand bei den Chartrensern noch mehr, vor allem eine Trinitätsphilosophie, die universalen, weltaufschließenden Charakter hatte. Sie ging davon aus, daß Einheit das Prinzip vernunftgemäßer Wirklichkeit ist und diese Einheit als Einheit dreier Momente in allen Strukturen auftritt. Die Überlegung war, verkürzt gesagt, folgende:

Wir können etwas nur denken, sofern es eine Einheit ist. Aber wenn diese Einheit ein reales Prinzip, also der Grund des Vielen sein soll, darf sie nicht die Vielheit außer sich, etwa neben sich, belassen. Sie muß so Einheit sein, daß sie mit allem auf das Präziseste gleich ist. Wenn die Einheit mit allem übereinkommt, ist sie selbst, eben dadurch, daß sie begründende Einheit ist, auch die Verbindung von Einheit und Vielheit. Die Einheit, die Grund (Prinzip) ist und das Begründete in sich enthält, ist daher mit Notwendigkeit zugleich Einheit, Gleichheit und Verbindung.

Cusanus griff diese Trinitätsphilosophie der Chartrenser auf, die sich von der Trinitätsspekulation Augustins und Anselms charakteristisch unterschied. Aber damit konnte er die Schule von Chartres nicht vor dem Vergessenwerden bewahren. Um 1850 wußte man noch nichts von ihr; erst der englische Historiker Poole (1884) und vor allem Abbé Clerval[1], Seminarprofessor in Chartres (1895), ließen sie, nicht ohne Lokalpatriotismus, wiederaufleben. Man identifizierte namensähnliche Personen (Bernardus Silvestris mit Bernhard von Chartres) und vermehrte so die Zahl der bedeutenden Forscher in Chartres; man stellte verwandtschaftliche Beziehungen zwischen ihnen her (man erklärte Thierry von Chartres für den Bruder Bernhards von Chartres). Wenn sich irgendein berühmter Gelehrter in Chartres nachweisen ließ, dann ging man davon aus, er habe dort auch gelehrt. Einzelne unbestreitbare Entdeckungen Clervals haben – vielleicht zusammen mit der optischen Präsenz der Kathedrale – so überzeugend gewirkt, daß Clervals Thesen Eingang in Handbücher und Lexika gefunden haben, während Southerns Kritik außerhalb des Kreises der Spezialisten bis heute zu wenig beachtet wird. Von dieser Kritik ist aber auszugehen, auch wenn sie in einigen Einzelheiten korrekturbedürftig ist und auch von R. W. Southern nach dem Einspruch von N. Häring und P. Dronke selbst korrigiert worden ist. Ich selbst stimme ihm nicht zu in der philosophie-historischen Einordnung von Thierry von Chartres. Darauf komme ich gleich zu sprechen. Doch zuvor ist zuzugeben: Einige der für Chartres reklamierten Denker, wie Bernardus Silvestris, hatten mit Chartres nichts zu tun. Andere, wie Thierry von Chartres († 1151) und Gilbert von Poitiers († 1154), haben wohl eher in Paris als in Chartres gelehrt. Ob Wilhelm von Conches († 1150) in Chartres gelehrt hat, ist unsicher. Ebenso unsicher ist, ob Johannes von Salisbury, der 1180 als Bischof von Chartres starb, dort studiert hatte.[2]

Heißt das, daß es die »Schule von Chartres« gar nicht gab? In einem gewissen Sinne: Ja. Freilich gab es in Chartres eine Schule, so wie es in Tours und Reims eine Schule gab. Diese Schule war eine Einrichtung zur Unterweisung in den *artes*. Sie erreichte unter Fulbert ihre erste Blüte; die überregionale Bedeutung dieser Schule ist für die erste Hälfte des 11. Jahrhunderts besser gesichert als für das 12. Jahrhundert; Berengar und vermutlich Lanfrank hatten dort studiert.

Ich finde es nicht sinnvoll, den Titel »Schule von Chartres« beizubehalten, sie aber nun nicht mehr lokal, sondern als geistesgeschichtliche Strömung zu charakterisieren, also nach einem Komplex von Theorien, Quellen und Präferenzen. »Chartres« ist nun einmal ein Städtename. Skepsis ist angebracht bei den von Clerval und in den Lexika genannten Namen, als hätten sie in Chartres und sogar vor allem oder ausschließlich in Chartres gelehrt; dies ist für jeden Autor gesondert zu untersuchen. Ich behandle daher Thierry von Chartres, Wilhelm von Conches und Bernardus Silvestris methodisch getrennt, beginnend mit Thierry. Dennoch: Auch wenn wir sie nicht mehr als »Schule von Chartres« benennen, zeigt eine Reihe von Autoren eine charakteristische philosophische Orientierung: Sie bilden eine lose, nicht lokalhistorisch zu definierende Gruppe, die sich z. B. von Abaelard, der es in der Mathematik und Naturforschung nicht weit gebracht hat, unterscheidet. Diese intellektuelle Tendenz gab es in Paris und in Chartres, und diese Tatsache ist wichtiger als der lokale Aspekt:

Es handelt sich um das letzte, gegen 1150 auslaufende Stadium einer Wissenschaft, die sich noch nicht mit Hilfe der aristotelischen Wissenschaftslehre zur Spezialwissenschaft konstituiert hatte; sie suchte die Verbindung von Theorie und Poesie. Sie suchte, bevor die ungeheure Masse griechisch-arabischer Materialien bekannt war, die Verbindung von Trivium und Quadrivium; insofern blieb sie beim lateinischen Erbe. Aber sie öffnete sich dem griechischen Mediziner Galen und der hermetischen Tradition.[3] Von »Humanismus« möchte ich bei ihr nicht sprechen; mit solchen Etiketten schiebt man die Jahrhunderte ineinander. Zweifellos zeigte sie sich großzügig im Umgang mit der antiken Mythologie, wie schon Boethius. Und historisch markant bleibt die Suche nach einer zusammenhängenden rationalen Konzeption

- Gottes als der Einheit, als der absoluten Notwendigkeit, als der reinen Aktualität,
- der Natur als der dynamischen Realisierung idealer Gehalte und idealzahlenhafter Strukturen,[4]
- der Würde des Menschen und des Vernunftgebrauchs.

Die Hauptautorität war Boethius, nicht nur wegen seiner Kommentare zum aristotelischen *Organon*, sondern mehr wegen seiner *Consolatio* und wegen seiner kleineren Traktate (*De trinitate, De hebdomadibus*) – mit seinem axiomatischen Verfahren und ihrer Formmetaphysik –, ferner wegen seiner mathematischen und musiktheoretischen Schriften. Man suchte über die lateinische Tradition hinauszukommen; aber was an Griechischem und Arabischem erreichbar war, sprengte noch nicht – wie im 13. Jahrhundert – das System der Sieben Künste; es ließ sich noch eben – nach dem Vorbild des *Timaios* – poetisch vortragen. Kurz darauf wurde die Wissenschaft prosaischer; die logischen Schriften des Abaelard und die Texte der Juristen von Bologna gaben davon einen Vorgeschmack.

Thierry von Chartres

Einblick in die intellektuelle Welt eines Autors, den man für die Schule von Chartres reklamiert hat, gibt das Werk des Thierry von Chartres († 1151). Während man seit Clerval (1895) recht Genaues über seine Verbindung mit Chartres zu wissen glaubte, steht nun nur noch soviel fest: Zu Anfang der vierziger Jahre wurde er »Kanzler« des Bischofs von Chartres. Ob er in Chartres gelehrt hat, ist nicht ganz sicher; jedenfalls treffen wir ihn als Lehrer auch in Paris. Dort hat ihn ein deutscher Aristokrat, der spätere Erzbischof Adalbert von Mainz, aufgesucht und seine Ehre darin gesehen, sich seinen Schüler nennen zu dürfen.[5]

Southern, der die »Legende von Chartres« erschüttert hat, schildert Thierry als einen ausgezeichneten, aber schon zu seinen Lebzeiten altmodischen Lehrer der Sieben Freien Künste. Richtig ist, daß Thierry die *artes* lehrte, nicht »Theologie«; aber bei näherem Zusehen zeigt er sich als origineller Denker. Zwar beschäftigte er sich auch damit, die wichtigsten Schultexte der sieben *artes* in einem riesigen Textbuch, dem *Heptateuchon*, zusammenzufassen. Doch schon der Prolog, den er dazu verfaßte, zeigt weite Perspektiven:

Seine Absicht sei es gewesen, das Trivium mit dem Quadrivium zu verbinden.[6] Die formallogische und die literarisch-rhetorische Ausbildung sollten mit der realwissenschaftlichen eine Einheit bilden. Johannes von Salisbury umschrieb dieses »chartrensische« Programm etwas später als »die angenehme und fruchtbringende Ehe der Vernunft mit dem Wort« (*dulcis et fructuosa coniugatio rationis et verbi; Metalogicon* I). Thierry verband diese Bildungsidee mit der Erwartung, aus der Ehe von mathematisch-naturwissenschaftlicher und logisch-literarischer Kultur werde ein *freies Geschlecht von Philosophen* hervorgehen.[7] Die Bildung sollte nicht nur zur Nachahmung der Alten dienen. Sie sollte ein »neues Geschlecht« heranbilden. »Neu« hat hier aufgehört, gleichbedeutend zu sein mit »schlecht«. Ein neues Vernunftvertrauen artikulierte sich gegen den Pessimismus der vorausgehenden Zeit: Der Mensch ist – mit Hilfe der *artes* – zur Weisheit fähig, und »Weisheit« umschrieb Thierry mit der anspruchsvollen boethianischen Formel als »vollständiges Erfassen der Wahrheit dessen, was ist«. Es ging ihm nicht primär um Rezeption der Antike, sondern um gegenwärtige Einsicht auf der Grundlage der sieben *artes*; die Tradition sollte dazu dienen, das Ganze der Welt mit der Vernunft zu erfassen. Dazu konnte die Tradition nicht reich genug dokumentiert sein; Thierry arbeitete daran, sie zugänglich zu machen. Er war im mittelalterlichen Westen der erste, der die vollständige aristotelische *Logik* benutzte, also insbesondere die *Zweiten Analytiken* kannte;[8] sein Schüler Johannes von Salisbury beschrieb als erster deren Inhalt genauer. Doch indem ich dies hervorhebe, scheine ich das Urteil Southerns über Thierry als eines gedanklich nicht originellen Autors, der nur für die Bildungsorganisation große Bedeutung hatte, zu bestätigen. Wir müssen in seine Werke sehen. Ich beschränke mich auf seine Erklärung der Schöpfungsgeschichte, *Tractatus de sex dierum operibus*.[9]

Das erste Kapitel der *Genesis* ist oft kommentiert worden. Schon in der christlichen Antike haben Ausleger versucht, die biblische Weltentstehungslehre mit den naturkundlichen Kenntnissen der Zeit zu verbinden. Thierry kannte diese Texte, als er mit seiner Erklärung des Sechstagewerks begann, vermutlich recht spät, etwa zwischen 1140 und 1150. Seine Naturkenntnisse reichten nicht weiter als die seiner Quellen: Platons *Timaios*, Ambrosius, Augustin, Macrobius, Calcidius und Beda. Dennoch war die Idee des Werkes neu. Sie entwickelte erstmals eine zusammenhängende Weltentstehungstheorie und hielt sich dabei – die Erschaffung der Elemente als einmal geschehen vorausgesetzt – an rein naturimmanente Erklärungen und ordnete ihnen in einem zweiten Gang die einzelnen Aussagen des ersten Kapitels der Bibel zu. Die Zeitgenossen beachteten diese Neuerung: So bewunderte ein Schüler Thierrys, daß dessen Werk ausschließlich naturkundliche Erklärungen zulasse (*juxta physicas tantum rationes*)[10]. Thierry hatte dies ausdrücklich als sein Programm erklärt: Moralische und allegorische Deutungen wolle er weglassen, denn deren gebe es bereits genug.[11]

Thierrys Auslegung beginnt mit einer philosophischen Ursachenlehre, oder besser: mit einer Theorie der Weisen des Grundlegens. Thierry integrierte den traditionellen philosophischen Dualismus von Stoff und Form in eine aus drei vereinigten Momenten sich entfaltende göttliche Allbegründung. Dies alles in losester Anknüpfung an den Bibeltext, der argumentativ überhaupt keine Rolle spielt. Die Bibel illustriert, verdeutlicht, verkündet für das Volk, was die philosophische Spekulation rein erfaßt.

Thierrys Theorie der Prinzipien war zugleich Naturforschung. Er versuchte, mit den empirischen Kenntnissen der Zeit – wie Wilhelm von Conches in seiner *Philosophia mundi* (um 1125) sie systematisiert hatte – die Entwicklung des Kosmos zu erklären: Außer der Erschaffung der vier Elemente sollte es keinen übernatürlichen Eingriff Gottes mehr geben. Im einzelnen dachte er das so: »Gott schuf Himmel und Erde«, das heiße: die vier Elemente. Aus deren natürlichen Eigenschaften erkläre sich die gesamte folgende Entwicklung:

Das leichteste Element, das Feuer, stieg nach oben. Es erleuchtete die Luft und alles andere. Seiner Natur nach ist es das schnellste Element; es erzeugte die Umdrehung der äußersten Himmelsschale, die nur eine Kreisbewegung sein konnte, und damit den Beginn des Naturprozesses: Das war der erste Tag. Dann erwärmte das Feuer Luft und Wasser. Infolgedessen stiegen Dämpfe auf, wie man an einem Topf mit kochendem Wasser beobachten könne; sie stiegen über die Luftsphäre hinaus und bildeten das »Firmament«: Das war der zweite Tag. »Firmament« heißt die Luft zwischen den oberen und den unteren Wassern. Es heißt »Firmament«, weil es »fest« (*firme*) das obere Wasser trägt.

Die von oben strömende Hitze verwandelte dann einen Teil des Wassers in Dampf. Dadurch wurde Wasser verbraucht, wie wiederum an jedem Topf mit kochendem Wasser zu beobachten ist: Land trat hervor. Dann konnte das Feuer auch allmählich das Land erwärmen und ermöglichte so pflanzliches Leben: dritter Tag. Merkwürdigerweise ließ Thierry die Sterne durch Verdichtung des Wassers entstehen; das ergab den vierten Tag. Nachdem es die Sterne gab, entstand durch ihre tägliche Drehung mit dem Firmament wiederum Wärme. Die Wärme nahm also zu, konnte nun auch das Wasser erwärmen; sie wurde Lebenswärme, *calor vitalis*, wie der stoische Ausdruck bei Thierry lautet. Daher entstanden die Fische: Das war der fünfte Tag. Die zunehmende Wärme erreichte zuletzt das schwerste Element, die Erde, in einem Maß, daß dort Tiere leben konnten. So entstanden – sechster Tag – die Landtiere, zu denen Thierry umstandslos den Menschen zählte (*in quorum numero homo ad imaginem et similitudinem Dei factus est*)[12].

Thierrys Verfahren ist – nach einem Eingangszugeständnis an die augustinisch geprägte Orthodoxie – von rücksichtsloser Konsequenz. Es läßt keine unerklärlichen Übergänge bestehen; er kennt keinerlei Rangstufe zwischen Anorganischem und Organischem oder zwischen Tier und Mensch, welche die einheitliche Ableitung der bestehenden Welt hindern könnte: Die Wärme, die einen bestimmten Intensitätsgrad erreicht hat, setzt die rotierende Himmelsbewegung mit naturhafter Notwendigkeit in Gang und wird aufgrund immanenter Steigerung zur Lebenswärme (*calor vitalis*). Sie weckt die in den Dingen schlummernden Möglichkeiten, ihre »Keimgründe« (*seminales causae*), und diese treiben die weitere Entwicklung bis zu ihrem immanenten Ende voran.[13]

Thierrys Werk wäre unmöglich ohne Platons *Timaios* und ohne die stoische Physik, die Thierry aus Cicero und Seneca entnahm. Der Text zeigt, wie er sein Programm verstand, Naturforschung mit Textauslegung zu verbinden. Wenn Thierry die Vereinigung von Sacheinsicht und hermeneutischer Bemühung forderte, weil Sacheinsicht (*intellectus*) und deren Auslegung (*interpretatio*) nur zusammen das ganze Feld der *artes* ausmachten, so ging es ihm um philosophische Wahrheit in seiner Gegenwart und um die Aufschlüsselung des schwer verständlichen Textes des Moses.[14] Für das Feld der Sacheinsicht forderte Thierry, modern ausgedrückt, eine einheitliche Wissenschaftssprache. Sowohl der Beginn der Himmelsbewegung wie das Ende der Entwicklung wollte er ausschließlich aus der Ordnung der Natur und ihren inneren Notwendigkeiten erklären. Allein auf diesem Weg, meinte er, sei das Befehlswort »Es werde!« und die abschließende Wendung vom Ruhen Gottes am siebten Tag verständlich zu machen. Thierry war kein Darwinist. Er akzeptierte eine einmalige göttliche Erschaffung, um danach eine Entwicklung nachzuweisen, die kein wunderbarer Eingriff Gottes mehr unterbrach. Er ließ die Elemente erschaffen sein, und der Mensch war ihm sowohl Ergebnis der Elementenbewegung, also Naturprodukt, wie Ebenbild Gottes. Wie sonst bei älteren Texten, haben wir uns vor Modernisierungen zu hüten; aber es ist auch exakt festzuhalten, was Thierry an Weiterführendem brachte: Gewiß waren seine vier Elemente qualitativ verschieden, aber sie unterschieden sich durch angebbare Grade des Bewegens bzw. Bewegtwerdens. Diese kinetische Theorie der Elemente dominiert seinen Entwurf einer rein immanenten, also keine weiteren Wundereingriffe fordernden Weltentstehung. Vom Feuer als dem bewegendsten Element leitete er das gesamte weitere Geschehen ab, gewiß, *nach* der Erschaffung der Elemente, aber Thierry, der *Timaios*-Leser, faßte die Erschaffung auf als Metapher; er nahm sie als Bild, wie wir unseren »Urknall«. Das Feuer nannte er »gewissermaßen den Werkmeister und die Wirkursache« des Weltprozesses.[15] Wieder hören wir die Sprache der stoischen Physik. Thierry kannte durchaus auch *qualitative* Elemente der Welterklärung; solche lagen seiner Philosophie der Formen zugrunde, aber er nahm sie für seine Weltentstehungslehre nicht in Anspruch. Man könnte von einem einheitlich mechanistischen Konzept sprechen, das aus den Bewegungsgraden des Stoffes Himmel und Erde, Pflanze, Tier und Mensch ableitet. Auch die Abfolge der Zeiten (gemeint wohl: der großen Stadien der Weltentstehung, die »Tage« der *Genesis*) geht nach Thierrys ausdrücklicher Erklärung aus der Bewegung der Elemente hervor.[16]

Thierry vereinigte Schöpfungstheologie mit Idealzahlenlehre und mit einem mechanistisch-naturalistischen Konzept, hielt aber diese beiden Betrachtungsweisen methodisch auseinander. Der platonische *Timaios* hatte ihm gezeigt, daß die Ideenlehre eine immanent-naturgemäße Welterklärung nicht verdrängt, sondern fordert. Southern hat Thierry als Schulmann und als einen durch die Umstände der Textüberlieferung eingeengten Vorläufer der Aristoteliker des 13. Jahrhunderts gesehen.[17] Aber der Aristotelismus bedeutete keineswegs nur Förderung der empirischen Forschung, sondern auch deren Behinderung, zum Beispiel durch die Theorie der »Formen«. Dagegen hatte Thierry etwas vor Augen, was erst wieder die antiaristotelische Naturwissenschaft der beginnenden Neuzeit wollte: eine einheitliche Welterklärung aus der Bewegung der Elemente. Thierry war mehr als ein behinderter Vorläufer der Aristoteliker des 13. Jahrhunderts; er hatte eine andere, eine zukunftweisende, eine eher atomistische[18] und mechanistische Konzeption von Empirie. Er leitete Körperqualitäten wie »schwer« und »leicht« ab von Bewegungsarten der Elementenpartikel, die in allen Körpern dieselben seien.[19] Auch spielte bei ihm die Mathematik in der Naturforschung eine größere Rolle als bei den Aristotelikern. Auf Thierry konnte im 15. Jahrhundert zurückgreifen, wer eine neue, eine nach-aristotelische Naturwissenschaft wollte. Nikolaus von Kues hat dies getan. Er nannte Thierry den an Geist vielleicht bedeutsamsten Autor, den er je gelesen habe.[20]

Dieses Lob des Cusanus bezog sich allerdings nicht direkt auf Thierrys Naturerklärung, sondern auf seine Trinitätsspekulation und auf das, was man Thierrys »Mathematicotheologie« nennen könnte, eine philosophische Theologie mit arithmetischen Argumenten, etwa von dieser Art: Die Eins, die Einheit (*unitas*) geht logisch jeder Vielheit und Andersheit (*alteritas*) voraus. Denn »anders« kann etwas nur sein, wenn es zwei Wesen oder mindestens zwei Phasen desselben Wesens gibt. Also geht die Einheit jeder Veränderung voraus. Da aber alle Geschöpfe veränderlich sind, gibt es eine Einheit, die aller Andersheit und Veränderlichkeit vorausliegt. Diese Einheit ist ewig, ewig ist nur die Gottheit, also ist jene allem Wandel zugrunde liegende Einheit die Gottheit. Sie ist allen Wesen das Sein, die Form des Seins (*forma essendi*)[21]. Sie wirkt als Gestaltungskraft in der Materie, hat aber ihren Bestand nicht in der Materie. Wenn wir sie Seinsgestalt, Formgrund des Seins (*forma essendi*) nennen, dann deswegen, weil das ganze Sein der Dinge in der Anwesenheit der Gottheit besteht (*quoniam praesentia divinitatis singulis creaturis totum et unicum esse consistit*)[22]. Alles, was existiert, hat sein Existieren durch die Gegenwart der Gottheit. Man hat deshalb vom »Pantheismus« der Schule von Chartres gesprochen. Aber die platonische Differenz von Urbild und Abbild sowie der boethianische Gedanke der Teilhabe schlossen eine Identität Gottes mit der Welt aus. Worum es ging, war eine philosophische Theorie der göttlichen Weltbegründung, die als Macht, Weisheit und Willensimpuls die Welt geordnet schuf. Diese Philosophie führt hin zu der Dreieinheit von Wirk-, Form- und Bewegungsursache und erfaßt somit in selbständiger philosophischer Argumentation die Wahrheit der christlichen Trinitätslehre.[23]

Cusanus verdankte Thierry viel. Einzelne Sätze Thierrys wirkten wie Keimkräfte bei der Entstehung des cusanischen Denkens. Wenn Cusanus für einige Jahre dazu neigte, die philosophische Theologie auf den Akt des Sehens zu gründen, so konnte er bei Thierry lesen: Wie unser menschliches Auge sich selbst nicht sehen kann, so sieht es auch nicht das Licht, in dem es alles sieht, die unbekannt bleibende Gottheit.[24] Auf diesem Wege war eine naturalistische Kosmologie mit der negativen Theologie wohl vereinbar. Thierry hatte schon den Vergleich gezogen: Gottes Geist verhält sich zu den Naturformen, wie der menschliche Geist zu den Artefakten.[25] Thierry hatte, wohl als erster, gelehrt, dem Denken gehe es um die Gesamtheit des Seins, und diese sei nach ihren Modi zu betrachten, entweder im Modus der Einfaltung, *complicatio*, dann sei das Universum Gott, oder im Modus der Ausfaltung, *explicatio*, dann sei die Gesamtheit des Seins der Kosmos. Grundbegriffe der Kosmologie des Cusanus, wie er sie im Zweiten Buch von *De docta ignorantia* vorträgt, stammen aus den Boethius-Kommentaren Thierrys: Bei der Erkenntnis der *einen* Realität erfassen wir sie einmal in ihrem Charakter als absolute Notwendigkeit (*necessitas absoluta*), dann als Notwendigkeit in Wechselwirkungen im Geflecht der Ursachen (*necessitas complexionis*), drittens als reine Möglichkeit (*possibilitas absoluta*), viertens aber als gestaltete Möglichkeit (*possibilitas determinata*) – diese Weltformeln, die ihm gestatteten, Einheit und Unterschied zusammenzudenken, hatte Cusanus bei Thierry von Chartres gefunden.

22 Natura

Die Formeln, die man zur Charakterisierung des 12. Jahrhunderts bilden könnte, haben didaktischen Nutzen; sie dürfen nicht dazu dienen, die Vielfalt dieser Zeit zu reduzieren. Man könnte im Hinblick auf Abaelard sagen, das 12. Jahrhundert habe erstmals den unüberspringbaren Anteil menschlichen Denkens an seiner wissenschaftlich ausgelegten Welterfahrung, an seinem Traditionsverhältnis an seiner Moralität und an seinem Erlösungsbewußtsein thematisiert. M. D. Chenu charakterisierte das 12. Jahrhundert als »das Erwachen des Gewissens in der mittelalterlichen Zivilisation« (*L'éveil de la conscience dans la civilisation médiévale*)[1]. Man könnte, auch im Hinblick auf Thierry von Chartres, sagen, menschliches Wissen und Handeln habe jetzt immanente Konsistenz erhalten, da sich die göttliche Einheit in zahlenhaften Strukturen entfalte – in der *ratio* und im Stoff, wie Thierry einmal formulierte –, dadurch sei der Begriff der »Natur« wissenstheoretisch und ethisch-politisch-praktisch wiederentdeckt und die Omnipotenztheologie des Petrus Damiani, der schon Anselm widersprochen hatte, mit Gründen überwunden worden.

Solche Charakterisierungen sind unentbehrlich, aber sie sind zurückzubeziehen auf die Vielfalt individueller Ansätze und deren wiederum vielfältige Genese. So hat Abaelard ständig an seinen Texten gearbeitet, aber wir besitzen noch keine Entwicklungsgeschichte seines Denkens. Wie notwendig eine genetische Betrachtung wäre – nicht nur aus biographischem, sondern gerade aus historischem und philosophischem Interesse – zeigt das Beispiel der *Philosophia* des Wilhelm von Conches († nach 1150), von dessen Leben wir wenig wissen: Er war Schüler des Bernhard von Chartres und zwischen 1137 und 1144 der Lehrer des Johannes von Salisbury – in Paris vermutlich. Sein im Mittelalter vielgelesenes Buch, ein frühes Werk der zwanziger Jahre, entwarf erstmals eine systematische, nicht bloß enzyklopädische Gesamtdarstellung des europäischen Wissens der Zeit. Es bringt eine Philosophie, die sich von der philosophischen Theologie über die Lehre von der Weltseele bis zu den Elementen und zur Welterschaffung erstreckt (Buch 1). Im zweiten Buch verwandelt sie sich in Astronomie, im dritten in Meteorologie. Das vierte Buch enthält eine empirische, eine medizinische Lehre vom Menschen.

Wilhelm verstand Philosophie als Gesamtwissenschaft. Er definierte sie zweiteilig: Einmal als das Begreifen der Dinge, die existieren, aber unsichtbar sind – dabei dachte er an Gott, die Weltseele, die Dämonen und die menschlichen Seelen –, sodann als das Begreifen der Dinge, die existieren und sichtbar sind. Das war im Anschluß an Cicero gesagt. Dieser hatte die Philosophie definiert als das Wissen von den göttlichen und menschlichen Dingen und als das Wissen von den Ursachen dieser Dinge (*De officiis* II 2). Aber Wilhelm gab der alten Formel neuen Inhalt: Er skizzierte eine philosophische Theologie, die aus der Ordnung der Welt die Macht, die Weisheit und den weltbegründenden Willen des ersten Grundes beweist: Die Macht nannten die Christen »Vater«, die Weisheit »Sohn«, den Willen »Heiliger Geist«. Damit entwarf Wilhelm, ähnlich wie Thierry, eine Philosophie der Trinität. Noch origineller erwies er sich im zweiten Teil seiner Philosophie, in der Physik. Er griff die neuesten Entdeckungen des Constantinus Africanus auf und entwarf eine atomistische Theorie der Elemente. Danach sind die bekannten vier Elemente – Feuer, Wasser, Luft und Erde – nicht die Erstelemente; sie sind zusammengesetzt aus kleinsten unteilbaren Partikeln, die allein den Namen *elementum* verdienten, während die sog. vier Elemente *elementatum* heißen sollten, das »aus Elementen Zusammengesetzte«. Im Weltprozeß unterschied Wilhelm im Anschluß an Calcidius drei Wirkfaktoren: Gott, die Natur und den Menschen, der die Natur nachahmt. Damit war der Natur eine relative Selbständigkeit zuerkannt, ohne den Vorrang Gottes oder die Wirkmöglichkeit des Menschen zu verletzen.

Wilhelm stützte sich auf antike Vorbilder, auf Martianus Capella und den neu übersetzten Galen; Macrobius nannte ich schon. Aber sein wichtigster Text blieb Platons *Timaios*, zu dem er einen Kommentar verfaßte.[2] Er selbst sprach von »Glossen«, weil er, ganz *artes*-Lehrer, darin auch auf die Textgestalt einging; aber das heißt nicht, daß es sich um Randbemerkungen gehandelt hätte. Es geht Wilhelm um einen programmatischen Gesamtentwurf seiner Philosophie; er untersucht die Entstehung der Welt aus ihren ersten Ursachen. Wilhelm erörtert die vier Ursachen und die Erschaffung, kommt wiederum auf die Weltseele und die erste Materie, die Hyle, zu sprechen und wendet sich den verschiedenen Arten der Lebewesen zu. Er bespricht die Lebensalter und die Physiologie des Menschen.

Wer Platon einseitig als den Philosophen jenseitiger Ideen kennt, wird sich wundern, eine wie naturbezogene Philosophie Wilhelm im Anschluß an Platon entwickelt. Der Platonismus hat durchaus mitgewirkt, der Natur im 12. Jahrhundert eine neue Dichte und Selbständigkeit zu verschaffen. Mit der Präsenz Platons hängt eine andere theoretische Position zusammen, die Wilhelm markant aussprach: Die Rehabilitation dichterischer oder mythischer Rede. Platon selbst hatte Mythen gedichtet; Boethius hatte antike Mythen als philosophischen Tiefsinn gedeutet; Martianus Capella hatte seine Philosophie als philosophische Erzählung präsentiert. Von Macrobius stammte auch das Stichwort, unter dem das neue Interesse an Mythos und Dichtung sich vorstellte: Der Wortlaut der Erzählung, sagte man, sei nur Einkleidung, Verhüllung, *integumentum*, eines tieferen Sinnes. Sätze, die in buchstäblicher Bedeutung mit einem gegebenen Rationalitätsstandard nicht vereinbar waren, ließen sich aus dem verborgenen, tieferen Sinn rechtfertigen, den der philosophische Lehrer unter der rauhen Rinde der wörtlichen Bedeutung aufzudecken hatte. Damit hatten schon antike Philosophen Widersprüche beseitigt, die sie zwischen der Dichtung und der Philosophie glaubten bemerkt zu haben; damit hatten jüdische und altchristliche Bibelerklärer einige schwer erträgliche Bibelstellen philosophisch umgedeutet und akzeptabel gemacht. Wilhelm nutzte dieses Verfahren zunächst zur Auslegung des platonischen *Timaios*; damit konnte er zwar nicht alle, aber die meisten Konflikte des platonischen Textes mit der Kirchenlehre beseitigen. Aber er nahm sich diese Freiheit auch bei der Bibel: Wenn der heilige Text sagt, schreibt Wilhelm, *Philosophia* I 22 § 43, daß Gott die Frau aus der Rippe Adams gemacht hat, dann muß man nicht glauben, daß Gott buchstäblich eine Rippe Adams herausgenommen habe.

Das war eine klare Entscheidung, den Schöpfungsbericht nicht wörtlich zu nehmen.

Wie wenig selbstverständlich das in der ersten Hälfte des 12. Jahrhunderts war, wie kontrastreich wir uns diese Zeit denken müssen, zeigt die Tatsache, daß Wilhelm sein Programm einer konsequent »natürlichen« Welterklärung heftig gegen theologische Einwände verteidigen mußte: »Sie selbst kennen die Kräfte der Natur nicht, und damit sie Genossen ihrer Unwissenheit haben, wollen sie nicht, daß andere forschen, sondern wir sollen wie die Bauern glauben und nicht Rechenschaft fordern (*sed ut rusticos nos credere nec rationem quaerere*).« Wilhelm forderte: Zuerst müssen wir eine rationale Erklärung versuchen. Kommen wir damit nicht zurecht, müssen wir bereitwillig die Hilfe anderer Forscher annehmen, und erst, wenn sie gar nicht gelingen will, dürfen wir etwas in das Feuer des Glaubens werfen und es darin verbrennen. Das heißt: Rationalität und Denkökonomie haben gegen 1150 ihre Selbständigkeit auch gegenüber Offenbarungstexten gewonnen. Dies war es, was Wilhelm von St-Thierry,[3] der auch Bernhard von Clairvaux gegen Abaelard aufbrachte, kritisierte; diese Kritik erzwang Änderungen. 1144/49 schrieb Wilhelm von Conches eine neue, in Dialogform gehaltene Fassung: *Dragmaticon*.[4] Es ist instruktiv, die beiden Fassungen zu vergleichen. Die Änderungen der späteren Version betreffen vor allem zwei von Wilhelm von St-Thierry kritisierte Punkte: Erstens: Wilhelm von Conches hatte, wie Abaelard, eine rationale Theorie der Trinität geben wollen. Dazu hatte er auf die griechische Philosophie verwiesen und erklärt, die »Weltseele« der griechischen Philosophie entspreche dem, was die Christen den Hl. Geist nennen. Da die Weltseele der Neuplatoniker dem göttlichen Einen untergeordnet war, lag in der Gleichsetzung des Hl. Geistes mit der Weltseele eine gewisse Abschwächung der Trinitätslehre.[5] Ein weiterer umstrittener Lehrpunkt der *Philosophia mundi* ergab sich aus deren Tendenz zur immanent naturgemäßen Erklärung. Wie Thierry von Chartres, erklärte Wilhelm, wie gesagt, die Entstehung des menschlichen Leibes ohne spezielle Eingriffe Gottes. Wilhelm von St-Thierry zwang ihn, in der zweiten Fassung zu lehren, Gott habe dem Adam eine wirkliche Rippe entnommen, um daraus Eva zu bilden.

Dies war eine Abschwächung des Programms, mit dem Wilhelm von Conches begonnen hatte, nämlich sich konsequent als *»physicus«* zu verstehen und davon auch bei der Erklärung der *Genesis* nicht abzuweichen, sondern zu zeigen, daß sie dasselbe enthalte wie der *Timaios*. Aber Wilhelm hat sein Programm immanenter Naturforschung so wenig aufgegeben wie Thierry. Auch im *Dragmaticon* handelte er von den Elementen der Elemente, d. h. er rezipierte den Atomismus und sicherte dem Wirken der Natura Selbständigkeit neben dem Wirken Gottes. Im zweiten Buch kam er noch einmal auf die Elemententheorie zurück und verband sie mit einer Theorie der Zahlen, um naturhaftes Werden und Vergehen zu erklären. Drei Bücher, Buch 3–5, widmete er der Kosmographie. Das 6. Buch behandelte den Menschen; er blieb bei seinen medizinischen Studien und orientierte sich an der durch Constantinus Africanus neu erschlossenen arabischen Medizin. Ausführlich erörterte er die Sexualität als göttliche Einrichtung zur Verewigung der Art: Nichts, was zur Natur gehört, schrieb er, sei irgendwie verächtlich. Man kann annehmen, er habe auf die Lehre von der Weltseele, die er in den zwanziger Jahren, vielleicht unter der Einwirkung Abaelards und aus Treue zum *Timaios*, gehalten hatte, in den vierziger Jahren nicht nur des theologischen Protestes wegen verzichtet. Vermutlich sah er, daß diese Hypothese sich nicht in empirische Forschung umwandeln ließ.

Wilhelm verstand sich als Lehrer der *artes*. Von ihm sind Priscian-Erklärungen[6] erhalten; sie lagen auf der traditionellen Linie der Verbindung von Trivium und Quadrivium. Er erneuerte die alte Verbindung von wissenschaftlicher und literarischer Kultur, wie sie charakteristisch wurde – wenn auch vielleicht nicht für die lokale »Schule« von Chartres, so doch für wichtige Denker des 12. Jahrhunderts wie Thierry von Chartres, Wilhelm von Conches, Bernardus Silvestris und Johannes von Salisbury.

Eine philosophische Erzählung – Bernardus Silvestris

Bernardus Silvestris hat man früher mit Bernhard von Chartres verwechselt. Wir wissen wenig von ihm, fast nur, daß er in Tours gelehrt hat und daß er zwischen 1159 und 1178 gestorben ist. Er hat Kommentare zu Martianus Capella und zur *Aeneis* verfaßt; im Kommentar zu Martianus Capella hat er den Begriff des *integumentum* erläutert, der kein Privileg der Schule von Chartres war – wir finden ihn auch bei Abaelard –, der aber im 12. Jahrhundert zur »humanistischen« Atmosphäre der Freunde von Dichtung und Mythos (*narratio fabulosa*) gehörte. Eine gewisse Beziehung zu Chartres ist nachweisbar: Bernardus hat sein wichtigstes Buch, die *Cosmographia*, das in den Jahren 1147–48 entstanden ist, Thierry von Chartres gewidmet.

Bernardus' *Weltbeschreibung* (*Cosmographia*) ist eine phantasiereiche philosophische Erzählung. Sie verleugnet nicht ihre Ähnlichkeit mit der *Hochzeit der Philologie und des Merkur* (*De nuptiis Philologiae et Mercurii*), die der Advokat aus Karthago, Martianus Capella, ein Zeitgenosse Augustins, hinterlassen hat. Im Wechsel von Versen und

Prosa ahmt sie auch den *Trost der Philosophie* des Boethius nach. Sie gibt damit zu verstehen, in welche kulturelle Welt sie gehört, nämlich in die der Boethius-Renaissance des 12. Jahrhunderts mit ihrem Naturinteresse und ihrer Hochschätzung der *artes*. Zugleich ist sie ein poetisch-philosophisches Werk eigener Art, gegliedert in zwei Teile: Megakosmos und Mikrokosmos.

Am Anfang tritt Natura selbst auf; sie beklagt bei Gott die Formlosigkeit der Materie. Sie wendet sich an Nus oder die göttliche Providenz, er möge der noch chaotischen Silva, das ist: der Hyle, Gestalt geben. Nus ist bereit, Natura zu helfen. Er besichtigt erst einmal die formlose Materie, die alles Werden ermöglichen könnte, aber die Formkräfte sich im Widerstreit verzehren läßt. Nus stellt zunächst im Stoff die Ordnung wieder her. Die vier Elemente entstehen und verbinden sich friedlich miteinander. Nus ist mit seinem Werk zufrieden und geht, nachdem die Stoffgründe geschaffen sind, zur Bildung von Seelen über. Es erscheint *Endélichie* (Entelechie), die Gemahlin des Kosmos, die Mutter aller lebenden Wesen. Es folgt die Trennung des Äthers und der Sterne, der Erde und des Meeres. Der Dichter nimmt die Gelegenheit, Gott und die himmlischen Heerscharen vorzustellen. Anläßlich der Entstehung der Sterne erzählt er kurz die Geschichte der Menschheit, einschließlich der Menschwerdung Gottes, die in den Sternen geschrieben ist. Er erklärt die Sternstände, die sieben Planeten und die vier Winde. Der Himmel läßt alle Lebewesen entstehen – alle Arten der Tiere, die Bäume und die Früchte. Das ätherische Feuer befruchtet alles; so kommt es in der ewigen Materie zur ewigen Wiederherstellung der Formen, die den ewigen Schöpfer abbilden. Alles drängt zur Ewigkeit – der Stoff, der Nus, die Weltseele. Die sinnliche Welt geht zu ihrem Ursprung zurück – zur intelligiblen Welt, die ewig ist.

Im zweiten Teil schafft Nus den Menschen, den Mikrokosmos. Den Makrokosmos hat er ohne Helfer zustande gebracht, aber jetzt braucht er die Mitarbeit von Urania und Physis; Physis ist mit Natura nicht identisch. Natura begibt sich auf die Himmelsreise, um Urania unter den Sternen zu finden. Unterwegs begegnet sie Seelen, die zu Pluto hinabsteigen. Sie durchquert Milchstraße und Wendekreis, steigt auf zum Äther, wo sie den Usiarchen trifft. Danach erst findet sie Urania. Diese ist bereit, den Menschen zu formen, da die Seele des Menschen, kennt sie erst die Geheimnisse des Geschicks und der Sterne, wieder vergöttlicht zum Himmel zurückkehren kann. Aber zuerst steigen Urania und Natura auf zum »Guten selbst« (*Tugaton = to agathon,* das höchste Gute Platons). Dann müssen sie aber wieder absteigen durch den Äther und die Planetensphäre. Sie treffen auf den bösen Usiarchen Saturn, der seine Kinder frißt, eilen aber weiter zu Jupiter, der Fässer mit Honig und Absinth bereithält: Von ihnen sollen die Seelen kosten, bevor sie in den Leib hinabsteigen. Urania und Natura durchqueren die Sphären von Mars, Merkur und der wohltätigen Venus. Sie kommen schließlich in den Mondkreis, unterhalb dessen die Menschen leben, die immer auch mitbestimmt sind von der Wandelbarkeit des Stoffes. An der Grenze der Mondsphäre, in der Mitte der goldenen Kette, begegnet ihnen eine große Schar von Geistern. Das gibt Anlaß zu Erklärungen. Physis ruft ihre beiden Töchter herbei, Theorie und Praxis. Nus kommt, und die Formung des Menschen beginnt. Urania bildet die Seele, Physis den Körper, Natura fügt beide zusammen. Jede dieser Urkräfte hat ihre Weise, an die Herkunft zu erinnern: Urania hat den Spiegel der Providenz, Natura die Tafel des Geschicks, Physis das Buch des Erinnerns. Natura drängt ihre Schwestern zur Arbeit, Physis erklärt, warum sie so schwierig sei. Zuerst muß die oberste Einheit – Gott – die Verschiedenheit, die in der Hyle liegt, eingrenzen. Die oberste Einheit limitiert diese, indem sie zuerst die Elemente, dann die Wesenheiten, zuletzt die Qualitäten festsetzt. Dann zieht Physis aus den Elementen die rechten Qualitäten hervor, damit sie die Säftekombination des menschlichen Leibes bilden. Dann zeichnet sie die Gestalt des menschlichen Leibes; sie formt ihn als Abbild des Makrokosmos. Sie baut den menschlichen Kopf, so daß dort Phantasie, Vernunft und Gedächtnis residieren. Es folgen die einzelnen Sinne, die aufgrund ihrer Verwandtschaft mit den Elementen je spezifisch wahrnehmen. Der Autor beschreibt die einzelnen Sinneswahrnehmungen: das Sehen, das Hören, ohne das es keine Kulturvermittlung gebe, das Schmecken und Riechen, das Tasten, das im Dienst der Liebe stehe. Er beschreibt die einzelnen Organe: Herz, Leber, Magen usw.; die Geschlechtsorgane interessieren ihn besonders: Sie bereiten uns Vergnügen, sie sichern die Fortdauer der Art und besiegen so die Sterblichkeit. Durch sie teilt Natura ewige Fortdauer mit.[7]

Das Personal dieses philosophischen Romans ist zahlreich; der Leser wird eine Übersicht schätzen. An der Spitze steht die oberste Einheit oder Gott. Er wird mit Platon als »das Gute selbst« bezeichnet; auch biblische Wendungen kommen vor; immer wieder klingt die Sprache des Macrobius durch.

Die oberste Einheit wirkt durch eine Hierarchie von Urkräften, von denen der Nus, der Geist oder die Providenz, die oberste ist. Auf der anderen Seite steht ihm der Urstoff gegenüber, er heißt auch Silva oder Hyle. Er ist chaotisch, formlos, nicht ohne Bosheit, aber auch die Mutter allen Werdens. Seine (man kann auch sagen: ihre) Tochter ist Natura, die treibende Kraft in allem Werden. Sie fügt Leib und Seele zusammen; immer blickt sie dabei auf die astrale Ordnung. Urania, die Tochter des Nus, ist ihre Schwester; sie leistet, wie Jean Jolivet schön gesagt hat, die astrologische Vermittlung der göttlichen Dekrete an die Menschen. Endélechie ist die Gattin des Kosmos und das allgemeine Prinzip des Lebens. Physis ist zuständig für das organische Leben. Im übrigen wimmelt es bei Bernardus von Geistern, Usiarchen, Engeln und Dämonen. Er hat Weltgründe des *Timaios*, die neuplatonische Prinzipienreihe und den kosmologischen Apparat der Spätantike personalisiert und mit der christlichen Geisterlehre verwoben und doch ein poetisch einheitliches philosophisches Gedicht geschaffen. Es bringt weder die Schöpfungslehre der streng-orthodoxen Theologen, noch ist es anti-christlich; es ist ein Sammelbecken spätantiker Traditionen – Calcidius, Martianus Capella, Macrobius und Boethius; auch Johannes Eriugena wirkt ein, und doch liegt eine konsequente philosophische Zielsetzung vor: Das natürliche Entstehen des Menschen war zu erklären; den Verwirrungen der Menschenwelt war ein Gegenbild göttlich-kosmischer Ordnung entgegenzusetzen.

Otto von Freising – Johannes von Salisbury

Viele dieser Motive teilte Bernardus mit anderen Denkern des 12. Jahrhunderts. Und doch handelte es sich nicht um eine uniforme Gruppe: Das Gleichgewicht zwischen dem Neuen Testament und Cicero, zwischen Genesis und neuplatonischer Weltentstehung, zwischen spekulativer Arithmetik und Trinitätsphilosophie, zwischen Galen, arabischer Medizin und augustinischer Anthropologie (und Ethik) war so prekär, daß es sich in jenem Zeitraum ständig verschob. Die Vielfalt der Motive und Texte förderte scharfe Kontraste; das vielfarbige intellektuelle Leben fand öffentliches Interesse; es blieb nicht auf die Schulen beschränkt. Könige und Bischöfe, Diplomaten und Frauen meldeten sich zu Wort, auch zu Tagesfragen; die Chronisten der Zeit begannen, die Dispute der Gelehrten als geschichtliche Ereignisse aufzuzeichnen. Otto von Freising, ein Hocharistokrat, der Neffe Barbarossas, hatte in Frankreich, bei Abaelard, studiert und verzeichnete mit Sympathie das Wirken der großen Denker und mit Geringschätzung die Ketzerjagd des Bernhard von Clairvaux. In seiner Chronik (*Cronica*) entwarf er im Anschluß an Augustins *Civitas Dei* ein historisches Gesamtbild. Auch hinsichtlich der Geschichte, also nicht nur im Blick auf die Natur, wuchs im 12. Jahrhundert das Bedürfnis, der Vielzahl andrängender Einzelheiten eine einsichtige Einheit abzugewinnen. Mehr noch: Es wurde ein Geschichtsbild gebraucht, das Geschichte nicht nur als Handeln Gottes im Blick auf das apokalyptische Weltende verstand, sondern als gemeinsames Handeln der Menschen, die ihren Begriff von sich selbst verwirklichen, indem sie, rational handelnd, die Natur durchdringen und ihr Leben verbessern. Otto entschied diese Alternative nicht; aber die sympathisierende Art, in der er in seiner Barbarossa-Monographie, den *Gesta Friderici*, die intellektuellen Neuerer seiner Zeit schildert, zeigt, daß er von ihrem Denken einen Aufschwung für alle erwartete.

Aber wir haben noch einen besseren Bericht über die intellektuellen Auseinandersetzungen der Zeit; er steht im *Metalogicon* des Johannes von Salisbury.[8] Johannes, in der Nähe von Salisbury geboren, hatte bei Abaelard, Thierry von Chartres, Wilhelm von Conches und Gilbert de la Porée studiert, in Paris und vielleicht auch in Chartres; er schlug dann eine Art diplomatischer Karriere ein und wurde der Sekretär des Erzbischofs von Canterbury, bis zu dessen Ermordung im Dom, 1170. Er muß ältere Beziehungen zu Chartres gehabt haben, denn 1176 wurde er Bischof von Chartres und starb dort 1180.

Johannes war kein Schulmann, sondern »homme de lettres«, eleganter Schriftsteller, skeptischer Beobachter, Moralist und witziger Erzähler. Er sah, daß man jetzt mit Bildung

Karriere machen konnte und kämpfte gegen die Lehrer, die ihr Lehrprogramm im Hinblick auf sozialen Aufstieg ermäßigten. Er beschrieb das richtige Bildungssystem. Es beruhte auf dem Schema der sieben *artes*, aber Johannes ergänzte es durch vertiefte Studien. Er selbst stand Platon näher als Aristoteles, aber ihm kommt das Verdienst zu, die *Zweiten Analytiken* und die *Topik* des Aristoteles im lateinischen Westen eingeführt zu haben. Damit war die Beweistheorie des Aristoteles dem Westen zugänglich. Die *Kategorienschrift* und *Peri hermeneias* (*De interpretatione* oder *Die Lehre vom Satz*) waren schon durch Boethius übersetzt und erklärt worden; sie waren als die »alte Logik« (*Logica vetus*) durch das ganze Mittelalter hin bekannt; Thierry von Chartres hatte als erster im Westen die *Ersten Analytiken* und die *Sophistischen Widerlegungen* des Aristoteles benutzt; durch den Schritt des Johannes von Salisbury waren nun die logischen Schriften des Aristoteles vollständig zugänglich. Wenn man vom Platonismus der Chartrenser spricht, darf man ihre Verdienste um die »neue Logik« des Aristoteles nicht vergessen; sie waren unbekümmert um unsere Etiketten der philosophischen Hauptströmungen. Eher suchten sie, wie schon Plotin, die beiden großen Denker zu versöhnen, vor allem in der Universalienfrage. Diese spielt bei dem Bericht des Johannes von Salisbury eine große Rolle, und er selbst konnte mit Aristoteles die Universalien für »Begriffe« (*intellectus*) erklären, um dann mit Platon von diesen zu den göttlichen Ideen aufzusteigen. Ein anderer Aspekt des *Metalogicon* ist historisch gesehen noch wichtiger. Überblickt man die Erzählungen über die Lehrstreitigkeiten – *Metalogicon* I 5; I 24; II 10; II 14 –, so verschafft uns Johannes den Eindruck einer großen Konfusion. Wer sich das »mittelalterliche Denken« als harmonische Einheit vorstellt, sollte als heilsame Strafe die Pflichtlektüre der genannten Abschnitte auferlegt bekommen. Johannes selbst zeigt sich verwundert über den Grad der Verwirrung; sein detaillierter Bericht ließe sich vereinfacht dahin zusammenfassen: Jeder Professor lehrt bei uns sein eigenes System; wo soll das nur hinführen?

Diese eher ciceronianisch-skeptische Betrachtung bezog sich auf die Universaliendebatte. Der Sekretär des ermordeten Erzbischofs hatte noch andere Interessen; er befaßte sich mit Geschichte und mit Politik. Er beschrieb das Leben des heiligen Märtyrers Thomas Becket; in seinem *Policraticus* vereinte er Zeitkritik mit der Skizze einer politischen Ethik. Das Buch ist berühmt wegen seiner Rechtfertigung des Tyrannenmords (III 15). Johannes lehrt, Herrscher hätten ihr Amt nicht kraft ihrer hohen Geburt, sondern als Auftrag unter klerikaler Kontrolle. Entspricht ein Herrscher nicht den göttlichen Gesetzen, wie der Klerus sie verkündet, dann wird er ein Feind des Gemeinwesens und darf getötet werden.

Das politische Leben verkommt zu reiner Willkür, wenn es nicht unter ethisch-religiöse Normen gestellt wird. Dies ergab sich aus der persönlichen Erfahrung des Johannes von Salisbury; es entsprach auch einer aktualisierenden Lektüre von Augustins *Civitas Dei*.

Hildegard von Bingen

Die alte monastische Ethik behielt im Meinungsgewirr des 12. Jahrhunderts noch ihre Anziehungskraft, zumal wenn sie mit Kraft und mit neuen Kunstmitteln vertreten wurde wie bei Bernhard von Clairvaux oder Hildegard von Bingen. Ich zögere, beide in eine Geschichte des philosophischen Denkens aufzunehmen. Bernhard gehört allenfalls in sie durch seine Fortführung des augustinischen Motivs der Selbsterkenntnis der gottebenbildlichen, drei-einigen menschlichen

Seele und durch seine Kritik an den neuen Intellektuellen, vor allem an Abaelard und an Gilbert de la Porée; Hildegard könnte wegen ihrer naturkundlichen Schriften in die Geschichte der Philosophie gehören, aber deren Textüberlieferung ist schlecht, ihre Urheberschaft nicht geklärt, und ihre Argumentation, sofern sie in diesen Rezeptsammlungen erkennbar ist, naiv-symbolisch oder apothekerhaft-empirisch.

Wenn hier von Hildegard die Rede sein soll, dann aufgrund ihrer gesicherten Hauptwerke:[9]

Scivias – Wisse die Wege liegt seit 1978 in kritischer Ausgabe vor (A. Führkötter und A. Carlevaris); seit 1991 haben wir ihre *Briefe* I–XC (L. Van Acker). 1995 erschien ihr ethisch-religiöses Hauptwerk *Liber vite meritorum* (A. Carlevaris); und seit 1996 steht uns ihr drittes großes Buch, der *Liber divinorum operum*, ihre Schöpfungslehre, in einer guten Ausgabe (A. Derolez und P. Dronke) zur Verfügung.

Neben zahllosen erbaulichen, volksmedizinischen und lokalpatriotischen Anpreisungen liegen auch einige wenige wissenschaftliche Arbeiten vor, die Hildegards Stellung im 12. Jahrhundert beleuchten. HILDEGARD (1099–1179) gehört einer anderen Kultur an als die bisher besprochenen Autoren. Ein akademisches Studium war ihr verschlossen; sie konnte nicht teilnehmen an den philosophischen Debatten der Zeit. Ihr Umkreis blieb die monastische Welt und deren Standardlektüren: Bibel, Benedictus-Regel, lateinische Kirchenväter, die Klosterreformer des 11. Jahrhunderts. Zwar darf man sie nicht zu provinziell und intellektuell-schlicht zeichnen: Es war nicht ihre Schuld, wenn sie als Frau, um überhaupt ihre Stimme erheben zu können, sich als Prophetin stilisieren mußte, die nicht *ihre* Gedanken, sondern die Weisungen Gottes verkünde. Das Kloster Disibodenberg war ein Männerkloster mit überregionalen Beziehungen. Sie hatte indirekten und wohl auch direkten Zugang zu Büchern; sie wußte von den Ketzern im Rheinland und von den Fragen der Laien an die christliche Lehre. Sie war nicht ohne Verbindung zu dem intellektuell aufgewühlteren Westen, freilich nicht zu Abaelard und nicht zu Thierry; sie tauschte Briefe mit Bernhard von Clairvaux, und die Forschungen von Derolez haben ergeben, daß sie die neue, die arabische Medizin kannte, die Constantinus Africanus mitgebracht hatte. Sie gehört ins 12. Jahrhundert allein schon durch den Grad künstlerisch-schriftstellerischer Subjektivität, mit der sie sich zu sagen anschickte, was Gott über seine Pläne mit der Welt, über Priester und Laien, über Juden und Christen dachte. Ihr ungenierter Ultra-Objektivismus, durch Bildkraft und Wortkunst allein legitimiert, gehörte schon einer neuen Welt an. Die Gedanken Gottes, die sie mitteilte, kann man alle in Mönchsbüchern lesen, aber sie trug sie vor in einer neuen, einheitlichen Zusammenstellung, die man fast »systematisch« nennen könnte. Sie ging das Ganze der christlichen Lehre durch und wandte es auf das Ganze des gegenwärtigen Lebens an. Dem lag ein Wille zur Vereinheitlichung zugrunde, der mit dem der großen theologischen Zeitgenossen vergleichbar war. Nur war ihre Argumentationsweise weder empirisch-theologisch, also exegetisch auf der Höhe der Zeit, noch hatte sie die logische Strenge, die in Paris und Bologna als verbindlich galt. Sie dachte »symbolisch«, aber dieser Ausdruck ist vieldeutig; in einem gewissen Sinne dachten alle Denker des 12. Jahrhunderts »symbolisch«. Man muß bei Hildegard also genauer hinsehen, um ihren »Symbolismus« zu beschreiben und um zu zeigen, welche Art von Überlegung sie als Argument anerkennen konnte. Dabei stütze ich mich nicht auf ihre medizinischen Schriften, die, wenn sie von ihr stammen sollten, oft einen geradezu skurrilen Symbolismus zeigen, sondern auf ihr *Scivias*. Hildegard hat geglaubt, sich um eine Fülle von Einzelregelungen des christlichen Lebens kümmern zu müssen, und so behandelte sie auch die Frage, ob körperlich

Behinderte Priester werden könnten. Natürlich verneint sie die Frage, und natürlich sagt sie nicht dazu, es handle sich um ein alttestamentliches Tabu, sondern sie bemüht sich um ein Argument. Sie bezieht sich durchweg auf Leser, deren Fragehaltung sie selbst formuliert in einem oft wiederholten: *Quid est hoc? Wie ist das möglich?* Insofern ist sie doch eine Zeitgenossin Abaelards. Nun ihre Antwort: *Als Priester sind auszuwählen aus dem ganzen Volk, das den christlichen Namen trägt, Männer mit Veranlagung zur Weisheit und mit männlichem Sinn. Und zwar so, daß sie in der rechten Ordnung, aufgrund rechtmäßiger Salbung und freiwillig in meinen Dienst treten. Aber keineswegs soll es geschehen, daß zum Altardienst Menschen herantreten, die an irgendeinem Körperglied schwach oder behindert sind, weil es auch im Himmelreich die verschiedenen Makel der Verwundungen der Menschenseelen nicht geben wird. Deswegen will ich nicht, daß an meinem Altar Menschen stehen, die an irgendeinem ihrer Glieder einen Fehler haben. Doch werden sie deshalb, weil sie an ihrem Leib Mängel haben, nicht vom Himmelreich ausgeschlossen sein, wenn nur ihre Seelen gesund sind und sie mich mit der Makellosigkeit guter Werke suchen. Aber daß sie an meinem Altar Dienst tun, das will ich nicht; sie sollen in Demut wirksame gute Werke vollbringen.*[10]

Wie der Text zeigt, war Hildegard zufrieden, wenn ihre Überlegung irgendeine Art Abspiegelung des Himmlischen im Irdischen ergab. Eine sichtbare, eine körperliche Repräsentation mußte es sein; der Anblick eines körperbehinderten Priesters hätte ihr die sinnliche Darstellung des Vollkommenen nicht gewährt. Daß das Himmlisch-Vollkommene irdischerweise nicht vollkommen darstellbar ist, daß der Gekreuzigte vielleicht in der Gestalt eines Verkrüppelten sinnlich erfahrbar würde, das alles liegt außerhalb ihrer Betrachtungsweise. Ihre Norm ist die ewige Welt, und nur diejenige irdische Erscheinung, die am vollkommensten ausgefallen ist, symbolisiert angemessen die göttliche Herrlichkeit. Und diese irdische Form ist der unversehrte, jungfräuliche Körper eines Mannes; folgerichtig erklärt Hildegard, die heute manchen als Patronin des Feminismus gilt, daß niemals eine Frau in dieser repräsentativen Rolle des Priesters agieren könne.

Diese Überlegungen liefen auf ein traditionelles Ergebnis hinaus. Aber in ihrem Argumentationseifer, in ihrem Bezug auf kritische Fragen und in ihrem Interesse, das Ideenhafte sinnlich vorzuzeigen, gehören sie in die Natura-Philosophie des 12. Jahrhunderts.

23 Offene Fragen am Jahrhundertende

Hugo von Saint-Victor

Die Geschichtszeit läuft nicht gleichmäßig. Es kommt in der intellektuellen Historie ebenso wie in der politischen zu Abschnitten erhöhter Akzeleration. Die dreißiger und vierziger Jahre des 12. Jahrhunderts gehörten dazu. Insgesamt passierte jetzt mehr; wir haben allerdings auch mehr Quellen. Ständig tauchten neue Fragen und bislang unbekannte Texte auf; die Verfallszeit intellektueller Produkte stieg erheblich; Thierry von Chartres, Wilhelm von Conches und Bernardus Silvestris bestimmten am Jahrhundertende nicht mehr die philosophischen Debatten. Wer sich gegen 1200 für Naturforschung interessierte, las Bücher, die vorerst als solider galten – die aus dem Arabischen übersetzte *Physik* des Aristoteles und das astrologisch-astronomische Handbuch des Abu Ma'shar.[1]

Überhaupt hat das 12. Jahrhundert das Verhältnis der Autoren zu ihren bevorzugten Autoritäten verändert; der

Quellenbezug bekam einen neuen, offeneren Sinn: Nachdem Anselm die Autoritäten methodisch konsequent ausgeklammert, nachdem Abaelard ihre Widersprüchlichkeit nicht nur behauptet, sondern in 158 Kapiteln ad oculos demonstriert hatte und nachdem sich ihre Zahl durch die Öffnung zur griechisch-arabischen Welt vermehrt hatte, war ihre Funktion eine andere geworden. Der Beginn dieser Entwicklung läßt sich an Hugo von St-Victor († 1141) zeigen.

Wenn man ihn einen eher konservativen Denker nennt, so deshalb, weil Augustin – nicht Boethius als Mathematiker und Logiker – sein bevorzugter Autor war. Doch war das Werk Augustins so spannungsreich, daß an eine einfache Wiederbelebung schon deshalb nicht zu denken war. Hugo entnahm ihm, was mit der Spekulation des Dionysius Areopagita und dem noch unverbotenen Johannes Eriugena vereinbar war und was die Bedeutung der *artes* stärkte. So gehörte der Augustinismus Hugos wesentlich dem 12. Jahrhundert an. Dies einmal dadurch, daß Hugo eine neue Systematik der christlichen Lehre intendierte, die Augustin so nie gegeben hatte. Sein Werk *De sacramentis christianae fidei* vereinheitlichte die Vielheit der Glaubensthemen zu einem geordneten Ganzen; es bedeutete eine Vorbereitung des Sentenzenwerks des Petrus Lombardus und überhaupt der literarischen Gattung der Summa; sein *Didascalion*[2] entwarf ein auf Johannes Eriugena und Augustin gestütztes Bildungsprogramm, das den Sprachen und den mechanischen Fertigkeiten (*artes mechanicae*) einen respektablen Ort einräumte, freilich immer im Hinblick auf das Zurückkommen der Seele auf sich selbst und auf ihren göttlichen Grund. Er interessierte sich auf neue Weise für die menschliche Weltgestaltung, aber nur als Zwischenstufe. Das intensive Naturinteresse einiger seiner Zeitgenossen blieb ihm fern. In dieser Hinsicht setzte sich bei ihm Augustins Mißtrauen gegenüber der Naturforschung, insbesondere gegenüber der Astrologie, durch.

Der Sentenzenmeister: Petrus Lombardus

Das 12. Jahrhundert verschaffte sich immer neue Einzelheiten und versuchte zugleich, ihrer denkend Herr zu werden. Man empfand jetzt den Traditionsbestand des christlichen Denkens als ungeordnet. Allein die Bibel zeigte schon ein störend mannigfaltiges Gesicht; hinzu kam der reiche Ertrag der altchristlichen Literatur. Eine Generation, die gewohnt war, Städte zu gründen, Stadtrechte zu entwerfen und Fernhandelsverbindungen aufzubauen, verlangte einen höheren Grad der Organisation auch von der christlichen Wahrheit. Hugo von St-Victor war vorangegangen in dieser Richtung und hatte eines der meistgelesenen Bücher des Jahrhunderts geschrieben, aber dauerhafter war der außerordentliche Erfolg des PETRUS LOMBARDUS († 1160)[3]. Er lehnte sich an Hugo an, erreichte nicht dessen Kraft selbständiger Theorienbildung, dafür organisierte er ein sonst fast unübersehbares Material zur christlichen Lehre. Philosophische Interessen hatte er so gut wie keine. Unter den Tausenden von Zitaten, die er zusammenstellte und die das theologische Lehrbuch des Mittelalters wurden – noch Luther hat es kommentiert –, befinden sich nur etwa drei Sätze von Philosophen. Petrus Lombardus zeigt, daß 1160 auch noch die Möglichkeit bestand, die christliche Theologie getrennt von der Philosophie zu entwickeln. Seine Verbindung von Organisationskraft und Fleißarbeit und ihr ungeheurer Erfolg gehören ebenso zum 12. Jahrhundert wie Honorius, wie Bernhard von Clairvaux oder Wilhelm von St-Thierry. Es ist nicht leicht, Petrus Lombardus gerecht zu werden. Sein Buch ist eine Zitatensammlung, also keine spannende Lektüre. Leicht läßt sich zugeben, daß sein Buch die Reckstange wurde, an der fast alle philosophischen und theologischen Genies der nächsten drei Jahrhunderte ihre intellektuellen Turnübungen vorführten. Deshalb ist das Verzeichnis der

Sentenzenkommentare, das F. Stegmüller 1947 vorgelegt hat, eines der wichtigsten Nachschlagewerke für die Geschichte des mittelalterlichen Denkens. Aber man muß den Lombarden, der übrigens als Bischof von Paris starb, auch als Autor des 12. Jahrhunderts würdigen: Er hat die Vielfalt christlicher Lehrsätze gesammelt und geordnet. Von jetzt an konnte man aus einem einzigen Buch erfahren, was christliche Lehre war. Wie Gratian das christliche Alltagsleben, so hat Petrus Lombardus das christliche Glaubensverständnis vereinheitlicht und für die Folgezeit geprägt. Beides waren Konstruktionen. Beide kann man zu eng finden. Aber in der Hand einer mächtigen, volkserziehenden Organisation, nämlich der Kirche, haben sie Denken und Alltag der westlichen Welt relativ einheitlich für lange Zeit geprägt.

Bei solchen Büchern zählt die Organisationskraft, nicht die theoretische Genialität. Petrus war in den *artes* ausgebildet, wie jeder mittelalterliche Theologe. Aber wie unbekümmert er um Konsequenzen war, zeigt z. B. die Leichtigkeit, mit der er von den Akzidentien des Brotes beim Abendmahl behauptete, sie subsistierten durch sich selbst (*per se*), was nach der mittelalterlichen Logik nur von der Substanz hätte gesagt werden können.

Aber es gab im 12. Jahrhundert nicht nur diese Gleichgültigkeit gegenüber der Dialektik; auch ihre Gegner fanden Anlaß, sich zu formieren. Lebhaft beklagte man am Ende des Jahrhunderts, wie weit es die Dialektiker getrieben hätten: »Die unteilbare Dreieinigkeit wird an den Straßenecken in Stücke geschnitten. So viele Doktoren, so viele Irrtümer; so viele Auditorien, so viele Skandale; so viele öffentliche Plätze, so viele Gotteslästerungen.«[4]

Alanus ab Insulis

Man muß Verständnis haben für diese erschreckten Stimmen der Zionswächter. Die Neuerer der Zeit haben ihnen viel zugemutet: Da gab es die Logifizierung der Theologie bei Abaelard; daneben gab es die Naturalisierung der Theologie bei Wilhelm von Conches und Bernardus Silvestris. Und es gab die Mathematisierung der Theologie, also den Versuch, ihr eine streng wissenschaftliche Form zu geben nach dem Muster der Geometrie Euklids. Schon Boethius hatte eine logische Vereinfachung der christlichen Glaubenslehre betrieben, aber Autoren des ausgehenden 12. Jahrhunderts gingen viel weiter in der Axiomatisierung der Theologie. Das Modell schuf Alain von Lille, Alanus ab Insulis, mit seinen *Regulae caelestis iuris* in den Jahren 1165 bis 1180. Er setzte Axiome an den Anfang. Dabei handelte es sich nicht um Bibelsprüche oder Glaubenssätze, sondern um selbstevidente Sätze, die keines Beweises fähig sind und keines Beweises bedürfen. Um von Alains Verfahren einen Begriff zu geben, wähle ich das erste Axiom. Es lautet:

> *Monas est qua quaelibet res est una.*[5]
> Das Eine (man könnte auch übersetzen: die Einheit) ist das, aufgrund dessen jedwede Sache *eine* ist.

Alains Gedanke ist der: Alles, was eine Sache ist, ist ein Eines. Auch wenn es aus Teilen besteht, ist es ein Eines, und da auch die Teile existieren, sind auch sie jeweils einer. Ein moderner Leser könnte einwenden: Jeder Name, jede sprachliche Bezeichnung und jeder Begriff ist *einer*; ob es sich mit den Sachen selbst ebenso verhält, wissen wir nicht. Aber Alain könnte erwidern: Noch indem du das Unbekannte »unerkennbar« nennst, betrachtest du es als eines. Du entgehst der allumfassenden Einheit nicht, indem du dich auf deine Begriffe zurückziehst; sie sollen schließlich

Begriffe von Etwas, also von einem Einen, sein. Wenn du von etwas sagst, daß es »ist« oder »nicht ist«, gebrauchst du eine einheitliche Bestimmung, in der Denken und Sachen zusammenkommen sollen. Einheit ist die erste aller übrigen Bestimmungen; sie kommt vor Sein oder Nicht-Sein, daher ist »das Eine« der beste Name für das göttliche Prinzip. Es begründet alles, indem es allem durch seine Anwesenheit – nicht durch willkürlichen und zurücknehmbaren Beschluß – Einheit gibt.

Beachten wir: Es handelt sich um den obersten Grundsatz in Alains axiomatischer Theologie. Diese ist natürlich keine Schriftauslegung, sondern philosophische Theologie nach neuplatonischer Art. Gewiß war Alain überzeugt, sein erster Grundsatz sage das, was der erste Satz der Genesis in eher verhüllter Form ausspricht. Aber befremdlich war sein Vorhaben schon, auch weil er versprach, aus Regeln beweiskräftig abzuleiten, die absolut notwendig und unveränderlich seien. Seine Theologie sollte von größerer Gewißheit und von gleicher Strenge sein wie die Geometrie Euklids, die im 12. Jahrhundert ins Lateinische übersetzt worden war.

Das Buch der vierundzwanzig Philosophen

Auffällig beim ersten Lehrsatz Alains war die griechische Form *monas*, die wir von Leibniz als »Monade« kennen. Nun galt es seit Anselm von Canterbury (*Monologion*) als elegant, einem Buch einen griechischen Titel zu geben. Diese Mode treffen wir im 12. Jahrhundert öfter, und, wie die Titel *Decameron* und *Heptameron* beweisen, hielt sich dieser Geschmack noch lange. Aber daß Alain als erstes Wort der obersten Regel die griechische Form *monas* benutzt, wo ihm das lateinische *unum* oder *unitas* zur Verfügung stand, deutet auf einen bestimmten historischen Zusammenhang hin; er bezog sich damit auf das BUCH DER VIERUNDZWANZIG PHILOSOPHEN, dessen erste These Gott als *»monas«* bezeichnet. Diese Zuordnung wird bestätigt, wenn wir in Alains *Regulae* weiterlesen. Dort tritt als dritte Regel wörtlich die erste Definition des *Buchs der vierundzwanzig Philosophen* auf.

Dieser merkwürdige Text gehört auch zur Vielfalt des 12. Jahrhunderts, in dessen zweiter Hälfte er zum ersten Mal zitiert wird. Wir besitzen die Schrift seit 1997 in der verläßlichen Ausgabe von Françoise Hudry (Turnhout 1997, CC Cont. Med. 143 A), auf deren Einleitung ich wegen der literarhistorischen Einzelheiten einschließlich der beiden von mir entdeckten Mainzer Handschriften verweise. Die Sache liegt kompliziert, zumal F. Hudry glaubte, zeigen zu können, dem Text liege ein verlorenes Stück aus Aristoteles, *Über die Philosophie*, zugrunde, das auf verschlungenem Wege, zuletzt über die Araber, im 12. Jahrhundert in den lateinischen Westen gelangt sei. Paolo Lucentini hat demgegenüber jetzt den Versuch gemacht, das Buch in die Interessenkreise des lateinischen Westens im 12. Jahrhundert einzuordnen.[6] Er denkt dabei an die axiomatische Theologie, wie sie bei Alain, aber auch im LIBER DE CAUSIS vorliegt. Dieser Frage kann hier nicht weiter nachgegangen werden, dafür will ich das *Buch der vierundzwanzig Philosophen* kurz charakterisieren:

Die Einleitung erzählt, es seien 24 Philosophen zusammengekommen. Sie bemerkten, daß ihnen nur ein einziges Problem ungelöst geblieben sei: Was ist Gott? Daraufhin hätten sie beschlossen, sich Bedenkzeit zu nehmen. Sie setzten einen neuen Termin fest, zu dem jeder seine eigene These in Form einer Definition vortragen sollte. Nach gemeinsamer Beratung wollten sie aus den einzelnen Definitionen etwas Feststehendes über Gott festsetzen (*certum aliquid de Deo communi assensu statuerent*).

Der Text enthält viele Merkwürdigkeiten. Eine davon ist, daß die gemeinsame Beratung und vor allem ihr Ergebnis nicht mitgeteilt wird. Der Autor tut so, als habe er vergessen, daß am Ende aus den 24 Gottesdefinitionen etwas Gewisses (*certum aliquid*) gewonnen werden sollte. Muß jeder Leser selbst die Summe ziehen? Die vorletzte These sagt, Gott sei das, was allein durch Nichtwissen (*sola ignorantia*) gewußt werde. Ist diese radikale negative Theologie das Resultat, das jeder Leser selbst ziehen soll?

Doch bis dahin erwarten ihn einfallsreiche Sprüche, voll tiefsinniger Phantasie und Dunkelheit, die auch der knappe Kommentar nicht beseitigt. Die erste Gottesdefinition lautet:

Deus est monas monadem gignens,
in se unum reflectens ardorem.

Gott, das ist die Monade, die eine Monade erzeugt
und sie in einem einzigen Gluthauch auf sich
zurückbeugt.

Gott ist das Eine, das eine Einheit erzeugt und diese auf sich zurückbezieht. Für das Eine gebraucht der Text den griechischen Ausdruck *monas*, der auch bei Alanus am Anfang steht. Der Satz läßt sich verschieden auslegen. Sagt er: Gott ist der Eine, der eine einheitliche Welt, ein Uni-versum, erzeugt und dieses auf sich zurückbewegt? So daß die Welt aus der Ureinheit heraustritt, sich aber in glühender Liebe (*ardor*) in ihren Ursprung zurücksehnt? Dann wäre der Satz doch wohl antiken Ursprungs, bezöge sich auf das Heraustreten und Zurückkehren des Kosmos aus dem Einen. *ardor* habe ich mit »Gluthauch« übersetzt; es könnte auch heißen: der Glanz zum Beispiel der Sterne. Dann könnte das *reflectens* wörtlicher genommen werden, und der Satz könnte in seiner kosmologischen Deutung heißen: Gott ist das Eine, das den Kosmos als Einheit erzeugt hat, so daß dieser im Glanz des Äthers auf ihn zurückstrahlt. Es macht den Reiz dieses Textes aus, daß er zwischen buchstäblicher und bildlicher Bedeutung schwebt, daß er changiert zwischen Liebesglut und Ätherglanz.

Die zweite Deutung legt eine kryptische Trinitätsphilosophie nahe: Gott hat demnach eine weitere Monade, den Logos, gezeugt – das Wort *gignere* war in der Trinitätslehre üblich, aber nicht auf sie beschränkt – und bezieht sich durch es in einem einzigen Liebeshauch, dem Heiligen Geist, auf sich zurück. Gott, das wäre dann die drei-einheitliche Bewegung der Logoserzeugung und der Selbstrückkehr.

Dann sagt der Satz: Ein Philosoph, ein Heide, hat die Trinität philosophisch erkannt. Er hat nicht die dogmatisch sanktionierten Ausdrücke benutzt: Er redet weder von drei Personen noch von Vater, Sohn und Geist. Er vermeidet sogar die Vokabel »das Wort«, Verbum oder Logos, das de facto aus der antiken Philosophie in den Anfang des Johannesevangeliums aufgenommen worden ist. Dann hätte ein christlicher Autor der zweiten Hälfte des 12. Jahrhunderts die unbestimmte Weise imitiert, in der ein antiker Philosoph die Trinität ausgedrückt haben könnte. War er vielleicht selbst mit den dogmatischen Ausdrücken von »drei« und von »Personen« unglücklich, weil sie mit der negativen Theologie, auf die doch alles hinauslaufen soll, unvereinbar waren? Konnte man – unter Philosophen – in Gott das biologische Verhältnis von »Vater« und »Sohn« behaupten?

Die trinitätsphilosophische Deutung scheint mir wahrscheinlicher als die kosmologische, weil Folgethesen ähnliche Dreierrhythmen der göttlichen Lebensbewegung aussprechen (z. B. Definitionen 7, 10 und 12). Dies würde zu den trinitätsphilosophischen Interessen passen, denen wir im 12. Jahrhundert immer wieder begegnen, z. B. bei Abaelard, Thierry und Alanus. Weil Thomas von Aquino eine

Trinitätsphilosophie nicht zuließ, worin ihm spätere Kirchenversammlungen mit folgenreichen Verurteilungen solcher Versuche folgten, legte er die erste Definition der 24 Philosophen kosmologisch aus. Nun gab es aber im 12. Jahrhundert eine starke Tendenz, die Trinität als philosophisch wißbar zu erweisen. Dazu würde passen, daß gleich die erste Gottesdefinition den dreifachen Rhythmus der Monade ausspricht. Aber dann bleibt festzuhalten, daß der Autor die sakrosankten Formeln vom einen Gott in drei Personen konsequent vermeidet. Das kostete Anstrengung. Das konnte nicht nebenbei und wie unbewußt geschehen. Dem Wissenden gab es zu denken. Der zweite der 24 Philosophen spricht die berühmteste der vorgetragenen Gottesdefinitionen aus. Sie hat eine glänzende Nachgeschichte, die Dietrich Mahnke 1937 zum ersten Mal nachgezeichnet hat; sie hat von Meister Eckhart über Nikolaus von Kues und Giordano Bruno bis zu Jorge Luis Borges die Geister bewegt. Sie lautet:

> *Deus est sphaera infinita, cuius centrum est ubique, circumferentia nusquam.*
>
> Gott, das ist die unendliche Kugel, deren Mittelpunkt überall und deren Umfang nirgends ist.

Der Autor stellt uns ein geometrisches Gebilde vor, eine Kugel, erweitert sie aber ins Unendliche, so daß die Vorstellungskraft an ihr versagt. Was ist eine Kugel, deren Mittelpunkt überall wäre? Es ist keine Kugel mehr, sondern die reine Unendlichkeit. Das Wort »Kugel« schuf nur einen phantasienahen Ausgangspunkt, den der philosophische Gedanke der Unendlichkeit hinter sich läßt. Der Kosmos als vollkommene Kugel, das ist ein antik-philosophisches Motiv. Auch der Gedanke der Unendlichkeit war, wie R. Mondolfo gezeigt hat, der Antike nicht so fremd, wie viele glauben.

Dennoch sehe ich auch die zweite Definition mehr in der Funktion, die sie seit dem 12. Jahrhundert haben konnte: Es gab im Mittelalter viele Tendenzen, institutionelle wie philosophische, das Unendliche denkend und handelnd zu vermeiden und sich ans Endliche zu halten, das sich beschreiben und dann auch beherrschen läßt. Die zweite These schuf hierzu ein markantes Gegengewicht. Ein aufmerksamer Leser wie Nikolaus von Kues hat aus ihr gefolgert: In der reinen Unendlichkeit kann es nicht Vater, Sohn und Heiligen Geist geben, sondern nur die unbestimmbare Gottheit, die nur durch Nichtwissen gewußt wird. Cusanus hat die These dann auch auf das Universum angewandt; dies war der Anfang vom Ende der aristotelischen Welt, die zwar nicht klein, aber allemal endlich war. Gott als Alleinheit, außerhalb dessen es nichts gibt, und die Unendlichkeit des Kosmos, das waren Hauptpunkte im Prozeß gegen Giordano Bruno. Ich sage nicht, er sei verbrannt worden für Ideen des 12. Jahrhunderts. Aber ich sage: Er wurde verbrannt, weil er Thesen vortrug, die er ohne das *Buch der vierundzwanzig Philosophen* und ohne dessen Anwendung auf das Universum durch Nikolaus von Kues so markant nicht hätte entwickeln können.

Wenn mein Leser hier den Eindruck einer gewissen Unübersichtlichkeit bekommt, entspricht dies der geschichtlichen Realität. Viele Ideen brodelten im ausgehenden 12. Jahrhundert. Und in diese offene Situation griff bald die Rezeption der vollständigen Philosophie des Aristoteles ein. Sie verstärkte – zunächst – das Gewicht der immanent rational verfahrenden Naturforschung, und sie veränderte den intellektuellen Gesamtzustand, indem sie neue Methodenkonzepte einführte und ausgearbeitete Wissenschaften vorlegte, die man bis dahin nicht kannte und die ohne die Offenbarung zustande gekommen waren: Metaphysik, Physik, Psychologie, aber – vielleicht entscheidender noch – auch Ökonomie, Ethik und Politik.

Dank der Aristoteles- und Araber-Rezeption wurde das kommende Jahrhundert zum spannungsreichen Wechselspiel zwischen ausgreifendem Naturinteresse und augustinisch-traditioneller Beharrungstendenz. Der Konflikt Abaelard – Bernhard bekam neue Nahrung; sein überindividueller Charakter trat verstärkt zutage.

Allerdings war das Erbe Augustins vielgestaltig. Es enthielt nicht nur die Warnung vor selbständiger Naturforschung als sündhafter Neugier (*curiositas*). Augustin war von der neuplatonischen Philosophie des Einen hergekommen, und wer sich an die Seite seiner Einheitsphilosophie hielt und gegen seinen Einspruch Naturforschung betreiben wollte, konnte einzelne Motive Augustins mit solchen bei arabischen Autoren neuplatonischer Provenienz verbinden, z. B. mit Avicenna oder mit dem *Liber de causis*. Er konnte eine solche Mischform sogar verknüpfen mit der Rezeption arabischer Optik. Dann konnte Augustin im 13. Jahrhundert selbst Neuerer in der Naturforschung bestätigen, z. B. Robert Grosseteste, Witelo oder Dietrich von Freiberg.

Joachim von Fiore

Ich kann das ideenreiche 12. Jahrhundert nicht verlassen, ohne einen Ideenkeim zu erwähnen, der dem 12. Jahrhundert entstammt, aber erst in den Gärungen der Folgezeit virulent wurde: die Geschichtsbetrachtung des kalabresischen Abtes Joachim von Fiore († 1202).

Joachim war Mönch, und er wurde schließlich der Gründer einer neuen Klostergemeinschaft im abgelegenen Silagebirge. Doch dürfen wir ihn uns nicht in kultureller Isolation vorstellen: Er war am normannischen Königshof groß geworden; er hatte Konstantinopel, Syrien und Palästina bereist: Die Probleme der griechisch-arabisch-christlichen

Mischzone Süditaliens standen ihm vor Augen. Er kannte nicht den strengeren Wissenschaftsbegriff, der sich im Laufe des 13. Jahrhunderts durchsetzen sollte. Im Vergleich mit diesem wirken seine Argumente eher methodenlos, visionär und »mystisch«. Er wollte die Bibel für die Bedürfnisse der Gegenwart auslegen, nicht eine Philosophie der Geschichte entwickeln. Aber seine Schriftdeutung beruht auf einem neuen, in die Geschichtsphilosophie fortwirkenden Grundgedanken: Das Alte Testament weise voraus auf den Neuen Bund und sei von den christlichen Urkunden her »spirituell« zu deuten. Dem Wortlaut nach verspreche es irdische Macht und sinnliche Freuden; es heiße militärische Gewaltakte gut. Aber das habe im Neuen Bund keine Verbindlichkeit mehr. Ebenso sei das Neue Testament zu lesen als Verheißung eines kommenden irdischen Endzustands der Menschheit; wir sollen es lesen als Vorverweis auf das »Dritte Reich«. Joachim deutete die Trinitätslehre geschichtlich: Der Alte Bund entsprach dem Bild von Gott Vater, in ihm verehrten die Juden einen fernen Gott, der äußere Unterwerfung verlangte und mit sichtbaren Belohnungen antwortete. Das Neue Testament brachte das Reich des Sohnes. Gott wurde Mensch, verzichtete also auf den Abstand, der für das religiöse Verhältnis der ersten Epoche charakteristisch war. Galt im ersten Zeitalter die fruchtbare Ehe als menschliches Ideal, so im zweiten das ehelose Leben des Klerus. Sprach im »Ersten Reich« (*status*) Gott zu den Menschen durch sichtbare Dinge, so jetzt durch das Wort der Belehrung. Im Reich des Sohnes hat aber die aktive Lebensform noch immer den Vorrang, den sie im ersten Weltabschnitt hatte: Es gibt noch die Unterscheidung von Laien und Priestern. Die Priester verkörpern durch Lehre und Leben – durch ein Leben in Demut und in gern ertragenem Leiden – die Gegenwart des Sohnes. Diese Gegenwart ist noch zum Teil verhüllt; sie ist noch gebunden an sichtbare Zeichen (Sakramente) und wird vermittelt durch einen dem aktiven Leben zugeordneten, noch nicht »geistigen« Klerus, der hierarchisch gegliedert ist. So ist der zweite Zeitraum eine Epoche des Übergangs. Er bildet nicht die endgültige Form des christlichen Lebens vor dem Jüngsten Tag. Eine freiere, eine geistigere Form des Lebens steht bevor. Durch die Auslegung der biblischen Generationenlehre kam Joachim dazu, die Zeit des »Zweiten Reiches« exakt einzugrenzen; sie dauere 1260 Jahre. Dies bedeutete: Joachim dachte seine Zeit als die des Übergangs. Von den zahlreichen Verkündern eines nahen Weltendes unterschied er sich dadurch, daß er eine neue Lebensform im irdischen Weltzustand erwartete – eine Zeit der Gottesnähe jedes einzelnen. Der Geist Gottes wird ausgegossen über alles Fleisch. Das Reich des Sohnes zeigt ihm gegenüber die Züge des Leidens, der Schmerzen und der Buße. Die neue Zeit wird die verwirklichte Bergpredigt sein – Reich des Friedens. Die Wahrheit wird nicht mehr – wie jetzt – in Büchern zu finden sein, sondern im Innern eines jeden. Es bedarf keines Zwangs und keiner äußeren Autorität mehr: Die Geheimnisse werden allen enthüllt. Es wird die Zeit der Liebe sein.

Diese Liebe verbindet nach Joachim alle Menschen; sie werden gewaltfrei und unegoistisch leben, wie es das Ideal der Mönche ist. Der Geist wird uns frei machen – von den früheren Abhängigkeiten, von hierarchischen Vermittlungen, von der egoistischen Begierde. Unser Sinn ist ganz auf das Ewige, das Bleibende und Göttliche gestellt, aber ohne seelischen Kampf, ohne autoritativen Zwang: Wir werden die Einsicht haben in alle Geheimnisse.[7] Alle diese Verheißungen bezog Joachim nicht auf das Jenseits, nicht auf den ewigen Sabbat nach dem Jüngsten Tag. Damit relativierte er das bestehende Kirchengefüge. Er gab ihm eine dynamische Bedeutung, wie sie dem geschichtlichen Befreiungsprozeß des 12. Jahrhunderts entsprach. Dies war eine Neuerung von großer gedanklicher wie realhistorischer Bedeutung; sie entsprang auch nicht so sehr einsamen Visionen als der Weiterführung von philosophischen Trinitätstheorien, wie sie seit Anselm in Frankreich einander ablösten. Indem Joachim der Trinitätslehre eine historische Wendung gab, entwickelte er nicht nur Kategorien für eine verständnisvollere Bewertung der vorchristlichen Zeit; er befreite auch das christliche Denken von dem Fluch, die »apostolische Zeit« als ideale Gestalt zu denken, im Vergleich zu der die Gegenwart nur einen Abfall bedeutete. Zukunftshoffnungen erhielten eine theoretische Dimension.

Theoretisch bedeutete das: Das philosophische Koordinatensystem, in das man seit dem 2. Jahrhundert alle Daten des Christentums eingetragen hatte, war nun nicht mehr der vulgärplatonische Gegensatz von sichtbarer und unsichtbarer Welt. Joachim blieb diesem Denken noch vielfach verbunden, wie auch seine Dreizeitenlehre Wurzeln in der Vergangenheit hatte. Aber er dachte das menschliche Leben und die christliche Wahrheit prinzipiell neu – als Wegstrecke in einer innergeschichtlichen, vom Geist Gottes geleiteten Entwicklung, an deren Ende autoritätsunabhängige Einsicht und begierdeunabhängige Liebe steht. Er dachte Geschichte als Weg zu vollendeter Freiheit. Er verstand diese »Freiheit« im Sinne des kontemplativen Lebensideals der Reformmönche. Aber es sollte die Freiheit aller auf dieser Erde sein. Gewiß wollte Joachim die Bedeutung Christi und der Kirche nicht herabsetzen; aber er historisierte sie: Jedes der drei Reiche hat die Wahrheit in einer Form, die ihm angemessen ist – jetzt naht das Reich der Einsicht (*intellectus*).

Mit dieser Naherwartung bedrohte der fromme Denker aus Kalabrien die Strukturen der Kirche, ohne dies zu wollen. Die franziskanische Bewegung kam seit etwa 1240 mit seinen Gedanken in Berührung. Viele verstanden sich als die Verkünder eines neuen Weltzustands – einer Welt ohne Gewalt, Krieg und autoritative Wahrheitsvermittlung. Die berühmten Autoren der Bettelorden (Bonaventura, Thomas) waren nicht zuletzt deshalb so geschätzt, weil sie sich dem Einfluß Joachims entgegenstellten. Man konnte Aristoteles auch dazu gebrauchen, die geschichtliche Denkweise Joachims durch eine kosmologische zu ersetzen. Wer dann, gegen 1300, Aristoteles kritisierte, begünstigte nicht selten den inzwischen (1215) verurteilten Joachim. So begann dessen große Zeit mit dem Anfang des 14. Jahrhunderts.

V
Das 13. Jahrhundert

24 Die geschichtliche Situation

Ein neues Bild der intellektuellen Entwicklung des 13. Jahrhunderts gewinnt heute Umrisse. Es zeigt sich: Das 13. Jahrhundert war nicht das Jahrhundert des hl. Thomas von Aquino. Dabei enthielt diese Charakterisierung – sie stammt von Etienne Gilson – schon ein Zugeständnis: Gilson verwarf damit die Auffassung, die Philosophie des Thomas sei der charakteristische Ausdruck der Normalüberzeugungen dieser Zeit gewesen. Er kritisierte Thomisten, die zum Lob des Aquinaten behaupteten, man könne, wenn die Werke des Thomas verlorengegangen wären, ohne Verlust seine Philosophie aus den Werken seiner Zeitgenossen rekonstruieren.[1] Gilson sah, wie weit die Zeitgenossen des Thomas von ihm entfernt waren. Nach Gilson war das 13. Jahrhundert zwar das Jahrhundert des hl. Thomas, aber nicht das Jahrhundert der Thomisten. Damit war zugestanden, daß es eine Vielfalt der theoretischen Ansätze gab. Für die Zeitgenossen spielte Thomas nicht die zentrale Rolle, die man ihm in seinem Orden und seit der zweiten Hälfte des 19. Jahrhunderts in katholischen Kreisen zuschrieb. Die Mannigfaltigkeit der philosophischen Positionen ist in den letzten Jahrzehnten immer stärker hervorgetreten. Ein neues Bild des 13. Jahrhunderts muß diese Vielfalt aufnehmen und als theoretische Bearbeitung der Probleme einer sich ausdifferenzierenden Zivilisation interpretieren.

Im 13. Jahrhundert hielt die wirtschaftliche und technische Expansion an. Die seit dem 12. Jahrhundert unübersehbare Bedeutung der Städte wuchs weiter; die Bevölkerungszahl stieg an. Der Fernhandel nahm zu.[2] Insgesamt blieb die mittelalterliche Welt zwar agrarisch und feudalistisch. Aber die Erfahrung kommunaler Selbstbestimmung, selbständiger Rechtssetzung, handwerklichen Könnens und der Planbarkeit von Erfolgen veränderte die Gesellschaft und die Funktion von Rationalität. Der steigende Reichtum provozierte lebhafte Protestbewegungen; die Armutfrage wurde zu einem zentralen Thema der Religiosität und der Politik. Ketzereien, die das Christentum aus der Verstrickung in Reichtum und Macht lösen wollten, nahmen zu. Die franziskanische Bewegung intendierte ein »apostolisches Leben« in Armut; nur in langen Auseinandersetzungen gelang es der Papstkirche, diese Bewegung kirchlich zu integrieren.

Das 13. Jahrhundert bedeutete für das Papsttum den Gipfel seiner Macht.[3] Die zentrale Reichsautorität zerfiel nach dem Tod Friedrichs II. († 1250); die nationalen Mächte, vor allem Frankreich, hatten noch nicht ihre volle Macht oder jedenfalls nicht ihren durchgängigen Partikularismus entwickelt wie im 14. Jahrhundert. In der langen Regierungszeit des heiligen Königs Ludwig (1226–70) schienen nationales Interesse, kirchliche Sendung und kulturelle Aufgabe des französischen Königtums ausgeglichen; der Bau der Sainte Chapelle beim Königspalast brachte dies sichtbar zum Ausdruck (1241–45). Eine Machtverlagerung von Mittel- nach Westeuropa begann sich abzuzeichnen. In dieser Situation kam das Papsttum seinen Weltmachtplänen so nahe wie nie zuvor oder später. Es setzte die kirchlich integrierte Armutsbewegung, die Bettelorden, als Instrument weiterer Machtvermehrung ein – vor allem gegen die in der Hand der lokalen Aristokratien befindlichen Bistümer. Die Ordensschriftsteller honorierten die päpstliche Protektion mit papalistischen und sakramentalistischen Traktaten über die kirchliche Gewalt. Sie suchten die Schätze der arabischen und griechischen Wissenschaft dem kirchlichen Herrschaftssystem und der christlichen Weltauslegung so weit wie möglich zu integrieren; strittig war nur das Ausmaß, in dem dies möglich schien.

Der Ort dieser Auseinandersetzungen wurde immer ausschließlicher die Universität, vor allem die von Paris, deren institutionelle Form sich nun definitiv herausbildete. 1231 garantierte der Papst ihre korporative Autonomie. Seit der Jahrhundertmitte gewann Oxford eine selbständige Bedeutung. Seit 1248 spielte auch das Generalstudium der deutschen Dominikaner in Köln eine intellektuell bedeutende Rolle. 1224 schon hatte Friedrich II. die königliche Universität von Neapel gegründet, eine Hochschule für den imperialen Führungsnachwuchs, ohne Theologie, mit Verbindungen zur griechischen und zur arabischen Welt. Die Kreuzzüge und die Missionierungsversuche, vor allem in Nordspanien, vertieften die Kontakte mit fremden Zivilisationen, vor allem mit dem Islam.

25 Klerikerwissen und die Anfänge einer laikalen Wissenschaft. Die Mendikanten

Klerikerwissen

Die Wissenschaft des christlichen Westens war in erster Linie Klerikerwissen. Dies erklärt manche ihrer Eigenarten. Aber dabei ist doch auf spezifische Entwicklungen innerhalb des Mittelalters zu achten, die besonders seit dem 13. Jahrhundert relevant wurden: Mit der Institutionalisierung der Universität erhielt das Studium der Philosophie einen eigenen, von der Theologie relativ unabhängigen soziologischen Ort. Aber es veränderten sich auch das Selbstverständnis und die historische Funktion des Klerus, besonders durch die Entstehung neuer Orden, der sogenannten Bettelorden.

Das Wort »Klerikerwissen« löst heute einige Assoziationen aus, die wir für das Mittelalter fernhalten müssen. Das Wort »Kleriker« hatte eine weitere Bedeutung als heute. Es umfaßte – wie das englische Wort »clerk« – alle, die studiert hatten. Vor allem aber: Wir dürfen den mittelalterlichen Kleriker nicht nach dem Modell des Klerikers des 19. und 20. Jahrhunderts verstehen. Er hatte in der mittelalterlichen Wissenschaft eine produktive Funktion. Kleriker trieben die intellektuelle Entwicklung voran; sie bewiesen die Fähigkeit zur Innovation. Die mittelalterliche Bildung war Klerikerbildung und stand im Dienst eines Machtsystems. Sie suchte zu integrieren, was sich nicht unterdrücken ließ. Sie glättete Widersprüche, um die Fundamente der Papstkirche und der feudalen Gesellschaft nicht zu gefährden. Aber Kleriker gab es auf allen Seiten des sozialen Prozesses und der intellektuellen Kämpfe. Es war gerade ihr Verdienst, die im augustinischen Wissenschaftskonzept von *De doctrina christiana*[1] angelegte Tendenz zur Klerikalisierung der Wissenschaft einzudämmen und teilweise außer Kraft zu setzen. Die Funktion des Klerus im mittelalterlichen Kontext, dazu gehörte auch, daß einige mittelalterliche Kleriker Tendenzen vertraten, die zu einer kritischen Durchsicht der Tradition und zu einer Ausweitung des empirischen Wissens führten. Wenn die Stadt Worms im 11. Jahrhundert die Probleme des Festungsbaus nicht lösen konnte, so wandte sie sich an den Bischof Bernward von Hildesheim, denn der war Spezialist für den Bau militärischer Anlagen. Wenn der mittelalterliche deutsche König für längere Zeit Deutschland verließ, bestellte er sich einen Kleriker, etwa den Erzbischof von Mainz, als Stellvertreter für die Abwicklung der unaufschiebbaren politischen und juristischen Entscheidungen. Solche Kleriker waren schon von ihrer familiären Herkunft her in die Probleme des politischen Lebens verwickelt. Von ihrer tatsächlichen Funktion her bedurften sie eines Wissens, das nicht klerikalistisch war. Der niedere Klerus war von solchen Kirchenfürsten durch eine ungeheure Kluft getrennt. Er konnte – vor allem, wenn er sich der Armutsbewegung anschloß – den Erfahrungen der Unterschichten auch in der Welt der Wissenschaft Stimme verleihen, und er hat es nicht selten getan. Der mittelalterliche Klerus bestand selbst aus gegensätzlichen sozialen Klassen und erzeugte im intellektuellen Spektrum wissenschaftsfördernde Kontraste.

Juristen und Ärzte

Es gab neben dem Klerus auch noch andere gesellschaftliche Gruppen, die bestimmte Formen des weltlichen Wissens aus der Antike fortführten oder neu entwickelten. Dies waren vor allem die Juristen und die Ärzte. Die Juristen beschäftigten sich nicht aus Neugierde oder antiquarischem Interesse mit der römischen Rechtswissenschaft, sondern einmal, weil die Eigentumsverhältnisse der italienischen Kommunen gewisse Analogien mit denen der spätrömischen Zeit aufwiesen, so daß man das Privatrecht der römischen Jurisprudenz brauchte. Sodann aber und vor allem, weil weltliche Herrscher keine andere, immanent politische oder juristische Rechtfertigung einer vom Papsttum unabhängigen Herrschaftssphäre finden konnten. So konnte man im frühen Mittelalter in Ravenna, Pavia und Padua Rechtsschulen besuchen, in denen die Tradition des Studiums des hochentwickelten römischen Rechts allenthalben fortgeführt wurde. Dies war freilich eine auf Italien beschränkte Tradition. Auf ihrem Hintergrund entwickelte sich im 12. Jahrhundert Bologna zur wichtigsten Juristenfakultät der mittelalterlichen Welt. Hier lehrten Laien für Laien eine unabhängig von Papst und Theologie konzipierte Wissenschaft und politische Praxis.[2] Da das römische Recht dem Kaiser eine Machtfülle zuschrieb, von der jeder mittelalterliche Herrscher, der durch zahlreiche Unterinstanzen und viele andere Fesseln gebunden war, nur träumen konnte, hatten die Herrscher seit dem 12. Jahrhundert ein vorzügliches Interesse an der Förderung des römischen Rechts. In Bologna kann man heute noch einige Grabmäler von mittelalterlichen Rechtsgelehrten sehen; sie stehen an Größe und Aufwendigkeit dem Grabmal mancher Bischöfe nicht nach. Vor allem Kaiser Barbarossa hatte die Juristen von Bologna gefördert. Ihre Tätigkeit brachte ihnen Macht und Geld ein; sie empfanden sich keineswegs als Beauftragte des Klerus.

Neben der Rechtswissenschaft bildete auch die Medizin einen relativ selbständigen Block autonomen Wissens im Mittelalter. Wenn die Tochter eines deutschen Fürsten des 12. Jahrhunderts schwer erkrankte, dann rief man nicht zuerst nach Klerikern, sondern man schickte, wenn es eben möglich war, die Erkrankte zu den Ärzten von Salerno. Salerno war im frühen Mittelalter schon ein Zentrum der Medizin.[3] Die Gründungslegende dieser Ärzteschule erzählte, ein Grieche und ein Römer, ein Araber und ein Jude hätten gemeinsam diese Schule gegründet. Es ist nicht wichtig, ob dies de facto der Fall war. Bemerkenswert ist, daß man in Salerno das Bewußtsein hatte, auf dem Boden der antiken Tradition und in Anknüpfung an die arabische Medizin einen eigenen kulturellen Stand bezogen zu haben, der vergleichsweise unabhängig war vom Klerus.

Auch als nach der Aristoteles-Rezeption und nach der umfassenden Durchdringung aller Wissenschaften durch die Formalismen der aristotelischen Logik der Wissenschaftsbegriff sich von der Empirie eher wegwandte, obwohl man ständig Aristoteles' Behauptung wiederholte, alle Erkenntnis fange mit den Sinnen an, bildete die Lektüre der antiken Ärzte, vor allem des seit dem 12. Jahrhundert übersetzten Hippokrates und des Galen, zusammen mit den arabischen

Anregungen einen ständigen Anreiz, das akademische Bücherwissen durch die Erfahrung am Krankenbett zu korrigieren und zu erweitern. In der arabischen Philosophie war die Verbindung von Medizin und Philosophie besonders eng. Die Schriften des Avicenna bildeten bis ins 16. Jahrhundert eines der wichtigsten Studienwerke des mittelalterlichen Arztes. Der sogenannte Averroismus in der Schule von Padua wurde getragen von Medizinern. Wenn dort im 14. Jahrhundert eine neue Methode der Naturforschung, eine Mathematisierung von Naturgegebenheiten und eine freigeistige[4], naturalistische Betrachtung des menschlichen Geistes, der Kulturentwicklung und der Religionsunterschiede entstand, so wurden diese Theorien durch den Freiheitsraum ermöglicht, den mittelalterliche Ärzte wenigstens in Italien hatten. Aber die Medizin blühte nicht nur in Italien. Es gab in Montpellier eine berühmte Medizinschule, die im Austausch mit den arabischen Ärzten stand. Da die mittelalterlichen Fürsten, wenn es um Leben und Tod ging, ein Interesse daran hatten, gut ausgebildete und effizient arbeitende Ärzte zu haben, war an den meisten Fürstenhöfen der Geist einer relativ vorurteilslosen Betrachtung des menschlichen Körpers durch die Hofärzte repräsentiert. Augustin hatte im *Gottesstaat* das Sezieren von Leichen als eine abartige Neugier, die sich für Christen nicht schicke, verworfen.[5] Die spätmittelalterlichen Ärzte haben nur in Ansätzen diese Verwerfung überwunden. Sie haben in einigen wenigen Universitätsstädten schließlich erreicht, daß es im späten Mittelalter für die Medizinstudenten regelmäßig, wenn auch selten anatomische Vorführungen an Leichen gab und daß die Städte verpflichtet waren, regelmäßig für die Zwecke der medizinischen Ausbildung Leichen zur Verfügung zu stellen. Dies alles zeigt, daß die Mediziner des Mittelalters sich von theologischer Bevormundung zur Not befreien konnten.[6]

Mönche, Mendikanten

Dennoch waren die meisten Gelehrten nicht nur Kleriker, sondern gehörten auch einem religiösen Orden an. Für einen modernen Betrachter scheinen die Unterschiede zwischen Weltgeistlichen und Mönchen, gar zwischen den verschiedenen Gemeinschaften von Mönchen, unerheblich. Aber für die Wirklichkeit des mittelalterlichen Lebens waren sie es nicht. Der Mönch unterschied sich vom Weltgeistlichen durch den Verzicht auf individuellen Besitz. Er wollte der Macht aus dem Wege gehen – auch der Macht eines hohen kirchlichen Amtes. Zwar gab es Mönche, die Bischöfe, Kardinäle und Päpste wurden. Aber dies lag nicht auf der Linie der monastischen Tradition; das spätantike Mönchtum war eine Protestbewegung gegen die antike Großstadt, den antiken Bildungsbetrieb und Ämterapparat. Petrus Damiani legte sein Bischofsamt wieder nieder, weil er fand, es verwickle ihn zu sehr in die Welt. In den streng monastischen Kreisen war daher am ehesten kritischer Abstand zu der Macht des Klerus zu finden; die antik-philosophische Tradition, sich von den Herrschenden abzusetzen, fand hier ihre spezifisch mittelalterliche Fortsetzung; sie wurde von den Mächtigen nicht selten mit dem Vorwurf der Häresie bedacht, besonders im spätmittelalterlichen Armutsstreit, in den wir einen Philosophen wie Wilhelm von Ockham verwickelt finden.[7]

Die Verschiedenheit der kirchlichen Orden erklärt sich aus ihren geschichtlichen Entwicklungsbedingungen. Im frühen Mittelalter haben wir es vor allem mit den Benediktinern zu tun. Klöster wie Tours, Fulda, Reichenau und St. Gallen, die die karolingische Kultur weitgehend trugen, stellten eine Fortentwicklung des Konzepts Benedikts dar – eine Fortentwicklung in Richtung auf eine bessere Organisation, auf erweiterte Funktionen für das Hinterland, auf größere Nähe zu Bildung, Kunst und Erziehung. Philosophische Interessen konnten sich in diesem Rahmen entfalten im Anschluß an den Schulunterricht in Grammatik und Dialektik oder an die Lektüre der Kirchenväter, vor allem Augustins. Eine Meditation über die inneren Gründe des christlichen Glaubens, eine Meditation, die den Charakter eines persönlichen, zurückgezogenen Nachdenkens annahm und die ins Gespräch unter den Mitgliedern einer Klostergemeinschaft mit einfloß, gab es erst seit dem 11. Jahrhundert. Daß daraus eine philosophische Konstruktion werden konnte, zeigte das Werk Anselms von Canterbury.

Die Abteien nahmen am Wirtschaftsaufschwung der zweiten Hälfte des 11. Jahrhunderts teil und dokumentierten dies oft durch aufwendige Bauten. Eine Abtei wie Cluny war so etwas wie ein Fürstentum. Dagegen entstand eine Reihe von Reformbewegungen, die auf ein strengeres Leben drängten; so entstanden 1084 die Kartäuser, 1098 die Zisterzienser, 1121 die Prämonstratenser.

Man kann diese Gemeinschaften verstehen als reformierte Formen des benediktinischen Mönchtums: Sie hielten an der Abt-Verfassung fest, ebenso an der Bindung des Mönchs an einen Ort (*stabilitas loci*) und an der Ansiedlung der Hauptklöster außerhalb der Städte. Nur sollte die Regel strenger eingehalten, der äußere Aufwand, vor allem beim Bauen, eingeschränkt werden. Die Mentalität dieser Entwicklungsstufe wird vor allem repräsentiert durch Bernhard von Clairvaux (Zisterzienser, † 1153).[8]

Im 13. Jahrhundert brauchte eine rasch wachsende Bevölkerung Fernhandel; damit verbunden waren neue, kommunale Rechtsvorstellungen und urbane Lebensweisen. Das alte Mönchswesen stand abseits dieser neuen Entwicklungen. Da der Reichtum der Kaufleute und Kleriker in zunehmendem Kontrast zum Leben der meisten anderen Menschen stand, gab es soziale Proteste, die die kirchliche Gesamtorganisation der mittelalterlichen Welt schwächen mußten, wenn es nicht gelang, sie kirchlich zu integrieren. Dies unternahmen die Bettelorden, Franziskaner und Dominikaner. Beruhten auch die älteren Orden auf dem Grundsatz der Armut, so stand doch der Besitzlosigkeit des einzelnen Mönchs ein großer Reichtum des Klosters gegenüber. Bei den Bettelorden sollte auch dies aufhören. Durch den Verzicht auch auf kollektiven Besitz sollten sie die Kirche in den benachteiligten Schichten der Städte präsent halten. Dabei schufen sie religiöse und organisatorische Ausdrucksformen, die der neuen, stadtbürgerlichen Realität besser entsprachen als die früheren. Es gab in ihnen nicht mehr den patriarchalisch regierenden Abt auf Lebenszeit, sondern den für einige Jahre gewählten Prior. Vor allem lagen diese Klöster nun in den Städten, genauer: an den Stadträndern der Kommunen des beginnenden 13. Jahrhunderts. Da die Stadtbevölkerung ein stärkeres Bedürfnis nach Belehrung zeigte, als es der Weltklerus und die benediktinischen Mönche in der Regel erfüllen konnten, nahm sich der Dominikanerorden besonders der Predigt an. Gleichzeitig spezialisierte er sich auf die Bekämpfung der Ketzer, die sich vor allem in den südfranzösischen Städten fanden. Die Ketzerbekämpfung erforderte aber ebenso wie die Predigt eine verbesserte Ausbildung; so suchten die Dominikaner sehr bald den Anschluß an die zeitgenössische Bildung, d. h. sie strebten nach Paris.[9]

Die Franziskaner waren weniger streng auf dieses Ziel hin konzipiert; sie waren überhaupt volkstümlicher, auch vielfältiger in ihren Bestrebungen. Franziskus von Assisi, der Sohn eines reichen Tuchhändlers, wollte arm dem armen Jesus nachfolgen. Die Welt der Universitäten war ihm fremd. Der Besitz von Büchern war ihm verpönt, denn Bücher waren teuer. Erst in einer zweiten Entwicklungsstufe – und niemals ohne Vorbehalte – öffneten sich die Franziskaner der Wissenschaft. Als 1231 der Pariser Magister Alexander von Hales in den Orden eintrat, saß nun erstmals ein Franziskaner auf einem Lehrstuhl. Die Dominikaner hatten diesen Schritt schon zwei Jahre vorher getan. Die Konkurrenz der beiden Orden begünstigte nun die wissenschaftlichen Studien; jeder Orden wollte seine begabtesten Lehrer nach Paris schicken. Dadurch wurden die neuen Orden bei der Rezeption der arabischen und der aristotelischen Schriften die treibende Kraft; Benediktiner und Weltkleriker – unter denen Wilhelm von Auxerre, Wilhelm von Auvergne, später Heinrich von Gent und Gottfried von Fontaines erwähnenswert bleiben – traten zurück. Die Akzeleration der intellektuellen Entwicklung zwischen 1230 und 1280 hatte in dem Wettkampf von Weltklerikern, Franziskanern und Dominikanern um die begehrten Pariser Lehrstühle eine ihrer Ursachen; hier treffen wir so wichtige Autoren des 13. Jahrhunderts wie Albert, Bonaventura, Thomas von Aquino; hinzu kamen Siger von Brabant und Boethius von Dacien als selbstbewußte Vertreter der Artistenfakultät. In diesem Reizklima stritt man zunächst darum, ob es den Bettelorden überhaupt erlaubt werden könne, Lehrstühle an der Universität zu übernehmen. Da die Orden mächtige Interessen dieser Zeit vertraten und ein Instrument des päpstlichen Zentralismus sein sollten, da sie ferner die begabtesten Autoren anzogen, endete dieser Kampf nicht nur mit der Zulassung der Franziskaner und Dominikaner zu Lehrstühlen, sondern mit der tatsächlichen Vorherrschaft dieser Orden bei der Entwicklung der Philosophie und Theologie des 13. Jahrhunderts.

26 Die Universität und ihre literarischen Formen

Das 13. Jahrhundert wurde die große Zeit der Universitäten, genauer: ihrer Institutionalisierung. Sie gaben sich jetzt Statuten, Studienordnungen und Verfahrensregeln für Vorlesungen und Disputationen. Dies bedeutete eine gewisse Autonomie; aber wir dürfen diese Autonomie nicht im Sinne neuzeitlicher Forderungen nach Geistesfreiheit auslegen. Wie wenig die Universität diese spätere Forderung kannte, zeigt folgender Vorfall:

Eines Abends – es war im Jahr 1281 – goß ein angesehener Professor der Medizin, Hugo von Parma, die Basilikumtöpfe vor seinem Fenster. Er war bereits im Negligé, ohne Hut und barfuß. Vielleicht war er in Gedanken bei seiner Wissenschaft, jedenfalls goß er zu kräftig und traf zufällig die gerade vorbeiziehende Stadtwache mit seinem starken Strahl. Die Polizisten fühlten sich in ihrer Ehre verletzt, verlangten Eintritt in sein Haus. Er, spärlich bekleidet, weigerte sich zu öffnen. Die Polizisten drangen gewaltsam ein, versetzten ihm mit einem großen Schlüssel einen Schlag auf den Kopf, zerrten ihn auf die Straße; er kam dabei fast unter die Pferde. Sie wollten ihn ins Gefängnis bringen. Die Nachbarn protestierten: Die Gefangennahme, die Kopfverletzung – dies alles verstieß gegen die Privilegien der Professoren. Die Universitätslehrer unterstanden ausschließlich kirchlichen Gerichten. Die Universität legte Widerspruch ein und verlangte Schadenersatz. Da die weltliche Behörde nach Ansicht der Universität keine angemessene Wiedergutmachung leistete, trat die gesamte Universität in den Streik.[1]

Dies geschah, wie gesagt, 1281. Vier Jahre zuvor hatte der Bischof massiv in die Lehrfreiheit derselben Fakultät eingegriffen; der Medizinprofessor gehörte zu den Artisten. Aber damals rührte sich keine Hand. Die Artisten nahmen es hin, daß sie einen Eid schwören mußten, sich nicht auf theologische Themen einzulassen. Solche Eingriffe entsprachen der Vorstellung, die auch sie von der Universität hatten. Das universitäre Wissen diente einem bestimmten Zweck; es war nicht unabhängig von der Kirche. In diesem Sinne waren auch die kleinen Details geregelt. Man sollte z. B. an der Kleidung erkennen, wer zu dieser Korporation gehörte. Man bestimmte:

Wenn ein Student starb, mußte die Hälfte der Magister zur Beerdigung gehen, und es wurde ausdrücklich eingeschärft, sie dürften nicht weggehen, bevor die Beerdigung zu Ende war.[2] Man regelte vor allem die Ämterfolge. Sozialgeschichtlich entscheidend: Man erdachte – in einer sonst feudal organisierten Gesellschaft – Formen einer repräsentativen Demokratie, mit Wahlen und auffallend kurzen Amtszeiten. Die Universität hatte ihre eigene Gerichtsbarkeit und ihre »Privilegien«, die ihr der Papst und der König von Frankreich mehr als einmal gegen den Ortsbischof und die Stadt bestätigten, nicht ohne für sich selbst die Möglichkeit autoritativer Eingriffe offenzuhalten. Für Paris war diese Entwicklung 1215 abgeschlossen.

Die Universität Paris gliederte sich in Fakultäten: Für die Geschichte der Philosophie entscheidend waren die der *artes* – unter denen Dialektik und Rhetorik alle übrigen überwucherten – und der Theologie. Der Dekan der Artistenfakultät war gleichzeitig Rektor – nach anfänglichem Widerstand des Dekans der Theologen.

Professoren und Studenten waren nach ihrer Herkunft in »Nationen« organisiert. Deren Zusammenschluß hatte eine rechtliche Form; er war für das tägliche Leben in Paris wichtiger als die Zugehörigkeit zu einer der Fakultäten. Die »Universität« war das Zusammentreten der Nationen und der Fakultäten.

Gleichzeitig mit Paris organisierte sich die Universität Bologna. Sie nahm ihren Ausgang von lokalen Juristenschulen. Was Abaelard für die Vorgeschichte der Universität Paris und für die Methode der mittelalterlichen Wissenschaft leistete, das leisteten in Bologna der Jurist Irnerius, der das römische Recht erneuerte, und der Kirchenrechtler Gratian, der, vermutlich von Abaelards methodischen Vorschlägen angeregt, die bisher ungeordnete Masse kirchlicher Rechtsvorschriften in seinem *Decretum* systematisch sichtete. Da in Bologna die Professoren nicht Mitglied der »Nationen« werden konnten – sie waren in der Regel Bürger dieser Stadt –, lag in Bologna die akademische Selbstverwaltung weitgehend in der Hand der Studenten. Als Napoleon im Juni 1796 Bologna eroberte, wurden die »Nationen« und ihre Vertretung abgeschafft. So hatte Bologna 1798, also nach mehr als sechs Jahrhunderten, erstmals einen Rektor, der nicht Student war, sondern Professor.

Die Universität Oxford bildete sich ebenfalls im 13. Jahrhundert nach Pariser Muster. Doch hatte sie nicht, wie Paris, vier »Nationen«, sondern nur zwei; die Zahl der vom Festland kommenden Studenten war gering, aber die Spannungen, vor allem zwischen Iren und Engländern, waren nicht geringer als in Paris.

Die Studienordnung und die Lehrweise der mittelalterlichen Universität haben die Inhalte und die Darstellung des mittelalterlichen Wissens vielfältig bestimmt. Die Philosophie hatte in der »Artistenfakultät« (*facultas artium*) erstmals wieder eine gesicherte institutionelle Stelle. Dies um so mehr, als das Studium der *artes* die Vorbedingung war für das Studium in den anderen Fakultäten. Der in der Artistenfakultät entwickelte Begriff von Wissenschaft wurde auf juristische, medizinische und theologische Inhalte angewendet. Damit waren auch Konflikte geschaffen. Konnte die Theologie den Wissenschaftsbegriff der Artistenfakultät überhaupt übernehmen?[3] Entwickelte sie von sich her einen Begriff von Wissenschaft, mußte sie es in den Formen der Zeit tun. Sie mußte also Aristoteles kommentieren. Dann trat sie in Konkurrenz mit der Artistenfakultät, deren Hauptaufgabe immer mehr die Erklärung der aristotelischen Schriften geworden war. Wir besitzen noch die Studienordnung der Pariser Artistenfakultät vom 19. März 1255. Sie nennt die Textbücher, die dem Unterricht zugrunde liegen sollten: Dies waren vor allem die logischen Schriften des Aristoteles, und zwar nicht nur die, die wie die Kategorienschrift und *De interpretatione* das ganze Mittelalter hindurch schon erklärt worden waren (man nannte diese Bücher die »alte Logik«, *logica vetus*), sondern auch die 1. und die 2. *Analytik* und die *Topik* (das war die »neue Logik«, *logica nova*). Dies bedeutete, daß jetzt nicht nur die logischen und ontologischen Grundbegriffe des Aristoteles, sondern seine ausgearbeitete Theorie des wissenschaftlichen Vorgehens, also seine Wissenschaftslehre und seine Methodologie, den Studenten aller Fächer erklärt wurden. Ferner schrieben die Statuten von 1255 vor, daß die *Physik*, die *Metaphysik*, die *Ethik* und die naturwissenschaftlichen Werke des Aristoteles »gelesen«, d.h. vorgelesen und kommentiert werden mußten. Die alten Themen der *artes* sind in der Themenliste vertreten durch die Schriften der antiken Grammatiker Donat und Priscian.[4] Eine schon von den »Dialektikern«, d.h. Logikern, des 11. Jahrhunderts gepflegte Übung zur Auflösung von Paradoxien, die »Unmöglichkeiten« (*impossibilia*) oder »Trugschlüsse« (*sophismata*), wurde von der Artistenfakultät weiter betrieben.

Für das Studium in der Artistenfakultät waren sechs Jahre festgesetzt. Danach konnte sich der Student einer der drei anderen Fakultäten zuwenden. Die Theologie war also nicht mehr der einzige Sinn des Studiums der »Freien Künste«. Damit war die von Augustin konzipierte Unterordnung der antiken Tradition unter das Schriftstudium institutionell überwunden. Das Schriftstudium selbst änderte seinen Charakter. Auch wenn man statt »Theologie« noch lange »Heilige Schrift« (*sacra scriptura*) sagte, stand jetzt die Auslegung der Schrift unter den Rahmenbedingungen, die das aristotelische Denken vorgab.[5]

Der Abschluß des Studiums in der Artistenfakultät erfolgte durch das Bakkalaureat. Nach einem Vorexamen wurde der Student zu einer öffentlichen Disputation (*determinatio*) zugelassen. Bewährte er sich dabei, durfte er als Bakkalaureus die vorgeschriebenen Textbücher erklären. Nach zwei Jahren erfolgreicher Lehre wurde er Magister in der Artistenfakultät.

Dies war jedoch die Ausnahme. Normalerweise nahm der Bakkalaureus das Studium in einer anderen Fakultät auf. Studierte er Theologie, so dauerte dies weitere acht Jahre. Danach wurde er Bakkalaureus der Theologie; als solcher hatte er zwei Jahre lang die Heilige Schrift zu erklären (*baccalaureus biblicus*). Danach las er zwei Jahre lang über die *Sentenzen* des Petrus Lombardus.[6]

Diese Sammlung von Sätzen der Schrift und der Kirchenväter wurde das wichtigste theologische Schulbuch des Mittelalters;[7] jeder Theologe der Pariser Fakultät hat zu ihm einen Kommentar verfaßt.[8] Hatte er zwei Jahre über die *Sentenzen* gelesen, wurde er »eigentlicher Bakkalaureus« (*baccalaureus formatus*). Hielt er als solcher vier weitere Jahre lang Disputationen ab, konnte er Magister der Theologie werden. Dazu mußte er eine öffentliche Disputation mit älteren Magistern bestehen; danach erhielt er in der Aula des Bischofs von Paris das Barett eines Magisters und leitete erstmals selbständig eine Disputation.[9] Der Titel eines Magisters der Theologie war sehr angesehen, so daß ihn viele begehrten. Wer tatsächlich las, hieß »wirklicher Magister« (*magister actu regens*).

Literarische Formen

Aus dem Studiengang ergaben sich bestimmte literarische Formen. Er erklärt, weshalb die mittelalterliche Wissenschaft weithin die Form des Kommentars hatte: Kommentar zu Aristoteles, Kommentar zum *Liber de causis*, Kommentar zur Bibel, Kommentar zur Sentenzensammlung des Petrus Lombardus.[10] Aber die »dialektische« Schulung schloß aus, daß diese Kommentare bloß wiederholten, was im Text stand. Abaelard hatte definitiv gezeigt, daß man bei einer bloßen Wiederholung nicht stehenbleiben konnte; dazu war die Tradition zu widersprüchlich. Die scholastische Kommentierung sollte diese Widersprüche beseitigen. Dazu mußte sie sich oft weit vom Text entfernen. Häufig nahm sie den Text nur zum äußeren Anlaß, eine eigene »Frage« (*quaestio*) zu stellen.

Die *»quaestio«*, die »Frage«, hatte eine bestimmte Form. Sie ging aus von Zitaten aus Autoritäten, zeigte dann, daß andere Autoritäten den erstgenannten Texten widersprechen, holte in einem nächsten Schritt weit aus zu einer eigenen »Lösung« (*determinatio*) und zeigte abschließend, wie die Widersprüche der Autoritäten zu harmonisieren sind. Sie konnte sich mit derselben Technik auch zeitgenössisch vertretenen Theorien zuwenden.

Die literarische Form der »Frage« löste sich von den Kommentaren ab. Auch dazu gab es in Paris einen institutionellen Grund: die Disputationen. Es gab die »ordentlichen Disputationen« (*disputationes ordinariae*), die alle 14 Tage stattfanden und die thematisch bei den Problemen der Vorlesungen blieben. Es gab aber auch »wahllose Disputationen« (*disputationes quodlibetales*),[11] bei denen jeder Anwesende Fragen aus allen Teilen der Wissenschaft stellen konnte. Diese Disputationen »über alles Mögliche« waren feierliche Veranstaltungen der Universität, oft mit großem

Publikum. Sie fanden jährlich zweimal statt, in der Advents- und in der Fastenzeit.

Kommentare und Quästionen erwuchsen unmittelbar dem Lehrbetrieb. Aber die mittelalterlichen Autoren hatten auch das Bedürfnis nach einer zusammenhängenden Darstellung. So entstanden die »Summen«. Auch sie sind in Quästionenform gehalten, vertiefen aber die Probleme weniger als die der »ordentlichen Disputationen«; insofern nähern sie sich mehr dem für Anfänger geschriebenen Lehrbuch. Charakteristisch ist, daß die Dialogform verschwand, die Anselm von Canterbury und Abaelard noch geschätzt hatten. Es gab für sie die Vorbilder Ciceros und des frühen Augustin. Mit dem Selbstbewußtsein des durch die Hierarchie hochstilisierten Magisters war diese Form nicht mehr vereinbar; seine Funktion bemaß sich danach, daß er eine Frage »entschied«, »determinierte«.

Die Philosophie des 13. Jahrhunderts kannte aber auch die sich ganz vom Schulbetrieb loslösende Form des philosophischen Aufsatzes oder Traktats. Ein frühes Beispiel dafür ist die Schrift des Thomas von Aquino *Über das Seiende und das Wesen* (*De ente et essentia*). Indem das 13. Jahrhundert den philosophischen Traktat entwickelte, hat es sich eine literarische Form geschaffen, die über den Universitätsrahmen hinausdrängte. Der philosophische Aufsatz war ein vorzügliches Instrument der Selbstbefreiung individuellen Denkens. Am Ende des 13. Jahrhunderts lag damit eine Form bereit, in der immanent-philosophische Probleme, unbekümmert um ihre Integration in eine theologische Gesamtdeutung, erörtert werden konnten. Der Verfasser konnte sich emanzipieren – von Gesprächssituationen der Klostergemeinschaft, von bischöflicher Lehrerlaubnis und von Gepflogenheiten der Universität. Kleriker hatten damit ein Instrument geschaffen zur Entklerikalisierung des Wissens.

27 Die islamische Herausforderung

Die arabische Welt und ihre kulturelle Situation

Die zivilisatorische und damit auch die philosophische Entwicklung des lateinischen Westens seit dem 13. Jahrhundert war wesentlich mitbestimmt durch den Einfluß der Araber.[1] Die Gesellschaft des Westens hatte seit dem Ende des 11. Jahrhunderts eine ökonomische, politische, militärische und intellektuelle Dynamik entfaltet, die sie drängte, sich mit der überlegenen arabischen Zivilisation zu konfrontieren. Die Kreuzzüge waren der bekannteste, aber nicht der einzige Ausdruck dieses Prozesses. Um sich dessen Breite zu verdeutlichen, werfe man einen Blick in einen Geschichtsatlas:

In der Mitte des 11. Jahrhunderts waren Sizilien und Teile Apuliens islamisch. Zwischen 1061 und 1098 eroberten die Normannen Sizilien. Auch auf der Iberischen Halbinsel fand seit den letzten Jahrzehnten des 11. Jahrhunderts eine ähnliche Rückeroberung statt. Das Königreich Leon und das Königreich Kastilien, von 1037 bis 1157 vereinigt, schoben ihre Südgrenze auf Kosten des Kalifats von Córdoba ständig vor. 1085 fiel Toledo, 1236 Córdoba, 1248 Sevilla, zuletzt 1492 das abgelegenere und eine separatistische Politik betreibende Granada.

Diese militärische Konfrontation begleitete eine Durchdringung der Kulturen. Zwar hörte die arabische Welt nicht auf, Gegenstand märchenhafter Ausmalung und fanatisch-religiösen Hasses zu sein. Aber die Eroberer hatten die kulturelle Überlegenheit der Besiegten jetzt deutlich vor Augen. Soviel sie auch zerstörten, sie fanden eine Vielzahl arabischer Bücher vor, und sie trafen auf Menschen, die diese übersetzen konnten: Juden, die verschiedener Sprachen mächtig waren, und Christen, die sich der arabischen Lebensweise angepaßt hatten (Mozaraber). Da auf seiten der

Eroberer ein Bedürfnis bestand, die intellektuelle Welt der Unterworfenen kennenzulernen und auch anzueignen, entstand in Toledo eine Übersetzerschule. Sie übertrug vor allem naturwissenschaftliche Schriften der Araber ins Lateinische. Darunter waren die Texte eines so bedeutenden Arztes und Philosophen wie Avicenna.

Die arabische Wissenschaft war nicht arabischen Ursprungs. Zur Zeit Mohammeds († 632) hatten die Araber so gut wie keine schriftliche Kultur. Als sie im 7. Jahrhundert Persien und Ägypten eroberten, fanden sie eine hochentwikkelte Wissenschaft und Buchkultur vor.

Das 6. Jahrhundert hatte in Persien eine Art Renaissance der altpersischen Kultur und die Rezeption der griechischen Philosophie und Naturwissenschaft gebracht. Als Vermittler hatten die Syrer gedient. In den Schulen von Antiochien und Edessa übersetzten sie die Texte der griechischen Philosophen und Naturwissenschaftler; für die griechische Literatur und Rhetorik interessierten sie sich wenig. Die Syrer waren nestorianische Christen; das heißt, sie wichen in der Christologie von der Orthodoxie ab. Als das oströmische Reich die Religion seiner Untertanen einheitlich festlegen wollte, wurden sie verfolgt. 487 schloß der Kaiser von Byzanz die Schule von Edessa; die verjagten Lehrer zogen nach Nisibis, ins Zentrum der persischen Kultur. Als 529 die Schule von Athen geschlossen wurde, gingen sieben Gelehrte an den Hof des persischen Herrschers.

So fanden die Araber, die 641 Persien erobert hatten, neben der persischen Literatur auch die griechische Wissenschaft vor. Sie verhielten sich zunächst lernend und übersetzten, was vorhanden war. Der Kalif Al-Mamun von Bagdad (813–833), ließ systematisch durch syrische Übersetzer die griechische, syrische und persische Literatur übertragen. Dadurch wurden die Werke der griechischen Ärzte Hippokrates und Galen den Arabern zugänglich, und es begann die Entwicklung der arabischen Medizin und Wissenschaft. Seit der Mitte des 10. Jahrhunderts besaß man den vollständigen Aristoteles auf arabisch. Man kannte also nicht nur, wie der lateinische Westen, die logischen Texte des Aristoteles, sondern auch seine realwissenschaftlichen Bücher, deren Fehlen im Westen ein Denker wie Abaelard beklagt hatte. Ferner besaß man einen Großteil der griechischen Aristoteles-Kommentare. Diese waren vielfach neuplatonisch geprägt. Der platonisch-neuplatonische Einfluß wurde verstärkt durch die arabische Übersetzung von Paraphrasierungen Plotins und wichtiger Abschnitte des Proklos.[2] Hinzu kam eine reiche apokryphe Aristoteles-Literatur, die hellenistische, oft magische und mystische Motive mit dem großen Namen des griechischen Philosophen verband und die später auch das Aristoteles-Bild des lateinischen Westens beeinflußte. Aristoteles wurde dann oft mit neuplatonischen Augen gelesen.

Die unvergleichlich günstige traditionsgeschichtliche Situation der arabischen Wissenschaft wäre nicht möglich gewesen ohne ein entwickeltes Bibliothekswesen. Allein Bagdad soll 36 Bibliotheken besessen haben, eine von ihnen mit 10000 Bänden – eine im Westen unerreichte Zahl. Auch an anderen Orten Persiens gab es zahlreiche Bibliotheken, so in Isfahan, Schiras, Gasna und Buchara. In Buchara, im hohen Nordosten des Reiches, wirkte der Arzt und Philosoph Abu Ali ibn Sina (980–1037), den man im Westen Avicenna nannte; der Sultan hatte ihn an seinen Hof gerufen.

Wie in Bagdad gab es auch in Córdoba Kalifen, die Bücher liebten und Gelehrte förderten. Córdoba war für westeuropäische Vorstellungen eine Märchenstadt: Es zählte 200000 Häuser, 600 Moscheen und 900 öffentliche Bäder. Es gab Wasserleitungen, und die Straßen waren gepflastert. Die Bibliothek des Kalifen Al-Hakam II († 976) soll zuletzt 400000–600000 Bände gezählt haben. Hier in Córdoba wurde 1126 Ibn Rushd – Averroes – geboren. 1182 wurde er der Leibarzt des philosophisch interessierten Herrschers. Nach 1195 wurde er angeklagt, durch seine Philosophie den Islam zu zerstören, und aus Córdoba verstoßen. Als Averroes 1198 starb, ging die wissenschaftliche Überlegenheit und bald auch die politische Herrschaft der Araber in Spanien zu Ende. Es war eine Schicksalsfrage der europäischen Kultur und Wissenschaft, ob es gelang, sich den überlegenen Stand der arabischen Wissenschaft anzueignen.

Die Aneignung der arabischen Wissenschaft durch den Westen

Erste Ansätze dazu machte er schon im 10. Jahrhundert. 953 hatte Kaiser Otto III. den Mönch Johannes von Gorze in politischer Mission nach Córdoba geschickt. Johannes blieb drei Jahre und befreundete sich mit einem jüdischen Gelehrten, der hoch in der Gunst des Kalifen stand. Als er 956 zurückkehrte, brachte er eine Pferdeladung arabischer Bücher mit. Der erste Übersetzer wurde Constantin Africanus, der nach zahlreichen Reisen nach Afrika – daher sein Name – als Mönch in Monte Cassino medizinische Bücher übersetzte, die vor allem von den Ärzten in Salerno benutzt wurden. Dies war ein bescheidener Anfang literarischen Imports; aber bereits im 12. Jahrhundert gab es in Europa einen Hauptumschlagplatz für wissenschaftliche Literatur: Toledo. Hier konnte man sich mit einer Wissenschaft vertraut machen, die von der christlichen Theologie unabhängig war und in der zwar der Traditionsbezug und die Hochschätzung logischer Formeln stark waren, in der sich aber auch der Tatsachensinn Raum geschaffen hatte. Wer einmal versuchte, mit arabischen Augen den Stand der westeuropäischen Wissenschaft zu beurteilen, mußte entsetzt sein. Ein

Übersetzer, der in Toledo arbeitete, Plato von Tivoli, erklärte in der Vorrede zu einer seiner Übersetzungen: »Die Lateiner ... haben keinen einzigen Autor auf dem Gebiet der Astronomie. Was sie an Büchern haben, sind nur Narrheiten, Träume und Alt-Weiber-Geschichten.«[3]

Mit solchen Erklärungen begann so etwas wie die Aufklärung im Mittelalter. Hatte das frühe Mittelalter seine Naturkenntnisse bestenfalls aus Plinius und Seneca bezogen, so waren gegen 1200 die griechische und die arabische Optik, Medizin, Physik und Philosophie zugänglich. Einige Fürsten förderten diese Tendenz; so holte sich Kaiser Friedrich II. († 1250) einen hervorragenden Übersetzer aus Toledo, einen Schotten oder Iren, der vorher in Frankreich studiert hatte und der in seiner Person Medizin, Astronomie (Astrologie) und Sprachkenntnisse vereinte: Michael Scotus. In Palermo übersetzte dieser dann arabische medizinische Werke, aber auch philosophische Texte, vor allem des Averroes. Für unseren Zusammenhang ist besonders wichtig, daß hier Aristoteles übersetzt wurde, aus dem Arabischen.

Gleichzeitig mit den Übersetzungen arabischer Philosophen und Naturwissenschaftler erfolgten Übersetzungen aus dem Griechischen. Diese intensive Tätigkeit hatte zur Folge, daß gegen 1240 der gesamte Aristoteles (also nicht nur die von Boethius übersetzten logischen Schriften) in lateinischer Fassung vorlag.[4] Bei den Ärzten von Salerno läßt sich die früheste Benutzung des ganzen Aristoteles belegen. Dies ergab sich aus dem Zusammenhang der westlich-mittelalterlichen Medizin mit derjenigen der Araber, die in der Naturphilosophie des Aristoteles ihre propädeutische Grundlage sah. Gegen 1210 wurden dann auch in der Pariser Artistenfakultät Vorlesungen über aristotelische Naturwissenschaft und Metaphysik gehalten. Man muß sich vor Augen halten, daß die mittelalterlichen Leser des Aristoteles ihn in der Regel zusammen mit den übersetzten arabischen

Kommentaren lasen. Dies führte zu den ersten kirchlichen Aristoteles-Verboten (1210 und 1215). Die Auseinandersetzung des lateinischen Westens mit Aristoteles begann. Sie wurde mitbestimmend für den Verlauf der mittelalterlichen Philosophie überhaupt. Doch müssen wir diesen Vorgang nicht nur ideengeschichtlich sehen, als den Konflikt zweier Weltansichten, sondern zugleich als die Auseinandersetzung zweier Zivilisationen, von denen die arabische einen großen Vorsprung hatte. Ihr verdankte der Westen nicht nur die Apfelsinen und Zahlzeichen, die Bewässerungstechnik und das Papier. Auch in wissenschaftlicher und künstlerischer Hinsicht war Europa vor 1200 der nehmende Teil. Die Algebra und die Astronomie, die Optik (Alhazen),[5] die Chemie und die Poesie waren durch den Einfluß der Araber geprägt. Ebenso waren es die Medizin und die eng mit ihr verbundene Philosophie.

Da ich die arabische Philosophie hier nur unter dem Gesichtspunkt ihrer Wirkung auf den lateinischen Westen darstellen kann, ist es vor allem wichtig, die inneren Gründe zu sehen, welche die arabischen Philosophen zum Vorbild des Westens machten:

Der Westen war seit dem 12. Jahrhundert dabei, die Natur und die natürlichen Bedingungen des gesellschaftlichen Lebens zu entdecken. Die augustinische Weltdeutung hatte keine Antwort auf viele Fragen, die sich jetzt stellten. Ihr fehlte z. B. die für die Seefahrt unentbehrliche Astronomie und Geographie.

In einer auf Selbstbestimmung bedachten städtischen Zivilisation blieb das theokratische Modell der Menschenführung nicht mehr länger unbestritten. Für eine expandierende Gesellschaft gewann die empirische Welterforschung an Bedeutung; ihr Verhältnis zur Philosophie, vor allem aber zur monastischen Daseinsdeutung und Wertetafel wurde zum Problem.

In dieser Situation regten die aus dem Arabischen übersetzten Texte an zur Entfaltung einer bibelunabhängigen Orientierung. Die arabischen Denker hatten ebenso in einer religiös geprägten Welt gelebt wie die des Westens und standen früher als diese vor dem Problem, wie die Offenbarungsreligion mit dem griechisch geprägten Naturwissen und der Philosophie zu versöhnen sei.

Da sie eine günstigere Überlieferungssituation hatten als alle Autoren des Westens vor dem Beginn der Renaissance, stießen sie früh auf das Problem der logischen Kohärenz der Überlieferungsmasse, vor allem auf das Verhältnis von Platonismus und Aristotelismus,[6] das sie durchweg im Sinne der Harmonisierung behandelten.

Al-Kindi und die Theorie des Intellekts

Nach einer Anfangsphase, bestimmt durch die Assimilation der griechischen Tradition und eine intensive Übersetzungstätigkeit, setzte die arabische Philosophie ein mit AL-KINDI († 873). Mit ihm begann die Hinwendung zu Aristoteles. Dies war mehr als eine bloß willkürliche Wahl. Die Philosophie blieb bei den Arabern verbunden mit dem antiken Ideal »enzyklopädischer« Bildung: Die Natur und die Politik hatten in ihr einen wichtigeren Platz als im monastischen Wissensbegriff der gleichzeitigen Autoren des lateinischen Westens. Auch die islamische Welt war eine religiös geprägte Zivilisation. Aber das Recht einer relativ autonomen Weltbetrachtung konnte sich in ihr immer wieder einmal durchsetzen – wenigstens bis zum Ende des 12. Jahrhunderts. Die Wissenschaft hatte in der arabischen Welt einen anderen soziologischen Ort: Während für die westeuropäische Philosophie, wie sie bis 1200 betrieben wurde, die Nähe zur christlichen Theologie und die soziologische Verwurzelung im Klerus charakteristisch war, lag die arabische Forschung in der Regel in der Hand von Ärzten. Freilich hatten auch sie ein autoritätsbezogenes, insofern »scholastisches« Konzept von Wissenschaft. Viele ihrer Probleme ergaben sich aus tradierten Texten. Aber es waren andere Texte als die Augustins, Gregors und Isidors, welche die westlichen Gelehrten lasen. Sie konnten ihren Blick schulen an den Werken der antiken Geographen und Mediziner, also vor allem an Galen, der im zweiten nachchristlichen Jahrhundert die antike Medizin zusammengefaßt hatte. In diesem Zusammenhang stand auch das Interesse Al-Kindis für Aristoteles.

Beim Studium des Aristoteles und seiner griechischen Kommentatoren stellte sich nun den arabischen Gelehrten ein Problem, dem Aristoteles nur wenige, aber nachdrückliche Zeilen gewidmet hatte,[7] das Problem des Intellekts. Aristoteles hatte bei der Analyse des menschlichen Denkens erklärt, es müsse aus einem zweifachen inneren Grund hervorgehen, einmal aus dem aktiven Prinzip, dem »tätigen« Intellekt, und andererseits aus einem rezeptiven Prinzip, dem »passiven« oder »leidenden« Intellekt. Vom tätigen Intellekt hatte er gesagt, er sei wesenhafte Tätigkeit. Nichts Zufälliges sollte ihn bestimmen. Im Mund des Erfahrungswissenschaftlers Aristoteles waren das erstaunliche Aussagen. War da nicht von Überirdischem die Rede? Durften Muslime dieses fast-göttliche Prinzip des menschlichen Denkens in das theistische Konzept der islamischen Theologie einführen? Wie paßte ein so jenseitiger Erklärungsgrund in den Zusammenhang einer empirischen Psychologie? Wie konnte man das Denken auf ihn zurückführen, ohne die für Ärzte ebenfalls unaufgebbare Physiologie der Erkenntnis zu verdrängen?

Diese Fragen erörterte Al-Kindi in einer seiner 265 Schriften, dem *Traktat über den Intellekt*. Spätantike Aristoteles-Kommentatoren (wie Alexander von Aphrodisias, Themistius, Simplicius, Johannes Philoponus) hatten diese komplizierten Fragen der aristotelischen Intellektlehre in ihren *De anima*-Kommentaren oder in eigenen Abhandlungen erörtert, wobei diese in den lateinischen Übersetzungen den Titel *De intellectu* erhielten. Daraus entwickelte sich seit dem kleinen Traktat des Al-Kindi – genaugenommen ist es ein Brief – bei den Arabern wie im Westen eine eigene Literaturgattung. Auch Albert von Köln und Dietrich von Freiberg werden solche Abhandlungen schreiben.[8]

Al-Kindi schuf, angelehnt an die hellenistische Tradition, die Terminologie und die Typologie der Antworten, die auf das Problem des Intellekts in der Folgezeit gegeben wurden. Nagy, Théry und Gilson behaupteten seine direkte Abhängigkeit von Alexander von Aphrodisias; Jolivet stellte dies in Frage. Jedenfalls differenzierte Al-Kindi die griechische Intellekttheorie weiter: Er unterschied, wie Aristoteles, zwischen dem tätigen Intellekt, der immer im Akt ist, und dem bloß rezeptiven Intellekt. Darüber hinaus unterschied er drittens den Intellekt, der von der Potenz zum Akt übergegangen ist, der das Wissen erlangt hat (*intellectus adeptus*), aber von seinem Wissen nicht aktuellen Gebrauch macht, und viertens den ans Ziel seiner Bewegung gekommenen Intellekt. Er ist für sich und für andere offenbar. Dieser letztere Intellekt ist im Besitz demonstrativen Wissens; er heißt daher in der lateinischen Übersetzung von Al-Kindis Traktat *intellectus demonstrativus*.[9] Diese Einteilung bot Stoff für »scholastische« Dispute, schon im arabischen Kulturkreis. Textverderbnisse oder Übersetzungsfehler (wie beim *intellectus demonstrativus*) machten sie im Westen noch unübersichtlicher. Aber sie entsprang nicht der Leidenschaft für subtile Einteilungen, sondern sie war der Versuch, die geistige Erkenntnis zu erklären, und zwar so, daß der aristotelische Grundsatz gewahrt blieb, daß aktuale Erkenntnis der bloß möglichen ihrer Natur nach vorausging, daß also eine rein empirische Theorie die intellektuelle Erkenntnis nicht zu erfassen vermöge. Dann mußte ein »getrennter«, d.h. ontologisch selbständiger »tätiger Intellekt« dem tatsächlichen Erkennen vorausgehen. Andererseits sollten intellektuelle Prozesse, wie z.B. das Lernen oder die aktive, jedoch zeitgebundene Auseinandersetzung mit der Naturerfahrung, theoretisch faßbar sein.

Ferner mußte man unterscheiden zwischen einem bereits erworbenen, aber im Augenblick nicht bedachten Wissen und der aktuellen Wissenstätigkeit. Aber auch wenn man Al-Kindi diese in der Sache liegenden Schwierigkeiten zugesteht, muß man eine bedenkliche Neigung zur sorglosen Vermehrung der Erklärungsinstanzen konstatieren. Einen einleuchtenden Übergang von der sinnlichen zur geistigen Erkenntnis konnte er offenbar nicht entwickeln; so begnügte er sich mit dem Nebeneinander von sinnlicher und intelligibler Welt und seiner vier Intellekte. Freilich stand hinter Al-Kindis Unterscheidungen eine systematische Ansicht über die Differenz von »Geist« und »Leben«. Danach vollzieht sich »Leben« in ständiger Veränderung und Abhängigkeit; »Geist« dagegen ist in sich ruhende Aktivität. Diese Unterscheidung war von Aristoteles angeregt und im Neuplatonismus entfaltet worden: Danach gehörte die Seele, auch bei ihrer geistigen Erkenntnis, sofern sie dabei sucht, schlußfolgert und sich verändert, zur Sphäre des Lebens; der Intellekt, speziell der tätige Intellekt, wurde als »Geist« (*nus*) gedacht. Von dieser neuplatonischen Position aus deutete Al-Kindi die Lehre des Aristoteles vom Intellekt. Der Sache nach sagte er, tatsächliche geistige Erkenntnis komme zustande, wenn sich die Sphäre des Bewegten und Naturabhängigen verbinde mit der Dauertätigkeit des »Geistes«. Dachte man dabei »Geist« und »Seele« (also »Leben«) als Prinzipien, blieb dies eine innerphilosophische Frage. Aber in einer theologisch bestimmten Zivilisation wie dem Islam war das Wort »Seele« anders besetzt. Hier fragte man, was die Vereinigung der »Seele« mit dem »Geist« bedeute. Ferner wollten die Offenbarungshüter wissen, ob der Philosoph an der Unsterblichkeit der Seele festhalte oder ob er sie dem überindividuellen »Geist« reserviere. In Al-Kindis Traktat traten diese Konflikte noch nicht zutage.

Al-Farabi: Die Welt als Emanation

Das Problem des Intellekts berührte so sehr die Nahtstelle von Empirie und Geistphilosophie, von Orthodoxie und esoterischer Mystik, daß es die Nachfolger Al-Kindis immer wieder aufgreifen mußten. Auch der wichtigste arabische Philosoph des 10. Jahrhunderts, AL-FARABI († 950), verfaßte einen Traktat über den Intellekt.[10] Al-Farabi war ein systematischerer Denker als Al-Kindi. Auch dieser hatte erklärt, Platon und Aristoteles stimmten überein. Aber Al-Farabi faßte – vermutlich, ähnlich wie Boethius, abhängig von Porphyrius und Simplicius – den Plan, die seiner Ansicht nach grundsätzliche Übereinstimmung von Platon und Aristoteles zusammenhängend nachzuweisen. Dabei kam ihm die sogenannte *Theologie des Aristoteles* zu Hilfe; sie enthielt unter dem Namen des Aristoteles Auszüge aus Plotin.[11] Plotin hatte das Viele der Welt durch seine Herkunft (Emanation) aus dem Einen erklärt. Al-Farabi ordnete mit Hilfe des plotinischen Emanationsgedankens Einzelfragen der aristotelischen Philosophie in einen großen Weltentwurf ein: Gott ist das Eine, aus dem sich mit der Notwendigkeit der göttlichen Natur der Intellekt ergibt, der sich selbst geistig erfaßt und dabei sein Prinzip, das Eine, erkennt. Sofern er das Eine erkennt, geht aus ihm ein weiteres Geistwesen hervor; sofern er sich selbst erkennt, konstituiert er den ersten Himmel. Der Intellekt (*par excellence*) bewegt den ersten Himmel; die Reihe der weiteren Intelligenzen, die aus ihm hervorgeht, dirigiert die einzelnen Sternsphären. Die zehnte Intelligenz lenkt die sublunarische Welt; sie ist zugleich der »tätige Intellekt«, der den Menschen erleuchtet.

Plotin hatte dem »Geist«, von dem bei Aristoteles die Rede war, einen für die Weltentfaltung zentralen Ort gegeben – als erste Hypostase, die das göttliche Eine zur Vielfalt auslegt, aber diese Gegensätze noch in sich umschließt. Diese Instanz ist der Grund auch des Denkens, ja, der Mensch ist »eigentlich« (wenn er sich auf sich besinnt) dieser »Geist«. Al-Farabi verstärkte den kosmologischen Aspekt dieses Gedankens und ordnete den »tätigen Intellekt«, von dem Aristoteles in *De anima* sprach, in ein komplexes System von Himmelssphären ein, dessen Gesamtheit durch ewige Emanation aus dem Einen entsteht.

Wenn der tätige Intellekt die Mondsphäre leitete, bestimmte er die gesamte Welt des Werdens und Vergehens. So konnte man erklären, daß die von Zufällen durchsetzte Erfahrungswelt geistiger Erkenntnis zugänglich ist: Sie ist »geistigen« Ursprungs und ermöglicht so allgemeine und notwendige Erkenntnisse über sie. Als Teil der Natur unterliegt auch der Mensch einem astrologischen Determinismus: Die Naturveränderungen auf der Erde hängen ab von der Mondsphäre und diese vom Intellekt. Die geistige Erkenntnis übersteigt die Natur und verbindet sich mit deren Grund.

Diese Konzeption konnte leicht zu einer philosophischen Mystik fortentwickelt werden, wenn wahres Denken ohne Erleuchtung, ja ohne Anwesenheit des »Geistes« nicht möglich war. Diese »Mystik« blieb weltbezogen, denn dieser »Geist« wurde gedacht als Gestirnseele oder besser: als Intelligenz einer Sternsphäre.

Auch Al-Farabi unterschied vier Bedeutungen des Wortes »Intellekt« in dem Buch des Aristoteles *Über die Seele*; auch bei ihm stand die prinzipielle Differenz von »Seele« und »Geist« im Hintergrund. Er unterschied:

1. den potentiellen Intellekt (*intellectus in potentia*) – das ist die Seele, die die Fähigkeit besitzt, die Wesensformen der Dinge aus deren stofflichen Verwirklichungen zu abstrahieren. Die Analyse Al-Farabis setzte also, anders als die des Al-Kindi, mit dem Abstraktionsvorgang ein;
2. den verwirklichten Intellekt (*intellectus in effectu*): Indem die Wesensformen körperlicher Dinge geistig erkannt werden, realisiert sich der Intellekt: Er ist mit ihnen eins, und wenn er sie erkennt, erfaßt er nichts, was außerhalb seines Wesens läge. Jetzt sind die ideellen Wesensformen in der Seele; sie selbst wird dadurch aktueller Intellekt;
3. den »erworbenen« Intellekt. Wir kennen diesen Ausdruck (*intellectus adeptus*) schon aus der lateinischen Al-Kindi-Übersetzung: Betrachtet der Intellekt tatsächlich (*actu*) die Wesensformen, die in ihm sind, in ihrer Immaterialität und Allgemeinheit, also in ihrer Reinheit als Formen, so verhält er sich zu ihnen wie zu seinem Objekt oder seinem Stoff: Er zeigt, daß er sozusagen in noch höherem Sinn Form ist als sie. Die Seele hat damit den Rang der Intellektualität »erreicht« oder »erworben«;
4. den tätigen Intellekt, der vom Stoff völlig unabhängig ist. Er verhält sich zum möglichen Intellekt wie die Sonne zum Auge; er macht das potentiell Intelligible zum aktuell Erkannten, und eben dadurch macht er den potentiellen Intellekt zum verwirklichten. Er ist von der rein geistigen Wesensart, wie sie die Seele im »erworbenen« Intellekt zuerst kennenlernt: Er ist unteilbar, unstofflich, unvergänglich; er ist seinem Wesen nach Tätigkeit. Seine Aktion ist sein Wesen; sie ist von höchster Einfachheit und erreicht immer in vollendeter Weise ihr Ziel. Sie ist kein Suchen eines Fremden; sie ist ewiges Finden der

eigenen Wesenheit: ständige Heimkehr in sich. Daß die menschliche Seele sich an diesen tätigen Intellekt immer mehr annähere, ist ihr höchstes Ziel. Dadurch wird der Mensch »verwesentlicht« (*substantiatur*) und erreicht seine äußerste Vollendung. Darin gipfelt die Weltbewegung; sie drängt auf Vergeistigung des Stoffs. Nicht, als wäre der Stoff und seine Vollendung die innere Zweckbestimmung des Geistes; der Stoff ist um des Geistes willen da. Aber der tätige Intellekt braucht die materielle Welt, um seine durchleuchtende Tätigkeit auszuüben; er ist nicht völlig selbstgenügsam; folglich ist er nicht das oberste Prinzip aller Dinge. Er ist nicht Gott, sondern der Beweger einer Himmelsschale. Vor allem aber ist er aktuelle Wesens- und Selbsterkenntnis; in eins damit erfaßt er sein letztes Prinzip, Gott.

Man sieht, wie für Al-Farabi aus der Erklärung des Wortsinns von »Intellekt« ein metaphysischer Weltentwurf und eine Lehre von der Beseligung des Menschen wurde. Aus dem trockenen Gestein der Distinktionen Al-Kindis schlug er das Feuer einer neuen Lebens- und Erkenntnislehre. Die bloße Juxtaposition von sinnlicher und intelligibler Welt verwandelte er in einen lebendigen Kreislauf, der die gesamte Natur mit der Verwesentlichung des Menschen verknüpfte.

Jedenfalls geriet eine solche Konzeption in Konflikt mit einem buchstäblich gefaßten Schöpfungsbegriff. Sie war unvereinbar mit der Vorstellung eines Handwerkergottes, der überlegt, ob er die Welt schaffen solle und der die Erschaffung auch unterlassen könnte. Ihre Welt war der ewige Ausdruck einer göttlichen Notwendigkeit.

Avicenna: Empirie und Metaphysik der Notwendigkeit

Man darf sich die Welt des mittelalterlichen Islam nicht als Paradies der Geistesfreiheit vorstellen. Die Lage der Philosophie in ihr war prekär, hatte sie doch seit Al-Farabi die Notwendigkeit Gottes und seiner Weltbegründung betont. Vor allem dieses Motiv beschäftigte AVICENNA († 1037), den – neben Averroes – einflußreichsten arabischen Philosophen. Avicenna hat seinen Werdegang in einer Art Autobiographie geschildert; dabei hob er die entscheidende Bedeutung der Synthese des Al-Farabi hervor:

Avicenna erzählt, mit zehn Jahren sei er im Koran vollauf bewandert gewesen. Dann habe ihn sein Vater zu einem Gewürzhändler geschickt, damit er dort die Arithmetik der Inder lerne. Nachdem er dann Jurisprudenz studiert habe, habe sein Vater einen Hauslehrer engagiert, der ihn mit Logik, Mathematik und Naturphilosophie vertraut gemacht habe. In kürzester Zeit habe er dann die Medizin erlernt; mit sechzehn Jahren praktizierte er als Arzt. Dann warf er sich auf die Metaphysik. Er las die *Metaphysik* des Aristoteles vierzigmal, konnte sie fast auswendig, aber fand sie konfus und unverständlich. Er konnte nicht erkennen, was der Autor eigentlich gewollt hatte. Auch moderne Interpreten der *Metaphysik* haben sich über die Divergenzen im Metaphysikkonzept des Aristoteles gewundert: Behandelt die Metaphysik das Sein im allgemeinen oder die obersten Prinzipien des Wissens? Wie verhalten sich diese Zielsetzungen zu ihrem Anspruch, eine philosophische Theologie zu entfalten? Avicenna war verzweifelt; er fand, das Buch des Aristoteles sei nicht zu verstehen. Eines Nachmittags sei er aber in das Buchhändlerviertel der Stadt gegangen; ein Ausrufer pries ein Buch an, das besonders billig sei, da sein Besitzer Geld brauche. Es war Al-Farabis Buch über die Metaphysik. Avicenna lehnte ab; er halte Metaphysik für keine sehr nützliche Wissenschaft. Der Verkäufer bedrängte ihn, bis er das Sonderangebot annahm. Er eilte nach Hause, begann zu studieren, und sofort wurde ihm die Intention der *Metaphysik* klar. Aus Freude darüber verteilte er am Tag darauf große Almosen an die Armen und dankte Allah für diese Gnade.

Al-Farabi hatte ihm den Vereinigungspunkt gezeigt, auf den die verschiedenartigen Ansätze der aristotelischen *Metaphysik* zuliefen. Jetzt glaubte Avicenna zu wissen, was Metaphysik ist: Sie ist die Wissenschaft vom Seienden als solchen. Bestimmungen wie »seiend« (aber auch »etwas« und »notwendig«) sind ihr Gegenstand, von dem aus sie Gott und die letzten Gründe unseres Wissens erforscht. Bestimmungen wie »seiend« (»etwas«, »notwendig«) liegen jeder geistigen Erkenntnis zugrunde. Aber »Seiend« im ursprünglichsten Sinne ist nur das, was nicht nicht sein kann, was also durch sich selbst notwendig ist: Gott. Er ist das Eine (wie bei Plotin), aber er ist (anders als bei Plotin) auch das Sein, das reine Sein.

Avicenna, der Arzt, faßte seine Philosophie zusammen in seinem *Buch der Genesung*;[12] er verstand Philosophie als Therapie, als Heilung von schädlichen Irrtümern. Der vierte Teil dieses großen Werkes enthält seine *Metaphysik*. Sie analysiert das Sein unter dem Gesichtspunkt der Notwendigkeit. Alles was ist, ist danach entweder notwendig an sich (Gott) oder möglich an sich oder notwendig durch anderes. Dies letztere kann entweder durch anderes notwendig sein (die körperfreien Geistwesen, die Seelen der Himmelsschalen, die Himmelsschalen selbst), oder es ist nur zeitweise und bleibt Zufällen ausgesetzt (alles was unterhalb der Mondsphäre sich befindet). Avicenna hatte also den Stufenbau des Universums nach seinem Anteil am schlechthin Notwendigen gegliedert und damit die traditionellen Themen des Intellekts, der Emanation und der kosmologischen

Hierarchie unter den Gesichtspunkt der Notwendigkeit gestellt.

Im einzelnen hatte Avicenna dies folgendermaßen gedacht: Da aus dem Einen nur ein Eines hervorgehen kann (*ex uno unum fit*), produziert das eine Sein ein Geistwesen, die erste Intelligenz, und zwar produziert es sie mit Notwendigkeit und von Ewigkeit her. Diese erste Intelligenz enthält in sich die Vielheit: Indem sie sich betrachtet, unterscheidet sie Erkennen und Erkanntes. Sie entsteht nur, indem sie Gott erkennt, sich folglich auch von ihm unterscheidet. So kann aus ihr die Weltvielfalt hervorgehen: Indem sie sich als notwendig anschaut, entsteht aus ihr die Seele der äußersten Himmelsschale; indem sie sich als möglich anschaut, erfließt aus ihrer Betrachtung eben diese Himmelsschale. Dieser Weltentstehungsprozeß aus intellektueller Anschauung setzt sich fort bis zur untersten Weltsphäre, der des Mondes. Das ihr zugeordnete Geistwesen (*intelligentia* nannte man es im lateinischen Westen) hat aber zugleich die Aufgabe, der »tätige Intellekt« (wie der aristotelische Ausdruck lautete) der menschlichen Erkenntnis zu sein. Es ist ein vom Menschen ontologisch unabhängiger Intellekt (*separatus*). Aus ihm entstehen sowohl menschliche Intellekte wie andere Seelen und materielle Dinge. Die Körperwesen entstehen aus dem tätigen Intellekt, indem dieser der durch Naturprozesse (unter dem Einfluß der Gestirnbewegungen) jeweils besonders disponierten Materie bestimmte Formen zuteilt. Auf diesem gemeinsamen Ursprung von sichtbarer Welt und menschlichem Intellekt beruht die Möglichkeit, daß wir die Wahrheit über die Welt erkennen. Der »tätige Intellekt« spendet alle Gestalten; er ist *»dator formarum«*. Doch ist er nicht nur der Schlüsselbegriff der theoretischen Philosophie; er ist auch der Grund der Beseligung des Menschen. Mit ihm sich zu verbinden ist das Ziel des menschlichen Lebens, denn durch ihn kehrt – neuplatonisch gedacht – der Naturprozeß zu seinem Ursprung zurück. Der gesamte Vorgang – Weltentstehung und -rückkehr – ist von innerer Notwendigkeit, geschieht durch Zwischenstufen und erfolgt von Ewigkeit her; sein Sinn ist die Überwindung der Zufälligkeit in der sichtbaren Welt durch die Verbindung des Menschen mit dem tätigen Intellekt. Unverkennbar ist der Anteil, den Al-Farabi an dieser Weltkonzeption hatte.

Die Theologen – islamische wie später die christlichen – monierten, damit sei die Freiheit Gottes bei der Erschaffung der Welt geleugnet. Aber nach Avicenna kann bei Gott nicht in dem Sinne von Freiheit die Rede sein, daß er zwischen verschiedenen Handlungen wählt. Dies würde einen Unterschied von göttlichem Innen und einem Außen voraussetzen, jedenfalls einen Unterschied von wählendem Selbst und Handlung. Gott ist nach Avicenna frei, weil er als das schlechthin Gute die Natur hat, sich in höchster Freigebigkeit mitzuteilen. Es ist seine Natur, sich zu verströmen. Es ist nicht so, als habe Avicenna der Begriff der Freiheit gefehlt; er hatte davon nur ein anderes Verständnis als die Theologen. Er wollte Willkür und Zufälligkeit vom Weltgrund fernhalten.

Avicenna gebrauchte die herkömmliche Metapher des »Erschaffens«. Aber er gab ihr den in seinem System einzig möglichen Sinn, daß der Intellekt im göttlichen Einen seinen Grund erschaut und damit die Folgeschöpfung einleitet. Eine Einschränkung der göttlichen Allursächlichkeit lag darin nicht – es sei denn, man faßte diese in roher Buchstäblichkeit. Avicenna dachte »Erschaffung« nicht als Naturvorgang, sondern als intellektuellen Prozeß: Das Erkannte ist Grund der Erkenntnis. Deshalb ist das Eine, das der Intellekt erkennt, der Grund des Intellekts und der Welt. Wenn die Theologen einwandten, Avicennas Theorie der Glückseligkeit lasse den Menschen in einem geschaffenen Wesen, nicht in Gott selbst, sein Glück finden, so berührten sie einen Punkt von großer Bedeutung: Sollte der Mensch das höchste Wesen nur der sublunarischen Welt sein, den Sternen und den Gestirnseelen untergeordnet, oder sollte er unmittelbaren Verkehr pflegen mit Gott? Zwar konnte Avicenna geltend machen, sein System der Emanation und der vermittelten Rückkehr wahre besser die Transzendenz Gottes. Indem Avicenna Gott als das einzig Notwendige dachte, entging er dem Pantheismusvorwurf: Während bei allen geschaffenen Dingen das Dasein wie ein Akzidens zu seinem Wesen hinzutritt, sind in Gott allein Wesen und Dasein dasselbe, eine für die westliche Philosophie folgenreiche These. Sie stützte den islamischen Grundsatz der Jenseitigkeit Gottes. Aber sie beseitigte nicht den Einwand, Avicenna lasse den Menschen nicht in Gott selig werden. Avicenna hat sich durch seine Vorliebe für kosmologisch identifizierbare Hierarchien ein schwerlich lösbares Problem geschaffen. Gleichwohl übte er auf den lateinischen Westen eine ungeheure Wirkung aus. Wie er als Arzt die gesamte griechisch-arabische Wissenschaft zusammenfaßte in seinem *Canon medicinae*, so schien er als Philosoph die Summe der antiken und islamischen Weisheit zu formulieren. Sein Erscheinen im Westen bedeutete eine neue Epoche.

Roger Bacon, einer der originellsten Denker des Westens im 13. Jahrhundert, sah in Avicenna den – nach Aristoteles – zweiten Neubegründer der Philosophie.[13] Thomas von Aquino stützte sich auf ihn, wenn er seinen Gott das reine, subsistierende Sein nannte;[14] er baute auf Avicennas Unterscheidung von möglichem und notwendigem Sein einen seiner Gottesbeweise.[15] Er hielt es für ein feststehendes Ergebnis der Philosophie Avicennas, daß jedes mögliche (= nichtnotwendige) Seiende ein abhängiges Seiendes (*ens ab alio*) ist.[16] Er folgte ihm in der Ansicht, das »Seiende« sei das Ersterkannte, das in jeder Erkenntnis enthalten sei; er berief sich auf ihn bei der Definition der Wahrheit.[17] Im Verlauf seiner schriftstellerischen Tätigkeit widersprach Thomas immer häufiger und immer heftiger dem Avicenna; so lehnte er dessen Emanationsschema ab;[18] er warf ihm vor, sein Gott erkenne die Einzeldinge nicht als solche, sondern nur in ihren allgemeinen Strukturen;[19] er polemisierte gegen seine Lehre vom tätigen Intellekt, der kein Teil der Seele sei.[20] Folgenreich für die westliche Philosophie wurde Avicennas Theorie, das abhängige Seiende sei mit seinem Dasein nicht identisch. Es fragte sich, von welcher Art die Unterscheidung zwischen einem Ding und seinem Dasein sein könne.

Al-Gazali und die fromme Skepsis

Die islamischen Theologen verteidigten ihre Kreationstheorie gegen diese Emanationslehre. Aber sie waren nun gezwungen, sich mit philosophischen Argumenten auseinanderzusetzen. Einer von ihnen tat es mit großem Scharfsinn und weittragenden Folgen: Al-Gazali († 1111).[21] Er fand eine bereits hochentwickelte philosophische Theorie vor, die ihm die Lehre von der Offenbarung zu bedrohen schien. Für die Philosophen war die alttestamentliche Vorstellung sinnlos, es habe Gott gegeben ohne eine Welt. Sie erklärten es für unmöglich, daß Gott sich irgendwann einmal entschlossen habe, die Welt zu schaffen. Denn ihr Gott war Notwendigkeit und Ewigkeit, in ihm gab es nichts Neues. Dagegen verteidigte Al-Gazali die buchstäbliche Orthodoxie. Er kritisierte eingehend die philosophische Theologie, die einen notwendigen Hervorgang der Welt aus Gott auf dem Weg über den Intellekt lehrte. In seinem Werk *Tahafut* (*Destructio philosophorum*), das allerdings erst 1328 ins Lateinische übersetzt wurde, schuf er das Muster einer Metaphysikkritik aus theologischen Motiven: Um die Selbstsicherheit einer koranunabhängigen philosophischen Gotteslehre zu erschüttern, bediente er sich skeptischer Motive. Er bestritt z. B. das Recht der Vernunft, ihre Prinzipien, etwa das Kausalprinzip, auf den jenseitigen Gott anzuwenden. Dadurch stellte er die künftigen arabischen und christlichen Metaphysiker unter einen erheblichen Rechtfertigungsdruck. Die fromme Skepsis, welche die Anmaßungen der Metaphysiker aus theologischen Motiven philosophisch zerstören wollte, fand in Al-Gazali ihren Autor. Dies war ein Problem, das auch den lateinischen Westen beschäftigen sollte. Al-Gazali hat damit für das Spätmittelalter die – Kant präludierende – Frage gestellt, wie unsere Vernunft imstande sei, von der Notwendigkeit reiner (nichtempirischer) Verknüpfungen irgend etwas zu wissen. Selbst die Beispiele Al-Gazalis machten Schule: Wenn wir Stroh ans Feuer heranhalten, können wir zwar sagen, daß es zu brennen anfängt, aber wir können nicht wissen, daß es zu brennen anfängt, weil wir es dem Feuer nähern.[22]

Averroes: Konsequenter Aristotelismus

Die arabische Philosophie im lateinischen Westen – das waren vor allem die Werke des Avicenna und des Averroes. Avicenna brachte nicht nur eine Fülle empirischen, vor allem medizinischen Wissens in den Westen, er leitete auch an, dieses Wissen mit der »ersten Philosophie« (Metaphysik), mit der Naturphilosophie und mit einer an der Intellekttheorie orientierten Anthropologie zu verbinden. Er bot das Muster einer offenbarungsunabhängigen Wissenschaft; er zwang den bislang an Augustin und der Schullogik hängenden Westen zu einer Horizonterweiterung, die nicht nur Einzelerkenntnisse betraf, sondern den Begriff der Wissenschaft selbst. Andererseits enthielt seine Lehre von Gott und vom Intellekt einige Motive, an die westliche Augustin-Leser anknüpfen konnten, z. B. die Theorie vom »Geber der Formen«. Das Werk des AVERROES († 1198) war schwerer zu integrieren. Einerseits war es unentbehrlich: Es zeigte erstmals im Detail, was es hieß, sich an Aristoteles zu orientieren; es erschloß erstmals die Gesamtheit der aristotelischen Schriften in minutiösen Kommentaren. Andererseits enthielt es Sprengstoff: Eine Reihe pointierter Thesen widersprach der theologischen Dogmatik des lateinischen Westens. Hier stand zu lesen, die Welt sei ewig. Das gefährdete die christliche Schöpfungslehre. Die Lehre des Averroes vom Intellekt schien unvereinbar mit der Vorstellung individueller Unsterblichkeit. Dies stellte nicht nur theoretische Probleme, es tastete die Herrschaft der Kirche im Alltagsleben an. Deswegen schieden sich an Averroes, mehr noch als an Avicenna, die Geister.

Der Westen reagierte auf ihn (und reagiert bis heute) auf sehr verschiedene Weisen. In diesen Reaktionen spiegelte sich jeweils die eigene, westliche Situation: In Dominikanerkirchen des 14. Jahrhunderts sah man den hl. Thomas abgebildet, wie er siegreich seinen Fuß auf den Nacken des hingestreckten Irrlehrers stemmte. Gleichzeitig benutzten die Ordensgelehrten ihn ständig als »den Kommentator«, nachdem sein Werk seit etwa 1230 im lateinischen Westen bekannt war.[23] Thomas von Aquino berief sich anfangs oft, später seltener auf ihn, studierte ihn ständig und nannte ihn schließlich einen Verfälscher der aristotelischen Philosophie.[24] Vom 14. bis zum 16. Jahrhundert hatte er – in Paris, vor allem aber in Oberitalien – einen außerordentlichen Einfluß. Man veranstaltete noch 1562 eine 13bändige Ausgabe seiner ins Lateinische übersetzten Werke. Im 18. Jahrhundert wies Voltaire mit Wohlgefallen auf den wohltätigen Beitrag der arabischen Aufklärer zur westlichen Zivilisation hin. In diesem Geist schuf Ernest Renan sein bis heute unentbehrliches Werk über Averroes und den Averroismus.[25] Averroes erschien als Freigeist, der nur äußerliche Zugeständnisse an die Orthodoxie gemacht habe. Seitdem diskutiert man die unentscheidbare Frage nach seiner subjektiven Gläubigkeit und Aufrichtigkeit. In Reaktion auf Renan verwies man auf seine Verwurzelung in der islamischen Lebenswelt; zuweilen ebnete man seine Gedanken so sehr ein, daß man glauben mochte, er sei ein Muslim gewesen wie viele andere auch. Andere wiederum sprachen von ihm in derselben Attitüde, in der man heute im Westen von Dissidenten in China redet: Sie deuteten jede, auch die argloseste Eigenheit als Opposition. Schon die Glaubenshüter seiner Heimatstadt Córdoba hatten auf ihn mit Gereiztheit und Repression reagiert. Sie hatten erreicht, daß der angesehene Jurist und Arzt Averroes ins Exil gehen mußte. Er selbst hatte zwar erklärt, sein Ziel sei die Verständigung zwischen Islam und Philosophie. Aber er hatte dabei an einen Islam gedacht, der sich darauf beschränkte, eine praktische Lebenslehre für das Volk zu sein: Die Harmonie sollte dadurch zustande kommen, daß sich der Islam als volkstümliche Bilderrede und ethisch-politische Praxis verstand und sich einer rationalen Erforschung der Welt und einer philosophischen Theologie nicht in den Weg stellte. Nach Averroes konnte die Philosophie die Volksreligion gelten lassen, mußte aber den Anspruch der Theologie verwerfen, die höchste Form menschlichen Wissens zu sein: Die Theologie kann den Anspruch, Leiterin der Wissenschaften zu sein, nicht einlösen; sie ist ein Gemisch aus Volksreligion, Rhetorik und Dialektik.

Eine solche überlegene Rolle der Philosophie konnte die islamische Zivilisation in der zweiten Hälfte des 12. Jahrhunderts schwerlich zugestehen. Averroes lebte, im Unterschied zu den früher genannten arabischen Philosophen, nicht im Orient, sondern in Andalusien. Dort hatte über viele Jahrhunderte hinweg eine blühende islamische Kultur bestanden. Die Mesquita (Moschee) von Córdoba und die Alhambra erinnern an sie. Aber diese Welt stand gegen 1200 unter dem Druck der von Norden vordrängenden Christenheere. Die politischen Herrscher brauchten die Unterstützung der religiösen Führer. Auch wenn der Kalif den juristischen und medizinischen Sachverstand des unabhängigen Philosophen schätzte, so konnte er ihn nicht auf Dauer schützen. Averroes hatte harmonisierende Absichten, wie der nicht ins Lateinische übersetzte Traktat über das *Zusammenstimmen von Religion und Philosophie* beweist.[26] Aber dies verhinderte nicht den Konflikt, den sein Werk auslöste.

Wer auch nur einen Blick in diesen Traktat wirft, wird aufhören, das Urteil nachzubeten, Averroes sei ein blinder Verehrer des Aristoteles gewesen: Wenn wahr ist, schrieb Averroes, was in den antiken Büchern steht, »übernehmen wir es; wenn sich darin irgend etwas Unrichtiges findet, weisen wir darauf hin«[27]. Averroes hat nach diesem Grundsatz auch gehandelt. Wenn Thomisten auch heute noch gegen ihn behaupten, er habe die Philosophie in Aristoteles-Philologie verwandeln wollen, so wiederholen sie nur eine üble Nachrede ehrwürdigen Alters.

Um die Wirkung des Averroes zu verstehen, müssen wir uns seine geschichtliche Stellung verdeutlichen. Gegen Al-Gazali verteidigte er die Möglichkeit der Wissenschaft: Jedes Wissen enthält allgemeine und notwendige Inhalte, und auch Al-Gazali habe seinen Versuch, alle metaphysische Gewißheit zu zerstören, für allgemein gültig und gewiß gehalten. So bezeugte, nach Averroes, selbst die radikale Metaphysikkritik noch, daß es unser Denken mit dem Allgemeinen, mit dem Bleibenden und Ewigen zu tun hat. Unsere Gedanken können nicht bloß subjektive Zurechtlegungsformen sein. Denken bezieht sich auf das Wesentliche, das wirklich ist, nicht auf bloß abstrakte Möglichkeiten. Averroes stellte gegen die fromme Skepsis den Objektivismus des aristotelischen Wissensbegriffs wieder her. Dieser Objektivismus war kein Empirismus. Das Gewußte sollte das Ewige und zugleich das Reale sein: Die natürlichen Arten und der Kosmos insgesamt waren das Bleibende, um das es dem Wissen allein zu tun ist. Dies hatte, nach Averroes, Avicenna verfehlt. Avicenna habe in der Philosophie der Volksreligion zu viele Zugeständnisse gemacht. Er habe Aristotelisches zu sehr mit Neuplatonischem vermengt. So habe er das Wesen, das unser Wissen zu erfassen suche, als bloße abstrakte Möglichkeit gedeutet, das zu seiner Verwirklichung ein weiteres Prinzip erfordere. Damit habe Avicenna den Grundgedanken des Aristoteles verfälscht. Danach ist das Wesen die Substanz. Diese ist das, was im ursprünglichen Sinn des Wortes *ist*. Sie ist das Seiende. Es ist, nach Averroes, sinnlos, von der Substanz zu sagen, sie nehme das Dasein als ein hinzutretendes Akzidens auf. Wer so redet, verwechselt die Wirklichkeit mit bloßen Worten. Er verfällt leeren Vorstellungen. Wenn wir wirklich denken, treffen wir das Wesen der existierenden Dinge. Wir arbeiten dabei die bleibenden Weltstrukturen heraus, die in der Natur als Konstanz der Arten zum Ausdruck kommen. Averroes lehrte wie Avicenna die Ewigkeit der Welt. Die Vorstellung eines Gottes, der zwischen Alternativen wählt, hielt er für einen bildverfangenen Anthropomorphismus. Die Lehre Avicennas von der Emanation hielt er für eine religiös motivierte Verfälschung des Aristotelismus. Die geschichtliche Stellung des Averroes ist am ehesten zu begreifen als Wiederherstellung des Wirklichkeitsgehalts unseres streng begrifflichen Denkens, als Verteidigung einer wissenschaftlichen Metaphysik (gegen Al-Gazali) und als Unterscheidung des reinen Aristotelismus von religiös oder neuplatonisch motivierten Mischformen (gegen Avicenna). Im Westen verstärkte er die seit Anselm und Abaelard vorhandene Gegnerschaft gegen den frommen Skeptizismus; er stellte Argumente zur Verfügung gegen einen religiös abgeschwächten Aristotelismus, wie ihn Thomas von Aquino vertreten wird.

Der lateinische Westen lernte seine Widerlegung des Al-Gazali erst im 14. Jahrhundert kennen. Aber sein Konflikt mit Avicenna lag vor aller Augen. Er war in den Aristoteles-Kommentaren formuliert, die auf dem Arbeitstisch aller Philosophen seit der Mitte des 13. Jahrhunderts lagen. Seine Theorien von der Ewigkeit der Welt, seine Verwerfung eines realen Unterschieds zwischen der Substanz und ihrem Dasein, seine Weigerung, den Akzidentien eine irgendwie geartete ontologische Selbständigkeit zuzubilligen, wurden Hauptthemen der westlichen Philosophie im 13. und 14. Jahrhundert. Da Averroes die geistige Erkenntnis als das Erfassen des realen Allgemeinen gedeutet hatte, fragte man aus theologischer Besorgtheit, ob er nicht die Erkenntnis der Einzeldinge durch Gott und damit Gottes Weltregierung bestritten habe. Averroes hatte darauf schon geantwortet, das Allgemeine sei das Wesen des Einzelnen, und das Wissen Gottes sei anders geartet (äquivok) als das menschliche Wissen: Der Gegensatz von Allgemeinem und Einzelnem sei ihm fern; die Vorstellung der göttlichen Vorsehung gehöre in die Volksreligion, nicht in die Philosophie. Aber diese Antwort führte im Westen zu erneuten Diskussionen.

Große Erregung verursachte die Theorie des Averroes über den menschlichen Intellekt. Avicenna hatte den »tätigen Intellekt« mit dem Sphärengeist der Mondsphäre identifiziert, aber er hatte jedem Menschen einen »empfänglichen Intellekt« (*intellectus passivus*) zugeschrieben, der dessen Erleuchtungen aufnimmt und den Untergang des Körpers überdauert. Christliche Leser Augustins konnten den »Spender der Formen« (*dator formarum*) als das erleuchtende göttliche »Wort« deuten, und sie sahen die individuelle Unsterblichkeit bei Avicenna gesichert. Nicht so bei Averroes, der, gegen Avicenna gerichtet, im »rezeptiven Intellekt« eine ewige Wesenheit sah, die überindividuell war. Dann waren die religiösen Reden vom Schicksal der Seele des Einzelnen im Jenseits volkstümliche Bilderreden, deren eigentliche Bedeutung der Philosoph zu entschlüsseln hat. Ihr Sinn liegt nicht im theoretischen Gebiet, sie haben praktisch-moralische Bedeutung. Dieses Programm einer auf ethisch-politische Praxis abzielenden allegorischen Deutung des Koran nahm mehr Rücksicht auf die tatsächliche Macht religiöser Vorstellungen, als es Avicenna getan hatte. Aber es war eine Rücksicht, die sich vom Volksglauben distanzierte. Nicht als enthalte der Volksglaube nach Averroes nicht die Wahrheit; aber er enthält sie in einer phantasiegebundenen Form. Die Gegner des Averroes und der lateinischen Averroisten sahen darin die »Lehre von der doppelten Wahrheit«. Aber Averroes hatte nicht an eine doppelte Wahrheit, sondern an zwei verschiedene Erfassungsweisen der Wahrheit gedacht, freilich die an Aristoteles orientierte »Wissenschaft« den volkstümlichen Vorstellungen des Koran und der Orthodoxie übergeordnet. Seine Lehre vom Intellekt war komplizierter, als seine lateinischen Gegner dachten; nach den Ergebnissen neuerer Forschung müßte sie nicht direkt zur Leugnung der Unsterblichkeit führen (R. Arnaldez u. a.). Ihre Aussageabsicht lag auf anderer, rein philosophischer Ebene: Geistige Erkenntnis sollte als Erfassen des Gemeinsamen (Überindividuellen) begreiflich werden. Aber die herrschende Orthodoxie sah in der geistigen Unabhängigkeit des Averroes Freigeisterei und verurteilte ihn. Im Jahre 1195 wurde der Großrichter und Arzt Averroes aus Córdoba verbannt, und seine Schriften wurden verboten. Damit war nicht nur eine individuelle Lebenslinie gebrochen. Die islamische Zivilisation, die von 800 bis 1200 der griechischen Wissenschaft und Philosophie eine Heimstatt geboten hatte, verschloß sich von da an dem wissenschaftlichen Fortschritt. Ein Teil der Schriften des Averroes blieb nicht einmal in arabischer Form erhalten; in lateinischer Übersetzung hingegen bildeten sie vom 13. bis zum 16. Jahrhundert ein wesentliches Ferment der intellektuellen Entwicklung Europas.

Sie lehrten den Westen, die Natur und den Staat (die Familie, die Stadt) als etwas anzusehen, was den Ursprung seiner Entwicklung in sich selbst hat, was nicht nur als Symbol oder als materielle Voraussetzung der Religion gilt. Jetzt war ein mehr dynamischer Begriff der Natur, der Politik und des Wissens notwendig; das bisherige System der Wissenschaften, das spätantike Schema der Sieben Freien Künste, erwies sich als zu eng. Es war zu sehr an der sprachlichen Kultur der spätantiken Rhetorik und Grammatik orientiert. Jetzt lernte man Wissenschaften kennen, die darin nicht vorgesehen waren, z. B. die Ökonomie. Die Logik sprengte die Zuordnung zur Rhetorik und zur Grammatik; sie nahm als universales Werkzeug aller Wissenschaften einen Aufschwung, der in der sprachlich-humanistischen Bildungswelt der sieben *artes* nicht vorgesehen war. Man bemerkte jetzt, daß in diesem System sogar die Metaphysik fehlte. Die Medizin und die Naturwissenschaft waren in ihm unter den Vorrang des mathematischen Aspekts gestellt, was schon immer zum Verlassen dieses Schemas im Sinn eines rein handwerklich-empirischen Wissens, eines bloßen Sammelns oder einer bloß erbaulichen Naturbetrachtung geführt hatte. Jetzt lernte man den größten Biologen des Altertums kennen. Die Medizin erlebte unter dem Einfluß der Araber eine weitgehende Verwandlung: Die Wissenschaft Galens und Avicennas löste die Rezept- und Kräuterbücher der Klostermedizin ab, wie sie noch Hildegard von Bingen betrieben hatte.

Gegenüber dem Symbolismus der augustinischen Tradition verstärkte sich die Rolle der Empirie. Andererseits erstickte der neue Wissenschaftsbegriff auch eine Fülle volkstümlich-praktischen Wissens. Denn das aristotelische Wissenschaftskonzept war nicht so sehr auf Neuentdeckung empirischer Tatsachen als auf die Einordnung von Tatsachen in logisch-definitorische Schemata angelegt. Es suchte Wesenserkenntnis, nicht Tatsachenvermehrung. Es ging davon aus, daß in Definitionen der Wesensaufbau der Welt zum Ausdruck komme. Es dauerte bis ins 15. Jahrhundert, bis Lorenzo Valla und Nikolaus von Kues diese Grenze klar erkannten; vorher konnten sich nur Einzelgänger wie Robert Grosseteste, Roger Bacon und Raimundus Lullus über sie hinwegsetzen. Erst nach Jahrhunderten des Schularistotelismus kehrte man zu dem eher platonischen Standpunkt der Schule von Chartres zurück, daß der Schlüssel zur Naturforschung in der Mathematik liege. Um 1200 verdrängten Aristoteles, Avicenna und Averroes nicht nur die bislang vorrangige rhetorisch-literarische Bildung und den religiös gefärbten Symbolismus, sondern auch die mathematisierende Naturbetrachtung des platonischen *Timaios*: ein Vorgang, der sich einer eindeutigen Wertung versagt.

28 Jüdische Anregungen

Die ältesten Hochschulen auf deutschem Boden waren die der jüdischen Rabbiner von Worms und Mainz. Die rheinischen Judengemeinden standen im 10. und 11. Jahrhundert an der Spitze der ökonomischen und kulturellen Entwicklung. Doch die Entfaltung einer selbständigen Philosophie stieß im Judentum auf spezifische Schwierigkeiten: Im Vordergrund stand das Studium des »Gesetzes« (der Thora) und der Tradition seiner rabbinischen Interpreten. Der Begriff der »Weisheit«, der aus hellenistischen Quellen in die spätesten Texte des Alten Testaments eingedrungen war, wurde ausgelegt im Sinne praktischer Lebensweisheit, traditionsbestimmter Ethik und ständiger Orientierung am »Gesetz«.[1] Trotz dieser philosophiefremden Gesamtatmosphäre war es schon in der Spätantike zur Entwicklung einer jüdischen Religionsphilosophie gekommen. In Alexandria, wo sich die intellektuellen Strömungen der Spätantike kreuzten, hatte PHILO († 50) eine Verbindung von Bibel und hellenistischer Philosophie hergestellt. Er hatte gezeigt, wie man durch allegorische Bibelauslegung das philosophisch Anstößige mancher biblischer Texte beseitigt; er hatte die biblische Schöpfungslehre interpretiert mit Hilfe platonisierender Emanationsvorstellungen. Aber Philo hatte wenig Einfluß auf das jüdische Denken der nächsten Folgezeit; erst unter dem Einfluß des Islam schuf es seit dem 9. Jahrhundert neue philosophische Ansätze. Vor allem die in Spanien lebenden Juden waren durch ihre geographische und politische Lage zur kulturellen Produktion herausgefordert. Doch schon vor der Blütezeit des spanischen Judentums, die mit dem 10. Jahrhundert begann, waren wichtige Texte entstanden, so das *Buch der Schöpfung* (*Sephir Jezira*).[2] Dieser zwischen 300 und 500 n. Chr. entstandene Text trug eine streng monotheistische Schöpfungslehre vor, führte aber als Instrumente des göttlichen Weltenbauers die 24 Buchstaben des hebräischen Alphabets sowie die Zahlen von 1 bis 10 ein. In einer so ausgeprägten Buchreligion wie dem Judentum mußte sich der Vergleich der Welt mit einem Buch nahelegen; die Weltentstehung aus Zahlen und Buchstaben drängte sich dann auf – ein Vorgang, der über Lull, Cusanus und Galilei weittragende Folgen haben sollte.[3] Die Zahlen (Sephirot) treten, immer verursacht von einem Gott, in wechselnde, auch gegensätzliche Kombinationen ein und bilden so die ideale Welt, die sich realisiert durch die Verbindung der Buchstaben. Das Buch verband jüdische Inspiration mit neuplatonischen, pythagoreischen, gnostischen und astrologischen Motiven; es erlebte seit dem 12. Jahrhundert eine Renaissance in der westlichen Kabbala, die mit »Sephirot« die Hauptaspekte des Göttlichen und die idealen Grundstrukturen der Welt bezeichnete.[4]

Ich kann hier – ähnlich wie bei den arabischen Philosophen – die jüdischen Denker des Mittelalters nur von ihrem Einfluß auf den Westen her vorstellen, und auch das nur in grober Skizzierung. Dann sind die wichtigsten jüdischen Philosophen Avicebron (Ibn Gabirol) und Moses Maimonides. Beide waren fromme Juden. Ibn Gabirol († um 1050) war ein bedeutender religiöser Dichter, dessen Gedichte teilweise in die jüdische Liturgie eingingen. Innerhalb der beiden gemeinsamen jüdischen Orthodoxie bewegten sie sich in entgegengesetzten Richtungen: Ibn Gabirol ging dem Neuplatonismus weit entgegen; Moses Maimonides bezog sich auf die arabischen Ausleger des Aristoteles. Das philosophische Hauptwerk des Ibn Gabirol, die *Quelle des Lebens* (*Fons vitae*), wurde im Judentum so wenig rezipiert, daß von dem ursprünglich arabisch geschriebenen Original – außer wenigen Fragmenten – nur die lateinische Übersetzung erhalten blieb.[5] Der umfangreiche Dialog bleibt unterbestimmt, wenn man von ihm sagt, er entwickle ein neoplatonisierendes System der Metaphysik. Dies leistet er zwar, aber unter dem Gesichtspunkt der Zielbestimmung des Menschen. Er setzt ein mit der Frage, wozu der Mensch erschaffen sei. Der Mensch, so lautet die Antwort, wurde um des Wissens willen geschaffen, denn das Wissen ist seine höchste Tätigkeit. Nicht als sei es abgelöst vom Handeln. »Wissen und Handeln befreien die Seele von der Gefangenschaft der Natur und reinigen sie von ihrer Finsternis.«[6] Ibn Gabirol sprach von einem selbständigen Heraustreten des Menschen aus der Finsternis, von einer tätigen Rückkehr zum Ursprung. Kein Wort von göttlichen Eingriffen; der gesamte Text enthielt kein Bibelzitat. Als er im 12. Jahrhundert dem Westen zugänglich wurde, bestätigte er eine vorhandene Tendenz: durch Wissen und Handeln die Finsternis zu überwinden.

Freilich hatte Ibn Gabirol diese ethisch-praktische Tendenz im Rahmen einer neuplatonischen Metaphysik gedacht. »Neuplatonisch« bedeutet hier: Die Selbsterkenntnis ist die Quelle der Welterkenntnis und der Erkenntnis Gottes, denn der Mensch enthält als Mikrokosmos die gesamte Wirklichkeit. Ibn Gabirol betonte, über seine griechisch-arabischen Quellen hinausgehend, die vermittelnde Rolle des göttlichen Willens. Aber er dachte wie diese den Weltprozeß als Emanation der gesamten Realität aus dem Einen (Gott), über den Weltgeist (Intellekt) bis hinab zur »ersten Materie«. Dies bedeutet weder Pantheismus noch eine Geringschätzung der Materie. Für Ibn Gabirol war im Gegenteil die Materie ein universales Prinzip. Manches bei ihm klingt materialistisch, so wenn er lehrt, alle Formen wurzelten in der Materie.[7] Dem steht die philosophische Theologie entgegen, ebenso die Rolle des Intellekts und die Prinzipienfunktion der Form. Alles Außergöttliche ist geprägt von der Materie als dem gemeinsamen Substrat und aus der Form als dem Prinzip, das die Unterschiede schafft. Auch der Weltgeist enthält zugleich Form und Stoff. Und immer verhält sich die Form zum Stoff wie die Seele zum Leib.[8]

Die Lehre Ibn Gabirols von der Materie der geistigen Wesen hat den Westen so sehr beschäftigt, daß ein Wort zu ihrer Erklärung nötig ist: Ibn Gabirol verstand »Materie« nicht als »Körperlichkeit«, sondern als Prinzip der Verschiedenheit geistiger Wesen. Daß es in unkörperlichen Wesen Stoff und Form gibt, bedeutete, daß sie immer eins und vieles, identisch und verschieden sind. Reiner Geist, ohne jeden Stoffanteil, könnte nur schlechthin e i n e r sein. Es gibt Grade der Stofflichkeit. Ibn Gabirol verglich die reine Form mit der Sonne: Ihr Licht ist in sich eines. Trifft es auf die klare

Luft, leuchtet es hell, anders als in einem dichten Medium. So kann der Stoff fein (*subtilis*) sein oder massiv.[9] Die Form kann beschränkt sein auf ihre Rolle als Grund der Mannigfaltigkeit; sie kann sich zeigen als dichte Dreidimensionalität.

Für den lateinischen Westen enthielt die *Fons vitae* – die man für das Werk eines Arabers namens Avencebrol hielt – eine ganze Reihe von schwerwiegenden Problemen, die sich seit dem Ende des 12. Jahrhunderts stellten: Wenn Gott die »Lebensquelle« ist, wenn er frei die Welt aus Nichts erschafft, welchen Sinn haben dann die kosmischen Instanzen der Emanation? Hat deren logisch einsichtige Abfolge noch einen Sinn in einem streng kreationistischen System? Und wie kann die Materie ein so umfassendes Weltprinzip sein? Soll man den Materiebegriff nicht enger fassen und nur auf die Sinnenwelt anwenden? Was kann »Materie« bei geistigen Wesen bedeuten? Und was wurde aus den Engeln des christlichen Westens, die seit Dionysius Areopagita zu reinen Geistern avanciert waren, wenn man den universalen Materiebegriff der *Fons vitae* auf sie anwandte?

Moses Maimonides († 1204) ist 1138 in Córdoba geboren, im muselmanischen Spanien, in der Stadt des Averroes. Die Eroberung dieses Teils der Iberischen Halbinsel durch die Almohaden (1148) zwang viele Juden zur Emigration, teils in den christlichen Norden (besonders in die Provence), teils in den Osten. So kam der etwa 14jährige mit seiner Familie nach Kairo und wirkte später als Arzt am Hof Saladins. Er blieb wie Ibn Gabirol ein frommer Jude, aber ihm stellte sich die griechisch-arabische Tradition in Philosophie und Medizin ungleich intensiver als Problem. Wie sollte man die Treue zum jüdischen Gesetz vereinen mit der wissenschaftlichen Überlegenheit der Araber und Griechen? Diese Frage sollte der um 1190 verfaßte *Führer der Unschlüssigen* lösen.[10] Es gab also »Unschlüssige«, Schwankende. Sie wußten nicht, wohin zwischen buchstäblichem Traditionalismus und wissenschaftlichem Fortschritt. Moses Maimonides versuchte, sie aus ihrem Zwiespalt zu befreien. Er wollte nicht nur zeigen, wie jüdische Offenbarung und Philosophie sich vereinbaren lassen; er wollte beweisen, daß die Bibel die Philosophie schon enthalte. »Die Philosophie« – das war die griechisch-arabische Philosophie, gerade auch die des Averroes. Moses Maimonides erkannte sie als die Philosophie an. Ihm schwebten keine philosophischen Neuerungen vor; er wollte nur zeigen, daß die Bibel nichts anderes enthalte als eben diese Philosophie, und zwar durch die Methode der allegorischen Deutung. So verstand er die *Genesis* als den Inbegriff der Physik.

Man muß sich die Konsequenzen ausdenken, die ein solches Programm im christlichen Westen auslösen konnte: Denn nun mußte man das Evangelium als den Inbegriff aller Metaphysik und aller Ethik erweisen, wenn man der Idee des Moses Maimonides folgen wollte. Dies ergab eine neuartige Verhältnisbestimmung von Glauben und Wissen. Eben dies wurde das Programm Meister Eckharts. Als die nationalsozialistischen Propagandisten Meister Eckhart zum Vordenker der arischen Rasse erklärten, wies Josef Koch nach, welchen wesentlichen Einfluß Moses Maimonides auf Eckhart gehabt hatte.[11] Er bewies damit nicht nur, welchen nützlichen Gebrauch man von exakten Nachweisen machen kann, wenn man eine politisch klare Zielsetzung hat; er lieferte auch einen ersten Schlüssel zum Werk Meister Eckharts, der eine Philosophie des Christentums intendierte, welche das Neue Testament, vor allem das Evangelium nach Johannes, in strikt philosophischer Argumentation als die wahre Physik, die wahre Metaphysik und die wahre Ethik erweisen sollte.[12]

Moses Maimonides hat noch in manch anderer Form den lateinischen Westen mitgeprägt. Zu erwähnen ist vor allem seine Fassung des alten Motivs der negativen Theologie. Nach Moses Maimonides haben alle Namen, die wir von Gott gebrauchen, nur kausale Bedeutung. Das heißt: Wenn wir Gott »gut« nennen oder »Licht«, so wollen wir damit nur sagen, daß Gott das Gute begründet und das Licht erschaffen hat; wir sagen damit nichts über Gott selbst aus. Wir verneinen, daß er so ist, wie das von ihm geschaffene Gute und das kreatürliche Licht. Alle Namen, die wir von Gott aussagen – außer dem Tetragrammaton: Jehova –, bezeichnen Kreatürliches.[13] Darin lag eine tiefgreifende Einschränkung aller theologischen Aussagen: Sie sagten nach dieser philosophischen Hermeneutik nicht, was Gott ist. Die Negationen sind wahr, die Affirmationen zweifelhaft (*negationes de Deo sunt verae, affirmationes autem ambigue*)[14]. Thomas von Aquino sah, daß diese Kritik alle positive Theologie relativierte; er glaubte, etwas zur Sache zu sagen, indem er argumentierte, die Intention derer, die Gott »Leben« nennen, sei nicht, von Gott zu sagen, er erschaffe Lebendiges, sondern, er sei in sich selbst lebendig.[15] Dies wußte Moses Maimonides auch, aber er hielt es für die Aufgabe des Philosophen, die Wahrheit dieser Intention zu hinterfragen. Er stellte damit dem lateinischen Westen eine fundamentale, eine ebenso philosophische wie jüdisch-fromme Frage.

Für den Westen war es eher nützlich, wenn der »Führer der Unschlüssigen« nicht immer eindeutig die Richtung wies: Da stand zu lesen, wir könnten niemals Gottes Wesen erkennen, nur seine Wirkungen, und die Erkenntnis seiner Wirkungen bestehe im Studium der Wissenschaften. Aber dann ließ Moses Maimonides doch eine Gemeinsamkeit zwischen Gott und den Menschen zu, den Intellekt. Aus unserem Intellekt können wir den Intellekt Gottes erkennen. Denn unser Intellekt besteht wie der Gottes aus der Vereinigung von Erkennendem und Erkanntem in der Erkenntnis. Geistige Erkenntnis ist Identität zwischen Denken und dem Wesen der Sache. Dies gilt für Gott wie für den Menschen, schränkt also die radikalen Konsequenzen der negativen Theologie wieder ein.

Der Unterschied zwischen menschlicher und göttlicher Erkenntnis war damit nicht aufgehoben: Der Mensch beginnt mit Einzelwahrnehmungen. Aber im Unterschied zum Tier ist er »der Möglichkeit nach geistig erkennend« (*est intelligens in potentia*). Daraus ergibt sich beim Menschen die Notwendigkeit einer Veränderung, die beim ewigen Denken Gottes keinen Raum hat. Gott ist die Einheit von Intellekt, tatsächlichem Erkennen und gedachtem Inhalt. Auf eine solche Einheit bewegt sich der menschliche Intellekt zu; er verwirklicht prozeßhaft die für jeden Intellekt wesentliche Dreieinheit der Momente, die Gott in ewiger Ruhe vollzieht. Dies erreicht der Mensch nicht durch die bloße Wahrnehmung. Er muß aus dem Einzelbaum die allgemeine Bestimmung »Holz« herauslösen; er muß die Bestimmung »Holz« von jeder vereinzelnden Stoffbasis ablösen; er muß »Holz« als reine »Form« denken. Dann aber ist auch beim Menschen der Intellekt eins mit dem tatsächlichen Erkenntnisvollzug und dieser mit dem allgemeinen Wesen der Sache, hier des Holzes. Was sonst als leeres Erkenntnisvermögen und als Baum in der Außenwelt vorgestellt wird, fällt in der geistigen Erkenntnis zusammen. In ihr ist der Intellekt zugleich Substanz, Tätigkeit und erkannte Sache: Der Intellekt ist die aktuale Einsicht und ist das Holz, die allgemeine, reine Form des Holzes.[16]

Dies war eine Wiedergewinnung der aristotelischen Lehre vom Intellekt, interpretiert im Sinne des Averroes. Aber der Kontext war verändert: Moses Maimonides ging es um die Erkennbarkeit Gottes. Nachdem er die Unerkennbarkeit Gottes hervorgehoben hatte, verwies er auf die Dreieinheit des menschlichen Intellekts als auf den Schlüssel zur Erkenntnis des Wesens Gottes. Schon der menschliche Intellekt bleibt uns nach Moses Maimonides unerkennbar, wenn wir bei Vorstellungsbildern stehen bleiben. Dann stellen wir uns das Denken und die Welt getrennt vor; wir verwechseln den Intellekt mit einem nur zufällig wirkenden leeren »Vermögen«. Um den Menschen zu verstehen, müssen wir uns – gegen die bloße Vorstellung – zur substantiellen Tätigkeit des Denkens erheben, das die Sache selbst ist. Dann aber denken wir das Wesen Gottes, denn wir denken das Wesen des Intellekts. Der denkende Geist und das gedachte Holz sind dann als dasselbe gedacht. Dann kann Gottes Wesen nicht in seiner Unsagbarkeit verharren. Bei Moses Maimonides stand dieser Gedanke inmitten von lauter Einschränkungen: ein verwirrendes Bild. Aber man konnte ihn aus dieser Umgebung herauslösen und zur Grundlage einer neuen Philosophie machen: Meister Eckhart wird dies tun.[17]

29 Natur, Gesellschaft und Wissenschaft nach der Aristoteles-Rezeption

Die Aristoteles-Rezeption und die Begegnung mit der arabischen Philosophie und Wissenschaft veränderten im Lauf des 13. Jahrhunderts das intellektuelle Leben des christlichen Westens. Nicht als wären alle Autoren des Westens nun Aristoteliker geworden; dafür war die Welt des griechischen Naturforschers und seiner arabischen Kommentatoren den westlichen Autoren noch immer zu fern – trotz der Bemühungen des 12. Jahrhunderts, die Natur aufzuwerten, eine von theologischen Interventionen freie Physik zu schaffen und die monastische Ethik zu überwinden. Aber von nun an konnte man an Aristoteles nicht mehr vorbeigehen. Die Bezugnahme auf ihn trennte und verband die philosophischen

Strömungen des Jahrhunderts, und mit dem zunehmenden Eindringen des vollständigen Aristoteles in den Universitätsunterricht fand seine Terminologie auch bei denen Eingang, die ihn kritisierten. So entstand im Lauf des Jahrhunderts die Latinität, die man »scholastisch« nennt und die es im 12. Jahrhundert noch nicht gegeben hatte. Die ökonomische Entwicklung des 12. und 13. Jahrhunderts hatte es der westlichen Zivilisation ermöglicht, die Intention zu fassen, den Vorsprung der islamischen Welt einzuholen. Wenn sie das wollte, konnte sie den gesamten Komplex griechisch-arabischer Wissenschaft nicht zurückweisen. Sie wollte die Natur beherrschen und das menschliche Leben verbessern; sie konnte die beste erreichbare Naturwissenschaft und Medizin nicht ignorieren. Die Rezeption des Aristoteles veränderte nicht nur akademische Usancen; sie schnitt ein in das Welt- und Selbstverständnis der Gruppen wie der Einzelnen und berührte damit die sog. »realen« Bedingungen des menschlichen Lebens. Natur und Gesellschaft wurden jetzt nicht mehr nur als Instrument des göttlichen Willens, sondern als geprägter Eigenbestand und als zielstrebige Entwicklung verstanden.[1] Der Begriff von Wissenschaft änderte sich. Symbolische und allegorische Erklärungen verschwanden zwar nicht, aber sie galten immer weniger als »wissenschaftlich«. Mit Aristoteles lernte man die arabischen Ärzte und Naturforscher kennen. Übersetzungen hatten seit dem 12. Jahrhundert die griechische Astronomie und Geographie zugänglich gemacht (Ptolemäus, Almagest); ebenso die Geometrie (Euklid) und die Medizin (Galen). Man lernte, Erde und Gestirne mit neuen Augen zu sehen. Für den Bau der Welt galten jetzt die Grundsätze des Aristoteles und des Ptolemäus: Danach war die Erde eine Kugel im Mittelpunkt der Welt, um die sich die sieben Himmelssphären drehen, durchsichtige Schalen, die jeweils einen Planeten tragen. Sonne und Mond galten als Planeten. Der Himmel, welcher der Erde am nächsten ist, trägt den Mond; die folgenden Schalen sind die Sphären des Merkur, der Venus, der Sonne, des Mars, des Jupiter und des Saturn. Um diese sieben Planetenhimmel kreist der Fixsternhimmel. Er bildet die achte Sphäre. Über ihr dreht sich der neunte Himmel, ein reiner Kristallhimmel, der keine Sterne trägt. Dabei handelt es sich um ein postuliertes Prinzip, das seine Bewegung an die übrigen Sphären vermittelt, um einen kosmologischen Übergang aus der Ewigkeit Gottes und der reinen Geister hin zur Welt der Veränderungen. Man nannte daher den neunten Himmel »das erste Bewegbare« (*primum mobile*) und schrieb ihm eine ununterbrochene schnellste Bewegung zu. Jenseits dieses neunten Himmels war der Sitz Gottes und der Seligen, der sogenannte »Feuerhimmel« (*caelum empyreum*). Er ruht bewegungslos in sich selbst, jenseits von Raum und Zeit. Himmlische Geister, Engel oder sogenannte Intelligenzen regeln die Drehgeschwindigkeit und die Drehrichtung der Himmelsschalen. Wie die Engel für diese Dienste eingeteilt seien und wie sie ihre kosmologische Funktion ausübten, war für die arabischen und christlichen Denker des Mittelalters eine wichtige Frage. Bei ihr entschied sich, ob man die Bibel nach den Bedürfnissen einer rationalen Kosmologie auslegen durfte. Sofort bildete sich eine Vielfalt von Auffassungen. Albert d. Gr. z. B. wollte Engellehre und Kosmologie getrennt halten; im Interesse einer ungestörten Naturlehre betonte er die Andersartigkeit der Theologie; er unterschied daher die »Intelligenzen« (reine Geister, die im Sinne der griechisch-arabischen Kosmologie die Sternschalen zu rationaler Bewegung veranlassen) und »Engel« (Boten Gottes im Sinne der Bibel). Thomas von Aquino hingegen wollte zwar nicht alle Engel, aber doch einige als Erklärungsfaktor im Rahmen des ptolemäisch-aristotelischen Weltbilds verstehen.

Das neue Weltbild schien Rationalität mit moralisch-religiösen Erwartungen zu vereinen. Es zeigte eine endliche, übersichtliche, übrigens nicht sonderlich kleine, aber geordnete Welt. Doch mochte das Gesamtbild einem bestimmten Konzept von Rationalität entsprechen, mochte es sogar von poetischer Größe sein, so ergaben sich doch Schwierigkeiten, die bemerkt wurden. Für die Einzelbewegung der Sphären waren komplizierte Berechnungen nötig; mit der täglichen Sphärenbewegung von Ost nach West kam man nicht aus. Doch dies war ein Problem für die wenigen Spezialisten. Die grundlegende Unterscheidung zwischen sublunarischer und supralunarischer Welt war davon nicht bedroht; sie bestimmte die Philosophie, die Theologie und das Alltagswissen. Sie führte zu einer Zweistockwerksphysik: Die Elemente Feuer, Wasser, Luft und Erde sollten nur im sublunarischen Bereich vorkommen, während der ungeheure Raum darüber vom »Äther« erfüllt sei. Dies begünstigte die Vorstellung einer »jenseitigen« Welt, deren Harmonie so vollkommen ist, daß die Unordnung in der irdischen Welt keine für den Weltenherrscher nachteiligen Schlüsse erlaubte. Die Erde bildete den Mittelpunkt des Alls – dies machte das Interesse Gottes an der Menschheit plausibel. Gleichzeitig führte die kosmologische Hierarchie dem Menschen seine Abhängigkeit vor Augen. Es lag mehr Glanz auf der Ordnung des Universums als auf der Würde des Menschen. Die Stabilität und Rationalität der Weltordnung schien nach der Aristoteles-Rezeption so evident, daß die biblischen Vorstellungen vom Ende der Weltzeit schwer verständlich wurden: Kosmologie und Eschatologie traten in Konflikt. Es kam zu einer Reihe von Lösungsversuchen: Entweder konstruierte man Übereinstimmung und bereitete somit die Konflikte der frühneuzeitlichen Wissenschaft mit der Theologie vor, oder man votierte für Trennung von Philosophie und Theologie. Jedenfalls konnte man jetzt wissen, daß die Kosmologie problematisch war; die neu rezipierten Texte erwähnten gelegentlich die antiken Gegner ihres geozentrischen Weltbilds und beförderten somit die Diskussion über dieses Thema. Man kannte jetzt Alternativen, und man hatte einen strengeren Maßstab für die Anerkennung oder Verwerfung von Argumenten. Nicht die Berufung auf die sinnliche Erfahrung, die in den aristotelisierenden Texten so oft beschworen wurde, sondern die Bekanntschaft mit dem höheren methodologischen Standard der antiken Wissenschaften wies in die Zukunft. »Erfahrungsnähe« konnte jetzt ein schulbuchhaftes Postulat werden, das der Stützung der Tradition diente. Doch bot sie auch die Möglichkeit, sich den Autoritäten zu entziehen und eigene Erfahrung mit neuem Methodenbewußtsein zu verbinden.

Der neue methodologische Standard bestand zunächst darin, ein Wissensgebiet als einen in sich geschlossenen, »natürlichen« Zusammenhang aufzufassen, der nicht ständig durch moralisierende Betrachtungen oder theologische Interventionen unterbrochen werden durfte. Ferner thematisierte man jetzt methodologische Fragen im Anschluß an die aristotelische Wissenschaftslehre (*Zweite Analytiken*). Nicht zuletzt hatte man jetzt Muster ausgearbeiteter Einzelwissenschaften, z. B. der Medizin (Avicenna) oder der Ökonomie (Aristoteles) vor sich, die zeigten, wie man eine Wissenschaft aufbaut.

Die Rezeption der Antike und der arabischen Wissenschaft entsprang einem inneren Entwicklungsprozeß der westlichen Gesellschaft; sie war mehr als das zufällige Auffinden einiger Bücher. Man übersetzte oder ließ übersetzen, was man suchte.[2]

Die realgeschichtliche Entwicklung – Abbau der theokratischen Herrschaft zugunsten feudaler Wechselbindung einerseits und kommunaler Autonomie andererseits – hatte eine Freisetzung des Individuums gebracht, die bei den Protagonisten der Entwicklung – denken wir an Franziskus von

Assisi und an Friedrich II. – zu einer Naturerfahrung bzw. -beobachtung führte, die überlieferte Schemata sprengte.

Es wäre falsch, bei der Aristoteles-Rezeption nur an das veränderte Bild der Natur zu denken. Auch die Menschenwelt wurde nun mit anderen Augen gesehen. Aristoteles stellte ein neues Konzept der Politik zur Verfügung. Zwar ist es konventionelle Befangenheit, wenn ein Textbuch zur politischen Philosophie des Mittelalters erst mit Thomas von Aquino einsetzt. Der Investiturstreit, die fortschreitende Entsakralisierung des Herrscheramtes und das steigende Selbstbewußtsein der Städte hatten bereits vor dem 13. Jahrhundert eine vertiefte Reflexion über Politik erzwungen. Ebenso war der Ausbau der päpstlichen Machtansprüche nicht ohne theoretische Begründungsversuche möglich gewesen. Dennoch bedeutete die Aristoteles-Rezeption den entscheidenden Einschnitt in der Geschichte des politischen Denkens. Nicht mehr »Christenheit«, »Priestertum« und »Königtum« waren jetzt die Leitbegriffe, sondern *civitas* »Stadt«, »Staat«. Vor dem 13. Jahrhundert sprach man viel von »Kirche« und »Reich«, aber jetzt konzipierte man das Gemeinwesen und andere Gemeinschaften – von der Familie über das Dorf zur Stadt – als »natürliche« Notwendigkeit eigenen Rechts, als System der Bedürfnisbefriedigung mit immanenter Moralität und Kultur. Auch hier kam die Aristoteles-Entdeckung einer realgeschichtlichen Tendenz entgegen: Seit dem 13. Jahrhundert gab es gebildete Laien, die über Stadt, Königreich und Kirche nachdachten. Die Theoriebildung blieb nicht länger das Privileg des Klerus. Die aristotelische *Politik* ließ den Staat in der Natur des Menschen begründet sein; sie leitete an, die Autonomie einer Stadt oder eines Landes und damit erstmals wieder die Souveränität nicht einer Person, sondern des Staates zu denken.[3] Der rasanten gesellschaftlichen und politischen Entwicklung der Zeit von 1200 bis 1350 entsprach daher eine intensive und facettenreiche politische Theorie, die nun nicht mehr – wie im frühen Mittelalter – in konkreten Riten (Krönung, Lehnseid) oder Symbolen (Krone, Szepter), sondern in einer abstrakten Terminologie gefaßt war, und zwar nicht mehr primär durch die Machthaber selbst, sondern durch Schriftsteller, die oft in Konflikt mit den politisch Handelnden standen.

Dies bedeutet nicht, die aristotelische *Politik* habe eine Entwicklung zur Demokratie mit sich gebracht. Zwar dachte sie den Menschen nicht mehr primär als Empfänger von Erleuchtungen von seiten der Hierarchen, sondern – falls er keine Frau, kein Sklave, kein Kind oder arm war – als aktiv am Staat teilnehmenden »Bürger«. Aber der Lehrer Alexanders d. Gr. war kein Befürworter der Demokratie. Einzelne Elemente seiner Theorie konnte man im demokratischen Sinn verwenden, und dies hat man auch im Mittelalter getan (Marsilius von Padua). Andererseits berief Thomas von Aquino sich auf ihn, um die Monarchie zu rechtfertigen. Thomas trieb die aristotelisch konzipierte Autonomie der Politik auch nicht so weit, daß sie die päpstliche Oberherrschaft über die Staaten ausgeschlossen hätte. Doch welche Entwicklungsmöglichkeiten mit der Rezeption der aristotelischen *Politik* sich eröffneten, zeigt folgende Einzelheit: Die Schrift des Thomas von Aquino, *De regimine principum* bricht mit Buch II c.4 ab. Sie fand aber mit Tolomeo di Lucca einen Fortsetzer, der nicht nur ein Schüler des Aquinaten war, sondern auch sein Beichtvater. Tolomeo, der 1318 als Bischof von Torcello starb, erklärte in demselben Werk, dessen erste sechs Kapitel die Apologie der Monarchie aus der Feder seines Ordensbruders enthalten, die Herrschaft der Bürger (eine »politische Herrschaft« im Sinne der aristotelischen Polis, das *regimen politicum*) sei der Königsherrschaft vorzuziehen. Bei weisen und tugendhaften Menschen wie den Römern zur Zeit der Republik habe es keinen König gegeben. Überhaupt müsse man bei der politischen Theorie die Verschiedenheit der Regionen und der Zeiten sowie den Einfluß der Gestirne berücksichtigen; es gebe Provinzen, die zur »Freiheit« geeignet seien, während andere es nicht seien.[4] In Gegenden, in denen die Menschen wenig Zutrauen zu sich und zu ihrer Vernunft haben, seien Despotie und damit Königsherrschaft berechtigt. Anders in den Provinzen, die nicht sklavischer Natur sind. Dort lassen sich die Menschen nicht unterwerfen. Sie wollen und sie brauchen keinen König, wie man in Italien sehen könne.[5]

An diesem Text ist nicht nur die Verteidigung der italienischen Stadtrepubliken gegen die monarchistische Staatslehre des Aristoteles und des Thomas von Aquino bemerkenswert. Ebenso wichtig ist das Interesse an regionaler Mannigfaltigkeit. Wenn schon die Empirie zählt, dann darf die Erfahrung der mittel- und oberitalienischen Kommunen des 13. Jahrhunderts nicht im Interesse der Monarchien vernachlässigt werden. Die historisch-geographisch-astrologische Erklärung dieser Mannigfaltigkeit hat dann in der politischen Theorie ihr Recht. Die eigene Erfahrung der *libertas* wird zum Ausgangspunkt der Betrachtung; die wenige Jahrzehnte ältere Theorie des Thomas erscheint als die Theorie der zurückgebliebenen Provinzen wie Sizilien, Sardinien und Korsika. Daß Tolomeo die regionalen Unterschiede zur Geltung brachte und das Freiheitsbewußtsein der Kommunen als die überlegene politische Philosophie formulierte – dies ergab sich, wie gezeigt, zwar nicht direkt aus der Aristoteles-Rezeption, aber es verwies auf die realen geschichtlichen Kräfte, die zur Aristoteles-Rezeption drängten.

Wie einschneidend sie die Welt des Wissens verwandelte, zeigt die neue Einteilung der Wissenschaften, die an ihrem Ende stand. Das Schema, das ich für die Zeit um 1250 auf der folgenden Seite 359 gebe, ist idealtypisch vereinfacht. Es ist für jeden Autor und jede Zeit zu differenzieren. Wollte man zudem das ältere Schema der sieben *artes* retten, konnte man die Fächer des Trivium der *philosophia rationalis* zuordnen, was aber der errungenen Selbständigkeit der Logik nicht entsprach, und man konnte das Quadrivium als Anwendungsgebiet der Mathematik deuten; dann tauchte aber die Naturwissenschaft zweimal auf. Dies waren die Signaturen eines Kompromisses.[6]

Schema der Wissenschaften um 1250

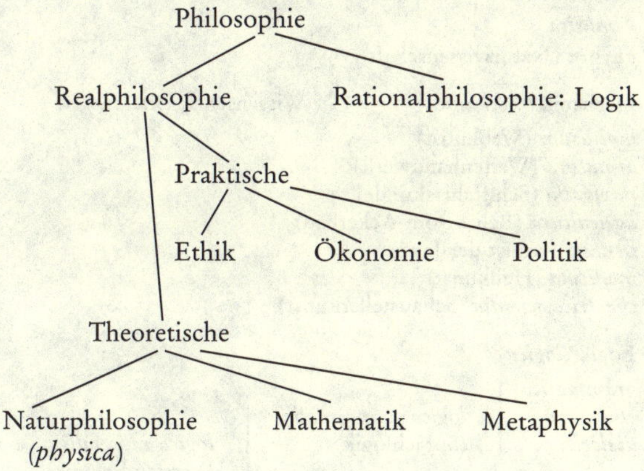

Der historischen Realität treten wir näher, wenn wir die Wissenschaftseinteilung Hugos von St-Victor († 1141) und des Dominicus Gundissalinus († nach 1181) vergleichen. Sie belegen den Übergang von einer augustinisch inspirierten Bildungsphilosophie und dem Leitgedanken der sieben *artes* zu dem aristotelisch-arabisch gedachten Wissenschaftssystem des 13. Jahrhunderts:

Hugo von St-Victor:

philosophia

1. Theoretische Philosophie *(theoretica)*

   theologia (Theologik)
   mathesis (Zahlentheorie)
   - *astronomia*, *geometria*, *arithmetica*, *musica* } Quadrivium

   physica (Naturwissenschaft)

2. Praktische Philosophie *(practica)* — Einsicht *(intelligentia)*

   ethica (Theorie des Handelns)
   oeconomica (Hauswirtschaftslehre)
   politica (Staatslehre)

3. Mechanik *(mechanica)* — Wissenschaft *(scientia)*

   lanificium (Webkunst)
   armatura (Waffenhandwerk)
   navigatio (Schiffahrtskunde)
   agricultura (Lehre vom Ackerbau)
   venatio (Kunst der Jagd)
   medicina (Heilkunst)
   theatrica scientia (Schaustellerkunst)

4. Logik *(logica)*

   grammatica, *rhetorica*, *dialectica* | *logica sermocinalis* (Sprachlogik) | *logica rationalis* (Verstandeslogik)

Dominicus Gundissalinus:

I. Wissenschaften der Beredsamkeit *(scientiae eloquentiae)*

1. Grammatik 2. Poetik 3. Rhetorik

II. Logik (als »mittlere Wissenschaft«, *scientia media*)

III. Sachwissenschaften, eigentlich philosophische Wissenschaften *(scientiae sapientiae)*

Theoretische Wissenschaften	Praktische Wissenschaften
Physik	Politik
Mathematik	Ökonomie mit Mechanik
Theologik (Metaphysik, *philosophia prima*)	Ethik

Die beiden Schemata zeigen die Dynamik der Entwicklung im 12. Jahrhundert. Dominicus Gundissalinus lebte an der Grenzlinie der arabischen und christlichen Welt, in Segovia, und er war einer der ersten großen Vermittler. Er stand noch am Anfang der großen Aneignungsbewegung. Sein Schema der Wissenschaftseinteilung zeigt wichtige Neuerungen: Die Logik hat den Vorrang erhalten vor Grammatik, Poetik und Rhetorik; die Naturwissenschaften sind nicht mehr der Mathematik zugeordnet; die »Theologik« wird als Metaphysik verstanden. Die Ökonomie, verbunden mit der Mechanik, behauptet die Würde einer Wissenschaft. Doch war auch Hugo weit davon entfernt gewesen, das alte Schema nur zu wiederholen. Er trug der tatsächlichen Entwicklung Rechnung und brachte die in den Städten entwickelte »Mechanik« – im umfassendsten Sinn des Wortes – zur Geltung.

Auch er hatte schon das Trivium zur »Logik« zusammengefaßt. Die mechanischen, aber auch die ethisch-praktischen Inhalte des Wissens kamen bei ihm stärker zur Geltung als bei dem an den Arabern orientierten Gundissalinus, der seine Stärke darin hatte, daß er dem Wort »Physik« einen reicheren Inhalt geben konnte als Hugo; er konnte sich auf die aristotelischen Schriften zur Naturwissenschaft stützen.[7] Die Physik ist bei ihm höheren Ranges, als sie es bei Hugo war. Im übrigen wollte auch er auf die lateinische Tradition der *artes* (nach Augustin, Boethius, Isidor) nicht verzichten. Überhaupt dürfen wir ihn nicht überschätzen. Was er z. B. über die Medizin zu sagen wußte, nannte sein Herausgeber »höchst banale und armselige Ausführungen«.[8] Doch bedenken wir, daß sein Text der Mitte des 12. Jahrhunderts entstammt; er belegt die ersten Berührungen des Westens mit dem arabischen Wissen. Er zeigt, wohin die Entwicklung gehen sollte.

Das zuerst gegebene »normalisierte« Schema entsprach ungefähr dem Stand von 1260 bei Thomas von Aquino: Die Logik hat ihre Sonderstellung ausgebaut; ihre Schwesternwissenschaften aus dem Trivium (Grammatik, Rhetorik) sind verschwunden. Aber alle drei Autoren (Hugo, Dominicus, Thomas) nannten die Einteilung der Wissenschaften eine Einteilung der »Philosophie«. Der Sprachgebrauch war so weit, daß die »Philosophia« jede Art des Wissens umfaßte, bei Hugo selbst die Schauspielkunst. Thomas trennte dann allerdings Grammatik und Rhetorik von ihr ab. Auch dies war eine Wirkung der Berührung mit der griechisch-arabischen Philosophie.[9]

Es gab eine Zeit, da man zu wissen glaubte, die Philosophie des Mittelalters sei ganz von Aristoteles beherrscht gewesen. Dies ist für das frühe Mittelalter gewiß nicht der Fall, denn damals hielt man sich eher an den christlichen Neuplatonismus Augustins. Auch nach 1200 herrschte Aristoteles nicht unbestritten; der Papst verbot noch 1231 die neuen Texte des Aristoteles als Vorlesungsthema; 1255 schrieb die Artistenfakultät sie dann allerdings als verbindlich vor. Doch selbst danach wurde Aristoteles noch scharf kritisiert. Wenn also die mittelalterliche Philosophie auch nicht durchgängig aristotelisch dachte, so hatte Aristoteles für das gesamte Mittelalter dennoch grundlegende Bedeutung. Selbst wenn man sich im frühen Mittelalter an Augustin orientierte, stieß man auf Grundbegriffe der aristotelischen Philosophie, hatten doch bereits die Neuplatoniker Aristoteles rezipiert. Zudem hatte der 20jährige Augustin die Schrift des Aristoteles über die Kategorien gelesen, und wenn er auch von ihr nicht sonderlich berührt wurde, so entnahm er ihr doch einige wichtige philosophische Grundbegriffe, wie den der Substanz und der Eigenschaft. Bei Aristoteles hatte die Analyse der »Substanz« (*usia*) andere Problemdimensionen als bei solchen schulmäßigen Übernahmen, bei denen nicht viel mehr zustande kam als die Vorstellung von einem bleibenden Ding mit wechselnden Eigenschaften. Das mittelalterliche Denken mußte mit diesem ontologischen Modell seine gedanklichen Erfahrungen machen. Johannes Eriugena kritisierte es. Der Abendmahlstreit des 11. Jahrhunderts ging um die Frage, ob dieses Modell Ausnahmen zulasse. Als die aristotelische *Metaphysik* bekannt wurde, bestand die Möglichkeit, diese bereits dem frühen Mittelalter vertraute Begriffsbildung in ihren Zusammenhängen zu thematisieren. Darüber hinaus bot ab 1200 das aristotelische Gesamtwerk erstmals die Möglichkeit, ein geordnetes Ganzes der Realwissenschaften zu entwerfen. Die Natur, die im Denken des 12. Jahrhunderts Konsistenz gewonnen hatte, rückte damit in den Vordergrund des wissenschaftlichen Interesses. Die Aristoteles-Rezeption bestätigte und verstärkte eine Tendenz zur Naturforschung, die im 12. Jahrhundert aus guten realgeschichtlichen Gründen entstanden war. Da man nach der Aristoteles-Rezeption Politik und Ökonomie interpretieren konnte als Ausdruck des naturhaft-sozialen Lebens des Menschen, bestand die Möglichkeit, den bisherigen Vorrang der monastischen Ethik zu brechen. Andererseits zeichnete die aristotelische Ethik das Idealbild eines begüterten Weltweisen, der zwischen extremen Seelenlagen die Mitte hält; sie war nur mühsam vereinbar mit dem eschatologischen, auf Reichtum und weltliche Absicherung verzichtenden Ethos der christlichen Urgemeinde: heftige Kämpfe um das Verhältnis dieser Ethik zu der neutestamentlichen und zu der augustinischen waren die Folge. Selbst die Hauptinhalte des christlich-augustinischen Denkens, »Gott und die Seele«, erhielten nach 1200 eine neue Bedeutung: Im 12. Buch der aristotelischen *Metaphysik* und im 8. Buch der *Physik* fand man eine philosophische Gotteslehre, die eng mit der aristotelischen Kosmologie, speziell mit ihrem Begriff der Bewegung, verknüpft war, und die Gott als Ursprung aller Veränderung, als reine Aktualität, als Denken des Denkens, als das wissende Prinzip aller Weltordnung proklamierte. Die Vereinbarkeit dieses Begriffs von Gott mit dem wählenden, liebenden und verwerfenden Gott des augustinischen Christentums war ein erregendes philosophisches Thema. Ebenso die aristotelische Lehre von der Seele. Was Aristoteles über die Geistseele, speziell über den tätigen Intellekt, sagte, *De anima* III 5, war dunkel. Es bedrohte die individuelle Unsterblichkeit und damit die Zurechenbarkeit von Schuld im Jenseits. Himmel und Hölle und damit das

Machtsystem der Kirche waren in Gefahr. Die Idee eines erfahrungsunabhängigen Systems ausgleichender Gerechtigkeit war bedroht. Die Kirche, die sich auf Aristoteles stützte, ging dadurch ein erhebliches Risiko ein.

Andererseits war der Aristotelismus die ausgearbeitetste Philosophie, die man erreichen konnte. Platon war nur zum geringsten Teil übersetzt. Man kannte den platonischen *Menon*, den *Phaidon*, den *Timaios* und – relativ spät – den *Parmenides*. Das heißt: Von diesen Texten gab es lateinische Übersetzungen. Doch nach 1200 galten sie vielen als überholt. Schon Moses Maimonides hatte seinen Lesern abgeraten, sich auf die metapherreichen Schriften Platons zu stützen; man besitze doch die *wissenschaftlichen* Texte des Aristoteles. So gab es faktische und psychologische Hindernisse, sich ein Bild von Platon zu verschaffen, das von der Platon-Kritik des Aristoteles unabhängig war.

Andererseits: Es gab die sympathisierenden Berichte Augustins über Platon. Albert d. Gr. hatte Kenntnis von einem byzantinischen Aristoteles-Kommentator namens Eustratius, der gelehrt hatte, die Einwände des Aristoteles gegen die Ideenlehre träfen nur den Buchstaben, nicht die Intention Platons. Man konnte also auch nach der Aristotelesrezeption noch auf die Seite der platonischen Ideenlehre treten. Und man tat es. Berthold von Moosburg tat es um 1350 mit der Erklärung, die Argumente des Aristoteles erreichten Platon nicht.[1] Auch andere mittelalterliche Autoren, z. B. Bertholds Zeitgenosse Nicolaus von Autrecourt, erkannten, daß die Platon-Kritik des Aristoteles nur dessen eigene Voraussetzungen wiederhole und den wirklichen Platon wohl nicht treffe. Eine Revision der Entscheidung zugunsten des Aristotelismus war also nach 1200 noch möglich, wenn auch schwer zu bewerkstelligen. Aristoteles war akademisches Textbuch geworden; seit der zweiten Hälfte des 13. Jahrhunderts gehörte er zur universitären Institution.

Das heißt nicht, von da an habe der Aristotelismus ausnahmslos den Platonismus verdrängt. Es gab immer Kritiker des Aristoteles, und selbst bei seinen arabischen und christlichen Anhängern war die philosophische Atmosphäre so sehr durch platonisierende Theoreme bestimmt, daß man Aristoteles de facto doch als einen Platon-Schüler interpretierte; so gebrauchte z. B. Thomas von Aquino, der Aristoteliker sein wollte, ständig den Begriff der »Teilhabe«, den Aristoteles als bloßes Wortgeklingel kritisiert hatte.[2] Dieser harmonisierenden Tendenz kamen die im Werk des Aristoteles tatsächlich vorhandenen platonischen Motive entgegen; sie entsprach auch dem schon von Boethius gefaßten Plan, die Konkordanz der platonischen und aristotelischen Philosophie herzustellen. Hinzu kam, daß unter den aus dem Arabischen übersetzten Aristoteles-Texten sich ein Text fand, der entschieden neuplatonisch war, aber bis in die siebziger Jahre des 13. Jahrhunderts für ein Werk des Aristoteles gehalten wurde, der sogenannte *Liber de causis*.[3] Er war nichts anderes als eine Sammlung von Proklos-Texten, sozusagen die Quintessenz des spätantiken Neuplatonismus. Die ohnehin vorhandene Neigung, das Unvereinbare zu kombinieren, nahm durch eine solche Zuschreibung noch zu. Einen »reinen« Aristotelismus oder einen »reinen« Platonismus kann man im Mittelalter nirgends finden; es fehlte der erst im cartesianischen Philosophiekonzept entscheidende Begriff des »Systems« und damit das Ideal systematischer Einhelligkeit; man vermischte ständig Platonisches, Aristotelisches und Stoisches, und um diese tatsächlich vorhandenen Kontaminationen erkennen zu können, ist das Studium des vollständigen Platon, des historischen Aristoteles und der stoischen Philosophie die unerläßliche Voraussetzung. Selbst für den wissenschaftlich am meisten bearbeiteten mittelalterlichen Philosophen, Thomas von Aquino, liegen derartige ideengeschichtliche Analysen noch kaum vor.[4]

Es klang nach Originalitätssucht, als François Picavet 1907 behauptete, nicht Aristoteles, sondern Plotin sei der eigentliche Lehrer des Mittelalters gewesen.[5] Plotin war der bedeutendste neuplatonische Philosoph (3. Jh. n. Chr.). Er hatte zwar auch Aristotelisches in sein Denken aufgenommen (Lehre vom Intellekt), aber er verstand sich als Fortsetzer Platons. Picavets These klang um so unwahrscheinlicher, als erst der florentinische Humanist Marsilio Ficino in den letzten Jahrzehnten des 15. Jahrhunderts eine vollständige lateinische Übersetzung Plotins lieferte. Plotin selbst wurde also im Mittelalter nicht gelesen. Dennoch verdient die These Picavets Beachtung und einige Modifikationen. Plotin selbst war im Mittelalter nirgendwo, aber seine Wirkung war überall. Plotins Bücher waren es, die – vielleicht zusammen mit denen seines Schülers Porphyrius – zu Augustins »Bekehrung« geführt hatten. Sie haben Augustins Denken bleibend geprägt, wenn auch Augustin ihm darin nicht gefolgt ist, seinen Gott, den er wie Plotin »das Eine« nennt, jenseits des Seins und des Denkens zu stellen.[6] Im 5. Jahrhundert systematisierte Proklos († 485) die Philosophie Plotins; in dieser Verformung legte sie der angebliche Paulus-Schüler Dionysius Areopagita seinen Schriften zugrunde. Da Boethius die Einführung des Plotin-Schülers Porphyrius in die aristotelische Logik ins Lateinische übersetzt hatte, studierte man im Mittelalter auch die aristotelische Logik zunächst mit neuplatonischen Augen. Auch der arabische Kulturkreis hatte die plotinische Philosophie vielfach rezipiert, daher hatte auch der Aristoteles der Araber einen neuplatonischen Bestandteil.[7] In die christliche Theologie hatte Plotinisches durch Augustin, aber auch durch Origenes und seine lateinischen Übersetzungen und Nachfolger (Ambrosius) Eingang gefunden. Den diffusen Einfluß Plotins veranschaulicht folgendes Schema:

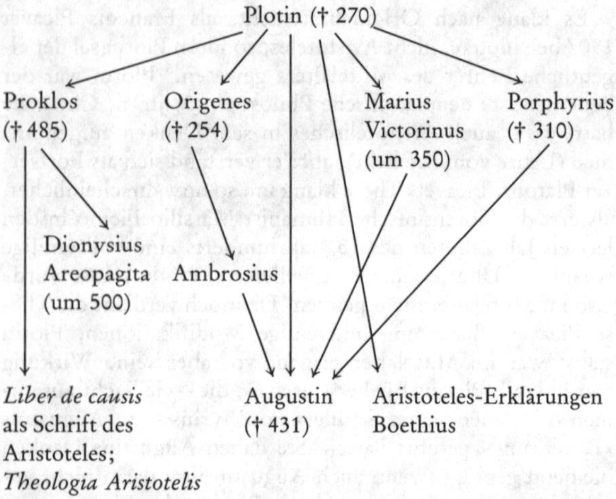

Der »Platonismus im Mittelalter« stellt das komplizierte Geflecht dieser verschiedenen Traditionsstränge dar, zu denen noch der Kommentar des Macrobius zu Ciceros *Somnium Scipionis* sowie der Kommentar des Calcidius zum platonischen *Timaios* zu rechnen sind.[8] Dabei muß man sich vergegenwärtigen, daß auch Aristoteles ein Schüler Platons war und daß seit dem Ausgang des 13. Jahrhunderts die Werke des Proklos (die *Elementatio* sowie seine Kommentare zum platonischen *Parmenides* und *Timaios*) in der Übersetzung Wilhelms von Moerbeke vorlagen. Seit dem 12. Jahrhundert waren Texte der hermetischen Tradition hinzugekommen; ich nannte schon den *Asclepius* und das pseudohermetische, für Eckhart und Cusanus wichtige *Buch der vierundzwanzig Philosophen*.[9] Alles in allem ergab sich ein buntes Gemisch antiker Motive. Die mittelalterliche Philosophie hatte weder die Quellenkenntnis noch die philologische Methode des 19. Jahrhunderts, um die entscheidenden Wenden der antiken Philosophie historisch analysieren zu können. So konnte sie die Differenz zwischen dem Neuplatonismus (Plotin) und dem genuinen Platon nicht ausmachen. Sie arbeitete vielfach mit Mosaiksteinen, deren ursprüngliche Farbe sie nicht mehr erkennen konnte. Seit dem 13. Jahrhundert etablierte Universitätswissenschaft, verlor sie zudem leicht den direkten Erfahrungskontakt – sei er politisch, sei er naturwissenschaftlich, sei er poetisch. Dadurch erhielt sie insgesamt den Charakter des Abgeleiteten, vom täglichen Leben Abgetrennten.

Nun stellt sich die weiterführende Aufgabe, die Charakteristika des mittelalterlichen Umgangs mit Traditionen, die bislang eher als Befangenheit beschrieben wurden (Fehlen des Systembegriffs, Mangel an historischem Streben nach »Objektivität«, Unterbelichtung des lebensweltlichen Ausgangspunktes), als Ausdruck der historischen Lebenssituation der mittelalterlichen Philosophie zu verstehen, nicht ihr tadelnd vorzuhalten. Das Lebensinteresse bestand offenbar darin, sich den Schatz der Tradition ungeschmälert zu erhalten und die eigene Lebensform als universal aufnahmefähig zu erweisen; so erklärt sich der Mangel an »Philologie«. Die eher statische Zeiterfahrung einer agrarischen Gesellschaft schloß das Historisieren aus. Was ein mittelalterlicher Philosoph wirklich geleistet hat, läßt sich nur danach bemessen, wieweit es ihm gelungen ist, die schulmäßige Isolation und die Ungunst der Textüberlieferung durch Problembewußtsein und oft auch durch bloßen Scharfsinn zu überwinden.

31 Albert der Große

Albert, auch »der Große« genannt († 1280), bekam früh den Beinamen »von Köln«.[1] Dies war in mehrfachem Sinn berechtigt, obwohl er in Lauingen an der Donau geboren ist. Seit er 1228 Lektor in Köln geworden war, hatte ihn sein Lebensweg immer wieder in die damals größte deutsche Stadt zurückgeführt. 1245–48 lehrte er in Paris, kehrte danach aber nach Köln zurück, um das Generalstudium der Dominikaner aufzubauen. Ein Aufenthalt am päpstlichen Hof im Jahr 1256 und die zwei Jahre als Bischof von Regensburg (1260–62) unterbrachen nur für kurze Zeit sein Wirken in Köln, wo er 1280 starb. Die Bedeutung Alberts liegt nicht zuletzt darin, eine deutsche Sonderentwicklung innerhalb des internationalen mittelalterlichen Denkens begründet zu haben. Deutschland hatte damals noch keine Universität; für die nächsten hundert Jahre spielte sich intellektuelles Leben fast ausschließlich bei den Dominikanern ab, mit Köln als Zentrum, und in ständigem Austausch mit Paris. Nicht, als habe Köln sich mit Paris oder mit Oxford messen können, aber mit Albert und Eckhart, mit Dietrich von Freiberg und Berthold von Moosburg hat es bedeutende Denker hervorgebracht. So wurde Köln für fast ein Jahrhundert ein weiteres Zentrum der intellektuellen Welt des Westens.

Albert hat von der Jahrhundertmitte an konsequent daran gearbeitet, dem lateinischen Wesen alle Werke des Aristoteles zu erschließen. Er tat dies, indem er die aristotelischen Schriften paraphrasierte; dabei fügte er an besonders umstrittenen Stellen Exkurse ein. Er erklärte, bei diesen Paraphrasen gebe er nicht seine Theorien, sondern die der Aristoteliker wieder. Doch gab er oft genug diese Zurückhaltung auf, um die Partei der Peripatetiker zu ergreifen. Er sah in Aristoteles und seinen arabischen Erklärern die wissenschaftlich fortgeschrittenste Position. Er wollte die Auseinandersetzung mit diesem Schriftenkorpus versachlichen. Er begriff, daß die christliche Wahrheit nicht verteidigt, die kirchliche Herrschaft nicht aufrechterhalten und die Sendung seines Ordens nicht verwirklicht werden konnten, wenn man das Bedürfnis einer neuen Gesellschaft nach neuen Formen des Wissens mißachtete. Nach den päpstlichen Aristoteles-Verboten von 1210 und 1231 leitete er – zusammen mit anderen – eine Wende ein. Dabei hatte er schon die größte Mühe, seine Ordensgenossen zu überzeugen, daß man die Schriften der Heiden vorurteilslos prüfen müsse. Zuweilen stöhnte er – mitten in einem Kommentar – über den Obskurantismus seiner Ordensbrüder und verteidigte sich mit folgender Überlegung: Er wolle nicht philosophische Argumente an die Stelle des Hl. Geistes und der Wunder setzen, sondern als Argumente zweiter Ordnung gebrauchen. Und dies sei nötig, weil es den Philosophen zur zweiten Natur geworden sei, keinem Satz zuzustimmen, ohne ihn vorher genau zu untersuchen. Aber da gebe es Leute, die in ihrer Unwissenheit jeden Gebrauch der Philosophie bekämpften, »vor allem bei den Dominikanern, wo ihnen keiner Widerstand leistet. Wie Tiere gehen sie gegen das an, was sie nicht kennen.«[2] Die Kulturfeindlichkeit innerhalb der religiösen Reformbewegung des 13. Jahrhunderts zurückgedrängt und dem Studium der Philosophie ein Heimatrecht in der theologischen Ausbildung gegeben zu haben, ist eines der Verdienste Alberts. Studium der Philosophie – das hieß von da an vor allem das Studium des Aristoteles.

Doch sosehr Albert sich bemühte, Aristoteles aus dessen Text heraus zu erklären, so verschob sich ihm doch das Gesamtbild der Philosophie in die neuplatonische Richtung. Denn sowohl die griechische als auch die arabische Tradition der Aristoteles-Erklärung waren neuplatonisch beeinflußt.

Ferner galt ihm der *Liber de causis* als die Krönung der aristotelischen Metaphysik, und schließlich kommentierte Albert die Schriften des Dionysius *Über die göttlichen Namen* und die *Mystische Theologie*.[3] Hinzu kam der Einfluß der hermetischen Schriften. So ergab sich ein komplexes Gesamtbild: Einerseits wollte Albert den reinen Aristoteles erschließen, andererseits öffnete er sich anderen Traditionen, die damit schwerlich vereinbar waren. Dies bedeutete Unausgeglichenheit, aber auch Reichtum an Motiven. Man konnte in der Folgezeit an Albert anknüpfen, indem man seine Absicht, den nicht konkordistisch für theologische Zwecke abgeschwächten Aristoteles zu erforschen, konsequenter verwirklichte. Man konnte aber auch seine aus Dionysius und dem *Liber de causis* genährte Theorie des göttlichen Einen und der hierarchischen Struktur des Universums erneuern. Und schließlich konnte man Alberts Naturforschung weiterentwickeln. Wenn man ihn zusammen mit Thomas von Aquino als Begründer des »christlichen Aristotelismus« bezeichnet, nivelliert man den Unterschied zu Thomas und zerstört die Offenheit der philosophischen Position Alberts. Über lange Passagen war er ein radikaler Aristoteliker. Schroffer haben auch die sogenannten lateinischen Averroisten nicht die methodische Selbständigkeit der philosophischen Forschung verteidigt: Wenn ich Naturforschung treibe, interessieren mich keine Wunder.[4] Er tat genau das, was Thomas den Averroisten vorwerfen wird, nämlich die Intention des Aristoteles zu erklären und ihre Vereinbarkeit mit dem christlichen Glauben (ihre »Wahrheit«, wird Thomas sagen) dahingestellt sein zu lassen.[5] Dieses In-der-Schwebe-Halten war in der theologischen Zivilisation des Mittelalters höchst beunruhigend. Thomas sah in ihm den Verzicht auf Philosophie; für Albert war es – zumindest für einen großen Teil seiner literarischen Produktion – eine Bedingung des wissenschaftlichen Fortschritts.

Seine Intention ging weniger auf systematische Koordination als auf methodologische Trennung von Philosophie und Theologie. Den Versuch, das Christentum in Philosophie zu übersetzen, fand er prinzipiell verfehlt. Er schadet beiden. Denn die Theologie hat andere Prinzipien als die Philosophie; sie gründet sich auf Offenbarung und Inspiration, die Philosophie hingegen auf Vernunft (*ratio*).[6] Insbesondere verteidigte Albert die Freiheit,

a) die Kosmologie zu betreiben, ohne Eschatologie[7] und ohne etwas über den kreationistisch gedachten Anfang der Welt in der Zeit zu behaupten. Daß der Weltprozeß einen zeitlichen Anfang habe, sei ebensowenig zu beweisen wie die Ewigkeit der Welt;
b) die Naturdinge zu erforschen, ohne dabei auf wunderbare Eingriffe Gottes zu achten.[8] Es sollen die Ursachen der Naturprozesse erforscht werden, auch ohne den traditionellen Symbolismus und Moralismus;
c) die menschliche Glückseligkeit als Werk des Menschen zu betrachten und dabei erklärtermaßen auf übernatürliche Tugenden und eine eingegossene, aus Gnade geschenkte Glückseligkeit gar nicht zu achten.[9] Die Glückseligkeit besteht darin, mit dem tätigen Intellekt so eins zu werden, daß er nicht nur etwas in uns bewirkt, sondern daß er unser anwesendes Lebensprinzip, unsere »*forma*« wird. In dieser *forma* bringen wir das Werk hervor, das dem Menschen charakteristisch ist, nämlich intellektuelle Erkenntnis. In einem aktiven intellektuellen Leben nimmt der rezeptive Intellekt das Licht des tätigen Intellekts auf und »wird ihm ähnlicher und ähnlicher von Tag zu Tag«.[10]

Die genannten drei Problemkreise wurden zwischen 1250 und 1280 die Hauptstreitpunkte mit den Averroisten. Albert verhielt sich nicht wesentlich anders als diese. In der Frage der Beseligung des Menschen durch Überformung von seiten des tätigen Intellekts erklärte er ausdrücklich, der Unterschied zwischen seiner Theorie und der des Averroes sei geringfügig, in der Modalität der Überformung stimme er sogar gänzlich mit Averroes überein.[11]

Damit will ich nicht behaupten, Albert sei »Averroist« gewesen, sondern daß dieses Kampfwort zur Abqualifizierung origineller christlicher Denker gedient hat, denen Albert vorangegangen ist. Die Ewigkeit der Welt hielt er für unbeweisbar. Die Einzigkeit des Intellekts für alle Menschen hat er schon 1256 bekämpft. Aber deswegen bildet er nicht mit Thomas von Aquino zusammen eine einheitliche antiaverroistische Kampffront – dieses traute Bild dominikanischer Bruderschaft und orthodoxer Uniformität gehört in die Hagiographie, nicht in die Geschichtswissenschaft. Sehen wir uns daher Alberts Theorie des Intellekts etwas genauer an: Der tätige Intellekt ist, nach Albert, ein individueller Intellekt, weil es der einzelne Mensch ist, der erkennt. Albert nannte den Intellekt daher auch »einen Teil der Seele«.[12] Aber er hatte von den »Teilen« der Seele eine andere Auffassung als Thomas. Er dachte die »Teile« der Seele als eine einzige Substanz und einen einzigen Akt.[13] Thomas hingegen dachte die Seelenvermögen als Akzidentien. Albert dachte – wie Thomas – den Intellekt als Teil der menschlichen Seele, die Gestaltungsprinzip des Leibes ist; folglich ist der Intellekt vervielfältigt in den einzelnen Menschen. Aber nach Albert – und darin unterscheidet er sich von Thomas – teilt sich die Geistseele in ihrem Wesen und in ihren höchsten Tätigkeiten nicht dem Leib mit. Die Seele hat nach Albert eine größere Unabhängigkeit vom Leibe als bei Thomas.[14] »An sich« betrachtet ist also der Intellekt ein allgemeiner.[15] Sofern unsere Intellekte eben Intellekte sind, sofern wir sie also als solche betrachten, »sind sie einer. Viele sind sie, sofern sie zu diesen oder jenen Menschen gehören.

Und in dieser Theorie stimmt Averroes mit uns überein, obwohl er sich in der Art, wie er die Ablösung des Intellekts faßt, ein wenig von uns unterscheidet.«[16] Geistig erkennen heißt: das Allgemeine erkennen. Wir müssen gewiß sein können, daß dieses Allgemeine in allen Erkennenden dasselbe ist. Also muß der Intellekt als solcher allgemein sein, um das Allgemeine zu erfassen.[17] Im Erkennen des Allgemeinen wächst der Mensch über seine zeitliche und räumliche Befangenheit hinaus; er wird göttlich. Gottessohnschaft durch Abstraktion. Durch den Intellekt sind wir nicht mehr Kinder eines Sterblichen, sondern Gottes, wie Albert mit einem Homer-Zitat sich ausdrückt. Dieses aristotelische und averroistische Motiv der rationalen Gottessohnschaft werden Meister Eckhart und Nikolaus von Kues aufgreifen. Albert konnte es auch in der ägyptischen Weisheit des Hermes Trismegistus wiederfinden: Der Mensch ist durch seinen Intellekt »das Band, das Gott und Welt verbindet« (*homo nexus est Dei et mundi*)[18]. Albert hat also nicht nur gelehrt, die Natur mit anderen Augen zu sehen als bisher; er gab auch dem Menschen eine neue Bedeutung. Wenn er im Anschluß an Dionysius betonte, der Mensch trete, in der höchsten Erkenntnis, über sich hinaus, nähere sich dem Abgrund der göttlichen Unbestimmtheit (negative Theologie), so glaubte er doch, daß der Weg von der Naturerkenntnis zur Selbsterkenntnis und von der Selbsterkenntnis zur Erkenntnis des Weltgrundes in der Natur des Geistes liege, wie sie von Platonikern und Aristotelikern verstanden worden sei. Wenn sie der Natur ihres Intellekts folgen, werden Menschen in Götter verwandelt (*homines in deos transponi et transformari*)[19]; die göttliche Unbestimmtheit ist ihnen dann nichts Fremdes, unbekannt Bleibendes, sondern ihre eigene Natur.

Dieses Motiv der Gottwerdung, das nicht nur Meister Eckhart, sondern ebenso Dante aus Albert kennengelernt haben dürfte, hinderte nicht, daß die Naturwissenschaft bei ihm erhöhte Bedeutung erhielt. In der Pflanzen- und Tierkunde wurde Albert ein Klassiker für die Folgezeit. Er zeigte sich nicht nur im Besitz der griechischen und arabischen Kenntnisse; er konfrontierte sie auch mit seinen eigenen Naturbeobachtungen. Er interessierte sich für Mineralogie und Astronomie, damit zugleich für Alchemie und Astrologie. Dies zeigt sein *Speculum Astronomiae*[20], dessen Echtheit bestritten wurde, vor allem, weil sein Interesse an Magie, Alchemie und Astrologie nicht in das herrschende Albert-Bild paßte, das man von ihm hatte. Aber in einer Kosmologie, die alles irdische Geschehen von den Bewegungen der Sternschalen abhängig sein ließ, hatte die Astrologie ihren natürlichen Platz, und aus unbestrittenen authentischen Werken Alberts geht hervor, daß er in den Sternbewegungen sowohl die Ursachen als auch die Vorzeichen irdischer Vorgänge sah. Er zweifelte nicht daran, daß eine gewisse Vorausschau in die Zukunft möglich sei, nur verschärfte er ihren mutmaßenden (konjekturalen) Charakter.[21] Er lehnte es ab, mit astrologischen Argumenten die Willensfreiheit zu bestreiten; er betonte, auch die Kirchenväter – öfter zitierte er dafür Augustin – hätten vom Einfluß der Sterne auf die Natur und die Menschenwelt gesprochen; er hob hervor, auch die arabischen Philosophen hätten durch die Einwirkung der Sterne die Willensfreiheit nicht zerstört;[22] er war also weit davon entfernt, den *»philosophi«*, d. h. den Griechen und den Arabern, eine die Freiheit des Menschen aufhebende »Notwendigkeitsphilosophie« (Nezessitarismus) vorzuwerfen. Er betonte mit ihnen, daß der Mensch auch ein Naturwesen ist.

So bedeutend diese Neuerung in der Naturkonzeption war, so war sie doch vorbereitet durch Forscher wie Adelard von Bath, Wilhelm von Conches, Thierry von Chartres und die Ärzte von Salerno. Robert Grosseteste, der 1253 als Bischof von Lincoln starb, hatte schon vor 1220 die wissenschaftstheoretisch wichtigen *Analytica Posteriora* des Aristoteles und in den dreißiger Jahren dessen *Physik* kommentiert. Grosseteste war insofern nicht Aristoteles gefolgt, als ihm die Mathematik den Schlüssel zur Naturforschung liefern sollte; dies entsprach der Tradition der *Timaios*-Auslegung. Demgegenüber brachte Albert eine Erweiterung der biologischen Kenntnisse. Und wenn er auch wußte, daß das bloße Sammeln von Einzeldaten noch keine Wissenschaft ausmacht, so hatte er doch kein vergleichbar entwickeltes methodologisches Konzept.[23]

32 Thomas von Aquino

Thomas († 1274), der Schüler Alberts, fuhr in der Rezeptionstätigkeit fort, suchte aber mehr als Albert die inhaltliche Koordination.[1] Alberts Anregungen zur Naturforschung ließ er liegen; aber er war seinem Lehrer überlegen an didaktischem Geschick: Er ordnete Themen, Zitate und Ansichten übersichtlicher; er wählte sorgfältiger seine Autoritäten aus; er dachte an die Bedürfnisse der Studienanfänger, für die er seine *Theologische Summe* schrieb. Für die dominikanischen Mitbrüder, die sich der Ketzerbekämpfung und Heidenmission widmeten, schrieb er seine *Summe gegen die Heiden*. Er verteidigte den Orden; er kämpfte um dessen Recht, Lehrstühle in Paris zu besetzen. Er warf sich in die Polemik gegen die radikalen Aristoteliker; zu den speziellen Lehren des Averroes verhielt er sich schärfer distanzierend als Albert. Wie dieser wollte er Augustin und Dionysius nicht verlassen, wenn er Aristoteles folgte; mehr als dieser wollte er Aristotelisches und Augustinisches vereinigen mit der proklischen Philosophie des *Liber de causis*, dessen proklische Herkunft er kannte (wenn auch nicht als erster). Bei all dem empfahl Thomas sich durch Prägnanz der Polemik, mit Durchsichtigkeit der Argumentation (immer im Vergleich zu Albert), durch die optimale Verwertbarkeit für den Schulbetrieb, für die Interessen des Ordens und für die Weltherrschaftspläne der Päpste. Wer geschichtliches Verständnis sucht, darf diese Verwertbarkeit des Werks nicht außer acht lassen; sie kann aber nicht den primären Gesichtspunkt abgeben. Es ist auch unzureichend, sein Denken als »christlichen Aristotelismus« zu charakterisieren; dadurch treten die augustinischen, dionysischen und proklischen Motive (*Liber de causis*) zu sehr in den Hintergrund. Manche sehen in der klaren Unterscheidung und harmonischen Zuordnung von Natur und Übernatur (von Glauben und Wissen, von Philosophie und Theologie, Freiheit und Gnade, Staat und Kirche) die wesentliche Leistung des Thomas. Doch lösen solche Lobreden ihn zu sehr aus der Geschichte. Thomas muß in seinen Bedingungen, in seinen nachweisbaren Gesprächszusammenhängen aufgesucht werden; sein Denken hat sich entwickelt, und wir müssen es in seiner Entwicklung nachvollziehen. Dazu ist es nötig, die logische Struktur, die literarische Eigenart, die Quellen und den konkreten Kontext seiner Texte zu studieren. Dies ist bislang nur in Ansätzen geschehen, da viele Untersuchungen zu Thomas von Aquino ihn zum Höhepunkt der Scholastik und zum überzeitlichen Meister aller Zeiten stilisieren. Dazu hat man ihm eine Einheitlichkeit angesonnen, die er nicht besitzt und die er nicht gesucht hat. Er schrieb situationsbezogen, mehr als viele seiner Erklärer wahrhaben wollten:

In seiner frühen kleinen Schrift *De ente et essentia*, die das Studium in Köln (1248–52) bei Albert reflektiert, stand er in der Auseinandersetzung vor allem mit dem arabischen Philosophen Avicenna.[2] Die kleine Schrift ist auf Bitten von Ordensmitbrüdern in St-Jacques in Paris geschrieben. Thomas suchte, wie Avicenna, die in allen Erkenntnissen aufweisbaren allgemeinsten Bestimmungen. Dabei dachte er, alle Einzelinhalte unseres Denkens ließen sich begreifen als Modifikationen der Grundbestimmung »seiend«. Er untersuchte die Abwandlungen, welche Grundbestimmungen wie »seiend« (*ens*), »Wesen« (*essentia*), »Natur« usw. annehmen, wenn sie von zusammengesetzten Substanzen (d.h. von Körperdingen), von einfachen Substanzen (d.h. von reinen Geistern, wie Engeln oder Gott) oder von Eigenschaften (Akzidentien) gebraucht werden.

Die grundlegende, erste Bestimmung von jedem ist »seiend«. Jedes Ding ist seiend, aber die Dinge, die wir kennen, sind nicht das Sein. Sie *haben* das Sein, sie *sind* es nicht. Wären sie mit ihm schlechtweg identisch, könnten sie es nicht verlieren. Sie könnten auch nicht nicht sein. Daß sie sind, ohne das Sein zu sein, erweist sie als endlich, als erschaffen. Was in ihnen zu unterscheiden ist, muß in einem ersten Wesen identisch sein, in Gott. Gott ist das reine, das unbegrenzte, das unverlierbare Sein.

Diesen Gedanken wird Thomas immer wieder vertiefen, immer wieder abwandeln. Er ist naheliegend, wenn man bemerkt, daß wir sagen: »Etwas ist«, daß wir aber sagen: »Etwas hat Sein«, nicht: »Etwas ist Sein«. Aber dann ergeben sich Probleme. Was soll es heißen, »Etwas« habe Sein? Ist dieses Sein eine innere Norm, eine ideale Gestalt, dem jedes Etwas nachzukommen sucht? Ist es die bloße Tatsache des faktischen Existierens? Und was für eine Art von Unterschied soll zwischen einem Baum und seinem »Sein« bestehen? Daß es sich um zwei verschiedene Ausdrücke handelt, liegt auf der Hand. Daß es um eine »reale« Distinktion gehe, sagte Thomas in *De ente et essentia* nicht.

Manches war in diesem Text noch offen. Thomas drückte sich gelegentlich so aus, als bestünde zwischen dem Ding und seinem Sein ein Unterschied wie zwischen bloß vorgestellten Phantasiewesen (z.B. Phönix) und tatsächlichen Dingen. Er sprach von Wesen (*essentia*), betonte, dieses

Wort komme von »sein« (*esse*), aber brachte das Beispiel, man könne das Wesen von etwas erkennen, ohne zu wissen, ob es wirklich existiert. Darin lag eine Herabsetzung des »Wesens«, welche die aristotelische Grundlage des Gedankens zerstört. Nach Aristoteles gibt es für so etwas wie den Phönix zwar eine Worterklärung, aber keine Definition.[3] Ein »Wesen« haben und definiert werden kann nach Aristoteles nur das, was real existiert. Bei Thomas ist sich die Philosophie des Realitätsgehalts ihrer Definition nicht mehr so sicher. Die Welt ist kontingent, hängt vom Willen ihres Schöpfers ab. Thomas stellt sich einen Abgrund vor, der das bloß Gedachte (er meint: Vorgestellte) vom tatsächlich Existierenden trennt und zu dessen Überwindung es in jeder Sache eines realen Prinzips bedürfte. Insofern tendiert auch die frühe Schrift schon in Richtung der sogenannten Realdistinktion von Substanz und Existenz. Sie stellt sich auf die Seite Avicennas, gegen Aristoteles und gegen Averroes. Sie spricht in aristotelischer Terminologie, nennt das Sein den Akt eines Dings. Aber das lief der aristotelischen Substanzlehre zuwider. In späteren Schriften wiederholte und präzisierte Thomas seinen Gedanken: Er wandte das aristotelische Begriffspaar Akt – Potenz an und sagte: Die Existenz (*esse*) verhält sich zur Substanz wie Akt zur Potenz. Diese ontologische These stellte den Versuch dar, den aristotelischen Wissensbegriff festzuhalten – danach ist die Definition die begriffliche Fassung der bleibenden Wesensstruktur der realen Sachen – und gleichzeitig die Kontingenz zu forcieren. Diese Theorie gehört in die Vorgeschichte unserer Begriffe vom »Gegebenen«, von »Faktum« und »Positivität«.

Andere Motive treten in *De ente et essentia* auf, die Thomas immer wieder aufgreifen wird: Den aristotelischen Begriff des »ersten Stoffes« (*materia prima*) wollte er als reine Möglichkeit – als pure Bestimmbarkeit und deshalb Unbestimmtheit – verstehen; er verwarf die stoisierende Lehre

Augustins, welche die Materie dachte, als wäre sie schwanger mit den Keimgründen (*rationes seminales*) künftiger Entwicklungen. Darin wich er von Albert ab, im Sinne eines strengeren Festhaltens an Aristoteles. Andererseits wollte er einen kompakten Stoffbegriff: Stoff nicht als bloße Möglichkeit, sondern als körperlich Ausgedehntes, das rein geistigen Wesen folglich abzusprechen ist. Er verwarf damit den Gedanken Ibn Gabirols von einer »intelligiblen« Materie, den sein Zeitgenosse, der Franziskaner Bonaventura, übernommen hatte. Man muß sich erinnern, daß Bonaventura schon vier Jahre in Paris gelebt hatte, als Thomas 1252 dorthin kam. Er hat also in *De ente et essentia* dem mit Augustin platonisierenden Bonaventura seinen Aristotelismus entgegengesetzt. Aber das heißt nicht, er habe mit der platonischen Tradition radikal gebrochen. Dazu stand er Avicenna zu nahe, der Aristoteles eher neuplatonisch gedeutet hatte. Ferner zitierte Thomas mehrfach zustimmend den *Liber de causis*; in platonischer Terminologie sprach er von »Teilhabe« am Sein und an Gott (*participatio*). So bedeutete »sein« für Thomas nicht qualitätsfreies Vorhandensein. Es war mehr als Faktizität.

Freilich enthält die frühe Schrift Motive, die als »aristotelisch« gelten, so die Lehre, daß alle allgemeinen Bestimmungen sich auf existierende Individuen beziehen müssen. Allgemeinere Bestimmungen, wie z. B. »Lebewesen«, enthalten demnach dasselbe wie die speziellen (»Mensch«) und die individuellen, nur auf eine weniger bestimmte Weise. Der Intellekt ist es, sagte Thomas mit Averroes, der den Bestimmungen ihre Allgemeinheit gibt; gegen Averroes betonte er schon hier, es sei ein individueller Intellekt des Menschen: Aus der Universalität der Gedankenform folge nicht, daß es nur *einen* Intellekt für alle Menschen gebe; die Allgemeinheit ergebe sich aus ihrem Bezug zu vielen Einzeldingen.[4]

Als Thomas nach Paris kam, mußte er in einem Vierjahreskurs die *Sentenzen* des Petrus Lombardus erklären.[5] Damit waren nicht die arabischen Philosophen, sondern die Kirchenväter seine wichtigsten Gesprächspartner. Besonders mit Augustin war er nun konfrontiert. Aber er lernte nicht nur. Er versuchte auch, dem vom Lombarden überlieferten Material seine eigene Form zu geben. Dessen Gesamtwerk umfaßte vier Bücher. Petrus hatte diese vier Bücher nach einer augustinischen Unterscheidung eingeteilt: Buch I–III handelte von »Sachen« (*res*), d. h. von Gott als Trinität, von der Erschaffung und der Inkarnation; Buch IV handelte von »Zeichen« (*signa*), nicht irgendwelchen Zeichen, sondern von den wirksamen Zeichen jener »Sachen«, also von den Sakramenten. Thomas teilte dasselbe Material anders ein. Er unterschied: Buch I und II handelten vom Ausgang (*exitus*) aller Dinge aus Gott; Buch III und IV handelten von der Rückkehr aller Dinge zu Gott (*reditus*). Statt des augustinischen Begriffspaars legte Thomas also ein neuplatonisches, dionysisches Weltschema zugrunde. Er hatte in Köln noch die Erklärungen gehört, die Albert von dem Werk des Dionysius *Über die göttlichen Namen* gegeben hatte.

Avicenna und Augustin waren auch die Orientierungspunkte in den *Quästionen über die Wahrheit* – Disputationen, die Thomas von 1256–1258/59 in Paris abhielt. Er war, nachdem er die *Sentenzen* gelesen hatte, »Magister« geworden und hatte die Pflicht, öffentliche Disputationen abzuhalten. Die vorhandenen Texte sind keine wörtlichen Protokolle, sondern nachträgliche Ausgestaltungen des tatsächlich Gesagten. Die 29 Quästionen kann man sich über drei akademische Jahre verteilt denken: die erste Gruppe (q. 1–7) von 1256/57 bildet auch thematisch einen Zusammenhang: Die Wahrheit wird zunächst untersucht im Zusammenhang der allgemeinsten Erstbestimmungen wie »seiend«, »eines«, »etwas«, »gut«; was »wahr« heißt, soll sich zeigen in einer

Analytik der Erstbegriffe. Dabei stellt sich das Problem, wie man aus einem einfachen Ursprung Differenzen gewinnen kann. Woher soll man zu »Sein« etwas hinzufügen, so daß man zu Unterschiedenem kommt?

Alles, was wir hinzufügen könnten, müßte schon ein Seiendes sein. Die genannten Erstbestimmungen müssen also Modifikationen des Seienden sein. So verband Thomas die Untersuchung des Wahrheitsproblems mit Forschungen zur Selbstdifferenzierung des Seins, zur konstitutiven Funktion der Negation[6] und erwies sich dabei als origineller philosophischer Denker.[7] Die »Wahrheit« bedeutete ihm in der Abfolge der Erstbestimmungen die Beziehung des Seienden auf einen Intellekt. »Wahr« heißen also nicht nur Sätze, sondern die Dinge selbst. Sie stehen zwischen zwei Intellekten, dem verursachenden göttlichen und dem rezeptiven menschlichen. Doch dachte Thomas den menschlichen Intellekt nicht nur als rezeptiv, und »Wahrheit« war ihm nicht primär eine Wesensbestimmung des Seienden, sondern Satzwahrheit. So setzte er einen urteilstheoretischen Wahrheitsbegriff neben den ontologischen (Wahrheit als Beziehung des Seienden auf den Intellekt), ohne die beiden Ansätze miteinander auszugleichen.

Wahrheit ist, wie Thomas in *De veritate* I 9 erklärte, nur möglich durch die Selbstreflexion, das Zurückkommen des Denkens auf sich selbst. Daß die Wahrheit im inneren Menschen wohnt, hatte auch Augustin gesagt. Nach dem *Liber de causis* zeichnet es den Intellekt aus, daß er in vollkommener Weise zu sich selbst zurückkehrt (*reditio completa in seipsum*). Aber Thomas ging über diese Vorlagen hinaus, indem er die Wahrheit dem Urteil und der Selbstreflexion zuordnete. Danach können auch unsere Sinne Wahres erkennen. Aber die Wahrheit erfaßt nur der Intellekt. Denn er allein kann darüber urteilen, ob eine gedachte Bestimmung (das Prädikat) einem realen Gegenstand (dem Subjekt) zukommt.

In Paris begann Thomas auch seine *Summe gegen die Heiden*. Sie hatte nicht nur den schon genannten praktischen Zweck. Sie griff in die Auseinandersetzungen ein, in die das westliche Denken durch die Aristoteles-Rezeption verwikkelt wurde. Im 19. Jahrhundert nannte man das Werk auch *Philosophische Summe*. Das verkennt den apologetischen Charakter des Buches. Demgegenüber hat man mit Recht betont, es sei theologisch intendiert gewesen. Aber dann muß man hinzufügen: Thomas selbst verwies darauf, daß die ersten drei Bücher mit philosophischen Argumenten die philosophischen Grundlagen des christlichen Glaubens sichern sollten, also die Existenz Gottes, seine Attribute, seine Weltbegründung, die Geistigkeit und Unsterblichkeit der Seele, ihre Zielbestimmung und jenseitige Beseligung beweisen sollten, während das vierte Buch die philosophischen Einwände gegen spezifisch christliche Glaubensinhalte (wie Trinität, Inkarnation) philosophisch zurückweise.

Einen Unterschied zwischen Philosophie und Theologie hat man auch vor Thomas gemacht. Man wußte, daß Cicero und Seneca Philosophen, aber keine Theologen waren. Auch im Werk des Boethius zeigte sich die relative Selbständigkeit der Philosophie. Mit dem Eindringen der aristotelischen und arabischen Texte und mit der Etablierung der *artes*-Fakultät wurde die Unterscheidung von Philosophie und Theologie noch dringlicher; sie wurde ein Hauptproblem des 13. Jahrhunderts. Wir sahen, wie relativ klar Albert sie konzipierte. Thomas brachte – innerhalb der einmal getroffenen Unterscheidung – die Unterschiedenen wieder in größere Nähe zueinander, und zwar durch bewußte Anwendung der aristotelischen Wissenschaftslehre auf die Theologie, durch eine konkordistische Aristoteles-Auslegung (die Albert vermeiden wollte) und durch die Indienstnahme philosophischer Argumente für die Verteidigung des christlichen Glaubens. Diese Verteidigung zwang Thomas sozusagen zu philosophischer Originalität; sie wäre mit einer bloß rezeptiven Haltung gegenüber Aristoteles nicht zu verwirklichen gewesen. Thomas wollte soviel christliche Inhalte wie irgend möglich philosophisch beweisen. Er konnte dabei nicht mehr so weit gehen, wie Anselm von Canterbury gegangen war, denn er entwertete die Kraft des reinen Denkens durch seine Unterscheidung von Substanz und Daseinsakt; er räumte der sinnlichen Erkenntnis ein größeres Gewicht ein, und ihm lagen mit den Werken des Aristoteles und der Araber ausgearbeitete Philosophien vor, die nicht christlich waren.

Ende 1259 begannen für Thomas zehn unruhige Jahre: er lehrte in Neapel (1259–61), Orvieto (1261–65), Rom (1265–67) und Viterbo (1267–68). Zeitweise arbeitete er an der päpstlichen Kurie und übte neben seiner Lehrtätigkeit eine offizielle Rolle als theologischer Gutachter der Päpste aus. In Italien vollendete er die *Summa contra gentiles*; in Rom begann er 1266 mit der *Summa theologiae*.

In Italien traten für Thomas neue, kirchenpolitisch wichtige Themen in den Vordergrund, z. B. die Auseinandersetzung mit der Ostkirche. Im August 1261 hatte der oströmische Kaiser den Papst, Urban IV., zu Unionsverhandlungen eingeladen. Das Studium der griechischen Kirchenväter erhielt dadurch aktuelle Bedeutung. Ein offizieller Gutachter mußte wissen, wie die Gegenseite dachte. Thomas begann z. B., die Akten der frühesten Konzilien zu studieren. Die Beschäftigung mit griechischen Kirchenvätern – immer in Übersetzungen – vertiefte sich noch, als Urban IV. ihn bat, einen fortlaufenden Kommentar zu den vier Evangelien zu schreiben (die sog. *Catena aurea*). Die Fleißarbeit, philosophisch anspruchslos, war insofern wichtig, als sie die westliche Theologie stärker für die östliche interessierte.

Politische Probleme gewannen für Thomas an Bedeutung. So schrieb er 1267 für den König von Zypern eine – sagen wir – kurze Fassung der politischen Theorie. Das unvollendete, nur bis II 4 von ihm verfaßte kleine Buch *De regimine principum* verteidigte die papalistische Theorie der Unterordnung aller weltlichen Macht unter den Papst.[8] Nicht als hätte die weltliche Gewalt nicht ihren eigenen Ursprung und ihren eigenen Zweck. Aber es ist ein endlicher, weltlicher Zweck. Das *bonum commune* einer Vielzahl von Menschen steht unter dem jenseitigen Zweck, auf den hin der Papst die gesamte Menschheit ordnet. Und diesem eigentlichen Ziel sind die endlichen Zwecke der weltlichen Herrscher unterzuordnen. Also keine bloße Parallelität der Zwecke, sondern in letzter Instanz Subordination, mit vorläufiger, mit beschränkter Autonomie bei untergeordneten Zwecken (vgl. bes. I 15). Diese relative Autonomie war ein geschichtliches Novum, eine Folge der Aristoteles-Rezeption. Sie trennt Thomas von späteren Papalisten, wie Bonifatius VIII. und Aegidius Romanus: Die politische Sphäre ist an sich nicht Sache der geistlichen Gewalt. Viele Forscher überbetonen jedoch den Zugewinn an Selbständigkeit. Sie »retten« Thomas für die Gegenwart, indem sie die Unterordnung aller politischen Gewalt unter den Papst unterbelichten.

Vom Kaiser ist in dem Buch schon gar nicht mehr die Rede. Die großen Kämpfe mit dem Papsttum hatten das Kaisertum so geschwächt, daß für Thomas nur eine Vielzahl von Königen übriggeblieben war. Es gibt nur noch einen Vicarius Christi, den Papst (I 14). Diese Ideen haben bald nach Thomas so etwas sie eine eigene literarische Gattung hervorgebracht, die Traktate *Über die Macht der Kirche* (*De ecclesiastica potestate*). Diese Ideen des Thomas wurden von Aegidius Romanus weiterentwickelt und von Bonifatius VIII. kirchenamtlich als Glaubenswahrheit verkündet (Bulle *Unam sanctam*).

Die *Quaestiones disputatae de potentia* gestalteten Schuldisputationen aus, die Thomas in Rom abhielt; sie sind ein

Werk von großer Bedeutung, das über den Summen des Thomas nicht vernachlässigt werden sollte. Die *potentia*, von der die Rede ist, ist die Macht Gottes; konkret ging es um die Theorie der Erschaffung (*creatio*). Begründet die Schöpfermacht allererst auch den Stoff oder gestaltet sie einen vorgegebenen Stoff? Dies letztere schien Aristoteles gesagt zu haben. So wurde die Diskussion eine Erörterung der Philosophie des Aristoteles und ein Disput mit dessen wichtigstem Erklärer, Averroes. »Werden« heißt normalerweise: durch etwas (Wirkursache) aus etwas (Stoff) zu etwas gemacht werden. Aber für die Gesamtentstehung sollte dies nicht gelten. Hier war ein Begriff von Entstehung zu bilden, der nicht Vorausliegendes annahm. Sie ist zu denken als ein Entstehen ohne ein Woraus, wovon es in der Natur kein Beispiel gibt. Gleichzeitig stellte sich Thomas ein anderes Problem: Die Welt sollte als Ordnung (*ordo*) gedacht werden. »Ordnung« hatte dabei vielerlei Bedeutungen. Jedenfalls verstand Thomas darunter auch die Respektierung der Zuständigkeit und Wirksamkeit untergeordneter Instanzen: Die Erstursache (Gott) nahm den Zweitursachen (den geschaffenen Wesen) nicht ihre Eigentätigkeit, sondern begründete sie. Die Erstursache des Thomas verhielt sich wie ein wohlberatener Lehensherr: Er griff nicht in die Zuständigkeit der Vasallen ein. Thomas stützte diese dem Lehenswesen angepaßte Theorie durch einige Stellen in späten Büchern des Alten Testaments, auch auf die stoische Theologie. Die neuplatonische Tradition, die auch im *Liber de causis* vorlag und bei Avicenna nachwirkte, wollte diese Ordnung auch bei der Weltentstehung eingehalten wissen, und zwar in dem Sinn, daß Gott zuerst eine reine Intelligenz erschuf, die dann ihrerseits ein eingeschränkteres Wesen ins Dasein rief – und so weiter, von den reinen Geistern über die Gestirnseelen zu den irdischen Dingen. Petrus Lombardus war diesem Emanationsmodell insofern entgegengekommen, als er lehrte, Gott, der allein erschaffe, könne Geschöpfe als Instrumentalursachen der Erschaffung gebrauchen. In *De potentia* III 4 verwarf Thomas dieses Entgegenkommen: Gott allein, ohne Instrumente, erschaffe direkt und unmittelbar alles. Etwas aus dem Nichts zum Dasein zu bringen, erfordere eine unendliche Kraft. Eine solche könne keinem Erschaffenen zukommen.

In die italienischen Jahre gehört der Kommentar des Thomas zu Dionysius Areopagita. Thomas hat nur ein Werk des Dionysius erklärt, das *Über die göttlichen Namen*. Es ist die wichtigste Schrift des Dionysius, in dem Sinne, daß sie die prinzipiellen Themen erörtert.

Das genaue Datum der Kommentierung steht nicht fest; plausibel wäre, wenn es zwischen der Vollendung der *Summa contra gentiles* und dem Anfang der Arbeit an der *Summa theologiae* läge, zwischen 1264 und 1266, zwischen der philosophischen Auseinandersetzung mit Islam und Judentum einerseits und einer neuen Konstruktion der Theologie andererseits. Jedenfalls war das vertiefte Studium des Dionysius eine wichtige Vorarbeit für die *Summa theologiae*. Man hat nachgezählt: In ihr wird Dionysius häufiger zitiert als Aristoteles. Die Formel vom christlichen Aristotelismus des Thomas übersieht leicht die Bedeutung, die Dionysius für Thomas hatte.

Dieses Erbe stürzte Thomas auch in Konflikte. Er hatte im Anschluß an Avicenna und mit Berufung auf platonisierende Texte der Kirchenväter Gott als das Sein selbst oder als »das durch sich selbst bestehende Sein« (*esse per se subsistens*) charakterisiert. Dies ermöglichte positive dogmatische Aussagen, aber es stand im Widerspruch zum Vorrang der negativen Theologie bei Dionysius. Danach können wir von Gott weder sagen, daß er das Sein, noch daß er die Liebe, noch daß er dreieinig ist. Man muß zusehen, wie Thomas sich zwischen diesen Alternativen hindurchbewegte. Er hielt

Dionysius für den Paulus-Schüler; er konnte noch nicht seine Abhängigkeit von Proklos durchschauen; dessen *Elementatio theologica* wurde erst 1268 übersetzt. Hatte nicht Dionysius gelegentlich selbst gesagt, man könne Gott »das Sein selbst« nennen? Jedenfalls bedeutete Dionysius eine gewisse Selbsteingrenzung der westlich-aristotelisierenden Rationalität. Hier war von Gotteserfahrung, von Gotteserkenntnis im Transzendieren (*per excessum*), vom Erleiden Gottes die Rede. Der Kommentar des Thomas zeigt, wie er die westliche Rationalität durch abschwächende Interpretation der Bilderreden und der Einheitsspekulation des Dionysius zu retten suchte.

Von 1266 bis 1273 arbeitete Thomas an der *Summa theologiae*. Man hat das Buch überschwenglich angepriesen. Dabei ist der Sentenzenkommentar offener, die *Summa contra gentiles* motivreicher, die *Quaestiones disputatae* philosophisch gründlicher. Die *Summa* ist, wie es im Vorwort ausdrücklich heißt, für die Anfänger geschrieben. Wer mehr liest als die *Summa*, kann dieses Urteil bestätigen. Das unvollendete Werk – der Text bricht in der *Tertia Pars*, qu. 90,4 ab – zeigt eine innere Entwicklung: Der erste Teil hält sich recht genau an die Absichtserklärung, das Wesentliche kurz zusammengefaßt zu bringen. Er zeichnet sich durch didaktische Klarheit aus, schneidet aber viele Probleme auch ab. Dennoch enthält er die Wissenschaftstheorie, die Gotteslehre, die Theorie der Erschaffung, die Engellehre und die Theorie der Seele. Der zweite Teil, den man später in zwei Unterteile gegliedert hat, holt weiter aus. Es geht zunächst um die Rückbewegung der Kreatur zu Gott – wir kennen dies dionysische Motiv –, zumal der geistigen Wesen, die in ihm ihre Glückseligkeit finden. Die Anschauung Gottes als des Gründers der Welt vollendet die natürliche Sehnsucht des Menschen, die Gründe zu erfassen; sie erfüllt uns mit Freude. Die Dispute um den Vorrang der Schau, also des Intellekts, vor dem Willen, der Liebe, der praktischen Hilfeleistung nahmen von diesem Punkt ihren Ausgang. Die *Secunda pars* bringt eine theologisch-philosophische Ethik und Anthropologie; sie betrachtet den Menschen als »Herrn seiner Akte«, betont also die Freiheit des Willens, die Thomas für vereinbar hielt mit der Gnadenlehre Augustins. Sie erklärt die natürlichen Neigungen zur Grundlage aller ethischen Werte, die freilich formell von der menschlichen Vernunft formuliert werden. Sie erörtert die einzelnen Leidenschaften des Menschen und greift dazu auf antike, auf patristische, auf arabische Motive zurück – ein reiches Panorama. Sie behandelt das Gesetz, das Naturrecht, die Gnade. Die zweite Hälfte erörtert die Tugenden, zuerst die »theologischen«: Glaube, Hoffnung, Liebe, sodann die der platonisch-aristotelisch-stoischen Tradition: Klugheit, Gerechtigkeit, Tapferkeit, Maßhalten.

Thomas koordinierte zu diesen Tugendbildern, was er finden konnte: Stoisches steht neben Platonischem, Aristotelisches neben Monastischem, Augustin neben Seneca. Doch es ist nicht ausgemacht, ob man diese diversen Ethiken gleichzeitig denken kann. Statt diesen Nachweis zu erbringen, sprechen die Bewunderer des Thomas gern von seinem »christlichen Humanismus«. Doch dann verschweigt man, wie strikt Thomas alle menschlichen Werte in die theologische, zuletzt kirchlich-papalistische Zielsetzung eingespannt hat. Dies wird u. a. deutlich an seinen Vorschriften zur Behandlung von Minderheiten, z. B. von Ketzern und Juden. Für Getaufte, die den christlichen Glauben aufgeben wollten, sah Thomas die Todesstrafe vor.[9] Was die Juden angeht, so mußten sie, wenn es streng nach dem Recht zugehen sollte, alle in ewiger Knechtschaft gehalten werden, und all ihr Eigentum gehörte ihren christlichen Herrschern. Nur sollen christliche Herrscher auf dieses Recht verzichten, damit der Name Christi nicht verlästert werde (*De regimine Iudaeorum*).

Seit dem Winter 1268/69 war Thomas wieder in Paris. Er blieb dort bis etwa Mai 1272. Sein Orden hatte ihn dorthin geschickt. Die alte Streitfrage von 1256, ob die Bettelorden Lehrstühle erhalten, ob man 14jährige in den Orden mit lebenslanger Bindung aufnehmen dürfe, war wieder entbrannt. Schon 1257 hatte Thomas die Mendikanten verteidigt; er tat es auch jetzt.

Wegen der Ordensinteressen hatte man Thomas ein zweites Mal nach Paris geholt. Aber die intellektuelle Situation war auch sonst brisant. Seit etwa 1265 hatte Siger von Brabant einen Teil der Artistenfakultät auf seiner Seite. Es gab Streitgespräche, Ketzerverdächtigungen und Tumulte. Am 10. Dezember 1270 wurden 13 averroistische Thesen verurteilt, besonders die Theorie von der Einzigkeit des Intellekts, die Leugnung der Willensfreiheit mit Berufung auf das Walten der Gestirne, die Ewigkeit der Welt, die Leugnung des Anfangs der Menschheitsgeschichte (nach Aristoteles mußten die Arten ewig sein), daß die Seele nach dem Tod nicht unter körperlichem Höllenfeuer leiden könne, daß Gott die Einzeltaten der Individuen nicht wisse und daß seine Vorsehung sich nicht auf sie erstrecke, daß Gott nicht aus einem vergänglichen Wesen ein unvergängliches machen könne.[10] Thomas griff in den Streit ein, auf mehrfache Weise: Er schrieb 1270 gegen die These von der Einheit des Intellekts gegen die Averroisten (*Tractatus de unitate intellectus*); er polemisierte im Frühjahr 1270 gegen den an Augustin orientierten Franziskaner John Peckham, der sich zutraute, die Nicht-Ewigkeit der Welt gegen Aristoteles zu beweisen. Thomas wollte eine mittlere Position einhalten: Die Ewigkeit der Welt sollte weder beweisbar noch philosophisch bestreitbar sein – genauer: Er wollte zeigen, die unendliche Dauer einer gleichwohl erschaffenen Welt sei ohne Widerspruch denkbar (*De aeternitate mundi contra murmurantes*). Er diskutierte die strittigen Fragen der Seelenlehre als *Quaestio disputata de anima* (Frühjahr 1269). Für diese Polemik um Averroes mußte Thomas sein Aristoteles-Studium vertiefen. Schon in Italien hatte er sich für die neuen Aristoteles-Übersetzungen des Dominikaners Wilhelm von Moerbeke († 1286) interessiert. Wilhelm machte ihm die wichtigsten antiken Aristoteles-Kommentare zugänglich; er übersetzte 1266 Simplicius zur Kategorienschrift, 1271 zu *De caelo*, noch vor 1270 Themistius zu *De anima*. Nun in Paris kommentierte Thomas fast alle wichtigen Texte des Aristoteles, besonders *De anima* (1269/70), die *Metaphysik* (1269–72), die *Physik* (1269–72), die *Posteriora Analytica* (1269–72) mit der Wissenschaftslehre des Aristoteles, *Peri hermeneias* (1270/71) mit der Sprachtheorie und der Erörterung der Wahrheit von Aussagen über zukünftige kontingente Tatsachen (unvollendet, von Thomas bis II 14, 19b 26 geführt), die *Politik* (unvollendet, endet mit III 3, 1280a 6), die *Ethik* (1271), vermutlich gleichzeitig mit der Abfassung von Teil 2 der *Summa theologiae*. Der Kommentar zu *De caelo et mundo*, mit Details der Kosmologie, z. B. Himmelsbewegung durch Intelligenzen und Himmelsseelen, war vermutlich die letzte Schrift des Thomas – in Neapel geschrieben, wo Thomas seit 1272 ein neues Ordensstudium aufbaute und wo er am 6. Dezember 1273 definitiv zu schreiben aufhörte, körperlich erschöpft und in einer seelischen Depression, die anhielt bis zu seinem Tod am 7. März 1274.

Die erregte intellektuelle Atmosphäre in Paris bedeutete für Thomas den Anreiz zu gesteigerter Produktivität: Außer der *Summa*, den *Quaestiones disputatae*, den Aristoteles-Kommentaren, den politischen Traktaten schrieb er in dieser Zeit seine wichtigsten Bibelkommentare, vor allem zum Johannesevangelium (1269–72), zum Römer- und zum 1. Korintherbrief (vermutlich 1270–72).

Man vergegenwärtige sich die Vielfalt und Divergenz der Themen und Materialien der letzten Lebensjahre des Thomas: Verteidigung des Ordens, Studium der griechischen Aristoteles-Kommentare, die Polemik gegen Siger, die Versenkung in Augustin und Paulus, die erneute Beschäftigung mit dem Neuplatonismus proklischer Prägung anläßlich der Kommentierung des *Liber de causis* (1271/72), akademische Disputationen über den Intellekt, über die Tugenden, über die Inkarnation. Hinzu kamen Gelegenheitsarbeiten und Gutachten. Bei dieser Fülle neu rezipierten Materials, bei dem Mangel an historischen Verfahren konnte es nicht ausbleiben, daß die systematische Einheit litt. Es fragt sich, in welchem Sinne Thomas sie überhaupt als Ziel vor Augen haben konnte. Er war verwickelt in Diskussionszusammenhänge, bei denen es nicht um die Errichtung eines philosophischen Systems im cartesianischen Sinne ging, sondern um die Lebensfrage, wieviel die westliche Zivilisation von der arabischen Welt übernehmen könne, ohne ihre kulturelle und politische Identität zu zerstören. Mochte das Werk des Thomas nicht sonderlich konsequent sein und seine Unausgeglichenheit hinter einer didaktischen Architektur verbergen, so war es doch historisch wirksam. Freilich überzeugte es weder die sorgfältigsten Leser des Aristoteles noch die engagiertesten Söhne des hl. Franz. Die Forschung hat begonnen, ihn als interessanten Kontrahenten in den daraus resultierenden Diskussionen zu sehen, also nicht mehr nur als siegreichen Bekämpfer der Ketzer und des antiquierten Augustinismus. Es scheint, daß die Auseinandersetzungen mit Siger und mit dem franziskanischen Augustinismus ihn selbst zu Abänderungen seiner Positionen veranlaßten. Das Einzelne ist noch nicht gesichert;[11] aber ein konkreteres Bild des Gebens und Nehmens zwischen Bonaventura, Thomas und dem Averroismus zeichnet sich ab.

33 Bonaventura

Bonaventura († 1274) war Franziskaner; von 1257 an gab er seine Lehrtätigkeit in Paris auf, um den Orden zu leiten.[1] Auch seine wissenschaftliche Arbeit gehörte in den Zusammenhang der franziskanischen Bewegung. Er hat Francesco nicht mehr persönlich gekannt. Sein Franziskanertum war das der zweiten Generation: Die ersten Gefährten Francescos hatten nicht studiert. Francesco wollte radikale Armut. Der Verzicht auf Macht und Reichtum schloß den Verzicht auf Bücher ein. Francesco sah wohl auch, daß man mit Syllogismen Gewalt ausüben und reich werden kann, z. B. als Advokat oder Kirchenjurist; deshalb hielt er sich und seine Brüder in Distanz zur akademischen Welt. Er wollte keinen Klerikerorden; die zu seiner Gruppe kamen, sollten nicht studieren.

Doch als Bonaventura, vermutlich 1243, Franziskaner wurde, war die franziskanische Bewegung mächtig angeschwollen; sie besaß Häuser in fast allen Städten der christlichen Welt; sie war eingedrungen in die Welt der Universität. Trat ein Professor der Bewegung bei, behielt er seinen Lehrstuhl und bildete eine Schule. In den ersten Jahrzehnten kamen viele, die bereits Philosophie und Theologie studiert hatten. Auch Bonaventura gehörte zu ihnen. Sie brachten ihre Lebensauffassung, ihre Wissenschaftskonzeption und oft auch ihre teuren Bücher mit und stellten die Bewegung vor neue Probleme: Sollten diese Studierten betteln gehen oder Handarbeiten verrichten? Sollte ihr weltliches Wissen in einer radikalen religiösen Reformbewegung Heimatrecht finden? Sollten sie weiterhin die Bücher der Heiden zugrunde legen?

Die Spannungen wuchsen noch durch die eschatologischen Erwartungen, die eine wesentliche Triebkraft des frühen Franziskanertums waren. Wenn das Weltende bevorstand, sollte wenigstens eine Gruppe von Christen das »apostolische Leben« führen, d. h. auf privates und gemeinsames Eigentum verzichten. Aber konnte man in Paris ein Studienhaus unterhalten ohne Grundbesitz und ohne Bibliothek? Einflußreiche Franziskaner hatten die Vorhersage des kalabresischen Abtes Joachim von Fiore († 1202), es beginne nach zwei Generationen das Reich des Heiligen Geistes, auf ihren Orden bezogen: Ein vergeistigtes Christentum als dritter Abschnitt der Weltgeschichte, dies schien durch Francesco begründet. Die trinitarische Geschichtstheorie des Joachim von Fiore hatte den Schwung der Reformbewegung gefördert; sie brachte sie in den Augen ihrer Gegner in die Nähe der Häresie. Als Bonaventura 1252 seinen Sentenzenkurs in Paris beendet hatte, waren diese Konflikte auf dem Höhepunkt: Die Weltgeistlichen bestritten den Mendikanten das Recht, an der Universität zu lehren; sie beschuldigten sie der Häresie. Der Minorit Gerhard von Borgo San Donnino hatte soeben in seiner *Einführung in das ewige Evangelium* die Ideen Joachims von Fiore neu belebt. Die Weltkleriker nutzten dies aus. In dieser Situation betrieb Bonaventura – ähnlich wie Thomas von Aquino – die Verteidigung der Mendikanten (*Quaestiones de perfectione evangelica,* 1256). Der Papst, der 1254 die Privilegien der Mendikanten widerrufen hatte, bestätigte sie 1256 erneut: Die Bettelorden waren eine unentbehrliche Einsatzgruppe der zentralen Kirchenverwaltung geworden; sie waren ein ideales Instrument zur Durchsetzung päpstlicher Machtansprüche gegen die Ortsbischöfe; sie waren unentbehrlich für die Durchsetzung des kirchlichen Einflusses in den breiten Schichten der städtischen Bevölkerung und kamen mit ihren Frömmigkeitsformen dem neuen Bedürfnis nach Einfühlung, nach Erklärung und nach volkstümlicher Einfachheit entgegen. Dafür mußte die Bewegung allerdings domestiziert und von ihrem eschatologischen Radikalismus gelöst werden. Der Papst, der die Bettelorden in Schutz nahm, drängte die Franziskaner, sich von ihrem bisherigen Generalmeister, Johannes von Parma, zu lösen. Johannes hatte zu den ersten Anhängern Francescos gehört. Er hatte Bedenken, Geldspenden anzunehmen und Konvente zu bauen. Unter dem Einfluß Joachims hatte er den Orden als den Vorboten eines dritten, direkt von Gottes Geist geleiteten Zeitalters der Kirche verstanden. Zum Rücktritt gedrängt, nannte Johannes von Parma Bonaventura als seinen möglichen Nachfolger. Mit 40 Jahren wurde dieser Leiter des Ordens in einer kritischen Phase. Hatte er bisher neben der Verteidigung der Mendikanten Theologie gelehrt und *Quaestiones disputatae* (besonders *De scientia Christi* und *De mysterio Trinitatis*) verfaßt, so war er von nun an ständig unterwegs. In die intellektuelle Entwicklung konnte er nur durch gelegentliche Universitätsansprachen eingreifen. Er tat dies insbesondere durch seine *Collationes de decem praeceptis* (März/April 1267), die *Collationes de septem donis* (März/April 1268) und vor allem durch seine *Collationes in Hexaëmeron* (April/Mai 1273).

Bonaventura arbeitete mit Härte und Erfolg an der ideologischen Reinigung der franziskanischen Bewegung. Um den Verdacht der Häresie abzuwehren, erteilte er dem Joachimisten Gerhard von Borgo San Donnino Lehrverbot; zuletzt ließ er ihn in Sizilien einkerkern. Er schonte auch seinen Vorgänger nicht; er machte ihm den Prozeß und legte ihm Hausarrest auf. Bei der Generalversammlung von Narbonne (1260) erließ er Richtlinien gegen ideologische Abweichler, die sogenannten Spiritualen, die wörtlich nahmen, was Francesco wörtlich genommen wissen wollte. Um den Radikalen die Möglichkeit zu nehmen, sich auf Francesco zu berufen, schrieb er dessen Legende und befahl die Vernichtung der älteren Biographien. Dies hinderte nicht, daß der Orden auch später radikale Vertreter des Armutsgedankens hervorbrachte (z. B. Ubertino da Casale, Petrus Johannes Olivi). Der Papst dankte Bonaventura, indem er ihn zum Kardinal erhob.[2]

Bonaventura starb im selben Jahr wie Thomas von Aquino (1274). Dennoch hat sich die Gewohnheit eingebürgert, in Philosophiegeschichten Bonaventura als Vorstufe des Thomismus darzustellen. Gewiß war er wenige Jahre älter als Thomas, und seit 1257 hielt ihn seine organisatorische Tätigkeit vom Verfassen größerer Werke ab. Aber die Bedeutung einer philosophischen Konzeption bemißt sich nicht nach dem Umfang der Schriften. Die Philosophie Bonaventuras steht selbständig neben der des Thomas von Aquino. Bonaventura versuchte, die Welterfahrung der Franziskaner der zweiten Generation theoretisch zu fassen. Während Albert den Einfluß Augustins zurückgedrängt hatte, versuchte Bonaventura diesen Einfluß zu stärken. Anselm von Canterbury und die Schule von St-Victor, nicht die Araber sollten das christliche Denken leiten. Dies schien ein Zurückgreifen auf die Zeit vor der Aristoteles-Rezeption. Aber dieser Schein trog. Denn einerseits war Bonaventura auch ein guter Kenner des Aristoteles, dessen Ontologie (Kategorienlehre), Logik und Naturforschung er weitgehend gelten ließ. Andererseits kritisierte er die Aristoteliker mit zunehmender Schärfe und entwickelte dabei eine kritische Kraft, die den großen Metaphysikkritikern des 14. Jahrhunderts vorarbeitete. Dadurch erhielt sein Denken mehr zukunftsweisende Elemente als die Philosophie des Thomas von Aquino. Es wäre nicht korrekt, dieses Denken nur als eine Wiederaufnahme Augustins oder als antiaristotelische Reaktion zu verstehen. Bonaventura wollte und konnte die Aristoteles-Rezeption nicht rückgängig machen; er zeichnete nur zunehmend schärfer die Gegensätze zwischen Aristotelismus und Christentum, in der Ethik wie in der Metaphysik: Aristoteles hatte Glückseligkeit auf wenige

Philosophen und auf die gegenwärtige Welt beschränkt, jede apokalyptische Erwartung war ihm fremd. In der Metaphysik hat, nach Bonaventura, Aristoteles das Wesentliche versäumt, weil er die Ideenlehre kritisiert hat.[3] Weil Aristoteles den Exemplarismus, also die Ideen im Geiste Gottes, verworfen habe, habe er die göttliche Vorsehung verfehlt und die Beseligung der Individuen nicht als den Zweck der Welt erkannt. Aus derselben Irrtumsquelle sei die Auffassung von der Ewigkeit der Welt und die Annahme einer die freie Entscheidung vernichtenden Schicksalsnotwendigkeit entstanden.[4]

Bonaventura, dessen Denken von der *Apokalypse* mitgeprägt und vom Joachimismus nicht frei war, sah in Aristoteles bzw. im radikalen Aristotelismus seiner Zeitgenossen teuflische Finsternis, den Brunnen der Apokalypse, aus dem Rauch aufsteigt, der die Sonne verdunkelt.[5] Aber dies nimmt seinen Überlegungen nicht von vornherein den philosophischen Charakter. Bonaventura hat nicht – oder jedenfalls nicht nur – gegen den neuen Naturalismus den Glauben beschworen. Man darf ihn nicht den Fideisten des 20. Jahrhunderts annähern. Er wußte, daß andere Philosophen, z. B. Plotin, die Ideenlehre Platons verteidigt hatten; er verwies – vermutlich im Anschluß an Albert – auf den byzantinischen Aristoteles-Kommentator Eustratius von Nicea († 1120), der die Argumente des Aristoteles gegen die Ideenlehre widerlegt habe.[6] Bonaventura wollte auf philosophische Argumentation nicht verzichten, wenn es ihm um Einsicht in den Glauben (*intellectus fidei*) ging. Er verstand unter »Philosophie« durchweg die an Aristoteles orientierte Kenntnis der irdischen Welt, aber er schloß sich an die antike Logosphilosophie und an den Metaphysiker Augustin an, wenn er die Erkenntnis des göttlichen »Wortes« als den Schlüssel zu allem beschrieb. Dabei sah er im göttlichen Verbum den denkerischen Ausgleich zwischen Vielheit und

Einheit, den Aristoteles verfehlt habe, da er bei der sinnlichen Natur und bei seinen rationalen Prinzipien haltgemacht habe. So richtig er die Natur beschrieben habe, so habe er sie nicht als Spur des Göttlichen gelesen, habe den Bezug der Naturerkenntnis zur Selbsterkenntnis abgeschnitten und dadurch die Gotteserkenntnis verfälscht. Die aristotelische Philosophie habe sich der Einsicht verschlossen, daß im »Wort« als dem denkenden Grund des Vielen Einheit und Vielheit zusammenfallen. Indem Bonaventura von notwendigen Irrtümern sprach, denen die nicht-korrigierte Philosophie unterliege,[7] lenkte er die Aufmerksamkeit auf Grenzen der aristotelischen Rationalität und eröffnete damit der Folgezeit ein wichtiges philosophisches Forschungsfeld. Er forderte eine Logik des Logos, der Einheit und Vielheit vereinigt, eine andere Logik also als die aristotelische, *logica nostra.*[8] Nicht blinder Glaubensgehorsam, sondern die Entwicklung der wahren Logik und der wahren Metaphysik bilden nach Bonaventura die Antwort auf die notwendigen Irrtümer der aristotelischen Philosophie.

Es ging um Neubau, nicht nur um Kritik. Die »wahre« Philosophie und »unsere« Logik waren noch zu entwickeln. Zu ihr gehören, Bonaventura zufolge, auch die Affekte, die Glückserwartung und die apokalyptische Ausschau. Der Mensch, der das Göttliche denkend erfassen soll, ist »ein Mann der Sehnsucht« (*vir desideriorum*)[9], der seinen Gott nicht in Details der Kosmologie, sondern in sich selbst findet. Bonaventura hat die intellektualistische Selbststilisierung der metaphysischen Tradition durchbrochen, gestützt auf Augustin. Er hat franziskanische Erfahrungen – Naturanschauung, Ernstnehmen der empfindenden Ich vor Gott, Kreatürlichkeitsbewußtsein und Exzeß – in der Philosophie zu Wort gebracht: Die Natur ist ein Buch, in dem wir die Gegenwart Gottes erkennen, das uns auf uns, die Betrachter, zurückweist, die teilhaben an den weltbegründenden

Gedanken Gottes. Wir können das mangelhafte Seiende der Erfahrungswelt nur als solches bezeichnen, weil wir das wahre Sein bei uns, den Urteilenden, haben.[10] »Gott« – das ist die Wahrheit, die jeder als anwesend in Anspruch nimmt, der über Weltdinge urteilt. Deswegen ist die Nicht-Existenz des so gedachten Gottes undenkbar; deswegen konnte Bonaventura das von Thomas verworfene Argument aus Anselms *Proslogion* wiederaufgreifen. Die Seele ist ein Spiegel der Gottheit; hat sie einmal die Umkehr aus der verkehrten Anhänglichkeit ans Sichtbare vollzogen, findet sie in sich das göttliche Licht, das jeden Menschen erleuchtet (Illuminationstheorie der Erkenntnis). Diese Metaphysik des Lichts wurde ebenso wie die Aufmerksamkeit auf die Bedeutung des Willens ein Kennzeichen der Franziskanerschule. Ihre Christozentrik (im Sinne der Logos- und Ideenlehre) bestritt gegen die radikalen Aristoteliker die Autonomie des weltlichen Wissens. Doch was sie damit der Philosophie zu nehmen schien, das ersetzte sie ihr wieder als Innovationsschub, der neue Themen stellte, weit auseinanderliegende Erfahrungen integrierte und franziskanische Sensibilität mit durchdringender Kritik an aristotelisierenden Denkschemata, z. B. an der Unterbewertung des Willens, aber auch des Individuums verband. Sie verwarf den thomistischen Kompromiß. Durch ihre Kritik an dieser Art von Konkordismus schärfte sie die Unabhängigkeit des Sinns; sie kritisierte das Übergewicht der Logik in der mittelalterlichen Schulkultur: Die Logiker haben die Welt um den Verstand gebracht.[11] Die Erfahrung städtischer Selbstverwaltung kam zu Wort, als Bonaventura mit höhnischen Worten die Erbmonarchie als Ausbund der Unvernunft verwarf.[12] Christliche Aristoteliker wie Thomas von Aquino und Aegidius Romanus lasen aus Aristoteles eine Rechtfertigung der Monarchie heraus; der Aristoteles-Kritiker Bonaventura, oft einseitig als Mystiker interpretiert, entwickelte rationale

Distanz zu mittelalterlichen Konventionen und ihren philosophischen Apologeten.[13]

Insgesamt gingen von Bonaventura wichtige Impulse für die weitere Entwicklung aus. Die Sonderlehren der »Franziskanerscholastik« (Wille, Individualität, Lichtmetaphysik, augustinischer Materiebegriff) waren bei ihm technisch nicht sehr ausgearbeitet, so daß sie den folgenden Generationen Stoff zur Weiterarbeit und die Freiheit zu Weiterentwicklungen gab (Duns Scotus, Wilhelm von Ockham). Man konnte sich aber auch an Bonaventura halten, wenn man ein Übermaß von logischen Distinktionen, ein Überwuchern des Schulmäßigen kritisierte (so Jean Gerson). Man konnte bei seinem Studium auf die Frage stoßen, was die aristotelische Vernunft denn in Wirklichkeit sei, wenn sie sich notwendig in Irrtümer verwickle. Und auf diese Frage konnte man entweder eine fideistische Antwort geben, oder man konnte zu einer philosophischen Analyse dieser Art von Vernunft fortschreiten (so Nikolaus von Kues).

34 Roger Bacon

Wenn Bonaventura mit Hilfe eines griechischen Aristoteles-Kommentators die Kritik des Aristoteles an der platonischen Ideenlehre zurückwies, zeigt dies, wie komplex die intellektuelle Situation um 1270 geworden war. Nach der rastlosen Übersetzungs- und Aneignungsarbeit des 12. und 13. Jahrhunderts fanden sich Autoritäten für weit auseinandergehende Ansichten. Eine Komplizierung und Beschleunigung der theoretischen Entwicklung war die Folge. Das Jahrhundert zwischen 1250 und 1350 war außerordentlich fruchtbar; in keinem Zeitabschnitt des Mittelalters gab es so zahlreiche und philosophisch so bedeutende Neuansätze.

Selbst innerhalb der einzelnen Orden zeigten sich charakteristische Unterschiede. So wie Albert neben Thomas seinen eigenen Weg ging, so stand neben Bonaventura der englische Franziskaner Roger Bacon[1] († 1292).

Er war wie Bonaventura ein Mann der zweiten Generation der franziskanischen Bewegung. Auch er stellte seine Arbeit in den Dienst einer zu erneuernden Christenheit. Aber er faßte diese Arbeit wesentlich anders auf als Bonaventura. Während dieser von der augustinisch-anselmianischen Tradition und dem Pariser Universitätsstil geprägt war, stand Roger Bacon unter dem Einfluß von Robert Grosseteste († 1253)[2], der schon in den ersten Jahrzehnten des Jahrhunderts, also längst vor Albert, Aristoteles kommentiert hatte, der aber dabei eigene Wege gegangen war; er hatte in der Naturforschung der Mathematik einen sehr viel bedeutenderen Platz als Aristoteles eingeräumt. Mathematisierende Naturforschung im Anschluß an die Araber, besonderes Interesse an Optik und Astronomie (immer verbunden mit Astrologie), eine nicht-aristotelische Wissenschaftstheorie bei gleichzeitig genauem Studium des Aristoteles – dies war in Oxford Tradition.

Roger Bacon studierte in den dreißiger Jahren an der Pariser Artistenfakultät, kommentierte in den vierziger Jahren dort die naturwissenschaftlichen und logischen Schriften des Aristoteles. Er kehrte nach Oxford zurück, verfaßte einen Kommentar zur *Metaphysik* sowie zahlreiche medizinische, optische, astronomische und chemisch-alchimistische Traktate. Erst 1257, schon als reifer Mann, trat Roger in die franziskanische Bewegung ein; er dürfte in ihr die stärkste Kraft gesehen haben, die auf Umwandlung der Kirche, der Welt und der Wissenschaft und damit auf aktive Vorbereitung des herannahenden Gottesreiches drängte; auch an Roger Bacon war der Einfluß Joachims von Fiore nicht vorbeigegangen. Der englische Adlige Roger Bacon, Magister der Universität, mochte hoffen, in der mächtig sich ausbreitenden Bewegung den organisatorischen Rahmen und den prophetischen Schwung zu finden, der für seine weitgesteckten Reformziele nötig war. Hatten die Franziskaner nicht soeben, mit der Wahl Bonaventuras zum Ordensoberen, ihre kulturfremde Anfangsphase sichtlich überwunden? War nicht hier das Bedürfnis nach einer Umwandlung auch der Wissenschaft am stärksten? Es sollte eine Umwandlung sein im Sinne einer Zurückführung aller Wissenschaften auf Christus, auf Christus als das Wort, das Mensch geworden ist, um die Menschheit mit der Gottheit zu vereinigen. Diese Vereinigung sollten die Bettelorden nicht nur verkünden, sondern betreiben. Nicht das aristokratische Wissen der Pariser Magistri, das sich als reine Theorie verstand, sondern ein franziskanisch verwandeltes Wissen im Bunde mit den Armen war notwendig, um den Drohungen des Antichrists zu widerstehen – den inneren Spaltungen, der Tatarengefahr, der kulturellen Hegemonie des Islam. Aber worin bestand, genau genommen, die franziskanische Verwandlung des Wissens? Bonaventura hatte diese Frage auf seine Weise beantwortet – in einer konsequenten Reduktion der Wissenschaften auf die Theologie, verstanden als Kontemplation des Logos. Er hatte das franziskanische Motiv des Friedens auf den Aufstieg der Seele bezogen, die in Gott den Frieden findet. Dieser asketischen und kontemplativen Version stellte Roger Bacon eine operationalistische entgegen: Das Wissen sollte vor allem nützlich sein – nützlich für die Verbesserung des Lebens der Einzelnen und der Christenheit insgesamt. Die Konstitution von Narbonne (1260) schränkte aber soeben die intellektuelle Bewegungsfreiheit der Franziskaner erheblich ein. Alle Schriften von Franziskanern mußten dem Ordensoberen zur Genehmigung vorgelegt werden. Roger sah seine Hoffnungen auf schwere Proben gestellt; er protestierte gegen die Behinderung freien wissenschaftlichen Austausches;

er verbarg weniger als je seine abschätzigen Ansichten über die großen Lehrer der Bettelorden, über den Franziskaner Alexander von Hales und über den Dominikaner Albert. Er stellte dem Bücherwissen dieser Autoren seine Erfahrungswissenschaften entgegen. Er enthüllte die Mängel des Pariser Wissenschaftsbetriebs: ihm fehle die Kenntnis fremder Sprachen, insbesondere des Griechischen und Arabischen; es fehle der durchgängige Bezug auf Verbesserung des persönlichen und des öffentlichen Lebens.

Doch der vom Häresieverdacht bedrohte Orden war nicht auf Neuerungen, sondern auf Reglementierung bedacht. Bonaventura, der »seraphische Lehrer«, erteilte seinem originellsten Mitbruder Schreibverbot. Rogers Obere drohten ihm mit Wasser und Brot, und – was für den rastlosen Arbeiter schlimm war – mit dem Entzug aller Bücher, wenn er seine Ideen weiter propagiere. Die Jahre von 1260 bis 1266 bildeten eine schwere Zeit im Leben des Minoriten; Krankheiten, wohl auch Resignation suchten ihn heim. Jedenfalls verweigerte man ihm die finanzielle Unterstützung für seine aufwendigen technischen, optischen und chemischen Experimente. Da erreichte ihn ein Bote des 1265 gewählten neuen Papstes, Clemens IV. Das am 22. Juni in Viterbo ausgestellte Schreiben des Papstes lud den bedrängten Forscher ein, seine Reformideen dem Papst direkt zu unterbreiten. Der Papst entband ihn von allen Verboten und Einschränkungen seiner Ordensoberen und erbat eine zusammenhängende Darstellung seiner neuartigen Ideen. Roger verfaßte in den Jahren 1266 bis 1268 seine ausführliche Antwort; er legte sie dar in seinem *Opus majus*. Im Hinblick auf den Zeitmangel des hohen Adressaten schickte er zwei kürzere Fassungen nach, das *Opus minus* und das *Opus tertium*. Alle drei Schriften zusammen sollten nur die Einleitung bilden zu einer umfassenden Enzyklopädie des neuen Wissens. Doch Clemens IV. starb im November 1268. Er hinterließ alle großen Probleme ungelöst, die Vereinigung mit der Ostkirche, die Auseinandersetzung mit den Resten der staufischen Macht und mit den aufsteigenden Monarchien Englands und Frankreichs, den Kreuzzug gegen den Islam, die Tatarengefahr. Die außergewöhnliche Konstellation – ein mächtiger, reformwilliger Papst, beraten von einem auf den praktischen Nutzen bedachten Forscher neuen Typs – sank ungenutzt dahin. Es mag reizvoll sein, sich auszumalen, was aus dieser Verbindung hätte entstehen können. Roger war von jetzt an ohne Schutz. Er verbrachte zwölf Jahre im Kerker (1277–89). Als ein neuer Ordensoberer 1289 den Greis daraus befreite, waren seine Überzeugungen ungebrochen, wie sein *Compendium studii Theologiae* beweist.[3] Aber sein Körper war verbraucht; Roger starb 1292. Doch ist sein Denken so charakteristisch, daß es selbst in einer schematischen Übersicht über die theoretischen Möglichkeiten des 13. Jahrhunderts erörtert werden muß. Durch die Fortschritte der staatlichen Verwaltung, durch Städtewesen, Handel und Handwerkserfahrung war der primär kontemplative Wissensbegriff der monastischen wie der aristotelischen Tradition jetzt kritisierbar geworden. Die Auseinandersetzungen mit Byzanz, dem Islam, den Juden und den Tataren machten eine operative Konzeption des Wissens notwendig. Roger konnte den »Frieden« – ein Kenntwort der franziskanischen Bewegung – nicht mehr in die Anschauung des höchsten Gutes verlegen; er sah es als seine Aufgabe an, eine kirchenreformatorische und völkerleitende Weisheit zu entwickeln, die Kriege vermeidet, Zwangsbekehrungen und unnützes Blutvergießen überflüssig macht. Die in einem Umwandlungsprozeß befindliche Christenheit sollte, durch den neuen Typus von Wissenschaft geleitet, die Menschheit ohne Gewalt einigen und durch methodische Naturforschung die Lebensverhältnisse der Einzelnen und der Gruppen verbessern. So pessimistisch Roger die Korruption, Unwissenheit und Autoritätsgläubigkeit seiner Zeit beschrieb, so sehr war er überzeugt, daß durch eine grundlegende Wissenschaftsreform der Kirche und der Menschheit insgesamt ungeheure Fortschritte möglich seien. Dazu sei es nötig, das theoretische Wissen auf Experimente zu begründen und alles theoretische Wissen der ethisch-politisch-technischen Lebensreform dienstbar zu machen. Die aristotelische Philosophie und die arabische Wissenschaft böten dazu die Möglichkeit. Aber diese Möglichkeit wurde, nach Roger, durch die einflußreichsten scholastischen Lehrer verspielt. Sie haben endlose Wortgefechte ausgelöst, viel zu dicke Bücher geschrieben, aber in einer Zeit explodierender Bildungsinstitutionen nur Scheinwissen erzeugt. Ihr Wissen blieb viel zu abstrakt. Es fehlte ihnen die Mathematik und deren konsequente Anwendung auf die Natur. Selbst wenn sie – wie Albert – die Naturereignisse beachteten, fehlte ihnen die Methode. Sie konnten weder Griechisch noch Arabisch und konnten deshalb die Bücher nicht wirklich verstehen, die sie als den Quell des Wissens ansahen. Roger ging in seiner Kritik an der lateinischen Aristoteles-Rezeption so weit, daß er sagte, er würde, wenn er die Macht dazu hätte, alle Aristoteles-Übersetzungen verbrennen lassen. Dies war nicht eine Kritik an Aristoteles im Sinne des späten Bonaventura; es bezog sich auf das Fehlen der Griechischkenntnisse. Aristoteles war für Roger *der* Philosoph, allerdings wollte er ihn nicht isoliert sehen, sondern als den Wiederhersteller einer uralten Menschheitsweisheit, die den Patriarchen gegeben worden und über Ägypten zu den Griechen gekommen war. Roger hatte Interesse an dem geschichtlichen Gang dieser Weisheit; wir sollten, sagte er, zurückschauen, um zu erkennen, daß wir Brüder in der Wahrheitserkenntnis hatten. Das franziskanische Christentum Rogers hatte nichts Enges. Zwar scheute er vor dem Gedanken zurück, der Heide Aristoteles sei in den Himmel aufgenommen worden, aber zu den Verdammten zählte er ihn nicht, sondern schrieb ihm, wie anderen antiken Weisen, Einsicht in wesentliche Mysterien des Christentums (Trinität) zu.

Der Aristoteles Rogers war nicht nur eine Art Christ; er war auch Magier und Astrologe. Die Verteidigung der Magie und der Astrologie hat Roger viele Feindschaften eingebracht. Doch muß man bedenken, daß »Magie« ein anderes Wort war für die Kunst, technische Erfindungen zu machen. Die »Magie«, die Roger lehrte, sollte auf Einsicht in die Natur, nicht auf der Mithilfe von Dämonen beruhen. Für technische Neuerungen interessierte er sich nicht aus bloßer Neugierde; sie sollten den geplagten Menschen das Leben erleichtern und der Christenheit die Feinde, die sich nicht bekehren lassen wollten, vom Leibe halten. Roger sprach im einzelnen davon – allerdings ohne Bauanleitungen zu geben –, was technisch möglich sei: Schiffe, die ohne Ruder sich bewegen, Wagen ohne Pferde, Flugzeuge, Hebewerkzeuge und Unterseeboote.[4] Viel erwartete er von einer praxisnäheren Medizin; sie könnte bewirken, daß die Menschen sehr viel länger lebten. Dies war eine scharfe Kritik an der sterilen Wissenschaftskonzeption der führenden Scholastiker. Dabei verbarg Roger nicht seine ethisch-praktischen Motive: Das Wissen sollte vor allem nützlich sein und im Dienst der leidenden Menschheit stehen. Doch war diese Kritik auch Teil einer Geschichtskonzeption und einer Art prophetischer Vision: Durch die Reform der Medizin sollten die Menschen alt werden können wie Methusalem und andere Patriarchen. Die Wissensreform sollte Teil einer umfassenden Lebenserneuerung sein. Roger wollte die neue Wissenschaft auf Naturerfahrung, auf Mathematik und Philologie gründen. Er bezeichnete damit scharf die Grenzen der meisten Scholastiker, Adelard von Bath und Robert Grosseteste ausgenommen. Aber einen philosophischen Empirismus begründen wollte Roger nicht. Er wollte die

Christenheit stärken für die Zeit des nahenden Antichrists oder die Reform vorbereiten, die von einem kommenden Engelpapst zu erwarten ist. Roger war ein Experimentator und Aristoteliker, der Joachim von Fiore näherstand als David Hume.

35 Radikale Aristoteliker: Siger von Brabant und Boethius von Dacien

Im Jahr 1210 verbot die Synode von Sens, in Paris öffentlich oder privat über die naturphilosophischen Schriften des Aristoteles zu lesen. Die Synode ließ vier Priester verbrennen, die sie pantheistischer Irrlehren schuldig fand. Im Zuge ihres Kampfes gegen die sog. Amalrikaner und David von Dinant, der gelehrt haben soll, es gebe nur eine Substanz (*unam solam substantiam esse*), verbot sie den Naturphilosophen Aristoteles. 1215 wiederholte der Papstlegat Robert von Courson dieses Verbot, schloß aber die *Metaphysik* des Aristoteles mit ein. 1229 empfahl die Universität von Toulouse sich in einer Art Werbetext mit dem Argument, in Toulouse könnten die naturkundlichen Schriften studiert werden, die in Paris verboten seien. 1231 wiederholte Papst Gregor IX. das Aristoteles-Verbot, setzte aber gleichzeitig eine Kommission ein, um die naturkundlichen Schriften des Aristoteles zu prüfen und zu reinigen. 1255 nahm die Pariser Artistenfakultät die 1210 und 1231 verbotenen neuen Aristoteles-Texte in ihr offizielles Programm auf. Die Professoren dieser Fakultät erhielten die Aufgabe, den gesamten Aristoteles zu erklären. Sie bedienten sich dabei der Kommentare des Averroes, die Michael Scotus zwischen 1220 und 1230 übersetzt hatte. Dies war eine eingreifende kulturpolitische Wende: Es gab von nun an im Zentrum der christlichen Welt eine Institution rein profanen Wissens, in der die griechische Philosophie und ihre arabische Auslegung Heimatrecht hatten. Sie sollten der Vorbereitung des Studiums der anderen Fakultäten, also der Medizin, der Jurisprudenz und der Theologie, dienen. An Universitäten, an denen es keine Theologie gab, also in Bologna, wo Juristen und Mediziner dominierten, mochte das gut gehen. Aber in Paris wachten die Theologen über die vorbereitenden Studien ihrer Studenten. Hier führte die Selbständigkeit, die der *artes*-Fakultät zunächst zugestanden war, bald zu Konflikten.

Seit Renan nennt man dies das Problem des »lateinischen Averroismus« – eine Bewegung am Rande oder auch außerhalb der Orthodoxie, nachweisbar seit den sechziger Jahren des 13. Jahrhunderts, nicht schon 1220, wie Renan, oder 1250, wie Mandonnet meinte. Die Bezeichnung »Averroisten« für lateinische Autoren wie Siger von Brabant oder Boethius von Dacien ist umstritten. Möglicherweise ging es schlicht darum, daß Pariser Professoren sich des Kontrastes zwischen Aristotelismus und Christentum bewußt wurden und daß sie die Theorien des Averroes vielleicht gar nicht als ihre eigene Lehre, sondern als die konsequente Auslegung des Aristoteles vortrugen. Das Schlagwort »Averroismus« hat ferner dazu gedient, einigen christlichen Philosophen alle möglichen Irrlehren, z. B. Pantheismus, anzulasten. Es ist schwer, ihnen gerecht zu werden. Als der Bischof von Paris sie 1270 und 1277 verurteilte, gab er ihre Ansichten in polemischer Zuspitzung wieder. Sie selbst kommen dabei nicht recht zu Wort: Wichtige Texte gingen verloren; die erhaltenen sind noch nicht alle veröffentlicht. Allerdings hat sich gerade für Siger von Brabant († 1286) in den letzten Jahrzehnten die Forschungssituation gebessert.[1] Doch bei deren Auslegung spielen Bewertungsgesichtspunkte mit: Das radikal Neue dieser Bewegung, also das strenge Methodenkonzept, die Autonomie der Philosophie, die aufklärerische Distanz zur Theologie, hoben manche so schroff hervor, daß sie in Gefahr gerieten, die historische Situation der letzten Jahrzehnte des 13. Jahrhunderts zu vergessen – als sei »Aufklärung« eine überzeitliche Wesenheit, die man sich quer durch die Jahrhunderte verwirklicht denken könne. Dann wiederum kam es zu einer Verharmlosung und Einebnung dieser Denker – als hätten sie nur ihre Berufspflicht getan und seien verständnislos kritisiert worden. Wahr ist, daß schon Albert sich leidenschaftlich hatte verteidigen müssen gegen die Feinde der Philosophie, vor allem im Predigerorden. Aber die Anklagen sind so erheblich und so detailliert, daß es sich nicht einfach um arglose Christen gehandelt hat, die eben das Unglück hatten, von Berufs wegen Aristoteles-Philologie treiben zu müssen und sich Feindschaften zuzogen, wenn sie klar sagten, wo Aristoteles anders dachte als die Theologen. Es handelt sich um selbständig denkende Philosophen, die im ungestörten Vernunftgebrauch weiter gehen wollten als die meisten ihrer Zeitgenossen, und in diesem relativen Sinn waren sie – im Rahmen der mittelalterlichen Welt – Aufklärer. Es empfiehlt sich durchaus, sie so zu nennen, denn es ist historisch falsch, dem Mittelalter als einem frommen und autoritativ gegängelten Zeitalter die Konzepte der Vernunftselbständigkeit und der Methodenautonomie gänzlich abzusprechen, als wären sie im Zeitalter des Humanismus oder der »Aufklärung« unvorbereitet vom Himmel gefallen. Nur muß man hinzufügen: Es gab pauschale Verdächtigungen, aber die sog. Averroisten – ich nenne sie lieber: radikale Aristoteliker – waren sorgfältig argumentierende Autoren, die Christen sein, aber auch den konsequenten Vernunftgebrauch von theologischen Interventionen freihalten wollten. Darin trafen sie sich mit Averroes, der ebenfalls die Vermengung von Philosophie und Theologie abgelehnt hatte. Sie sahen, daß es die Methoden, nicht die Inhalte sind, welche die Wissenschaften konstituieren. Indem sie auf der Verschiedenheit der Beweisprinzipien und Verfahren bestanden, sicherten sie in einer kirchlich geprägten Zivilisation einen freien Diskussionsspielraum. Wenn sie es nicht anders tun konnten, als indem sie erklärten, sie legten nicht die Wahrheit, sondern nur die Ansicht des Aristoteles dar, war dies nicht ihre Schuld. Sie verdienen deshalb nicht den Vorwurf, sie hätten die Philosophie auf Aristoteles-Philologie reduziert und damit auf eigene Weltorientierung verzichtet. Auch das Schlagwort von der »doppelten Wahrheit«, schon 1277 vom Bischof von Paris gegen sie verwendet, gehört nicht hierher. Als Aristoteliker wußten sie, daß zwei widersprechende Aussagen nicht zugleich wahr sein konnten. Aber ihr Problem war komplexer: Wenn man schon Aristoteles rezipierte – und, wie wir sahen, taten dies um 1260 so gut wie alle –, sollte man ihm seine Konsequenz belassen. Man sollte ihm eine vernünftige Argumentation auch dort unterstellen, wo er mit der Theologie in Konflikt geriet. Dann stellte sich freilich das Problem »Philosophie und Glaube« in voller Schärfe erstmals im Mittelalter, weil diese Philosophie auf ihre Autonomie pochte. Der Versuch, Aristoteles in den Dienst der Theologie zu stellen, also der Konkordismus des Thomas von Aquino, war damit in Frage gestellt. Andererseits hatte Thomas selbst die methodische Selbständigkeit der Philosophie gegenüber Bonaventura betont. Gerade wegen dieser Nähe geriet seine Polemik, vor allem in seiner Schrift *Über die Einheit des Intellekts* (1270), so scharf. Thomas war es, der Siger einen »Averroisten« nannte und ihn der Häresie bezichtigte, so daß Siger 1276 Paris verlassen mußte. Andererseits setzte Siger nur fort, was Albert mit seinen Aristoteles-Erklärungen begonnen hatte; Siger sprach sich nicht schroffer als Albert dagegen aus, in der Philosophie auf Wundergeschichten zu achten.[2]

Wahrscheinlich war Siger ein Schüler Alberts; jedenfalls setzte er dessen Programm fort. Albert, nicht Averroes, war der direkte Vorläufer der radikalen Aristoteliker, auch wenn Albert schon 1257 gegen die Theorie von der Einheit des Intellekts polemisiert hat. Die spezifische Theorie des Averroes über das Verhältnis von Philosophie und Religion konnten sie nicht übernehmen. Nach Averroes hat es die Philosophie mit der Wahrheit zu tun, wie sie sich aus unveränderlichen Prinzipien ergibt; die Religion dient zur Leitung der Völker mit Hilfe von Bilderreden und Prophezeiungen. Kein lateinischer Averroist des 13. Jahrhunderts hat diese pragmatische Funktion der Religion gelehrt; ihre theoretische Position war eben deswegen prekär: Sie mußten sagen, das Christentum sei die Wahrheit, sei aber nicht beweisbar, und was beweisbar sei, das sei nach christlicher Lehre, die den Vorrang habe, nicht wahr. Sie gaben damit Anlaß für die unentscheidbaren, also methodisch verfehlten Erörterungen ihrer subjektiven Aufrichtigkeit – Erörterungen, die diesen Verfolgten noch einmal Unrecht tun, weil sie ihre Ehrlichkeit erst beweisen müssen (wie man glaubt), während man sie bei den Ketzerbekämpfern unterstellt. Der Historiker hat nicht solche Verdächtigungen aufzustellen oder zu widerlegen; er hat die geschichtliche und sachliche Bedeutung dieser Autoren zu ermitteln. Und da ist zu sagen: Sie haben im 13. Jahrhundert eine überaus signifikante Rolle gespielt; sie machten klar, was in der Kultursubstanz enthalten war, auf die sich so gut wie alle beriefen. Sie wollten konsequent darstellen, was die aristotelische Tradition enthielt. Im Zeitpunkt des Aufeinandertreffens der griechisch-arabischen Tradition mit der christlichen Überlieferung empfanden Traditionsfreunde diese Klarstellung als revolutionär. Sie brachte den geschichtlich möglich gewordenen Rationalitätsstandard auf einen präzisen Begriff; sie verteidigte ihn gegen den Versuch der Theologen, ihn zu instrumentalisieren. Schon die Gewinnung eines Diskussionsfreiraums war ein folgenreiches Novum, das trotz aller Verurteilungen nicht mehr rückgängig gemacht werden konnte; es gab vom 14. bis zum 16. Jahrhundert eine ungebrochene Tradition des radikalen Aristotelismus, z. B. in Padua und Bologna. Diese Tradition bedeutete: Beharren auf kohärenter empirischer Forschung, die durch keine Wundereingriffe unterbrochen wird, vielmehr die Wunderberichte »natürlich« zu erklären versucht, methodische Selbständigkeit der Medizin, der Physik, der Psychologie, der politischen Theorie.

Aber es war nicht allein das neue Methodenbewußtsein, das die sogenannten »Averroisten« geschichtlich bedeutend macht; es war vor allem das inhaltliche Gewicht ihrer Lehre, ein Gewicht, das theologisch orientierte Darstellungen der mittelalterlichen Philosophie in der Regel verkennen, weil sie vorrangig am Verhältnis zur Orthodoxie interessiert sind. Schon das Wort »Monopsychismus«, mit dem man die einschneidendste »Irrlehre« der Averroisten belegt, ist Ausdruck des Unverständnisses. Das historisch Eigentümliche dieser Lehre des Averroes liegt nicht darin, daß sie die individuelle Unsterblichkeit bedroht, sondern daß hier nicht von der »Seele«, sondern von der Einheit des »Intellekts« die Rede ist. Sowohl Aristoteles als auch die neuplatonische Tradition hatten »Geist« und »Seele« scharf geschieden: Der »Geist« (*nus*) sollte mit Werden und Vergehen, mit dem vegetativen und sensitiven Leben nicht verwechselt werden können; er sollte *sui generis* sein, »von außen« zum naturgebundenen Leben hinzutreten. Natürlich fragte es sich dann, wie es mit der Einheit der Person stand. Aber das christliche Denken, Thomas von Aquino nicht ausgenommen, hatte auf diese Fragen immer nur schwache oder halbherzige Antworten; es war vor allem an der Seele und an der Möglichkeit, sie im Jenseits zu belangen oder zu belohnen, interessiert. Der kirchliche Machtapparat und seine Finanzwirtschaft beruhten auf dieser Möglichkeit, aber jetzt stellten aufmerksame Aristoteles-Leser fest, daß Aristoteles nie von

»getrennten Seelen«, sondern einzig vom »getrennten Intellekt« sprach. Dieser Intellekt mußte abgelöst sein von Naturbedingungen; zu den Naturbedingungen rechneten nicht nur die Averroisten die Individualität.

Also war der Intellekt überindividuell. Diese These entsprang nicht einer weltanschaulichen Vorentscheidung der Averroisten. Sie ergab sich, weil das aristotelische Wissenschaftskonzept, die Erkenntnis- und die Sprachtheorie davon ausgingen, wir Menschen seien intersubjektiv im Besitz identischer Bedeutungen. Um dies zu sichern, wo wir doch als Naturwesen jeweils verschieden sind und uns verändern, hatte Augustin das göttliche Wort als den »inneren Lehrer« bemüht. Die Annahme eines einzigen Intellekts war demgegenüber ein Fortschritt an Rationalität. Daß der Intellekt – als Vereinigungsinstanz der Gesamtheit identischer Bedeutungen – nicht als ein Ding vorgestellt werden konnte, das einen zeitlichen Anfang hatte, das war plausibel, wenn so gut wie alle darin einig waren, daß es das Wissen mit dem Notwendigen und Ewigen allein zu tun habe. Es ist Siger auch keineswegs entgangen, daß der einzelne Mensch das Subjekt geistiger Erkenntnis ist. Nur mit der trivialen Feststellung, daß »dieser Mensch geistig erkennt« (*hic homo intelligit*) war der Intellektphilosophie nicht beizukommen, denn es ging doch darum, eben dieses Phänomen philosophisch auszulegen. Alle Aristoteliker, auch Thomas von Aquino, taten sich schwer, wenn sie die Verbindung des Intellekts – als des Vermögens des Allgemeinen – mit physisch-psychischen Prozessen *erklären* sollten. Wenn ferner der Intellekt eine bevorzugte Beziehung zur Gottheit haben sollte – auch Thomas von Aquino hatte von seiner Teilhabe am göttlichen Licht geredet –, durfte zwischen Gottheit und Intellekt keine Zufälligkeit oder Willkür walten. Dann war nicht einzusehen, daß sich die Gottheit erst zu einem zufälligen späteren Zeitpunkt zur Schaffung einzelner Intellekte bequemte; sie mußte ihn von Ewigkeit her und als ewigen begründen. Auch Thomas hatte Metaphysik verstanden als Eliminierung von Zufall. Siger widersprach der augustinischen Tradition willkürlicher göttlicher Entscheidungen; er sah, daß sie mit dem griechischen Wissenschaftsbegriff kollidierte.[3] Auch wenn Siger nach 1270 diese Position aufgegeben hat, so hatte sie doch innerhalb der aristotelischen Erstannahmen großes Gewicht. Sie war unter platonischen, neuplatonischen, aristotelischen und stoischen Voraussetzungen nahezu unvermeidbar und war keineswegs dadurch zu überwinden, daß man darauf beharrte, geistige Erkenntnis fände im Einzelmenschen statt. Übrigens hätte auch noch ein Kantianer indigniert aufgeblickt, wenn man ihn gefragt hätte, ob die reine Vernunft jung oder alt, männlich oder weiblich, *eine* oder viele sei. Damit sage ich nicht, dieser Vernunftmonismus sei berechtigt. Es zeigt nur: Er hat tiefe Wurzeln in der europäischen Tradition von Wissen und Sollen.

Ging es aber in der Metaphysik um die Beseitigung oder jedenfalls die Verringerung des Zufalls, dann drängte sich auch der zweite »Irrtum des Aristoteles« auf: der Gedanke der Ewigkeit der Welt. Wenn unabsehbare Zufälle wie z. B. willkürliche Beschlüsse ins Verhältnis der Gottheit zum Universum eingreifen konnten, war die metaphysische Vernunft selbst bedroht. Was sollte – unter Philosophen – die Einführung des Gottesbegriffs leisten, wenn dieser Gott es auch lassen konnte, die Welt zu begründen? Was war das für ein Gott, der vor einer Wahl stand, ob er die Welt begründen sollte oder nicht? Jeder Metaphysiker mußte an dieser Stelle jede Zufälligkeit beseitigen wollen. Wer Gott nicht Zeitbedingungen unterwerfen und seinen Willen nicht anthropomorph als Auswählen denken wollte, mußte argumentieren: Es war keine Veränderung denkbar, die Gott in einem bestimmten Zeitpunkt zur Erschaffung hätte motivieren können. Auch Thomas hatte die Theorie von der Ewigkeit der Welt für unwiderlegbar, nur eben – aus theologischen Gründen – für falsch erklärt. Selbst wenn Siger zunehmend die Überlegenheit des Glaubens anerkannte, so lag doch in der Lehre von dem nicht-zufälligen Band zwischen Gottheit und Welt eine innere Konsequenz des aristotelischen Denkens.

Siger hatte ein Buch über die Glückseligkeit geschrieben, das verloren sein dürfte. Doch was es enthalten hat, können wir aus der Schrift seines Kampfgefährten Boethius von Dacien († 1284) *Über das höchste Gut* ungefähr entnehmen.[4] Er bestritt darin nicht die jenseitige Seligkeit; er erkannte sie ausdrücklich an. Aber er betrachtete Glückseligkeit als die Erreichung des Ziels der menschlichen Natur. Das Spezifische des Menschen ist die Vernunft; die Zweckbestimmung des Menschen ist daher die Entfaltung der Vernunft in der Betrachtung des Wahren und im Tun des Guten. Die Glückseligkeit als die Erreichung des dem Menschen eigentümlichen Ziels besteht also in der Theorie und im Verwirklichen des Guten. Sie ist nur möglich als immanente, selbstbewirkte Vollendung. Sie kann nicht von außen kommen. Auch diese Theorie entsprach dem aristotelischen Denken, das Glückseligkeit verstand als unsere beste Tätigkeit am besten Objekt. Schon Aristoteles hatte über Menschen gespottet, die sich die menschliche Glückseligkeit vorstellen als von außen kommend; sie werde uns nicht umgeworfen wie ein Mantel. Boethius sah, daß nicht alle Menschen das Ziel der intellektuellen Selbstentfaltung und moralischen Verwirklichung erreichen können. Wenn das höchste Gut des Menschen im Hinblick auf den Intellekt besteht, ist es der Philosoph, der das einzig wirkliche Menschenleben führt. Diese Konzeption mußte Anstoß erregen, aber nicht wegen der ihr zugrunde liegenden Vorstellung einer Intellektuellenaristokratie, sondern wegen ihres Bruches mit der monastischen Ethik und der augustinischen Weltauffassung überhaupt. Aber konnte man, nachdem man Aristoteles zum Pflichtpensum gemacht hatte, verbieten, daß Boethius sich auf Aristoteles berufen konnte? Eine von außen kommende Glückseligkeit, eine unvordenkliche, unverdienbare Gnadenwahl – dies waren Zugeständnisse an den Zufall, die den aristotelischen Kosmos und die philosophische Lebenskonzeption vernichtet hätten. Siger und Boethius hatten den Vorzug, Voraussetzungen und Konsequenzen einer philosophischen Ethik etwas klarer zu sehen als ihre theologischen Gegner; sie stellten daher ein erhebliches Aufklärungspotential dar. Um dafür noch ein Beispiel zu geben: Boethius von Dacien lehrte eine ausschließlich naturalistische Deutung der Träume.[5] In der antiken und mittelalterlichen Lebenswelt spielten Träume eine große Rolle – für das private Leben, aber auch für Politik und Religion. Träume hatten prophetische Bedeutung oder waren eine göttliche Offenbarung. Auch die meisten antiken Philosophen verstanden Träume als Zeichen der Götter. Doch hatte Aristoteles dies verworfen; er erklärte die Träume medizinisch, als Nebenwirkung der Verarbeitung der Speisen. Boethius folgte ihm darin kompromißlos. Andere westliche Aristoteliker, wie Thomas von Aquino, mußten neben einer naturalistischen eine theologische Traumdeutung für wahr erklären; diesem Zwiespalt machte Boethius, gut aristotelisch, ein Ende.

Dies Beispiel zeigt zugleich, in welchem Sinn man den Averroisten nachrühmen konnte, sie hätten die fortgeschrittenste philosophische Position ihres Jahrhunderts vertreten: Dies kann nicht bedeuten, sie seien der absoluten Wahrheit nähergekommen als andere. Sie zeigten deutlicher als andere, was die Wahrheitskonzeption enthielt, die in einer geschichtlich kontingenten Welt galt. Sie sprachen konsequenter als andere die Implikationen eines Vernunfts- und Wissensbegriffs aus, den nach 1250 fast alle, auch seine Gegner, bei ihren Überlegungen zugrunde legten.

VI

Das 14. Jahrhundert

36 Die geschichtliche Situation

Seit dem Anfang des 14. Jahrhunderts geriet die wirtschaftliche und soziale Entwicklung des lateinischen Westens in eine Krise: Die seit dem Ende des 11. Jahrhunderts anhaltende wirtschaftliche Expansion brach zusammen; die Bevölkerungszahl stagnierte zunächst und ging seit 1348 drastisch zurück; die Rodungsbewegung kam zum Stillstand; die Städtegründungen hörten auf. Die westliche Wirtschaft stieß an die Grenze ihres Wachstums; ein Teil der in der Expansionszeit gerodeten Ackerflächen begann zu veröden; die Aufwärtsentwicklung der Städte endete.[1] Zwar hat die neuere Forschung dieses düstere Bild nuanciert und nach Regionen differenziert. So war die Rezession in Oberitalien weniger einschneidend als in Frankreich, das durch die Kriege und dynastischen Konflikte zusätzlich litt. In England und Holland, in Florenz und Venedig, aber auch in einigen deutschen Städten entwickelte sich beträchtlicher Wohlstand; ohne ihn wäre das Zeitalter der Entdeckungen nicht möglich gewesen. Einige Historiker haben auch die Lebensverhältnisse des späten Mittelalters in dunklen Farben gemalt, um das Zeitalter der Reformation und der Renaissance um so heller erstrahlen zu lassen. Aber selbst wenn man solche Kontrasteffekte beiseite läßt und lokale Unterschiede beachtet, läßt sich insgesamt sagen: Die wirtschaftliche Situation des Westens wurde schwieriger, die Verteilungskämpfe wurden härter. Soziale Spannungen und politische Konflikte nahmen zu. Die Gegensätze innerhalb der Bürgerschaft verstärkten sich: Der Stadtadel, Fernkaufleute und Bankiers hatten andere Interessen als die Masse der Lohnempfänger. Streiks und blutige Kämpfe, Aufstände der Zünfte und der Bauern waren die Folge. Besonders unruhig waren die Jahre von 1370 bis 1385.[2] Dies schwächte die politische und rechtliche Stellung der Städte gegenüber den weltlichen und geistlichen Fürsten – oft bei steigendem Reichtum einiger weniger bürgerlicher Familien, die sich in Mentalität und Gehabe am Adel orientierten. An die Stelle der Erfahrung kommunaler Selbständigkeit und aktiver Auseinandersetzung mit anderen Gruppen und mit der Natur trat eine eher resignative Stimmung, obwohl in Detailbereichen, z. B. dem Gebiet der Technik, wichtige Neuerungen gelangen (Schiffsbau, Konstruktion von Uhren, Erfindung der Brille). Die sozialgeschichtliche Entwicklung gabelte sich: Dem Adel, seinen feudalen Traditionen und seinem internationalen, geglätteten Geschmack stand das Kleinbürgertum gegenüber, das schwankte, ob es sich den aufständischen Gruppen anschließen sollte. Die sozialen Kontraste verschärften sich. Hinzu kamen Naturkatastrophen, denen eine krisengeschüttelte Gesellschaft wenig entgegenzusetzen hatte. Von 1315 bis 1317 gab es seit langem wieder eine Hungersnot, die in Wellen wiederkehrte und die Menschen körperlich schwächte, so daß sie den Seuchen leicht zum Opfer fielen. Vor allem die große Pest von 1348 dezimierte die Bevölkerung; sie schien die Nichtigkeit irdischen Strebens und die Wertlosigkeit menschlichen Wissens zu beweisen. Judenverfolgungen, exzessive religiöse Bewegungen, wie die Geißlerzüge, aber auch der Rückzug auf das private Interesse oder die fromme Innerlichkeit waren die Folge.[3] Ob durch die Pest die Moralität zu- oder abgenommen habe, ist keine durch uns zu beantwortende Frage; der Historiker kann nur festhalten, daß sie in den Augen einiger urteilsfähiger Zeitgenossen entgegen deren Erwartungen zu einem moralischen Niedergang geführt hat. »Haltlos stürzte sich fast ganz unsere Heimatstadt in ein unehrenhaftes Leben«, schrieb Matteo Villani, als er die Chronik seines an der Pest gestorbenen Bruders Giovanni fortsetzte.[4] Obwohl es nun weniger Menschen gab, bemerkte Matteo Villani, waren die Lebensmittel knapper und teurer als vorher. Man dachte, es seien nun Kleider für alle da, aber sie stiegen im Preis auf das Doppelte. Vor allem die Handarbeit, auf dem Land wie in den städtischen Handwerksbetrieben, stieg im Preis, um mehr als das Doppelte, wie Villani mißbilligend bemerkte. Die Wirtschaft konnte nicht mehr dieselbe sein wie vorher; die Zahl der Menschen war um etwa ein Drittel vermindert. Die Geldwirtschaft war – speziell in der Toscana – schon so tief in die Agrarwirtschaft eingedrungen, daß die alte Leibeigenschaft durch Geldleistungen der Bauern abgelöst worden war. Die Verminderung der Zahl der Landarbeiter und ihrer Geldabgaben brachte die Landeigner in Verlegenheit; große Teile der Landwirtschaft wurden unrentabel.

Villani erwähnte noch eine andere Folge der Pest: Man verlor das Vertrauen in die Wissenschaft. »In keinem Teil der Welt hatten die Ärzte für diese Pest eine Erklärung, sei es durch Naturphilosophie, sei es durch Physik oder durch die Kunst der Astrologie, noch weniger hatten sie eine wirkliche Therapie«.[5] Die Pest war eine Herausforderung an die Medizin und damit zugleich an die Naturphilosophie und die Astrologie. Die Hilflosigkeit der Wissenschaft machte einen großen Eindruck auf die Zeitgenossen. Die Behörden suchten Rat bei den Gelehrten; aber die wissenschaftlichen Berater der Gesundheitspolitiker scheiterten. Das Vernunftvertrauen, das mit der wirtschaftlichen und kulturellen Expansion seit dem Ende des 11. Jahrhunderts gewachsen war, geriet in eine Krise, freilich nicht nur durch die Erfahrung der Pest.[6]

Auch die soziale Entwicklung und die Welt der Politik stellten neue Probleme, und zwar schon seit der zweiten

Hälfte des 13. Jahrhunderts. Die Welt war unruhiger geworden; so kam es um 1280 zu Aufständen der Textilarbeiter in Brügge und Rouen. Gegen Ende des 13. Jahrhunderts mußte man Erwartungen aufgeben, die man 50 Jahre zuvor noch haben konnte. Dies galt nicht nur für das Vertrauen, mit der Kraft der Vernunft die divergierenden Weltdeutungen harmonisieren zu können, die im Lauf der letzten 200 Jahre den Westen überflutet hatten. Es galt auch für die Hoffnung, die mächtige Kirche werde die Armutsbewegungen aufnehmen und sich reformieren. Der freiwillige Rücktritt des »Engelpapstes« Coelestin V. (1294) schien zu beweisen, daß diese Kirche nicht aus rein religiöser Inspiration zu regieren war; sein Nachfolger Bonifatius VIII. (1294–1303) setzte andere Akzente – auf Weltherrschaftsanspruch, auf kirchenrechtliche Fixierung, auf finanzielle Ausbeutung Europas. Bonifatius scheiterte. Die Zeit war über die universalen, auf ideellen Ansprüchen basierenden Zentralmächte von Kaiser und Papst hinweggegangen. Als der französische König den Papst 1303 kurzerhand gefangensetzte, sah man, welchen Kräften die Zukunft gehören sollte – den Nationalstaaten, allen voran Frankreich. Im selben Jahr 1302, in dem Bonifatius VIII. den politischen Vorrang der Päpste in der Bulle *Unam sanctam* noch einmal maximal formulierte, ließ der französische König Philipp IV., der Schöne, den Dominikaner Jean Quidort das Nebeneinander von Kirche und Staat theoretisch begründen.[7] Seit 1309 residierten die Päpste in Avignon. Der Wechsel machte deutlich, daß es in Europa keine spirituell begründete politische Universalinstanz gab. Auch der Niedergang des Kaisertums war seit 1250 nicht mehr aufzuhalten. Die Territorialfürsten verteilten unter sich die Macht der Zentralgewalt. Eine Reihe von Schicksalsschlägen beschleunigte diese Entwicklung: 1308 wurde Albrecht I. ermordet; der von vielen Seiten als Friedensbegründer erwartete Heinrich VII., für den Dante seine *Mon-*

archie konzipiert hatte, starb 1313, früh, nach 5jähriger Regierungszeit. Dann folgten die langen Kämpfe des energischen Papstes Johannes XXII. – es ist derselbe Papst, der Ockham und Eckhart verurteilte – mit Kaiser Ludwig dem Bayern (1314–46), dem so bedeutende Denker wie Wilhelm von Ockham, Johannes von Jandun und Marsilius von Padua literarische Unterstützung boten. Kaiser Karl IV. (1346–78) stärkte noch einmal das Reich, was nur durch Zugeständnisse an den Papst und an die wichtigsten Territorialherren, die Kurfürsten, möglich war. Er griff in die Geschichte der Wissenschaft ein durch die Gründung der Universität Prag (1348), der noch im selben Jahrhundert Wien und Heidelberg folgten. Derselbe Karl pflegte 12 Jahre lang mit Petrarca eine Brieffreundschaft;[8] er förderte den sogenannten Frühhumanismus.[9] In Frankreich brachte Karl V., »Le Sage«, seit 1356 Regent, von 1364 bis 1380 König, einen politischen und kulturellen Aufschwung. Wie wichtig die nationale Grundlage geworden war, zeigte sein Auftrag an Nicolaus Oresme (um 1320–82, seit 1377 Bischof von Lisieux), Aristoteles ins Französische zu übersetzen.[10]

Aber einzelne Herrscher bestimmten im 14. Jahrhundert nicht mehr die Gesamtatmosphäre einer Zivilisation. Von allgemeiner Bedeutung war die Rolle des Papsttums. Doch als nach dem Tod Karls IV. von Deutschland (1378) und Karls V. von Frankreich (1380) das »Große Schisma« ausbrach und die Christenheit zwei, zeitweilig sogar drei Päpste hatte, verbreitete sich das Bewußtsein, in einer desolaten Zeit zu leben. Doch berechtigt dies keineswegs zu einem pauschalen Urteil über das 14. Jahrhundert: Dieses Jahrhundert war die Zeit Dantes († 1321) und Giottos († 1337), Petrarcas († 1374) und Boccaccios († 1375). Für die Philosophie war insbesondere seine erste Hälfte fruchtbar. In dieser Zeit schrieben:

Johannes Duns Scotus († 1308 in Köln)
Raimundus Lullus († 1316 in Palma/Mallorca)
Dietrich von Freiberg († um 1320)
Meister Eckhart († 1328)
Wilhelm von Ockham († um 1349 in München)
Nicolaus von Autrecourt († nach 1350)

Zwischen 1350 und 1380 entstanden die wichtigen ökonomischen und naturwissenschaftlichen Werke des Nicolaus Oresme († 1382); der bedeutende Ockham-Schüler Gregor von Rimini starb 1358, Johannes Buridanus gegen 1360. Berthold von Moosburg, der in Köln die Linie Dietrichs und, mit Einschränkungen, Eckharts fortführte, starb 1361. Die philosophischen Traktate Petrarcas fallen in die Jahre 1350–70. Der Buridanus-Schüler Marsilius von Inghen übertrug den letzten Stand der Pariser Schule auf die neugegründete Universität Heidelberg.

Diese Tatsachen zeigen, daß wir für das 14. Jahrhundert nicht nur Paris und Oxford als Zentren der wissenschaftlichen Forschung denken dürfen: Köln führte bis gegen 1360 selbständig die Tradition Alberts fort; Padua und Bologna, auch Montpellier, gaben der Philosophie – gestützt auf die arabische Tradition – eine stärkere Anlehnung an die Medizin, die Astronomie (Astrologie) und Mathematik; hier herrschte nicht wie in Paris die Theologie. Raimundus Lullus stand der Welt der Schulen selbständig gegenüber. In Florenz und Oberitalien entwickelte sich der Frühhumanismus, der auch philosophisch ernst genommen werden muß. In Padua entwickelte Marsilius in seinem *Defensor pacis* (1324) eine laikale politische Philosophie; sie gab der demokratischen Lebensform der italienischen Kommunen eine theoretische Fassung und kritisierte scharf die Theokratie des Papsttums.

Das Bild ist also außerordentlich reich und bewegt. Wenn

es eine Krisenzeit war, so hatte dies für die philosophische Reflexion auch Vorteile. Bei der Unsicherheit der Institutionen drängte sich dem Einzelnen die Frage auf, was noch feststehe. Die Suche nach Gewißheit begünstigte den Geist genauer Prüfung. Das Vertrauen auf Klerus und Papst nahm ab: ein »laizistischer« Geist des Selber-sehen-Wollens hatte sich in den Städten entwickelt. Der rasche Fortschritt der formalen Logik zeitigte strengere Maßstäbe der Argumentation. Bei der allgemeinen Unsicherheit wuchs das Verlangen nach Präzision. Gerade aus dem Bewußtsein der Bedrohtheit und der zunehmenden Irrationalitätserfahrung ergab sich ein entwickelteres Methodenbewußtsein: Man wollte, wenn auch bei beschränkterem Anspruch, mit Gewißheit wissen, was man wußte. In argumentationstechnischer Hinsicht war dies ein Fortschritt; problematisch war aber die Integration dieses zugespitzten Wissenschaftsverständnisses in das Ganze des sozialen und intellektuellen Lebens.

Die größere methodische Strenge war die Voraussetzung – und gleichzeitig auch die Folge – zunehmender Professionalisierung. Im 14. Jahrhundert wuchs die Zahl der Akademiker und der Universitäten. Die auf einer akademischen Ausbildung beruhenden Berufe – neben den Theologen zunehmend auch Ärzte und Rechtsanwälte – nahmen an Zahl und Bedeutung zu; sie differenzierten sich aus. Diese soziologische Ausgruppierung begünstigte methodologische Differenzierungskonzepte – und war gleichzeitig deren Folge.

Vielfalt der Ansätze und der Schauplätze

Die Philosophie des 14. Jahrhunderts ist relativ wenig erforscht. Sie ist auch schwer zugänglich. Viele Texte existieren nur als Handschriften. Hinzu kommen ältere Vorurteile gegen diese Zeit, die man als Niedergang, als skeptisches

Rütteln an der »Synthese« des 13. Jahrhunderts ansah. Wenn man dieser Frage nachgeht, mehren sich Zweifel an der Gediegenheit jener Synthese. Philosophisch entscheidend ist, ob die kritischen Beanstandungen sachlich gerechtfertigt waren. Damit gewinnt die Philosophie des 14. Jahrhunderts inhaltliches Gewicht.

Eine Reihe anderer Gründe lassen sie heute interessant erscheinen: Sie hat – ähnlich wie die analytische Philosophie der Gegenwart – die Sprache als mögliche Täuschungsursache thematisiert. Sie hatte häufig einen hochentwickelten formal-logischen Argumentationsstandard, wofür sie bei manchen Humanisten als spitzfindig verurteilt wurde. Sie brachte wichtige Neuerungen in der Naturwissenschaft und bei deren theoretischer Grundlegung; oft stand sie in enger Verbindung zu Mathematik und Medizin. Sie begann, die qualitative Physik der Aristoteliker umzuwandeln; sie suchte nach quantitativen Analysen von Qualitäten. Ohne sie wäre die naturwissenschaftliche Revolution des 16. und 17. Jahrhunderts nicht möglich gewesen. Sie griff ein in die religiöse Entwicklung, die zur *devotio moderna*, zum Hussitismus, Konziliarismus, zur Reformation führte. Auch die italienischen Humanisten haben Motive der Philosophie des 14. Jahrhunderts aufgegriffen bzw. sich polemisch gegen sie abgesetzt. Die Entwicklung Europas vom 14. bis zum 16. Jahrhundert läßt sich ohne die Kenntnis dieser Philosophien nicht verstehen.

Wenn auch vieles noch unbekannt ist und die Bewertungen des Bekannten divergieren, scheint sich doch gegen die Jahrhundertmitte, spätestens gegen 1380, eine Erschlaffung abzuzeichnen: Während die erste Jahrhunderthälfte eine Reihe charakteristischer und bedeutender philosophischer Entwürfe vorlegte, herrschte am Ende des Jahrhunderts ein vorsichtiges Kombinieren der bis etwa 1350 entwickelten Denkweisen vor. Doch muß dies mit Vorbehalt gesagt werden: Durch neue Textfunde und neue Interpretationen könnte diese Abgrenzung zu Fall kommen. Man möchte es wünschen. Denn so viel steht fest: Die Zeit von 1300 bis gegen 1380 war reich an originellen und folgenreichen philosophischen Gedanken. Zwar war es für eine von autoritativen Texten bestimmte Zivilisation eine einschneidende Wendung, daß gegen 1300, also nach zweieinhalb Jahrhunderten ständiger Wissenszufuhr, der Zustrom von neuen wissenschaftlichen Texten aus den arabischen Gebieten versiegte. Aber dies war nur die Folge eines erfolgreichen Aufarbeitens seit etwa 1100. Jetzt wandte man sich dem Erreichten reflektierend noch einmal zu und schuf dabei die großen Alternativen, die bis heute fortwirken: Logische Analyse von Argumenten (Duns Scotus, Ockham), Formalisierung, ja Mechanisierung der Denkschritte (Lullus), die Quantifizierung der qualitativen Naturerfahrung (Buridanus, Oresme), die Kritik der Metaphysik und der Grundformen menschlicher Erkenntnis (Ockham, Nicolaus von Autrecourt), die Thematisierung des Intellekts als Grund aller menschlichen Erfahrung (Dietrich von Freiberg, Meister Eckhart), verstärkte philosophische Aufmerksamkeit auf die seit Anselm und Abaelard diskutierte, erkenntnisermöglichende und -hindernde Funktion der Sprache, die Freisetzung naturwissenschaftlicher und ökonomischer Forschungen (Nicolaus Oresme).

37 Die Verurteilung von 1277 und ihre Folgen: Die Situation am Jahrhundertende

Die Einteilung der Philosophiegeschichte in Jahrhunderte hat den Vorzug, daß sie ohne wertende Ausdrücke wie »Hochscholastik« und »Spätscholastik« auskommt und die Gleichzeitigkeit des intellektuellen Lebens in Florenz,

Oberitalien, Köln, Oxford und Paris vor Augen stellt; sie hat den Nachteil, daß sie glatte Zäsuren suggeriert, die es nicht gab. Wenn sich um 1300 ein längerer Zeitabschnitt herausheben läßt, so am ehesten das Jahrhundert zwischen 1275/80 und 1375/80. Warum um 1375/80 ein Zeitabschnitt markant zu Ende ging, wurde schon gesagt; sehen wir uns seinen Beginn noch etwas an.

Die Zeit um 1280, in wirtschafts-, sozial- und kunstgeschichtlicher Hinsicht eine Zäsur,[1] hebt sich auch in philosophie-geschichtlicher Hinsicht deutlich ab: 1274 starben Thomas von Aquino und Bonaventura; Albert d. Gr. starb 1280. 1277 verurteilte der Bischof von Paris 219 Thesen und griff damit ein in die Debatte um die Rezeption des aristotelisch-arabischen Denkens in der christlichen Welt. Von diesem Ereignis war schon die Rede im Zusammenhang mit dem lateinischen Averroismus. Aber ich möchte, zum besseren Verständnis des 14. Jahrhunderts, einige thematische Schwerpunkte der Verurteilung hervorheben und einige ihrer Folgen benennen.

Die verurteilten Thesen sind nicht homogen; sie stellen nicht insgesamt eine kohärente Philosophie dar, aber sie dokumentieren eine intellektuelle Atmosphäre und markieren einen Diskussionsstand. Dabei ging es – erstens – um den Widerspruch von Metaphysik und Theologie. Die Metaphysik, sonst meist als Stütze der Theologie angesehen, hatte um 1275 einen Stand erreicht, daß sie, auf Aristoteles und die Araber gestützt, gegen die Theologie offensiv werden konnte. Sie bestritt im Namen der Einfachheit des göttlichen Weltgrundes die christliche Lehre von der Trinität (These 1 und 2).[2] Im Namen der Allumfassendheit (bzw. zur Erhaltung seiner Glückseligkeit?) des philosophischen Gottes bestritt diese Metaphysik, daß Gott etwas erkenne, was von ihm verschieden wäre (These 3). Diese Metaphysik verbietet es, die ewigen Gründe der Welt phantasiemäßig auszumalen und zu verzeitlichen; sie verwirft jede Dramatisierung des Weltprozesses; daher ist die theologische Vorstellung, Gott verursache bei laufendem Weltgeschehen etwas Neues, zu vermeiden (These 48). Gott anzusinnen, er begnadige willkürlich einige Auserwählte und verwerfe den Rest der Menschen, ist unvernünftig (These 23), die Glückseligkeit ist das eigene Werk des Menschen, sie kann einem denkenden Wesen nicht von außen eingegossen werden (These 22). Erst in diesem Gesamtrahmen ist die Verurteilung der spezifisch »averroistischen« Thesen von der Ewigkeit der Welt und der Einigkeit des Intellekts zu sehen; sie waren als Einzelthesen hart umstritten, aber wichtiger war die Mentalität, aus der sie stammten: Sie sprachen das Selbstbewußtsein von Philosophen aus, die vor allem konsequent sein wollten, die keine höhere Erkenntnisform als die Philosophie anerkannten, die auf der Autonomie ihres Wissens, der ethischen Gehalte und der Glückseligkeit beharrten.

Eine zweite Gruppe von Thesen klingt eher naturalistisch. Das war auf Umwegen mit dem Averroismus vereinbar; aber der Bischof kümmerte sich nicht um diese Vereinbarkeit: er stellte allerhand Irrtümer zusammen, von denen er gehört hatte, sie würden an seiner Universität gelehrt. Ob sie ein System bildeten oder sich vielleicht auch widersprachen, zählte demgegenüber nicht. So verurteilte denn der Bischof die These: Wenn nur der abgetrennte »tätige Intellekt« unsterblich war, dann war der Mensch sterblich, ein Teil der Natur (These 15); dann war mit dem Tod für ihn alles aus. Der Bischof von Paris verurteilte eine Philosophie, die den Menschen, das Weltgeschehen und auch die Religionen naturalistisch erklären wollte; diese Philosophie gab zu, daß es Ekstasen und Visionen geben mochte, aber sie erklärte sie naturalistisch, also medizinisch bzw. astrologisch (These 33). Der Glaube war danach eine bildhafte Fixierung metaphysischer Gründe, oder er war eine Fiktion; auch hier war einschneidend, daß Philosophen erklärten, alles gehöre vor den Richterstuhl der Vernunft; es gebe keine höhere Instanz. Von da war kein weiter Weg zu einer offensiven Religionskritik, die von Fabeln der Theologen sprach (These 152 und 174) und das Christentum für wissenschaftsfeindlich erklärte (These 175). Wer behaupten wollte, im Mittelalter habe es so etwas wie »Aufklärung« nicht gegeben, muß besonders diese Thesen für reine Erfindungen des Bischofs halten.

Es gab drittens eine Gruppe spezifisch-philosophischer Einzelthesen, die der Bischof verurteilte, weil sie mit herrschenden philosophischen Ansichten kollidierten. Dazu gehörte die These, daß ein selbständig existierendes Akzidens ein Widerspruch in sich sei, also auch von Gott nicht bewirkt werden könne – ein Affront gegen die philosophische Deutung des Abendmahls im Sinne einer Transsubstantiation (Thesen 139–141). Verworfen wurde ferner die Lehre von einer Beteiligung der Intelligenzen an der Erschaffung der Welt – eine Konsequenz der Ansicht, aus dem einen Weltgrund könne nur ein Eines hervorgehen (Thesen 44, 64, 73). Verurteilt wurde auch die These von der Subjektivität der Zeit (*tempus nihil est in re;* These 200); in der averroistischen Tradition war die Seele als Grund der Zeit stark betont worden.[3] Verworfen wurde schließlich eine bestimmte Theorie des Intellekts, nach der unser Intellekt ein substantielles (nicht bloß akzidentelles) Wissen ist (These 85). Nach Ansicht des Bischofs von Paris widersprach es dem christlichen Denken, vom Intellekt zu behaupten, er sei eine substantielle Einheit des Erkennenden und des Erkannten (These 127). Der Bischof verwarf die Lehre, eine menschliche Tätigkeit wie das geistige Erkennen könne den Charakter einer Substanz haben. Damit setzte er sich zwar in Gegensatz sowohl zu Augustin wie zu Aristoteles, aber zunächst richtete sich seine Abwehr *substantieller* Tätigkeit gegen die

Lehre des Boethius von Dacien, wonach es in einer getrennt existierenden, d.h. ontologisch unabhängigen Intelligenz, also in einem reinen Geist, kein Akzidens geben könne.[4] Ich hebe diese Reihe von Thesen hervor, weil sie für das Verständnis Dietrichs von Freiberg und Meister Eckharts nützlich sein werden und weil es Historiker des mittelalterlichen Denkens gibt, die behaupten, die Lehre vom substantiellen Charakter des Denkens komme im Mittelalter nicht vor, sie sei eine Rückübertragung aus Fichte.

Nun noch einige Bemerkungen zur geschichtlichen Tragweite der Verurteilung von 1277. Der Erzbischof von Canterbury übernahm sie, sie galt auch für Oxford. In Padua und Köln dagegen erklärten einige, es handle sich um lokale Entscheidungen für Paris. Sie erlaubten sich auch weiterhin, in der verbotenen Richtung zu denken. Aber der spektakuläre Eingriff der kirchlichen Autorität stand vor aller Augen. Für die Formierung einer philosophischen Orthodoxie war die Abgrenzung international von Bedeutung. Eine radikale Aristoteles-Nachfolge stand fortan unter öffentlichem Häresieverdacht. Mehr noch: Eine autonome Konzeption des philosophischen Wissens sollte von den führenden Hochschulen des christlichen Westens verbannt bleiben. Seit etwa 1280 mußten die Lehrer der Artistenfakultät einen Eid schwören, keine theologischen Fragen, wie z.B. die Trinität, abzuhandeln. Bei Fragen, die sowohl den Glauben wie die Philosophie betrafen, waren sie gehalten, sich auf die Seite des Glaubens zu stellen und die Gegeneinwände zu widerlegen.[5] Damit war im Verhältnis der Philosophie zur Theologie ein neues Stadium erreicht; ihre Trennung war sanktioniert und institutionalisiert. Bis dahin hatte ihre Unterscheidung eine wissenschaftstheoretische und methodologische Bedeutung innerhalb einer relativ einheitlichen Gesamtsicht der Welt; jetzt ergab sich die »moderne« Situation des »Streits der Fakultäten«. Eine »Philosophie des Christentums« sollte es danach nicht mehr geben. Doch haben große Denker wie Raimundus Lullus, Eckhart und Cusanus diese Festlegung nicht respektiert. Sie blieb aber für den Universitätsalltag in Paris und Oxford wichtig, und sie trug dazu bei, dem spätmittelalterlichen Denken den Charakter der Zerrissenheit zu geben, den Humanisten wie Marsilio Ficino und Pico della Mirandola mit ihrem Programm der *pia philosophia* überwinden wollten.

Ein anderer Aspekt der Verurteilung war vielleicht noch wichtiger: Eine säkulare, eine laikale Weltansicht war von nun an formuliert. Sie war zwar verurteilt, aber nicht ausgerottet. Das klerikale Privileg der Weltauslegung war noch einmal behauptet, aber von nun an de facto durchlöchert. Eine nicht-mehr-klerikale Auffassung der Wissenschaft, des menschlichen Lebens, des Staates und der humanen Werte war zurückgedrängt; vernichten konnte man sie nicht. Ihre Elemente wirkten fort: Autonomie des philosophischen Wissens, Konsequenz einer immanenten Methodologie, theologiekritische Metaphysik, Intellekttheorie und Naturalismus, aber auch Astrologie und Bestreitung des Augustinismus und einer spiritualistischen Ethik. Die Kontraste wurden insgesamt stärker. Die kirchlich konforme Mentalität wurde ärmer; der intellektuelle Formenreichtum insgesamt wuchs. Dies entsprach dem realen geschichtlichen Entwicklungsstand: Die politische Sphäre hatte in den Kommunen und im entstehenden Nationalstaat Frankreich eine relative Autonomie entwickelt. Die bürgerliche Profitorganisation beruhte auf durchgängiger Rationalisierung und prinzipiell umfassender Quantifizierung (Geldwirtschaft selbst im Agrarbereich). Die Erde bot sich dem Handel, dem Wagemut der Fernkaufleute als universales Betätigungsfeld dar. Im letzten Jahrzehnt des 13. Jahrhunderts standen christliche Kaufleute erstmals an der Küste des Pazifik. Genua rüstete zwei Expeditionen zur Überquerung des Atlantik aus. Beide sind verschollen; aber die umfassende Unterwerfung der sichtbaren Welt war kein bloßer Traum mehr. Die religiöse Sphäre, noch immer mächtig, verfiel entweder selbst der finanztechnischen Organisation (Finanzwesen der Päpste von Avignon), oder sie stellte sich ihr protestierend entgegen, besonders in den radikalen Franziskanergruppen.

Fragt man, was zwischen 1290 und 1310 gedacht wurde, so geben die Werke Dantes und Dietrichs von Freiberg, des Duns Scotus, des Raimundus Lullus und Meister Eckharts die Antwort. 1292 war Roger Bacon gestorben. 1300–02 lehrte Duns in Oxford, von 1301 bis 1302 Eckhart in Paris. 1302 erließ Bonifatius VIII. die Bulle *Unam sanctam*, die schärfste Proklamation der päpstlichen Weltherrschaft. Johannes Quidort widersprach ihr im Namen des Nationalstaates. Kurz nach 1310 verfaßte Dante seine *Monarchia*, eine aus aristotelisch-averroistischen Prinzipien gespeiste Verwerfung der weltlichen Machtansprüche des Papsttums. Zehn Jahre später war die Situation noch dramatischer: Eckhart stand auf dem Höhepunkt seiner Wirksamkeit; Duns Scotus († 1308) und Lullus († 1316) waren tot, aber Ockham erklärte 1317–19 in Oxford die *Sentenzen* des Petrus Lombardus, 1321–24 kommentierte er am Generalstudium der Franziskaner in London die Werke des Aristoteles. 1324 beendete Marsilius von Padua seinen *Defensor pacis*, der viel radikaler als Johannes Quidort gegen die Weltherrschaftsideen der Päpste anging. Im selben Jahr wurde Ockham nach Avignon an die Kurie geladen, um sich gegen den Häresievorwurf zu verteidigen; wenige Tage darauf trat Eckhart dieselbe Reise an; er starb vor 1329 in Avignon; Ockham floh 1328 zu Kaiser Wilhelm dem Bayern, an dessen Hof in München er bis 1349 arbeitete.

Doch wäre es falsch, die Zeit nach 1280 in erster Linie als das einsame Ringen einiger großer Denker vorzustellen. Es war die Zeit, in der sich die Schulrichtungen für die nächsten zwei Jahrhunderte fixierten: Die Franziskaner verteidigten ihren Duns Scotus, die Dominikaner ihren Thomas, die Augustiner-Eremiten ihren Aegidius Romanus. Die rivalisierenden Orden suchten und verteidigten ihre Identität mit Hilfe der großen Lehrer ihrer Gruppe. Doch darf man sich die Orden nicht zu kompakt vorstellen. Dominikaner, wie Dietrich von Freiberg, waren scharfe Antithomisten; Franziskaner gingen oft eigenwillige Wege. Dennoch bildeten sich Gruppenmentalitäten, die gerade für die große Zahl der weniger Originellen ausschlaggebend blieben; es gab ständige Verteidigungen und Gegenangriffe der Ordensdoktrinen; es gab Strafen für Franziskaner- und Dominikanerprofessoren, die ihren Ordenslehrer kritisierten. Diese Institutionalisierung und Reglementierung setzte in den letzten Jahrzehnten des 13. Jahrhunderts ein; aber wegen organisatorischer Schwierigkeiten und der großen Zahl schöpferischer Individualitäten wurde sie in der ersten Hälfte des 14. Jahrhunderts nie voll wirksam.

Hüten wir uns, die Ordensstreitigkeiten für bloße Wortgefechte zu halten. Die Divergenzen der Gruppenmentalitäten brachten Gegensätze zutage, die real vorhanden waren. Oft waren es theoretische Schwachpunkte, die von Gegnern richtig gesehen wurden. Selbst wenn man das Programm vertrat, zu Bonaventura oder zu Augustin zurückzukehren, war man zur Originalität verurteilt; die alten Lehren in einer neuen Situation – nach der Aristoteles-Rezeption, nach der Verurteilung von 1277 – wiederaufleben zu lassen, bedeutete keineswegs immer Konservatismus.

Ein radikaler Franziskaner am Jahrhundertende: Olivi

Nehmen wir als Beispiel Petrus Johannis Olivi († 1298), einen radikalen Franziskaner. Er verteidigte die strikteste Auslegung des Armutsgebots und vertrat, von Joachim von Fiore beeinflußt, die Idee einer weltgeschichtlichen Sendung der Armutsbewegung. Seine *Lectura super Apocalipsim* wurde von Papst Johannes XXII. verboten und zum Verbrennen verurteilt. Nach vielen Anfeindungen erfreute Olivi sich ab 1287 der Gunst seines Ordensoberen; dieser schickte ihn als Professor nach Santa Croce in Florenz, wo Ubertino da Casale sein Schüler war; vielleicht hat auch Dante ihn gehört. Bei ihm findet sich schon die neue Hochschätzung der Individualität (die nicht, wie bei Thomas, nur eine Folge der Stofflichkeit sei), für die Duns Scotus berühmt wurde; er kritisierte scharfsinnig die These des Thomas von Aquino, daß die Seele die substantielle Form des Leibes sei: Unser geistiges Leben sei zwar engstens, nicht aber unmittelbar mit unserem Leib verbunden. Das Konzil von Vienne (1311) hat diese These später verworfen, allerdings ohne Olivi dabei zu nennen; die aristotelische Philosophie, vor einem Jahrhundert noch verurteilt, avancierte damit zum Bestandteil der christlichen Glaubenslehre. Olivi blieb Augustins Seelen- und Erkenntnislehre treu, als er sich gegen die Lehre des Thomas von der Rezeptivität der Sinneserkenntnis wandte. Er vertiefte die franziskanische Tradition der Höherstellung des Willens gegenüber dem Intellekt: nach ihm ist es die Freiheit, welche die menschliche Person konstituiert. Eschatologischer Ausblick, detaillierte Kritik an Aristoteles und Averroes, Hervorhebung der Kontingenz, der Freiheit und der Individualität – dies waren die vorwärtsweisenden Motive im Denken dieses selbständigen Franziskaners. Aufschlußreich für die kulturelle Situation gegen das Jahrhundertende ist seine kleine Schrift: *Wie man die Bücher der Philosophen lesen soll* (*De perlegendis philosophorum libris*).[6] Olivis Antwort: Man soll diese Bücher wie im Vorbeigehen lesen, nicht flüchtig, aber ohne sich an sie zu heften. Sie sind Weg, kein Ziel. Wir müssen beim Lesen Herr über sie bleiben; wir dürfen nicht ihre Knechte werden. Wir sollen Richter über sie sein, nicht Mitläufer (*debemus enim eius esse judices potius quam sequaces*, S. 38).

Diese Bücher sind nicht wertlos; sie sind respektabel wegen ihres methodischen Aufbaus – Olivi rezipiert weitgehend die aristotelische Wissenschaftslehre (S. 40) –, aber sie enthalten viel Verkehrtes, und das Wichtigste fehlt ihnen ohnehin. Die Naturerklärung der Philosophen sei ungewiß: Sie lassen die Wesenserkenntnis in der Einordnung eines Individuums in eine Art bestehen, müssen aber zugeben, daß sie die spezifischen Differenzen der Naturdinge nicht kennen. Über die Himmelskörper wissen sie – wegen deren Entferntheit – fast nichts Sicheres und wenig Wahrscheinliches. Ihre Anthropologie und Seelenlehre ist voller Mängel: Wie wenig wissen sie über die Seele, ihren Ursprung und ihre Vermögen (S. 43)! Über den Ursprung des Menschengeschlechts, über die Anfänge der Zivilisation und über die Entstehung der Verschiedenheit der Sprachtypen tappen sie im dunkeln. Von den Geistwesen oder Intelligenzen wissen sie fast nichts: Aristoteles hielt es für etwas Großes, bewiesen zu haben, daß die Himmelsschalen von 55 ersten Bewegern oder Intelligenzen bewegt werden (S. 43), aber auch Avicenna und Averroes haben von ihnen als von »Göttern« geredet. Wie wenig haben sie gar von Gott erkannt! Ganz zu schweigen von der Trinität, wußten sie nichts von der allesschaffenden und wunderwirkenden Allmacht Gottes, nichts von seiner Gerechtigkeit. In der Ethik und in der Politik haben sie fast alles verfehlt, weil sie dem menschlichen Leben ein falsches Ziel gegeben haben. Folglich waren ihre Wertetafeln falsch, ganz zu schweigen davon, daß sie nichts wußten von der Erlösung, vom Schutz der Menschen durch die Engel, vom Kampf gegen die Dämonen. Sie hingen dem Götzendienst an (S. 44). So setzte Olivi über seinen Traktat polemisch das paulinische Motto: »Gott hat die Weisheit dieser Welt zur Torheit gemacht«. *Stultam fecit Deus sapientiam huius mundi* (1. Kor. 1,20). Die Urheber dieser Philosophie waren Heiden, sie hatten zwar ein wenig teil am natürlichen Licht der Vernunft, aber sie litten an der Verfinsterung durch die Sünde, ohne es zu wissen (S. 37). Sie gingen aus von der sinnlichen Erfahrung, aber diese ist für die Erkenntnis der ersten Prinzipien wenig geeignet, denn deren erfahrende Erfassung ist nicht sinnlich, sondern spirituell (*eorum examinatio seu experientia non est sensualis, sed potius spiritualis,* S. 38). Daher fehlt der theoretischen wie der praktischen Vernunft der Philosophen das Entscheidende – in der Spekulation die vollkommene Erkenntnis Gottes, in der praktischen Vernunft der Bezug auf die vollkommene Wiederherstellung der menschlichen Gattung (S. 41). Das heißt: Die Philosophie erfaßte gegen 1300 wesentliche Inhalte nicht, die im Wissen und Wollen der Menschen vorhanden waren. Sie war methodisch aufgebaut, war scharfsinnig im Detail, aber noch nicht einmal in der Naturforschung hielt sie, was sie versprach. Der radikale Franziskaner Olivi distanzierte sich von diesem Professorenwissen, auch im Namen der Armen, denen jene subtilen Gedanken wenig oder gar nichts nützten. Er wies nach, daß dieses Wissen sein Ziel vergessen hatte – die Wiederherstellung der gesamten menschlichen Gattung.

38 Raimundus Lullus

Wenn Olivi den Philosophen vorwarf, ihr Wissen sei praktisch ohne Nutzen, so war Roger Bacon († 1292) darangegangen, die Wissenschaft zu reformieren, damit sie endlich nützlich würde. Raimundus Lullus († 1316) folgte ihm. Aber alles, was er tat, war originell. Carl Prantl nannte ihn einen »begabten Querkopf«[1] oder, kürzer, einen »Halb-Narren«[2]; Lullus selbst nannte sich den »Narren«: *»Jo son Ramon lo foll«* (*Blanquera* c. 79). Er charakterisierte sich als *»vir phantasticus«*, um dann zu beweisen, daß es die wahre Einsicht ist, die als Phantasie gilt. Lullus war ein Außenseiter; sein Werk beweist den Reichtum der historischen Landschaft zu Beginn des 14. Jahrhunderts. Die Urteile über ihn reichen von dem »Halb-Narren« Prantls zu dem Lob, Lull sei der konsequenteste und einheitlichste aller christlichen Philosophen (E. W. Platzeck); in manchen Darstellungen des mittelalterlichen Denkens, z. B. in dem *Scholastik*-Bändchen von Josef Pieper[3] sucht man Lulls Namen vergebens. Dieses Schweigen ist jedenfalls unberechtigt, wenn es um historische Bewertung und um den Zusammenhang von Mittelalter und Neuzeit geht: Lull wurde für Giordano Bruno eine wesentliche Quelle; Nikolaus von Kues besaß von keinem anderen Philosophen so viele Texte wie von Lull; Descartes polemisierte gegen ihn; Leibniz und Lessing haben ihn studiert. Der Lullismus ist nicht wegzudenken aus den Diskussionen der frühen Neuzeit über die wissenschaftliche Methode; im 14. Jahrhundert kam er den joachimitischen Reformbewegungen entgegen. Die Pariser Schulwissenschaft stand ihm eher verständnislos gegenüber, obwohl es dort Versuche gab, die Lehre Lulls regelmäßig systematisch zu erklären. 1376 kam es zu einer päpstlichen Verurteilung von Thesen Lulls, doch sie wurde 1419 wieder aufgehoben. Lulls Nachwirken verband sich oft mit alchimistischen Versuchen. Er selbst hatte mit ihnen nichts zu tun, wohl aber mit Astrologie und einer Reform der Medizin.

Lulls Bild in der Forschung schwankt, und es ist schwer, sich aus den Quellen selbst über ihn zu belehren: Allein der Umfang seiner Schriften schreckt ab: Sein Werkkatalog zählt nach Platzeck 292 Titel; sie sind teils lateinisch, teils katalanisch verfaßt; Lull hat auch in arabisch geschrieben, doch sind diese Texte verloren bzw. nur in Übersetzung erhalten. Diese riesige Masse ist schwer zu überschauen; sie zu beurteilen, erforderte die Kompetenz nicht nur eines Philosophiehistorikers, sondern ebenso die des Romanisten – Lull gilt als Vater der katalanischen Literatur – und des Wissenschaftshistorikers. Eine Reihe von Texten ist noch nicht ediert. Doch ist in den letzten Jahrzehnten das Studium Lulls leichter geworden: Die große Mainzer Ausgabe,[4] die selten war, liegt seit 1965 in 8 Bänden als Nachdruck vor; die späten Werke Lulls erscheinen zügig im Rahmen der *Opera Latina*[5], und auch seine katalanischen Schriften kann man studieren.[6] Eine Einführung in Leben und Denken Lulls gibt seine Skizze einer Autobiographie (*Vita coetanea*), die deutsch 1964 in Düsseldorf erschienen ist (E. W. Platzeck) und von der seit 1980 ein kritischer lateinischer Text vorliegt.[7] Wer sich in das Denken Lulls einarbeiten will, sollte die Exzerpte benutzen, die Cusanus sich aus den Schriften Lulls zusammengestellt hat.[8] Auch die inhaltliche Erklärung des Denkens Lulls hat einige Fortschritte gemacht.[9]

Lullus' Definition des Menschen

Lullus war ein unruhiger Geist. Fast nichts an der Tradition ließ er unberührt; alles wollte er erneuern – die Christenheit, das Nebeneinander der Religionen, die Logik und die Medizin, die Philosophie und die Theologie, zunächst aber die

Sprache. Er suchte die Abweichung; die abgedroschene Sprache der Schulen stieß ihn ab. Seine Neuerungssucht in der Terminologie wurde schon im Mittelalter kritisiert (J. Gerson), während Cusanus sie nachahmte. Nehmen wir ein einfaches Beispiel: Seit der Antike hatte man den Menschen definiert als *animal rationale*. Lull gab sich damit nicht zufrieden. Der Mensch ist nach Lull zu definieren als menschenbildendes, menschenmachendes Lebewesen (*animal homificans*)[10]. Dagegen kann man einwenden, in »Menschenmachen« (*homificare*) sei »Mensch« (*homo*), also das zu Definierende, bereits enthalten. Jedenfalls handelt es sich um eine störend neue Vokabel. Aber diese Störung war intendiert: Was der Mensch ist, sollte an seiner Tätigkeit, an seiner ganzheitlichen Realisation, am humanen Prozeß insgesamt abzulesen sein; »Lebewesen-sein« und »Vernünftigkeit«, *animalitas* und *rationalitas*, seien zu generische Bestimmungen.

Ihre Zusammenstellung zur üblichen Definition des Menschen als »vernunftbegabtes Lebewesen« (*animal rationale*) vermeidet nicht den Dualismus, auch wenn man ihre Einheit nachträglich betont. Ein Löwe ist, nach Lull, ein »löwenschaffendes Seiendes« (*ens leonans*), Gott ein »gottschaffendes Seiendes« (*ens deificans*). Lulls terminologische Neuerung verrät nicht nur sprachliche Eigenwilligkeit und Beweglichkeit; sie deutet auf ein eigenes Konzept von Wirklichkeit als Tätigkeit, ein Konzept, das der traditionelle logische Formalismus und der herkömmliche Dualismus verfehlt haben. Wer Lulls Definition des Menschen hört, weiß zwar damit noch nicht, was *homificare* heißt. Aber er lernt auf die gesamte menschliche Lebenstätigkeit achten; er gibt sich nicht zufrieden mit einer äußerlichen Subsumption; er beginnt den Menschen zu denken als eine unbekannte, umfassende Wesens-Tätigkeit jenseits der traditionellen Rahmen von Animalität und Rationalität.

Am Schnittpunkt der Welten

Paris war, wie gesagt, für die Philosophie des Mittelalters nicht das einzige Zentrum; nur in unseren Darstellungen ist es dazu geworden. Mallorca erscheint dann als Randzone. Aber werfen wir einen Blick auf den Geschichtsatlas: Die Balearen waren seit 1228 das bevorzugte Ausdehnungsgebiet der Krone von Aragon/Katalonien. König Jakob I. stand vor der Aufgabe, große Gebiete mit islamischer Bevölkerung in einen Staat und in eine Zivilisation zu integrieren, für die das Christentum die gesellschaftliche und politische Lebensform bestimmte. Das Problem der »Bekehrung« war nicht nur das der individuellen Religiosität, und man konnte die islamischen Bewohner von Mallorca nicht behandeln wie Karl d. Gr. die Sachsen »bekehrt« hatte. Neben dem Islam gab es das finanziell und kulturell unübersehbare Judentum; ohne es waren weder die Finanzverwaltung der eroberten Gebiete noch die medizinische Versorgung zu sichern. Eine an der arabischen Philosophie und am Neuplatonismus geschulte Religionsphilosophie hatte die Führer der jüdischen Gemeinden dazu qualifiziert, eine wirtschaftliche, politische und kulturelle Avantgarde zu bilden (Moses Maimonides; Kabbala). In diese Situation wurde Lull zwischen 1232 und 1235 hineingeboren. Als Sohn eines der Kampfgefährten des Königs wuchs er in hohe Ämter; wir dürfen ihn uns als Minister vorstellen (Seneschall). Die großen politischen Realitäten standen ihm fortan vor Augen: Die Philosophie müßte zur Bekehrung der Araber und der Juden dienlich sein, um so den Frieden und die Einheit der Menschheit zu fördern.

Lull, der gerne über sich selbst sprach, charakterisierte im hohen Alter sich selbst so: »Ich war verheiratet, hatte Kinder, war ziemlich reich, wollüstig und weltlich. Alles habe ich freiwillig aufgegeben, um für die Ehre Gottes und für das öffentliche Wohl (*bonum publicum*) zu sorgen und den christlichen Glauben zu erhöhen. Ich lernte arabisch, mehrfach zog ich aus, um den Sarazenen zu predigen, wegen des Glaubens wurde ich gefangengenommen, eingekerkert, geschlagen. 45 Jahre lang habe ich mich abgemüht, um die Kirche und die christlichen Fürsten zum öffentlichen Wohl (*bonum publicum*) zu bewegen. Jetzt bin ich alt, jetzt bin ich arm, aber ich lebe noch immer in derselben Absicht.«[11]

Das *bonum publicum* als Leitmotiv eines unruhigen Wanderlebens zwischen Mallorca, Paris und Montpellier, zwischen Afrika (besonders Tunis) und Jerusalem; eine »Bekehrung« wie bei einem Mönch, aber zu einem individuellen Weg: Reform des Lebens, Reform der Philosophie und der Wissenschaft insgesamt im Hinblick auf die Divergenzen in den religiösen Grundlagen der mittelalterlichen Zivilisation. Die *Vita coetanea*, vom fast 80jährigen Lull diktiert, informiert uns über Einzelheiten, auch wenn es sich nicht um eine moderne Autobiographie, sondern um die traditionelle Stilform einer *»conversio«* (Bekehrungs-)Geschichte handelt.[12]

Sie ist ein wertvolles Dokument zur geistigen Situation um 1310 und zur Persönlichkeit Lulls, zur Situation Mallorcas zwischen Sarazenen und alt-christlichen Gebieten. Sie stellt den praktisch-politischen Zweck der Philosophie Lulls heraus. Dabei hob Lull selbst hervor, daß seine Ars göttlichen Ursprungs und zur Behebung der Not ihrer Zeit bestimmt sei. Er stilisierte folgende Episoden als besonders wichtig: Sein Schwanken zwischen troubadourhafter Lebensform und christlicher Berufung, der göttliche Ursprung der Ars, die vergeblichen Versuche, die Kurie zu überzeugen, seine Angst vor der Überfahrt nach Tunis,[13] seine Überlegungen, ob er dem Dritten Orden der Franziskaner oder der Dominikaner beitreten soll,[14] seine Mission in Tunis im Spätsommer 1292.[15] Die Vita zeigt einen mondänen, verliebten Lull, der wie die Troubadoure Liebesgedichte schrieb, der aber im 31. Lebensjahr den Widerspruch zwischen dem höfischen Lebensstil und der christlich-monastischen Ethik dramatisch erfährt, darüber »erschrickt« und die »Welt« zu verlassen beschließt, d.h. Macht, Ehe und Reichtum aufgibt. Aber das Ziel Lulls war kein bloß individuelles: Er wollte die Sarazenen bekehren, die »in ihrer Vielzahl die Christen von allen Seiten umgeben«.[16] Ohne zu wissen, wie er es konzipieren sollte, beschloß Lull, »das beste Buch der Welt gegen die Irrtümer der Ungläubigen« zu schreiben.[17] Vor allem sah er, daß er zunächst arabisch lernen mußte, aber auch hier dachte er nicht nur an eine individuelle Lösung; schon bei seiner »Bekehrung« kam ihm die Idee, er müsse Päpste und Fürsten dazu bewegen, Sprachschulen einzurichten, in denen die Sprachen der Ungläubigen gelehrt würden.[18] Dies waren fortan seine drei Ziele, die er die kommenden 50 Lebensjahre verfolgte: 1. selbst den Tod nicht zu scheuen, um die Ungläubigen zu bekehren, 2. ein Buch zu schreiben, das die Ungläubigen zum Christentum führen würde, 3. geistliche und weltliche Fürsten zur Gründung von Sprachschulen zu bewegen.

Zunächst warf sich Lull auf das Studium; er lernte die »Grammatik«, er kaufte sich einen Sarazenen, der ihm das Arabische beibrachte. Er wollte nach Paris gehen zum Studium, aber Raymund von Penyafort überzeugte ihn, er solle in Mallorca bleiben. Ein folgenschwerer Schritt: Lulls intellektuelle Heimat wurde die katalanisch-arabische Vermischungszone, nicht die Pariser Schulkultur; ihr gegenüber blieb Lull, bei allen Annäherungsversuchen, doch immer ein Außenseiter. Lull hatte neun Jahre lang seine Privatstudien betrieben – er war jetzt 40 Jahre alt –, als ihm die Idee seiner Ars kam; die *Vita* beschreibt den Vorgang auf dem Berg Randa als eine religiöse Erleuchtung.[19] Es folgten eine intensive Ausarbeitung der Ars, ständige Reisen, um Päpste und Fürsten für Sprachschulen zu gewinnen, Besuche in Paris, die Lull dahin zusammenfaßte, er habe dort die »Gebrechlichkeit des menschlichen Intellekts« erfahren.[20] Er vereinfachte daraufhin seine Ars. Es ergeben sich folgende Phasen:

a) Die letzten Jahre der 9jährigen Privatstudien, vor der Entdeckung der Ars, also etwas 1272–74. Intensive Studien der Logik, besonders der des Al-Gazali. Damals entstand der *Libre de contemplacio en Deu* (katalanisch); augustinischer Neuplatonismus als Hintergrund.
b) Konzeption der Ars und erste Enttäuschungen in Paris. Die Ars hatte in dieser Zeit 16 Prinzipien, die mathematische Darstellung war wesentlich. Diese Konzeption wandelte Lull von etwa 1274 an mehrfach ab.
c) Wegen der »Schwäche des menschlichen Intellekts« vereinfachte Lull die Ars; er verminderte die Zahl der Prinzipien und Figuren. Die Algebraisierung der Gedankenbeziehungen tritt zurück. Diese dritte Phase dauerte etwa von 1290 bis 1308. Wichtige Werke: *Ars inventiva veritatis* (1290), *Ars brevis* und *Ars ultima* (1308–15). Enttäuschung über die Universitätsphilosophie spricht sich aus im *Arbre de Filosofia d'Amor*; das Interesse an der eigenen Person und die Verarbeitung wachsender Resignation zeigen sich im *Cant de Ramon* und im *Desconhort*.
d) Alterswerke, 1308–15, dienten z. T. der Einflußnahme auf das Konzil von Vienne (1311), wo Lull einen Teilerfolg hatte (Sprachschulen beschlossen). In Paris polemisierte er gegen den Averroismus. Dieser stellte offenbar eine mächtige Bewegung dar. Dessen Programm der Trennung von Glauben und Wissen lief Lulls Bestreben nach ihrer Vereinigung zuwider. Aus den letzten Lebensjahren stammen auch die *Vita coetanea* und die *Disputatio Petri Clerici et Raymundi phantastici*; sie dienen der Verteidigung der Ars und der Deutung seiner persönlichen Lebensleistung.

Lulls philosophische Neuerungen

Um die philosophische Bedeutung Lulls zu kennzeichnen, nenne ich sechs Aspekte:

1. Lulls Innovationen beruhen auf einem neuen Methodenkonzept. Er suchte *die* Ars (im Singular), die eine einheitliche Neufassung aller Wissenschaften ermöglichen sollte – von der Logik über die Rhetorik zu Jurisprudenz und Medizin. Eine so einheitliche und zugleich so anwendungsbezogene Wissenschaftskonzeption hatte es im Mittelalter bis dahin nicht gegeben. Lull wollte eine allgemeine Methodologie, eine *via ad sciendum omnia*[21], die alle Wissenschaften grundlegend erleichtern und prüfen sollte. Dabei artikulierte Lull ein neues Fortschrittsinteresse; seine Ars, betonte er, bringe in kurzer Zeit Fortschritte, sie erweitere unser Wissen ins Unendliche, sie mache »leicht« was jetzt noch »schwer« scheine.[22] Das wahre Wissen oder doch seine Vollendung waren also nicht schon erreicht; es war nicht im Besitz der Kirchenväter, sondern stellte eine Aufgabe dar, die in kurzer Zeit erreichbar sei – diese Ansichten waren ein Bruch mit dem klerikalen Wissenschaftsverständnis. Eine neue, fast kaufmännische Rationalität kündigte sich an, vor allem durch den Akzent auf der Nützlichkeit und Perfektibilität der neuen Ars. »Neuheit« war für Lull eine Empfehlung, kein Einwand mehr; immer wieder betonte er, antitraditionalistisch, das »Neue« seiner Ars.

2. Lull suchte eine Fundamentalphilosophie, die vor der Verzweigung von Logik und Metaphysik ihren Ort haben sollte. In der aristotelischen Tradition wurden die Stammbegriffe sowohl in der Logik wie in der Metaphysik behandelt. Das Nebeneinander dieser Wissenschaften blieb unklar, obwohl doch die »Metaphysik« auch »Erste Philosophie« hieß. Lulls Ars war die Vereinigung von Logik und Metaphysik. Stammbegriffe wie »gut« oder »seiend« wollte sie vollständi-

ger als bisher und konsequenter in ihrer inneren Verknüpfung analysieren. Diese Grundbegriffe »gut«, »seiend«, »eines« waren von der Antike her zugleich Namen Gottes. So behandelte sie Lull, hob aber hervor, sie seien vollständig austauschbar, und sie seien in eins die Inhalte der Gottes- wie der Welterkenntnis, ferner gleichzeitig die Grundformen menschlicher Erkenntnis. Das heißt: Unsere Einsicht in die Gottesnamen zeigt uns Grundstrukturen der Welt und der menschlichen Erkenntnis. Die bisherige Logik wollte mit dem Logos der Welt nichts zu tun haben. Aber dann läßt sich die Rationalität der Welt nicht behaupten: Dieselben Strukturen, die Lull bei Gott »Grundwürden« (*dignitates*) nennt, müssen den Aufbau der Welt bestimmen. Lulls Reform der Logik lief, bei allen geschichtlichen Unterschieden im einzelnen, darauf hinaus, daß die Logik wie bei Hegel die »Darstellung Gottes ist, wie er in seinem ewigen Wesen vor der Erschaffung der Natur und eines endlichen Geistes ist«.[23]

3. Eine besondere Modernität der Lullschen Ars ist die Mathematisierung und Mechanisierung von Begriffsbeziehungen. Lull stellte Beziehungen der *dignitates*, aber auch anderer, z. B. naturphilosophischer und psychologischer Grundbegriffe graphisch dar und ersann Methoden, über Wahrheit und Falschheit von Sätzen mit Hilfe von drehbaren Drei- und Vierecken zu entscheiden. Er tat dies nicht aus bloßer Spielerei; er sah darin ein Mittel zu seiner philosophischen Missionsidee: Den Sarazenen sollte die Wahrheit der Trinität und der Inkarnation mit Hilfe kleiner Denkmaschinen vorgeführt werden. Diese Technik war nicht philosophisch »neutral«; sie setzte die *dignitates*-Analyse und den ihr zugrunde liegenden Neoplatonismus voraus. Man darf Lulls neues Vorgehen nicht von diesem Zusammenhang ablösen, es nicht zu sehr der modernen Computerwelt annähern. Aber daß seine »Kalkulatorik« Gedankenbeziehungen mathematisierte und operationalisierte, steht außer Zweifel, auch wenn sie dienen-

den Charakter hatte und in den Werken der letzten Schaffensperiode Lulls nicht weiter Anwendung fand. Lull wollte keine rein formale, sondern eine materiale Logik = Metaphysik, aber er schuf für seine Kalkulatorik eine künstliche Sprache, ein sekundäres Zeichensystem, innerhalb dessen rein formal zu verfahren war. Lull hat bewegliche Figuren ausgedacht, die mit Recht als Rechen- und Denkmaschinen bezeichnet werden können.[24] Leibniz hat in seiner *Dissertatio de arte combinatoria* bewußt an Lull angeknüpft.

4. Lull thematisierte auf neue Weise die Relationalität der Realität. Die europäische Philosophie hatte seit Aristoteles die Relation eher als ein unbedeutendes Etwas an der Substanz gedeutet. In der spekulativen Trinitätslehre hatten Augustin und Johannes Eriugena diese Minimalisierung der Relation hinter sich gelassen. Lull schuf die Lehre von den sogenannten Korrelativen, und er erfand eine dazugehörende Terminologie: Ein vollkommenes Gutes ist nicht eine ruhende Sache, sondern es ist die Einheit folgender drei Momente:

Das Wesen, das fähig ist, etwas anderes gut zu machen: *bonificativum*, das Andere (Objekt), das gut gemacht werden kann: *bonificabile*, der tätige Zusammenschluß beider Momente: *bonificare*. Kein Moment darf isoliert gedacht werden, weder – um in unserer Sprache zu reden – das Subjekt noch das Objekt noch die Aktion. Kein Moment ist sekundär; isoliert man es aus dem Zusammenhang, schafft man sich unlösbare Probleme; die Philosophie wird selbstverschuldeterweise »schwierig«. Das Ursprüngliche ist die Einheit; wir brauchen nicht nach Überbrückungen zu suchen; die Überbrückung ist die Realität. Die Realität ist in sich wesentlich (nicht akzidentell) relational.

Auch diese Theorie Lulls dürfen wir nicht aktualisieren: Sie sollte die Beweislast für die Trinität tragen. Aber sie sollte nicht nur theologische Innenbedeutung haben. Das Erinnern, Wissen und Wollen sollte diese Struktur aufweisen (wie bei Augustin), aber auch die Sinneserkenntnis. Die Korrelativenlehre Lulls war ein neuer Blick auf die Welt, nicht nur ein apologetisches Kabinettstück.

5. Die Ars sollte zum Religionsfrieden führen. Mehrfach bearbeitete Lull literarisch das Motiv des philosophischen Religionsgespräches, bei dem Vertreter verschiedener Religionen über die Wahrheit ihres Glaubens sprachen. Er sah die fanatische Selbstsicherheit der Gläubigen als Haupthindernis der Verständigung an. Auf dem Weg über die Schrift *De pace fidei* des Nikolaus von Kues (1453) kam dieses Motiv in die Welt des Humanismus und zu Lessing. Doch auch hier haben wir uns zu hüten vor Modernisierungen: Der »Ökumenismus« Lulls besteht in der argumentierenden Bekehrung der anderen zu einem freilich mit der Vernunft ausgesöhnten Christentum. In den letzten Lebensjahren befürwortete Lull auch den Kreuzzug, nur sollten zuerst intellektuelle Überzeugungsversuche gemacht werden, von opferwilligen, in der Ars ausgebildeten, gewaltfreien Christen, die in den Sprachen und Schriften der Nicht-Christen bewandert wären. Insofern bleibt Lull ein Neuerer und ein Denker, der von der Philosophie einen realen, allgemeinen Nutzen erwartete, nämlich die Verständigung über die Religion. Bei dieser Verständigung wollte Lull die Wahrheit des Christentums beweisen; die Zentrallehren des Christentums, die Trinität und die Inkarnation wollte er als Vernunftwahrheiten einsichtig machen. Lull wollte eine Philosophie des Christentums, was sowohl nach Ansicht der Averroisten wie des Thomas von Aquino unmöglich war. Der Glaube hat für die Averroisten mit Wissenschaft nichts zu tun; nach Thomas gab es für den Glauben nur eine nachträgliche Plausibilität und eine sekundäre Systematisierung, keine Beweise. Jedoch hatten Johannes Eriugena und Anselm von Canterbury wie Lull strikte Beweise geben wollen;

der Glaube hatte für sie eine psychologisch-faktische, keine argumentative (logische) Priorität. Es ist wichtig zu sehen, mit welchen Argumenten Lull die Mysterien zu beweisen gedachte, die nach der Ansicht anderer unbeweisbar oder gar irrational sein sollten. Die Argumente für die Trinität ergaben sich aus der Korrelativenlehre, aber nicht nur aus ihr, jedenfalls nicht in allen Stadien der Entwicklung Lulls. Einen ersten Einblick in Lulls Beweisgründe gibt seine Rede, die er über die Vernünftigkeit des Christentums im Herbst 1292 vor islamischen Gelehrten in Tunis gehalten hat:[25]

a) Ein Weiser nimmt nicht jeden, zufällig und autoritativ überlieferten Glauben an, sondern nur den, der Gott die größere Güte, Weisheit, Kraft, Wahrheit und Vollkommenheit zuspricht. Derjenige Glaube ist annehmungswürdig, der den reineren und reicheren Begriff von Gott enthält.
b) Die genannten Attribute müssen Gott nicht nur einfach zugesprochen, sondern in der denkbar konsequentesten Weise als in der Sache gleichbedeutend gedacht werden: Die Güte Gottes darf also z. B. in keiner Form ohne seine Kraft oder ohne seine Weisheit vorgestellt werden. Alle Attribute sind in vollständiger Übereinkunft (*concordia*) zu denken.
c) Jedes Attribut ist in seinen drei wesensnotwendigen Momenten zu denken, also die Güte als die Einheit von *bonificativum – bonificabile – bonificare*. Lull drückt sich so aus: Keines dieser Attribute darf als *otiose*, als müßig, umsonst, leer gedacht werden;[26] denn sonst ergibt sich eine Ungleichheit, eine Disharmonie zwischen ihnen. Gott muß in Wirklichkeit so sein, wie es das konsequente Denken postuliert. Die Trinität bedeutet, daß die Gottheit diese inneren Momente ewig und in völliger Gleichheit verwirklicht.

d) Am bemerkenswertesten ist Lulls Argument für die Inkarnation: Zwischen dem Grund der Welt (Gott) und dem Begründeten (Welt) muß die maximal-mögliche Vereinigung bestehen. Diejenige Religion ist die wahre, die Kreator und Kreatur nicht sich dualistisch gegenüberstehen läßt, sondern die Gott auch als die Vereinigung dieser Gegensätze denkt. Die Inkarnation ist die höchste Vereinigung der Ursache mit ihrer Wirkung; sie erst vollendet als dritter Schritt das, was die Erschaffung der Welt beginnt. Dann mußte Lull dem Menschen eine für das Universum und für das Verhältnis Gottes zur Welt maßgebliche Rolle zusprechen. Wäre Gott nicht Mensch geworden, erfüllte er nicht den vollkommensten, reichsten Begriff von Gott. Gott »mußte« Mensch werden, wenn es in der Welt im höchsten Maße sinnvoll zugehen sollte. Die Inkarnation ist rational, nach Lull, weil Gott sich nicht zufällig zu ihr entschlossen hat, etwa um die Sünde wiedergutzumachen, sondern, wenn man sich so ausdrücken darf, um seine eigene, korrelative Natur so vollständig und so harmonisch wie möglich auszudrücken. Die Menschwerdung Gottes ist nach Lull in diesem Sinne eine »im höchsten Maße rationale« Korrespondenz von Grund und Begründetem. Eine ungeheure Rangerhöhung des Menschen; er wird durch die Inkarnation zur Sinnerfüllung der Weltveranstaltung, zur Vollendung der inneren Natur der Gottheit oder doch der Zeichen dieser Vollendetheit; in Lulls Diktion: *Est ergo incarnatio, in qua natura humana est maximata et plenissimata, existens signum maximitatis et plenissimitatis naturae divinae.*[27]

6. Man hebt neuerdings den religiösen, den theologischen, oft auch den mystischen Aspekt bei Lull hervor. Man übersieht dabei oft das neue Methodenbewußtsein und das Interesse an der Empirie, an der Reform der Philosophie

und der Wissenschaften. Man sieht seine Polemik gegen Aristoteles und Averroes als eine theologische Entscheidung, wo Lull doch bei Aristoteles einen Mangel des *intellectus* rügte, den nachzuweisen er sich verpflichtet sah.[28] Man übersieht seinen neuen Naturbegriff: Danach ist die Natur eine wechselseitige Durchdringung der »relativen Prinzipien«.

Differenz – Konkordanz – Kontrarietät
Ursprung *(principium)* – Mitte – Ziel *(finis)*
Größersein *(maioritas)* – Gleichheit *(aequalitas)*
Kleinersein *(minoritas)*.

Natur als Überlagerung oder gradweise Durchdringung der Relationsgeflechte.

39 Dietrich von Freiberg

Lebenslinien

Dietrich von Freiberg († um 1320) war einer der bedeutendsten Denker des Mittelalters.[1] Wenn in Handbüchern wenig von ihm die Rede ist, so liegt das einmal daran, daß nur wenige seiner Schriften gedruckt waren, bis es seit 1977 zu einer vierbändigen Gesamtausgabe[2] kam. Aber auch die herrschenden Ansichten über die Philosophie des Mittelalters waren ihm wenig günstig: Ein Dominikaner, der wie Dietrich eine scharfe Kritik an Thomas von Aquino vortrug, mußte entweder so lange ausgelegt werden, bis etwas »Allgemeinscholastisches« herauskam, oder er mußte, wenn diese Nivellierung scheiterte, als ein Rückschritt hinter Thomas und seine Aristoteles-Rezeption erscheinen, als Neo-Augustinist, als Anhänger des Dionysius oder als Schüler des Proklos. Solche Charakterisierungen enthalten manches Wahre, doch verdecken sie Dietrichs – auch für das späte 13. Jahrhundert – ungewöhnlich hohes Argumentationsniveau. Sie vermeiden schwerlich die Assoziation einer mehr willentlichen Rückwendung; sie beachten zu wenig seine streng wissenschaftliche Tätigkeit auf dem Gebiet der Optik und der Naturphilosophie. Vor allem aber darf man die eigene Denkart Dietrichs über einer Schulzuordnung nicht vergessen. Doch ist es nicht leicht, die Vielzahl seiner Themen und Schriften einer einheitlichen Gesamtkonzeption zuzuordnen. Diese Aufgabe kann, wenn überhaupt, erst in einer zweiten Phase der Erforschung Dietrichs gelöst werden. Ich hebe nur einige Linien hervor, die sich heute schon abzeichnen.

Dietrich war Dominikaner. Er gehörte derselben Ordensprovinz an wie Albert d. Gr. Wir wissen, daß er kurz nach 1270 schon Lektor (Dozent) war im Dominikanerkloster Freiberg in Sachsen. Der Ordensobere, der ihn nach Paris zur Weiterbildung schickte, war Ulrich von Straßburg, der enge Beziehungen zu Albert unterhielt und der damals vermutlich schon sein großes Buch *De summo bono* geschrieben hatte, in dem er die augustinische und dionysische Tradition mit der Aristoteles-Rezeption zu verbinden suchte. Wir wissen nicht, wo Dietrich seine ersten philosophischen Studien getrieben hat; aber wir können annehmen, daß der Lesemeister von Freiberg im intellektuellen Umkreis Alberts sich bewegt hat. In den Jahren zwischen 1272 und 1274 kam Dietrich nach Paris; er geriet mitten in die Auseinandersetzung über die radikalen Aristoteliker; vielleicht hat er dort noch die Verurteilung von 1277 miterlebt.[3]

Zwischen den radikalen Aristotelikern und Albert gab es sachliche Konvergenzen (vgl. S. 373). Dietrich griff sie auf und baute sie aus. Als er seine ersten Traktate schrieb, lag die Pariser Verurteilung schon einige Jahre zurück; 1280 war

Dietrich Lesemeister am Dominikanerkonvent zu Trier. In die erste Hälfte der achtziger Jahre gehört seine Schrift *Über den Ursprung der kategorial bestimmten Wirklichkeit* (*De origine rerum praedicamentalium*). Vermutlich ist sie sein erstes Buch; kein tastender Anfängerversuch mehr, aber doch in der unpolemischen Gedankenarbeit ein eigenes Stadium in der Entwicklung Dietrichs,[4] das sich im Ton und in der Quellenbenutzung von seiner Trilogie *Über drei schwierige Fragen* (*De tribus difficilibus quaestionibus*) unterscheidet, die jedenfalls vor 1293 entstanden ist. In diesem Jahr wurde Dietrich zum Oberen der deutschen Dominikaner gewählt; er blieb bis 1296 in diesem Amt, und sein Vikar für Thüringen war Meister Eckhart. Nach 1296 wurde Dietrich Magister der Theologie, hielt sich also nochmals in Paris auf. Dies dürfte sein dritter, längerer Aufenthalt in Paris gewesen sein, nach den Studienjahren um 1272–77, bei dem er die Sentenzen las (vor 1293).[5]

Dietrich war also 1297 in Paris, im selben Jahr wie Lull.[6] Von wechselseitigem Einfluß kann aber nicht die Rede sein; von Lull her gesehen, war Dietrich stärker als der *vir phantasticus* in die Pariser Wissenschaftstradition integriert, er stammte aus Alberts Einflußbereich, der auch Paris mitgeprägt hatte. Aber Dietrich muß doch auch Divergenzen gesehen haben – zu den radikalen Aristotelikern (im Vergleich zu ihnen war er zu »theologisch« geprägt), zu Thomas und den Thomisten (die ihm nicht streng genug philosophisch argumentierten) und zu den Gegnern der Averroisten (die das Gewicht der Argumente der Aristoteliker nicht begriffen hatten). In Ketzerverdacht geriet Dietrich übrigens nie; er blieb ein geistiger und administrativer Führer des Dominikanerordens; zusammen mit Eckhart war er 1304 auf dem Generalkapitel von Toulouse; der damals gewählte Ordensobere bat ihn, seine Theorie des Regenbogens für ihn schriftlich niederzulegen. 1310 wurde er Vikar des deutschen Provinzials; er war es, der die Wahlversammlung nach Speyer berief, auf der Eckhart zum Provinzial gewählt wurde (1310).

Eine neue Untersuchung über die Begreifbarkeit der Welt

Um Dietrichs Fragestellung in *De origine* zu verstehen, muß man sich die Rolle vergegenwärtigen, welche die Definition im antiken und mittelalterlichen Aristotelismus spielte. Die Definition galt als die höchste Stufe menschlichen Wissens, sie sollte die Struktur der definierten Dinge selbst wiedergeben. Im radikalen Aristotelismus postulierte man die Ewigkeit der Welt; nur so, glaubte man, könne man den Wirklichkeitsgehalt bleibender Wesensdefinitionen sichern. So weit ging Dietrich nicht, aber an dem Realitätsgehalt der Wesensdefinition zweifelte er so wenig wie andere Aristoteliker; nur wollte er wissen, wie eine reale Wesensdefinition möglich sei. Darüber verstrickte er sich in Untersuchungen, bei denen sich ihm das Koordinatensystem der traditionellen Philosophie verschob. Er sah nämlich keine andere Lösung des Problems als die Annahme, der menschliche Intellekt konstituiere die Wesensstruktur der Dinge.

Er hatte dafür eine Reihe von Argumenten, von denen ich nur zwei nenne:

1. Die allgemeine Wesenheit übt keinerlei Kausalität auf unser Denken aus. Wenn aber unsere Urteile über sie wahr sein sollen, muß entweder das Denken von ihr begründet werden oder sie von unserem Denken. Ersteres ist unmöglich. Also bleibt nur die zweite Lösung.
2. Definitionen enthalten nur dann Realität, wenn ihre Teile auch die der Sachen selbst sind. Dies ist nur durch die Kausalität des Intellekts zu erklären.

Nun hatte auch Thomas von Aquino gelegentlich sagen können, unser Intellekt »forme die Wesenheiten«,[7] aber wenn er präzise sprach, mußte er hinzufügen, daß unser Intellekt nur die gedanklichen Rahmen hervorbringt, nicht die Wesenheiten der Dinge selbst. Nach Thomas stiftet der Intellekt die Allgemeinheit der Wesensbestimmungen, z. B. »das Menschsein«. Reflektiert er auf solche Sachbestimmungen, stiftet er die Bestimmungen ihres logischen Gefüges, indem er z. B. von »Art» und »Gattung« spricht und dabei »Art« als logische Einheitsinstanz begründet. Thomas unterschied zwischen dem naturhaften Realbestand der Welt (*res primae intentionis*) und den logischen Formen, die seiner deutenden Gliederung dienen sollten (*res secundae intentionis*).Was der Verstand hervorbrachte, konnte bei Thomas nur eine subjektive Form sein, deren Wirklichkeitsgehalt unterstellt wurde. Er wurde unterstellt, denn unsere logischen Gebilde (»Art« und »Gattung«) mußten dem realen Aufbau der Welt entsprechen, sollten wahre Sätze möglich sein. Dietrich fragte nach dem Recht dieser Unterstellung. Er begnügte sich nicht, wie Thomas es getan hatte, mit der Theorie, Gottes Denken habe die Welt so strukturiert, daß sie dem menschlichen Denken verwandt und folglich rational sei. Er wollte die Rationalität der Welt (und das heißt aristotelisch: ihre Definierbarkeit) radikal begründen, indem er sie auf den menschlichen Intellekt zurückführte. Aber der menschliche Intellekt durfte dann, sollten seine Definitionen wahr sein, nicht nur den logischen Rahmen bilden, er mußte die Realität selbst, sofern sie rational war, konstituieren. Dietrich bestand darauf, daß der Intellekt primären Seinsbestand begründet: Es sind die Sachen selbst, die ihre Wesensstruktur vom Intellekt erhalten. Anders ausgedrückt: Die Wesensstrukturen verursachen heißt: auch die Sachen selbst verursachen. Diese Verursachung betrifft die Sache in ihrer Gesamtheit, sie schließt ein, daß dieselbe Sache ganz von der Natur und ganz von dem ersten Prinzip der Natur, von Gott, begründet wird. Dietrich wollte die Weltverursachung durch den menschlichen Intellekt also nicht als Konkurrenz zur Tätigkeit der Natur und Gottes verstehen; sie sollte aber eine reale Weltbegründung sein, wenn auch unter dem eingegrenzten Aspekt der Wesensstrukturen. Dies war eine philosophische Theorie der menschlichen »Subjektivität« im Erkenntnisprozeß, wie sie das Mittelalter noch nicht gesehen hatte. Dietrichs »Subjektivität« war nicht Willkür, denn Dietrich faßte das, was ich modernisierend »Subjektivität« nannte, als Denken – im strengen Sinn des Aristoteles. Das Denken sollte – zugleich mit der Natur und dem göttlichen Weltgrund – die Sachen ganz konstituieren hinsichtlich ihres Wesensaufbaus. Dietrich trug diese Gedanken ohne Polemik vor; er glaubte, damit einigen Sätzen der philosophischen Tradition, vor allem der des Aristotelismus, ihr rechtes Gewicht zu geben. Augustins Lehre von der Unbeeinflußbarkeit der Geistseele durch Stoffliches diente ihm zur Absicherung; aber es waren aristotelische und averroistische Ausgangspunkte, von denen aus Dietrich seine Position errichtete. Nur wollte er es als immanente Konsequenz der Aristoteliker aufzeigen, daß die geistige Erkenntnis ihr Objekt bewirkt, nicht vorfindet; dazu mußte er entgegenstehende Motive der aristotelischen Tradition beseitigen oder uminterpretieren, vor allem die Ansicht, das geistige Erkennen verhalte sich rezeptiv zu seinen Objekten (*intelligere est quoddam pati*) und setze nichts an der Sache selbst. Dietrich wollte Konsequenz schaffen innerhalb der allgemeinen, zugestandenen Prämissen der aristotelisierenden Philosophie, indem er lehrte, unser Intellekt konstituiere auch die kategorial bestimmte Realität.[8]

Drei schwierige Probleme

Dietrich sah bald, daß ihn dieses Vorhaben mit Thomas von Aquino in Konflikt brachte. Der Thomismus war im Begriff, sich zur Doktrin des Dominikanerordens insgesamt zu entwickeln; Dietrich stemmte sich gegen diese Entwicklung mit einer Reihe von Traktaten, die scharf gegen Thomas polemisierten. Es handelte sich mindestens um vier Problemkreise, in denen sich Dietrich gegen die Position der Thomisten stellte:

a) Die Unterscheidung des Thomas zwischen dem Seienden (*ens*) und seinem Wesen (*essentia*) zerstörte nach Dietrich den Wesensbegriff der aristotelischen Tradition, den Thomas gleichwohl in Anspruch nahm.[9]

b) Nach der Ansicht Dietrichs räumte Thomas dem Akzidens eine ontologische Selbständigkeit ein, die er für seine Abendmahlslehre brauchte, die aber den aristotelischen Grundlagen seiner Ontologie widersprach.[10]

c) Thomas hatte in der Frage der Beseeltheit der Himmelssphären geschwankt; Dietrich argumentierte: Die Sternsphären, von denen alles irdische Werden und Vergehen abhängt, bedürfen vor allen anderen Dingen einer Prägung durch die Form (Seele). Thomas hatte die Idee der Formursächlichkeit im kosmologischen Prozeß nicht konsequent durchgeführt, und er hatte die philosophische Erklärungsfunktion der »Intelligenzen« mit der christlichen Engellehre vermengt.[11] Er hatte die Grenze zwischen wissenschaftlicher Welterklärung und religiösen Überzeugungen verwischt.

d) Thomas hat nach Dietrich die wesentlichen Charakteristika des »tätigen Intellekts« verfehlt. Er hat sie so lange abgeschwächt, bis die innere Beziehung des Intellekts auf seinen göttlichen Grund von äußerlichen (akzidentellen) Vermittlungen abhängig wurde. Der tätige Intellekt ist aber wesenhaft (nicht in akzidenteller Weise) Tätigkeit; dies war bei Thomas nicht einmal der höchste Engel. Dietrich läßt den tätigen Intellekt subsistierende Aktivität sein; in ihm kann eine akzidentelle Zusatzausstattung (wie sie Thomas mit dem *lumen gloriae* ins Auge gefaßt hatte) keinen Platz finden: Er ist aktives Innensein, nicht leere Innerlichkeit, sondern substantielle geistige Gegenwart der Gesamtheit der Welt.[12] Damit deutet Dietrich den Vorgang der intellektuellen Erkenntnis anders als Thomas: Der tätige Intellekt ist nach Dietrich ein Urbild aller Seienden (*exemplar totius entis*); er erkennt sich durch sich selbst und dadurch alles andere. Nicht als wäre es nicht auch Dietrich um Erfahrungsnähe gegangen. Aber Erfahrung setzt nach Dietrich die aktive Selbstgegenwart des Intellekts voraus, etwas, was auch Thomas mit seiner Lehre vom »tätigen Intellekt« gewußt, was er aber durch die abschwächende Auslegung dieses Theorems banalisiert hat. Die Abschwächung bestand darin, den »tätigen Intellekt« zu betrachten, als sei er ein »Etwas an der Seele«; für Dietrich ist der »tätige Intellekt« der reale Grund der Seele; er hält alle Lebensvollzüge und Erkenntnisphasen tätig zusammen. Er erkennt actu immer – eine empirisch nie einlösbare Behauptung Dietrichs, die eine aktive Synthesis als den Grund jeder Einzelerkenntnis postuliert. Ein tätiges Urbild aller Seienden, eigenschaftsloser Akt und Grund der Seele – dieser Intellekt steht zu dem göttlichen Grund der Welt in einer ausgezeichneten Beziehung, wie sie keinem Ding in der Welt zukommt: Er sieht in sich den Grund der Welt; er erschließt ihn nicht sekundär etwa aus der Ordnung der Natur. Sein Ersehen des göttlichen Grundes ist sein Hervorgehen in die Wirklichkeit; er bedarf keiner äußerlichen Vermittlung, um mit Gott verbunden zu sein.

In der Lebenswelt um 1300 war diese theoretische Position – es handelte sich um eine möglichst kohärente Auslegung der *intellectus-agens*-Lehre des Aristotelismus – zugleich ein Eingriff in die hierarchie- und sakramentenbezogene Vermittlungstechnik der Kirche. Zumindest handelte es sich um eine Uminterpretation des religiösen Lebens. Dabei fällt auf, daß Dietrich nicht der Häresie verdächtigt wurde; allerdings verurteilten ihn die Thomisten in heftigen Kontroversen. Es war auch kein Zweifel, daß Dietrichs Position den 1277 verurteilten Lehren in mancher Hinsicht nahekam: Seine Theorie der Beseeltheit der Himmelskörper hatte keinen anderen Sinn als die Engelsscharen der Theologen von der Erklärung des Kosmos fernzuhalten. Loris Sturlese hat gezeigt, daß das Konzept einer autonom vorgehenden, immanent philosophisch bleibenden Welterklärung für Dietrich ausschlaggebend war.[13] Der Bischof von Paris hatte 1277 auch die These verurteilt, ein abgetrennt existierendes Akzidens sei ein Widerspruch in sich;[14] ebenso hatte er die Thesen von der Beseeltheit der Himmelskörper,[15] der Substantialität des tätigen Intellekts[16] und des Vorrangs der intellektuellen Selbsterkenntnis vor der Fremderkenntnis[17] verworfen. Die Affinität der Theoreme Dietrichs zu den 1277 verurteilten Thesen bedeutet nicht, Dietrich sei »Averroist« gewesen. Aber er stand den Averroisten – in der Albert-Nachfolge – näher als Thomas, und seine Schrift *Über die drei schwierigen Fragen* machte den Versuch, den Argumenten der Averroisten sachliches Gewicht zu belassen. Die methodologische Trennung von Philosophie und Offenbarungstheologie, die Dietrich, einige Passagen Alberts ausbauend, intendierte, war eine irenische Antwort auf den Averroismus, teilweise sogar dessen Fortführung. Seit Loris Sturlese das Fragment *De subiecto theologiae* entdeckt hat,[18] wissen wir, daß die Trennung zwischen Philosophie und Offenbarung Dietrichs ausdrückliches Programm war. Ohne die Eingriffsmöglichkeiten der göttlichen Allmacht in den Naturablauf leugnen zu wollen, verschaffte Dietrich sich die Möglichkeit, sie für die Philosophie außer acht zu lassen.

Theorie des eigenschaftslosen Intellekts

Dietrich setzte die griechisch-arabische Tradition der Abhandlungen *Über den Intellekt und das Intelligible* fort, die Albert aufgegriffen hatte.[19] Wieder geht es um den »tätigen Intellekt«, der nach Dietrich jedem einzelnen Menschen eigen ist, aber nicht wie eine Eigenschaft oder ein »Vermögen«, sondern als immanent-tätiger Grund der gesamten Seele. Unser Intellekt ist substantielle Tätigkeit, ist eigenschaftslose Energie. Wir sahen, wie der Mensch bei Lull eine neue Würde erlangte. Dies ist auch im Denken Dietrichs geschehen – aber nicht wie bei Lull durch eine Philosophie der Inkarnation, sondern dadurch, daß Dietrich die erhabenen Prädikate, welche die antiken und arabischen Philosophen den Gestirnseelen zugedacht hatten, dem »tätigen Intellekt« jedes Menschen zueignete. Dieser »tätige Intellekt« ist »Seelengrund«, buchstäblich: die immanente Grundlegung der menschlichen Seele; Dietrich nannte ihn auch mit Augustin »das Verborgene des Geistes« (*abditum mentis*), weil er die verborgen bleibende Kraft alles Aufdeckens ist. Der *Liber de causis* und Proklos, dessen *Elementatio theologica* Dietrich in der Abhandlung über den Intellekt benutzte, hatten von »Intelligenzen« gesprochen und diese erhabenen Naturgeister »Götter« genannt. Olivi hatte Proklos dafür getadelt, Dietrich stimmte ihm zu, wollte aber, wie Proklos, selbst dadurch nicht den Vorrang des e i n e n Gottes (des »Einen«) angetastet wissen. Er sah auch im tätigen Intellekt des Menschen eine fast göttliche Instanz, die er nicht mit den für Naturdinge geschaffenen Begriffen beschrieben sehen wollte. Es bedarf nach Dietrich einer Umkehr des Denkens, damit die Menschen sich selbst als tätige Intellekte begreifen lernen. Ein »Intellekt« ist nicht ein Vermögen an einer Substanz, sondern eine wesenhafte Tätigkeit, die in sich zurückkehrt, auch wenn sie sich auf anderes wendet. Sie ist wesenhafte Rückkehr in sich: Sie empfängt ihr Dasein erst, indem sie ihren Ursprung denkt. Sie existiert nicht erst, um dann zu denken. Und den Ursprung, den sie denkt, denkt sie als in sich anwesend. Dann ersieht sie sich selbst und in sich alles andere. Ihren Ursprung sehen, sich ins Dasein setzen, ihr Wesen erfassen und ihre Objekte, dies alles ist eins. Dies alles ist ihr Wesen. Diese dynamische Einheit ist in Momente gegliedert, die sich aus dem Ganzen nie ablösen; sie sind vielmehr jeweils das Ganze. Der Intellekt ist ein Wesen, das sich in drei wesenhaften (nicht akzidentellen) Beziehungen entfaltet, für die Dietrich die augustinischen Ausdrücke gebraucht: »Gedächtnis, Einsicht, Wille«. Sie bilden zusammen eine Tätigkeit, ein Leben, einen Geist. Mit einem Affront gegen die aristotelische Theorie der Relation erklärte Dietrich, jeder dieser Bezüge sei Substanz, ist doch nach der aristotelischen Kategorienlehre die Relation das schwächste Seiende, ein eher nebensächlicher Seitentrieb der Substanz.

Ein Hauptmotiv Dietrichs war, den Intellekt von den Begriffen der Dingontologie zu befreien, aber nicht in Vagheiten zu verfallen, sondern die Dingkategorien in präziser Weise zu negieren, wenn es um den Intellekt ging. Dabei wollte er den Intellekt durchaus in der Gesamtnatur sehen; gerade in *De intellectu* stellte Dietrich den Ausbau der Kosmologie (im Anschluß an Proklos) in den Vordergrund; wir sollten den Intellekt sehen in den kosmischen Hierarchien, von denen die Neuplatoniker gesprochen hatten: Das Eine (Gott), die intellektuellen Substanzen (Intelligenzen), Seelen und Körper. Aber der Intellekt sollte als dynamische Gesamtheit des Universums, als produktiv-tätige Monade der Seelen und Körper gedacht werden. Wenn er jedem einzelnen Menschen angehört, als »tätiger Intellekt«, dann sollten wir seine Besonderung nicht als die Individualität körperlicher Dinge, sondern als geistige Singularität denken; die thomistische Lehre von der Materie als Individuationsgrund lehnte Dietrich selbst für die Naturdinge ab. Ähnlich bestand er auf einer Umformung des Begriffs der Kausalität, wenn von der »Verursachung« des Intellekts durch die Gottheit die Rede war: Ihr Verursachen war eine intellektuelle Gegenwart im Intellekt, kein dinghafter Anstoß, kein unvordenklicher Urakt. Dieser »Verursachung« denkend zuzusehen macht das Wesen und die Selbsterfassung des Intellekts aus. Der tätige Intellekt geht schon deswegen auf besondere Weise aus seinem göttlichen Grunde hervor, weil er nicht einer speziellen Idee im Geiste Gottes korrespondiert, sondern die göttliche Allvernunft in ihrem allumfassenden Charakter unmittelbar repräsentiert (*»procedere ut imago«* nannte Dietrich das). Nach Dietrich widersprach es dem christlich-jüdischen Gedanken der Welterschaffung durch den einen Gott nicht, wenn die Körper und die Seelen ihr Dasein durch die Vermittlung der Intellekte erhielten; er gestaltete das Emanationssystem des Avicenna, des *Liber de causis* und Proklos im Hinblick auf seine Intellekttheorie um: Jeder individuelle Intellekt geht nach ihm unmittelbar aus der Gottheit hervor.

Dietrich, der Naturforscher

Die meisten Schriften Dietrichs dürften zwischen 1297/98 (Magister actu regens in Paris) und 1310 entstanden sein; im einzelnen ist die Chronologie noch unsicher. Doch wissen wir, daß seine große Schrift *Über den Regenbogen* (*De iride*) nach 1304 geschrieben ist. Sie hat Dietrich einen Ehrenplatz in der Geschichte der Naturwissenschaften eingetragen.[20] Der Grundgedanke Dietrichs war, das Geschehen im Regenbogen als Lichtbrechung im einzelnen Wassertropfen zu erklären. Robert Grosseteste und Roger Bacon hatten ihm vorgearbeitet, auch Witelo. Dietrich zeigte aber, daß die bisherigen Theorien die zu beobachtenden Phänomene nicht erklären konnten; er entdeckte die innere Reflexion des Lichtes, die in jedem Tropfen statthat. Wenn Dietrich auch kein Erfahrungswissenschaftler im Sinne des endenden 19. Jahrhunderts war, so steht seine Theorie des Regenbogens durch Originalität und methodische Strenge über allem anderen, was das Mittelalter zu dem Thema vorgebracht hat. Die Konsequenz des Vorgehens unterscheidet ihn auch von der mehr sammelnden Naturkunde Alberts.

Dietrich gehörte einer neuen Generation an. Sie wollte eine Umformung der Philosophie, wie sie dem entwickelteren Selbstbewußtsein des Einzelnen entsprach. Sie wollte eine Reinigung der religiösen Tradition; diese sollte einem sublimen philosophischen Maßstab genügen, krude Bilderreden, wie die vom Höllenfeuer, symbolisch entschärfen. Sie brauchte eine Objektivierung der Natur. In der Welt der staatlichen Finanzverwaltung und der kaufmännischen Expansion waren präzise Antworten gefragt. Der Regenbogen stand nicht mehr als Symbol der Versöhnung mit dem Gott der Sintflut am Himmel. Er wurde zu Beginn des 14. Jahrhunderts ein Exempel der optischen Gesetze für Fraktion und Reflexion. Es fehlte noch seine vollständige Mathematisierung. Aber auch mit dieser sollte noch im 14. Jahrhundert begonnen werden.

40 Meister Eckhart

Ein umstrittenes Bild

Von allen Philosophen des Mittelalters ist Eckhart († 1328) wohl der umstrittenste. Es gibt keine Weltanschauung, die ihn nicht für sich reklamieren möchte – vom Thomismus über die Reformation zur Existenzphilosophie und zum Marxismus. Alfred Rosenberg fand in seinen Schriften »das schönste Bekenntnis des germanischen Persönlichkeitsbewußtseins«.[1] In der Reaktion auf die nazistische Vereinnahmung gewann nach 1945 die römisch-katholische an Plausibilität: Eckhart war jetzt ein »treuer Sohn« (J. Koch) der Kirche. Nur war dann schwer zu begründen, warum diese unfehlbare Institution seine Lehre feierlich verurteilt hatte. Bei allen Divergenzen gingen fast alle Interpreten davon aus, Eckhart sei »Mystiker« gewesen. Wer Eckhart kennenlernen will, hat Anlaß, sich zur Textnähe zu ermahnen; es gibt zu viele rhetorische Präsentationen und ahistorische Aktualisierungen. Sie wurden begünstigt (a) durch die späte Entdekkung (1886) und zögernde Edition der lateinischen Werke, (b) durch die Textprobleme der deutschen Predigten, die zwar nicht, wie man lange geglaubt hat, nur in Mitschriften existieren, die aber schlecht ediert und noch schlechter übersetzt worden waren.[2] Nachdem die Edition der lateinischen Werke und der deutschen Predigten nahezu abgeschlossen ist, kann die Beschäftigung mit Eckhart in ein neues Stadium treten. Die Auslegungen werden freilich immer divergieren; sie beweisen die Lebendigkeit von Eckharts Denken.

Eckharts Denken hat sich entwickelt. Wir besitzen nicht mehr seinen Kommentar zu den Sentenzen, den er 1293/94 in Paris vorgetragen hat, wohl aber eine lateinische Vater-Unser-Erklärung von 1293/94: Hier hatte Eckhart seine individuelle Form noch nicht gefunden. Wir trafen ihn schon als Vikar Dietrichs für Thüringen und Prior von Erfurt; als solcher schrieb er die Reden der Unterweisung (vor 1298). Es sind deutsch geschriebene Ansprachen für seine Mitbrüder. Sie zeigen doch schon Eckharts Akzent und sein Thema: Gelassenheit.

Meister Eckhart in Paris: Erkennen als Grundlage des Seins

1302/03 war Eckhart wieder in Paris. Es waren die Jahre des heftigsten Kampfes zwischen dem französischen Königtum (Philipp der Schöne) und dem Papsttum (Bonifatius VIII.). Jetzt zeigte Eckhart seine vollentfaltete Originalität in den drei *Quaestiones Parisienses.*[3] Zwar gehören sie in den Konflikt zwischen den Bettelorden; Eckhart verteidigte die eher »intellektualistische« Ordenslinie gegen die Franziskaner (Quaest. Par. III). Aber die Texte reichen in ihrer Bedeutung weit hinaus über den Zwist der Orden. Sie charakterisieren eine Wende in der Geschichte der philosophischen Theologie. Sie sind Dokumente zur Vorgeschichte der neuzeitlichen Subjektivität. Sehen wir uns die erste Pariser *Quaestio* näher an:

Der Titel der Fragestellung versprach nichts Neues, schon gar nichts Umwälzendes. Auf die Frage, ob in Gott Sein und Erkennen identisch seien (*Utrum in Deo sit idem esse et intelligere*),[4] gab es 1302 nur eine bejahende Antwort. Daß Gott Geist sei, daß seine höchste Einfachheit jede Zusammensetzung ausschließe und daß folglich sein Denken seine Substanz sei (was von anderen Wesen zu behaupten der Bischof von Paris 1277 verboten hatte) – dies war allgemeine Überzeugung; es war eine unbestrittene Erbschaft aus der Philosophie der Kirchenväter. Eckhart beantwortete die Frage denn auch mit Ja, nur wollte er die traditionelle Identität von Sein und Erkennen in Gott anders verstanden wissen: Gott erkennt nicht, weil er im höchsten Maße ist; er ist, weil er erkennt. Seit Aristoteles hatte man das Erkennen Gottes aus seiner reinen Aktualität und Immaterialität abgeleitet; Thomas hatte diese Tradition aufgegriffen; er hatte es für den angemessensten Namen Gottes gehalten, von ihm zu sagen, er sei das durch sich selbst bestehende Sein selbst (*ipsum esse per se subsistens*). Eckhart nannte Thomas ausdrücklich als seinen Gegner; er erklärte, früher selbst so gedacht zu haben, aber jetzt glaube er das Gegenteil. Dies bedeutete nicht nur eine neue Fassung des Gottesbegriffs. Es bedeutete eine neue Konzeption von Denken und Sein. Es bedeutete eine neue Bewertung des Unbestimmten (Unendlichen) gegenüber dem Bestimmten (Endlichen). Eckhart argumentierte zunächst ironisch mit Autoritäten: Der Evangelist sage: »Am Anfang war das Wort«; er sage schließlich nicht: »Am Anfang war das Seiende (*ens*), und das Seiende war Gott.« Eckhart sprach damit das Mißverhältnis aus, das zwischen der Logos-Tradition und der ontologischen Theologie (Ontotheologie) bestand. Wenn Gott »das Wort« ist, ist er bezüglich auf den Intellekt. Er sagt von sich »Ich bin die Wahrheit«, aber »Wahrheit« bezieht sich ebenso wie »Wort« auf den Intellekt.

»Sein« bedeutet: Begrenztheit, folglich Geschaffensein. »Sein« und »seiend« sind die ersten Bestimmungen, die Gegenstand der göttlichen Erschaffung sein können (*esse ergo habet primo rationem creabilis*). »Wissen« oder »Weisheit« kann hingegen nicht als erschaffbar gedacht werden; es hat in sich keinen Sinn, vom denkenden Erfassen der Gründe der Dinge zu sagen, es sei erschaffen (*sapientia autem, quae pertinet ad intellectum, non habet rationem creabilis*). Eckhart wußte, daß man den Ausdruck »Sein« (*esse*) so definieren kann, daß er dem göttlichen Erkennen zukommt. »Wenn du das göttliche Erkennen ›Sein‹ nennen willst, meinetwegen. Ich sage aber dann doch, daß, wenn in Gott etwas ist, das du ›Sein‹ nennen willst, es ihm aufgrund seiner geistigen Erkenntnis zukommt.«[5] Nicht auf die Vermeidung der Vokabeln kommt es an, sondern auf die Einsicht, daß »Wissen« nichts Erschaffbares ist, daß »Denken« von anderer Art ist als »Sein« und daß »Denken« der Schlüssel zu allem ist, gerade weil es die Negation von Sein ist. Das Sein, von dem Menschen reden können, ist das Sein in der Seele. Aber das Sein in der Seele hat nicht die Wesensbestimmung des Seienden, sondern bewegt sich in Richtung auf dessen Gegensatz hin. Es ist eher Nicht-Seiendes denn Seiendes. Eckhart erläuterte dies am Bild: Je mehr du ein Bild als Seiendes auffaßt, um so mehr führt es dich ab von der Erkenntnis des Abgebildeten.[6] Das Bild als Bild verstehen heißt, es als Nicht-Seiendes denken. Der ontologisch Denkende (als solcher) verfehlt Repräsentationsphänomene. Er denkt das Wort als Seiendes, er denkt Bilder als Naturdinge, er bestimmt Gott, der die Wahrheit ist, als das subsistierende Sein. Dies alles heißt, nach Eckhart, der Ontologe geht am Gesuchten vorbei. Zugleich verfehlt er sich selbst. Jemand, der denkt und spricht, gehört, wie unvollkommen immer, auf die Seite der »Weisheit«, die nicht erschaffbar ist. Aber solange er ontologisch denkt, faßt er sich als ein Ding unter Dingen; er unterbestimmt sich, er verdinglicht sich. Was zum Intellekt gehört, ist als solches ein Nicht-Seiendes, folglich auch Nicht-Verursachtes. »Verursachen« und »Seiendes-Sein« sind Dingkategorien, welche die scholastische Tradition aber auf den Intellekt, das Bild, die Wahrheit und auf Gott angewendet hatte. »Weisheit« konnte sie sich daher als erschaffen vorstellen. Das Wissen, das der Natur gegenübersteht, um sie erkennen zu können, deutete sie als ein Stück Natur, nur eben »höherer« Natur. Sie verkannte den Sinn der Negation, d. h., daß der Intellekt *nicht* die Charakteristika der Weltdinge aufweist, und dabei hatte der von Eckhart[7] zitierte Aristoteles schon gesagt, der Sehsinn müsse farblos sein, um alle Farben erkennen zu können. Wie Eckharts Argumentationen (z. B. über das Bild, über das Prinzip als das Nichts des Prinzipiierten, über die *non-entia* als Kennzeichen jeden Intellekts) zeigen, beziehen sie sich nicht rein auf das innergöttliche Wesen. Die aparte Vorstellung eines bloß »innergöttlichen« Wesens geht zugrunde, wenn

Weisheit als solche unerschaffbar ist. Andererseits wollte Eckhart doch die menschlichen Wissenschaften von den Weltdingen verursacht sein lassen.[8] Unsere Wissenschaft steht danach unter dem Sein der Dinge, im Gegensatz zum göttlichen Wissen. Selbst für die Engel wollte Eckhart folglich nicht die Identität von Sein und Erkennen gelten lassen.[9] Deshalb gab die erste Pariser *Quaestio* zu der Meinung Anlaß, Eckhart habe den Vorrang der intellektuellen Tätigkeit vor dem Sein zuerst in religiöser Form, nämlich als Privileg Gottes, ausgesprochen, und erst in jahrhundertelanger Säkularisation sei das neuzeitliche Ich mit den Prärogativen des Gottes Eckharts ausgestattet worden. Die Subjektivität wäre also zuerst in mystischer Vorwegnahme gedacht und dann seit Descartes, Kant und Fichte als das Ich erkannt (bzw. je nach Bewertung: verkannt) worden. Richtig ist, daß die erste Pariser *Quaestio* von Gott spricht und daß Eckhart für den Menschen nicht die Lehre Dietrichs vom tätigen Intellekt direkt übernimmt. Unangemessen ist der Hinweis auf »Mystik«: Eckhart mochte falsch argumentiert haben, aber daß er, mitten in Paris, rational argumentieren wollte, daran ist kein Zweifel. Wenn er den Akzent auf die Verschiedenheit von Gott und Mensch (und Engel) legte, so darf man nicht übersehen, daß er auch generell von geistiger Erkenntnis und vom Bild als dem Negativen der Welt sprach und daß er die Weisheit als solche für unerschaffbar hielt.

Die erste Pariser *Quaestio* enthielt ein neues Konzept von Gott: Gott nicht mehr als isoliert erhabener Fels des Seins, sondern als Wort, als bezüglich auf den Intellekt. Die Macht des Denkens zeigte sich an höchster Stelle – selbst das Dasein Gottes verdankte sich ihm. Denken war nicht prinzipiell ein blasserer Abklatsch der Natur; es war die präzise Verneinung der Charakteristika der Naturdinge und stand als solches am Ursprung des Universums. Eckhart realisierte, daß das 14. Jahrhundert einen neuen, einen (in unserem

Sinne) naturnäheren Begriff der Natur brauchte. Die Natur mußte für die frühneuzeitliche Objektivierung erst freigegeben werden, indem die Nicht-Natur-Artigkeit des Denkens vor Augen trat. Die Objektivierung der Natur und die Ent-Naturalisierung des Intellekts waren zwei Seiten derselben Entwicklung. Man beschreibt diesen für die Grundlegung der Neuzeit entscheidenden Vorgang nur ungenau, nämlich im Rahmen theologischer Befangenheit, wenn man ihn als das Ringen um einen nicht länger verdinglichten Begriff von Gott interpretiert. Die Entdeckung der Negativität des Intellekts bedeutete freilich auch eine Herauslösung des Gottes des Thomas von Aquino aus der Maschinerie der aristotelischen Kosmologie und aus der Blickfestlegung der Ontotheologie. Sie bedeutete zugleich eine Dynamisierung des Gottesbegriffs, mit einer Korrektur des Primats der Dingvorstellung. Lulls Korrelativenlehre war in dieselbe Richtung gegangen. Die feudale Vorstellung von göttlicher Erhabenheit (die Denker wie Dionysius und Eriugena, in anderer Weise auch Abaelard, hatten korrigieren wollen), wich einer neuen frühbürgerlichen Wertschätzung der intellektuellen Tätigkeit vor dem bäuerlichen Primat des festen Grundbesitzes. Eckhart und Lull theoretisierten diese gesamtgesellschaftliche Entwicklung. Wenn ihnen dabei die augustinische Trinitätslehre dienlich war, so gehörte sowohl die Wahl gerade dieser Lehre Augustins (mit Zurückdrängung der Gnadenlehre) wie ihre ausweitende Erneuerung der Welt um 1300 an.

So originell die Pariser *Quaestiones* Eckharts waren, sie standen doch in geschichtlichen Zusammenhängen: Sie waren ein Abrücken vom Thomismus, blieben aber mit der Lehre vom Primat des Intellekts auf der von Albert vorgezeichneten und von Thomas ausgearbeiteten Linie der Dominikaner, gegen die Franziskaner, von denen Duns Scotus im gleichen Jahr in Paris auftrat wie Meister Eckhart. Daß intellektuelle Tätigkeit das Sein des Intellekts begründe, hatte Dietrich in bezug auf den tätigen Intellekt des Menschen gelehrt; dieser Gedanke war also nicht erst in theologischer, gar »mystischer« Vorwegnahme erschienen; er verdankte sich intensiver philosophischer Forschung, bei der Aristoteles' Buch *Über die Seele* wichtig war – wegen der Passagen über den tätigen Intellekt und über den Farbsinn, der farblos sein müsse.[10] Daß die erste Pariser *Quaestio* das Werk Dietrichs voraussetzt, zeigt eine Bemerkung zu Beginn des Textes,[11] wo Eckhart von der Wahrheit sagt, sie gehöre zum Intellekt und impliziere eine Beziehung: »Die Beziehung aber hat ihr ganzes Sein von der Seele und ist als solche eine reale Kategorie.« Dies ist Dietrichs Relationstheorie, die Eckhart in knapper Anspielung hier einsetzte, ohne Dietrichs Lehre vom tätigen Intellekt aufzugreifen.

Das Sein in Gott

Eckhart blieb nur für ein, zwei Jahre in Paris (1302/03); darauf übernahm er wichtige Ämter im Orden. 1311/12 kehrte er noch einmal nach Paris zurück. Diese Aufenthalte in Paris machten Eckhart mit der internationalen intellektuellen Situation eng vertraut. Man darf ihn nicht germanisch-provinziell stilisieren. Nach 1312 lehrte er an Ordenshochschulen, besonders in Köln. Er arbeitete an einem nie vollendeten *Dreigeteilten Werk* (*Opus tripartitum*). Der erste Teil sollte aus Thesen (*propositiones*), der zweite Teil aus Quaestionen bestehen (letztere im losen Anschluß an die *Summa theologiae* des Thomas von Aquino); der dritte Teil enthielt Bibelauslegungen, vor allem der Genesis, der Weisheitsbücher und des Johannesevangeliums. Einige Eckhart-Interpreten überbetonen heute die Rolle des Schriftwortes für Eckharts Denken. Aber nach Eckhart setzt seine Schriftauslegung die eigenen philosophischen Thesen voraus; sie ist deren Anwendung und Konkretisierung, nicht deren Grundlage. Die ausgearbeiteten Prologe, denen Eckhart seine lateinischen Predigtentwürfe, *Sermones*, hinzufügte, geben einen Eindruck von dem, was das Riesenwerk einmal werden sollte. Jedem Versuch einer einebnenden Zuordnung zu vorhandenen Schulrichtungen widersprach Eckhart, indem er betonte, sein Werk enthalte Neues. Vieles darin werde vielen auf den ersten Blick als ungeheuerlich erscheinen.[12] Er erläuterte den Aufbau und die Vorgehensweise seines *Dreigeteilten Werkes* an folgendem Beispiel: Die grundlegende These lautet: Das Sein ist Gott (*esse est Deus*); die entsprechende Quaestio lautet: Ob Gott ist? Die hinzugehörige Bibelerklärung betrifft den Text: »Im Anfang schuf Gott Himmel und Erde« (Gen. 1,1).

Eckhart erklärte diesen Zusammenhang genauer: Das Sein ist Gott, denn wenn das Sein etwas anderes ist als Gott, dann ist es von ihm fern und verschieden, dann *ist* Gott überhaupt nicht. Aber selbst wenn er existierte, existierte er aufgrund von etwas anderem. Gott und das Sein sind folglich dasselbe (*Deus igitur et esse idem*), oder Gott hätte sein Sein von einem anderen, wäre also nicht Gott.[13] Wie alle weißen Dinge weiß sind durch das Weißsein (*albedo*), so sind alle seienden Dinge durch das Sein selbst. »Erschaffen« bedeutet, daß das Sein die Seienden zu Seienden macht. Außerhalb des Seins ist nur das Nichts. Da Gott das Sein selbst ist, sind alle Dinge in ihm. Er erschuf alle Dinge in sich, *in principio*, im Anfang und Ursprung, also in sich selbst. Damit ist die Auslegung des ersten Bibelverses festgelegt: Um den Unterschied zu den Hervorbringungen der Handwerker festzuhalten, sagt die Bibel: Er schuf *im* Prinzip, d. h. in sich selbst. Er schuf nicht und ging dann weg. Er bleibt in seinem Werk, das Werk bleibt in ihm.

Man sieht, wie diese Bibelerklärung auf die philosophische Ausgangsthese aufbaut. Eckhart sagte denn auch ausdrücklich, seine Bibelauslegung sei eine solche der natürlichen, d.h. der philosophischen Vernunft.[14] Wenn Eckhart Theologe war und Exegese betrieb, so tat er es unter der klar ausgesprochenen methodologischen Prämisse, er wolle als Philosoph sprechen. »Alle« oder »fast alle« theologischen Fragen wollte er durch seine neue Philosophie lösen, und wie Lull versprach er, diese Lösung werde »leicht« sein.[15]

Freilich stellt seine neue Philosophie ihrerseits eine Reihe von Problemen.[16] Was heißt das: Das Sein ist Gott? Daß das kein Pantheismus war, liegt auf der Hand: Das einzelne Seiende erschöpft nie den Reichtum des »Seins selbst«. Aber der gewöhnliche Theismus war es auch nicht. Eckhart behauptete nicht von dem traditionell vorgestellten »Gott«, man könne ihn auch »das Sein selbst« nennen; er sagte: »Das Sein selbst ist Gott«. Man muß »das Sein« denken, um zu wissen, was dieser Gott ist.

Die erste Pariser *Quaestio* hatte aber das Sein gegenüber dem Intellekt abgewertet. Doch liegt hier kein Widerspruch vor, vielleicht nicht einmal eine Lehrentwicklung: Wenn man das »Sein« nicht dinglich dachte, wenn man die von der ersten Pariser *Quaestio* verlangte Umkehr vollzogen hatte, konnte man wieder von »Sein« sprechen; der Text von 1302/1303 sah dies ausdrücklich vor. Dieses »Sein«, schärfte Eckhart selbst ein, war nicht wie eine Eigenschaft an einem Ding zu denken. Es war ein erstes, das in allem war; die Vorstellung der Inhärenz ist wegzulassen. Man muß sich seinen allumfassenden Charakter klarmachen: Was anders ist als das Sein, ist nicht oder ist das Nichts. Das Sein ist »reich durch sich«, es bestimmt alles Seiende und gibt ihm seine Prägung. Wir dürfen die alles grundlegende Bestimmung »Sein« auch nicht isoliert betrachten. »Sein« ist eine jener allgemeinsten Bestimmungen, die nicht nach dem Schema von »Ding« und »Eigenschaft« gedacht werden dürfen. Andere, immer mitzudenkende Generaltermini sind: Einheit, Wahrheit, Weisheit, Gutheit. Alle Bestimmungen dieser Art haben nicht die Charakteristika des Erschaffbaren; sie sind das Ungeschaffene selbst. Wie Lull die Grundbegriffe der Metaphysik als Gottes Attribute systematisierte, so wollte auch Eckhart die allgemeine Metaphysik nicht von der philosophischen Theologie unterscheiden: Das Sein, die Einheit, das Wissen, das Gutsein – dies alles ist Gott. Um zu wissen, was das umgangssprachliche Wort »Gott« bedeutet, müssen wir die Grundlegungsfunktion von Sein, Einheit, Wahrheit, Gutheit usw. zu denken versuchen. Auch Thomas hatte mit Hilfe dieser sogenannten »Transzendentalien« Gott erkennen wollen. Aber er hatte jedes Einzelding als »seiend«, als »eines« und als »gut« anerkannt, um auf das im höchsten Maße Eine, Gute und Seiende (= Gott) zu schließen. Eckhart wollte diese Orientierung an den Dingen beenden. Im eigentlichen Sinne seiend, eines und gut ist nach Eckhart allein Gott.[17] Was wird dann aus dem Sein der Geschöpfe? Im eigentlichen Wortsinn »sind« sie nicht. Sie sind dieses oder jenes (*esse hoc aut hoc*). Eigentlich ist nur ein Sein, christlicher Parmenideismus. Was wir sehen, das Viele, ist Beschränkung, Determination des einen Seins. Das Geschöpf hat teil am einen Sein: Partizipation in der Tradition des christlichen Neuplatonismus, den auch Thomas zu integrieren gesucht hatte. Neu war bei Eckhart die Schärfe, mit der er hervorhebt, daß alles nur ist durch die Präsenz des einen Seins (Gottes) und daß alle Dinge außer dem Sein nichts sind. Die Nichtigkeit des Vereinzelten, Eingeschränkten hob Eckhart hervor, weil er den Intellekt definierte als die Ablösung von Eingeschränktem (*non ens hoc et hoc*): Der Intellekt ist die denkende Erhebung zum einen Sein und zugleich die Einsicht in dessen Selbstmitteilung bzw. seine Modifikation in den Modi des Seins.

Eckharts These, daß das Sein Gott ist, bedeutet keinen

Pantheismus, da es eine Differenz gibt zwischen dem »Sein selbst« und dem Dieses-oder-jenes-Seienden. Doch bedarf auch der Begriff der »Differenz« oder des »Unterschieds« (*distinctio*) nach Eckhart der Korrektur: Das Sein umfaßt alles, kennt keine Einschränkung. Es ist ununterschieden alles in allem. Durch diese Ununterschiedenheit unterscheidet es sich von den Dingen, die sich untereinander unterscheiden. Das historische Verständnis Eckharts beginnt daher nicht damit, daß man ihn gegen den Vorwurf des Pantheismus verteidigt, sondern daß man zeigt, daß Eckharts Gott – das einzige Sein, zugleich das Gute und die reine Vernunft – durch seine Nicht-Unterschiedenheit sich unterscheidet.[18] Der nächste Schritt dürfte sein, den Zusammenhang zu sehen zwischen seiner Philosophie der Einheit und der des Intellekts. Man muß die Frage stellen, welchen Sinn es gibt, alles Verschiedene, ja Disparate, in einer Einheit zusammenzudenken und diese zur Wahrheit all des bekannten Verschiedenen zu erklären?

Ich denke, eine solche Frage läßt sich nicht direkt durch den Hinweis auf die »Wahrheit« jenes Gedankens beantworten. Es ist der philosophische Nutzen der historischen Forschung zu zeigen, daß eine radikale Philosophie wie die Eckharts einen Vernunftbegriff zu Ende denkt, der in einer historisch-kontingenten Welt gilt und den andere in Anspruch nahmen, ohne sich mit vergleichbarer Klarheit über seine Implikationen zu vergewissern.

Eckharts Programm: Philosophie des Christentums

Die Eckhart-Deutung war lange von groben Alternativen bestimmt: Entweder war Eckhart ein korrekter Thomist oder ein Pantheist; entweder sagte er gar nichts anderes als jeder christliche Platoniker, oder er war von radikaler Modernität. Deswegen bin ich bislang nahe an Eckharts Texten geblieben: Sowohl die erste Pariser *Quaestio* wie der Prolog zum *Opus tripartitum* bezogen sich auf Thomas von Aquino. Sie zeigten, daß Eckhart in einer Dominikanergeneration lehrte, in der Thomas zum Ordenslehrer avancierte. Aber beide Texte bezogen sich kritisch auf Thomas. Die erste Pariser *Quaestio* wich offensiv von Thomas ab, indem sie »Sein« als Charakteristikum des Geschaffenen deutete und »Weisheit« als dessen negativ bestimmtes Prinzip dachte. Weisheit als Weisheit kann nicht die Charakteristika des Geschaffenen haben, sagte die erste Pariser *Quaestio*; Sein als Sein, immer verbunden gedacht mit Wahrheit, Gutheit und Einheit, kann nicht die Charakteristika des Geschaffenen tragen, sagte der Prolog zum *Dreigeteilten Werk*. Nicht ein Baum oder ein Pferd ist im ursprünglichen Sinne »eines« oder »seiend«, wie es die aristotelische Kategorienschrift lehrt. Nur das »Sein selbst« oder die »Einheit« (Gott) ist im eigentlichen Sinne; der menschliche Intellekt, hier nicht mehr als die Negation des wesentlich kreatürlich gedachten Seins verstanden, löst sich vom Hier und Jetzt, vom Dieses-da und von Jenem-da, um sich ans »Sein« zu halten, das Denken ist. Selbst wo Eckhart thomistische Motive verwendete, wie in der Transzendentalienlehre, wich er im Ergebnis von Thomas ab.

Anders als Thomas dachte er auch das Verhältnis von Glauben und Wissen. Anders als Thomas sah er das Verhältnis des Menschen zu »Gott«. Beide Motive hingen für Eckhart eng zusammen. Dies zeigt sein programmatischer Text zu Beginn seines *Kommentars zum Johannesevangelium*. Eckhart erklärte dort, was er mit diesem Kommentar und mit all seinen anderen Schriften beabsichtigt. Er wolle, schrieb er, die gesamte Wahrheit des Christentums, von der Welterschaffung bis zur Inkarnation und Welterlösung, mit philosophischen Argumenten zeigen.[19] In der Schrift – er dachte dabei vorwiegend an den Anfang der Genesis, an die Weisheitsbücher und an den Prolog des Johannesevangeliums über den Logos – seien die gesamte Naturphilosophie, aber auch die Ethik und die Metaphysik enthalten. Dies wolle er durch eine philosophische Interpretation zeigen.

Wie man sieht, dachte Eckhart eher daran, sich als Naturphilosoph zu präsentieren denn als Mystiker. Er will philosophisch argumentieren – bei der Bibelauslegung ebenso wie in den direkt philosophischen Partien des *Opus tripartitum*. Allerdings will er mit seinen philosophischen Beweisen die Wahrheit des Christentums zeigen. Nicht nur die Abhängigkeit der Welt von Gott, sondern auch die innerste Natur der Gottheit (Trinität) und ihre Beziehung zur Menschheit (Inkarnation). Dies hatte Thomas für unmöglich erklärt. Eckhart jedoch wollte, antithomistisch, aber auf den Spuren Eriugenas, Anselms, der Schule von Chartres, eine Philosophie des Christentums. In dieser Intention unterschied er sich auch von Dietrich, für den methodologische Trennung wichtiger war.

Sehen wir zu, mit grober Verkürzung, wie Eckhart seine Intention einzulösen gedachte. Er stellte in den Mittelpunkt seiner Untersuchung das Verhältnis des Gerechten zur Gerechtigkeit. Die Gerechtigkeit ist nicht eine Eigenschaft an der Seelensubstanz des Gerechten. Eckhart will hinaus über dieses aristotelisierende Inhärenzmodell, auf das er sich polemisch bezieht, wie es nach der Aristotelesrezeption nicht anders möglich war. Wenn schon von einem In-Sein die Rede sein soll, dann ist der Gerechte eher in der Gerechtigkeit. Jedenfalls kann er nicht außerhalb ihrer sein oder getrennt von ihr. Die Gerechtigkeit geht ihm als seine innere Norm und als seine wahre Natur voraus, nicht zeitlich, sondern als sein Grund. Er hat an ihr teil. Eckhart gebrauchte in diesem Zusammenhang den platonischen Grundbegriff der »Teilhabe«,[20] aber er genügte ihm nicht: Die Gerechtigkeit »spricht« sich selbst aus im Gerechten. Der Gerechte ist »das Wort« der Gerechtigkeit. »Gerechtigkeit« ist dynamisch; sie wäre nicht, was sie ist, wenn sie nicht gerecht *machte* – eine Dynamisierung der Weltsicht ähnlich wie bei Lull. Und wie Lull verstand Eckhart diese Theorie als einen philosophischen Beweis der Trinität. Im Prinzip war das Wort. Dies Wort erzeugt den Gerechten, sofern er gerecht ist. (Auf dieses »sofern« kommt viel an, wie Eckhart später in der sogenannten Rechtfertigungsschrift erläuterte.) Der gerechte Mensch ist der eingeborene Sohn der Gottheit; er enthüllt, mit seiner Gerechtigkeit, ihre ansonsten unzugängliche, verborgene Natur. Aber da die Gottheit das Wort ist, teilt sie sich mit.

Die negative Theologie, die bei Eckhart zur Korrektur der Vergegenständlichungstendenz unentbehrlich ist, behält nicht das letzte Wort: Sofern wir gerecht sind, s i n d wir die Gerechtigkeit, und dann kennen wir sie auch. Sofern wir gerecht sind, nimmt die Gottheit uns in sich auf; wir werden ihre Söhne. Zwischen der erzeugenden Gerechtigkeit und dem erzeugten Gerechten ist eine Verschiedenheit der Personen, nicht der Natur: Wir sind ein anderer (*alius*) als die gebärende Gerechtigkeit, nicht etwas anderes (*aliud*). Es gibt eine Verschiedenheit von erzeugender Gerechtigkeit und erzeugten Gerechten, denn nichts erzeugt sich selbst. Aber wir sind eins mit der Gerechtigkeit, sofern wir gerecht sind. Ich und der Vater sind eins. Dies ist die fortwährende Menschwerdung Gottes, auf die die historische Inkarnation Christi hingezielt hat. Die Gottheit = Gerechtigkeit kann nicht zerteilt gedacht werden. Wenn sie sich mitteilt, teilt sie sich ganz mit. Daher ist sie ganz in jedem Gerechten und ganz außerhalb seiner. Zwischen der Gerechtigkeit und dem von ihr »geborenen« (nicht »gemachten«) Gerechten – sie bilden ein Leben, kennen nicht den Abstand von Handwerker und Instrument – besteht eine wechselseitige Beziehung: Man kann das Urbild nicht ohne das Bild denken. Die Abhängigkeit ist nicht einseitig. In der metaphysischen Tradition hatte man aber gerade behauptet, das metaphysisch »Frühere« (der Grund) könne sein ohne das »Spätere«, nur nicht umgekehrt. Eckhart bezog sich auf diese Tradition, aber wieder tat er es polemisch: Er wollte nicht nur von der Gerechtigkeit sprechen. Entsprechende Beziehungen wie zwischen Gerechtigkeit und Gerechten bestünden zwischen dem Sein (*esse*) und dem Seienden (*ens*), zwischen der Gutheit (*bonitas*) und dem Guten (*bonum*) und generell zwischen dem Universalen und dem Einzelnen.[21] Eckhart sah in seinem Beispiel gleichzeitig die philosophische Lösung des Problems der Trinität, der Inkarnation und des Universalen: Allemal verlangte er, die Vorstellung eines Dinges und seiner Eigenschaften zu verlassen. Es geht um eine Reform der Philosophie, um eine Korrektur der Dingontologie, unter deren Herrschaft wir weder Gott noch uns selbst denken konnten. Daß diese Reform des Denkens in den ersten Jahrzehnten des 14. Jahrhunderts in das praktische, politische Leben einschnitt, liegt auf der Hand. Die religiös-metaphysisch ausgesprochene Rangerhöhung des »gerechten« Menschen kollidierte mit dem hierarchischen Aufbau des Himmels und der Erde, wie er seit der Spätantike festgeschrieben war. Die große Zahl der Dominikanerklöster, die Predigten der Dominikanerprofessoren für die Frauen in Klöstern, der Einfluß der Prediger auf das Stadtpublikum – dies alles machte aus Eckharts Philosophie ein Politikum, zumal er sich der Volkssprache bediente und dies mit Meisterschaft tat, wie Dante und Lull.

Eckharts deutsche Texte und ihr geschichtlicher Kontext

Zu lange hat man die deutschen Texte Eckharts unabhängig von seinen lateinischen Schriften interpretiert. Die erhabenen Züge tragischer Einsamkeit, die man Eckhart ansann, waren nur die Folge dieses methodischen Fehlgriffs. Doch sind, andererseits, die lateinischen Schriften nicht der ganze Eckhart; die deutschen Predigten und Traktate sind mehr als eine bloß rhetorische Ausformung der Theorie der lateinischen Schriften. Sie enthalten zwar nicht eine andere »höhere« Philosophie, aber doch wichtige, in den lateinischen Texten fehlende Motive. Das Verhältnis von lateinischen und deutschen Texten ist, wie man sieht, komplex; es genauer zu bestimmen, ist eine Aufgabe der weiteren Forschung; ich beschränke mich hier auf folgende Hinweise:

Das *Buch der göttlichen Tröstung*, zwischen 1308 und 1313 geschrieben, korreliert eng mit Eckharts *Kommentar zum Johannesevangelium*. Das Buch soll, nach Eckharts ausdrücklicher Erklärung, Argumente der »natürlichen« Vernunft bringen, also philosophischen Charakter haben, eine ungewöhnliche Trostschrift. Ein Hauptmotiv ist hier: Die Gutheit (das Sein, das Wissen) gebiert sich ganz in dem Guten. Der Gute und die Gutheit sind nichts als die eine Gutheit; sie sind eine lebendige Wechselwirkung. »Sie sehen einander an.« Ihre Identität ist nicht die eines Dinges oder eines abstrakten Begriffs; es ist die Einheit zwischen dem Vater und dem Sohn der Trinität. Aber diese Identität ist, auch und gerade wenn sie nicht-dinghafter Natur ist, Identität: Der Mensch, sofern er gut ist, ist das Gutsein selbst, ist »Gott Vater« – und »Gott Vater« bedeutet hier: das Gutsein, das Sein, die Gerechtigkeit, die sich im Menschen gebären. Es war diese These Eckharts, nicht die erste Pariser *Quaestio* und auch nicht die Identifizierung des Seins mit Gott, die vom Papst verurteilt wurde. Daß der Mensch sagen dürfte: »Alles, was der Vater seinem Sohn gab, das alles gab er mir«, zerstörte den Abstand zwischen Gott und Mensch, auf dem die kirchliche Gnadenverwaltung beruhte. So allumfassend sollte die Selbstmitteilung des göttlichen Weltgrunds an den Einzelnen nach Ansicht der Kirchenoberen nicht gedacht werden. Eckhart hat diese Selbstmitteilung allumfassend, aber nicht ohne Bedingungen konzipiert: Die Identität stellt sich soweit her, als wir gut und gerecht sind.

Die Identität von Gott und Mensch ist eine dynamische, keine dinghafte; sie ist eine Bewegungsrichtung. Darin liegt eine Präzisierung, keine Einschränkung. Und mit dieser Lehre stellte sich Eckhart in einen großen geschichtlichen Zusammenhang:

Von Eckharts lateinischen Texten haben wir nur wenige Manuskripte; von seinen deutschen Texten existieren rund 200 Handschriften, die allerdings fast alle nur einzelne Predigten überliefern. Die deutschen Texte haben offenbar einem geschichtlichen Bedürfnis entsprochen und waren auch schwerer kontrollierbar. In der Welt der lateinisch lehrenden Universitäten wirkte die Verurteilung Eckharts durchgreifend. Nur in Köln und bei Nikolaus von Kues fand Eckhart eine – übrigens vorsichtige – Nachfolge; die Pariser und Oxforder »Scholastik« ignorierte ihn von nun an. Aber die deutschen Texte, meist einzelne Predigten, keine Corpus-Handschriften, sprachen in einem nicht-akademischen, also breiteren Lebenszusammenhang: Sie formulierten einen neuen, nicht mehr feudalen, nicht mehr benediktinisch-monastischen Weltbegriff, einen neuen Begriff des Menschen und der Religion. Sie griffen die Armuts- und die Frauenbewegung auf, die seit dem Beginn des 13. Jahrhunderts die kulturelle und kirchliche Gesamtsituation umgestaltet hatten. Eckharts Predigten drückten eine neue, nicht mehr hierarchisch fixierte Sehweise aus, die Stadtbürger und Frauen als die ihre anerkennen konnten. Gleichzeitig mit Dante und Lull erklärte ihnen Eckhart, daß Adel nicht an Blut, Familienbesitz und feudales Lebensgefühl gebunden sei; es lag jetzt an jedem selbst, ob er »edel« war. Eckhart radikalisierte die Armutsidee, um einer neuen Autonomie zu Wort und Realität zu verhelfen: Der Mensch soll verzichten, nicht nur auf Macht und Geld, nicht nur auf kollektives und privates Eigentum, sondern auf alle äußeren Rücksichten, auf Herkommen und Ansehen, aber auch auf jenseitige Belohnungen. Er soll nicht um Lohnes, aber auch nicht um Gottes willen tun, was er tut. Er soll alles lassen, die Welt, sich und Gott. Alle gegenständlichen Fixierungen, zu denen auch die »Tugend«, das eigene Ich und der jenseitige Gott gehören, soll er fallen lassen, damit er lebe. »Leben« heißt aristotelisch: sich aus sich selbst bewegen, sein Ziel in sich selbst haben. »Leben« heißt: aus einheitlichem Lebensgrund handeln; Leben ist von Leben nicht verschieden. Wer diese »Armut« realisiert, findet »Gelassenheit«: Die Mittel-Zweck-Konstruktionen verlieren Lebensbedeutung. Die technokratische Selbststilisierung endet. Ich wirke ohne Warum. Man schaut nicht nach anderem aus, man lebt aus sich – im Einheitsgrund. Hier ist Gottes Grund mein Grund, und mein Grund ist Gottes Grund. Hier ist das Innerste außen, das Äußerste innen: »Solange du deine Werke wirkst um des Himmelreiches oder Gottes oder der ewigen Seligkeit von außen willen, so lebst du in Wirklichkeit falsch.«[22]

Der Gott dieser Predigten war nicht ein Himmelskaiser oder ein Weltentyrann: Dem gerechten Menschen, predigte Eckhart, ist es so ernst um die Gerechtigkeit, daß er auf Gott nicht die Bohne achten würde, wäre er nicht die Gerechtigkeit.[23] Werte wie »Gerechtigkeit« qualifizieren allererst Gott dazu, anerkennungswürdig zu sein. Ein egalitärer Zug wehte in diesem Christentum. Die alten Bilder, Eckhart legte sie neu aus, z. B. die Erschaffung der Eva aus Adams

Rippe: »Als Gott den Menschen machte, da machte er die Frau aus der Seite des Mannes, damit sie ihm gleich wäre. Er machte sie nicht aus seinem Kopf oder aus seinen Füßen ..., damit sie ihm gleich wäre.«[24]

Diese Deutung des Christentums stellte Gewohnheiten und Denkweisen in Frage, auf denen die kirchliche Praxis und das gesellschaftliche Leben seit Jahrhunderten beruhten, z. B. Meßstipendien, Fürbittgebete, Vorrang des Ordenslebens. Eckhart wollte kein Häretiker sein; er sah für seine Deutung der Welt und des Christentums Platz in der Kirche. In seiner Ordensprovinz, wo das Erbe Ulrichs, Alberts und Dietrichs lebendig war, gab es zwar auch Thomisten. Aber der Thomismus war noch nicht Richtschnur der Orthodoxie. Die Gegner Eckharts kamen nicht aus seinem Orden; er geriet in den Konflikt der Franziskaner mit den Dominikanern. Der kirchlichen Hierarchie konnte begreiflich gemacht werden, daß sein Denken ihre Grundlagen zerstöre. Viele Gedanken Eckharts fanden sich, abgewandelt, in verurteilten Texten. So hatten die Anhänger Amalrichs von Bène 1210 erklärt: »Alles ist eins und was auch immer ist, ist Gott.« »Sofern ich bin, in meinem ewigen Wesen, bin ich Gott. In diesem meinem Sein zerstört mich das Feuer nicht, mit dem ihr mich verbrennt.«[25] In den siebziger Jahren des 13. Jahrhunderts hatte eine häretische Gruppe im schwäbischen Ries ähnliche Gedanken geäußert:[26] Der Gedanke, daß der Mensch Gott werden könne, ja daß diese Identifikation das Sinnziel der Religion sei, muß seit dem 13. Jahrhundert Anziehungskraft besessen haben. Er stärkte das Selbstbewußtsein der Randgruppen, wie z. B. der Frauen. Er rückte den Rang des Universitätswissens in neues Licht: Das Wesentliche hing nicht von ihm ab; es war nicht an das klerikale Latein gebunden; man konnte es auf französisch oder deutsch sagen. Die deutschen Texte Eckharts stehen in diesem geschichtlichen Zusammenhang. Das Motiv der radikalen Armut, die bis zum Lassen Gottes, der Tugend und des Ich geht, hatte er mit Marguerite Porete gemeinsam, die wegen ihres französisch geschriebenen *Spiegel der einfachen Seelen* 1310 in Paris verbrannt worden war.[27] Ein Jahr später war Eckhart in Paris; er konnte von den erregten Diskussionen um Marguerite im Dominikanerkloster St-Jacques leicht Kenntnis erhalten. Die Beginen konnte er sowohl in Straßburg wie in Köln kennenlernen; beide Städte waren für diese Frauenbewegung zentral. Eckhart war in Straßburg, als der dortige Bischof eine Liste der Irrtümer der Beginen und Begarden veröffentlichte, die den »Brüdern vom freien Geist« zugehören sollten und die Eckhart inhaltlich nahekommen.[28] Wie die Beeinflussungen zwischen Marguerite und Eckhart, zwischen ihm und den Straßburger Beginen genau verliefen, läßt sich jetzt noch nicht sagen. Aber die Frauenbewegung und ihre Verketzerung, die Tendenz zur religiösen Literatur in der Volkssprache und die kirchlichen Widerstände dagegen bilden das reale Umfeld der Predigten Eckharts, seines Inquisitionsprozesses und seiner definitiven Verurteilung vom 27. März 1329 durch Papst Johannes XXII.

41 Kontrastierende Philosophien am Jahrhundertanfang: Duns Scotus als Übergang

Die Philosophie war um 1300 in brodelnder Bewegung: Lull entwickelte seine Korrelativenlehre, seine Toleranzidee und seine Kalkulatorik; Dietrich von Freiberg revidierte die Grundlagen der bisherigen Verhältnisbestimmung von Denken und Wirklichkeit; er setzte Aristoteles, Augustin und Proklos in eine neue Beziehung und gab ein Beispiel streng methodischer Naturforschung. Eckhart entfaltete seine neue

Philosophie des Christentums. Gleichzeitig verstärkte sich eine Tendenz in Richtung auf den Empirismus, vor allem von Oxford aus, wo schon 50 Jahre vorher Roger Bacon auf praktische und technische Verwertbarkeit des Wissens gedrängt hatte.[1] Man halte sich dieses Gesamtbild vor Augen: Gleichzeitig entstanden um 1300 Lulls Mechanisierung der Denkbeziehungen, Dietrichs Theorie des konstitutiven Intellekts, Eckharts Philosophie der Gottessohnschaft und die empiristische Metaphysikkritik. Wesentliche Alternativen, die in der neuzeitlichen Philosophie unter veränderten Bedingungen strukturähnlich neu gedacht werden sollten, waren somit um 1350 ausgebildet. Weit davon entfernt, eine Verfallszeit zu sein, hat das beginnende 14. Jahrhundert mehrere, scharf kontrastierende Weltauslegungen entworfen. In ihrer Gesamtheit und in ihrer Gegensätzlichkeit entsprachen sie seiner geschichtlichen Situation: der Spannung zwischen rationaler Bearbeitung der Natur und selbstbezogener Innerlichkeit, dem Abbau der universalistischen Aspirationen von Papst- und Kaisertum und der damit verbundenen Tendenz zur Individualisierung. Diese konkurrierenden Philosophien brachten die zunehmende Rationalisierung des Alltags und der Staatsverwaltung auf den Begriff. Diese Rationalisierung war seit dem Ende des 11. Jahrhunderts im Gange, erreichte aber, wie Alexander Murray gezeigt hat, zu Beginn des 14. Jahrhunderts ein Ausmaß, das eine neue Qualität bedeutete. Die Philosophie dieser Jahrzehnte bildete die Extreme der Überlieferungsmasse klar aus, weil ein neuer Standard der Eindeutigkeit erreicht war und weil sowohl die wachsende Objektivierung der Natur und der Gesellschaft wie die Forderung nach einem reformierten, spirituellen Christentum ihr theoretisches Fundament brauchten. An terminologischer Präzision wie an formallogischer Argumentation war die Philosophie des 14. der des 13. Jahrhunderts überlegen. Vor allem war sie ein Fortschritt durch die schärfere Ausgliederung der Gegensätze, die in herrschenden Ansichten und autoritativen Texten lagen. Jetzt wurden die Alternativen mit schneidender Klarheit enthüllt; die Zeit des Harmonisierens war vorbei.

Das geschichtliche Verständnis des 14. Jahrhunderts besteht nun nicht darin, eine Philosophie dieser Zeit aus dem Konzert der Stimmen herauszulösen und als die konsequente Theorie des Jahrhunderts auszuzeichnen. Weder Eckhart noch Ockham bildeten einen Fortschritt auf dem direkten Weg zur »Wahrheit«. Urteile dieser Art hätten dogmatischen Charakter. Beide kontrastierenden Denker – und eine Reihe anderer dazu – erreichten aber einen Fortschritt bei der Explikation der theoretischen und lebenspraktischen Möglichkeiten der Zeit. Beide radikalisierten Motive, die in abgeschwächter Form Allgemeingut waren. So zwangen sie zur Klarheit. Sie steigerten das öffentlich vorhandene und politisch wirksame Maß an Kritik.

Mit dem Wort »Kritik« war Destruktion gemeint, aber oft war es eine durchdachte und gesellschaftlich nützliche Destruktion. Dafür möchte ich nur ein Beispiel nennen: Wilhelm von Ockham kritisierte an der aristotelischen Naturphilosophie, daß sie den Himmelskörpern eine andere, höhere Art von Materie zuschrieb als den irdischen Körpern. Er sah in dieser Doppelung des Materiebegriffs eine überflüssige Komplikation: Seine Kritik galt dem Aufbau einer einheitlichen Naturerklärung. Sie zerstörte die Zweistockwerkphysik des Aristotelismus; sie nahm den feudalen und klerikalen Hierarchievorstellungen ihren Anhalt in der Kosmologie: Alle Weltkörper wurden vor den Augen des Physikers gleich (in bezug auf ihre Stoffbasis). Dies war destruktive Kritik, durchaus, aber mit produktiven Folgen für Wissenschaft und soziales Leben.

Kritik wurde die Signatur der Zeit. Seit dem Ende des 13. Jahrhunderts war das Verhältnis von Philosophie und Theologie in eine Krise geraten. Die Besorgnis über die Aristoteles-Rezeption wuchs; man fragte sich, ob man nicht doch Augustin vor Aristoteles den Vorrang einräumen solle. Die Aristoteles-Rezeption war zu revidieren; dies hatte zunächst zur Folge, daß Philosophie sich als Prüfung von Argumenten verstand: Was war bewiesen, was nicht – dies war die Frage. Sie diente nicht der bloßen Entwicklung von Scharfsinn, sondern in der Regel der Zurückdrängung philosophischer Ansprüche auf theologisch relevanten Gebieten. Seit der zweiten Hälfte des 13. Jahrhunderts bedrohte die Metaphysik oder die philosophische Theologie die Offenbarungstheologie. Als Reaktion darauf bildete sich eine offenbarungstheologisch motivierte, aber philosophisch argumentierende Metaphysikkritik. Sie arbeitete mit einem verfeinerten logisch-formalen Instrumentarium, was zum »subtilen« Gesamtbild der spätmittelalterlichen Philosophie führte. Sie bediente sich bei ihrer Metaphysikkritik aber auch gern empiristischer Argumente: Ansprüchen der Philosophie auf theologisch relevanten Gebieten wie der Gottes- und Seelenlehre konnte man damit begegnen, daß man nach ihrer Rechtfertigung aus der Erfahrung fragte. Damit nahm man die aristotelisierende Philosophie beim Wort, denn diese hatte sich viel auf den Erfahrungsursprung ihrer Theorien zugute gehalten. Dadurch setzte die Philosophie des 14. Jahrhunderts einen tatsächlich erfahrungsbezogenen Vernunftgebrauch frei, der sich um so ungehinderter entfalten konnte, als er keine theologischen Inhalte mehr hatte. Die Offenbarungstheologie entledigte sich so der metaphysischen Abstützung, die sie zunehmend als Verfälschung ihrer Intentionen und als überschwenglichen Vernunftgebrauch durchschaute. Vom Thomismus aus urteilend, sprach man oft von einer fideistischen und skeptischen Gesamttendenz. Aber bei zunehmender Präzisierung des Vernunftstandards konnten die Denker des 14. Jahrhunderts nicht bei den Vagheiten stehenbleiben, welche die »Synthese« des Thomas von Aquino ermöglicht hatten. Thomas selbst hatte in einigen Fällen die natürliche Vernunft für unfähig erklärt, eine metaphysische Frage zu entscheiden, z. B. die nach der Ewigkeit der Welt. Präzisierte man die im Aristotelismus vorliegende Tendenz zur Erfahrungswissenschaft in neuer Weise, dann war die aristotelische Metaphysik bedroht. Wenn die Philosophen des 14. Jahrhunderts hier Konsequenz forderten, wenn sie dabei in komplizierte Analysen eintraten, beweist das nicht einen Niedergang der Philosophie. Selbst verdiente Erforscher der mittelalterlichen Philosophie wie Franz Ehrle, Maurice de Wulf und Etienne Gilson haben die englischen Metaphysikkritiker des 14. Jahrhunderts als auflösende Zerstörer, als neuigkeitsbesessene Unruhestifter bezeichnet. »Ungesund« und »übertrieben« schienen ihnen diese Vernichter der thomistischen Harmonie von Glaube und Wissen. Aber diese Harmonie war teuer erkauft; sie hatte Augustinisches dem Wortlaut nach stehengelassen, aber aristotelisierend gedeutet, andererseits die aristotelische Metaphysik mit Avicenna religionsphilosophisch zerdehnt und sich gleichzeitig auf den Avicenna-Kritiker Averroes gestützt. Diese lockere Koordination heterogener Motive hatte zwischen 1270 und 1300 zu endlosen Debatten über das Seiende und das Wesen, den Willen und den Verstand geführt. Sie hatte dem geschichtlichen Entwicklungsgang nach 1270 nicht standgehalten; jetzt waren ihre Reste zu liquidieren, damit die Kräfte frei würden für einen konsequenten Erfahrungsbezug der Vernunft, für eine strikt logische Überprüfung der Metaphysik, für eine bewußt autonome Gestaltung des gesellschaftlichen, politischen und kirchlichen Lebens. Denn wenn die »Natur«, auf die sich die aristotelisierende Metaphysik und Ethik als Entscheidungsinstanz beriefen, ins Unbeweisbare entrückte, wuchs der Spielraum für freie Entscheidungen: Sklaverei und Privateigentum verloren dann ihre naturrechtliche Begründung. Das soziale Leben und die Politik wurden denkbar als kontingentes Feld menschlicher Handlungen. Dieses dem Menschen freigegebene Feld bedurfte zu seiner moralischen und politischen Durchdringung einer neuen Rechts-, Sozial- und Staatsphilosophie. Daher war die spätmittelalterliche Philosophie weit davon entfernt, sich auf theoretische Erörterungen des Universalienproblems zu beschränken. Sie war praktische Philosophie.

Duns Scotus: Ein Lehrer für Jahrhunderte

Der Schotte JOHANNES DUNS SCOTUS († 1308) studierte vor Jahrhundertende in Oxford und Paris; er lehrte an beiden Orten. 1305 wurde er Magister der Theologie in Paris. 1307 ging er nach Köln, starb aber im Jahr darauf, wenig mehr als vierzig Jahre alt. Er liegt in Köln in der Minoritenkirche begraben, wenige hundert Meter vom Grab Alberts d. Gr. entfernt. Außer Kommentaren zu Aristoteles schrieb er *Disputationen über ausgewählte Fragen* (*Disputatio de Quodlibet*) und verschiedene Fassungen seines *Kommentars zu den Sentenzen des Petrus Lombardus*, die nach den Orten seiner Lehrtätigkeit unterschieden werden. Am bedeutendsten ist die Oxforder Fassung (*Opus Oxoniense* oder *Ordinatio* genannt). Seine *Abhandlung über das erste Prinzip* (*Tractatus de primo principio*) trägt – nach dem Vorbild von Anselms *Proslogion* – eine philosophische Gotteslehre in meditativer Form vor.[2]

Das Denken des Duns Scotus war kompliziert, auch für spätmittelalterliche Verhältnisse; man nannte ihn daher den »subtilen Professor« (*doctor subtilis*). Seine Philosophie läßt sich in Kürze schwerlich darstellen. Aber einige ihrer Motive müssen hier doch zur Sprache kommen, denn das Werk des Scotus – den man natürlich nicht verwechseln darf mit

Johannes Scotus (= Eriugena) – ist charakteristisch für die Übergangssituation zu Beginn des 14. Jahrhunderts; es ist ein wichtiges Zeugnis für die Konfliktsituation zwischen Philosophie und Theologie um 1300, für das fortdauernde Ringen um Aristoteles und Averroes. Es enthielt wichtige weiterführende Gedanken, die sich zu Metaphysikkritik und empiristischer Philosophie fortentwickeln ließen. Scotus hatte im Spätmittelalter einen enormen Einfluß, der bis ins 16. und 17. Jahrhundert weit über die Franziskanerschule hinausreichte. An den Universitäten dürfte es vom 14. bis zum 17. Jahrhundert mehr Scotisten gegeben haben als Thomisten. Da Scotus mehr durch eine kritische Denkweise als durch Einzelthesen wirkte, entfalteten seine Schüler den größeren theoretischen Spielraum. Um die Welt des späten Mittelalters und der frühen Neuzeit zu kennen, muß man sich auf Duns einlassen, auch wenn sein Name im Deutsch des 18. Jahrhunderts zum Schimpfwort für einen geistlosen, komplizierten Gelehrten geworden ist. So witzelte Kant über einen Pedanten, der »die trotzige Weisheitsmiene annimmt wie diese Dunse alter und neuer Zeiten«.

Eine neue Sicht des Wissens und der Welt

Als Duns in den letzten Jahren des Jahrhunderts in Oxford zu lehren begann, waren die Schulfronten noch nicht verfestigt. Der Streit darum, ob man Augustin mit Aristoteles verbinden könne, tobte immer noch. Es ging dabei nicht in erster Linie um den Vermittlungsversuch des Thomas von Aquino, sondern um eine Reihe von Gelehrten der nächsten Generation, die zum Teil noch wenig erforscht sind: Heinrich von Gent, Gottfried von Fontaines und Aegidius Romanus. Auf sie bezog sich Duns in erster Linie. Er kannte die Aristoteleskritik des Petrus Johannis Olivi; er wollte Augustin und Bonaventura folgen. Aber er sah, daß dazu eine gründlichere Auseinandersetzung mit Aristoteles und den Arabern (Averroes und Avicenna) unerläßlich war: Wenn die Philosophie Grenzen hatte, mußte man diese in den Theorien der Philosophen selbst nachweisen. Man mußte die Philosophen philosophisch kritisieren, gerade wenn man ihre Ansprüche auf theologischem Felde abwehren wollte. Was Bonaventura und Olivi gegen Aristoteles vorgebracht hatten, war durchdacht und klar; aber jetzt, gegen 1300, wirkte es zu deklamatorisch. Jetzt mußte man ins Philosophisch-Grundsätzliche und ins Detail des Aristoteles-Textes gehen. Beides tat Duns Scotus. Er zeigte, wie im 14. Jahrhundert die Theologie philosophisch fruchtbar werden konnte – durch Kritik. Duns prägte den Geist unerbittlicher Prüfung der Argumente der großen Autoren des 13. Jahrhunderts, der Generation ihrer Schüler und nicht zuletzt des von ihnen rezipierten Aristoteles und seiner arabischen Erklärer.

Schlägt man Duns Scotus' Oxforder Kommentar zu Petrus Lombardus auf, wird man Zeuge des Konflikts zwischen Philosophie und Theologie nach der Aristoteles-Rezeption: »Die Philosophen behaupten, die Natur sei in sich vollständig; sie leugnen die Notwendigkeit einer übernatürlichen Vollendung. Die Theologen hingegen erkennen die Mängel der Natur sowie die Notwendigkeit der Gnade und einer übernatürlichen Vollendung.«[3] Die Philosophie spricht vom tätigen Intellekt, der alles intelligibel machen kann, also genügt für sie die natürliche Ausstattung des Menschen, um alles Erkennbare zu erreichen. Natürlich bedarf diese Ausstattung der kulturellen Formung, aber dazu genügen die praktischen und theoretischen Kenntnisse, die uns kulturell übermittelt werden: Erwerben wir diese Fähigkeiten, so sind wir Menschen ohne zusätzliche göttliche Hilfe imstande, die Vervollkommnung der menschlichen Gattung zu betreiben.[4]

Dies sind die Einwände der Philosophie gegen die Theologie. Duns stellte sie sorgfältig zusammen: Um 1300 hatten die Natur, die menschliche Gattung, der tätige Intellekt, die europäische Kultur eine theoretische und praktische Dichte erreicht, daß die Erlösungsbedürftigkeit des Menschen schwer zu begründen war. Nicht mehr – wie vor dem 12. Jahrhundert – die »Natur«, sondern die »Übernatur« hatte jetzt einen theoretisch schweren Stand; diese Unterscheidung zwischen »Natur« und »Übernatur« verdankte ihre aktuelle Fassung dem Eindringen des griechisch-arabischen Wissens. Duns Scotus wollte dieser Schwierigkeit nicht aus dem Weg gehen; er wollte sich nicht roh autoritär auf die Bibel zurückziehen; er wollte mit den Philosophen diskutieren. Er gab gleich anfangs zu, daß man gegen Aristoteles mit Argumenten der »natürlichen Vernunft« nichts erreichen könne; was er, Scotus, vorbringe, seien nur »theologische Überzeugungen«, die von geglaubten Prämissen ausgingen.[5] Duns wollte den Konflikt nicht nur vorstellen, er wollte in ihn eingreifen. Er wollte seine Argumente für die Theologie aber nicht als Philosophie ausgeben – eine um 1300 keineswegs selbstverständliche Bescheidenheit. Er erkannte die Autonomie an, die Natur, Intellekt, Wissenschaft und Praxis bis dahin errungen hatten; er gab zu, daß, solange wir nicht im Himmel sind, nicht mit natürlicher Vernunft bewiesen werden kann, daß irgend etwas Übernatürliches in uns sei. Er hielt das Bewußtsein des Gegensatzes von Philosophie und Theologie wach: Die Philosophen (dabei dachte er an Aristoteles und die Araber) haben von Gott, von der Welt und vom Menschen eine andere Auffassung als die Theologie; ihr Gott ist ein ewiges Prinzip, aus dem mit Notwendigkeit die Welt emaniert; er ist nicht der freie Grund einer kontingenten Welt. Nach Pascal ist »der Gott der Philosophen« nicht der Gott Abrahams, Isaaks und Jakobs. Dieser Gegensatz war bereits ein Thema des Duns Scotus: Die

Philosophen haben den Hervorgang der Welt aus Gott für einen notwendigen Prozeß gehalten; sie haben auch die Rückkehr des Menschen zu Gott intellektualisiert und ihres freikontingenten Charakters beraubt.

Kritik an der Philosophie

Scotus sprach von Anfang an als Theologe über die Philosophie, aber er tat das in philosophisch produktiver Weise, indem er an die Philosophie eine Reihe von Fragen stellte.

Eine erste Gruppe von Fragen betraf ihren ethisch-praktischen Nutzen. Die Philosophen sagen, alles werde von seinem Ziel her bestimmt, insbesondere die Handlungen der Menschen. Aber wissen sie das Ziel, auf das wir alle unsere Handlungen zu richten haben? Duns bestand darauf, man könne mit »natürlicher Vernunft«[6] zeigen, daß der Mensch Klarheit brauche über sein Lebensziel. Man könne beweisen, daß Neutralität oder Skepsis in dieser Frage die Erreichung des Ziels verhindere. Man kann also mit philosophischen Mitteln den Philosophen zeigen, daß sie keine Antwort wissen auf eine Frage, die sie nach ihrer eigenen Logik nicht vermeiden können. Das heißt: Der Mensch bedarf der Theologie, weil sie eine eminent praktische Wissenschaft ist. Sie zeigt dem Wollen des Menschen ein Ziel. Sie sagt ihm, was und wie er zu lieben habe. »Praxis« verstand Duns als Wollen und Lieben; er ist allein schon deshalb als bedeutender Denker zu erwähnen, weil er, auf Augustin gestützt, die Theologie als eminent praktische Wissenschaft konzipiert und dabei den Begriff der Praxis genauer untersucht hat.[7] Aber er hat mehr getan; er hat an die Philosophen eine zweite Gruppe von Fragen gestellt, und zwar erkenntnistheoretische.

Er bestritt den Philosophen nicht jede Erkenntnis Gottes und des Lebensziels des Menschen. Aber er fragte sie nach dem Grund ihrer Gewißheit. Er erinnerte sie daran, daß nach ihrer eigenen Lehre der Mensch auf die sinnliche Erkenntnis angewiesen ist und daß Schlüsse von der sinnlichen Welt auf ihren nicht-sinnlichen Grund viele Anlässe zu Zweifeln liefern. Daher kritisierte er die Beweise, welche die Philosophen für die Unsterblichkeit der Seele gegeben hatten. Aristoteles habe sich darüber nie klar geäußert, und die Beweise anderer erwiesen sich bei näherer Prüfung als unsicher. Insbesondere kritisierte er das traditionelle Argument, der Mensch habe ein »natürliches Verlangen« nach der Unsterblichkeit. Dies Verlangen wäre nur »natürlich«, wenn seine natürliche Erfüllbarkeit feststünde, die Unsterblichkeit also bewiesen wäre.[8] Auch an dem Gottesbeweis aus der Bewegung übte Duns Kritik; andere Gottesbeweise ließ er gelten; er glaubte gar, das *Proslogion*-Argument Anselms dadurch retten zu können, daß er die Widerspruchslosigkeit jenes Wesens nachwies, das größer nicht gedacht werden kann.[9]

Duns trieb also seine Argumentenprüfung nicht bis zu einer prinzipiellen Kritik der Metaphysik. Insofern zeigt seine Philosophie den Charakter eines Übergangs. Er war Metaphysiker, auch wenn er die Metaphysik aus theologischen Motiven erkenntniskritisch befragte. Er lieferte Instrumente künftiger Metaphysikkritik, indem er folgende Figur der Kritik ausbaute:

Gibt ein metaphysisches Argument Beweise aus der Erfahrung? Dann überprüfe man noch einmal den Weg, der von der sinnlichen Erfahrung zu einem übersinnlichen Wesen führt. Gibt ein metaphysisches Argument keine Erfahrungsgründe an, sondern rein begriffliche Bestimmungen, so prüfe man, ob es unsere Erkenntnis erweitert.

Diese Überlegung entfaltete erst nach Scotus ihre verheerende Macht. Aber vom Elend der Metaphysik hatte er deutlich gesprochen: Sie schließt aus den Wirkungen auf die

Ursache, aber die Wirkungen lassen uns entweder im Zweifel über die Eigenart der Ursache, oder sie führen in die Irre.[10] Diese Vorsicht führte zu einer neuen Akzentsetzung im Begriff der Metaphysik. Avicenna hatte gelehrt, Gegenstand der Metaphysik sei das Seiende als Seiendes. Averroes hingegen hatte gesagt, Gott sei der primäre Gegenstand der Metaphysik. Duns stellte sich auf die Seite Avicennas: *Avicenna – cui contradixit commentator – bene dixit, et commentator male.*[11] Die weniger fromme Metaphysikdefinition dient der wahren Religion besser. Wenn die Metaphysiker wissen, daß sie vom Seienden als Seienden handeln, argumentieren sie vorsichtiger. Sie müssen sich fragen, was aus dieser Bestimmung folgt. Sie ist, nach Scotus, von solcher Allgemeinheit, daß sie zu einer inhaltsreichen Erkenntnis schwerlich führen kann. Wir müssen uns an das halten, was die metaphysisch erschlossenen Instanzen mit Sinnesdingen gemeinsam haben. Dies ist wenig und stürzt uns zudem in die Probleme des Übergehens vom Sinnlichen zum Nicht-Sinnlichen.

Was die Metaphysik leisten kann, ist die Ausarbeitung eines Begriffs des Seienden überhaupt. Dieser Begriff ist notwendig; er ist die Grundlage aller anderen Prädikationen. Dieser Begriff muß eindeutig (univok) gefaßt werden. Nicht als gebe es zwischen den Seienden keine Unterschiede. Im Hinblick auf diese Unterschiede lehrte Thomas von Aquino, das Wort »sein« werde nicht »univok«, sondern »analog« gebraucht. Duns wendete ein: Wenn wir in so verschiedenen Fällen denselben Begriff gebrauchen, muß er einen eindeutigen Sinn haben, oder wir müssen seinen Gebrauch unterlassen. Auch die Analogielehre hatte vorausgesetzt, daß es ein eindeutig Gemeinsames geben müsse. Sie achtete vorwiegend auf die reale Verschiedenheit; Scotus verstand seine Untersuchung mehr als die Analyse der Bedingungen jeden Sprechens. Er bestritt nicht, daß die univoken Bestimmungen in verschiedenen Formen realisiert sind; ihm ging es um die Kraft des Denkens, auch für die divergierendsten Fälle eine oberste Sammelbestimmung zu formulieren. Daß dieser allgemeinste Begriff leer ist, mochte ihm recht sein; es schränkte die Ansprüche der Metaphysiker an die Theologie ein.

Aber Scotus schränkte auch die Ansprüche der Theologie selbst ein. Ihr sagte er, daß sie ihre Inhalte nicht durch Teilhabe am ewigen Wissen Gottes habe. Er lehrte sie, sich als das Wissen von kontingenten Tatsachen zu begreifen. Gewiß sollte die Theologie »Weisheit« sein, aber im Sinne der Lebensleitung, nicht im Sinne apriorischer Deduktion. Scotus arbeitete daran, die Theologie von der Metaphysik und die Metaphysik von der Physik zu trennen. In keiner Hinsicht kam er zu einer endgültigen Ablösung. Aber die Tendenz war klar. Für die Metaphysik hieß das, daß sie gegen die aristotelische Tradition ihre Befreiung von der Physik betreiben mußte, worin die Einschränkung lag, daß sie sich auf notwendige Wesensbeziehungen zurückziehen mußte. Die Theologie verlor ihre spekulativ-apriorischen Inhalte; sie tendierte zur positiven Wissenschaft: »Unsere Theologie« – im Gegensatz zur Theologie Gottes – »behandelt de facto nur das, was in der Bibel steht und was aus ihr gefolgert werden kann.«[12] Ein solcher Satz entwickelte seine Brisanz erst, als im 15. Jahrhundert die philologische Behandlung des Bibeltextes und der Kirchentradition einsetzte. Die Wesenheit der Gottheit war dann keine theologische Geweninstanz mehr; Duns hatte gezeigt, daß der Theologe sie auch nicht kannte. Indem er gegen die Philosophen die Freiheit Gottes stark gemacht hatte, spitzte er das Bewußtsein der Kontingenz zu, auch für die Theologie.

Andererseits gewann bei ihm die Theologie dadurch, daß sie als kontingent durchschaute, was die Philosophen als Wesensnotwendigkeit ansehen mußten. Der philosophische Begriff vom Menschen und von seiner Erkenntnis geht von der Erfahrung aus. Er kennt den Menschen und sein Wissen nur in einem einzigen Zustand seiner Gesamtentwicklung. Er weiß weder, woher er kommt, noch welche Zukunftsmöglichkeiten in ihm liegen. Die philosophische Analyse bezieht sich auf den gegebenen Zustand der Menschheit. Aber dieser Zustand ist kontingent; er erschöpft nicht das Wesen des Menschen. Die Philosophie läuft in die Irre, weil sie sich festlegt auf einen einzelnen Zustand der Menschheit, zudem auf einen Zustand des Verfalls. Die Offenbarung, wie Scotus sie dachte, hält uns an, höher vom Menschen zu denken und sein kontingentes Befinden nicht mit seinem wahren Wesen zu verwechseln. Die Philosophen irren so leicht, weil sie aus Sinnesdaten Wesensnotwendigkeiten gewinnen müssen und weil unsere sinnliche Erfahrung noch nicht zeigt, wozu wir fähig sind.

Die Neubewertung des Einzelnen

Duns' Theorie der Erkenntnis sollte zur Einschränkung der Philosophie dienen und führte doch zur Freisetzung philosophischer Möglichkeiten: Wenn der Glaube lehrt, der Mensch sei berufen, Gott »von Angesicht zu Angesicht« zu schauen, so sagt er damit auch etwas über die geistige Erkenntnis des Menschen: Sie muß zu einer direkten (intuitiven, nicht auf Abstraktion beruhenden) Erkenntnis fähig sein. Denn wenn die Schau Gottes auch auf der freien Gnade Gottes beruht, so setzt sie doch ein natürliches Vermögen des Menschen zu geistiger Anschauung voraus. Die vollkommenste Tätigkeit unserer Vernunft muß daher eine intellektuelle Anschauung sein, nicht das Abstrahieren und nicht die Zusammensetzung abstrahierter Elemente zu einem Urteil.[13] Scotus nannte diese geistige Tätigkeit »intuitive« Erkenntnis. Er definierte sie dadurch, daß sie, im Unterschied zur abstraktiven Erkenntnis, den Gegenstand als existierend und anwesend erfaßt und daß sie dazu keines zusätzlichen Bildes (*species*) von ihm bedarf. Dies brachte Scotus in Gegensatz zur Erkenntnistheorie der Aristoteliker: Für sie ging geistige Erkenntnis auf das Allgemeine; das Sinnliche, Einzelne, Anwesende war Sache der Sinne; die geistige Erkenntnis brauchte als Medium ein verallgemeinerndes Erkenntnisbild (*species*).

Dagegen lehrte Scotus, daß es eine geistige Erkenntnis gebe, die direkt das Einzelne erfasse, auch wenn es sinnlich sei. Er verringerte also den Abstand von sinnlicher und geistiger Erkenntnis; er baute den komplizierten Vermittlungsapparat der »Erkenntnisbilder« (*species*) ab, zu dem die Aristoteliker hatten greifen müssen, um sinnliche und geistige Erkenntnis zusammenzubringen. Scotus brach mit dem auch bei Aristoteles gültigen platonisierenden Dogma, das Einzelne und Sinnliche könne nicht Gegenstand geistiger Erkenntnis werden. Eine Erkenntnis, die sich auf Einzelnes richte, sei deswegen nichts Unvollkommenes.

Diese Überlegung war zwar theologisch motiviert, aber philosophisch durchgeführt: Die Erkenntnislehre der christlichen Aristoteliker sah sich Einwänden ausgesetzt, denen sie auf die Dauer nicht gewachsen war. Die neue Lehre war einfacher, d. h., sie kam mit weniger Zusatzhypothesen aus als die *species*-Lehre, und sie wertete das Einzelne und den Einzelnen auf. Sowohl die Tendenz zur Denkökonomie als auch die zur Höherbewertung der Individualität waren realgeschichtlich an der Zeit. Insofern brachte Scotus den Übergang zu einer neuen, eher empiristischen Philosophie.

Er selbst blieb Metaphysiker. Er hielt fest an der Realität des Allgemeinen. Im Spätmittelalter hießen die Scotisten ebenso wie die Albertisten und Thomisten »Realisten«: Sie hielten die allgemeine Natur, z. B. das Menschsein, für real. Doch forderte Scotus eine genauere Erklärung der Realität der »gemeinsamen Natur«. Wie unterscheidet sich die allgemeine Natur vom Individuum? Bildet sie zu ihm einen »realen« Unterschied? Dann haben wir zwei »Sachen«; dann verselbständigen wir das Allgemeine. Bildet sie zu ihm nur einen gedanklichen Unterschied? Dann existiert nur das Individuelle; dann ist nicht einzusehen, wieso allgemeine Sätze wahr sein können. Das wäre der Nominalismus. Scotus suchte einen Mittelweg, und er erfand dafür einen Ausdruck: Die allgemeine Natur (das Menschsein) und das Einzelding (der individuelle Mensch) seien »formal verschieden« (*distinctio formalis*). Diese Theorie gestand zunächst einmal zu, daß die bisherigen Theorien eines realen Allgemeinen unbefriedigend waren; schon deshalb bildete sie ein weitertreibendes Element: Der »Realismus« verlor an Selbstverständlichkeit. Da die Theorie des Scotus alle Zeichen eines nur verbalen Kompromisses trug, bot sie keine bleibende Lösung für den Universalienstreit. Man brauchte nur zu fragen, ob eine »formale« Distinktion eine reale oder bloß eine gedachte war, und man befand sich entweder im Lager der älteren Realisten oder stand bei den Nominalisten. So trieb Scotus die Entwicklung voran, gerade dort, wo er sie durch subtile Unterscheidungen zum Abschluß zu bringen gedachte. Es waren zu viele Neuerungen nötig, um das Alte zu stützen. Was blieb, war der neue Standard an begrifflicher Strenge, waren die Beispiele scharfsinniger Kritik an berühmten Argumenten, war der Rekurs auf die sinnliche Erfahrung, auf Praxis und auf Wille. Die Welt erschien insgesamt kontingenter und individueller. Und Scotus entwarf dieses neue Bild nicht durch theologische Autoritätsbeweise, sondern durch detaillierte Kritik der Werke der Philosophen. So kritisierte er auch die aristotelisierende Theorie der Individualität, wonach die Form immer allgemein ist, die Individualität aber aus der Materie stammt. Nach Duns ist alles, was real ist, von sich aus individuell. Wenn Duns das Wort

»Dies-Haftigkeit« (*haecceitas*) prägte, so war dies nur eine neue Vokabel. Aber er sprach damit ein neues Bewußtsein vom Wert der Individualität aus, ein Bewußtsein, das hinausdrängte über die theologischen Inhalte und die scholastische Argumentationsweise des englischen Franziskaners.

42 Wilhelm von Ockham

Die mittelalterliche Philosophie beginnt man zu verstehen, wenn man die Entwicklung vor Augen hat, die sich zwischen 1080 und 1320 vollzogen hat, also zwischen Anselm von Canterbury und Wilhelm von Ockham († um 1349). Man braucht nur wenige Seiten der beiden Autoren vergleichend zu lesen, um zu sehen, wie viel komplizierter die Welt geworden ist. Die Sprache Ockhams ist technisch zugespitzt; Anselm kam mit einem Minimum an Terminologie aus. Anselm war allerdings nicht der naive Beter, als der er heute manchmal dargestellt wird; er beanspruchte, streng rationale Argumente zu geben, die auch einen Ungläubigen überzeugen können sollten; er unterschied klar zwischen Glauben und Wissen, aber er kannte nicht die Konkurrenz der beiden Disziplinen »Philosophie« und »Theologie«. Diese war ein Ergebnis der Entwicklung des 13. Jahrhunderts; Ockham arbeitete an ihr, und zwar indem er mit philosophischen Argumenten die Ansprüche der Philosophie einzugrenzen versuchte. Nicht, als ob er die Philosophie aus der Theologie hätte vertreiben wollen – er war kein Fideist; er war vom Nutzen der Philosophie auch für die Theologie überzeugt; aber er konnte das Zusammenleben der beiden Disziplinen nicht mehr so harmonisch sehen wie Thomas von Aquino. Wie den späten Bonaventura und wie Duns Scotus beschäftigten ihn die »Irrtümer der Philosophie«, nur dachte er präziser als Bonaventura und verwarf aufgrund eines neuen Wissenschaftsbegriffs die retardierenden Hilfskonstruktionen des Duns Scotus (wie die *distinctio formalis*). Von einigen der philosophischen »Irrtümer« gab er zu, daß sie mit rein philosophischen Argumenten nicht zu korrigieren waren – dies warf grelles Licht auf die Grenzen der Vernunft und auf ihren Kontrast zur Theologie. Seine Einsicht konnte ebenso zu einer fideistischen Theologie führen wie zur Verwerfung der Theologie im Namen der Vernunft. Dies alles waren Komplikationen, die Anselm ferngelegen hatten; sie setzten die Aristoteles-Rezeption, die Averroismusdebatte und die franziskanische Reaktion auf die Versuche einer Synthese zwischen Augustin und Averroes voraus. Aus dieser Situation ergab sich – wiederum in charakteristischem Kontrast zu Anselm – eine Verschiebung der philosophischen Thematik hin zur Analyse der menschlichen Erkenntnis und zur Theorie des Wissens. Vergleicht man Ockhams Sentenzenkommentar mit dem Bonaventuras, so fällt schon an Ockhams ausgedehntem Prolog auf, wie sich in diesen 70 Jahren das Schwergewicht verlagert hat. Die Frage, wie wir Gott erkennen können (die Anselm und Bonaventura nicht völlig fremd war) und was menschliche Erkenntnis überhaupt sei, rückt nach 1300 in den Vordergrund. Das »objektive« Zeitalter war zu Ende; die Epoche der Erkenntniskritik und der Wissensanalyse hatte begonnen. Bei Ockham verschlang die Erkenntniskritik noch nicht die Theologie und die Metaphysik. Aber auch diese Möglichkeit war eröffnet, und sie wurde noch vor der Jahrhundertmitte realisiert (Nicolaus von Autrecourt).

Die innermittelalterliche Entwicklung von 1080 bis 1320 war nicht nur eine der Theorie. Der Westen hatte seinen ökonomischen Boom; die Stadt- und Geldwirtschaft hatte sich entwickelt; das Problem der Armut hatte die Christenheit erschüttert; die mächtigste Ketzerbewegung ausgelöst und die Entstehung der Bettelorden provoziert. Ockham war wie Bonaventura Franziskaner; aber er endete nicht wie Bonaventura als Kardinal, sondern als Gegner des Papstes und als Verteidiger der radikalen Armut. War Anselm noch ohne innere Zerrissenheit der Primas von England, der aus Papsttreue ins Exil ging, hatte Bonaventura die Spannung des Minderbruders und des Kirchenfürsten in sich ausgehalten, so stand Ockham nicht nur außerhalb der kirchlichen Hierarchie; er stand gegen sie. Die staatliche Macht fing jetzt an, ihre eigenen Theoretiker zu haben; der weltliche Staat begann, eine Kultur zu entwickeln, wie sie bisher einzig der Kirche vorbehalten war. Ockham, der bis 1324 ruhig in Oxford und London Philosophie doziert hatte, wurde dann nach Avignon zur Kurie zitiert, sollte auf seinen Prozeß warten, floh aber 1328 zusammen mit den Führern des Franziskanerordens aus Avignon und begab sich in den Schutz des Kaisers Ludwig des Bayern. Er arbeitete von 1330 bis zu seinem Tode als politischer Schriftsteller in München. Sein Leben als Denker und Autor zerfiel so in zwei ungleiche Hälften, von denen keine einen Vorzug vor der anderen verdient. Beide sind historisch wichtig und philosophisch relevant.

Es besteht gerade bei deutschen Autoren eine Neigung, die theoretische Philosophie Ockhams vor seiner politischen auszuzeichnen, als habe es sich bei der letzteren nur um polemische Tagesschriftstellerei gehandelt. Je weiter die Erforschung der theoretischen Positionen Ockhams in den letzten 40 Jahren fortgeschritten ist, um so deutlicher wurde, wie diese in die zeitgenössischen Debatten eingebunden sind: Sie sind nicht »zeitloser« als die politische Philosophie Ockhams. Je eindringlicher man sich mit den politischen Texten Ockhams befaßte, um so mehr thematisierte man ihren Zusammenhang mit der theoretischen Philosophie.[1] Auch wo sich dieser Zusammenhang (noch?) nicht zeigt, ist die Doppelung historisch charakteristisch: Nicht nur das Denken ist seit 1080 komplizierter geworden, sondern das gesamte gesellschaftliche Leben. Mit den beiden Phasen seines Arbeitens dokumentiert Ockham die neue Konstellation des 14. Jahrhunderts.

Die Kompliziertheit seiner historischen Situation spiegelt sich noch in den Divergenzen seiner Interpreten. Die Uneinigkeit wurde lange Zeit begünstigt durch das Fehlen einer kritischen Edition[2], durch aktualisierende Inanspruchnahmen (Ockham als eine Art »Vorläufer«, sei's Luthers, sei's des Skeptizismus) und, neuerdings, durch beschwichtigendes Hervorkehren traditioneller Motive, die bei Ockham stehengeblieben sind. Um ihn vor thomistischen Angriffen zu schützen, hat man ihn als frommen Franziskaner stilisiert, so daß seine Verunsicherung der Metaphysik und der Papstkirche, also seine historische Wirkung, verblaßte.[3]

Einer Zeit der pauschalen Verurteilungen folgte die Zeit der gelehrten Verharmlosungen, die bei aller Korrektheit im Detail den geschichtlichen Prozeß verfehlen, der die erste Hälfte des 14. Jahrhunderts charakterisiert. Das Verhältnis von Philosophie und Theologie, seit etwa 1270 in die Krise geraten, spitzte sich in der Generation nach Duns Scotus zu. Man konnte darauf wie Lull und Eckhart reagieren, also durch eine Reform der Philosophie die Hauptinhalte des Christentums zu den Hauptinhalten der Philosophie erklären. Man konnte aber auch wie Ockham dem Glauben einen rational nicht anfechtbaren Sonderplatz sichern. Auch diese Taktik hatte ihre große Tradition; es hatte schon immer in der Kirche neben der harmonisierenden Vereinnahmung der Philosophie ihre Kritik gegeben. Es wäre also ungeschichtlich gedacht, in Ockham eine unmittelalterliche Denkweise zu sehen: Nicht nur die erweiternde Transformation der Philosophie (wie bei Lull und Eckhart), sondern auch ihre einschränkende Kritik konnte im Dienst der Theologie stehen und philosophisch fruchtbar sein.[4] Ockhams Kritik thematisierte die Eigenart menschlicher Erkenntnis, ohne daß er allein diese Wende vollbracht hätte. Dennoch bedeutet er einen Meilenstein in der Entwicklung der Philosophie von der spekulativen Gotteslehre und Kosmologie zur Analysis und zur Erkenntniskritik, ebenso aber auch zum Bewußtwerden der ethisch-politischen Praxis.

Es ist nicht möglich und nicht nötig, das komplizierte Denken Ockhams auf eine Formel zu bringen. Schlagwörter wie »Nominalismus« oder »Skeptizismus« haben mehr verdeckt als erhellt. Man muß sehen, woran er arbeitete. Ockham formulierte

einen Rationalitätsstandard,
eine Wirklichkeitskonzeption,
eine Individualitäts- und Freiheitserfahrung,

wie sie einer entscheidenden Tendenz der gesamtgeschichtlichen Entwicklung um 1320 entsprachen.[5] Im Handwerk wie in der Stadtorganisation, in der Staatsverwaltung wie in der Universität hatte sich eine Rationalität entwickelt, die auf den Begriff gebracht sein wollte. Wenn man auf das Christentum als Lebensdeutung nicht verzichten konnte, mußte es zu Komplikationen kommen. Ockham arbeitete daran, diese Komplikationen wenigstens klar auszusprechen.

Der neue Rationalitätsstandard

»Die Theologie ist keine Wissenschaft«[6] – ein Theologe, der gegen 1317 seinen Kommentar mit dieser Erklärung einleitete, hatte nicht nur Courage; er hatte seinen eigenen, strengen Begriff von »Wissenschaft«. Ockham formulierte seine These sorgfältig dahin, Theologie sei nicht »im strikten Sinne« eine Wissenschaft. Trotz dieser Sorgfalt: Der Affront blieb. Ockham, der später polemisch schreiben wird, Gott sei nicht nur ein Gott für Kleriker, sondern auch für Laien, hob sorglich hervor, daß damit der Vorrang der Theologen vor dem einfachen Gläubigen neu durchdacht werden müsse.[7] Der Affront blieb, denn der strenge Begriff von »Wissenschaft«, den Ockham gebrauchte, war seit der Aristoteles-Rezeption allgemein angenommen. Danach besteht die »Wissenschaft« nicht im Aufzählen von Fakten, sondern in der Erkenntnis des Allgemeinen und Notwendigen. Diese Erkenntnis ist nur erreichbar durch Zurückführung auf Prinzipien. Diesen nicht-positivistischen Wissenschaftsbegriff teilten seit etwa 1250 alle Philosophen des Westens. Aber sie machten sich nicht klar, was es für die Theologie bedeutete. Thomas von Aquino, für den die Theologie nicht nur eine Wissenschaft, sondern die höchste Form menschlichen Wissens war, hatte sich mit der Erklärung geholfen, Gott und die Seligen hätten die Erkenntnis der Prinzipien, wir dagegen hätten die Erkenntnis der Folgerungen aus diesen Prinzipien. Es hätte nicht des Scharfsinns Ockhams bedurft, um diesen Rettungsversuch als nichtig zu entlarven: *nihil est dicere*, es sei nichtssagend, es sei kindisch (*puerile*) zu sagen: ich weiß die Schlußfolgerungen, weil Gott die Prinzipien weiß und ich ihm glaube.[8] Zum aristotelischen Wissenschaftsbegriff gehört, daß es derselbe Wissende ist, der Beweisgründe und Schlußfolgerungen weiß. Thomas hat ihn inkonsequent rezipiert; er begnügte sich damit, die Würde und den Vorrang der Theologie mit aristotelischen Vokabeln zierend zu beschreiben, während Ockham auf den Begriff der Wissenschaft drängte. »Glauben« heißt nach Ockham »zustimmen, ohne Evidenz zu haben, aufgrund des Befehls des Willens«;[9] die Aufgabe der Theologie ist es, einen solchen willensbegründeten Glauben »zu verteidigen und zu stärken«. Man sieht, wie sich die voluntaristische Komponente des ockhamistischen Glaubensbegriffs aus einer philosophischen Konzeption ergibt; sie folgte aus der strikten Fassung des Wissensbegriffs und aus dem Verzicht auf halbherzige Vermittlungen. Weil er auf Konsequenz achtete, kam Ockham die thomistische Ehrenrettung der Theologie als Wissenschaft »nichtssagend« und »kindisch« vor.

Dieser Einzelfall belegt, wie wenig die Philosophie des 14. Jahrhunderts ein »Verfall« war. Der Argumentationsstandard war insgesamt gestiegen seit der Mitte des 13. Jahrhunderts. Der intensivierte Logikunterricht trug Früchte: Man präzisierte die Bedeutung der Termini, man kontrollierte die Stringenz der Schlußfolgerungen. Ferner hatte Duns Scotus gerade den Franziskanern gezeigt, daß mit den apokalyptischen Beschwörungen, die der späte Bonaventura der Aristoteles-Rezeption entgegensetzte, in dem neuen Jahrhundert nicht wohl auszukommen war: Man mußte Aristoteles genauer studieren; man mußte die innere Konsequenz seiner Theoreme, z. B. seines Wissensbegriffs, respektieren. Ein denkender Christ, ein philosophischer Anhänger der Armutsbewegung konnte Aristoteles zwar verwerfen, er sollte ihn aber nicht entstellen. Die Harmonisierungen des Thomas waren unter deren eigenen Voraussetzungen zu kritisieren, nicht von außen. Dies hatten Bonaventura, Olivi und Duns vorgeführt; Ockham fand diesen Geist der wissenschaftlichen Redlichkeit, der nicht auf die Ausbildung einer »franziskanischen Philosophie«, sondern auf Präzision und Stringenz ausging, in seinem Orden vor. Er intensivierte ihn aber, und zwar durch die konsequente Anwendung dreier Regeln, die er nicht erfunden hatte, denen er aber ein neues Gewicht verlieh:

Die erste Regel verbot, die Erklärungsgründe unnötig zu vermehren.[10] Man spricht in diesem Zusammenhang von »Ockhams Rasiermesser«: Alle überflüssigen, alle unnötig komplizierten Erklärungen sind wegzuschneiden. Man spricht – in allzu sorgloser Annäherung von »Denken«

und »Ökonomie« – bei Ockham von »Denkökonomie«; die Theorie sollte lernen, sparsam zu sein. Ockhams erste Regel war alt, aber die Intensität, mit der er sie anwendete, läßt sich als Reflex und als stabilisierende Stütze frühbürgerlicher Wirtschaftserfahrungen deuten. Intensität der Anwendung, das bedeutet: Ockham nahm die alte Regel als strenge Verfahrensvorschrift. Er bestand darauf, man dürfe niemals gegen das Ökonomieprinzip verstoßen, wenn nicht eine zwingende Erfahrung, ein zwingender Vernunftbeweis oder eine zwingende Autorität dies fordere. Ockham war strenger als seine Vorgänger bei der Prüfung dessen, was als »zwingender« Anlaß für eine Theorienkomplikation gelten konnte. Dabei mußten die an Vokabeln orientierte Ontologie und Erkenntnislehre Federn lassen. Ockham schärfte ein, nicht überall, wo eine Vielzahl von Vokabeln vorhanden sei, existiere auch eine Vielzahl von Realgründen. Metaphysikkritik aus sprachanalytischer Intention, Reduktion der ontologischen und gnoseologischen Instanzen – diese Methodologie der Vereinfachung charakterisiert mehr als alle Einzelthesen das Philosophieren Ockhams.

Eine zweite Regel Ockhams könnte man so formulieren: Beim Disput über eine Sache oder einen Begriff frage deinen Mitunterredner: Woher weißt du das? Untersuche den Ursprung deiner Vorstellungen. Ockham hat diese Regel nicht ausdrücklich formuliert, aber an zahlreichen Stellen beweist er, daß er sie klar vor Augen hatte, und zwar in folgender, sehr spezifischer Form: Bei jeder Vorstellung, die evident zu sein scheint, untersuche, ob sie durch sich selbst evident ist, also durch reine Begriffsanalyse zu erhalten ist, oder ob sie abgeleitet ist. Ist sie abgeleitet, dann entweder aus etwas anderem, das durch sich selbst bekannt ist, oder aus Erfahrung. Die Erfahrung muß zuletzt auf direkter Gegenstandserfassung (*notitia intuitiva*) beruhen. Ockhams Grundsatz, nur durch direkte Gegenstandserfassung (*cogni-*

tio intuitiva, die insofern auch die *cognitio abstractiva* – gegen Scotus' Meinung – einschließt) sei Erkenntnis möglich, ging auf die aristotelische Lehre zurück, wonach alle Erkenntnis mit den Sinnen beginnt. Aber Ockham faßte sie als offensive Analyse theoretischer Ansprüche, z. B. der traditionellen Lehre von den Ideen. Ockham benutzte den aristotelischen Gedanken als Messer der Kritik. Auch wenn er selbst daraus nicht das Ende aller Metaphysik folgerte, so begünstigte seine Alternative (entweder aus reinen Begriffen oder aus Erfahrung) doch eine Tendenz in diese Richtung: Stammte eine Erkenntnis aus Erfahrung, war sie zwar gesichert, aber als bloße Faktenaussage. Wie sollte sie »notwendig«, folglich im strengen Sinne »wißbar« sein? Wie sollte sie über die Erfahrung hinausführen, folglich metaphysisch sein? War sie durch sich selbst evident, dann ergab sie sich aus dem Begriff. Aber sie hatte keinen Realitätsgehalt außer durch Bezug auf direkte Gegenstandserfassung, die allemal kontingent ist, nach Ockham. Ockham glaubte noch, den Graben überbrücken zu können; er kritisierte die traditionellen Gottesbeweise im einzelnen, er bestritt die Beweisbarkeit der Einzigkeit Gottes, aber er hielt fest an der prinzipiellen Möglichkeit einer philosophischen Theologie. In einer Zivilisation, die charakterisiert war durch eine abstraktionsfreundliche Schulkultur, thematisierte er den prekären Charakter der Abstraktion. Allgemeine, gar wissenschaftliche Sätze haben, auch wenn sie kategorisch formuliert sind, einen hypothetischen Charakter. Sie sagen, was sein kann. Daher auch Ockhams Kritik an den »Ideen« der platonischen Tradition: Sie sagen nur dann etwas Bestimmtes, wenn wir über den unter sie fallenden Gegenstand aus anderer Quelle schon etwas wissen. Die metaphysischen Erklärungsgründe der Tradition fallen dieser Kritik entweder völlig zum Opfer (so der »tätige Verstand« und das reale Allgemeine), oder sie erhalten einen abhängigen Charakter. Die

Unsterblichkeit der Seele hielt Ockham nicht mehr für beweisbar; sie könne weder durch reine Begriffe noch aus Erfahrung erschlossen werden. Wir können an sie glauben; aber wenn jemand allein der Vernunft folgen würde, müßte er sie leugnen.

Eine dritte Regel, die Ockhams Vorgehen bestimmt, schreibt folgende Untersuchung vor: Wenn die Verknüpfung zweier Dinge oder Eigenschaften behauptet wird, so untersuche, ob ihre Trennung einen Widerspruch einschlösse.[11] Ockham sprach in diesem Zusammenhang gern von der Allmacht Gottes, die alles trennen könne, dessen Trennung keinen Widerspruch einschlösse. In der neueren Literatur spricht man deswegen vom »Omnipotenzprinzip« in der Philosophie Ockhams. Entscheidend ist, wie er das aus der religiösen Sphäre stammende Motiv de facto verwendet hat. Und dabei zeigt sich, daß Ockham sich auf die Vorstellung des allmächtigen Gottes nur berief, um zur Untersuchung der Widersprüchlichkeit bzw. Nicht-Widersprüchlichkeit der Trennungen aufzufordern. Fast immer zeigt er die Nicht-Widersprüchlichkeit. Das heißt: Fast alles, was faktisch zusammen vorkommt, muß nicht immer und nicht mit Notwendigkeit zusammen vorkommen. Ockham verwarf deshalb nicht völlig die Begriffe »Ursache« und »Wirkung«, aber er problematisierte sie. Die Existenz keines A impliziert von sich aus die Existenz eines B. Wir können ein Ding »Ursache« nennen, wenn wir finden, daß ihm regelmäßig ein anderes folgt. Die Regelmäßigkeit dieser Abfolge sah Ockham gesichert durch die Konstanz des Naturverlaufs, die er, von besonderen Eingriffen der Gottheit abgesehen, für gegeben ansah. Die Natur selbst hielt er für durchgängig, mit Notwendigkeit, bestimmt. In ihr selbst gibt es kein Unbestimmtes, Zufälliges. Die Regelmäßigkeit der Abfolge in der Natur bedeutet aber nicht, daß man die Erkenntnis der Wirkung aus der Kenntnis der Ursache ableiten könnte. Der

Kausalzusammenhang läßt sich aus Begriffen nicht beweisen. Daher war das kritische Potential gerade seiner dritten Regel erheblich: Ockham unterstellte unser Wissen von Naturverknüpfungen zuletzt wieder der Erfahrung; er lehrte die Alltagserfahrung mit der Besorgnis zu betrachten, sie habe einen doppelten Boden. Unser tatsächliches Leben erschien als eine Summe kontingenter Fakten.

Seit Anselm die rohe Omnipotenzvorstellung des Petrus Damiani argumentativ bekämpft hatte, hatte die mittelalterliche Metaphysik an der Kontingenzbeseitigung gearbeitet. Der Aristotelismus verstärkte insgesamt diese Neigung. Indem Ockham konsequent untersuchte, welche Verbindungen als denknotwendig gewußt werden können, enthüllte er die Nicht-Notwendigkeit der tatsächlichen menschlichen Erfahrung von Natur und Gesellschaft. Was die Welt an metaphysischem Glanz verlor, gewann das Denken an Radikalität und das Handeln als Spielraum zurück.

Die Konstanz des Naturablaufs kann, wie gesagt, nach Ockham durch göttliche Wunder unterbrochen werden. Er war ein viel zu scharfer Analytiker, um nicht die Folgen zu sehen, die ein solcher Allmachtserweis für das menschliche Wissen hat: Es ist nur »normalerweise« berechtigt, von Wirkungen auf Ursachen zu schließen. Es kann zwar glauben, daß der christliche Gott nicht in grundloser, wilder Folge solche Eingriffe vornehmen wird, aber es weiß nicht, ob in einem gegebenen Fall Gott eine Ausnahme gemacht hat. Nachdem Ockham das menschliche Wissen auf die direkte Gegenstandserfassung gegründet hatte, war es überaus einschneidend, wenn dieser faktische Boden unseres Wissens schwankte. Ockham sagte, dies sei in der natürlichen Ordnung der Dinge nicht der Fall, aber Gott könne jederzeit jede Wirkung selbst auslösen, die natürlicherweise ein Geschöpf auslöst. Er kann machen, daß wir Sonnenschein sehen, ohne daß die Sonne tatsächlich da ist. Er kann die direkte Gegenstandserfassung nicht existierender Gegenstände in uns auslösen; ein Widerspruch liegt darin nach Ockham nicht. Genau genommen hat Ockham in dieser wichtigen Frage geschwankt. Im *Sentenzenkommentar* sagte er, Gott könne die intuitive Erkenntnis eines nicht-existierenden Gegenstandes in uns verursachen. Er definierte die intuitive Erkenntnis schon im Hinblick auf diese Möglichkeit, indem er sagte, die intuitive Erkenntnis sei jene, die, »natürlich gesprochen«, d. h. ohne Rücksicht auf Gottes Allmacht, unmittelbar vom Gegenstand verursacht wird.[12] In den späteren *Quodlibeta* stellte Ockham klar: Gott kann keine evidente Erkenntnis der Anwesenheit eines abwesenden Gegenstandes in mir erzeugen, denn das schlösse einen Widerspruch ein.[13] Gott kann aber sehr wohl den Glauben in mir erzeugen, etwas Abwesendes sei anwesend. Er kann in mir nicht den Zustand unmittelbarer Evidenz des Abwesenden hervorbringen; insofern lehrt Ockham in den *Quodlibeta*, daß die intuitive Erkenntnis nicht-existierender Dinge widersprüchlich, folglich unmöglich ist. Aber das Ergebnis war für unsere Erkenntnisgewißheit keine Ermunterung: Denn den Akt des *Urteils*, ein abwesender Gegenstand sei anwesend, kann Gott jederzeit widerspruchsfrei in uns auslösen. Wenn Ockham sagt, dies sei dann aber keine intuitive, sondern eine abstraktive Erkenntnis,[14] dann hat er zwar Klarheit der Terminologie hergestellt, aber er hat dem nicht geholfen, der durch Gottes Allmachtseingriff eine Sache zu sehen glaubt, die nicht vorhanden ist.

Die eher beschwichtigenden Ockham-Ausleger betonen gerne, daß Ockham an der natürlichen Gegenstandsgebundenheit der direkten Gegenstandserfassung festhalte, daß er für den Normalfall die Wahrheit unserer Welterkenntnis nicht bestreite. Aber so richtig dies ist, bereits das Rechnen mit der Möglichkeit der Erkenntnis nicht-existierender Dinge war eine erkenntnistheoretische Katastrophe. Der Skeptizismus war dann schwer abzuweisen: Man konnte nie wissen, ob man etwas sah, das existierte; man konnte nur wissen, daß man es »natürlicherweise« tat. Daß Gott alle Wirkungen der Geschöpfe jederzeit ersetzen bzw. selbst hervorbringen konnte, war nicht eine zweifelsüchtige Gedankenkonstruktion Ockhams; es war seit etwa 1100 die allgemeine Ansicht der westlichen Denker. Seit der Verurteilung Berengars lehrten fast alle, Gott erhalte die Erscheinungsformen des Brotes im Dasein, ersetze aber bei der Eucharistie die Substanz des Brotes durch die Substanz des Leibes Christi. Jeder Mensch sah also etwas, nämlich Brot, obwohl gar kein Brot da war. Ockham beugte sich dieser Lehre, obwohl er klar aussprach, daß sie der Vernunft widerstrebt und von der Bibel nicht erzwungen werde. Aber er akzeptierte sie nicht nur; er zeigte die Konsequenzen dessen, was allgemein akzeptiert wurde. Man konnte seine Analyse gegen die Vernunft wie gegen die scholastische Abendmahlslehre kehren. Man hat beides in Ockhams Folge getan.

Die neue Konzeption der Wirklichkeit

Die Stärke Ockhams lag in seiner logischen Analyse, in der Einforderung strikt durchgehaltener Rationalität bei der Prüfung von Argumenten, kurz: Sie lag in der Kritik. Er kritisierte die Inkonsequenz im Umgang mit aristotelischen Theoremen, die sprachgegängelte Ontologie, die überflüssige Vermehrung der Erklärungsgründe. Wie jede Kritik, setzte auch die Ockhams Bewertungsmaßstäbe voraus. Dazu zählten nicht nur seine Rationalitätskriterien, sondern ebenso seine neue Konzeption der Realität. Danach ist alles, was wirklich ist, individuell. Es ist radikal individuell, d. h. es enthält nicht ein einziges reales Element, das allgemein wäre, also keinen »Wesenskern« oder dergleichen. Auch diese These konnte sich auf Aristoteles berufen, wenigstens auf wesentliche Teile seiner Werke. Aber bei Ockham wurde daraus etwas Neues, wenn ihm auch Abaelard in der Verwerfung eines realen Allgemeinen und Duns mit der Hervorhebung der Individualität vorangegangen waren. Soll man das Neue bei Ockham »Nominalismus« nennen? Dies hängt davon ab, wie man diesen Ausdruck definiert. Versteht man darunter die konsequente Bestreitung jeder Art von existierendem Allgemeinen, so war Ockham Nominalist. Versteht man darunter eine Philosophie, die in den allgemeinen Ausdrücken der menschlichen Sprache bloß Namen sieht, die keinen erkennbaren Bezug zur Realität haben, so war Ockham kein »Nominalist«, sondern ein naiver »Realist« (»Realist« in der modernen Bedeutung des Wortes). Denn nach ihm sollten allgemeine Ausdrücke (wie »Mensch«), sofern sie auf direkter Gegenstandserfassung basieren, für real existierende, individuelle Menschen stehen oder, wie er sagte, »supponieren«. Diesen Begriffen sollte in den individuellen Gegenständen etwas entsprechen, z. B. deren tatsächlich vorhandene Ähnlichkeit. Aber die Kritik Ockhams richtete sich gegen die Vorstellung, eine solche Gemeinsamkeit der individuellen Dinge sei deren realer Bestandteil. In immer neuen Wendungen verfolgte er die Vorstellung eines selbständigen Allgemeinen, um sie als widersprüchlich und für die Welterklärung unnütz zu erweisen. Im 15. Kapitel des 1. Buches der *Summa logicae* faßte er seine Einwände noch einmal zusammen. Sie richten sich gegen den Restplatonismus, der bei vielen mittelalterlichen Aristotelikern stehengeblieben war.[15] Ockham bestand darauf, daß »Substanz« nichts anderes bedeute als Individualität (bei Aristoteles war das anders); er aktualisierte die aristotelischen Einwände gegen ein abgetrenntes Universale. Er verwarf die Vorstellung, die »Art« (*species*) sei eine reale Macht über den Einzelnen oder eine reale Gemeinsamkeit der Teilhaber einer

Species, denn in diesem Falle mußten dem Allgemeinen gleichzeitig widersprechende Prädikate zukommen. Wäre »Menschsein« eine Realität, so wäre es gleichzeitig ruhend und bewegt, gleichzeitig glückselig und elend. Die Art- und Gattungsbegriffe sind aber nicht nichts; sie sind kein bloßer »Name«, sondern sie sind Qualitäten der Seele; sie sind der Erkenntnisakt selbst, der sich durch sie auf die Realität richten kann. Ockham dachte die Begriffe als Zeichen, nicht mehr, wie die ältere Abstraktionstheorie, als Bild.

Man mache sich den Umschwung klar, den diese These Ockhams innerhalb der Lebenswelt des Mittelalters bedeutete: 80 Jahre vorher, auch bei dem »Aristoteliker« Thomas, war das Einzelne nicht einmal als Gegenstand geistiger Erkenntnis anerkannt. Geistige Erkenntnis hatte es per definitionem mit dem Allgemeinen zu tun. Davon haben wir in Ockhams Wissenschaftsbegriff einen Nachklang gehört. Jetzt, um 1320, wurde das Einzelne wesentliches Element der Erkenntnis. Hatten viele Denker der christlichen Antike und des Mittelalters die Arten und Gattungen so real genommen, daß sie die Menschheit, nicht den Einzelnen, zum eigentlichen Gegenstand der Erlösung machten, so brach Ockham scharf mit diesem christlichen Platonismus. Auch in der religiösen Erfahrung war ihm der Einzelne die eigentliche Wirklichkeit. Man hat ihm »Individualismus« vorgeworfen. Abgesehen davon, daß dieser Vorwurf ein stehender Topos der klerikalen und der nazistischen Kritik an den bürgerlichen Freiheiten und am Liberalismus war, verdeckt er die geschichtliche Funktion der ockhamistischen Philosophie: Sie brachte auf den Begriff, was sich in der politischen, sozialen und ökonomischen Realität durchzusetzen begann: der Primat des Individuums.

Freiheit und Herrschaft

Ockham hat im Konflikt mit den Päpsten eine politische Philosophie entworfen, die das politische Leben aus der Erfahrung von Individualität und Freiheit neu konzipierte.[16] Der Konflikt Ockhams mit der Kurie betraf vor allem deren Verurteilung der radikalen franziskanischen Armutsbewegung und deren Anspruch auf Weltherrschaft. Aber bereits die theoretische Philosophie Ockhams hatte Anstoß erregt und zur Denunziation in Avignon geführt: Indem Ockham die hochscholastischen Konstruktionen, die zur Rettung der theologisch verwertbaren Rationalität geschaffen waren, beseitigte (z. B. das reale Universale und den »tätigen Intellekt«), schien er die Wahrheit insgesamt, d. h. die klerikale Wissensvormacht, zu zerstören.[17] Es kam in Avignon zu keiner Verurteilung; Ockham floh und griff nun seinerseits den Papst und die Kurie an. Er kritisierte vor allem die kirchenamtliche Domestizierung der radikalen Armutsidee, wie sie Papst Johannes XXII. 1329 (im selben Jahr, in dem er Eckhart verurteilte) in seiner Bulle *Quia vir reprobus* vornahm. Der Papst verwarf damit nicht nur die radikal-franziskanische Tradition, sondern zugleich das Idealbild des »apostolischen Lebens«, eines völlig besitzlosen Christus und einer reformierten Kirche. Der ebenfalls nach Avignon zitierte Führer des Ordens, Michael von Cesena, beauftragte den wegen seiner philosophischen Position Angeklagten mit einer kritischen Prüfung der päpstlichen Aufstellungen. Ockham fand, die These des Papstes stehe im Widerspruch zum Neuen Testament. Diese Erkenntnis verwickelte ihn in die Kirchenpolitik und trieb ihn zur politischen Philosophie. Michael und Wilhelm flohen zum Kaiser. Unter dessen Schutz schrieb Ockham sein *Neunzigtagewerk* (*Opus XC dierum*), in dem er Punkt für Punkt den Papst kritisierte. Dabei hob er vor allem hervor, das Eigentum beruhe nicht auf Naturrecht, sondern auf positiv-menschlicher Setzung. Ockhams theoretische Kritik an metaphysischen Rechtfertigungen, sein Herausarbeiten des kontingenten Charakters des Gegebenen, ließen das geschichtlich-soziale Feld als Gestaltungsaufgabe, als Ort menschlicher Freiheit sehen. Dadurch setzte er eine konkrete Kritik der Eigentumsordnung und Herrschaftsformen frei. Er sah sie weder, wie Thomas, als Ausdruck des Naturrechts noch, wie Scotus, als Folge der Ursünde. »Mit seiner Lehre vom Eigentum will Ockham in erster Linie die Möglichkeit eines radikalen Verzichts auf Eigentum untermauern, aber seine Theorie erweitert in signifikanter Weise den Spielraum menschlicher Weltgestaltung.«[18] Die Debatte um Armut und Eigentum weitete sich aus zum Kampf gegen die theokratischen und papalistischen Theorien: Wenn der Papst in einer so wichtigen Frage irrt, ist es Sache der Laien, der Politiker und der Intellektuellen, die Kirche zu korrigieren. Die politische Macht wird nicht vom Papst verliehen; sie beruht auf dem freien Konsens der Bürger. Daß der Staat für den Menschen einen von der Kirche unabhängigen Wert hat (vorausgesetzt, daß er der Realisierung des Reichtums der menschlichen Natur dient), hatte Dante in seiner *Monarchia* aus aristotelisch-averroistischen Prämissen gefolgert. Er hatte die inkonsequente Rezeption der aristotelischen *Politik* bei Thomas von Aquino und Ägidius Romanus verworfen: Diese hatten die Autonomie der politischen Sphäre zunächst anerkannt, Aristoteles folgend, hatten sie dann aber der päpstlichen Weltherrschaft untergeordnet und damit auf das Administrative eingeschränkt. Dantes konsequente politische Philosophie kam konkret dem Kaisertum zugute, das nach seinem Urteil allein die Papstmacht eingrenzen und dadurch Italien befrieden konnte. Ockham vollendete die aus Aristoteles gespeiste »laikale« Sicht von Staat und Gesellschaft, die dem geschichtlichen Entwicklungsgang entsprach. Konkret argumentierte er, wie Dante, zugunsten des Kaisers. Aber die Betonung des freien

Konsenses der Beteiligten, die Anerkennung der Rolle der Laien – dies waren Elemente, die auch nach dem plötzlichen Tod seines kaiserlichen Schutzherrn (1347) an der Zeit waren. Sie prägten die Geschichte der kommenden beiden Jahrhunderte mit. Es ist mit Recht darauf hingewiesen worden (J. Miethke und R. Imbach), daß Ockham neue politische Philosophie auch ihre christlichen, franziskanischen Wurzeln hatte. Der Gedanke von Gottes freier Allmacht kehrt immer wieder. Aber die philosophische Fassung dieses religiösen Motivs ergab sich aus dem, was ich oben Ockhams »dritte Regel« nannte: Denkt man auf dem Felde der sozialen und politischen Welt getrennt, was zu trennen keinen Widerspruch einschließt, dann zeigt sich auch, wie kontingent hier alles ist. Es zeigt sich, was Menschen alles schon gemacht haben (obwohl sie es für Gottes eigene Ordnung ausgaben). Es zeigt sich aber auch, was Menschen faktisch tun können.

Ockham begann, die Kontingenz unserer Erfahrungswelt radikal zu denken. Er begann eine Entsakralisierung und Entmythologisierung von Natur und Gesellschaft, wie man sie heute gern fälschlich dem Christentum insgesamt zuschreibt. Was in der Welt vorkam, was in ihr Macht hatte, das waren irdische Vorkommnisse, positive Setzungen, nicht mehr Repräsentanten des Allerhöchsten. Im Mittelalter löste der Anblick des Königs von Frankreich religiöse Schauer und die Erwartung wundertätiger Heilung aus, war er doch mit dem Öl des hl. Remigius gesalbt. Das Denken Ockhams brach mit solchen Gewohnheiten. Es provozierte zur distanzierten Analyse der vorhandenen Welt. Es stimulierte zu veränderndem Handeln. Es mußte nicht sein, daß eine bestimmte Familie Frankreich beherrschte. Europa hat lange gebraucht, hier Kontingenz sehen zu können. Das heilige Öl hatte Irdisches und Ewiges verklebt. Man vergißt leicht, wie mühselig die Trennung vorbereitet wurde. Ockham hat an ihr gearbeitet.

43 Apriorismus in London – Empirismus in Paris: Thomas Bradwardine und Nicolaus von Autrecourt

Es kommt vor, daß sich Natur und Geschichte unseren Klischeevorstellungen anbequemen. Ein Sonnenuntergang am Meer kommt dann einer Kitschpostkarte nahe. So gibt es auch einige geschichtliche Tatsachen, die das törichte Klischee, Empirismus sei eine Konstante des englischen Nationalcharakters, zu stützen scheinen. So kam im Mittelalter immer wieder aus England die Kritik an dem durch die Logik geprägten Denkstil von Paris: Adelard von Bath, Roger Bacon, Wilhelm von Ockham. Aber wie man oft, von der englischen Philosophie der Neuzeit sprechend, die Platoniker von Cambridge und die Hegelianer des 19. Jahrhunderts vergißt, so vernachlässigt man bei der Betrachtung des späten Mittelalters oft die eher apriorisch orientierten englischen Autoren. Diese Einseitigkeit geht vor allem auf Kosten von THOMAS BRADWARDINE[1] († 1349), des großen Mathematikers und Philosophen, der kurz nach seiner Wahl zum Erzbischof von Canterbury an der Pest starb. Er hatte seit 1323 in Oxford gelehrt; seit 1335 war er in London als Berater Eduards III. tätig. 1344 schloß er, nach sieben Jahren Arbeit, sein Riesenwerk *Gott gegen Pelagius* (*De causa Dei contra Pelagium*) ab. Der Titel sollte anzeigen, daß auch hier – wie im 14. Jahrhundert öfter – die Rückkehr Augustins betrieben wurde, diesmal mit seiner gegen Pelagius sich verhärtenden Gnadenlehre und mit seiner Theorie von der allesbestimmenden Kausalität Gottes. Dies sieht nach Rückschritt aus, hatte man doch seit Abaelard die augustinische Gnadenlehre mehr oder weniger respektvoll zurückgedrängt und umgebildet. Sie war unvereinbar mit der Selbständigkeitserfahrung und dem Freiheitsbewußtsein, wie sie aus realgeschichtlichen Gründen seit dem Ende des 11. Jahrhunderts möglich wurden. Wenn Bradwardine zu Augustins Gnadenlehre zurückwollte, mußte er Innovationskraft beweisen. Er wußte, daß er bei der Verteidigung des strengen Augustinismus (Gnadenlehre, Prädestination) in seinem Jahrhundert allein war. Alle Welt führte den Namen Augustins im Munde, aber Bradwardine machte die Entdeckung: Das Christentum Augustins war gar nicht mehr da. Mit *De causa Dei* forderte Bradwardine sein Jahrhundert in die Schranken; er machte ihm den Prozeß – diese forensischen Metaphern hat Bradwardine intendiert: Er wollte die Rechtssache Gottes gegen die Pelagianer vertreten, und er sah die Welt voll von Pelagianern. Er erzählt von sich selbst, er sei beim Studium der Philosophie Pelagianer geworden. Wenn er theologische Vorlesungen hörte und die Sprache auf diesen Gegenstand kam, »da schien mir die Wahrheit auf der Seite des Pelagius zu liegen. In den Schulen der Philosophen hörte ich so gut wie nie etwas über Gnade, höchstens vielleicht dies Wort; aber in übertragener Bedeutung, aber den ganzen Tag lang hörte ich, wir seien Herren unserer freien Akte und daß es in unserer Macht liegt, gut oder böse zu handeln, Tugenden oder Laster zu haben. Und wenn ich in der Kirche zuweilen die Lesungen des Apostels hörte, die die Gnade hochpreisen und den freien Willen herabdrücken – wie z. B. das 9. Kapitel des *Römerbriefs*: Nicht auf das Wollen und Laufen kommt es an, sondern auf die Barmherzigkeit Gottes – so mißfiel mir dies in meiner Undankbarkeit gegen die Gnade.«[2]

Dies klingt, als intendiere Bradwardine eine theologische Reaktion auf die Überschwemmung des Christentums durch die Philosophie, und so hat Gordon Leff das Buch als »die Antwort des Glaubens auf den Skeptizismus« (Ockhams) gedeutet.[3] Diese fideistische Deutung erlaubt es dann, Bradwardine als Vorläufer Luthers und Calvins einzuordnen, aber sie mißhandelt das Hauptwerk eines der großen

Denker des 14. Jahrhunderts. Bradwardine selbst sah, daß seine Kritik an der philosophischen Tradition als Anti-Philosophie gedeutet werden könnte, und wandte sich, wenige Zeilen nach der soeben zitierten Stelle, gegen diese Auffassung: Viele »moderne« Philosophen sind Pelagianer, sagte er; die Ansicht des Pelagius komme vielen als die vernünftigere vor, wenn sie aber wahrhaft philosophieren wollten, dann kämen sie dahin, diese Ansicht philosophisch zu widerlegen (*tamen si vere philosophari voluerint, possunt philosophice confutare*)[4]. Die Originalität Bradwardines bestand nicht in der Repetition des dogmatischen Standpunktes Augustins, sondern in seiner philosophischen Rekonstruktion und in seiner polemischen Aktualisierung. Was die philosophische Rekonstruktion anging, so sollte sie – völlig unaugustinisch – methodisch streng erfolgen; sie sollte die Allursächlichkeit Gottes aus Prinzipien einsichtig machen. Bradwardine hat nicht die »Autorität des Dogmas« (Leff), sondern die mathematisch geschulte, methodisch vorgehende Vernunft den zeitgenössischen Irrtümern entgegengesetzt. Er entwickelte eine Lehre vom ersten Grund, von dem alle Prädikate gelten sollen, die einen höheren Wert anzeigen. Der erste Grund der Welt ist das Höchste Gut, das, worüber hinaus Besseres nicht gedacht werden kann. Bradwardine zitierte dafür gleich auf der ersten Seite Anselm von Canterbury. Anselm, nicht Thomas von Aquino, war sein methodisches Vorbild; so wurde *De causa Dei* zu einem *Monologion* des 14. Jahrhunderts – eine streng philosophische Analyse des Gottesgedankens. Wie wenig dies als »Theologie« im heutigen, engeren Sinne gemeint war, beweist der Text als ganzes; es ergibt sich schon aus den Autoritäten, die Bradwardine noch vor Anselm auf der ersten Seite zitiert: »Hermes, der Vater der Philosophen« (*pater philosophorum Hermogenes sive Hermes, Mercurius triplex, Trismegistus triplex, in philosophia pater maximus, Rex*

Aegypti, Philosophus et Propheta)[5]. Ferner zitiert Bradwardine, immer noch vor Anselm, Aristoteles und Boethius. Er sprach damit deutlich aus, daß er eine philosophische Konzeption hatte. Im Anschluß an Anselms *Monologion* c. 15 formulierte er die methodische Regel, dem ersten Grund sind alle jene Prädikate zuzuerkennen, deren Zukommen ihn als den höchsten Wert zu denken gestattet. Mit dieser Deduktionsregel – nicht mit empirischen, daher immer anfechtbaren Gottesbeweisen – wollte Bradwardine seine philosophische Theologie bestreiten; sie sollte apriorisch sein und bis in die letzte Konsequenz gehen: Die strenge Form der augustinischen Gnadenlehre – mit der Prädestination der Guten und der Bösen – sollte als die logische Konsequenz der Erstannahme eines Wesens, über das hinaus Vollkommeneres nicht gedacht werden kann (*id quo melius cogitari non potest*), erwiesen werden. Wenn Bradwardine gelegentlich die Philosophie an ihre Grenzen erinnert, daß sie weder Gott noch die Natur ausschöpfend erkenne,[6] so war dies nicht eine Distanzierung von der Philosophie überhaupt. Schon gar nicht war er der Ansicht, die Philosophie könne Gott nicht erkennen.

Daß Leff diese Ansicht vortragen konnte, die schon durch die ersten Zeilen – erst recht durch den axiomatischen Aufbau des Gesamtwerkes – widerlegt wird,[7] zeigt die verfälschende Wirkung, die das Suchen nach Vorläufern der Reformation bei der Erforschung des späten Mittelalters hat. Bradwardines Hauptwerk ist eine streng systematische Durchleuchtung der philosophischen Prämissen der christlichen Dogmatik. Es hat nicht die schulmäßige »scholastische« Form; es ist ein persönliches Werk, adressiert an die Interessierten im Merton-Kolleg. Seine rigorose Systematik überragt die der Summen des 13. Jahrhunderts bei weitem. Gleichzeitig öffnet sich das Buch für eine Fülle historischer Bezüge. Persönlich gehaltene Auseinandersetzungen ziehen die großen Autoren der Tradition – z. B. Aristoteles oder Averroes – in eine aktualisierende Diskussion. Historisches Material, z. B. aus der englischen Geschichte, taucht auf. Bradwardines Horizont ist nicht der eines Stubengelehrten, sondern der eines Akteurs der großen Politik, eines Mathematikers und eines Freundes der Poesie. Wenn man einmal anfängt, die bloß theologiegeschichtliche Betrachtung zu überwinden, wenn man die törichte Alternative hinter sich läßt, Bradwardine habe radikal mit der Tradition gebrochen oder nur die traditionelle Dogmatik repetiert,[8] wenn man beachtet, daß er selbst in seiner Siegespredigt nach der Schlacht von Crécy (1346), also vor Politikern und Militärs, Hermes als den »Vater der Philosophen«[9] zitierte und seine Lehre von der Allursächlichkeit Gottes als Konvergenzpunkt von Philosophie und Theologie präsentierte,[10] dann wird man *De causa Dei* neu entdecken – als eines der größten Werke der mittelalterlichen Philosophie. Zugleich ist das Buch eine wahre Summe der philosophischen Tradition. Darin ist es vergleichbar Bertholds Kommentar zur *Elementatio* des Proklos, mit dem es einige Entstehungsbedingungen teilt im Oxford der zwanziger Jahre, von dem es sich unterscheidet durch Desinteresse an einer methodischen Scheidung von Philosophie und Theologie. *De causa Dei* steht heute noch in der Bibliothek des Nikolaus von Kues;[11] er konnte darin – als Zitat aus dem pseudo-hermetischen »Buch der 24 Philosophen« – lesen, Gott wird nur durch Nicht-Wissen geistig erkannt (*Deus est qui sola ignorantia mente cognoscitur*)[12]. Bradwardines Absicht, Philosophie und Theologie wiederzuvereinigen, speiste sich auch aus seiner Geschichtsbetrachtung. Danach stammte die »Weisheit« von den Chaldäern. Abraham, den Bradwardine als einen Schriftsteller vorstellte, der einige tausend Bücher verfaßt habe, brachte die Weisheit nach Ägypten.[13] Hermes, der König von Ägypten war, faßte sie zusammen – von ihm erhielten sie sowohl Moses wie die Philosophen. Die Weisheit des Hermes umfaßte alles – den Ursprung der Welt aus dem einen Prinzip, seine Anwesenheit und Vorauswirkung in allen Werken der Natur und des Menschen, schließlich die Aussicht auf eine neue Erde, die mit dem Menschen versöhnt wäre.[14]

Daß Paulus und die augustinische Gnadenlehre nach Bradwardines Urteil im 14. Jahrhundert fast verschwunden waren, dies hängt nach ihm mit der Verkennung des Prinzips der hermetischen und damit aller Philosophie zusammen. Bradwardine erinnerte oft an die Verurteilung von 1277;[15] er wollte gegen jede Form von paganisierendem Naturalismus die gemeinsame Einsicht von Philosophie und Theologie verteidigen, daß der eine Grund der Welt alles in allem bewirkt: Hören wir ihn noch einmal selbst, wie er den philosophischen Ursprung dieser Ansicht betonte: »Die Philosophen wissen es, ebenso die Theologen: Jedes Geschöpf, das Gott gemacht hat, hängt immer in seinem Sein von ihm ab als von dem, der es notwendigerweise erhält. Auf ähnliche Weise hängt es in seinem Handeln von ihm ab, denn aus sich ist es nicht vermögend, irgend etwas ohne Gott zu tun, der in besonderer Weise mitwirkt, ja, der in grundlegender Weise vorauswirkt« (*Sciunt enim philosophi, et theologi non ignorant, quod quaelibet creatura facta a Deo, semper essendo dependet ab eo, tamquam a suo necessario conservante; quare et similiter faciendo, nec per se sufficit aliquid agere sine Deo, idem specialiter coagente, imo et principaliter praeagente*)[16]. Dies ist weder die bloße Wiederholung des augustinisch-kirchlichen Dogmas, noch ist es, wie man gesagt hat, »Determinismus«. Es liegt die hermetische Ansicht zugrunde, die wahre Philosophie sei die wahre Religion: *Vera philosophia in cognoscenda divinitate et sancta divinaque religione consistit.*[17] Das ist gewiß nicht *»consistent with the teaching of St. Thomas«*[18], schon gar nicht bedeutet es die Verweisung der Philosophie aus dem Gebiet der Gotteserkenntnis.[19] Es ist hermetisch-platonisch; es folgt aus dem emphatischen Begriff des »Ersten«, wie er dieser Philosophie eignet und wie er Aristoteles nicht fremd ist. Ein freieres und sachlicheres Verhältnis zu Aristoteles als bei Bradwardine wird man im Mittelalter selten finden. Die Mängel des Aristotelismus waren ihm klar; die Verurteilung von 1277 und die Einwände des Duns Scotus und anderer standen ihm vor Augen. Dennoch sah Bradwardine Aristoteles im Gesamtrahmen der hermetisch-platonischen Tradition. Er verwarf die Platon-Kritik des Aristoteles; schon Calcidius und Eustratius hätten gezeigt, daß diese Vorwürfe des Aristoteles gegen seinen Lehrer unzutreffend seien.[20] Bradwardine stützte sich auf die pseudoaristotelische Schrift *Secretum Secretorum*, um das Bild des »anderen«, des platonisierenden Aristoteles, stark zu umreißen.[21] So konnte er dann gelegentlich sagen: »Hermes, der Vater der Philosophen, und Aristoteles, sein Sohn.«[22] In seiner großen Zusammenstellung platonisierender Axiome zum Verhältnis von Grund und Begründetem im 2. Kapitel des 1. Buches von *De causa Dei* konnte Bradwardine daher nicht nur Sätze der augustinischen und der arabischen Philosophie zitieren, sondern er zitierte neben Proklos (vor allem dem ersten Satz der *Elementatio*) auch aristotelische Grundsätze dafür, daß alles Viele nur durch das Eine existiert und wirkt.

Gegenüber der feudalen Welt, die durch bunte Mannigfaltigkeit und hierarchisch gestufte Zwischeninstanzen charakterisiert war, trat Bradwardines Gott als absoluter Weltmonarch auf. Gegenüber der frühbürgerlichen Mentalität, die auch das jenseitige Schicksal des Menschen berechnen und vertraglich vorklären wollte, wirkte die Verwerfung jeder Art von Verdienst schroff mittelalterlich. Übrigens sah Bradwardine und sprach es aus, daß die Augustin-Abschwächungen des 13. Jahrhunderts aus Rücksicht auf die Kaufmannsmentalität erfolgt waren.[23] Die Gnadenphilosophie Bradwardines mit der für sie wesentlichen Polemik gegen die theoretischen Befürworter autonomer Zwischeninstanzen und kaufmännischer Kulanz zeigte die Grenzen der spätmittelalterlichen Welt. Sie dachte – in der Form spekulativer Theologie – hinaus über die Lehenspyramiden, die Kleinstaaterei, die kirchlichen Geldgeschäfte. Sie rief die hermetisch-platonische Philosophie – als Schlüssel zur paulinisch-augustinischen Prädestinationslehre – gegen ihr Jahrhundert auf und erschloß dabei einen ungeheuren Reichtum vergangener Philosophie und Poesie – aber sie tat dies unromantisch, als unerbittliche Kritik an den Zurechtlegungen und den Lebensgewohnheiten des 14. Jahrhunderts, dessen Verwaltungskunst, Rechenhaftigkeit und Waffentechnik (Schießpulver) die feudalen Stammbäume abgesägt, dessen Wirtschaftskrisen schon den politischen Anspruch der Bourgeoisie unterminiert hatten. Weil Bradwardine diese Erschütterungen autonomer Entscheidungszentren thematisierte, war seine Wiederaufnahme der antipelagianischen Polemik des späten Augustin eine Tat, die in die geschichtliche Zukunft wies.

Liest man nach Bradwardines *De causa Dei* die Briefe des Nicolaus von Autrecourt († nach 1350) an Bernhard von Arezzo,[24] so zeigt sich der stärkste Kontrast und der Reichtum philosophischer Theoriebildung in den Jahren vor der Großen Pest. Forderte Bradwardine unerbittlich Konsequenz in der Anwendung der Prinzipien der Metaphysik, so fragte Nicolaus erbarmungslos nach deren Möglichkeit. Radikale Metaphysik in Oxford bzw. London, radikale Metaphysikkritik in Paris – dies war entgegen den historiographischen Klischees die reale Situation um 1340. Nicolaus hat dem empiristischen Ansatz, wie er sich seit 1300 immer deutlicher entwickelte, die entschiedenste Form gegeben, die im Mittelalter möglich war: Er bestritt, daß Metaphysik als strenge Wissenschaft möglich sei; er behauptete, Aristoteles habe sich keines einzigen metaphysischen Satzes gewiß sein können. Nicolaus bezahlte seine philosophische Gründlichkeit mit dem Verlust seines Lehramts in Paris; er mußte mitansehen, wie man vor versammelter Universität seine Bücher verbrannte. Von seinen zahlreichen Werken sind außer dem Fragment *Exigit ordo executionis* nur seine Briefe erhalten – einer der schwersten Verluste, der die Philosophie des Mittelalters traf.

Hatten Lull, Eckhart und Bradwardine der Metaphysik eine neue, kohärente Form zu geben und sie zugleich als Philosophie des Christentums zu konstruieren versucht, so konzentrierte Nicolaus sich auf die Kritik der Erkenntnis. Wenn er daneben der Metaphysik noch irgendeinen Wert zubilligen konnte – was er tat, wie *Exigit ordo executionis* beweist –, so nur einen hypothetischen. Die bisherige Königin der Wissenschaften mußte sich begnügen, ein bloß wahrscheinlicher Ausblick auf die vermutete Rationalität des Weltganzen zu sein. Wenn wir auch nur Erscheinungen erkennen, so mag doch der göttliche Intellekt die Sachen selbst sehen.

Das Problem, das Nicolaus aufwarf, war folgendes: Wenn – wie seit Aristoteles alle Philosophen gemeinsam lehrten – all unsere Gewißheit zuletzt darauf zurückzuführen ist, daß einander widersprechende Sätze nicht zugleich wahr sein können, welche Gewißheit haben dann unsere alltäglichen Erkenntnisakte? Wenn ich z. B. sage: »Ich sehe die Farbe ›weiß‹ an der Wand«, folgt dann daraus: »Es existiert eine weiße Wand«?

Nicolaus antwortete: Eine solche Gewißheit existiert nicht. Genauer: Aus dem Satz vom Widerspruch ergibt sich für den Realitätsgehalt unserer sinnlichen Erkenntnis überhaupt nichts. Anders ausgedrückt: Zwischen den Sätzen »Ich sehe einen weißen Gegenstand« und »Es existiert ein weißer Gegenstand« besteht keine durch den Satz vom Widerspruch als evident gesicherte Abfolge. Ich kann einen weißen Gegenstand sehen, ohne daß ein solcher existiert.[25] Es war kein Zufall, daß Nicolaus diese Überlegungen in Briefen an einen Franziskanerprofessor vortrug. Er knüpfte an dessen Positionen an, die ihrerseits eine Weiterentwicklung Ockhams darstellten, der bereits von der intuitiven Erkenntnis nicht-existierender Dinge gesprochen hatte. Diese Fragestellung war keineswegs nur eine Ausgeburt spätscholastischen Scharfsinns. Seit sich die Transsubstantiationslehre durchgesetzt hatte, sah sich jeder Gläubige in der befremdlichen Situation, auf dem Altar Brot zu sehen, obwohl dort nach der Transsubstantiationstheorie kein Brot war. Damit war ein Zweifel in die Welt gekommen, den man sowohl gegen die offizielle Abendmahlslehre wie gegen die sinnliche Gewißheit wenden konnte. Gerade weil man, die Unsicherheiten des 14. Jahrhunderts theoretisch bearbeitend, auf die Omnipotenzlehren des 11. Jahrhunderts zurückkam, mußte man zugeben: Wenn man prinzipiell zugestand, daß Gott alle Wirkungen der Zweitursachen unmittelbar, also ohne die Zweitursachen, auslösen konnte, dann mußte man bei jedem Schluß von einem Eindruck auf den ihn auslösenden Gegenstand mit einem solchen Eingriff rechnen. Dann konnte man der Existenz keines einzigen Gegenstands der äußeren Welt gewiß sein. Dann war alles ungewiß, was man sonst noch aus der Existenz eines solchen Gegenstandes folgerte. Nicolaus wollte zeigen, daß die Berufung auf den Satz vom Widerspruch nicht geeignet ist, uns Gewißheit über irgendeine äußere Realität zu verschaffen. Im Begriff eines Eindrucks liegt es nicht, daß er von einem Gegenstand ausgelöst wird. In keinem Begriff liegt, nach Nicolaus, die Existenz seines Objekts. Reale kausale Verknüpfungen müssen, da sie sich aus bloßen Begriffen nicht ergeben, aus den sinnlichen Erfahrungen aufgenommen werden. In der Welt der sinnlichen Erfahrung gibt es aber keine auf dem Satz vom Widerspruch beruhende Evidenz.

Wie alle Philosophen seit der Mitte des 13. Jahrhunderts, mußte auch Nicolaus seine Gedanken in Auseinandersetzung mit Aristoteles entwickeln. Aristoteles hat sich nach Nicolaus über den Charakter seiner metaphysischen Erkenntnisse getäuscht: Sie waren bloße Begriffserklärungen, keine Erkenntniserweiterungen. Überdies hatte Aristoteles die falsche Physik: Nicolaus intendierte eine atomistische, auf Druck und Stoß basierende Naturerklärung. Er kritisierte die aristotelische Philosophie nicht nur aus theoretischen Gründen: Er wollte, daß die Menschen das bißchen Erkenntnis, das sie über die Natur haben können, aus den Sachen (*res*) selbst, nicht aus den Büchern des Aristoteles und seines Kommentators (Averroes) schöpfen sollten. Er protestierte dagegen, daß seine Zeitgenossen deren logische Erklärungen für reale Welterkenntnis ausgaben und darüber die moralischen und politischen Probleme der Gegenwart (*res morales et curam boni communis*) vernachlässigten.[26] Das Wissen, das als wahrscheinliches einzig erreichbar ist, sollte nach Nicolaus praxisbezogen sein. Als er in Paris über die *Politik* des Aristoteles zu lesen vorhatte, versah er seine Ankündigung mit dem Zusatz, er werde über Recht und Unrecht sprechen; er werde dazu anleiten, neue Gesetze zu geben und die vorhandenen, wo nötig, zu korrigieren.[27] Wenn die päpstliche Behörde ihn mit demütigender Pedanterie strafte, so tat sie es auch, weil sie den Geist kecker Neuerung und das Pathos der Befreiung von Schuljoch und fruchtloser Spekulation zugunsten öffentlichen Nutzens treffen wollte. Die Verurteilung brachte Nicolaus um seine Wirkung, auch wenn Pierre d'Ailly ihn kannte und an der Lauterkeit der Motive seiner Richter zweifelte. Aber das von Nicolaus formulierte Problem hatte eine große Zukunft. Nach Hume's Kritik an Kausalschlüssen stellte Kant die Frage: »Wie soll ich es verstehen, daß, weil etwas ist, etwas anderes sei?«[28] Genau dies hatte der unbequeme Frager des 14. Jahrhunderts wissen wollen. Er hatte geantwortet: »Daraus, daß man die Existenz einer Sache erkennt, kann nicht – mit einer auf das oberste Erkenntnisprinzip oder auf die Gewißheit des obersten Erkenntnisprinzips zurückgeführten Evidenz – evident gefolgert werden, daß eine andere Sache sei.«[29] Um es noch einmal auf eine Formel zu bringen: Weil B nicht im Begriff von A enthalten ist, bedeutet es keinen Widerspruch, wenn A ist und B nicht. Deshalb ist die Existenz von B nicht evident aus der Existenz von A zu folgern. Alle Schlüsse von Eigenschaften auf Substanzen, von geschaffenen Substanzen auf ihre göttliche Ursache hörten damit auf, als Wissen gelten zu können. Sie waren Gewohnheiten, allenfalls Wahrscheinlichkeiten. Um den Bereich der einzig erreichbaren, freilich immer nur wahrscheinlichen Erkenntnisse zu erweitern, braucht man neue Erfahrungen. Nicolaus zeigte einer an Vokabeln entlanggehenden Ontologie ihre Grenzen: Sie erläuterte nur Wortbedeutungen. Der logische Formalismus, der das Wissen vorwiegend als Subsumption eines Einzelnen unter einen Gattungs- oder Artnamen verstand, war damit als unfruchtbar durchschaut. Die Abstraktionssucht des Schulwissens mußte überwunden werden, ein bescheidener gewordenes Forschen mußte sich neu an den Sachen, d. h. an der Natur, an ethischen und politischen Problemen erproben. Nicht mehr Nachvollzug ewiger Wahrheiten, sondern die Förderung des allgemeinen Nutzens sollte den Forscher beseelen – ein »antischolastisches« Motiv, das bei Roger Bacon schon vorlag und das die Humanisten von Petrarca über Erasmus zu Nizolius fortführen werden. Da Nicolaus darauf verzichtete, seine Einsichten als das auszugeben, was Aristoteles im Grunde gemeint habe, da er das mittelalterliche Kommentarwesen insgesamt mißachtete, stieß die Universität, die er reformieren wollte, diesen Neuerer aus. Jahrhundertelang hatte man aus einem einzelnen sprachlichen Terminus das Universum religiöser und metaphysischer Assoziationen herausgehört und, nach Bedarf, theoretisch daraus entwickelt. Nicolaus wollte es genauer nehmen. Er isolierte einen einzelnen Terminus; er analysierte einen einzelnen Satz; er fragte, was denn in diesen Einzelerkenntnissen über die Tautologie hinaus enthalten sei. Nicolaus zeigt, für uns, daß das historische Denken sich nicht primär an der Rezeption eines früheren Denkers orientieren kann. Unmittelbaren Erfolg hatte Nicolaus keinen, im Unterschied übrigens zu Ockham, dessen theoretische Schriften zu allerlei spätmittelalterlichen Zwitterbildungen verbogen werden konnten und dem wir Nicolaus nicht zu sehr annähern dürfen. Aber so unbekannt Nicolaus blieb, so historisch charakteristisch war seine philosophische Position. Die wenigen Fragmente, die wir von Nicolaus' Texten noch haben, beweisen: Er hat wie kein anderer die Mängel der mittelalterlichen Physik und Metaphysik, das Einseitige, Elitäre und Äternistische des Wissenschaftskonzepts seiner Zeit durchschaut. Halten wir aber auch fest, daß es ein mittelalterlicher, mit Lehrverbot belegter Professor war, der diese Mängel des akademischen Betriebs ausgesprochen hat.

44 Staat – Gesellschaft – Kirche: Marsilius von Padua

Ockham zeigte, was man im Mittelalter mit Aristoteles alles bewirken konnte, wenn man seine Bevorzugung der individuellen Substanz gegen die Universalienmetaphysik stark machte. Marsilius von Padua († 1342/43) zeigte, daß man mit Hilfe der aristotelischen *Politik* (aber auch mit der *Ethik* und der *Physik*) ein umstürzend neues Bild von Staat und Gesellschaft zeichnen und die traditionellen Beziehungen von Staat und Kirche revolutionieren konnte. Marsilius tat dies in einer politisch dramatischen Situation: Er stellte sich auf die Seite Kaiser Ludwigs des Bayern gegen den Papst. Er schrieb aber nicht nur ein politisches Manifest; er wollte als Philosoph intervenieren; er wollte beweisen. Er bestand auf der logischen Notwendigkeit seiner Theorien. In der durch die Aristoteles-Rezeption geschaffenen Situation konnte man sie nicht gut bestreiten – dies machte sein philosophisches Werk so gefährlich. Der Papst, dem in diesen Jahren viele häretische Schriften in die Hand kamen, erklärte nach der Lektüre des *Defensor Pacis* (*Verteidiger des Friedens*), nie habe er ein ketzerischeres Buch gesehen.[1] Die Modernität des Marsilius hat dazu geführt, daß man ihn gelegentlich umstandslos zu einem Vorläufer Machiavellis gemacht hat. Dagegen war es leicht zu beweisen, daß Marsilius in den Zusammenhang der mittelalterlichen Aristotelesrezeption gehört, ganz abgesehen davon, daß, nach Goethes Wort, jedes Genie mit seinem Jahrhundert durch eine Reihe von Schwachheiten verbunden bleibt.[2] Dennoch: Wenn man seit 1324 die Politik des Papstes mit derselben Nüchternheit analysieren konnte wie die eines anderen italienischen Staates, wenn man im 15. Jahrhundert die fiktiven Rechtstitel des päpstlichen Machtanspruchs (»Konstantinische Schenkung«) philologisch-kritisch entlarvte, wenn bis zur Mitte des 15. Jahrhunderts die Ansicht von dem Vorrang des Konzils über den Papst eine Reihe von intellektuell mächtigen Verteidigern fand – so waren diese Einschnitte in die mittelalterliche Lebenswelt nicht möglich ohne Marsilius von Padua. Er wollte begreifen, was um ihn herum geschah; er wollte seiner Erfahrung eine wissenschaftlich-strenge Form geben; er wollte konsequent sein bei der Rezeption des Aristoteles. Ein bloßer Analytiker war er deswegen nicht; er hatte ein moralisch-politisches Pathos: Die Wissenschaft sollte dazu dienen, das Leben der Menschen zu verbessern;

sie sollte das oberste Ziel des Zusammenlebens fördern: das gute, das in sich ruhende Leben. Es wird verhindert durch die Kriege; daher wurde Marsilius zum »Verteidiger des Friedens«.

Um diese Konzeption weder abzuschwächen noch modernisierend zu verfälschen, muß man ihre Genesis kennen: Ihre Heimat ist Padua.[3] Diese Stadt mit ihren bürgerlichen Lebensvorstellungen und ihren Erfahrungen zu Beginn des 14. Jahrhunderts, mit ihrer Universität und deren an der arabischen Tradition orientierten Medizin stand am Ursprung dieser neuen Theorie von Staat und Gesellschaft. Man sprach von »politischem Averroismus«. Dies mag nützlich sein, wenn man an die Autonomie einer immanenten Politiktheorie denkt. Aber man darf darüber die kommunale, oberitalienische Herkunft des Marsilius nicht vergessen. Spezifisch averroistische Thesen (wie die von der Einheit des Intellekts oder der Ewigkeit der Welt) hatten in seinem Denken keine tragende Funktion. Gar nicht averroistisch war das ethisch-praktische, auf sozialen Nutzen bezogene Wissenschaftskonzept des Marsilius; nicht zu übersehen sind die Einflüsse des radikalen Franziskanertums auf die Religionstheorie des *Defensor Pacis*. Zunächst ist Marsilius zu verstehen als Bürger von Padua; der Sohn eines Notars konnte die sozialen und politischen Probleme seiner Heimatstadt aus Erfahrung kennenlernen. Er schwankte zwischen dem geldbringenden Studium der Jurisprudenz und dem der »Physik«; er entschied sich – vielleicht unter dem Einfluß eines frühhumanistisch orientierten Ratgebers – für die »Physik«, d. h. hier: für die Medizin. In Padua studierend, konnte er das politische Dilemma nicht übersehen, in dem die Stadt sich befand: Sie verteidigte ihre bürgerlichen Freiheiten gegen den Versuch des Can Grande della Scala von Verona, die Kontrolle über Padua an sich zu reißen. Der Skaliger war Vikar des Kaisers Heinrich VIII., den Dante als Retter Italiens begrüßt hatte. Die Auseinandersetzung Paduas mit dem Fürsten von Verona endete mit dem Verlust der republikanischen Verfassung; die Stadt wählte sich, um sich zu verteidigen, selbst einen Stadtherren (Jacobo von Carrara, 1318). 1312/13 war Marsilius Rektor der Universität Paris; es scheint, als habe er sich danach aktiv in der oberitalienischen Politik beteiligt; 1319 war er erfolglos als Botschafter der Visconti (Mailand) in Paris; 1320 war er in Paris als Arzt tätig. Gleichzeitig trieb er theologische Studien; er wandte sich vom Papst ab und der Partei des deutschen Kaisers zu. Wenige Monate nach der »Sachsenhäuser Appellation«, in der der Kaiser sich an die Spitze einer buntgescheckten Gruppe von Opponenten gegen den Papst gestellt hatte, vollendete Marsilius am 24. Juni 1324 den *Defensor Pacis*. Das Buch sollte der Rechtfertigung der kaiserlichen Politik dienen. Als 1326 die Verfasserschaft des *Defensor* bekannt wurde, mußte Marsilius aus Paris an den Hof Ludwigs des Bayern fliehen. In den Jahren des Romzugs und des schärfsten Konflikts mit dem Papst war sein Einfluß groß; als Ludwig auf Kompromisse sann, wurde es um Marsilius stiller. Er starb 1342/43 nach Jahren der Einflußlosigkeit.

In dieser Situation erhielt die Aristoteles-Rezeption ihre spezifische Funktion. Zunächst einmal konnte sie keine sklavische Abhängigkeit von Aristoteles bedeuten. Marsilius wollte auf seine Gegenwart einwirken. Nach seinem Urteil war der Friede in Italien und im Reich vor allem durch die Weltherrschaftsansprüche des Papstes und die rechtlich-politische Sonderstellung des Klerus bedroht. Frieden konnte es nach seinem Urteil nur geben, wenn die Kirche sich auf ihre geistliche Aufgabe besann und wenn auch der Kleriker sich als Glied seines Gemeinwesens ansah. Diesen Gedanken verband Marsilius mit einer eingehenden Kritik der theokratischen und papalistischen Theoretiker. Er basierte auf der averroistischen Forderung methodologischer Autonomie. Wenn Neothomisten die »Averroisten« als eine Gruppe Konservativer ansehen, die sich zu Nachbetern des Aristoteles erniedrigt hätten, so erklärte Marsilius gleich zu Beginn seines Buches, das Haupthindernis für den Frieden sei heute etwas, das Aristoteles nicht habe analysieren können – die Herrschaftspläne der Päpste.

Marsilius war also durch seine geschichtliche Situation zur Originalität verurteilt. Er machte die aristotelische These, daß der Mensch von Natur aus politisch sei, zum obersten Grundsatz seines Buches.[4] Seit Wilhelm von Moerbeke um 1260 die aristotelische *Politik* übersetzt hatte, war diese These bekannt; Thomas von Aquino hatte sie sich zu eigen gemacht und einige augustinische Assoziationen zwischen Staat, Eigentum und Sündenfall aufgelöst. Aber er hatte es inkonsequent getan – als Papalist mußte er den Staat schließlich wieder als Mittel in den Händen der Päpste deuten, ihm also den Naturcharakter im aristotelischen Sinne (als etwas, das notwendig ist und selbstgenügsam) nehmen. Dante und Johannes von Paris hatten dieser Halbherzigkeit bei Thomas widersprochen; Marsilius schloß sich ihnen an. Er kommentierte den Satz des Aristoteles, der Mensch sei von Natur aus polis-bezogen, und hob dabei hervor: Die menschliche Natur besteht aus gegensätzlichen Elementen, die dazu neigen, sich gegenseitig zu verzehren. Der Mensch kommt nackt und schutzlos auf die Welt. Er ist den Naturgewalten ausgeliefert. Um diese Mängel auszugleichen, hat der Mensch seine Handfertigkeiten ausgebildet, und da diese nur bei einer gewissen Spezialisation ihr volles Können entfalten, haben die Individuen sich zusammengeschlossen, denn alle Menschen wollen von Natur aus nicht nur leben, sondern gut leben.[5] Nur das Gesetz kann die divergierenden Tendenzen zur Einheit führen; nur durch es verwirklicht sich die menschliche Natur. Das Gesetz ist daher der wahre Souverän. Gegenüber seiner naturgegebenen Würde relativieren sich für Marsilius die Einzelfragen der Regierungsformen. Durch das Gesetz verwirklicht sich das »richtige« menschliche Leben. Das »gute Leben« wird um seiner selbst willen angestrebt, eben als Ausdruck der menschlichen Natur. Das »gute Leben« umfaßt die ganze Breite der menschlichen Natur – von der Trieberfüllung und Behaglichkeit des Lebewesens bis zur Verwirklichung der intellektuellen und der moralisch-politischen Tüchtigkeiten. Der Staat als die Verwirklichung der menschlichen Gattung, oder besser: als die notwendige Voraussetzung dieser Verwirklichung, konnte nicht die Folge des Sündenfalls sein; er durfte und konnte auch nicht einer Einzelgruppe von Bürgern, nämlich dem Klerus, als Mittel zu anderen Zwecken in die Hand gegeben werden. Der Staat als Lebensgestalt, als biologisch-soziale Ganzheit war nur gesund, wenn Frieden herrschte. Marsilius deutete also den Begriff des Friedens nicht religiös-metaphysisch wie die spätantiken Friedenstheoretiker Augustin und Dionysius. Friede war die Ruhe, die sich aus der Erfahrung der Selbstverwirklichung der Gattung ergab. Er hatte ethische Implikationen, aber immanent-humaner Art; Marsilius bestritt nicht das höhere Recht der Religion, aber er verwehrte der Kirche die Indienstnahme des Staates. Er wollte Kultur und Religion als Teilaspekte eines einheitlichen Gemeinwesens, als Ausdruck des Reichtums der menschlichen Natur denken. Er stellte die organische Staatstheorie gegen die theokratische und hierarchische. In diesem neuen »laikalen« Staatskonzept hatte auch der Klerus seinen Ort: Er sollte l e h r e n – und gerade deshalb nicht: administrativ erzwingen –, was zu glauben sei, und auch zeigen, was man tun muß, um der Verheißungen der Schrift teilhaftig zu werden.

Wie die radikalen Franziskaner dachte Marsilius das Christentum als spirituelle Kraft, die weder der politischen noch der philosophischen Abstützung bedarf. Diese Abstützungen sind überdies untauglich. Die Wege Gottes sind andere als die des Staates; die Bibel darf nicht vermengt werden mit der Philosophie, die Kirche nicht mit dem Staat. Deshalb brach Marsilius mit der älteren Konzeption des Rechts, wonach das menschliche Recht abgeleitet ist vom göttlichen. Er betonte demgegenüber den pragmatischen und immanenten Sinn der Rechtsordnung. Es ist wichtig zu sehen, daß eine solche »moderne« Konzeption von Recht und Staat noch im Mittelalter entwickelt worden ist; die Aristoteles-Rezeption, die an den Arabern orientierte Wissenschaftspraxis der Ärzte von Padua und das Autonomieideal der Averroisten hatten dies ermöglicht. Im 14. Jahrhundert wurde zunehmend deutlich, daß die Vertreter des klerikalen Wissenschaftskonzepts und der papalistischen Politiktheorie Aristoteles nur auf Kosten systematischer Konsistenz rezipieren konnten. Diesen Nachweis haben Dante, Ockham und Marsilius unzweideutig und mit souveräner Kenntnis sowohl des Aristoteles wie der papalistischen Zurechtleger erbracht. Sie haben damit eine neue Sicht auf Recht, Staat und Gesellschaft eröffnet. Entwirft man ein Bild des »Mittelalters«, ohne diese Staatstheoretiker zu berücksichtigen, so gerät dieses fromm stilisierte Mittelalter in ungeschichtlichen Kontrast zur Renaissance. Man verkürzt die pazifistische Tradition um einige ihrer rationalsten Befürworter. Denn »Friede« war im Mittelalter nicht nur ein Losungswort der Mönche. Es war bei Dante und Marsilius auch der oberste (um genau zu sein: der einzige oberste) Wert der philosophischen Staatslehre, ein Wert, den Marsilius mit dem neutestamentlichen, von Franziskanern wiederbelebten Friedenskonzept in Verbindung setzte, den er aber aus dem allgemein-menschlichen, sogar allgemein-biologischen Streben nach Gutleben ableitete. Der Friede war ihm die innere Bedingung des Staates, den er mit Aristoteles als sich selbst genügend und auf das Gutleben hingeordnet dachte.[6] Marsilius, mit den Erfahrungen eines Arztes und in der Tradition von Padua, aber auch gestützt auf die stoische Philosophie (Cicero), gab dem Gutleben eine animalische Komponente. Der biologische Aspekt kam auch in den Metaphern zum Ausdruck, deren er sich bediente. Man hat seine Staatslehre als »organologisch« bezeichnet, doch darf das nicht zu der Annahme verleiten, Marsilius betrachte den Menschen als ein Organ im Gesamtkörper des Staates. Für ihn diente der Staat dem Wohlleben der Glieder, und mit Aristoteles dachte er den Menschen als ein »Glied« des Staates, das eine weit über den Staat hinauszielende Lebenstätigkeit vollzieht: in zwecküberlegener Selbstverwirklichung Sich-Betätigen (*vacare operibus liberalibus*)[7]. Aus diesem Grund gehört Marsilius nicht zu den Vorfahren des modernen Totalitarismus, wie man fälschlich gemeint hat: Das Gutleben – auch im Sinne von Wohlbehagen –, das Handeln aus der Fülle praktischer wie theoretischer Fähigkeiten, dies sind die Ziele, die der Staat zu ermöglichen hat.

Man muß darauf hinweisen, daß Marsilius noch nicht über unsere Vokabel »Staat« verfügte. Ich verzeichne dies nicht als einen Mangel, sondern als ein Zeichen geschichtlicher Andersheit. Das Gemeinwesen, das Marsilius vor Augen stand, war kleiner und war eine wärmere Lebenseinheit als der moderne »Staat«, das kälteste aller Ungeheuer. Interessant ist die Terminologie: Wo wir modernisierend »Staat« sagen, schreibt er »Stadt« (*civitas*) oder »Königreich« (*regnum*), und auch dieses Schwanken charakterisiert seine Situation: Er kam aus der »Stadt«, hatte dort seine politischen Grundbegriffe bilden können und kam dann als Rektor der Universität Paris in Berührung mit dem »Königreich«, das dabei war, die »modernste« Monarchie zu werden, das eine straffere Verwaltung aufzog, die feudalen Privilegien zurückdrängte und dem Weltmachtstreben des Papstes wirksam entgegentrat. Die aristotelische *Politik* hatte die antike

Polis im Stadium des Übergangs zum Reich Alexanders analysiert; Marsilius gewann ihr Aktualität ab, indem er mit Hilfe der aristotelischen *polis*-Lehre die Problematik der zeitgenössischen Stadtstaaten und die Neuentwicklung des Flächenstaates analysierte. Die Rolle des Fürsten beschrieb er in wechselnden Ausdrücken, die zu divergierenden Auslegungen führten. Es gab auch eine Lehrentwicklung, die auf ein Anwachsen der Kompetenzen des Fürsten hinauslief. Doch betrachtete Marsilius die Legislative, d. h. die Gesamtheit der Bürger, als »Wirkursache« (*causa effectiva*) des Gemeinwesens,[8] er band die Funktion des Fürsten immer an die Wahl und die Kontrolle durch die Gesamtheit des Volkes oder doch die Mehrheit. Sein Hauptmotiv blieb die Souveränität der Gemeinschaft und die fundamentale Rolle des gemeinsam beschlossenen Gesetzes, das die Einzelnen und die Gruppen bei der Verfolgung ihrer Interessen moderiert. Er verteidigte die Zuständigkeit aller Bürger: Jeder kann am besten erkennen, was ihm schadet und was ihm nützt. Gesetze zu machen ist Sache aller oder doch der handlungsfähigsten Vertreter aller.[9] Auch wenn Marsilius den Fürsten brauchte, um die blutigen Fraktionskämpfe in den Kommunen zu beenden und um die kompakte Unterwerfungsstrategie der Kurie abzuwehren, so gab er doch die republikanischen Wertvorstellungen seiner »Stadt« nie auf. Er sprach von der Übertragung der Macht vom Volk auf den Fürsten, aber er band diese Übertragung an die Zustimmung des Volkes.

Am einschneidendsten war sein Denken für das Verhältnis des Staates zur Kirche. Er bestritt nicht nur die politische Macht der Kirche; er bekämpfte nicht nur den Papalismus; er insistierte auf der Einordnung der Kirche in die souveräne Gemeinschaft. Er zeigte, daß die politische Theorie des Klerikalismus sich nicht auf Aristoteles stützen konnte, den sie usurpiert hatte. Er bestritt das Recht des Klerus auf Sondergerichtsbarkeit. Er wandte das Prinzip demokratischen Konsenses auch auf die Kirchenleitung an. Kein Bischof sollte über dem anderen stehen, und alle entscheidenden Fragen sollte ein allgemeines Konzil entscheiden.[10] Vor allem sollte der Klerus keine Zwangsgewalt innerhalb des Staates haben; er sollte keinen Staat im Staate bilden und die Sakramente (besonders das der Buße) nicht als politisches Druckmittel gebrauchen. Das päpstliche Interdikt sollte nicht mehr das gesamte Leben einer Stadt lahmlegen können.

In der Einordnung der Kirche in das Gemeinwesen sah Marsilius die erste Voraussetzung des Friedens. Er signalisierte damit einen neuen Stand der geschichtlichen Entwicklung. Vielleicht kommt dies in keiner Einzelheit stärker zum Ausdruck als in seiner These, kein Bischof habe – als Bischof – das Recht, eine Lehrbefähigung zu erteilen oder sonst eine Berufszulassung auszusprechen. Philosophie und Medizin hatten in enger Verbindung miteinander ein neues Selbstbewußtsein erreicht. Sie drängten dazu, nun auch in der alltäglichen und in der juristischen Realität das Joch der klerikalen Bevormundung abzuwerfen. Die Philosophie des Marsilius reflektierte eine realgeschichtliche Bewegung so entschieden, wie sie sie betrieb. Daher war sie eine der markantesten intellektuellen Leistungen des 14. Jahrhunderts. Dies war eine Philosophie, die ein vorhandenes, ein allgemein erlittenes Problem auf den Begriff brachte. So präzis sie sich auf Aristoteles bezog, so sehr sie die Texte und Argumentationsformen der Hochschule einbezog, sie blieb kein akademisches Geschäft. Sie formulierte das politische Elend Italiens. Sie demaskierte die Privilegien des Klerus. Sie thematisierte das Mißverhältnis der kirchlichen Machtmittel zu den proklamierten Zwecken. Das bedrohte System schlug zurück; es zwang den ehemaligen Rektor der berühmtesten Universität zur Flucht. Der Arzt aus Padua starb im Exil, in München. Sein Text wurde requiriert; gedruckt wurde er erst 1522 im protestantischen Basel. Daß er für die Reformatoren brauchbar war, liegt auf der Hand. Deswegen liegt heute, wenn man einen Repräsentanten der Philosophie des Mittelalters sucht, der Gedanke an Marsilius recht fern. Statt anhand seines Textes den Begriff zu revidieren, den man sich vom »Mittelalter« gemacht hat, erklärt man ihn zum »Vorläufer«. Dabei gehört er in die Welt des frühen 14. Jahrhunderts. Das sieht man schon daran, daß er einen Text des Aristoteles beschwor, um das Verhältnis zweier Mächte neu zu bestimmen, an die Aristoteles nicht hatte denken können: Papsttum und Kaisertum. Man versteht die Philosophie des 14. Jahrhunderts nicht, wenn man Marsilius übergeht oder ihn nur als Vertreter des Averroismus auflistet. Man stelle sich – probeweise – einmal vor, es hätte seit dem 15. Jahrhundert mächtige Organisationen gegeben, die ihn – vielleicht zusammen mit Gaunilo und Berengar von Tours, mit Adelard von Bath und Abaelard, mit Wilhelm von Conches und Thierry von Chartres, mit Siger von Brabant und Dietrich von Freiberg, mit Roger Bacon und Nicolaus Oresme – als den größten Philosophen des Mittelalters präsentiert hätten. De facto haben Ordensgemeinschaften seit dem 15. Jahrhundert ihre Ordenslehrer so aufgebaut. Sie schufen den Anschein, Anselm und Bonaventura, Albert, Thomas und Duns Scotus hätten die Summe des mittelalterlichen Denkens gezogen. Die im engeren Sinne »scholastischen« Autoren bestimmen daher bis heute das Gesamtbild. Ohne deren geschichtliche Bedeutung zu bestreiten, muß man heute diese ideenpolitisch motivierte Konstruktion korrigieren. Die Beschäftigung mit Marsilius ist ein Weg hierzu. In einer Reihe von Darstellungen der mittelalterlichen Philosophie kommt es daher gar nicht erst vor. Dieses Schweigen hat Methode.

45 Neue Naturwissenschaft

Das 14. Jahrhundert hat sich nicht nur gefragt, wie die Seele mit Gott eins werden könne; es wollte auch genau wissen, warum wir einen Stein weiter werfen können als einen Strohhalm. Bei Untersuchungen dieser Art verwandelte sich ihm der Begriff der Bewegung. Dabei wiederum zog es die bisherige Himmelsphysik und die hierarchische Struktur des Universums in Zweifel. Dann stand auch nicht mehr fest, daß die Sonne sich um die Erde bewegte. Das Weltbild des 13. Jahrhunderts geriet dadurch in eine Krise, deren Bedeutung weit über die Naturphilosophie hinauswies. Ein neues Konzept des Naturwissens entstand; eine neue Mechanik begann; sie entsakralisierte den Kosmos zur Weltmaschine.[1]

Es fragt sich, wie weit das 14. Jahrhundert in dieser Richtung gegangen ist. Zuvor fragt es sich, woher die Impulse zu dieser Entwicklung kamen. Man bringt sie gewöhnlich mit Ockham in eine zu enge, zu ausschließliche Beziehung. Dabei hatte schon die Aristoteles-Rezeption eine veränderte Einstellung zur Natur zum Ausdruck gebracht und gefördert. Wer sich an die empirischen Verfahren des Biologen Aristoteles hielt, für den öffnete sich seit der Mitte des 13. Jahrhunderts ein weites Feld der Forschung. Doch stand ihm durchweg eine zu buchstäbliche, zu unselbständige Haltung gegenüber dem »göttlichen« Aristoteles im Wege. Als daher Olivi, Duns Scotus und Ockham eine präzis-kritische Einstellung gegenüber Aristoteles vorführten, eröffneten sie für das 14. Jahrhundert die Möglichkeit, auch eine neue Wissenschaft von der Natur zu entwickeln. Es war eine entfernte Möglichkeit; weder Scotus noch Ockham haben direkt Naturforschung getrieben. Wenn Ockhams Denken einen Zug zum Empirismus aufweist, so war er noch kein Erfahrungswissenschaftler. Man sagt zu viel, wenn man ihm nachrühmt, er habe die Philosophie aus einer jahrhundertealten Unterordnung unter die Theologie befreit und sie statt dessen in eine fruchtbare Verbindung zur Naturforschung gebracht. Diesen Schritt hatten bereits die Averroisten getan, und deren Zuordnung der Philosophie zur Medizin und Physik hat in Montpellier und Bologna, vor allem aber in Padua bis zur Zeit Galileis fortbestanden.

Man darf die Zeit vor Ockham nicht ausschließlich nach den Pariser Denkgewohnheiten beurteilen: Es gab den unruhig in Europa und Afrika umherziehenden Lull mit seiner originellen Elementenlehre. Es gab Oxford mit Roger Bacon; es gab den Hof des Königs Robert von Anjou in Neapel mit ausgedehnten philosophischen, literarischen und naturwissenschaftlichen Interessen; es gab Köln mit Albert, bald mit Dietrich. Empiristisch orientierte Wissenschaftshistoriker neigen zu der Annahme, es müsse eine eher empiristische Philosophie, wie die Ockhams, gewesen sein, welche die naturwissenschaftlichen Neuerungen der Folgejahre eingeleitet habe. Aber so wie die schularistotelische Versicherung, alle Erkenntnis fange mit den Sinnen an, noch keine methodische Naturbeobachtung ergab, so wenig bedeutete Ockhams Metaphysikkritik schon eine naturwissenschaftliche Entdeckung. Wer annimmt, der Empirismus fördere die Naturforschung, muß die Tatsache hinnehmen, daß ein so »spekulativer« Denker wie Dietrich von Freiberg die vielleicht größte naturwissenschaftliche Entdeckung der ersten Jahrzehnte des 14. Jahrhunderts gemacht hat.

Ockham hat beigetragen zu einer präziseren Betrachtungsweise der Natur und zum weiteren Abbau des moralisierenden Symbolismus, der Naturphänomene nur als Exempel menschlichen Verhaltens oder erbaulicher Bewunderung genommen hatte. Ockham nährte die Bereitschaft, an den philosophischen Dogmen der aristotelischen Naturphilosophie zu rütteln. Aber Ockham stand nicht allein. Die reale gesellschaftliche Entwicklung hatte gegen 1320 einen

Stand erreicht, der die Kritik an einer theokratischen Sozialtheorie und eine rationalere Bearbeitung der Natur erforderte. Die technische Entwicklung, vor allem die der Uhren, hielt dazu an, die reale Erfahrung nach ihrer quantitativen Seite hin zu vereinheitlichen. Das 14. Jahrhundert begann, seine Zeit genauer zu messen als frühere Jahrhunderte; es löste den Zeitbegriff stärker ab von der je verschiedenen Zeiterfahrung der verschiedenen sozialen Schichten (Zeit der Bauern, Zeit der Kleriker).[2] Die Zahlen, die Zählbarkeit der Dinge, die rationale Kontrolle und die Abzweckung auf Nützlichkeit prägten das merkantile Denken in den Handelszentren, die gegen 1300 die kulturelle Führung an sich gerissen hatten. Wenn nun ein Chronist irgendeinen Vorgang berichtete, z. B. über einen Brückenbau, dann gab er Länge und Breite, Arbeitszeit und Zahl der Arbeiter präzis an; so wimmelt es in der Chronik der Villani von Zahlenangaben.[3] Die Tendenz zur Quantifizierung war so tief begründet und so weit verbreitet, daß sie nicht auf Ockhams Einwirkung zurückgeführt werden kann. So kritisierte schon Olivi die aristotelische Bewegungslehre. Denn der Anwendung der neuen Rationalität auf die Natur stand vor allem die aristotelische Physik im Wege. Sie war an Qualitäten und an substantiellen Formen orientiert; sie »erklärte« die Bewegung nach einem qualitativen Ordnungsschema und im Rahmen einer Metaphysik der Formen. Sie unterschied daher »natürliche« von »gewaltsamen« Bewegungen. »Natürlich« waren die Bewegungen der Elemente zu ihrem »natürlichen Ort«, also des Feuers nach oben, der Erde nach unten. Denn diese Bewegungen entsprachen jeweils der substantiellen Form der Elemente; sie bedurften keiner weiteren Erklärung. Schwieriger waren die »unnatürlichen« Bewegungen, z. B. beim Wurf eines Steines, zu erklären. Aristoteles, den man zuweilen als Denker der Bewegung rühmt, hatte die Ruhe, nicht die Bewegung als das Naturgemäße angesehen; die final bezogene und insofern rational überschaubare Bewegung der Elemente zu ihrem »natürlichen« Ort bekam von der Wesensform ihre Kontinuität; d. h., sie dauerte so lange, bis sie in ihrem »natürlichen« Ort zur Ruhe kam. Aber woher bekam unter diesen Voraussetzungen die »unnatürliche« Bewegung ihre Einheit? Aristoteles schuf Aushilfstheorien, die im 14. Jahrhundert zur Kritik herausforderten. Um zu erklären, daß der geworfene Stein seine Bewegung fortsetzt, wenn er die Hand des Werfenden verlassen hat, daß er sich also entgegen seiner »natürlichen« Bewegungsrichtung bewegt, obwohl die Kausalität der »gewaltsamen« Bewegungsursache aufhört, während er im Fluge ist, verwies Aristoteles auf die den Stein umgebende Luft. Sie trage den Flugkörper weiter. Die Kontinuität der »unnatürlichen« Bewegung erklärte Aristoteles durch die Kontinuität des Mediums »Luft«.

Dieser Ersatz für eine eidetisch-formbegründete Bewegungsanalyse brachte im 14. Jahrhundert die gesamte Kosmologie ins Wanken, nicht nur bei Ockham. K. Michalski hat 1928 bereits gezeigt, daß Franciscus de Marchia († 1320) im einzelnen dartat, daß die aristotelische Bewegungslehre gegen das Ökonomieprinzip verstieß.[4]

Er hielt es für einfacher, folglich für rationaler, den Grund der Bewegung »im bewegten Körper statt im Medium« zu suchen. Deutlicher konnte man nicht sagen, daß die aristotelische und averroistische Bewegungslehre dem neuen Rationalitätsstandard nicht mehr entsprach. Ausdrücklich sagte er, wenn man annehme, der Bewegungsgrund liege im bewegten Körper selbst, erkläre dies die tatsächlich zu beobachtenden Phänomene »besser und leichter« (*melius et facilius*). Er nannte folgende Beobachtungen, die sich außerhalb der aristotelischen Bewegungslehre »leichter« deuten ließen:

- Der bewegte Körper bewegt sich nicht durch die Bewegung der ihn umgebenden Luft;
- ein schwererer Körper, z. B. ein Stein, bewegt sich schneller als ein leichterer, z. B. Stroh;
- ein schwererer Körper dringt tiefer als die Luft in einen anderen ein;
- die Bewegung der Luft hängt eher von der Bewegung des Projektils ab als umgekehrt.

Der erste große Erforscher der Physik des 14. Jahrhunderts, Duhem, verwies vor allem auf Johannes Buridanus († 1358) als auf einen »Vorläufer Galileis«.[5] Buridanus kritisierte die aristotelische Bewegungslehre, formulierte aber im Unterschied zu Ockham eine neue Lehre vom Ursprung der nicht-natürlichen Bewegung, nämlich die sogenannte Impetus-Theorie. Danach teilt der Bewegende dem Projektil eine immanente Kraft oder Form mit, die die Kontinuität der Bewegung sichert. Dies ging gegen die aristotelische Lufttheorie, verblieb aber insofern innerhalb aristotelischer Kategorien, als er die Bewegungsursache als innewohnende Form des Bewegten, also nach dem Schema der ontologischen Inhärenz deutete. Diese Theorie hatte, gerade in ihrer Zwischenstellung zwischen Aristoteles und Galilei, einen außerordentlichen Erfolg im 15. und 16. Jahrhundert. Sie war es, von der die frühneuzeitlichen Begründer der modernen Mechanik sich abzusetzen hatten. Duhem zeigte aber nicht nur, wie nach Buridanus der »Anstoß« (*impetus*) des Werfenden das Geworfene bewegt, er sah, daß Buridanus diese Theorie auf die Himmelssphären auszudehnen geneigt war. Wenn Gott den Weltschalen anfangs den Bewegungsimpuls erteilte, dann konnten sie sich fortbewegen, ohne einer Intelligenz oder eines Engels zu ihrer Bewegung zu bedürfen. Buridanus verwies auf die Erfahrung: Wenn man eine Windmühle gegen den Wind abschützt, setzt sie eine Weile ihre

Bewegung fort – also war die Luft nicht die Ursache ihrer Bewegung. Und wenn ein Kreisel sich weiterbewegt –, konnten es dann nicht auch die Weltschalen tun? Buridanus begnügte sich damit, diese Frage zu stellen. Die Schwelle, die er anzeigte, hat er nicht überschritten. Aber die Mechanisierung des Weltprozesses war von nun an eine konkrete Denkmöglichkeit. Die Forschungen von K. Michalski haben gezeigt, daß diese theoretische Entwicklung nicht nur an den Personen Ockham und Buridanus festgemacht werden darf; Anneliese Maier und Alexander Koyré haben Duhems Ansicht korrigiert, die Physiker des 14. Jahrhunderts hätten das Trägheitsprinzip der klassischen Physik vorweggenommen.[6] Dennoch bleibt Buridanus ein für das 14. Jahrhundert sehr bedeutender Naturtheoretiker.

Verglichen mit Ockham war Buridanus weniger radikal. Ockham hatte die Sprachkritik so weit getrieben, daß er, der Verführungskraft des Substantivs »Bewegung« widerstehend, nur das einzelne Bewegte für wirklich hielt. Er brauchte daher keine eigene zusätzliche Bewegungskraft im Bewegten anzunehmen. Dies tat Buridanus mit seiner Impetus-Lehre. Sie war ein Kompromiß zwischen Ockham und Aristoteles. Aber Buridanus entfaltete die Aporien der aristotelischen Bewegungslehre mit solcher Präzision und Offenheit, daß seine Texte, besonders die 13. *Quaestio* seines *Kommentars* zum 8. Buch der *Physik*, das Nachdenken der Folgezeit anregte. Mußte man Engel als Sternschalenbeweger annehmen? Warum denn nur sagte die Bibel nichts über sie? Auch wenn Buridanus vor einer Entscheidung zurückwich – »ich rede hier nicht in der Form einer festen Behauptung« (*sed hoc non dico assertive*) –, so stellte er doch Fragen: »Ich flehe die Vertreter der göttlichen Wissenschaft an, sie möchten mich in diesen Dingen belehren, wie das alles geschehen kann« (*ut a divinis theologis petam quod in illis doceant me quomodo possunt haec fieri*).[7]

Er zeigte, daß die Problemsituation offen war. Er notierte die Gegenargumente gegen das ptolemäische Weltbild mit solcher Präzision, daß es auf sein eigenes, eher konservatives Endurteil nicht mehr allzu sehr ankam.[8]

Während seine deutschen Schüler, wie Albert von Sachsen († 1390), tätig in Wien, und Marsilius von Inghen († 1396, Rektor von Heidelberg),[9] der Zurückgebliebenheit ihrer Heimatregion entsprechend, ihn eher abschwächten, nahm Nicolaus Oresme († 1382) seine weiterführenden Impulse auf. Er verstärkte noch das Gewicht der Argumente für die Erdumdrehung; er verzeichnete sorgfältig die Ungereimtheiten, denen man entgehen könne, wenn man die Rotation der Erde annähme.[10] Er endete die Diskussion mit der Erklärung, die tägliche Drehung der Erde lasse sich ebenso gut beweisen wie die der Sonne um die Erde. Er verwies, wie schon Buridanus, auf die Relativität aller Bewegungen, die wir erfahren können, wenn wir z. B. auf einem Schiff ein anderes Schiff sehen, dem wir Bewegung zuschreiben, obwohl nur unser Schiff sich bewegt. Aber nicht in dieser Vorarbeit für Copernicus, die Cusanus aufgreifen wird, liegt die Größe Oresmes. Auch nicht darin, daß er über kosmologische Probleme in französischer Sprache schrieb; damit holte er nur für Frankreich nach, was Dante für das Italienische, Eckhart für das Deutsche, Lull für das Katalanische geleistet hatten. Entscheidend war: Oresme stellte sich dem Problem der Umwandlung qualitativer Vorgänge in quantitative Beschreibungen in seiner Allgemeinheit. Er führte die Benutzung des Koordinatensystems für die Darstellung qualitativer Veränderungen ein. Er berief sich auf das Prinzip der Denkökonomie in der Frage der Erdbewegung, vor allem aber bei der Überwindung der aristotelischen Zweiteilung des Kosmos in eine sublunarische und in eine supralunarische Welt zugunsten einer einheitlichen Physik.

Was das Problem der Bewegung anging, so suchte er auch hier die Transformation in quantitative Bestimmungen. Er entdeckte die Proportion zwischen Raum und Zeit beim Fall der Körper. Er wollte zeigen, wie man die Qualitäten, auf die die aristotelische Physik fixiert war, quantitativ analysieren kann – eine erste »Mechanisierung des Weltbilds«, die Oresme auch als Geldtheoretiker zustatten kam.

Zweifellos war das 14. Jahrhundert eine Zeit lebhafter, oft auch freimütiger kosmologischer Diskussion. Franciscus de Mayronis († nach 1328) erzählt von einem Professor, der die Erdbewegung rationaler fand als die Bewegung der Sonne um die Erde.[11] So unbestreitbar solche Belege sind und so wenig sie in ein schematisches Bild vom »Mittelalter« passen, so nimmt doch die neue Naturwissenschaft des 14. Jahrhunderts der physikalischen Revolution Galileis nichts von ihrer Originalität. Die Impetus-Lehre war eine Ausbesserung der aristotelischen Physik, nicht deren Überwindung. Anneliese Maier zeigte, daß die Physiker des 14. Jahrhunderts zwar mehr boten als nur trübe Vorahnungen der Physik des 17. Jahrhunderts, daß wir aber keinen Grund haben, die Anfänge der neuzeitlichen Wissenschaft ins 14. statt ins 17. Jahrhundert zu legen.[12] Sie konnte nachweisen, daß die Impetus-Theorie des Buridanus im 16. Jahrhundert eine Wiedergeburt erlebte, wobei sie zunehmend der aristotelischen Physik akkomodiert und von der offiziellen scholastischen Philosophie für sich in Anspruch genommen wurde.

Die Impetus-Theorie sah – ähnlich wie die Theorie der Bewegung bei Aristoteles – die Ruhe als den natürlichen Zustand der Körper an. Das Trägheitsgesetz der klassischen Mechanik dachte hingegen die Bewegung als das Natürliche und deutete die Ruhe nur als Spezialfall von Bewegung. Daher war es ein unhistorisches Lob, die Impetus-Theorie zur Vorläuferin der klassischen Mechanik zu erklären. Durch die Gleichheit der Grundannahme – Vorrang der Ruhe vor der Bewegung – bog die Impetus-Theorie wieder in die konventionell-aristotelische Bahn der Theorie der Bewegung ein. Dennoch bedeutete das 14. Jahrhundert für die Naturbetrachtung einen Umbruch:

Das Programm einer einheitlichen Dynamik, die für die Bewegungen am Himmel und auf der Erde genügen sollte, öffnete Freiräume der Forschung für die nächsten Jahrhunderte. War einmal die Frage aufgekommen, ob der Zustand der Ruhe denn wirklich der für die Erde »würdigere« Zustand sei, so konnte in einem nächsten Schritt auch ihre zentrale Stellung im Kosmos angezweifelt werden. Die einheitliche Mechanik, die für Kopernikus und Galilei so wesentlich wurde, war nun vorbereitet.

46 Humanismus

Da der Thomismus nicht den Höhepunkt der mittelalterlichen Philosophie bildete, ist es kein Zeichen von Verfall, wenn sich das 14. Jahrhundert wenig um ihn kümmerte. Es hatte neue, strengere Maßstäbe. Bedenkt man zudem die stattliche Reihe origineller Individuen – von Lull bis Oresme, von Scotus bis Nicolaus von Autrecourt, von Eckhart bis Buridanus –, so zeigt sich diese Zeit dem 13. Jahrhundert mindestens ebenbürtig. Andererseits muß auch das Ende der mittelalterlichen Philosophie aus ihrem inneren Entwicklungsgang begreiflich gemacht werden. Kein Zweifel, daß sie im 15. Jahrhundert stagnierte, daß schon im 14. Jahrhundert das intellektuelle Leben sich von den Universitäten – die gerade jetzt zahlreicher werden, auch im deutschen Sprachgebiet – zu lösen begann. Es muß also zu Erstarrungen gekommen sein. Dafür gibt es eine Reihe von Gründen.

Die Universität Paris wurde in ihrer Internationalität eingeschränkt. Der erwachende Nationalismus, der ein Jahrhundert dauernde Krieg mit England, die autonome Kulturentwicklung Italiens, die neuen Universitäten wie Prag, Wien und Heidelberg – dies alles ging auf Kosten von Paris. Die Fiskalisierung und Jurifizierung der Kirche von Avignon ließen eine philosophische oder theologische Tätigkeit als bloß subjektive Spielerei erscheinen. Karriere machte man jetzt mit der Jurisprudenz. Hinzu kam, daß die kirchlichen Verurteilungen der Päpste von Avignon viele, eigentlich alle interessanten Denkwege verschlossen hatten:

Man durfte weder wie Eckhart denken noch wie Nicolaus von Autrecourt. Ockham, dessen Prozeß zufälligerweise nicht zu einem Ende gekommen war, durfte man fortsetzen. Man hat es vielfach getan, wenn es auch zu lokalen Verurteilungen kam, so im Statut der Pariser Artistenfakultät von 1339 und im Edikt König Ludwigs XI. gegen die Nominalisten von 1474. Aber immer war es tunlich, die radikalen Konsequenzen seiner Erkenntnislehre wie seiner Politiktheorie zu umgehen. Abschwächungen und Kompromißlösungen waren die Folge. Ein Geist der Ängstlichkeit breitete sich aus; man mußte vorsichtig sein. In dieser Atmosphäre konnten Diplomaten gedeihen, nicht aber Philosophen. Die besten Köpfe stieß dies komplizierte Wesen ab; sie zogen sich auf sich selbst zurück, sie traten lieber in den Dienst eines kulturfreundlichen Fürsten oder einer Kommune.

Es gab auch innere Gründe, das Wissen der Hohen Schule geringzuschätzen. Seine zunehmende Kompliziertheit stand beziehungslos neben der religiösen Erfahrung. Es lag nahe, die Doktoren der Sorbonne zu verspotten (wie es Erasmus und Rabelais taten) oder ihnen die Einfachheit der »Nachfolge Christi« entgegenzusetzen. Ihr Wissen mochte noch so subtil sein, es versagte offensichtlich vor den größten Übeln der Zeit, dem Hunger, der Pest, dem Krieg und der Spaltung

(Schisma) der Kirche. Es hatte sich seit 1300 aus theoretischen Gründen ständig selbst einschränken müssen; seit der Jahrhundertmitte konnte ein aufmerksamer Beobachter sehen, daß dieses Wissen die laut gewordene Skepsis nicht widerlegen konnte. Die Erfolge der neuen Physik waren nicht derart, daß sie neues Zutrauen begründet hätten. Es gab zwar immer noch Gelehrte, deren Wissen Tiefsinn, Präzision und sozialen Bezug aufwies, so Wyclif[1] († 1386), der aus einem platonisierenden Universalienrealismus die frühbürgerliche Privateigentumsmentalität kritisierte, die Transsubstantiation aus philosophischen und biblischen Gründen verwarf und der englische Sozialrevolutionäre und böhmische Hussiten inspirierte. Es gab Jean Gerson[2] († 1429), der als Kanzler der Universität händeringend für die Einigkeit der Kirche insgesamt wie der Pariser Doktoren warb. Er war von Ockham beeinflußt, doch schwebte ihm eine Art Bonaventura-Renaissance vor. Sie schien ihm das friedliche Nebeneinander von logischer Präzision und einer an Dionysius orientierten Frömmigkeit zu sichern. Kirchenpolitisch war Gerson Konziliarist. Sein Lehrer in Paris war Pierre d'Ailly[3] († 1420), der aus besonnen-kritischem Abstand Ochkam folgte. Auch er wollte ockhamistische und dionysische Tendenzen vereinigen, aber beide Tendenzen sollten nicht bis zu ihrem inzwischen verurteilten Extrem getrieben werden: eine klug abwägende, aber insgesamt kompromißlerische Situation. Durchdachte man diese Lage, so konnte man entweder auf den Prunk weltlichen Wissens insgesamt verzichten, zugunsten privater Frömmigkeit oder tätiger Nächstenliebe, oder man konnte sich auf seine persönliche Eigenart besinnen, konnte aus Augustin und den lateinischen Autoren der Antike eine formbewußte Selbstbesinnung speisen, für die sich der Name »Humanismus« eingebürgert hat. Meist verbindet man mit diesem Wort einen Gegensatz zum Mittelalter. Dies hat einen so guten Kenner des Mittelalters wie R. W. Southern bewogen, ein Buch über *Medieval Humanism* (Oxford 1970) zu schreiben. Dennoch enthielt der Humanismus des 14. und 15. Jahrhunderts anti-mittelalterliche oder sagen wir besser: anti-scholastische Motive. Er verlangte eine Revision der Terminologie und der Erziehungsmethoden; vielfach wandte er sich gegen ein Wissen, das Selbstzweck sein wollte, und betonte die sozialen und politischen Implikationen des Wissens. Er verachtete, was man den »Objektivismus« des Universitätswissens nennen könnte, nämlich den Anschein, man könne eine Lebensdeutung lehren, die nicht in einem einzelnen Denkenden ihren letzten Anhalt habe und die folglich »objektiv« sei: Das spätmittelalterliche Wissen organisierte sich immer strenger nach Schulen und religiösen Orden; der Humanismus – der sich nicht auf die Reform der Latinität und der Erziehungsmethoden beschränkte – verstand Wissen im Sinne des christlichen Sokratismus als Selbsterkenntnis. Das Verhältnis von »Humanismus« und »Mittelalter« liegt so ähnlich wie das von klassischer Mechanik (Galilei) und Physik des 14. Jahrhunderts, nur daß Vokabeln wie »Humanismus« und »Mittelalter« unerträgliche Verallgemeinerungen vollziehen: Der Humanismus war ohne die mittelalterliche Entwicklung nicht möglich, er hatte Voraussetzungen und Vorbilder auch im Mittelalter selbst, verhielt sich jedoch polemisch zu dem erstarrten Universitätsbetrieb des Spätmittelalters. Er machte Entdeckungen – z. B. des geschichtlichen Bewußtseins oder der Rhetorik –, die einzelnen Autoren des Mittelalters nicht völlig fremd waren, die aber zusammengenommen und in der konkreten Situation um 1400 einen Affront gegen das etablierte Universitätswesen darstellten, auch wenn sehr bald einzelne Hochschulen sich der neuen Bildungswelt öffneten. Weder die »Humanisten« noch die Universitätsgelehrten bildeten eine homogene Gruppe. Wer z. B. im 16. Jahrhundert an den averroistisch gedeuteten Aristoteles anknüpfen wollte, brauchte nur den Averroismus fortzusetzen. Es gab Humanisten, die davor warnten, die Philosophen des Mittelalters wegen ihres unklassischen Lateins zu mißachten. Ein so hervorragender Repräsentant der neuen Zeit wie PICO DELLA MIRANDOLA († 1494) kritisierte in seinem berühmten Brief an Ermolao Barbaro jene Humanisten, welche die sprachliche Form höher achteten als den argumentativen Inhalt eines philosophischen Textes; er, der selbst nicht in den scholastischen Bahnen weitergehen wollte, verteidigte ausdrücklich die scholastischen Philosophen gegen Humanisten, die sich von der Terminologie zu sehr beeindrucken ließen.[4]

Es gab also im 15. Jahrhundert einen Humanismus, der sich darauf beschränkte, eine Reform des formalen Bildungssystems zu sein. Grammatik, Rhetorik, Poesie sollten erneuert werden, vertieft durch historische und moralphilosophische Studien. Praktisch lief das auf eine Korrektur des lateinischen Stils im Sinne Ciceros hinaus, auf die Erweiterung des Lektürekanons und auf die Erstellung getreuerer Texte. Paul Oskar Kristeller hat vorgeschlagen, das Wort »Humanismus« nur noch in dieser engeren Bedeutung zu verwenden.[5] Dies hat den Vorteil größerer Klarheit. Aber man kann auch das Wort »Humanismus« in einer weiteren, mehr inhaltlichen Bedeutung verwenden; in diesem Sinne kann man Pico als Repräsentanten des »Humanismus« sehen, als einen Denker, der dem philosophischen Motiv der »Würde des Menschen« eine zentrale Rolle gab, worauf ich zurückkomme. Ich selbst möchte auf eine terminologische Festlegung verzichten, ohne die von Kristeller hervorgehobene Richtung des philologischen Humanismus in ihrer Bedeutung zu schmälern. Ich benutze den Ausdruck »Humanismus« im weiteren Sinn – nach dem Vorbild von Eugenio Garin.

47 Petrarca: Ein Philosoph des 14. Jahrhunderts

Allgemeine Ausdrücke wie »Mittelalter« und »Neuzeit«, »Scholastik« und »Humanismus« mögen als nachträgliche Zusammenfassung für didaktische Zwecke taugen – historische Erkenntnis ersetzen sie nicht. Oft haben sie dazu gedient, den Mangel an Detailkenntnissen zu verdecken. Sie haben eine bestimmte Rhetorik erzeugt; sie haben den Weg zu Archiven und Bibliotheken versperrt. Sie dienten dazu, richtige Detailkenntnisse ideologisch zu präparieren. Ich gehe hier etwas näher auf Francesco Petrarca († 1374)[1] ein, um einige gängige Auslegungsformeln – wie z. B. »Humanismus« – mit seinen Texten zu konfrontieren und exemplarisch zu problematisieren. Konventionelle Abgrenzungen von »Mittelalter« und »Neuzeit« sind in Zweifel zu ziehen. Dazu gibt das Werk Petrarcas vielfachen Anlaß:

Eine bestimmte Art von Mittelalterforschung nimmt ihn gar nicht zur Kenntnis. Sucht man in den Darstellungen der mittelalterlichen Philosophie von B. Geyer oder von Gilson/Böhner nach Petrarca, so blättert man vergebens. Geyer könnte argumentieren, Petrarca gehöre nicht zur »scholastischen« Philosophie. Aber gehört er nicht ins 14. Jahrhundert? Die dogmatische Grenzziehung von »Mittelalter«, »Scholastik« und »Renaissance« führt so dazu, Petrarca aus unserem Bild seines Jahrhunderts zu entfernen. Oder war er kein Philosoph? Gewiß war er auch Dichter, aber er selbst hielt seine lateinischen Texte für wichtiger als seine italienischen. Seine Selbsteinschätzung kann für uns nicht maßgebend sein, aber unbestreitbar hat er philosophische Traktate geschrieben, so das *Secretum meum* (*Über den geheimen Konflikt meiner Sorgen*, 1343–58), ferner das Buch *Von seiner und vieler Leute Unwissenheit* (*De sui ipsius et multorum ignorantia*, 1367), ferner eine Reihe moral-philosophischer Traktate und zahlreiche Briefe (*Familiari*) theoretischen Inhalts.[2] Es ist für das 14. Jahrhundert charakteristisch, daß die Briefform, die bis ins 12. Jahrhundert gepflegt worden war, nun wieder von philosophischen Schriftstellern gewählt wurde; die subjektive Besinnung, nicht der Anschein objektivistischer Totalität, galt nun als bevorzugter Wert. Petrarca schrieb so wenig eine »Summe« wie Nicolaus von Autrecourt, dennoch war er einer der wichtigsten philosophischen Schriftsteller der Zeit. Gleichwohl besteht, vor allem in Deutschland, eine Tendenz, Petrarcas Werk aus der Geschichte der mittelalterlichen Philosophie zu verweisen. Das Bild des 14. Jahrhunderts verarmt dadurch; es verliert einen seiner lebhaftesten Kontraste. Mit seiner Ausschließung bestätigt man noch einmal das Vorurteil, nur die »scholastischen« Philosophen repräsentierten den Geist des späten Mittelalters.

Etienne Gilson war zu kenntnisreich, um diese Ausflucht zu teilen. In seinem großen Buch *La philosophie au moyen âge*[3] sprach er ausführlich von Petrarca. Aber der Petrarca Gilsons zeigt sich berauscht »von der Wortmusik Ciceros« (720 f.). Gilson sah in Petrarca den Italiener, der gegen die englischen Logiker und die Professoren der Sorbonne revoltierte, vor allem jedoch den »Redner« (*orateur*), den christlichen Humanisten und Verehrer der Kirchenväter. Gilson hob hervor, Petrarca habe andere vor die Wahl gestellt, entweder den Dialektikern der Schulen oder ihm zu folgen. Er sah, daß Petrarca gegen die Aristoteles-Rezeption anging, indem er an Augustin und an christliche Humanisten des 12. Jahrhunderts (Johannes von Salisbury, hinzuzufügen wäre Bernardus Silvestris) anknüpfte. Aber er wollte Petrarcas Abkehr von der »Scholastik« (wie Gilson sich ausdrückte) um ihr argumentatives Gewicht bringen; daher stellte Gilson seine Entwicklung so dar, als habe er mit ihr nichts zu tun: Petrarca habe nicht auf die Scholastik reagiert; er habe sich außerhalb der Scholastik bewegt – »so als habe sie nie existiert«. In Wahrheit sah Petrarca sich selbst als Philosophen, und zwar als antischolastischen: »Vor allem liebe ich die Philosophie, nicht allerdings jene geschwätzige, schulmäßige (*scholasticam*), windige [...], sondern die wahre«.[4] Aber die »wahre« Philosophie war nach Petrarca bei den Zeitgenossen nicht zu finden. So wurde er zum Kritiker der Scholastik. Die logischen Einzeluntersuchungen und die neue Pariser Physik – sie bildeten keine Gegenkraft zum Niedergang der Kirche, zum Verfall Italiens, zur Zwietracht in den Städten. Wenn Petrarca sich nicht an die Scholastik anschloß, so gewiß, weil sie den inneren Zusammenhang von Poesie und Theologie verkannte, aber vor allem, weil sie nicht ethisch-politisch genug war.[5] Er erklärte sich als Fremdling in seiner Zeit und pries das Altertum, d. h. Rom. Dabei aber bezog er die Antike auf seine Gegenwart, als Gegensatz zu ihrer politischen, literarischen, philosophischen Realität. Sokrates und Platon, Cicero und Augustin sollten eine lebensbezogene Weisheit lehren. Deren politisch-ethische Rhetorik sollte die schulmäßige Dialektik verdrängen.

Deutsche Philosophiehistoriker versagten dem »Humanisten« Petrarca die Aufnahme in den Olymp ihrer Philosophiehistorie, weil sie annahmen, »Humanisten« hätten Literatur, Rhetorik, Poesie, aber keine »Sachphilosophie« betrieben. Aber der Vorwurf, sich mit Vokabeln zu begnügen, statt zu den »Sachen« zu kommen, war ein Haupteinwand Petrarcas gegen die Philosophen seiner Zeit: »Warum vergreist ihr vor lauter Vokabeln und vergeßt die Sachen?«[6] Diese Kritik richtete sich zunächst gegen den Vorrang logischer Untersuchungen in der Philosophie des 14. Jahrhunderts. Der sprachanalytische Duktus der »englischen Barbaren«, die Frankreich und selbst Italien überschwemmt hätten, sollte nicht den Vorrang haben vor der Moral- und Sozialphilosophie. Denn die »Sachen«, um die es Petrarca vor allem ging, waren die individuellen Erfahrungen in einer Zeit, die durch Pest, Hunger und Krieg, aber auch durch intellektuelle Zerrissenheit geprägt war. Ihn interessierte die Frage nach einer individuellen und kollektiven Lebensführung, die das verwirklichen sollte, was alle wollen: Glückseligkeit. Die Logik wollte er nicht abschaffen; sie sollte als Einleitungswissenschaft in untergeordneter Funktion dienen. Die Menschen sollten sie im Heranwachsen lernen, aber sie sollten mit ihr nicht alt werden. Die Erwachsenen sollten sich mit Fragen der menschlichen Lebensführung befassen, d. h. mit Moralphilosophie. Dabei kritisierte Petrarca nicht nur den Vorrang der Logik und die Formalismen der spätscholastischen Schulkultur; er forderte den Vorrang menschlicher Selbsterkenntnis vor dem Objektivismus des spätmittelalterlichen Schularistotelismus, für dessen Mängel er gern Averroes verantwortlich machte. Petrarca wollte eine »christliche Philosophie«, und er verstand darunter sokratisch-augustinische Selbsterkenntnis, die das individuelle wie das soziale Leben neu zu gestalten vermochte.

Skeptizismus?

Mit Petrarca regt sich im 14. Jahrhundert das historische Bewußtsein, aber zum bloßen Philosophiegelehrten oder zum Skeptiker wurde Petrarca darüber nicht. Nach Giovanni Gentile hat Petrarca die Philosophie der Neuzeit dadurch ermöglicht, daß er zu den Schulrichtungen des Spätmittelalters auf skeptische Distanz gegangen ist. In der Tat pries Petrarca das Nicht-Wissen gegenüber den logischen Finessen und gegenüber der Selbstüberschätzung der zeitgenössischen Physik und Medizin. Er hielt am spirituellen und moralischen Gehalt des Christentums fest gegenüber einem naturalistischen Wissenschaftsbegriff. Aber was Petrarca anriet, war die sokratische Abstinenz gegenüber angeblichem Durchschauen der Natur. Es war eine konkrete Kritik repräsentativer Schulrichtungen des 14. Jahrhunderts. Den erstarrten Blöcken der spätmittelalterlichen Schulen stellte er individuelles Denken gegenüber, oft im Bewußtsein seiner Einsamkeit. Dabei hielt er den Bezug auf die reale Politik aufrecht; er griff ein in die politische Sphäre (Verbindung mit Cola di Rienzo, Briefe an Kaiser Karl IV.); er verstand Philosophie auch als Nachdenken über eine Reform der sozialen und politischen Welt; er arbeitete für eine Erneuerung des italienischen Lebens insgesamt. Und wenn er Schulmeinungen relativierte – »mal bin ich Aristoteliker, mal Stoiker, mal Platoniker« –, so maß er sie an seinem sokratisch-christlich-augustinischen Versuch denkender Selbstverständigung, der sich nach seiner Einsicht auch praktisch zu bewähren hatte – im Angesicht des Todes, der seit 1348 allgegenwärtig sichtbar war, wie in der Neugestaltung des privaten und des politischen Lebens.

Petrarca beeinflußte die Philosophie des 14. Jahrhunderts auch dadurch, daß er sie mit der Realität des Lebens konfrontierte, zum Beispiel mit der Kaufmannsmentalität, die der Philosophie keinen Raum ließ, oder mit der Pest, die den Wissensanspruch der Naturwissenschaften und der Medizin in eine fahle Beleuchtung setzte. Aristoteles war für ihn nicht mehr, wie für Dante, der »Meister derer, die wissen«; er war eine schriftstellerische Individualität unter anderen, an der man Kritik üben konnte, die man aber auch in ihrer Eigengestalt im Rahmen der griechischen Kultur erfassen lernen mußte. Damit begründete Petrarca die Anfänge des historischen Bewußtseins; er verwies die Generationen nach ihm auf den Nutzen der Philologie für Philosophie und Theologie. Diese neue Einstellung sollte im 15. und 16. Jahrhundert die reale Welt verändern: Als Lorenzo Valla die Unechtheit der Konstantinischen Schenkung bewies, als

Erasmus und Luther das Neue Testament von scholastischen Auslegungen befreiten, als Michael Servet 1532 die Abwesenheit der Trinitätslehre in den neutestamentlichen Schriften bewies – da zeigte sich der Realitätsbezug der Anregungen Petrarcas.

Die Rückkehr Augustins

Wenn Petrarca sich auf Augustin berief, wenn er ihn als Mitunterredner in seinem *Secretum* auftreten ließ, dann war es nicht der Augustin der späten Gnadenlehre, sondern der Augustin, der seine subjektive Lebensgeschichte reflektierte und stilisierte, der alle Weisheit darin beschlossen sah, daß wir uns selbst und Gott in uns erkennen. Petrarcas Augustin war der Schutzpatron einer antischolastischen Zeitkritik; dieser Augustin verwarf die oberitalienische Frühaufklärung, deren Existenz nicht nur Petrarca (z. B. Sen. V 2) bezeugt. Petrarcas Augustin verurteilte die Selbstvergessenheit der Naturforscher: Sie studieren die Haare der Löwen und die Paarung der Elefanten, vergessen aber sich selbst. Er tadelte die Anmaßungen der scholastischen Physik, er verteidigte die Freiheit des menschlichen Willens und erneuerte in den Pestjahrzehnten des 14. Jahrhunderts das platonische Motiv der Philosophie als Sterbenlernen. Augustin, den Petrarca eng mit Cicero und Seneca verbunden sah und den er mehr als Weggefährten eines sensiblen Intellektuellen denn als Garanten einer theologischen Gnadenkonzeption las, sollte ihm Freiheit von den spätmittelalterlichen Schulrichtungen sichern – gegen den aristotelischen Vorrang der kosmologischen Betrachtungsweise selbst in der Seelenlehre, gegen die averroistische Abtrennung der Wissenschaft von der christlichen Selbstbesinnung, gegen die Vernachlässigung der Moralphilosophie. Daraus ergab sich in der Folge ein neues Bild auch des Aristoteles: Dessen *Ethik* trat in den

Vordergrund gegenüber seiner Logik, seiner *Physik* und *Metaphysik*. Insgesamt lehrte Petrarca, die Schriften der antiken Philosophen als Philologe zu lesen, als Zeugnisse der antiken Welt. Petrarca wollte Aristoteles nicht verbannen. Aber statt seine objektivistischen Tendenzen zu verstärken und zu dogmatisieren, sollten wir ihn nutzen als Quelle moralisch-politischer Reflexion, zugleich philologisch-historisierend als Ausdruck der griechischen Kultur. Platon hatte, wie für Augustin, so auch für Petrarca den Vorrang vor Aristoteles. Aber Petrarca konnte zu wenig Griechisch, um dieser Neuorientierung eine konkrete Textbasis zu verschaffen, trotz des griechischen Platon-Codex, den er besaß. Aber er hat den Anstoß zu neuen Platon-Studien gegeben, ebenso wie zur gelehrt-philologischen Interpretation der Schriften des Aristoteles. So inspirierte er die florentinische Platon-Renaissance des 15. Jahrhunderts (Marsilio Ficino).

Deutsche und medievalistische Vorurteile

Petrarca reizt dazu, ihn – ebenso wie Cusanus – als Mann des Übergangs vom Mittelalter zur Neuzeit darzustellen. Doch dabei verselbständigen sich leicht die Substantive. So enthalten die führenden deutschen Philosophiehistorien über Petrarca fast nichts als Vorurteile. Wilhelm Windelband faßt die Ziele der »humanistischen Bewegung« dahin zusammen, sie habe das »Interesse an der römischen Profanliteratur geweckt, das mit dem Erwachen des italienischen Nationalbewußtseins eng zusammenhing«.[7] Windelband erklärt die Wende zum Platonismus mit dem modischen Effekt der platonischen Texte der Emigranten aus Byzanz. Dabei steht längst fest, daß das Studium des Griechischen vor dem Fall von Konstantinopel (1453) in Italien heimisch war. Die Gründe, die Petrarca gegen Aristoteles hatte (soweit er gegen Aristoteles war), wurden soeben genannt. Windelband stellte sich die mittelalterliche Philosophie als geschlossenen aristotelischen Block vor, der mit der Kirchenlehre eins geworden sei – dabei gab es, wie gezeigt, seit Mitte des 13. Jahrhunderts eine Opposition gegen Aristoteles, sowohl aus religiösen wie aus philosophischen Motiven, und Petrarca hatte Anschluß an diese Tradition. Außerdem charakterisiert Windelband die »humanistische Bewegung« zu äußerlich (»Interesse für römische Profanliteratur«) und zu paganisierend. Die »Profanliteratur«, die Petrarca liebte, waren vor allem Seneca und Cicero – eben der Cicero, der bei Augustin eine entscheidende Wende weg vom Profanen ausgelöst hatte. Ernst Cassirer charakterisierte Petrarca feinsinniger als Windelband: Danach rang Petrarca vergeblich um einen Ausgleich zwischen »antik-humanen und den mittelalterlich-religiösen Forderungen«.[8] Petrarcas Denken sei zerrissen gewesen zwischen Cicero und Augustin. Dagegen hat Eugenio Garin gezeigt, daß Petrarca Cicero als Vorbereitung auf Augustin interpretierte, daß der Zwiespalt, den Cassirer als den Konflikt von Mittelalter und Neuzeit ansah, sich in Augustin selbst findet.[9] Suchte das liberale Bürgertum der Jahrhundertwende in Petrarca einen Anwalt der problemlosen Profanität, so griff die klerikale Geschichtsbetrachtung dieses Bild auf. Um den höheren Wert des Mittelalters zu suggerieren – daher spreche ich von medievalistischen Vorurteilen –, erscheint »die Renaissance« als oberflächlicher Naturalismus. So schreibt Hirschberger in seiner katholisch inspirierten *Geschichte der Philosophie*, in der Renaissance höre der Mensch auf, sich »nach dem Maßstab einer übermenschlichen Ordnung, der er zu dienen hat«, zu bewerten. »Man spürt es bereits bei den Dichtern, bei Petrarca etwa und Boccaccio.«[10] Daß beide Philosophen waren, bleibt unerwähnt. »Das Primäre für sie ist die unmittelbare Lebenserfahrung. Sie stellen den Menschen dar, wie er sich selbst erlebt und sieht, unabhängig von religiösen und metaphysischen Deutungen. Daraus entwickelt sich der für die Renaissance so typische Individualismus.«[11] Von der »Renaissance« im allgemeinen brauchen wir hier nicht zu reden, sprechen wir aber von Petrarca: Gewiß brachte er das philosophische Denken in das individuelle Leben. Gewiß hatte er nicht das dem 20. Jahrhundert zugehörende Ideal einer Wertewelt, der vor allem zu »dienen« ist; er verstand antikisierend die Ethik als Selbstverwirklichung. Aber er betrachtete die individuelle Erfahrung nicht kriterienlos. Man braucht nur die erste Seite seines *Secretum* aufzuschlagen; sie enthält die platonisierende, augustinische Aufforderung, man solle aufhören, die irdischen Dinge mit dem vernebelten Blick der Gewohnheit zu sehen (*Satis superque satis hactenus terram caligantibus oculis aspexisti*)[12]. Niemals hat Petrarca den Einfall gehabt, die Welt zu sehen »unabhängig von religiösen und metaphysischen Deutungen«. Er wollte die im 14. Jahrhundert herrschenden religiösen und metaphysischen Deutungen argumentierend reformieren, durch detaillierte Kritik der Aristoteliker, durch Rückgriff auf die vereint gedachten Platon–Cicero–Augustin.

VII

Das 15. Jahrhundert: Zwischen Mittelalter und Moderne

48 Die geschichtliche Situation

Es ist schwer, ein Gesamtbild des 15. Jahrhunderts und seines Denkens zu zeichnen. Zwar treten einzelne Gestalten durch die neuere Forschung zunehmend klarer heraus, insbesondere Lorenzo Valla und Nikolaus von Kues, aber auch Leon Battista Alberti. Aber das ganze Jahrhundert zu charakterisieren, bleibt überaus riskant. Doch die Gründe des Risikos liegen charakteristisch anders als beim 10. Jahrhundert, das vergleichbare Schwierigkeiten macht: Eine Fülle entgegengesetzter Bestrebungen verwirren das Bild. Regionale Differenzen zeigen sich stärker als sonst. Die Sonderrolle Italiens erschwert generalisierende Urteile.

Ökonomisch gesehen blieb es im allgemeinen bei der Depression des 14. Jahrhunderts. Die Bevölkerungszahl begann erst nach der Jahrhundertmitte zu steigen.[1] Die Getreidepreise lagen niedrig im Vergleich zu den Arbeitslöhnen. Die Kapitalinvestition auf dem landwirtschaftlichen Sektor versprach keine große Rendite; die Agrarkrise hielt an. Hermann Heimpel charakterisierte das 15. Jahrhundert mit der Formel: auf der Stelle treten. Als Formel mag dies durchgehen, wenn man sieht, was sie verdeckt: Das Vordringen der Türken auf dem Balkan, die Fahrten des Columbus, die Eigenentwicklung Italiens und einiger oberitalienischer Städte, die Intensivierung der Geldwirtschaft, die Tendenz zu »großräumigen sozialökonomischen Organisationsformen« (E. Meuthen), die den frühneuzeitlichen Flächenstaat hervortrieb. Am Ende des Jahrhunderts war klar, wie sehr sich die Welt seit seinem Beginn verändert hatte: Hatte das Jahrhundert mit den Versuchen begonnen, das seit 1378 währende Schisma zu beseitigen, den hussitischen Umsturz abzuwehren und die konziliare Bewegung zu mäßigen, so stand das Papsttum seit der Jahrhundertmitte gefestigt da. 1439 gelang ihm die Einigung der seit vier Jahrhunderten getrennten Kirchen von Byzanz und Rom. 1438 erreichte es geschickt einen kirchenpolitischen Ausgleich mit Frankreich (»Pragmatische Sanktion« von Bourges), 1448 mit dem Reich (Konkordat von Wien). Wenige Jahre später, 1453, erschütterte der Fall Ostroms Europa. Die Türkengefahr wurde eine dauernde Bedrohung des Westens. Dem Papsttum gelang es nicht, die regionalen und nationalen Interessengegensätze wirksam zu überwinden zur Abwehr der Türken. Die Handelsbedeutung des östlichen Mittelmeerraums sank: Venedig, das jahrhundertelang an der Schwächung Ostroms gearbeitet hatte, litt nun an seinem Sturz. Die wirtschaftlichen Schwerpunkte verlagerten sich nach Spanien und den Niederlanden; die Entdeckung Amerikas erschloß neue Horizonte, ließ das bisher zentrale Mittelmeerbecken an Bedeutung verlieren. Die große Zeit von Pisa, Genua, Venedig, war vorbei. Selbst Florenz sank. Als der französische König Karl VIII. sich 1494/95 Mailand und die Toscana unterwarf, wurde klar: Die Zukunft würde nicht einer Vielzahl von Stadtrepubliken, sondern einigen wenigen, durchrationalisierten Monarchien gehören.

Die Bildungseinrichtungen brachen nicht, wie im 10. Jahrhundert, völlig zusammen. Die Universitäten vermehrten sich; das akademische Bildungswesen verbreitete sich geographisch: Es gab mehr Studierte als je; die Städte brauchten Ärzte und Juristen; die neue Art der Staatsverwaltung erforderte eine akademische Ausbildung. Bislang unterversorgte Gebiete, vor allem in Mitteleuropa, erhielten zwischen 1400 und 1500 ihre Hochschulen. Aber die Universitätswissenschaft verlor ihren produktiven Schwung. Zwar ist die intellektuelle Entwicklung noch zu wenig erforscht, als daß wir vor Überraschungen sicher sein könnten. Noch immer gab es theoretische Neuerer auf Lehrstühlen, vor allem in Oberitalien. Aber die Tendenz war deutlich: Der wissenschaftliche Fortschritt ging nicht mehr von der Universität aus. Schon gar nicht mehr von der Sorbonne. Verdeutlichen wir uns diese Tendenz an Namen: Cusanus lehnte 1435 einen Ruf an die neugegründete Universität Löwen ab. Erasmus bezog zwar 1495 die Sorbonne, aber er pflegte nur zu stöhnen, wenn die Sprache auf die Vorlesungen kam, die er dort hatte über sich ergehen lassen müssen. Er wandte sich ab von der Universität. Andererseits: Um diese Zeit hielt Pomponazzi in Padua Vorlesungen über Aristoteles. Er zeigte, daß man mit einem radikal philosophisch gedeuteten Aristoteles noch immer Aufsehen erregen konnte. Bald wird er zeigen, daß der konsequente Aristotelismus die Unsterblichkeitslehre ausschloß. Dies rührte noch immer an den Nerv einer religiösen Zivilisation. Gleichzeitig bewiesen der Erfolg und der Tod Savonarolas (1498), daß eine neue religiöse Leidenschaft auf fruchtbaren Boden fallen und die Krise der florentinischen Renaissance offenlegen konnte. Drei Jahre später bezog Martin Luther die Universität Erfurt und übte sich ein in die Welt der spätmittelalterlichen Wissenschaft.

Man braucht nur diese Namen zu nennen, um zu zeigen, wie die großen geschichtlichen Bewegungen des 16. Jahrhunderts in unserem Zeitabschnitt sich vorbereiteten. Dennoch lassen Philosophiehistoriker nicht selten ihre Darstellung der mittelalterlichen Philosophie mit dem 14. Jahrhundert zu Ende gehen; zuweilen erwähnen sie aus dem 15. Jahrhundert einzig Cusanus. Das ist unhistorisch gedacht; es unterbelichtet die Ursprünge der Neuzeit im späten Mittelalter. Es perenniert die veraltete Ansicht, das intellektuelle Leben des 15. Jahrhunderts bestehe vorwiegend im Streit der Nominalisten mit den Realisten (Thomisten und Skotisten). Dennoch ist das Desinteresse an der Universitätsphilosophie des 15. Jahrhunderts begreiflich. Mit dem Tod Petrarcas (1374), Boccaccios († 1375), Oresmes († 1382) und Wyclifs († 1384) war eine produktive Zeit zu Ende. Wilhelm von Ockham und Bradwardine hatten die große Pest nicht überlebt; wenige Jahre später starben Nicolaus von Autrecourt und Buridanus. Man mag am 15. Jahrhundert die Gründung zahlreicher Universitäten rühmen, z. B. in Rostock, Löwen, Freiburg, Basel, Trier, Mainz und Tübingen – sie entsprach dem Niedergang von Paris als intellektueller Zentrale im Laufe des Hundertjährigen Krieges, und das Ergebnis war doch nur eine Vielzahl regionaler, ja provinzieller Ausbildungsstätten der Regionalstaaten –; man mag Autoren wie Pierre d'Ailly, Jean Gerson, Johannes Capreolus und Gabriel Biel höhere Gerechtigkeit widerfahren lassen als früher: Eine Aufwertung der Schulphilosophie des 15. Jahrhunderts in einem der Rehabilitation des 14. Jahrhunderts vergleichbaren Maße ist nicht in Sicht. Die Sorbonne zeigte am Ende des 14. Jahrhunderts alle Zeichen des Niedergangs. Die kulturelle Führung ging an Italien über. In einer Zeit der sozialen, politischen und intellektuellen Krise herrschte an den Universitäten West- und Mitteleuropas eher ein vorsichtiges Taktieren als ein kohärenter theoretischer Neubeginn. Man kombinierte vorhandene Theorieansätze. Was Z. Kuksewicz bezüglich der philosophischen Psychologie fand, läßt sich – mit einigen Vorbehalten wegen der Quellenlage – verallgemeinern: Nach der intellektuellen Revolution Ockhams und Nicolaus' von Autrecourt ist man in der zweiten Hälfte des 14. Jahrhunderts zu früheren Positionen zurückgekehrt; gegen 1400 hat man Schulauffassungen entweder wiederholt oder kombiniert: »Various solutions discussed earlier were repeated and revived but there were hardly any new ideas of lasting importance.«[2] Dies gilt nicht für Buridanus, Oresme und Wyclif, wie gezeigt, aber es bestätigt sich aus der Wirkungsgeschichte dieser Autoren.

Das 15. Jahrhundert brachte eine Neuerung, die tief in das intellektuelle Leben einschneiden sollte: den Buchdruck. Er veränderte nicht nur (s. S. 167) die wissenschaftliche Kommunikation, den Bestand der Bibliotheken und das Verhältnis zu tradierten Texten. Er gab dem erfolgreichen Autor eine neue Stellung; er löste ihn von seiner lokalen oder religiösen Korporation; die Höfe brauchten ihn mehr als er die Höfe, denn der Buchdruck wurde alsbald ein Mittel der politischen Propaganda: Erzbischof Dieter von Isenburg ließ sein Schreiben an die Reichsstände, in dem er seine Eroberungspolitik rechtfertigte, sofort drucken (Mainz 1462). Für das Stilisieren solcher Texte brauchte man mehr als zuvor einen geeigneten Intellektuellen, denn man erreichte schneller eine größere Öffentlichkeit. Die Zahl der Leser wuchs; Autoren wie Erasmus oder Martin Luther wurden zu einer politischen Macht. Auch die Art des Lesens änderte sich; der Leser konnte sich nun unabhängiger von Institutionen Bücher aussuchen; er konnte sie leichter vergleichen und, da sie billiger wurden, auch anschaffen. Der Philosoph konnte sich bequem in der Einsamkeit, sogar in der Verbannung, mit seinen geliebten Autoren unterhalten – Machiavelli auf seinem einsamen Hof in S. Casciano, Montaigne in seinem Bücherturm. Damit spiele ich auf Szenen erst des 16. Jahrhunderts an; der Buchdruck brauchte Zeit, seine umwälzende Wirkung zu entfalten; zunächst stärkte und vertrieb er das längst Vorhandene. Wer eine ältere Sammlung von Frühdrucken aufsucht, ist zunächst enttäuscht von der Unzahl liturgischer, juristischer oder medizinischer Standardliteratur des Mittelalters, die er antrifft; die ersten Verleger druckten lieber das Altbewährte als das Riskante, also die Bibel, Petrus

Lombardus, Heiligenlegenden, Beichtbücher und Schultexte. Sie druckten Honorius Augustodunensis, und dies gleich mehrfach, aber nicht Thierry von Chartres. Sie liebten den bewährten Nikolaus von Lyra mehr als Nikolaus von Kues. Cusanus († 1464) hatte sich früh für den Buchdruck interessiert und gewünscht, diese »heilige Kunst« würde in Italien eingeführt. Aber er hat es nicht mehr erlebt, seine Werke gedruckt zu sehen; erst 1488 wagte ein Straßburger Verleger dieses Unternehmen.

Der Buchdruck war nicht nur ein Instrument des Fortschritts; er lieferte massenweise judenfeindliche Legenden und Anleitungen zur Hexenjagd. Er ermöglichte dem frühneuzeitlichen Staat das Formular und die Propaganda; den Konfessionen gestattete er das niveaulose Polemisieren in den Flugschriften der Reformationszeit. Aber er verbreitete auch die pädagogischen Ideen der italienischen Humanisten, und neben den vielen Scharteken des Dionysius Carthusianus standen seit 1475 die Lebensbeschreibungen und Sentenzen der antiken Philosophen, gesammelt von Diogenes Laërtius, übersetzt von Ambrogio Traversari. Ficino († 1499), der das Aufkommen der Druckkunst als ein Vorzeichen des Goldenen Zeitalters begrüßte, sah seine Werke noch zu Lebzeiten gedruckt; seine Briefe erschienen zuerst in Venedig, 1497 auch in Nürnberg. Aber erst die Baseler Ausgabe seiner Werke (1561 ff.) sicherte ihm seine immense europäische Wirkung.

49 Gestalten des Übergangs

Buridans Erben

Es war die buridanische Form des »Nominalismus«, die durch Marsilius von Inghen († 1396) nach Heidelberg und durch Heinrich von Langenstein († 1397) sowie Heinrich Totting von Oyta († 1397) nach Wien gebracht wurde. Buridanus, der 1340, also im Jahr des Anti-Nominalisten-Statuts der Universität Paris, deren Rektor war, konnte sich gegen Ockham wenden, nicht weil er diesen konservativ abgeschwächt hatte, sondern weil er – wenigstens in der Logik und der philosophischen Seelenleere – über diesen hinausgegangen war.[1] Buridanus war kein Metaphysikkritiker. Aber er wollte die Physik von der Metaphysik strenger unterscheiden. Daraus ergab sich ihm, daß bei der Betrachtung der Natur und der Seele der Schöpfungsbegriff nichts zu suchen habe, gehörte doch die Seelenlehre nach aristotelischer Auffassung zur Naturphilosophie. Dann gab es auch keine philosophisch beweisbare unmittelbare Erschaffung der menschlichen Seele. Wenn man vom Glauben absah und die Seele naturphilosophisch dachte, mußte man sie als aus der Materie hervorgeholte Form verstehen. Eine solche Form konnte nicht vom Stoff abgetrennt werden. Für eine immanent philosophische Lehre war die Seele also sterblich. Buridanus widerlegte im einzelnen die Argumente, die gegen die materialistische Seelenlehre des Alexander von Aphrodisias vorgebracht worden waren.[2] Dabei formulierte Buridanus[3] den Dissens zwischen philosophischer Vernunft und christlichem Glauben in einer solchen, über Ockham hinausgehenden Schärfe, daß er im 14. und 15. Jahrhundert zahlreiche Anhänger fand. Wenn man schon Etiketten braucht, ist es daher präziser, für das Spätmittelalter von »Buridanismus« statt von »Nominalismus« zu sprechen. Das Wort

»Nominalismus« konzentriert die Aufmerksamkeit einseitig auf die Universaliendebatte.

Zu Beginn des 15. Jahrhunderts wurde der Buridanismus von Pierre d'Ailly († 1420) vertreten.[4] Pierre d'Ailly war als Kardinal einer der intellektuellen Führer des Konzils von Konstanz (1414–18); er verband Anregungen Ockhams und Buridanus' mit dem Augustinismus nach dem Vorbild des Gregor von Rimini.[5] Er konnte die Ungewißheiten der sinnlichen Erkenntnis freimütig diskutieren, da er im Sinne eines aktualisierten Augustinismus die Selbsterkenntnis für gewisser hielt. Neben philosophischen, theologischen und kirchenpolitischen Schriften verfaßte er Abhandlungen über Astronomie, Astrologie und Geographie. Sein Werk *Imago mundi* von 1410 hat Columbus sorgfältig durchgearbeitet, bevor er den Seeweg nach Indien suchte. Wie bedeutend er als Vermittler für die Folgezeit wurde, bezeugt die Bemerkung Melanchthons, Luther habe seinen Sentenzenkommentar wie den des Tübinger Professors Gabriel Biel († 1495) fast auswendig gekannt.[6] Pierre d'Ailly, über lange Jahre hinweg fast ausschließlich mit kirchenpolitisch-praktischen Fragen befaßt, konnte die gedankliche Geschlossenheit der Gründergeneration von 1320 nicht erreichen. Im Laufe seiner Tätigkeit ließ er sich von seinem Schüler Jean Gerson beeinflussen, im Sinne einer vagen Bonaventura-Renaissance: Neben der von den Philosophen untersuchten Vernunft, die im Konflikt mit dem Glauben steht, sollte es eine höhere Art von Erkenntnis geben; die Spannungen der spätmittelalterlichen Gesellschaft sollten einen jenseitigen Ausgleich finden, den die auf sich konzentrierte Seele vorkostet. Motive dieser Art verschafften im 15. Jahrhundert nicht nur Bonaventura und Augustin, sondern auch dem Werk des Areopagiten eine neue Aktualität. Juxtaposition, nicht systematische Einheit der Erkenntnisstufen, schien das einzig Erreichbare. In Italien ging das Erbe Buridanus' in anderer Weise auf: Sein Ideal methodischer Autonomie der Physik mit konsequenter Ablösung der Aristoteles-Deutung von theologischen Vorgaben verband sich mit der averroistischen Tradition, die seit dem 14. Jahrhundert vor allem in Padua und Bologna beheimatet war.

Ein Freigeist um 1400

Abstrakte Parteinamen wie »Averroismus« führen eher zur Abflachung der Profile individueller Denker. Einer der berühmten Mathematiker, Naturforscher und Philosophen des 15. Jahrhunderts war Biagio Pelacani da Parma († 1416), der, nach ersten Hinweisen von Eugenio Garin, erst durch die Forschungen von G. Federici-Vescovini in seiner Bedeutung faßbar geworden ist. Sie edierte eine Reihe seiner Texte, vor allem seine Fragen über die Seele (*Quaestiones de anima*).[7] Sie enthalten so anstößige Sätze wie diese:

»Man kann nicht evident beweisen, daß im Menschen eine Seele ist, die sich vom Stoff trennen läßt.«[8]

»Daß die Geistseele des Menschen aus der Möglichkeit des Stoffes herausgeführt wurde, daß sie erzeugbar und vergänglich ist, muß jeder glatt zugeben.«[9]

Eine zeitgenössische Handschrift nannte den subversiven Mann den *doctor diabolicus*.[10] Biagio, der in Paris, Bologna und Padua lehrte, war nachweislich von Buridanus beeinflußt. Aber ein Buridaner war er nicht. Er teilte mit den Averroisten den Eifer für die Autonomie der Vernunft, aber seine Vernunft war nicht der universale, allgemein menschliche Intellekt der Averroisten. Er teilte nicht deren Anspruch auf Universalität und Notwendigkeit. Er kritisierte mit den »modernen« englischen Logikern und mit den Physikern von Paris die aristotelische Physik. Er baute auf deren Trümmern eine neue Konzeption der Wissenschaft als einer individuellen Tätigkeit, die sich begrenzt weiß, die aber durch den Gebrauch der Mathematik – einer von aller Zahlenspekulation und Mystik befreiten Mathematik – allgemeine Erkenntnisse hervorbringen kann. Dies war – bei einem als Aristoteles-Kommentator bekannten Autor, der sich im averroistischen Ambiente bewegte – ein Bruch mit der aristotelischen Wissenschaftslehre, eine Vorrangstellung der Mathematik vor der Metaphysik, die weder Ockham noch Buridanus ins Auge gefaßt hatten und die einen Weg zu einer operativen und auf Mathematik gegründeten Wissenskonzeption bahnte. Biagio hat bis 1411 in Padua gelehrt, wo wenige Jahre später Cusanus studierte, und schon ein großer Gelehrter des 18. Jahrhunderts hat ihn mit Cusanus in Verbindung gebracht.[11] Dies ist zwar unrichtig im Sinne einer direkten Schülerschaft, aber es deutet hin auf einen geschichtlichen Zusammenhang im Konzept der Wissenschaft, in der Distanzierung vom Aristotelismus der verschiedensten Schattierungen.

In anderen Problemzusammenhängen stand Biagio der Position des Cusanus ebenso fern wie dem sogenannten Averroismus: In der Logik war er Terminist (Nominalist), in der Erkenntnislehre war er Empirist, in der Seelenlehre war er Materialist.[12] Ob man ihn einen Atheisten nennen kann, hängt von der Definition dieses Ausdrucks ab; jedenfalls hielt er das Dasein Gottes für unbeweisbar, und zwar mit detaillierter Begründung. Deren Grundfigur erinnert an Ockham und Nicolaus von Autrecourt: Das Dasein Gottes steht weder a priori fest, noch läßt es sich aus der Erfahrung beweisen. Im Gegensatz zur aristotelischen Tradition sah Biagio in einer unendlichen Ursachenreihe nichts Absurdes.

Die Verschiedenheit der Religionen erklärte Biagio »naturphilosophisch«: Aus der Verschiedenheit der astronomischen Konstellation und der Klimata ergeben sich ihre Differenzen. Biagio erstellte ein »Horoskop der Religionen«. Danach hat keine von ihnen einen prinzipiellen Vorrang;

deshalb ist Toleranz erfordert. Biagio war ein Freigeist, und seine erst neuerdings bekannt gewordenen Texte beweisen, daß es um 1400 eine philosophisch motivierte Aufklärung gab, die nominalistische und averroistische Anregungen aufnahm, die aber einen anderen Natur- und Vernunftbegriff hatte als der Averroismus und die – anders als die ockhamistische Tradition – keine fideistischen Auswege offenließ. In die Geschichte der Aufklärung gehört z. B. seine Überlegung, daß, wer die Seelenunsterblichkeit leugne, damit keineswegs, wie immer behauptet wurde, die Moral untergrabe. Ganz im Gegenteil, antwortete Biagio, wenn die Aussicht auf jenseitige Belohnung verlorengehe, zeige sich, ob jemand das Gute tue, weil es das Gute ist.[13] Das sind Töne, die wir aus Pomponazzi kennen. Überhaupt erzwingen die Texte Biagios eine Revision unseres Bildes vom Spätmittelalter: Es gab nicht nur die Vorläufer Luthers im 15. Jahrhundert. Die intellektuelle Welt von Florenz – wo Biagio einige Zeit an der städtischen Hochschule, dem sogenannten »Studio« lehrte, wo er teilnahm an den Diskussionen einer Gelehrtengruppe, die sich vereinigte im sogenannten »Paradiso degli Alberti« – stand in engem Austausch mit den Entwicklungen in Oxford und Paris. Die Bejahung des Diesseits, die Leugnung der Unsterblichkeit, die hedonistische und utilitaristische Moralbegründung gingen nicht auf den Averroismus zurück. Allerdings war Biagio, wie viele Averroisten von Padua, Professor für Medizin. Sein fruchtbares neues Methodenkonzept, seine Bevorzugung der Mathematik verdankte sich weder dem Platonismus noch dem Aristotelismus. Diese historiographischen Schemata erweisen sich als zu eng. Nachweislich hing seine Erkenntnislehre zusammen mit Ockham, seine philosophische Psychologie und Logik mit Buridanus; in der Mathematisierung der Natur war ihm Nicolaus Oresme vorangegangen. Ständig bezog er sich auf die arabische Naturwissenschaft; seine Erkenntnistheorie nährte sich aus der Optik Alhazens. Aber die intellektuelle Welt Biagios war doch eine andere als die seiner Vorgänger; sie unterschied sich von den fortgeschrittensten Entwürfen aus Oxford oder Paris. Ockham und Buridanus, Oresme und Gregor von Rimini hatten die Wissenschaft entklerikalisiert, aber sie hatten dem Kleriker in jedem Stadtbürger intellektuellen Vorschub geleistet. Damit brach Biagio. Er intendierte einheitlichen Verstandesgebrauch. Sein operationalistisches und auf Mathematik gegründetes Wissenskonzept ordnete sich nicht mehr der Religion unter, auch nicht einer verinnerlichten Religion. Nach dem Urteil seiner besten Kennerin ließ er sich keinen fideistischen Ausweg.[14] Ich bin nicht so sicher. Ihn quälte die Überlegung, daß, wenn die Unsterblichkeit fällt, es dann keine Gerechtigkeit gibt, »sehen wir doch hier viele schlechte und lasterhafte Menschen, die die Religion ausnützen und die Armen ausbeuten« und die doch keine Strafe erleiden.[15] Er blieb dabei: Der menschliche Geist gehört zum Körper. Der Bischof von Padua zitierte ihn zu sich, denn er war unzufrieden mit Biagios Denken (*male contentus de hiis quae dixerat contra fidem catholicam et sanctam Matrem Ecclesiam*)[16]. Hier stießen Welten aufeinander. Doch wenn der Bischof ihn verurteilte, so verehrten ihn andere. Folgenlos blieb sein Denken nicht. Wir besitzen die Aufzeichnungen eines Mönchs von Vallombrosa bei Florenz über die von ihm entliehenen und verliehenen Bücher.[17] Daraus geht hervor, daß die mathematischen und logischen Schriften Biagios in Florenz kursierten, nicht nur unter den Gelehrten des »Studio«, sondern auch außerhalb der Universität. So erreichten Biagios Ideen auch Ghiberti und Brunelleschi; diese waren gerade dabei, die Kunst der Perspektive zu erfinden und den Kuppelbau von S. Maria dei Fiori zu konstruieren.[18]

Drei Einschränkungen

Die intellektuelle, künstlerische und politische Entwicklung des Florenz des 15. Jahrhunderts[1] war so glanzvoll, daß sich auch bei ihrer wissenschaftlichen Betrachtung eben daraus eine Reihe von Fehleinschätzungen ergibt. Ich nenne nur drei.

Erstens besteht die Neigung, Florenz zu sehr in den Mittelpunkt der Aufmerksamkeit zu rücken. Aber es gab in Italien andere Zentren, wie Ferrara und Mantua, Venedig und Mailand. In Padua lebte eine aristotelische Tradition, die bis zu Pomponazzi und Galilei revolutionäre Neuerungen der Philosophie vollbrachte. Dabei waren in Padua weder alle Philosophen Averroisten, noch waren alle Averroisten in Padua; auch Bologna, Pavia und Parma hatten große Ausstrahlungskraft.[2]

Zweitens übersieht man leicht die internationalen Verflechtungen. Die Werke Ockhams und Buridanus' waren kurz nach ihrer Entstehung in Florenz bekannt. Boccaccio hat Ockham gelesen, Nicolaus von Autrecourt hat seine philosophisch so bedeutsamen Briefe nach Arezzo geschrieben. Ständig gingen noch Gelehrte von Oxford und Paris nach Italien – es sei noch einmal erinnert an Biagio –; und ein Paulus Venetus († 1429) brachte den neuesten Stand der Pariser und Oxforder Wissenschaft nach Italien; es studierten immer noch viele Italiener in Paris. Dies gilt auch für das Jahrhundertende; kein Geringerer als Giovanni Pico della Mirandola beweist das. Er studierte nicht nur in Paris, sondern er verteidigte das Studium der mittelalterlichen Philosophen gegenüber einem klassizistischen, rein rhetorischen Humanismus. Auch in den Jahrzehnten, in denen Florenz politisch, intellektuell und künstlerisch eine neue Welt schuf, nahm es Anregungen aus Frankreich, England und dem Reichsgebiet auf. Man darf es nicht isoliert betrachten.

Drittens diente die florentinische Renaissance seit Jacob Burckhardt bestimmten ideologischen Bedürfnissen des Bürgertums. Sie wurde entsprechend stilisiert. Ihre Widersprüche und Brüche wurden eher verdeckt als analysiert. Eine ästhetisch-bewundernde Attitüde stilisierte diese außergewöhnlich fruchtbaren Jahrzehnte als eine glückliche Zeit. Sie wurde vereinheitlicht und enthistorisiert. Seit etwas 1928 hat die Forschung dieses Bild ständig korrigiert und erweitert, aber die deutsche Universität hat 1933 die hervorragendsten Kenner vertrieben – Ernst Cassirer, Paul Oskar Kristeller, Hans Baron, Raymond Klibansky. In Deutschland hat sich die Kenntnis der Philosophie dieser Zeit seitdem zwar durch Ernesto Grassi, Hans Blumenberg und Eckhart Keßler, nicht zuletzt auch durch August Buck, erweitert. Aber allgemein herrscht noch immer ein zu idealisiertes Bild; durchweg fehlen die genetische Betrachtung, die individualisierende Quellenforschung (wie sie Eugenio Garin und Cesare Vasoli in Florenz betreiben) und die Bezugnahme auf die Realgeschichte. Was speziell die Philosophie im Florenz des 15. Jahrhunderts angeht, so hat die Platonische Akademie um Marsilio Ficino wohl zu sehr die Aufmerksamkeit auf sich gezogen, und die Kulturpolitik der Medici wird noch zu oft aus der verherrlichenden Sichtweise der mediceischen Hofhistoriographen geschildert. Man verschweigt ihren despotischen Charakter und vergißt die Exilierten. Im Hinblick auf diese Situation umreiße ich nun die philosophische Entwicklung im Florenz des 15. Jahrhunderts, wie sie sich heute darstellt.

Der politische Humanismus (um 1400–1434)

Als Cosimo (der Ältere, † 1464) 1434 im Triumph aus der Verbannung zurückkehrte, tastete er die Formen der republikanischen Verfassung nicht an. Zwar besetzte er alle Ämter mit seinen Anhängern, er selbst bekleidete jedoch kein Staatsamt; die Republik schien fortzubestehen. Es gelang ihm, Papst Eugen IV. zu bewegen, das in Ferrara tagende Konzil nach Florenz zu verlegen. Dieses Konzil erreichte die lang ersehnte und durch die Türkengefahr politisch dringliche Einigung mit Ostrom. Dieser Erfolg kam ebenso dem Papsttum zugute, das den Konziliarismus überwand, wie Cosimo, der alles bezahlt hatte. Als die Florentiner 1440 bei Anghiari die Mailänder besiegten, stieg das Prestige Cosimos noch mehr: eine lang drohende Gefahr war beseitigt. Florenz wurde der künstlerische und geistige Mittelpunkt Europas; aber in dieser Stadt begannen Veränderungen, die sich nur abschätzen lassen durch den Vergleich mit den vorausgehenden Jahrzehnten.[3]

Gegen Ende des 14. Jahrhunderts ergab sich für die Republik Florenz eine bedrohliche Situation. Die reiche Oligarchie von Kaufleuten und Bankiers war durch den Aufstand der Wollarbeiter (*ciompi*) bedroht (1378). Auch die militärische Situation war unsicher: Von Norden drohte die Expansion der Visconti von Mailand; im Süden expandierte der reorganisierte Kirchenstaat. In dieser Situation entwickelte sich in Florenz eine neue Konzeption des Wissens und der Kultur. Die Bildung sollte nicht bloß kontemplativ sein; sie sollte zur Sicherung und zur humanen Entfaltung des Stadtstaates dienen. Die geistigen Führer dieses politischen Humanismus, Coluccio Salutati († 1406) und Leonardo Bruni († 1444), sahen, daß die geschichtliche Situation Analogien zum antiken Athen aufwies. Sie standen als Kanzler im Dienst ihrer Stadt. Die Beschäftigung mit der Antike, die

Reinheit des Stils waren ihnen nicht Selbstzweck. Sie verteidigten in ihren Briefen und öffentlichen Schreiben Florenz als den Hort republikanischer Freiheit. Sie brachen mit der Verherrlichung Cäsars; ihre Helden waren Cato, Cicero und Brutus. Sie betrieben politisch eine Allianz der »freien« Städte gegen die Tyrannen, vor allem gegen Mailand. In diesen Jahrzehnten sah es so aus, als werde Mailand als straff organisiertes Fürstentum für Italien dieselbe nationale Hegemonie anstreben, die der König von Frankreich realisiert hatte. Die Auseinandersetzung zwischen dem Fürstentum Mailand und der Republik Florenz erhielt theoretische Dimensionen, da sich für beide Staaten Schriftsteller zu Wort meldeten, die im Geist des Frühhumanismus erzogen waren. Der historische Gehalt, das philosophische Argument und der rhetorische Glanz eines politischen Propagandaschreibens begannen ebenso wichtig zu werden wie die militärische Macht.

Coluccio Salutati

In dieser Situation war Coluccio Salutati († 1406) Kanzler der Republik Florenz, 1375–1406.[4] Seine Aufgabe als Kanzler war die Stilisierung amtlicher Schriftstücke, also die humanistisch-literarische Präsentation der florentinischen Politik. Bemißt man philosophische Leistungen nach dem Grad ihrer innerfachlichen Präzision, kann Salutati sich mit zeitgenössischen Logikern nicht messen. Aber es gibt für Philosophen andere Maßstäbe, z. B. die Erschließung neuer Erfahrungsbereiche, die Klarheit in der Formulierung einer geschichtlichen Situation und die Konzeption neuer Wertvorstellungen. Unter diesen Gesichtspunkten gehört Salutati in die Geschichte der Philosophie: Er bewies Originalität mit einer neuen Konzeption der Geschichte; er brach mit der spätmittelalterlichen Chronistik und mit den Legenden, seien sie christlich oder antikisierend. Er setzte eine Zivilisation in ein neues, aktives Verhältnis zu ihrer Vergangenheit. Er kritisierte das abstrakte Schulwissen der spätmittelalterlichen Philosophie, diesmal aber unter dem Gesichtspunkt, daß es zur Regierung der Völker und überhaupt zur Leitung des Lebens untauglich sei. Er gab der skeptischen Tendenz, die sich im Spätmittelalter allenthalben breitmachte, ein ethisch-praktisches Gegengewicht: Mag diese Wissenschaft zufällig über Zufälliges reden, die praktisch-politische Wissenschaft und die Gesetzgebung stammen aus der ewigen Idee der Gerechtigkeit. Sie betreiben, was das Höchste ist in der Welt – das gemeine Wohl (*bonum commune*), das göttlichen Charakters ist. Salutati griff die Polemik Petrarcas gegen die Anmaßungen der Medizin, die Ungewißheiten der Physik und die unnütze Neugier der Naturkunde auf; er gab ihr aber einen konkreteren politisch-historischen Sinn.[5] Der Mensch, der durch seine ethischen und politischen Entscheidungen das Gute verwirklicht, ist ein würdigerer Gegenstand des Wissens als die ungewisse Natur. Einen antichristlichen Anflug hatte dieser Gedanke bei Salutati nicht, noch nicht einmal einen anti-monastischen, wie seine Schrift *Über die Welt und das Ordensleben* (*De saeculo et religione*) beweist. Man konnte aus Petrarca ebenso gut frühhumanistische wie monastische Konsequenzen ziehen; Salutati tat beides. Er las die antiken Autoren, aber ebenso die Bibel und die Kirchenväter, immer jedoch bezogen auf sein Ideal einer aktiven und stadtbezogenen Bildung, die sich auf eine entmythisierte Geschichtsbetrachtung gründet. Salutati lehrte die Folgegenerationen, wie man Quellenkritik mit Politik und Rhetorik verbinden und in den Dienst eines großbürgerlichen Freiheitskonzepts stellen konnte. Seine auf Tatsachensinn und republikanische Tradition abzielende *Geschichte von Florenz* steht zwischen der *Chronik* des Giovanni Villani und der politisch-historischen Analyse Machiavellis. Salutati wollte die alten Fabeln aus der Geschichtsbetrachtung konsequent entfernen; in seinem Geist hat Lorenzo Valla die konstantinische Schenkung als Fälschung entlarvt. Aber Salutati wollte gleichzeitig die Mythen und die Wahrheit der Poesie verteidigen, gegen die es seit Platon so zahlreiche Einwände gab. An der Gestalt des Herkules zeigte er, wie man als Christ die Wahrheit der heidnischen Poesie anerkennen kann. Mit dieser poetologischen und mythologischen Forschung setzte er fort, was Boccaccio mit seiner *Genealogie der heidnischen Gottheiten* begonnen hatte.

Urteilt man nach dem Weltbegriff und nicht nach einem Schulbegriff von Philosophie, so hat Salutati große philosophische Bedeutung. Aber mindestens ebenso wichtig war seine pädagogische Ausstrahlung; Poggio Bracciolini nannte ihn »den gemeinsamen Lehrer aller«. Jedenfalls fand er in einem Florenz, das die Freiheiten seiner großbürgerlichen Oligarchie gegen »Tyrannen« verteidigte, Schüler und Nachfolger. Aber das waren nicht »Schüler« im Sinne der mittelalterlich-klerikalen Schulkultur. Es waren Freunde, die sich im Haus des Salutati zu Diskussionen vereinten. Man sprach über Politik und Poesie, über Cicero und die römische Geschichte. Kaufleute und Bankiers waren angezogen von Salutatis Programm, das gegenwärtige Leben mit der Erinnerung an das Vergangene zu führen, nicht um einer verklärten Antike nachzueifern, sondern um mit Hilfe der Antike das Leben einer neuen Führungsschicht zu gestalten. Die Skepsis gegenüber dem Wissen, wie es in Paris, Oxford und Padua gelehrt wurde, war in dieser neuen Kultur des Großbürgertums ein untergeordnetes Moment; sie hatte nichts Lähmendes mehr. Sie führte nicht, wie so oft im Norden, zum Fideismus. Sie war vereinbar mit Forschungsdrang, Neugierde und dem Wagemut von Großkaufleuten. Einige florentinische Kaufleute, wie Niccolò Niccoli, gaben ihren Beruf auf und widmeten sich dem Studium der Klassiker. Bankiers wie Palla Strozzi schufen mit ihrem Geld einen neuen Typus von Bibliothek, der eine neue Bildungskonzeption für Menschen erschloß, die von den traditionellen Institutionen ausgeschlossen waren. Dieser neue Eifer wirkte auf das »Studio« von Florenz zurück; man ging auf die Suche nach den besten Lehrern für die städtische Universität. 1397 verwirklichte Salutati einen lang gehegten Plan: Er richtete in Florenz die ersten regelmäßigen Lehrstunden für Griechisch ein; er gewann dafür einen byzantinischen Gelehrten, Manuel Chrysoloras († 1415).[6] Es hatte längst ein reales Bedürfnis bestanden, die Texte der Griechen im Original zu lesen; Petrarca und Boccaccio hatten dieser Notwendigkeit Ausdruck verliehen. Die spätantike Verengung des lateinischen Westens mußte rückgängig gemacht werden. Die Heroen der Poesie (Homer), der Rhetorik (Demosthenes) und der Philosophie (Platon) sollten im Original und unverkürzt zur Gegenwart sprechen. Was bei Petrarca bloßes Programm blieb, sollte in Florenz Realität werden: Erschließung des gesamten Reichtums der Antike, mit philologischem Bewußtsein, aber nicht in antiquarischer Absicht.

Das neue Bildungsideal stieß auch in Florenz auf Widerspruch: Der Dominikaner Johannes Dominici († 1409), seit 1406 Prior des Konvents von Fiesole, ein Mann mit einer großen kirchenpolitischen Zukunft, wandte sich gegen die Verehrung der heidnischen Antike: Christus, nicht Ovid oder Cicero, sei der wahre Erzieher der Jugend.[7] Hier sprach sich eine Polarisierung aus, die Salutati im Sinne Petrarcas vermeiden wollte. Es macht aber gerade die geschichtliche Bedeutung jener florentinischen Jahrzehnte aus, daß sie diese Kontraste formulierten. Gewiß hat man, in der Nachfolge Jacob Burckhardts, den säkularen und damit anti-mittelalterlichen Charakter der florentinischen Renaissance einseitig hervorgehoben; dies gab Anlaß zu einer Reihe von Korrekturen. Aber Tatsache ist, daß die Absicht christlicher Humanisten wie Salutati bereits von Zeitgenossen kritisiert worden ist. Man fürchtete ein neues Heidentum. Salutati war ein guter Kenner der Kirchenväter. Er konnte darauf hinweisen, daß auch nach Augustin das Studium der antiken Sprachen und Schriftsteller dem Verständnis der Offenbarung dient. Aber es war ein Unterschied, ob man die Antike zur Propädeutik für Theologen oder zur Konstruktion einer humaneren Welt gebrauchen wollte, woran Augustin nicht gedacht hatte. Insofern blieb eine Zweideutigkeit, die von den anti-humanistischen Frommen schärfer gesehen wurde als von den christlichen Humanisten.

51 Leonardo Bruni und das Unionskonzil

Vom neukantianischen Systemstandpunkt galt Leonardo Bruni († 1444) als »Popularphilosoph«. Neothomisten sahen in ihm nur den Literaten, dem es um eine an der Antike orientierte Erneuerung der lateinischen Prosa gegangen sei. P. O. Kristeller definierte den »Humanismus« als eine literarische Bewegung, der es primär um die Reform der Schulfächer Grammatik, Rhetorik und Poesie ging. Allerdings gestand er den Humanisten Verdienste auf dem Gebiet der Moralphilosophie zu.[1] Aber die Texte Salutatis und Brunis legen eine Unterscheidung zwischen zwei verschiedenen Formen des »Humanismus« nahe: Es gab eine Strömung, der es primär um die aus den antiken Texten gespeiste Reform der Grammatik und des Stils ging. Nachdem die republikanische Freiheit von Florenz von den Medici beseitigt worden war, seit der zweiten Hälfte des Jahrhunderts, überwog diese klassizistische Form des Humanismus. Als literarische und pädagogische Bewegung, als philologische Gelehrsamkeit auch, breitete sie sich über ganz Europa aus. Was die geschichtliche Breitenwirkung angeht, war sie so erfolgreich, daß es Gründe dafür gibt, den Ausdruck »Humanismus« für diese Bewegung zu reservieren. Aber dann muß man für Salutati, Bruni und ihre Gruppe eine unterscheidende Kennzeichnung einführen: »Stadtbürgerlicher Humanismus« von Florenz oder »politischer Humanismus«. Denn so wichtig für Salutati und Bruni die sprachlich-formale Rezeption der Antike war, so sehr bezogen sie sich auf das politische Leben in Florenz, so sehr ging es ihnen um eine Neukonzeption des Wissens, der Bildung, der Kultur. Leonardo Bruni, aus Arezzo gebürtig, war in den Einflußbereich Salutatis gekommen. 1410 wurde er, nach längerem Aufenthalt an der römischen Kurie, dessen Nachfolger als Kanzler der Republik. Es waren Jahre des prekären Gleichgewichts zwischen Geldaristokratie und Bevölkerungsmehrheit. Es waren die Jahre, in denen Brunelleschi und Ghiberti, Donatello und Masaccio die künstlerische Weltgeltung von Florenz endgültig begründeten. Das Nachdenken über die geschichtliche Stellung von Florenz, die intellektuelle Fassung und Verteidigung seiner Freiheit und die praktische, politische Verwirklichung des Traums eines neuen Athen bestimmten Brunis literarische und philosophische Arbeit. Seit 1434, seit dem Sturz des oligarchischen Stadtregiments und dem Exil republikanischer Humanisten wie Palla Strozzi, dämpften sich seine begeisterten Töne; eine neue geschichtliche Entwicklungsstufe kündigte sich an.[2] Doch davor liegen drei Jahrzehnte fruchtbarer philosophischer und philologischer Arbeit. Bruni hatte bei Chrysoloras Griechisch gelernt; er begann eine intensive Übersetzungsarbeit. Die Vorreden, die er seinen Übersetzungen voranstellte, sprechen seine Intentionen aus; sie zeigen eine allmähliche Interessenverlagerung von der Unsterblichkeitslehre Platons zur praktisch-politischen Philosophie des Aristoteles. Der platonische *Phaidon* lag auch dem Mittelalter in lateinischer Sprache vor. Bruni übersetzte ihn neu und erklärte in seiner Widmung an Papst Innozenz VII. von 1404/05, dieser Text sei überaus »nützlich«, weil er die Einsicht in die christliche Lehre stärke. Platon habe die Unsterblichkeit aus philosophischen Gründen vertreten, und es werde die Christen ermutigen zu sehen, wie der »scharfsinnigste und weiseste Philosoph des Heidentums« mit der christlichen Lehre übereinstimme. Dieser Zusammenklang sei so groß, daß man geglaubt habe, Platon habe aus der alttestamentlichen Offenbarung geschöpft. Dies sei zwar aus chronologischen Gründen nicht möglich, aber zeige doch, welch eine Übereinstimmung zwischen diesem Philosophen und der wahren Religion bestehe.[3]

Die Beweisbarkeit der Unsterblichkeit der Seele war in den spätmittelalterlichen Universitäten immer stärker in Frage gestellt worden. Von Duns Scotus über Ockham und Buridanus zu Biagio Pelacani da Parma wurde die Kritik immer schärfer. Bruni mochte glauben, durch eine neue, adäquate und elegante Übersetzung des *Phaidon* der angeschlagenen Seelenunsterblichkeit zu Hilfe zu kommen. Wenn der in den Schulen herrschende Aristoteles zu so vielen Zweifeln am Jenseits Anlaß gab, sollte Platon eine neue Zeit der Versöhnung von Glauben und Wissen einleiten. Philologische Korrektheit, Eleganz des Stils und neue Aufmerksamkeit auf historische Fakten, auf Texte und Chronologie, das war ein Kulturprogramm, dem seit der zweiten Hälfte des 15. Jahrhunderts in Florenz und anderswo die Zukunft gehören sollte. Die Entwicklung Brunis lief aber in eine andere Richtung. Bruni gab die Bewunderung Platons nicht auf. Er suchte immer die Übereinstimmung zwischen Platon und Aristoteles, um die Harmonie beider mit dem Christentum zu beweisen. Aber die Ethik und die Politik erhielten nun das Übergewicht. In einer auf das Handeln hingeordneten Konzeption des Wissens mußten die aristotelische *Ethik* und *Politik* in den Mittelpunkt des Interesses rücken. Die *Nikomachische Ethik*, die tatsächlich unter den Werken des Aristoteles eine sprachlich besonders ausgefeilte Form hat, verdiente eine adäquate Übersetzung; Bruni polemisierte gegen das sprachliche Mischmasch und die gedankliche Unklarheit der mittelalterlichen Übersetzung dieses Aristoteles-Textes (durch Robert Grosseteste). Er verwarf sie nicht nur, weil sie holprig war, sondern weil sie, wie er sich ausdrückte, mit den Vokabeln zugleich die Sachen verwische (*cum videam ipsum res quoque simul cum nominibus confundentem*)[4]. Es ging Bruni also nicht nur um eine gefälligere Form. Die Sache der praktischen Philosophie selbst stand auf dem Spiel, wenn man die *Nikomachische Ethik* barbarisierte, statt sie zu latinisieren. Man dürfe von der lateinischen Sprache nicht gering denken; sie sei reicher als viele meinten; sie sei der griechischen ebenbürtig. Nur eine ebenbürtige Übersetzung könne die Vereinigung von Philosophie und Rhetorik, die Aristoteles in seiner *Ethik* und *Politik* vollbracht habe, für die praktischen Bedürfnisse der Gegenwart in Florenz (*civibus meis primum*) erschließen.[5] Dies schrieb der Kanzler von Florenz in den dreißiger Jahren; jetzt polemisierte er scharf gegen das barbarische Latein der Universitäten.

Dieser Gegensatz war nicht primär ein formaler. Dies beweist Brunis Traktat über *Die Studien und die Wissenschaften* (*De studiis et litteris*) – eine Art Anleitung zum akademischen Studium. Sie ist einer Frau, Battista, aus dem Haus der Malateste, gewidmet, denn Bruni wollte die Frauen in sein Bildungsprogramm ausdrücklich eingeschlossen sehen.

Der Text, nach Baron um 1425 entstanden, hebt die Untrennbarkeit von Sacherkenntnis und Sprachkultur hervor; er preist jene Autoren, die literarische Qualität mit Erkenntnis der Sachen verbunden hätten.[6] Dazu gehören Cicero, Laktanz und Augustin, Vergil und Livius. Also kein Gegensatz von Christentum und klassischer Kultur, keine Alternative von klassizistischem Formalismus und Sachwissen: *eruditionem legitimam ex peritia litterarum et scientia rerum constare diximus.*[7] Doch welche »Sachen« wissenswert sind, entscheiden, nach Bruni, philosophisch-politische Gesichtspunkte. Da es um die praktische Funktion des Wissens geht, zählen die Unterschiede zwischen Männern und Frauen. So brauchen die Frauen die Rhetorik so gut wie nicht. Auch die Mathematik und die Astronomie sind für sie unwichtig. Sie sollen studieren was zur tatsächlichen Ausübung der Religion (nicht zur Erörterung der spätscholastischen Probleme der Theologie) und zum »guten Leben«, also zum ethisch-politischen Handeln gehört. Dazu zählt vor allem die Geschichte. Sie zeigt die eigenen Ursprünge, die Schicksale »freier Völker« und der Könige. Sie berichtet von Krieg und Frieden. Nur indem wir die Vielfalt und Verschiedenheit der Geschichte vor Augen haben, reift unser praktisches Urteil. Außerdem bietet die Geschichte Beispiele (*exempla*) richtigen Lebens; ihre Erzählungen sind frei von den Subtilitäten der Schulwissenschaft, und man liest sie mit Vergnügen.[8]

Geschichtswissen, das auf Tatsachen gründet und auf Praxis bezogen ist, soll nach Bruni die erste Grundlage der Bildung sein. Aber ebenso wichtig ist die Poesie. Wie so oft im Mittelalter, führte auch bei Bruni eine neue Wertsetzung zu einem neuen Bild von Aristoteles. Bruni betonte, Aristoteles zitiere immer wieder Homer und Hesiod, Pindar und Euripides; er gebe der Stimme der Dichter ein solches Gewicht, daß man den Eindruck hat, er habe sich dem Studium der Dichter nicht weniger gewidmet als dem der Philosophen.[9] Bruni verteidigte den Erkenntniswert der Dichtung gegen eine Tradition der Geringschätzung. Der Dichter spricht aus einem »göttlichen Geist«; er kennt die Prinzipien der Natur, den Grund der Dinge. In seinen Werken finden wir »gewissermaßen den Samen allen Wissens«. Er vereinigt Weisheit mit Glanz – welche Beschäftigung wäre »freien Menschen würdiger« als die mit der Poesie? Was fehlt Homer, daß man ihn nicht für im höchsten Maße weise halten kann?[10] Verdient nicht auch Vergil als Denker gelesen zu werden?[11] Die Kenntnis der Poesie ist »nützlich« – wieder fällt dieses Stichwort, das wir schon aus der Vorrede zur *Phaidon*-Übersetzung kennen –, sie macht uns mit der Breite der Erfahrung, mit den Wechselfällen des Lebens und mit der aus göttlichem Anhauch stammenden Weisheit des Dichters bekannt. Sie ist schön und entspricht mit ihren Maßverhältnissen einem ursprünglichen Verlangen des Menschen. Wir sind von Natur aus auf Poesie angelegt.[12] Von Natur aus verlangen wir nach »Harmonie und Zahl«: Deshalb zieht es uns zur Poesie. Dies gilt auch für die heidnische Poesie, die Bruni gegenüber religiös motivierten Angriffen verteidigte, notfalls mit der allegorischen Methode.[13] Damit griff Bruni auf, was Boccaccio in seiner *Genealogie der antiken Gottheiten* vorgetragen hatte. Was die angebliche Unsittlichkeit dieser Bücher angeht, so argumentierte Bruni, die Bibel enthalte noch viel ärgere Dinge.[14] So blieb also Bruni bei seiner Öffnung zur antiken Welt, ihrer Philosophie und Poesie. Als wende er sich bereits gegen einen bloß literarischen, bloß klassizistischen Humanismus, betonte er: Literarische Form ohne Wissen von den Sachen ist steril und leer. Gegen die Schulwissenschaft formulierte er: Wissenschaften sind ohne die literarische Form glanzlos und dunkel.[15] Als Muster der Vereinigung von Gehalt und Form nannte Bruni: Platon, Demokrit, Aristoteles, Theophrast, Varro, Cicero, Seneca, Augustin, Hieronymus und Laktanz. Beachtenswert ist die Hochschätzung Demokrits. Alle diese Denker wiesen, nach Bruni, bei verbalen Differenzen eine überwiegende Übereinstimmung auf.

Im einzelnen legte er dies dar für die ethischen Prinzipienfragen bei Aristoteles, den Stoikern und Epikur.[16] Die jahrhundertealten Schmähreden über Epikur wichen allmählich einer philologisch sichereren und sachlich verständnisvollen Haltung. Brunis ethisch-politischer Sinn, seine republikanischen Wertvorstellungen drückten sich aus in seinem *Lob der Stadt Florenz* (*Laudatio urbis Florentinae*): Der Reichtum der Stadt, ihre republikanische Tradition und eine neue Wissenskonzeption lassen Florenz als die würdige Nachfolgerin von Athen, als die Bewahrerin der Ideale des republikanischen Rom erscheinen. Auch die äußere Gestalt und die Pflege der Kunst entsprächen dieser geschichtlichen Stellung; Bruni stellte Florenz dar als Modellstadt mit rationalem Grundriß und humaner Gestaltung des gesamten Lebens. In diesem Lebensentwurf seien die traditionellen Dualismen von Wissen und Handeln, von Handwerk und Bildung, von antiquarischem Interesse und Zukunftsutopie überwunden. In seiner *Geschichte des Volkes von Florenz* (*Historia Florentini populi*) verband Bruni diese Betrachtung mit nüchterner Quellenforschung und Legendenkritik.[17]

Das Unionskonzil (1439)

Die ältere Forschung – wie sie Windelband-Heimsoeth [18] bis in die letzte Auflage festhält – sah den Fall Konstantinopels als wichtigstes Einzelereignis an, das die Geschichte der Ideen im 15. Jahrhundert prägte. Heute achten wir auf die innere Logik der intellektuellen Entwicklung des Spätmittelalters, um die Rezeptionsbereitschaft für die griechische Welt zu verstehen. Das Interesse Petrarcas, Boccaccios und Salutatis an griechischer Philosophie und Literatur, das der inneren Entwicklung des lateinischen Westens entsprang, war mindestens ebenso folgenreich wie die Emigration griechischer Gelehrter. Als Einzelereignis verdient – vor dem Zusammenbruch von Byzanz – die Begegnung von Ost und West auf dem Konzil von Ferrara/Florenz unsere Aufmerksamkeit. Bei dieser Zusammenkunft konnten die Humanisten, wie zuvor schon in Konstanz und Basel, ihre Funde von Klassikerhandschriften austauschen. Das intellektuelle Leben von Florenz verband sich mit dem der Humanisten von Rom und mit dem der oberitalienischen Zentren; Nikolaus von Kues hatte an dem Zustandekommen der Kirchenunion seinen Anteil. AMBROGIO TRAVERSARI († 1439), ein in den Sprachen versierter Humanist, Mönch im florentinischen Kamaldulenserkloster S. Maria degli Angeli, hatte sich durch seine Kenntnis der griechischen Welt, durch eine Neuübersetzung des Dionysius Areopagita und ebenso des Diogenes Laertius bekannt gemacht. Er war mit Bessarion einer der Inspiratoren der Kirchenvereinigung, mit ihm gemeinsam verfaßte er die Unionsurkunde.[19] Mit dem oströmischen Kaiser war Georgios Gemistos Plethon († 1452) gekommen; er erschloß den Florentinern Platon, den er, anders als Bruni, scharf von Aristoteles absetzte.[20]

Bessarion († 1472) war sein Schüler gewesen; er verteidigte den Lehrer gegen die rabiate Kritik des Georg von Trapezunt am Platonismus.[21] Er war Platoniker, aber er suchte wieder die Vereinigung von Platonismus und Aristotelismus. Er übersetzte die *Metaphysik* des Aristoteles neu ins Lateinische.[22] In Florenz weilte damals auch der Humanist Tommaso Parentucelli, der bald darauf als Nicolaus V. Papst werden sollte. In den florentinischen Jahren plante und leitete er die neue Bibliothek des Klosters von S. Marco. Der ironische Polemiker Poggio Bracciolini traf hier den greisen Leonardo Bruni. Ein junger Kaufmann, Giannozzo Manetti, der sich den Studien verschrieben hatte, wuchs in die christlich-humanistische Welt hinein;[23] der Apotheker Mattei Palmieri schrieb in diesen Jahren das *Buch vom bürgerli-*

chen Leben (*Libro della vita civile*), in dem sich die Integration der humanistischen Kultur in das alltägliche und das politische Leben der Stadt ausdrückte.

52 Lorenzo Valla

Die humanistische Bewegung war zur Zeit des florentinischen Konzils nicht mehr auf die Toscana beschränkt. Man begegnete ihr jetzt in Ferrara und Mantua, in Pavia und Mailand, in Neapel und Rom, selbst an der Kurie. LORENZO VALLA († 1457) war in Rom geboren und hatte dort studiert; aber er öffnete sich dem florentinischen Einfluß schon in den zwanziger Jahren, also in der Zeit des ungebrochenen politischen Humanismus und seiner Kritik der Scholastik.[1] Er lehrte Rhetorik an der Universität von Pavia, mußte diese Universität aber verlassen, weil sein Angriff auf den Juristen Bartolus einen Skandal hervorrief (1433). Valla gab dem Wort »Rhetorik« seinen vollen, seinen antiken Sinn zurück. Er verstand darunter das Studium der Sprache, sowohl ihrer Struktur wie ihrer Geschichte. Er bezog sie auf die juristische, die pädagogische und die politische Praxis. Er sah in ihr eine Stütze der politischen Selbstbestimmung, einer ethisch-politisch regulierten Eigenverantwortlichkeit, die jetzt in »allen Städten Italiens« vom Geist bloßer Interessendurchsetzung zerstört werde. Valla entdeckte in diesem Zusammenhang das Hauptwerk der römischen Rhetorik, Quintilians *Institutio oratoria*, neu und legte es seiner Lehre zugrunde. Aber sein Interesse war nicht antiquarisch. Er wandte die neue humanistische Wertkonzeption und die strenge Methode der Philologie konkret an und verwertete sie

- für die Kritik der Rechtswissenschaft, die antik-römische Begriffe in vielfach entstellter Form benutzte;

– für die Kritik an der weltlichen Macht des Papstes, indem er die Gründungsurkunde des Kirchenstaats durch historische und linguistische Argumente als unecht erwies (1440). Valla deckte die Fälschung auf, aus dem Geist der historischen Forschung, gewiß, aber weil er eingreifen wollte in den militärisch-politischen Konflikt um die Ansprüche des Papsttums auf die weltliche Herrschaft in Neapel und Sizilien. Er wollte ein Papsttum treffen, das »Heere unterhält, Reiter und Infanterie, die allen zur Last fallen, während Christus vor Hunger und Elend stirbt in Tausenden von Armen«;
– für die Kritik der mittelalterlichen Bibelauslegung; seine *Anmerkungen zum Neuen Testament* (*Annotationes in Novum Testamentum*)[2] begründeten eine philologisch orientierte Exegese und wurden durch Erasmus ein fruchtbares Ferment im Reformationszeitalter;
– für eine Neubewertung der altchristlichen Autoren wie Hieronymus, Augustin, Laktanz, die an der antiken Rhetorik geschult, jene Mischformen des Denkens vermieden hätten, die seit Boethius den Westen geprägt hätten. Valla kritisierte die Scholastik im Namen der Kirchenväter, welche die »Würde der Rhetorik« noch wohl verstanden hätten;
– für die Kritik der traditionellen Logik (Dialektik). Indem er deren sprachfremden, abstrakten Charakter nachwies, setzte er dem Wissen insgesamt konkretere Ziele (*Dialecticae disputationes,* 1. Fassung 1439, zweimal revidiert).

Valla griff den leeren Verbalismus an, wo er ihn antraf. Ein scharfer, oft polemischer Sinn für das Konkrete zeichnete ihn aus. Wenn eine seiner Dialogfiguren von sich sagt, sie sei kein Philosoph, sondern nur ein bescheidener Rhetor, so meinte Valla doch eine »Rhetorik«, die nach Ciceros Vorbild die Philosophie mit einschloß; seine Weigerung, »Philosoph« zu heißen, bezog sich auf den spätmittelalterlichen Schulbegriff von Philosophie.[3] Valla hat nicht weniger geleistet als eine Revision der Grundlagen der mittelalterlichen Philosophie, ja eine konkrete Kritik der mittelalterlichen Welt.

War es Boethius gewesen, der die Grundlagen der mittelalterlichen Philosophie gelegt hatte, so zog Valla in seinen frühen Dialogen *Über die Lust* (*De voluptate*, mehrfach umgearbeitet und mit neuem Titel: *De vero falsoque bono*, ab 1431) und *Über den freien Willen* (*De libero arbitrio*, ab 1435) eben diese boethianischen Grundlagen in Zweifel.[4] Er sagte es selbst: Im ersten Dialog wolle er die ersten vier Bücher der Trostschrift des Boethius widerlegen, im zweiten Dialog das fünfte Buch.[5] Dies hieß: Alles mußte revidiert werden. Nicht nur die herkömmliche Philosophie, sondern die ihr entstammenden Wertkonzepte waren hinfällig. Sehen wir, wie Valla dabei vorging; beachten wir dabei den von ihm hervorgehobenen Zusammenhang beider Dialoge und seine Zielsetzung – die Kritik an Boethius.

In Vallas Buch *Über die Lust* treten drei Redner auf: Ein erster Redner – seine Namen wechseln in den verschiedenen Textfassungen – verteidigt die Position der Stoiker (oder was Valla dafür hält): Die Tugend ist die Glückseligkeit. Dem Tugendhaften kann das Glück nicht genommen werden. Diese moralistische Konzeption des Glücks beherrscht in der Tat weite Teile der ersten vier Bücher der *Consolatio philosophiae* des Boethius. Ein zweiter Redner verteidigt demgegenüber das unmittelbare, das sinnliche Glück, also die epikureische Lehre (oder was dafür galt): Das höchste Gut ist die Lust oder der Nutzen. Auch die geistigen Güter sind auf Genuß bezogen. Lust steht höher als Tugend. Jede Lust ist gut, gerade auch die sexuelle. Nicolaus hält eine dritte Rede: Weder die stoische noch die epikureische Lehre erfaßt das Glück des Menschen. Dies kann allein das Christentum. Aber Valla hat eine eigene Interpretation des Christentums. Danach geht es auch in ihm um Lust, allerdings um die jenseitige. Daher hat sein Christentum eine verfeinert-epikureische Tönung, und ausdrücklich heißt es, die Epikureer stünden dem Christentum näher als die Stoiker. Darin liegt die Spitze gegen die Glückstheorie des Boethius, die den Stoikern näherstehe als dem Christentum (in Vallas philosophischer Deutung).

Die Position Vallas ist nicht epikureisch oder pantheistisch, aber sie wertet Epikur auf gegenüber einer jahrhundertealten Abwertung. Sie stellt die von Boethius hergestellte Koalition von platonisierendem Spiritualismus, stoischem Moralismus und christlichem Denken in Frage. Die stoische Konzeption der Natur ist, nach Valla, mit dem Christentum nicht vereinbar. Ohne die Hoffnung auf ein jenseitiges Glück, also ohne die christliche Offenbarung, müßten wir die epikureische Philosophie der stoischen vorziehen. Der Christ ist ein Epikureer höherer Ordnung: Er liebt die Tugend um des jenseitigen Glücks willen. Jedenfalls unterscheidet er Tugend und Glück. Er verzichtet auf die irdische Lust, weil er die jenseitige erreichen will, wobei die jenseitige Lust körperliche Genüsse einschließt.

Vallas Buch *Über die Lust* ist eines der vielseitigsten und lebendigsten Bücher des 15. Jahrhunderts; ich sehe nicht, daß es die Beachtung schon gefunden hätte, die es verdient. Es zeigt auch verschiedenartige Nuancen; hinzu kommen Akzentverlagerungen der vier Fassungen. Zunächst fällt ins Auge, daß es das Werk eines Philologen ist, der auf Wortbedeutungen zu achten gelernt hat. Unter diesem Gesichtspunkt läßt sich das Buch dahin zusammenfassen: Das Wort »gut« (*bonum*) hat zwei Hauptbedeutungen, Tugend nämlich und Glück; die stoische, aber auch die platonische Tradition hat beide Bedeutungen vermischt. Nur so konnte sie behaupten, der Tugendhafte sei immer auch glückselig. In seiner Trostschrift hat Boethius sich fast als Stoiker (*pene stoicus*) geäußert. Er hat damit dem Mittelalter eine Begriffsvermischung hinterlassen, die es jetzt aufzulösen gilt.[6]

Ein zweiter wichtiger Aspekt des Textes von Valla ist die sorgfältige Unterscheidung und die erweiterte Kenntnis verschiedener Traditionsschichten: Die durchgängige Abhängigkeit des Aristoteles von Platon, die Vermischung stoischer und platonisierender Motive in den ersten vier Büchern der Trostschrift des Boethius, vor allem aber die Divergenz zwischen Paulus und der hellenistischen Philosophie, zugleich mit einem gerechteren Bild des bislang verruchten Epikur – dies alles liegt bereits dem jungen Valla klar vor Augen. Die Natur, die Moral und der christliche Gott wurden seit Boethius in einer moralisierenden Weltdeutung vermengt; dabei wurden Traditionsschichten kritiklos vermischt und Wortbedeutungen verwischt. Die philologische Unterscheidung führt auch zu einer Unterscheidung des spezifisch Christlichen. So könnte man *De voluptate* auch als ein Werk der christlichen Philosophie lesen; allerdings ist Vallas Christlichkeit weder die mittelalterliche noch die reformatorische, noch die nachtridentinische. Das Christentum Vallas existiert heute nicht mehr. Dies spiegelt sich auch in der Verlegenheit des Lesers seines Buches *Über die Lust*. Alles läuft darauf hinaus, die Ausdrucksweise der Philosophen von der des Glaubens zu unterscheiden,[7] aber dies soll durch philosophische Argumente gezeigt werden[8] und ist kein Vorgriff auf Luthers »Allein aus dem Glauben«. Dagegen klingt das erasmische *Lob der Torheit* an;[9] hier herrscht dasselbe rhetorische Spiel, dieselbe Leichtigkeit in der Erörterung der wichtigsten Lebensfragen. Im Nebeneinander der drei Reden drückt sich eine neue, undogmatische Art des Philosophierens aus, die sich, nach dem Vorbild Ciceros, frei zu reden gestattet, ohne an eine Sekte gebunden zu sein (*sibi permisit libere loqui in nullam sectam obstrictus*)[10]. Der bloße Anspruch auf Weisheit, vor allem der triste Ernst und das asketische Pathos der stoischen »Weisheit«, wird von Valla als hohl entlarvt. Widersprüche der aristotelischen Philosophie werden lachend aufgedeckt, z. B. der, daß der Mensch von Natur aus ein politisches Wesen heißt und doch nach dem Vorbild der Götter ein kontemplatives Leben führen soll.[11]

Vallas Dialog *De libero arbitrio* (*Der freie Wille*) setzt die Boethius-Kritik von *De voluptate* fort. Er kritisiert, was Boethius im 5. Buch der *Consolatio* zur Harmonisierung der göttlichen Vorsehung und der menschlichen Freiheit vorgebracht hat. Weiß man eigentlich in Deutschland, daß die *Theodizee* von Leibniz endet mit einer Wiedergabe und Fortführung der Freiheitsschrift Vallas? Während ein verbreitetes Handbuch der Philosophiegeschichte von Valla und Agricola schreibt: »Für die Kulturgeschichte sind die Humanisten jederzeit ein geschätztes Ausstellungsstück gewesen. Für die Fachphilosophie sind sie es weniger«,[12] war Leibniz von diesem abweisenden Gestus weit entfernt; er schätzte allerdings diese deutsche Art von »Fachphilosophie« (fast eine contradictio in adiecto) weniger; er anerkannte, Valla sei nicht weniger Philosoph als Humanist.[13] Leibniz anerkannte die Schärfe, mit der Valla Boethius widerlegt hatte: Boethius habe allenfalls gezeigt, daß sich göttliches Vorherwissen und menschliche Freiheit vereinen lassen, aber da der christliche Gott, im Gegensatz zu den antiken Göttern, Vorherwissen und Vorherbestimmen in sich vereine, sei die harmonische Lösung des Boethius nichtig. Wenn man auf diese Frage eine Antwort sucht, kann man sie nicht von der Philosophie bekommen. Nur der Glaube kann hier antworten. Mit starken paulinischen Ausdrücken betont Valla abschließend die Unerforschlichkeit der göttlichen Ratschlüsse.

Auch dieser Dialog ist für divergierende Interpretationen offen. Man kann darin eine Abwertung der Vernunft sehen. Man kann hervorheben, Valla belasse dem Glauben seine Unmittelbarkeit, wie er in *De voluptate* die Unmittelbarkeit des Lebens über den abstrakten Verstand stellte. Aber ich sehe als Leitmotiv die Boethius-Kritik. Erst nachdem in einer rationalen Erörterung, die den Hauptraum des Textes einnimmt, rational gezeigt ist, daß die rationale Lösung des Boethius unhaltbar ist, erscheint der Glaube als Ausweg für den, der auf einer Antwort beharrt. Der entscheidende Akzent liegt auf der Zerstörung harmonisierender Kombinationen, die den Eigencharakter der kombinierten Elemente verwischt: Der Glaube soll nicht von der Philosophie dominiert werden, zumal im Falle der Freiheitslehre des Boethius ihre Unhaltbarkeit erwiesen ist. Es genügt, wenn der Leser am Ende des Dialogs begreift: Die von Boethius unklar verbundenen Elemente – Philosophie und Glaube – sind jetzt wieder frei, und dieser Nachweis ist, nach Valla, auf immanent-philosophische Weise erbracht. Das Fazit Vallas war: Wir wissen den Grund der göttlichen Bestimmungen nicht, aber was macht das?[14] Worauf es im Leben ankommt, ist die Praxis, ist die tätige Nächstenliebe; worauf es wissenschaftlich ankommt, ist, die fingierten Auskünfte zu vermeiden, zu denen Boethius Zuflucht nehmen mußte, um die Theologie philosophisch zu stützen. Damit war ein philosophisches Programm, das viele Jahrhunderte gültig war, im Namen der Philosophie verworfen, und Valla beeilte sich hinzuzufügen, daß bei dieser Trennung auch der Glaube gewinne.

Vallas Revision der Philosophie machte nicht bei Boethius und der von Boethius bestimmten mittelalterlichen Tradition halt. In seiner *Repastinatio dialecticae et philosophiae* (die später unter dem Titel *Dialecticae disputationes* weite Verbreitung fand) untersuchte er die Grundbegriffe der bisherigen Logik und der gesamten traditionellen Philosophie. Dabei geriet er nicht nur in Gegensatz zum Verbalismus der Scholastiker und ihres Lehrmeisters Boethius; er geriet mit dem Aristotelismus in Konflikt. Ihn störte der Autoritätskult der Aristoteliker. Als Kenner der griechischen Philosophie machte er den Westen aufmerksam auf die Horizontverengung seit der Spätantike: Es habe in Griechenland nach Aristoteles noch andere erfolgreiche Philosophieschulen gegeben. Als Valla an diesem seinem philosophischen Hauptwerk arbeitete, bereitete man das Unionskonzil von Ferrara/Florenz vor. Valla suchte eine Verjüngung der Sprache, der Methoden, der Inhalte des westlichen Wissens; es sollte im Austausch mit dem Denken des Ostens sich befreien von sinnlosen Ausdrücken, von starren Formeln. Er sprach aus, daß eine Revision der westlichen Grundbegriffe auch in der Trinitätslehre eine neue Flexibilität verschaffe. Um die Trinitätslehre ging es aber vor allem in der Diskussion mit dem Osten. Wenn Valla die boethianischen Begriffe von »Substanz« und »Person« kritisierte, forderte er aus theoretischen wie aus politischen Gründen (Einigung mit dem Osten) eine radikale Reform der Theologie. Wegen dieser Theologiekritik kam es 1444 zu einem Inquisitionsprozeß gegen Valla in Neapel; er überstand ihn dank der Unterstützung durch den König. In den Augen Vallas war die westliche Theologie hilflos abhängig von Aristoteles und Boethius. Aber diese beiden Denker waren zu wortgläubig, um den sprachbewußt gewordenen Westen länger führen zu können. Aristoteles habe mit seiner Kategorienlehre und mit seiner Ontologie zu lächerlichen Verkehrtheiten geführt; er hat, nach Valla, die Bedeutung des Willens intellektualistisch unterschätzt; seine Philosophie hatte insgesamt einen zu kontemplativen Charakter. Aristoteles fehlte, so Valla, die Erfahrung eines Politikers, eines Heerführers oder überhaupt eines Mannes des praktischen Lebens.

Doch zunächst ging es Valla um eine Reform der aristotelischen Logik und Ontologie. Die Logik sollte wieder Bezug erhalten zum tatsächlichen Sprechen. Leere Worthülsen waren zu denunzieren, um das Denken mit dem Reichtum der erfahrbaren Welt zu konfrontieren. Völlig zu erneuern war, nach Valla, die Kategorienlehre. Drei Kategorien genügen: Substanz, Qualität, Aktion. Diese drei sind nicht dinghaft getrennt vorzustellen; sie bilden eine Einheit. »Substanz« ist nicht mehr Substanz, wenn Qualitäten und Tätigkeiten fehlen. Abstrakte Artbezeichnungen wie »Menschsein« erhalten nur Inhalt, wenn sie Substanz, Qualität und Aktion mitbezeichnen. Folglich ist »Mensch« nicht die Substanz, zu der Qualität und Aktivität erst hinzutreten müßten, sondern es bezeichnet die eine Naturwirklichkeit (*res*), die aus den untrennbaren Elementen Substanz, Qualität und Aktion besteht.[15]

Darin lag gleich eine Reihe von Reformen: Die Leere des schularistotelischen Substanzbegriffs war ausgesprochen. Die Tendenz vieler mittelalterlicher Autoren, die Akzidentien zu verselbständigen, war an der Wurzel unterbunden. Die Tätigkeit war aufgewertet, übrigens mit Berufung auf die Bedeutung des Verbs in der Sprache, das Valla ausdrücklich nicht mehr, wie so viele im Mittelalter, mit einer Partizipialkonstruktion gleichgesetzt sehen wollte. »Sokrates sitzt« ist n i c h t – wie Thomas von Aquino gelehrt hatte – gleichbedeutend mit »Sokrates ist sitzend«. Die naturphilosophischen Begriffe von Ruhe und Bewegung erläutern nicht das menschliche Tun: Wenn jemand sitzt oder liegt, dann gehört dies, nach Valla, zur Kategorie der Aktion, nicht zu »Ruhe«.

Philologische Aufmerksamkeit und Interesse an der Empirie führen zu einer Vereinfachung der Logik und der Ontologie. Das Kunstwort »Seiendes« ist überflüssig. Das scholastische Vokabular wird entrümpelt: »Sein« (*esse*) und »Wesen« (*essentia*) bedeutet dasselbe. Er, Valla, verstehe den

Ausdruck »*quiditas*« nicht, denn er sei nicht zu verstehen.[16] Eingehend kritisierte Valla den »Baum des Porphyrius«, den Boethius (vgl. S. 118) im Westen eingepflanzt hatte. Valla hatte vieles an ihm auszusetzen, z. B. die starre Abtrennung der Menschen vom Tierreich.[17] Vor allem sei dabei der leere, von den Qualitäten abgesetzte Substanzbegriff in Anspruch genommen.[18] So werde der Substanzbegriff zu einem bloß logischen Schema. Er führt nicht mehr zurück zur Aufdekkung von Erfahrungsinhalten. Ein solcher Substanzbegriff mag tauglich sein zu einer rein verbalen Verteidigung eines feststehenden Systems; er regt aber nicht mehr an zur Erkenntniserweiterung. Valla wollte die Philosophie lehren, auf die Sprachgewohnheit (*consuetudo loquendi*) zu achten. Er wollte damit der Logik einen neuen methodologischen Ort verschaffen. Sie sollte nicht mehr nur ein Mittel der Darstellung sein, sondern ein Instrument neuer Entdeckungen. Die wissenschaftliche Logik auf die tatsächliche Sprache – das klassische Latein, versteht sich – zu gründen und sie auf Wissenserweiterung statt auf bloße Erläuterung zu beziehen, das wurde durch Valla zum Programm, das Rudolph Agricola und Petrus Ramus fortführen sollten. Dabei ging es auch um pädagogische Vereinfachung und ästhetischen Gewinn: Die scholastischen Auswucherungen der Dialektik sollten beschnitten werden. Die Logik sollte wieder »eine durchaus kurze und leichte Sache« (*res brevis prorsus et facilis*)[19] sein. Es ist schon klar geworden, daß Valla damit mehr intendierte als eine didaktische Reform. Es war das Geröll von Jahrhunderten abzutragen: die arabischen Aristoteles-Deutungen (*Avicenna et Averroes plane barbari fuerunt*), die scholastischen Adaptionen, die Verengung des westlichen Kulturhorizonts, die Festlegung der westlichen Christenheit auf eine bestreitbare lateinische Bibelübersetzung (Vulgata), die Provinzialisierung des Denkens durch (und erst recht seit) Boethius, der einseitige Vorrang logischer Aspekte in der Philosophie des Aristoteles. Wenn Boethius mit seiner Logik, seiner Methodenlehre, seiner Religionsphilosophie und Ethik das Mittelalter begründet hat, so ging es mit der Boethius-Kritik Vallas seinem Ende entgegen. Im bewußten Gegensatz zur nach-boethianischen Tradition diskutierte er die Grundbegriffe neu: Die Logik, die Ontologie, die Jurisprudenz und Ethik, die Psychologie und die Theologie gingen aus diesem Prozeß verändert hervor. Um nur einige Stichworte zu geben: »Person« war nun nicht mehr eine »individuelle Substanz rationaler Natur«, sondern das gleichwesentliche Zusammen von Substanz, Qualität und Aktion. Der Reichtum sozialer, politischer, ökonomischer Beziehungen, mit denen es die Rhetorik zu tun hatte, wird jetzt zum Personbegriff hinzugedacht. Eine Kritik der Seelen- und Tugendlehre war die Folge. Auch die Physik geriet in Mitleidenschaft: Valla kritisierte den Begriff der Himmelssphären und des Äthers; wie Ockham wandte er sich gegen die Ansicht, die Himmelskörper besäßen eine eigentümliche, qualitativ verschiedene Materie. Die seit der Aristoteles-Rezeption auf das »Seiende als Seiendes« konzentrierte Metaphysik erfuhr, daß sie sich sprachlichen Mißverständnissen verdankte. Valla stellte den Begriffsrealismus der mittelalterlichen Schulkultur in Frage, samt seinen Grundlagen bei Aristoteles und Boethius. Er knüpfte an den Ockhamismus an, um das Denken an seinen Erfahrungsbezug zu erinnern: »Hören wir auf die durch Erfahrung erprobte Vernunft« (*rationem experimento probatam audiamus*)[20].

Vallas konkrete Kritik setzte Elemente frei, die das kommende Jahrhundert isoliert entfalten wird: Erfahrungswissenschaft und Philologie, Neuorientierung in Ethik und Methodologie. Er kämpfte um eine Theologie, die ihre Grundbegriffe revidiert und sorgfältig den Urtext liest. Er sah den Gegensatz zwischen der auf praktische Realisierung gerichteten »Rhetorik« des Apostels Paulus und einer von Thomas bestimmten, aristotelisierenden Schultheologie, die unter Realitätsverlust leidet, weil sie sich unter lauter abstrakten Begriffen bewegt: *recentes theologi aristotelicis praeceptis imbuti.*[21]

53 Nikolaus von Kues

NIKOLAUS († 1464), von Kues an der Mosel, hatte Anteil an den Vorbereitungen des Konzils von Florenz: Er hatte den Kaiser von Byzanz zum Konzil begleitet, und auf der Überfahrt war ihm die Idee seiner Koinzidenzlehre gekommen. Nikolaus kannte die Welt der Humanisten; zeitlebens blieb er befreundet mit Paolo dal Pozzo Toscanelli († 1482), dem Arzt und Mathematiker, der an der Konstruktion der Domkuppel von Florenz beteiligt war.[1] Cusanus hatte in Padua studiert; er kannte den italienischen Aristotelismus. Er war mit Traversari bekannt und mit Bessarion befreundet. Nachdem Valla, der sich durch seine Schrift über die Konstantinische Schenkung die Gunst des Papstes verscherzt hatte, bei dem Humanistenpapst Nicolaus V. wieder zu Ansehen gekommen war, hatte er in Rom auch Umgang mit Cusanus. Seine *Anmerkungen zum Neuen Testament* gab er Bessarion und Cusanus zur Korrektur. Doch so vielfach Cusanus mit den neuen Bestrebungen Italiens verbunden war, so sehr kam er, der auch in Heidelberg studiert hatte, aus einer anderen Welt. Aber er läßt sich auf diese nicht festlegen. Sein Werk ist vielgestaltig und läßt sich von verschiedenen Seiten her angehen. Man kann Cusanus als einen Denker verstehen, der Meister Eckhart in einer veränderten Situation fortsetzen wollte – einer Situation, die durch das Schisma, den Nominalismus und die neue Physik verändert war. Ebenso korrekt wäre es, Cusanus als Schüler des Raimundus Lullus zu deuten. Von keinem Autor stehen so viele Bücher in der Bibliothek des Cusanus wie von Lull. Daß eine neue Methodologie entwickelt werden müsse, daß das Schulwissen der Sorbonne nicht ausreiche, um Krankheiten zu diagnostizieren und das große Problem der Religionskriege zu lösen, das hatte Cusanus bei Lull gelernt. Man könnte mit gleichem Recht Cusanus als den Mann verstehen, der in der Mitte des 15. Jahrhunderts die Einsichten des Dionysius Areopagita, die Thomas und Albert abgeschwächt hatten, zur Geltung brachte und der die Scholastik mit der von ihr halbherzig rezipierten negativen Theologie konfrontierte. Man kann Cusanus von seiner Herkunft aus Padua verstehen – als Erben der großen Rechtslehrer, die am Staatsleben der freien Kommunen den Konsens aller als staatsbildendes Moment erfaßt hatten, als Nachfolger der Methodendiskussionen von Medizinern und Mathematikern eher averroistischer Orientierung. Man kann Cusanus sehen als Humanisten, der Jagd auf Handschriften machte, als Leser und Förderer neuer Übersetzungen, welche die Rückkehr der antiken Philosophen im lateinischen Westen einleiten. Cusanus hat Platon-Studien getrieben, die über das schematische Bild hinausdrängten, das man sich seit dem 11. Jahrhundert vom Verhältnis Platon–Aristoteles gemacht hatte. Ein neues Bild des Aristoteles war die Folge: Aristoteles als charakteristischer Ausdruck des Verstandes (*ratio*), der vom Unendlichen spricht, als wäre es endlich, und der deshalb auf dem Gebiet der Logik seine Stärke haben mag, aber in der Metaphysik notwendigerweise scheitert. Ein neues Interesse an Proklos, auf den Spuren Bertholds von Moosburg[2], war die Folge; hier schien die Möglichkeit gegeben, den neuplatonisch gedeuteten Platon mit Dionysius gewaltlos zu verknüpfen, also die Antike mit dem Kirchenschriftsteller Dionysius zu synthetisieren. Der Anschluß an die Originale der Antike, das Interesse an Problemen der Ästhetik, eine philosophische Kritik der Rhetorik – dies wiederum zeigt Cusanus als einen Freund der Humanistenpäpste Pius II. und Nicolaus V., als Mitglied des Hofes dieser Renaissancepäpste. Cusanus als Erneuerer des Hermes Trismegistus, dem er schon in seiner ersten Predigt (1430) nachrühmt, er habe so gut wie alle Wahrheit entdeckt. Cusanus als Philosoph menschlicher Hervorbringungen, der begrifflichen wie der handwerklich-technischen. Cusanus der Schriftsteller, der das Latein der Scholastik verlassen hat und sich zunehmend um Anschaulichkeit und Direktheit bemüht. Ich könnte so fortfahren. Aber hier genüge es, Cusanus vorzustellen als einen Denker, der die Gründe untersucht, weshalb das von Anselm und Albert, von Thomas und Scotus so groß konzipierte philosophische Unternehmen gescheitert ist. Zunächst: Cusanus sah es als gescheitert an. Er wollte es nicht fortsetzen; er wollte aus der Distanz eines Neubeginns Materialien der Genannten verwerten und sich dabei von Dionysius und Eriugena, von Lull und Eckhart leiten lassen. Keiner der spätscholastischen Richtungen (*viae*) wollte er sich anschließen. Er wollte weder zu Albert noch zu Thomas zurück. Er wollte heraus aus den Komplikationen der Schulwissenschaft. Er wollte sie mit den Augen eines Laien sehen und sie mit den persönlichen und gesellschaftlichen Bedürfnissen der Jahrhundertmitte konfrontieren. Er wollte einen philosophischen Neuanfang. Dazu mußte er zeigen, weshalb die Universitätswissenschaft nicht erreichen konnte, was sie vorhatte: Sie hatte nicht das richtige Verfahren – weder zum Studium der Natur noch zum Begreifen des Menschen, noch zur Erkenntnis Gottes. Sie mißverstand und verkürzte die Tradition, auf die sie sich gleichwohl berief.

Gehen wir diese drei Punkte kurz durch, beginnend mit dem Studium der Natur. Dieser Aspekt tritt in der neueren Cusanus-Forschung ungebührlich zurück hinter theologisch motivierten Spekulationen. Für Cusanus war hingegen eine neue Methodologie der Naturforschung, eine auf Mathematik und Quantifizierung aufgebaute Naturkunde, die gesellschaftlichen Nutzen bringen sollte, lebenslang ein Hauptproblem. Das gilt nicht nur für seine Schrift *Versuche mit der Waage* (1450), welche die in der Spätscholastik entwickelten Methoden der quantitativen Analyse qualitativer Prozesse besonders auf die Medizin anzuwenden lehrte.[3] Cusanus wollte alles wiegen, selbst psychologische Vorgänge, und dieses Projekt entstand offenbar im Ideenaustausch mit dem Architekten und Kunsttheoretiker Leon Battista Alberti. Aber auch in dem Werk über das *Wissende Nicht-Wissen* (*De docta ignorantia*) ist das ganze zweite Buch der Kosmologie gewidmet, und in dem Buch über die Mutmaßungen (*De coniecturis*) geht es wesentlich um eine »allgemeine Wissenschaft«, die gerade für die Naturforschung wunderbare und schnell zu erreichende Fortschritte bringen sollte. Die bisherige Naturwissenschaft hat nach Cusanus aus mehreren Gründen versagen müssen: Sie hat die aristotelische Zweiteilung des Kosmos akzeptiert und dadurch zwischen himmlischer und terrestrischer Physik einen Graben aufgerissen. Sie hat die Koinzidenz der Gegensätze ausgeschlossen und die Gegensatzpaare von Ruhe und Bewegung regional verteilt. Sie hat sich nicht klargemacht, daß in der Erfahrung die Gegensatzglieder nie isoliert vorkommen und daß die Natur nichts anderes ist als die bewegte Durchdringung der Gegensätze, die der Verstand (*ratio*) getrennt hält. Sie sah nicht (oder nicht konsequent), daß die Mathematik der einzige Schlüssel zur verstandesmäßigen Erforschung der sinnlichen Erscheinungen ist; sie verspielte das Erbe des Pythagoras, der nicht nur dem Namen, sondern der Sache nach der erste aller Philosophen war. Sie erkannte nicht, daß Arten und Gattungen Einteilungen darstellen, die der Verstand zur Gliederung der Sinneseindrücke in die unendliche Einheit, die allein wirklich ist, einträgt.

Koinzidenz der Gegensätze. Sie war für Cusanus nicht das Privileg Gottes, sondern ein Verfahren zur Welt- und Naturerkenntnis. Sie war eine Methode, oder, wie Cusanus sagte, sie war eine Brille, durch die wir sehen können, was sonst verborgen bliebe. Daher empfehle ich, das Studium des Cusanus mit seiner Schrift *Über den Beryll* (*De beryllo*) zu beginnen, und nicht mit *De docta ignorantia*, dessen philosophische Position Cusanus teilweise revidiert und dessen didaktische Mängel er später zu vermeiden gesucht hat. Mit *De beryllo* läßt sich üben, was die Unterscheidung von Vernunft (*intellectus*) und Verstand (*ratio*) konkret bedeutet, und man bekommt einen ersten Begriff davon, daß das Denken des Cusanus kein »System«, sondern ein lebendiger Prozeß ist. Ich habe in meinem zweiten Cusanusbuch – *Nikolaus von Kues. Geschichte einer Entwicklung* (1998) diesen Gesichtspunkt genutzt, um in die Philosophie des Cusanus einzuführen. Dabei zeigt sich: Cusanus ist seit seinem Studium in Padua immer intensiver in die Welt der italienischen intellektuellen Erneuerung eingetreten, die nicht nur einen neuen Stil gewollt hat, den Cusanus nie erreicht hat, sondern die eine neue Denkweise suchte, zu der Cusanus beigetragen hat. Sein Leben und sein Denken waren eine intensive rheinisch-italienische Wechselwirkung. Dies hat ihn zu einer Revision der gesamten philosophischen Tradition geführt. Deren Resultat war die zunehmende Überwindung des Primats der negativen Theologie. Die Wahrheit, schrieb Cusanus kurz vor seinem Tod, liegt nicht im Dunkeln; sie schreit auf den Straßen; die unendliche Einheit sehen wir in der Natur.

Den Menschen konnte die Schulphilosophie nicht begreifen, weil sie ihn nicht – plotinisch – als »zweiten Gott« ansah; sie dachte primär logisch und kosmologisch. Sie setzte die antisophistische Position des Aristoteles fort, wonach der Mensch nicht das Maß aller Dinge sein könne.[4] Sie sah nicht die kreative Selbstentfaltung des Menschen – in seiner Weltgestaltung (Kunst, Handwerk und Technik) wie in seinen Begriffen. Vor allem entging ihr, da sie die Koinzidenz der Gegensätze vermeiden wollte, daß der Mensch nur dadurch zu sich zurückkommt, daß er denkend, wollend und handelnd aus sich herausgeht.[5] Sie sah nicht, daß wir im Erkennen die Einheit von Ruhe und Bewegung sind, die es nach dem Verstandesdenken nicht geben kann. Sie sah nicht, daß wir dem Verstand und seinen Grenzen denkend zusehen und daß wir insofern den Gegensätzen – auch den kontradiktorischen – zuvorkommen, die der Verstand für unüberwindlich halten muß. Sie sah die intime Einigung von Mensch und Gott nicht als unsere Wirklichkeit an, sondern hielt sie für Häresie oder für »Mystik«.[6]

Gott, der das Eine und alles ist, konnte dieses Verstandesdenken schon gar nicht erfassen. Es legte ihn fest auf die Seite der Immanenz oder der Transzendenz, der Endlichkeit oder der Unendlichkeit; er ist aber das, was herausgelöst ist aus diesen Gegensätzen, das Absolute. Gott ist das, dem nichts gegenübersteht – wenn der scholastisch geschulte Verstand dies denkt, muß er zugrunde gehen. Er sah dies zuweilen und erklärte Gott dann für unerkennbar. Er sah nicht die Gründe seines Scheiterns. Er bemerkte nicht, daß er dem Scheitern denkend zusehen konnte; er kam nicht zur Vernunft (*intellectus*), die die Gegensätze in ihrem einfachen Ursprung denkt.[7] Die Spätscholastik verlor sich in ihren Distinktionen, sie erschöpfte sich in ihren selbstgeschaffenen Verstandesalternativen von Intellektualismus oder Voluntarismus, Realismus oder Nominalismus, Mathematisierung der Natur oder begriffloses Versinken im Meer der Gottheit.

Unter diesen Bedingungen mußte die mittelalterliche Schulwissenschaft – Thomas von Aquino und Albert ausdrücklich eingeschlossen – die großen Denker der Vergangenheit – Platon, Proklos, Dionysius – abschwächend auslegen, wenn diese nämlich an den Zusammenfall der Gegensätze rührten.[8] Sie mußte hilflos abhängig bleiben von Aristoteles, der exemplarisch die Weltansicht des auf Unterscheidungen und präzise Wortbedeutungen drängenden Verstandes entwickelt hatte. Sie mußte ihrem eigenen Produkt, der hochentwickelten Logik, zum Opfer fallen, weil sie sich nicht klar wurde, daß die Vernunft eine andere, von Cusanus detailliert beschriebene (nicht bloß geahnte) Vernunftlogik braucht. Die Anhänglichkeit an die Tradition mußte unter diesen Bedingungen zu Autoritätshörigkeit führen. Für einsichtig galt, wer die Vokabeln so zu gebrauchen wußte wie seine Lehrer. Der Wirklichkeitskontakt, der Rückbezug auf die individuelle Erfahrung wurde unterdrückt. Einzelne, wie Eckhart und Lull, haben das schematisierende Denken durchbrochen. Aber jetzt herrscht »die aristotelische Sekte«. Sie erklärt für Häresie, was ihrem Schulstandpunkt widerspricht. Sie verkennt, daß Wahrheit je im einzelnen Betrachter vorkommt. Daher fehlt es an Toleranz, daher begünstigt die Schulwissenschaft die Religionskriege.

Indem Cusanus den anerkanntesten Lehrern des mittelalterlichen Denkens die Traditionsverkürzung nachwies, auf denen ihr Gebäude ruhte, indem er also heraustrat aus der mittelalterlichen Schulwissenschaft, indem er ihr Scheitern begreiflich machte, schuf er auch die Möglichkeit, das als gewesen Gewußte aus dem neuen Abstand zu bewerten. Als das Mittelalter zu Ende ging, konnte man auch damit beginnen, ihm historisch gerecht zu werden.

Hier ist ein fast symbolischer Umstand zu erwähnen: Es war der Sekretär des Cusanus, Giovanni Andrea dei Bussi, der, dem Wunsch des Kardinals entsprechend, die erste Buchdruckerei in Italien einrichtete, zuerst in Subiaco und bald darauf in Rom, und der in einer Vorrede zu einem der italienischen Erstdrucke zum ersten Mal dem zu Ende gehenden Zeitalter den Namen gab, *media aetas* »Mittelalter«. In der Umgebung des Kardinals muß das Bewußtsein vorhanden gewesen sein, in einer neuen Zeit zu leben; dadurch wurde es möglich, distanziert-wohlwollend auf das Vergangene zurückzublicken.

54 Florenz und seine Exilierten

Die florentinische Kultur der zweiten Hälfte des 15. Jahrhunderts zog Gelehrte und Künstler aus aller Welt an. Aber sie hatte ihren Charakter verändert. Dies zeigt der Vergleich mit den praktisch-politischen Zielsetzungen der Autoren der ersten Jahrhunderthälfte. Standen zu Jahrhundertbeginn die Politik und die Geschichte im Vordergrund, so jetzt die Seelenlehre und die Hierarchie des Universums. Ein eher pessimistischer und kontemplativer Zug machte sich breit. Kunst und Wissenschaft verloren den aktiven Bezug auf die Politik. Sie begannen, »höfisch« zu werden. Die Kultur zur Zeit der großen Mediceer – Cosimo, Piero und Lorenzo – wird auch charakterisiert durch die Motive und Personen, die sie von sich ausgeschlossen hat.

1444 hatte Giannozzo Manetti († 1459), der Schüler Traversaris, die Grabrede für seinen Freund Bruni gehalten; 1459 starb er im Exil in Neapel, nachdem er Sekretär des Humanistenpapstes Nicolaus V. gewesen war. Er war Florentiner; Cosimo zwang ihn zur Emigration. Wie Traversari verband Manetti die Kenntnis der alten Sprachen, auch des Hebräischen, mit religiösem Ernst; er verfertigte eine neue Übersetzung der Psalmen. Er ist ein weiterer Zeuge dafür, wie ahistorisch es wäre, den florentinischen Humanismus als eine achristliche oder gar antichristliche Bewegung zu charakterisieren. Er war nicht einmal durchgängig antischolastisch, obwohl er seit Petrarca Cicero und Augustin den

Scholastikern vorzog. Er war auch nicht durchgängig antimonastisch – Salutati schrieb einen Lobpreis des Klosterlebens –, obwohl er die aktive Weltbeziehung, sei's in der Politik, sei's in der Kunst, thematisierte. In diesen Zusammenhang gehört Manettis bekanntestes Werk *Über die Würde und den Vorrang des Menschen* (*De dignitate et excellentia hominis*).[1] Aus Cicero und Laktanz zog Manetti das Lob des Menschen, der schon in seinem Leib seinen Vorrang über alles Irdische zeige. In einer Betrachtung des Daumens unserer Hand bewunderte er die Verbindung von Zweckmäßigkeit und Schönheit;[2] im Anschluß an Galen und Avicenna, an Aristoteles und Albert analysierte er den menschlichen Leib im Hinblick auf seine Weltaufgabe. Der menschliche Geist interessierte ihn als das Vermögen schöpferischer Gestaltung der Welt, in den Handwerken, Techniken und Künsten. Nicht, als habe Manetti den Menschen nur als Künstler gesehen. Wir sind zur »Weisheit«, zur »Religion« bestimmt; wir sind für die Gerechtigkeit geboren (*ad iustitiam esse natos*)[3]: Kunst, Wissenschaft, Religion und Politik sollten ein Ganzes bilden. Die Welt soll das Haus der Menschen sein. Wenn Adam nicht gesündigt hätte, wäre Gott gleichwohl Mensch geworden, um ihn auf diese Weise zu ehren.[4] Das vierte Buch der Schrift des Manetti stellt die christlich-humanistische Anthropologie in ausdrücklichen Gegensatz zu der monastischen Literatur über das Elend des menschlichen Lebens. Manetti widerlegte Punkt für Punkt die Schrift des Papstes Innozenz III. *Über die Verachtung der Welt* (*De contemptu mundi*).[5] Manetti versammelte noch einmal die biblische, die antike und die mittelalterliche Tradition der Weltverachtung, um ihr sein neues Programm entgegenzustellen. Der Mensch ist für ein vergnügtes, gar für ein glückseliges Leben geschaffen, in dieser Welt schon und in der jenseitigen. Neben den Schriften des Cusanus aus den fünfziger Jahren (also vor allem neben den Dialogen seines *Idio-*

ta) bildet Manettis Lobpreis des Menschen von 1451/52 eines der eindrucksvollsten Dokumente jener kurzen Zeit der Humanistenpäpste, wo Wissenschaft, humanes Selbstwertgefühl und päpstliche Kulturpolitik harmonierten. Bereits ein Jahr darauf sollte die Erstürmung von Konstantinopel den Papst in eine härtere, auch militärisch bedrohliche Gesamtlage versetzen. Und wer die Lichtstadt Florenz bewundert, darf nicht vergessen: Der Text, der Kultur und Christentum so zusammenklingen ließ, war das Werk eines Emigranten, den Cosimo zum Exil gezwungen hatte.

Leon Battista Alberti

Nach Jacob Burckhardts *Kultur der Renaissance in Italien* – 1861 zuerst erschienen und trotz der unhistorischen Entgegensetzung von Mittelalter und Renaissance ein bis heute fundamentaler Text – lag das Wesentliche der intellektuellen Entwicklung des italienischen 15. Jahrhunderts in der »Entdeckung der Natur und des Menschen«. Die »Renaissance« verstand er als Entwicklung zum Individualismus, das gesamte Jahrhundert tendierte, nach ihm, zur allseitigen Ausbildung der Persönlichkeit, zum Menschen als vollendetem Kunstwerk. Das Programm der »Renaissance«, die »Vollendung der Persönlichkeit«, das Ideal des *uomo universale* sah Burckhardt verkörpert in LEON BATTISTA ALBERTI († 1472), dem »wahrhaft Allseitigen«:

»In allem, was Lob bringt, war Leon Battista von Kindheit an der Erste. Von seinen allseitigen Leibesübungen und Turnkünsten wird Unglaubliches berichtet, wie er mit geschlossenen Füßen den Leuten über die Schultern hinwegsprang, wie er im Dom ein Geldstück emporwarf, bis man es oben an dem fernen Gewölbe anklingen hörte, wie die wildesten Pferde unter ihm schauderten und zitterten – denn in drei Dingen wollte er den Menschen untadelhaft erscheinen: im Gehen, im Reiten und im Reden. Die Musik lernte er ohne Meister, und doch wurden seine Kompositionen von Leuten des Faches bewundert. Unter dem Druck der Dürftigkeit studierte er beide Rechte, viele Jahre hindurch, bis zu schwerer Krankheit durch Erschöpfung; und als er im 24. Lebensjahr sein Wortgedächtnis geschwächt, seinen Sachensinn aber unversehrt fand, legte er sich auf Physik und Mathematik und lernte daneben alle Fertigkeiten der Welt, indem er Künstler, Gelehrte und Handwerker jeder Art bis auf die Schuster um ihre Geheimnisse und Erfahrungen befragte. Das Malen und Modellieren – namentlich äußerst kenntlicher Bildnisse, auch aus dem bloßen Gedächtnis – ging nebenher. Besondere Bewunderung erregte der geheimnisvolle Guckkasten, in welchem er bald die Gestirne und den nächtlichen Mondaufgang über Felsgebirgen erscheinen ließ, bald weite Landschaften mit Bergen und Meeresbuchten bis in duftige Fernen hinein, mit heranfahrenden Flotten, im Sonnenglanz wie im Wolkenschatten. Aber auch was andere schufen, erkannte er freudig an und hielt überhaupt jede menschliche Hervorbringung, die irgend dem Gesetze der Schönheit folgte, beinahe für etwas Göttliches. Dazu kam eine schriftstellerische Tätigkeit zunächst über die Kunst selber, Marksteine und Hauptzeugnisse für die Renaissance der Form, zumal der Architektur. Dann lateinische Prosadichtungen, Novellen und dergleichen, von welchem man einzelnes für antik gehalten hat, auch scherzhafte Tischreden, Elegien und Eklogen; ferner ein italienisches Werk ›Vom Hauswesen‹ in vier Büchern, ja eine Leichenrede auf seinen Hund.«[6]

Dieses Zitat mußte so lang ausfallen, denn Burckhardts Deutung hat bis vor kurzem das Verständnis Albertis und damit der »Renaissance« insgesamt bestimmt. Nicht die bleibenden Verletzungen, die ein dürftiges Leben dem Genie geschlagen hat, sondern deren Überwindung in einer überreichen ästhetischen Produktion stand für Burckhardt im Vordergrund. Für Burckhardt verschwanden in Albertis Werk der Makel der unehelichen Geburt, die Kindheit in Genua als Sohn eines florentinischen Emigranten, der frühe Tod des Vaters und die Demütigungen eines abhängigen Intellektuellen. Alberti trat, nach Studien in Padua und Bologna, mit dem florentinischen Humanismus in Verbindung. Seit 1432 im Dienst der Kurie, weilte er 1435 und 1439 mit dem Papst in Florenz. Aber er fand dort keine Heimat; seit 1444 wohnte er in Rom, arbeitete als Architekt in Rimini (S. Francesco – Tempio Malatestiano), mehrfach in Florenz (Palazzo Rucellai und Fassade von S. Maria Novella) und Mantua (S. Andrea und vor allem S. Sebastiano). In seiner Schrift *Vom Hauswesen* (*Della famiglia,* 1433–39) zeichnete er das Bild eines energischen, weitsichtigen Bürgertums, wie es die soziologische Grundlage des florentinischen Humanisten war; zu Beginn der Herrschaft Cosimos formulierte er noch einmal die humanistisch-bürgerliche Lebensauffassung einer zu Ende gehenden Zeit: das Ideal der Freiheit, die Überlegenheit der Selbstbestimmung über die blinde Fortuna, der Wert des Maßes, die Bestimmung des Menschen zur technischen und künstlerischen Gestaltung der Welt.[7] Es ist nicht ganz so überraschend, wie man gemeint hat, daß dieses Lob der Familie von einem Mann stammt, der früh den Vater verloren hat, im Exil lebte und mit seinen Verwandten um das Erbe stritt. In dem Buch *Über die Familie* siegte der idealisierende Wunsch nach Harmonie, aber zum Verständnis Albertis und zur Korrektur des Burckhardtschen Bildes von der Renaissance ist es wesentlich, daß Alberti, fast gleichzeitig, einer pessimistischen, ja zynischen Betrachtungsweise Raum gab. Das Zusammenstimmen von Tugend und Weltlauf (*Fortuna*), von menschlicher Tätigkeit und Natur blieb Alberti zeitlebens problematisch. Neben Texten, die zur aktiven Herstellung eines geglückten, eines ästhetischen Lebens auffordern, schrieb er Passagen voller düsterer Schreckensbilder, Visionen des Grauens und der Absurdität, so daß man den großen Architekten einen Beckett des 15. Jahrhunderts nennen könnte. Das wäre gegen die Burckhardt-Nachfolger als Korrektur zwar zu empfehlen, aber einer historischen Betrachtung kam Garin näher, indem er diese Texte mit Hieronymus Bosch verglich.[8] Diese dunklen Motive, Alpträume der Frührenaissance von drastischer Realität, lassen sich auch nicht in eine emotional vielleicht befriedigende chronologische Abfolge bringen, so daß einem Zeugnis der Aufgewühltheit und des Krisenbewußtseins eine Zeit der maßvoll-reifen Werke folgen würde. Die Ohnmacht der Tugend, die Verhöhnung der Moralphilosophie, die Lächerlichkeit menschlicher Anstrengungen kommt in den *Intercoenales* zum Ausdruck, die zwar in frühe Jahre zurückreichen, aber doch fast gleichzeitig mit dem Buch über die Familie fertiggestellt wurden. Es handelt sich um kurze Satiren nach Lukians Vorbild, phantasiereiche, oft skurrile, auch makabre und verzweifelte Skizzen, die man, in Ermangelung anderer akademischer Kategorien, »moralphilosophische Essays« nennen könnte: Menschliche Tüchtigkeit (*virtù*), sonst als Gegenkraft zum blinden Geschick gepriesen, erscheint da als prekär, bedroht, ohnmächtig. So auch in seinem *Theogenius* (*Teogenio*) von 1441/42, ähnlich in seinem *Momus*, 1444 begonnen, in Rom, fast gleichzeitig mit Albertis Buch *Über die Architektur* (*De re aedificatoria*), 1452 abgeschlossen, also chronologisch nahe bei dem *Idiota* des Cusanus und der Schrift Manettis *Über die Würde des Menschen*. Die Macht des Scheins und des Betrugs, das verwirrende Maskenspiel des Lebens, der Verlust der Eindeutigkeit und die Abwesenheit einer göttlichen Providenz, die Auflösung der Person in einer undurchdringlichen Vielfalt von Masken (*persona* bedeutet, wie Alberti hervorhebt, ursprünglich »Maske«) – auch dies sind Themen Albertis. Die Guckkastenspiele, die Burckhardt nur als Beweis artistischen Einfallsreichtums sah, stellten ihm mit ihrem ständigen Fluß der Bilder, mit ihren illusionären Spielen, den wahren Charakter der Welt dar: die Realität als variables Kaleidoskop.

Daneben stehen mathematische und historische Analysen der Malerei (so in *De pictura*, 1435/36) und der Architektur (*De re aedificatoria*, vor 1452). Als Kunsttheoretiker, der selbst ein genialer Künstler und mit Brunelleschi, Massaccio, Ghiberti und Donatello gut bekannt war, hat Alberti Außerordentliches geleistet: Der Maler soll die Natur nachahmen, aber nicht im Sinne eines ideenlosen Realismus. Der Maler interpretiert die menschliche Erfahrung; er ist Denker und Gestalter in einem. Als gelehrter Kenner der Natur schafft er die Welt gewissermaßen neu, interpretiert er kreativ die Beziehung des Menschen zur Natur, arbeitet er an der Humanisierung der Natur. Er hat einen sozialen Auftrag; sein Ziel ist das gute, ja das glückselige Leben der Menschen. Alberti griff die Methoden der spätmittelalterlichen Mathematisierung der Natur auf und gab als erster eine auf Anwendung bezogene Theorie der Perspektive. Er sah in der wissenschaftlich begründeten Übertragung der Dreidimensionalität der Welt in die Zweidimensionalität der Bildfläche nicht nur einen Machterweis des mathematisch vorgehenden menschlichen Geistes – wie Cusanus dachte er, rationale Gewißheit sei nur mit mathematischen Verfahren zu erreichen –, sondern auch eine Einsicht in die der Welt zugrunde liegende mathematische Struktur. Das war eine schöpferische Umsetzung der Lehren des platonischen *Timaios*, eine Annäherung an den florentinischen Kreis um Ficino. Um so härter wirken daneben Albertis desillusionierende Passagen über die Schwäche des Menschen: Der Mensch ist der Schatten eines Traums. Die Tugend ist blamiert, kein Mächtiger stützt sie.

Die Menschheit ist beherrscht vom Wahnsinn; die Götter amüsieren sich darüber. Das *Lob der Torheit* des Erasmus klingt an, nur sprach Alberti schroffer als der Niederländer.

Blicken wir noch einmal auf Burckhardts bewunderungswürdiges Porträt Albertis zurück, so fehlt in ihm erstens die philosophische Reflexion Albertis, die das »Renaissance«-Motiv der »Würde des Menschen« zwar nie aufgab, aber ständig in Frage stellte. Burckhardt glättete die geschichtliche Wirklichkeit, statt ihre inneren Spannungen herauszuarbeiten. Er hatte auch vom Künstler einen eher individualistischeren Begriff als Alberti: Dieser gab zwar der Erfahrung der Isolation entschiedenen Ausdruck, bezog aber Malerei und Architektur immer auf die Erstellung einer rationaleren, einer menschlicheren Welt. Alberti wußte, daß sein kunsttheoretisches Postulat nicht dem faktischen Zustand der Welt des 15. Jahrhunderts entsprach. Die schlichte Art, in der Manetti Natur und Sittlichkeit, Wissenschaft und Christentum, Philologie und aktive Weltgestaltung in Harmonie setzte, wurde von dem größeren Alberti in Frage gestellt. Mehr »mittelalterlichen« Motiven, aber auch moderneren Tönen ließ der Künstler Alberti Raum. Er widerlegte die abstrakte Entgegensetzung von »Mittelalter« und »Renaissance«, die Burckhardt voraussetzte. Alberti sprach die vorhandenen Widersprüche einer geschichtlichen Welt aus, während Burckhardt ein einzelnes Moment isolierte und mit Glanz übergoß.

55 Florentinischer Platonismus

Bis vor einem halben Jahrhundert galt der florentinische Platonismus mit Ficino und Pico als »das Glanzstück der Renaissancephilosophie«. Dann wurde der politische Humanismus der ersten Jahrhunderthälfte wiederentdeckt, und der Aristotelismus begann die Forschung zu beschäftigen (P. O. Kristeller, Ch. B. Schmitt, Ch. Lohr), denn an den Universitäten, vor allem in Padua und Bologna, herrschte der Aristotelismus nach wie vor – bis in die erste Hälfte des 17. Jahrhunderts. Ficino und Pico wurden sorgfältiger erforscht, und es zeigten sich Divergenzen, die es als riskant erscheinen lassen, Pico zum »florentinischen Platonismus« zu rechnen. Freilich kann man es bei diesem Etikett belassen, wenn man es als vorläufig ansieht. Wichtiger ist, sich die Gesamtsituation von Florenz seit dem Machtantritt Cosimos zu verdeutlichen.

Es war die Weisheit der Medici, sich in den Besitz der Macht zu bringen (seit 1434), dabei aber die republikanischen Formen aufrechtzuerhalten und sich an die Spitze der kulturellen Bewegung zu setzen. Alles schien unverändert weiterzugehen; im Palazzo Vecchio amtete immer noch Leonardo Bruni. Aber das politische Zentrum war nicht mehr der Palazzo Vecchio, sondern das Haus der Medici. Cosimo setzte alles daran, es auch zum künstlerischen und intellektuellen Mittelpunkt zu machen. Als Bruni 1444 starb, hatte er bedeutende Humanisten als Nachfolger, unter anderen Poggio Bracciolini († 1459). Aber deren Aufgabe hatte sich verändert. Sie waren zu Stilisten im Dienste eines »Hofes« geworden. Es war der »Hof« eines Bankiers. Aber die sozialen Spannungen in der mächtigen Stadt Florenz waren so stark geworden, daß sie in einer wirklich freien Republik nicht mehr zu versöhnen waren; so hatten sich die Ideale des politischen Humanismus und der »florentinischen Freiheit« überlebt. Immer noch strömten Gelehrte, Künstler und Dichter an den Hof Cosimos († 1464) und seiner Söhne Piero († 1469) und vor allem Lorenzo (il Magnifico, † 1492). So trafen sich Francesco Filelfo, Bartolomeo Platina und der byzantinische Gelehrte Argyropulos, der Texte der griechischen Philosophie in eine neue lateinische Form goß.

Aus seiner Schule ging der Dichter und Philologe Agnolo Poliziano hervor, der dem fragilen Hochgefühl einer raffinierten Hofkultur mit schwankender Grundlage Ausdruck verlieh. Die Medici dieser Jahrzehnte förderten nicht nur die Künste; sie schufen eine Bibliothek mit antiken und mittelalterlichen Texten, die so hervorragend war, daß auch Nikolaus von Kues von ihr zu profitieren suchte.

Diese Bibliothek war es vor allem, die den jungen Arzt Marsilius aus Figline – daher sein Name Marsilio Ficino (1433–99) –, südöstlich von Florenz, zu den Medici zog. Cosimo hatte die Vorträge Plethos über Platon gehört, die dieser 1439 anläßlich des Konzils in Florenz gehalten hatte; er hatte selbst ein Interesse am neuen, am integralen Platon gewonnen und Auftrag gegeben, die Texte Platons zu sammeln. Er förderte den jungen Marsilio und beauftragte ihn mit der Übersetzung des vollständigen Platon. Ficino erledigte aber nicht bloß einen Auftrag. Er faßte die Idee, die auseinandertreibenden Kulturmächte – Philosophie, Medizin und Naturwissen auf der einen Seite, Christentum auf der anderen – wieder zu verbinden. Für Ficino versprachen die Texte Platons eine einheitliche Weltdeutung, die zugleich dem religiösen Sinn entsprach. Der Aristotelismus hatte eine naturphilosophisch-naturalistische Seite, die unter Ärzten, besonders in Padua und Bologna, Anklang fand; sie führte zu Zweifeln an der Seelenunsterblichkeit, jedenfalls an ihrer philosophischen Beweisbarkeit und damit zu einer Trennung von Glauben und Wissen. Dies war nach Ansicht des Domherrn von Florenz ein Nachteil auch für die Religion; sie drohte ritualistisch und dogmatisch zu erstarren.

In dieser Situation versprach die Wendung zu Platon Abhilfe. Mit seiner Hilfe konnte man die Philosophie religiös und die Religion philosophisch machen. Kein Philosoph hatte die Seelenunsterblichkeit deutlicher ausgesprochen, die durch die Wissenschaftsentwicklung in Oberitalien zweifelhaft geworden war, aber doch einem gesteigerten Individualitätsbewußtsein und der Überzeugung von der Selbständigkeit der geistigen Welt entsprach. Platon sicherte der Seele die Fortdauer und gab ihr zugleich eine ontologische Funktion; sie wirkte als ein Mittleres zwischen sinnlicher und intelligibler Welt. Diese Sicht versprach zugleich eine Spiritualisierung der Naturbetrachtung und eine Rationalisierung der christlichen Religion. Platons kosmologische Gesamtkonzeption, die Mythen und die sprachliche Schönheit seiner Dialoge erhielten somit kulturpolitisch in der zweiten Hälfte des 15. Jahrhunderts neue Aktualität. Ficino übersetzte diese Texte und verschaffte ihnen auf diese Weise bis ins 18. Jahrhundert Wirkung. Ficino ließ seiner Platon-Übersetzung (1462–77), die erstmals den gesamten Platon vom Westen erschloß, eine Plotin-Übersetzung folgen (1484–91, erschienen 1492). Auch sie stellte ein Novum dar. Sie verstärkte die seit der Spätantike vorhandene Tendenz, Platon neuplatonisch auszulegen. Das bedeutet: Die im spätplatonischen Sinne »dialektische« Seite der Philosophie, die Ficino freilich in seinem *Sophistes*-Kommentar nicht etwa nur registriert, sondern auch selbständig durchdacht hat, trat zurück neben einer Betrachtung des Kosmos als einer Kaskade des Lichts und eines beseelten Ganzen, das Hierarchien kennt, diese aber kosmologisch integriert. Die Welt war ihm ein liebebeseeltes Lebewesen, keine bloße Ansammlung von Substanzen. Sie stellte den Ausgang des Vielen vom Einen und die Rückkehr des Vielen zu seinem Ursprung sinnlich dar: *universale amore*. Und dies brachte Ficino in einer glänzenden Sprache, reich an Metaphern des Lichts und der Liebe, zum Ausdruck.

Der politische Impuls der platonischen Philosophie trat in seiner Situation zurück zugunsten der Seelenunsterblichkeit und der philosophischen Neudeutung der christlichen Religion. Ficino war Arzt; er kam ursprünglich nicht von einer humanistischen, sondern von der medizinischen und der aristotelischen Ausbildung her; er kannte die naturalistischen Tendenzen seiner Gegenwart, die Philosophie und Religion in Gegensatz setzten. Er klagte, die averroistischen und die alexandristischen Irrlehren – Leugnungen der Unsterblichkeit – beherrschten die ganze Welt. Die neuplatonisch gelesene Philosophie Platons versprach eine religiöse Philosophie (*pia philosophia*), die einen Kulturriß vermiede. Die Religion konzipierte Ficino symbolistisch vertieft; sie war ihm Zeichen und Erziehungsprozeß, der die Seele anleitete, zu ihrem Ursprung, dem göttlichen Einen, zurückzukehren. Nicht auf Riten und dogmatische Formeln, sondern auf Gottesbewußtsein und tätige Nächstenliebe komme es im Christentum an, schrieb Ficino mit einer an Cusanus anklingenden Wendung. Der Gott Ficinos bejaht die Vielfalt der Philosophien; er freut sich an der Mannigfaltigkeit der Religionen. Nur ihre Riten seien verschieden, nicht ihr wesentlicher Inhalt. Dies bedeutete die Aufnahme des Cusanischen Motivs des ewigen Friedens; diese Religionsphilosophie arbeitete an der Überwindung des Gegensatzes der Religionen. Ficino konnte sich auf Augustin berufen, der behauptet hatte, der Prolog des Johannesevangeliums sage genau dasselbe (*omnino idem*) wie die *platonischen Bücher*.

Ficino setzte seine philologische Gelehrsamkeit ein, um sein Vereinigungsprojekt reich mit Autoritäten zu dokumentieren. Sie umfaßte Pythagoreer und Orphiker, Homer und den Theologen Hesiod, aber auch Jamblich und Boethius, Apuleius und Calcidius, aber auch Heinrich von Gent und Duns Scotus. Platon und dessen »Schüler« Augustin standen ihm an erster Stelle; auch Dionysius Areopagita, dessen *Mystische Theologie* und *Die göttlichen Namen* (*De divinis nominibus*) er übersetzte, schätzte er hoch. Auf Anraten des hl. Antonino, des Erzbischofs von Florenz, befaßte er sich eingehend mit Thomas von Aquino, dessen *Sum-*

ma contra gentes er ausführlich zitierte, ohne seine platonisierende Richtung deswegen zu ändern. Den aristotelischen Schriften gestand er eine unentbehrliche Teilrolle zu; für das Studium der irdischen Welt seien sie nützlich; sie bildeten keinen Gegensatz, sondern eine Ergänzung zu Platon. Ficino übersetzte 1463 die Schriften des Hermes Trismegistus. Dort fand sich die Idee einer die ganze Menschheitsgeschichte durchziehenden Urweisheit, die Offenbarung des allwaltenden Logos, die sich auch in Mythen und Gedichten ausdrücke, die der Gelehrte nicht verachten dürfe. Ficino hielt seine Wiederherstellung der platonisch-plotinischen und der hermetischen Tradition für den gerade in seinen Jahrzehnten erforderlichen Dienst an der Wahrheit. Die Übersetzung und Erklärung dieser Texte machte daher einen Großteil seiner Tätigkeit aus.

Magische und astrologische Elemente gehörten zu Ficinos ästhetisierender Kosmologie; sie haben zum Häresieverdacht und zu einem Inquisitionsverfahren geführt, das nur mit Rücksicht auf die Medici niedergeschlagen wurde. Die Arbeiten von Francis Yates und D. P. Walker haben ein neues Verständnis der »Magie« im Denken der Renaissance erschlossen: »Magie« bedeutet oft nichts anderes als aktive Weltgestaltung, als Technik, die auf dem Studium der Natur beruht. »Magie« und »Astrologie« waren die sorgfältige Kenntnis der Bedingungen, unter denen menschliches Leben verläuft; sie zeigten, wie die Seele aktiv das Niedere mit dem Höheren verknüpft; sie waren für Ficino ausdrücklich kein Gegensatz zur Freiheit des Willens. Mit ihrer Hilfe arbeitet die Seele die Andersheit ab, die an sich immer schon von der Einheit umfaßt ist. Die Seele verwirklicht in der Natur, die ihr affin ist, ihre höhere Bestimmung der Vergöttlichung. Wunder und Prophetie sind möglich, aber sie offenbaren im Durchbrechen einer niederen Naturordnung eine höhere Ordnung derselben Natur.

In seinen selbständigen Werken *Über die christliche Religion* (*De christiana religione*, 1474) und der *Platonischen Theologie* (*Theologia platonica*, entstanden 1474, Erstausgabe Florenz 1482) treten die eigenen Akzente hervor, die er innerhalb der einen, uralten Wahrheitstradition setzen wollte: Die Liebe vereinheitlicht die Stufen des Universums; sie treibt die Seele durch Einsicht in die göttliche Ordnung stufenweise über die Geister- und Ideenwelt zurück zum Einen, das in allem und über allem lebt. Dies ist die einheitliche Wahrheit von Christentum, Platonismus und hermetischer Tradition. Entgegen den terministischen (nominalistischen) Tendenzen des Spätmittelalters wollte Ficino die Ideenlehre (eher im augustinischen als im genuin platonischen Sinn) wiederherstellen. Im Mittelpunkt der »platonischen Theologie« sah er die Unsterblichkeit der Seele. Während ein konventionell gewordenes Bild der Renaissance deren Diesseitigkeitsbejahung betonte und bei Ficino gar ein »neues Heidentum« durchbrechen sah, sind sich die Kenner Ficinos über den christlichen Charakter seines Denkens einig. Allerdings war Ficinos Christlichkeit von besonderer Weite, wie es eben der hermetischen Idee einer bleibenden Wahrheitstradition entsprach. Abfällig von »Synkretismus« oder »Pantheismus« zu sprechen, ist kein Anlaß. Ebenso wenig verdient Ficino die theologische Zensur, er habe die Seele an die Stelle Gottes ins Zentrum gesetzt. Solche Sprüche zeigen nur, daß es für die spezifische, religionsphilosophisch konzipierte Christlichkeit Ficinos, die heute die besten Kenner wieder mehr mit Cusanus verbunden sehen als vor dreißig Jahren, nicht leicht Verständnis gibt.

1462 erhielt Ficino von den Medici die Villa in Careggi bei Florenz geschenkt. Dort vor allem vollbrachte er sein gewaltiges Übersetzungswerk, dort trafen sich Freunde und Schüler zu Diskussionen. Das waren keine schulmäßigen Disputationen; Ficino begnügte sich oft damit, einen Text vorzulesen und einige Fragen zu stellen. Aber es waren auch nicht mehr die Unterhaltungen, wie Salutati und Bruni sie gepflegt hatten. Die Zusammenkunft im kleinen Freundeskreis erlaubte zwar einen gelegentlichen Ausblick auf die Sphäre des politischen Lebens, diente aber nicht mehr der konkreten Gestaltung der Stadt Florenz. Die Platon-Lektüre und das Glück der Kontemplation ersetzten den Verlust der Republik. Ficino und seine Freunde richteten den Blick auf den Kosmos, feierten die Gegenwart des göttlichen Lichts, die Rhythmen der universalen Sympathie und die Würde des Menschen. Demgegenüber trat das tätige Leben zurück; die »florentinische Freiheit« war vergessen. Das Ideal des theoretischen Lebens war wiederhergestellt. Und die »platonische Akademie«, die sich aus dem Diskussionskreis um Ficino entwickelte, verwandte um so mehr Energie auf ihre eigene Stilisierung im Sinne der antiken »Akademie«, je mehr sie sich vom praktisch-politischen Leben fernhielt. Diese neue Akademie, so glanzvoll sie war – vor allem bei ihren regelmäßigen Symposien, an denen auch Lorenzo il Magnifico teilnahm –, war doch eher eine Resignationsstufe als der Höhepunkt des florentinischen Humanismus. Der Dichter und Philosoph Cristoforo Landino († 1498) brachte in seinen *Disputationes camaldulenses* (von etwa 1475) den Konflikt zur Sprache: Er ließ Lorenzo de' Medici den Primat der Kontemplation verteidigen, während Leon Battista Alberti am Ansatz des frühen, des politischen Florentiner Humanismus festhielt.

In diesen Kreis trat in den achtziger Jahren der junge Fürst Giovanni Pico della Mirandola (1463–94). Er hatte die Universitäten in Bologna, Ferrara und Padua besucht; er hatte ein Jahr in Paris studiert; er kannte den zeitgenössischen Aristotelismus. Er verteidigte in einem Brief an Ermolao Barbaro vom Juni 1485 die Scholastiker gegen den humanistischen Formalismus. Er setzte damit ein scharfes Warnsignal gegen eine aufziehende Dekadenz des italienischen Humanismus: Es gehe in der Philosophie um die Erkenntnis der Sachen, nicht um schöne Reden. Keine Form des Wissens wollte er verachtet sehen, auch nicht die der spätmittelalterlichen Schulen. Er stellte sein Denken und seine Finanzmittel in den Dienst des Friedens: Alle Religionen, alle Schulrichtungen wollte er durch freie Diskussion der Divergenzen versöhnen. Auf eigene Kosten lud er 1486 zu einem Philosophenkonzil nach Rom ein. Er bereitete die Diskussion vor, indem er 900 Thesen der widersprechenden Richtungen zusammenstellte; er versprach, zu beweisen, daß sie vereinbar seien. Die Kurie, inzwischen weit entfernt von den Veduten des Cusanus, sah darin nichts als Anmaßung. Sie verbot den Kongreß und zensierte Picos Thesen. Er mußte vor der Inquisition nach Frankreich fliehen, wurde dort auf Betreiben des Papstes verhaftet. Durch die Vermittlung der Medici befreit, kehrte er nach Florenz zurück; auf dem Rückweg von Paris besuchte er in Kues die Bibliothek des Kardinals, dem er, wie ich anhand der 900 Thesen erstmals nachweisen konnte, wichtige Anregungen verdankte. Der Zusammenstoß mit der Kurie minderte den optimistischen Humanismus, der seiner glanzvollen Rede *Über die Würde des Menschen* von 1486 zugrunde lag, mit der er im kommenden Jahr seinen Wahrheitskongreß hatte eröffnen wollen. Darin rühmte er den Menschen als das einzig nichtfestgelegte Wesen, das sich sein Wesen, ob Tier oder Engel, selbst geben könne. Der Mensch *macht*, im Unterschied zu allen anderen Wesen, auch zu den Engeln, sein Wesen selbst; dieses Pathos der Freiheit war ein neuer Ton, neu auch gegenüber Ficino und dessen astrologischen Neigungen. Pico moderierte nach dem Konflikt mit der römischen Kirche seinen Optimismus, aber er änderte nicht seine Hoffnung auf universalen Frieden. Seine Idee der Übereinstimmung aller philosophischen Schulen gab er nicht auf; er arbeitete weiter für die Reform der Religion und für die universale *concordia*. Darin blieb er auf der Spur des Cusanus, Ficinos und der hermetischen Tradition. Er vertiefte die Hoffnung auf einen »philosophischen Frieden« und auf eine Vereinigung der menschlichen Gattung durch das Studium der arabischen Philosophie und der jüdischen Kabbala. Aber während Ficino betont hatte, die menschliche Freiheit verwirkliche sich nur durch die Anerkennung der Naturzwänge, auch der Sterne, verwarf Pico astrologische Vorhersagen, ohne freilich jede Einwirkung der Himmelskörper auf den Menschen zu bestreiten. Ficino erwog zuweilen, ob Amulette und magische Steine nicht nützen könnten; Pico verwarf derlei schroff. Im *Heptaplus*, einer symbolischen Erklärung der Genesis (1488/89), zeigte er, im Anschluß an Dionysius Areopagita, an ältere allegorische Deutungen und an die Kabbala, wie die Bibel alle philosophische Welterkenntnis in bildhafter Sprache enthalte. Er zeigte die Überlegenheit der negativen Theologie und faßte den Menschen als die Einheit der intelligiblen, der supralunarischen und der infralunarischen Welt. In der gleichzeitigen Schrift *De ente et uno* versöhnte Pico die platonische (eher: neuplatonische) These vom Vorrang des Einen mit der aristotelischen Metaphysik und ihrem Primat des Seienden.

Pico ist 31jährig gestorben. Vielleicht durch Giftmord. Allein die Tatsache, daß dieser Verdacht erwogen wird, zeigt schon, wie wenig klassisch beruhigt die Jahrzehnte des Höhepunkts der mediceischen Kultur waren. In Rom waren die Zeiten Nicolaus' V. und Pius' II. vorbei: Kultur und religiöser Eifer kollidierten, wenn sie nicht beide einer brutalen Macht- und Familienpolitik zum Opfer fielen. Was der junge Fürst mit unermüdlichem Eifer zu verbinden suchte, war realgeschichtlich schon auseinandergefallen. Dennoch haben die wenigen Jahre seiner Wirksamkeit Konsequenzen gehabt. Man übersieht sie leicht, wenn man Pico zu nahe an

Ficino heranrückt. So teilte er nicht dessen astrologische Neigungen; in seinem Todesjahr schrieb er ein Buch gegen die Astrologie. Pico ging über Ficino hinaus in der Öffnung gegen die Welt des Islam und des Judentums. Er lernte Arabisch und Hebräisch; er studierte die Kabbala. Wenn es seit Reuchlin unter Christen eine verständnisvolle gelehrte Beschäftigung mit dem Judentum gab, war er daran beteiligt. Er gehört zu den Vordenkern der religiösen Toleranz; er benutzte jüdische Kommentare bei der Auslegung des Alten Testaments. In seiner Rede *Über die Würde des Menschen* zerbrach er die neuplatonische, erst recht die mittelalterliche Hierarchievorstellung.

In den letzten Jahren seines kurzen Lebens stand er unter dem Einfluß von GIROLAMO SAVONAROLA († 1498). Man muß dies nicht als Rückschritt werten. Der Prior von S. Marco war gewiß ein religiöser Eiferer, aber er war mehr als das. Er sprach die apokalyptischen Schrecken aus, die sich aus den ungelösten sozialen Konflikten und aus der Verdüsterung der Gesamtlage der europäischen Politik ergaben. Er machte deutlich, wie hinfällig die Synthesen waren, die man in der platonischen Akademie glaubte gefunden zu haben. Er war Professor für Philosophie gewesen, und wenn seine neuerdings wieder edierten Aristoteles-Kommentare[5] auch keine sonderliche Originalität beweisen, so zeigen sie doch, daß dieser Reformer auf der Höhe der Bildung und seiner Zeit stand. In seinem Namen schienen religiöse Reformbewegung, anti-mediceische Politik und »Weisheit« noch einmal zusammentreten zu können.

Als er 1498 zuerst gehenkt, dann verbrannt wurde, ging ein Zeitalter zu Ende. Eine doppelte Illusion war zerstört: Der florentinische Platonismus in der Person des greisen Ficino kam auf die Seite der machthabenden Medici zu stehen und erwies sich in politischer wie religiöser Hinsicht als steril. Die Reform der Kirche war durch die erschütternden

Auftritte des Bußpredigers nicht näher gerückt. Er hatte Denker wie Pico beeindruckt. Er hatte Künstler wie Botticelli zum Verbrennen seiner Bilder mit heidnischen Motiven bewogen. Die Kirche hatte er nicht gereinigt. Die christliche Republik, die er an die Stelle der Medici-Herrschaft für kurze Zeit hatte setzen können, war bald besiegt. Seit 1494 der französische König Florenz besetzt und die Medici vertrieben hatte, regierten andere Mächte die italienische Welt. Lorenzo war zwei Jahre zuvor gestorben. Pico und Poliziano starben im selben Schicksalsjahr 1494. Von da an, über den Tod Savonarolas bis zur Verwüstung Roms durch die Söldner Kaiser Karls V. (1527), waren dem philosophischen Denken neue Fragen gestellt, wenn es sich nicht völlig aufgeben oder auf die Verfeinerung des lateinischen Stils zurückziehen wollte. Ein großer Zusammenbruch war zu bedenken. Wenn Philosophie überhaupt präsent sein konnte, dann als das Denken der ungeheuren Ernüchterung, die an der Zeit war. Der Mann, der dies vollbringen sollte, hatte seinen Beobachtungsstand schon bezogen:

Am 23. Mai 1498 verbrannte man Savonarola. Am 19. Juni desselben Jahres übernahm ein neuer Mann das Amt des Sekretärs der Republik: Niccolò Machiavelli. Ficino starb im Jahr darauf.

Dritter Teil

Die neue Zeit

Der Gebrauch von Sammelbegriffen wie »Mittelalter« oder »Renaissance« ist problematisch. Von unseren Schulgeschichtsbüchern her sind wir an sie gewöhnt, und so behalten sie eine Autorität, die ihnen von der tatsächlichen Forschung her nicht zukommt. Jeder Gelehrte, der einen Text des 12. oder des 15. Jahrhunderts interpretiert, weiß, daß er mit diesen Kollektivbegriffen keinen Erkenntnisfortschritt erzielen kann; aber da er, um fruchtbare Forschung zu treiben, sein Arbeitsfeld einschränken muß, suspendiert er zwar – in der Regel – jene Etiketten, läßt sie aber gern für das Gesamtbild unangetastet. Von Etienne Gilson stammt der Stoßseufzer: »Man müßte einmal die Geschichte des Denkens von Boethius bis Pomponazzi erzählen, ohne dabei die Wörter ›Mittelalter‹ und ›Renaissance‹ zu benutzen.« In der Tat bringen sie keinen Erkenntnisgewinn; sie verstärken die Vorherrschaft veralteter Ansichten; sie vereinheitlichen dort, wo es der Stand unseres Wissens nicht gestattet. So führt z. B. das Wort »Mittelalter« für die meisten Menschen die Vorstellung eines geschlossenen religiösen Zeitalters mit sich und verewigt so eine konservative Wunschvorstellung; das Wort »Renaissance« weckt Assoziationen wie »Diesseitigkeit«, gar »Optimismus«, die sich in dieser Allgemeinheit nicht auf Texte stützen können. Man wird einwenden, dies gelte vielleicht für den feuilletonistischen Sprachgebrauch, nicht für den wissenschaftlichen. Aber auch dieser konserviert oft ungewöhnlich zäh einen überwundenen Forschungsstand. Das Nachwirken des Renaissancebildes von Jacob Burckhardt belegt dies: Der »Individualismus«, die Ruhmsucht, die »Entdeckung der Natur und des Menschen« sowie die Entgegensetzung von mittelalterlicher Finsternis und dem Licht der neuen Zeit, diese Burckhardtschen Charakteristika der »Renaissance«, die bei Burckhardt selbst moderiert waren durch Feinsinn und das Bewußtsein, einen vorläufigen »Versuch« (so sein Untertitel) vorzulegen, haben sich verselbständigt. Viel zu wenig wurde beachtet, daß Burckhardt selbst sich später von dem Schlagwort des »Individualismus« distanziert hat.[1] Der »Aufstand der Mediävisten«, den Burckhardt im 20. Jahrhundert ausgelöst hat, bestand oft darin, daß man an seinen Etiketten festhielt, aber bewies, daß dies alles im 12. oder im 13. Jahrhundert »auch schon« da war oder jedenfalls mittelalterliche »Wurzeln« hatte.[2] Bei diesen Forschungen kamen Kontinuitäten zum Bewußtsein, die Burckhardt nicht sehen konnte – die Kontinuität der platonischen Tradition, die Kontinuität des Aristotelismus u. a. Aber so wertvoll diese Korrekturen waren, wie sie vor allem von Paul Oskar Kristeller und Raymond Klibansky vorgenommen wurden, so hatten sie doch neue Blickverengungen zur Folge: Die Schulen (Aristotelismus, Platonismus) wurden zu kompakt aufgefaßt, die individuellen Differenzen traten zurück. Vor allem aber erhielten Einzelnachweise ein falsches Gewicht: »Platonismus« im 12. Jahrhundert gehörte einer anderen geschichtlichen Gesamtsituation an als im 15. Jahrhundert. Die philologische Exaktheit konnte daher einen Mangel an eigentlich historischem Denken verdecken. Dies um so mehr, als nach den Zusammenbrüchen in der realen Geschichte des 20. Jahrhunderts die Kontinuität einen affektiven und einen politischen Wert ausdrückte, den man nur zu gerne in der Geschichte wiederfand. Das Wegerklären von Brüchen, die nachträgliche Beseitigung geschichtlicher Umwälzungen wurden zum unausgesprochenen Motto einer bestimmten Betrachtung des Übergangs vom Mittelalter zur Neuzeit. Nach der triumphierenden Begrüßung der Überwindung des Alten, wie sie in der bürgerlichen Historiographie des 19. Jahrhunderts geherrscht hatte, folgte die Rückbeziehung auf eine ungebrochene Überlieferungssubstanz. Die »Renaissance« erschien nun als eine Ausformung der ständigen Anknüpfung an die Antike: karolingische, ottonische Renaissance, die Renaissance des 12. Jahrhunderts, die Aristoteles-Rezeption des 13. Jahrhunderts als die »eigentliche« Renaissance – diese Schlagwörter dienten der Absetzung gegen Burckhardt, oft mit guten Gründen im einzelnen, aber mit einer beschwichtigenden Beruhigungstendenz und mit dem Verlust historischer Einordnung. Gegen diese Instrumentalisierung historischer Einzelerkenntnisse wenden sich heute Forscher wie Garin und Vasoli; zum didaktisch-polemischen Gebrauch, mögen die schlecht definierten Etiketten wie »Mittelalter« und »Renaissance« noch eine Weile dienlich sein. So kann man sagen: Der Thomismus war nie die Quintessenz der Philosophie des Mittelalters. Oder: Was »Mittelalter« realiter bedeuten kann, zeigt sich uns heute ebenso an Berengar und Abaelard, an Gaunilo und Nicolaus von Autrecourt wie an Bonaventura und Scotus. Sehen wir auf Abaelard, auf Dietrich von Freiberg und Marsilius von Padua, so war das reale Mittelalter vielgestaltiger, auch moderner, als es vielfach stilisiert wurde. Dennoch brauchen wir mehr Zäsurenbewußtsein als Ernst Robert Curtius und Etienne Gilson uns und sich gestatten mochten: Die Physik Galileis ging nicht bruchlos aus der Physik des 14. Jahrhunderts oder derjenigen der Aristoteliker von Padua hervor. Es besteht ein geschichtlicher Zusammenhang zwischen Machiavelli und der Rezeption der aristotelischen Politik im 13. Jahrhundert, zumal wenn man deren Aktualisierung bei Dante und Marsilius von Padua bedenkt; dennoch bedeutete Machiavelli einen Bruch mit dem Gewesenen. Richtig bleibt: Um mit dem Vergangenen radikal zu brechen, muß man an Elemente des Früheren anknüpfen können. Man muß sich die begrifflichen und institutionellen Voraussetzungen zugute kommen lassen, die in der Zwischenzeit entstanden sind. Dies gilt für Machiavelli und Galilei ebenso wie für Luther. Insofern wären Renaissance und Reformation nicht möglich gewesen ohne das Mittelalter. Dies gilt in vielfacher Hinsicht: Das Mittelalter hatte die Texte aufbewahrt und wiederhergestellt, auf die man sich um 1500 stützen konnte. Es hatte eine Vielzahl theoretischer Modelle erprobt, deren Scheitern von Leonardo Bruni, von Valla und Cusanus demonstriert wurden. Daß man neue Wege einschlagen müsse, um die Natur und die Gesellschaft zu begreifen, das war um 1450 für einen nachdenklichen Beobachter, der sich die radikalsten Analysen nicht vom Leibe hielt, wohl zu erkennen. Erziehungsgeschichtlich setzten Renaissance und Reformation die Bildungsverbreiterung voraus, die seit dem 13., vor allem seit dem 14. Jahrhundert erreicht war. Sozialgeschichtlich waren die Stadt, der Fernhandel und das Geldwesen seit dem 12. Jahrhundert die treibenden Kräfte gewesen. Dies galt auch im 15. und 16. Jahrhundert, nur wurde jetzt offensichtlich, daß die Stadtstaaten die sozialen und politischen Probleme nicht lösen konnten, die in ihren Mauern entstanden waren: Die Tendenz zu »großräumigen Organisationsformen« (E. Meuthen) erzwang Neuerungen; sie hatte im entstehenden Absolutismus des französischen Königtums den Partikularismus der feudalen Welt zerschlagen. Diese Zerschlagung wurde vorbereitet, begleitet und reflektiert durch ein neues Selbstverständnis des Menschen, durch eine neue Art, die Natur und die Gesellschaft zu sehen. Sie gab dem zunächst an der Stadtfreiheit orientierten Denken des florentinischen Humanismus zuletzt eine tragische Signatur. Werte, die sich gegen das frühmittelalterliche Denken durchgesetzt hatten und die seit Jahrhunderten zumindest in partieller Geltung standen – also vor allem die Idee der städtisch-republikanischen wie der individuellen Selbstbestimmung –, verloren ihre realgeschichtliche Grundlage. Dieser Werteverfall wurde theoretisch verschieden bearbeitet: Leonardo, Machiavelli und

Pomponazzi reagierten im Sinne einer rationalen Ernüchterung. Sie setzten einen Prozeß in Gang, an dessen Ende eine neue Wissenschaft von der Natur (Galilei) und von der Geschichte (Vico) standen. Luther hingegen theologisierte, im Rückgriff auf duale Auslegungsmuster der Spätscholastik, die Tragik der geschichtlichen Situation. Dieser Zusammenhang des Denkens mit der realgeschichtlichen Entwicklung wird von den Substantiven »Renaissance« und »Reformation« eher verdeckt als bezeichnet, zumal wenn sie, in nationalistischer Manier, auf die Völker verteilt werden: die Reformation für die Deutschen, die Renaissance für die Italiener. Vollends zerstörte man das geschichtliche Verständnis, indem man die »Renaissance« oder den »Humanismus« als die Vorstufe und Vorbedingung der Reformation ansah. Dafür konnte man auf das alte Dictum verweisen, Luther habe das Ei ausgebrütet, das Erasmus gelegt hatte. In der Tat wäre Luthers Impuls ohne das neue Interesse an der Bibel, das Valla geweckt und Erasmus verbreitet hatte, nicht möglich gewesen. Aber die Vorstellung, der »Humanismus« habe die nur philologischen Hilfsmittel bereitgestellt, deren Verwendung dann Sache der tiefsinnigeren Deutschen gewesen wäre, ist geschichtlich unhaltbar. Die »Weltwirkung der Reformation« (G. Ritter) ist in solchen Schemata nicht faßbar; sie dienten der nationalen Selbstbeweihräucherung des wilhelminischen Bürgertums und seiner Nachfolger. Eine über die nationalen und konfessionellen Schranken hinausgehende Geschichtsanalyse, die auch im Interesse einer nationalen und konfessionellen Selbstverständigung liegt, muß die Wende vom »Mittelalter« zur »Neuzeit« konkreter analysieren. Ich kann das hier nur in Andeutungen tun, individualisierend statt generalisierend. Ich muß mich beschränken auf einige Bemerkungen zu Leonardo da Vinci und Machiavelli. Ich schließe mit einem Blick auf Luther.

57 Leonardo da Vinci

Leonardo († 1519) ist schwer zu fassen. Auch wenn es hier nur darum geht, die intellektuelle Situation um 1500 durch den Hinweis auf ihn zu beleuchten, so entzieht er sich uns leicht aus mehreren Gründen. Der Geniekult des 19. Jahrhunderts, bis in unsere Zeit nachhaltend, steht zwischen ihm und uns. Die berechtigte Reaktion auf die Vergötterung brachte neue Einseitigkeiten hervor: Schon 1906 verbannte B. Croce Leonardo aus dem Bereich der Philosophie; nicht als Denker, allenfalls als Naturforscher und Erfinder gehörte Leonardo zu den Großen.[1] Dies setzte den systematischen Philosophiebegriff der deutschen idealistischen Tradition des 19. Jahrhunderts voraus. Geschichtlich wichtig für das Verständnis der Lage um 1500 ist, daß Leonardo auch nicht im Sinne der Scholastiker oder im Sinne Ficinos ein »System« angestrebt hat: Er wollte empirisch forschend nach allen Seiten ausschreiten. Anatomie, Geologie, Zoologie, Optik, Hydraulik und allgemeine Mechanik, Chemie und Kunsttheorie – dies alles beschäftigte ihn rastlos, auch wenn es schwer zu sagen ist, auf welchem seiner Gebiete er exakt welche Entdeckung gemacht hat. Entscheidend ist die tatsächliche (nicht nur programmatische) Zuwendung zur Empirie, das produktive (nicht resignierende) Mißtrauen in Begriffskonstruktionen. Dabei hatte Leonardo in dem Grundsatz, jedes Wissen müsse auf Mathematik beruhen, und in der Hervorhebung des genetischen Gesichtspunktes auch methodische Leitlinien, die Vielfalt seiner Experimente und Beobachtungen zu ordnen. Allerdings erreichte er dabei nicht die Strenge und Konsequenz Galileis, was L. Olschki zu harten Urteilen über die Erfahrungswissenschaft Leonardos geführt hat. Spätestens an dieser Stelle drängt sich eine spezielle Schwierigkeit beim Lesen Leonardos auf: Er hat kein einziges Buch verfaßt; wir besitzen aber etwa 8000 Seiten Notizen seiner Hand, oft in Spiegelschrift geschrieben. Auszüge aus gelesenen Büchern stehen da neben eigenen Einsichten; Aufforderungen an sich selbst stehen neben knappen Analysen. Die Chronologie dieser Fragmente war lange recht unsicher; bis in die Mitte der sechziger Jahre wurden wichtige Handschriften Leonardos neu entdeckt (zwei Madrider Manuskripte). Dadurch erschwert sich das Studium Leonardos außerordentlich. In dieser Situation möchte man sich an den »Quellen« orientieren, die er benutzt hat; aber er wollte »Schüler der Erfahrung« sein, nicht Schüler eines Professors. Die gelehrte Welt hatte Einfluß auf ihn, gewiß, aber er rechnete sich ihr nicht zu; er nannte sich »einen Mann ohne literarische Bildung« (*omo sanza lettere*) und distanzierte sich damit vom klassizistischen Humanismus, zunächst, aber doch auch von jeder Art von Autoritätenkult der Hochschulen. Leonardo war 1452 in Vinci geboren, kam 1472 nach Florenz, in die Werkstatt des Verocchio. Dies heißt: Er wurde Handwerker. Aber sein Bestreben wurde es, die Malerei, mit all ihren handwerklichen Seiten, als »Wissenschaft« zu erweisen, als die wahre Philosophie nach dem Untergang der bloßen Begriffskonstruktionen. Sie kann »Wissenschaft« werden, weil sie die Gesamtheit der sichtbaren Welt zum Inhalt hat, weil sie auf Erfahrung beruht, aber nicht sich auf bloßes Nachahmen beschränkt, sondern das in der Erfahrung Verborgene herausarbeitet und eine Mathematisierung der optischen Wahrnehmungen voraussetzt. Leonardos Betonung der Erfahrung dient der Absetzung von der Metaphysik und Anthropologie der Schulen; sie bedeutet nicht Empirismus. Die »Wissenschaft« bedient sich der Erfahrung; die Vernunft weiß die Gründe des Erfahrenen. Wie man von der Einzelerfahrung zur allgemeinen Einsicht vordringt, hat Leonardo nicht befriedigend erklärt, wenn er rät, man müsse eine Erfahrung wohl zwei- oder dreimal machen, bevor man eine allgemeine Regel aufstellen könne. Diese sorglose Ungenauigkeit war in der Zeit vor Galilei und Descartes akzeptabel.

Leonardo hatte andere Probleme als eine ausgearbeitete Methodologie, auch wenn er auf allseitiger Erfahrung, auf Ausschluß übernatürlicher Erklärungen, auf Mathematisierung des Sehens bestand. Er wollte dem Künstler um 1500 das Bewußtsein geben, mehr zu sein als ein Handwerker, wirklichkeitsnäher zu sein als die abstrakten Definitionskünste der Schulphilosophen. Er hatte aber auch von »Sehen«, von »Wissenschaft« und von Kunst ein Konzept, das zugleich an der Erfahrungsnähe der Handwerker wie an Totalität orientiert war. »Ganzheit«, sei's im Mikro-, sei's im Makrokosmos, »Zusammenhänge«, sei's zwischen den Beinformen der Bären, der Menschen und der Frösche, sei's zwischen den Seemuscheln, die man im Innern der Toscana gefunden hatte, und dem Meer – das war es, was er in der Breite der Erfahrung suchte. Das Ganze wollte er nicht durch begriffliche Konstruktion, sondern durch konkrete Verknüpfung des Erfahrenen zum Ausdruck bringen, ohne es direkter Darstellung für fähig zu halten. Man hat das »Materialismus« genannt; man hat Leonardo auch auf den florentinischen Neuplatonismus reduziert; P. Duhem und E. Cassirer sahen in ihm den Schüler des Cusanus. Die Reduktion des komplexen Vorgehens Leonardos auf Materialismus oder Neuplatonismus verbietet sich. Eine gewisse Nähe zur Akademie Ficinos, zu seiner Lehre von Makro- und Mikrokosmos, vom Licht und von der Liebe ist unverkennbar; Leonardo war von 1472 bis 1482, also in seinen bildsamsten Jahren, in Florenz. Wir dürfen den Neuplatonismus Ficinos auch nicht erfahrungsfremd »idealistisch« stilisieren: Ficino war Arzt. Aber im Florenz des letzten Jahrhundertdrittels gab es nicht nur Neoplatoniker. Es gab Thomisten (wie Dominici, wie Savonarola) und Aristoteliker (wie Argyropulos); es gab Polizian mit seinen breiten, auch juristischen, Interessen; es gab Ärzte, bei denen Leonardo die Anatomie an wirklichen Leichen studieren konnte. Es gab die Übersetzung der *Naturgeschichte* des Plinius; es gab Hinweise auf mittelalterliche Tier- und Steinbücher, auf Albert d. Gr. und auf Albert von Sachsen; es gab Kenner des Archimedes, der im Mittelalter bekannt, aber wenig beachtet war; es existierte eine italienische Übersetzung des Diogenes Laertius mit wertvollen Quellen zur Lehre Epikurs; Leonardo kannte die von Ficino übersetzten hermetischen Schriften; er erwähnte die englischen mathematischen Logiker Richard von Swineshead und Wilhelm von Heytisbury. Schließlich gab es in Florenz die Nachwirkung Leon Battista Albertis. Wenn Leonardo kein anderes Wissen als das mathematisch begründete für gewiß hielt, muß dies nicht, wie Duhem und Cassirer meinten, auf Cusanus zurückgehen; der platonische *Timaios* mochte als Anregung genügen, aber auch Biagio Pelacani dürfte diese Tendenz verstärkt haben.[2]

Diese Vielstimmigkeit des intellektuellen Hintergrunds ist wichtig. Sie verbietet eine simplifizierende Reduktion auf einige »Quellen« und auf irgendeinen Ismus, sie zeigt die Vielfalt der theoretischen Modelle, die in einer Stadt wie Florenz am Jahrhundertende wirksam waren. Aber entscheidend ist, wie Leonardo diese Vorlagen für seine Zwekke gebrauchte. Diese Zwecke waren ebenfalls von verwirrender Mannigfaltigkeit: Studien über die Natur und die Bewegungsverläufe des Wassers im Dienst der Urbanistik, Überlegungen zu Problemen der Kraft und der Kraftübertragung im Zusammenhang der Militärtechnik (Panzerwagen, Artillerie), Beobachtungen zum Flug der Vögel, um Flugzeuge zu bauen. Dieser pragmatische, eher »utilitaristische« Gebrauch für gegebene Bedürfnisse der Menschen ging in seiner Breite und nüchternen Kälte über alles hinaus, was die antiken und mittelalterlichen Vorgänger (Roger

Bacon) geleistet hatten. Man versteht, daß Leonardo manchem Interpreten als Anti-Philosoph, als Ingenieur, als Spieler vorkam. Er ist dies alles. Aber um dies alles zu sein, mußte er ältere Wissenskonzeptionen denkend zersetzen. Die spät-mittelalterliche Metaphysikkritik hatte ihm darin vorgearbeitet. Aber Leonardo setzte diese Kritik in eine praxisbezogene Neuorientierung um, die oft im Entwurf oder in der Andeutung stehenblieb, die aber einen eindeutigen Bezug auf die Welt des Menschen hatte. Das Lob der »Würde des Menschen« verwandelte sich in Praxis, in Naturbetrachtung, in Anatomie und Apparatebau. Aber dies setzte eine neue Auffassung des Kosmos und des Menschen voraus. Leonardo sprach dies nur gelegentlich und fragmentarisch aus, aber doch mit solcher Klarheit, daß keine Geschichte des europäischen Denkens an ihm vorbeigehen darf. Ich nenne nur einige wenige Motive: Die Natur hat nichts Beliebiges. Sie ist beherrscht von Notwendigkeit.[3] Diese Notwendigkeit wollte Leonardo nicht abstrakt behaupten, sondern als konkreten Nexus aufsuchen – als Kraftübertragung z. B. oder als Zusammenhang von Muskelstruktur und Gehbewegung. Keine Mirakel sollten die Erforschung dieser Notwendigkeit und ihrer Mechanismen stören. Leonardo beharrte auf Immanenz. Er sagte zwar von der »Kraft« (*forza*), sie sei etwas Spirituelles (*una potenza spirituale*)[4] , aber hier ist auf die Wortbedeutung von »*spirituale*« und auf den Zusammenhang zu achten: In der Physiologie der Sinneswahrnehmung hatten die italienischen Ärzte von »Lebensgeistern« gesprochen; Cusanus hatte (in *De mente*) ihre Lehren übernommen. Diese Ausdrücke sollten das Nicht-Korpuskulare der Reizüberleitung festhalten. Darin lag keine Zulassung von Gespenstern, keine Anleihe bei der metaphysischen Psychologie, kein Bruch mit der von Leonardo geforderten Methode der Immanenz. Ausdrücklich nahm Leonardo in seine Definition der Kraft die Verbindung zum Körper auf; sie mußte empirisch nachgewiesen werden.[5] Doch bedeutete »Immanenz« für Leonardo weder Atheismus noch Agnostizismus: Das neuplatonisch-ficinianische Motiv der Weltbeseelung bezog er strikt auf Erfahrung, er nahm ihm also die spekulative Aussageabsicht; aber es prägte seinen Naturbegriff. »Gott« war ihm nicht mehr der Hauptinhalt jeder philosophischen Bemühung, aber er sah in der Leiche, die er sezierte, die Weisheit des Weltbaumeisters und überwand seinen Abscheu vor Gestank und Blut. Nur durfte die Berufung auf den göttlichen Weltkünstler die Erfahrung nicht verdrängen oder unterbrechen; ausdrücklich verwarf er die fromme Zurechtlegung, die Seemuscheln seien durch die Sintflut ins Innere der Toscana getragen worden; er wollte die Oberfläche der Erde genetisch verstehen, in Analogie zu den Prozessen der Erosion und der Anschwemmung, die er sorgfältig in vielen Formen beobachtete. Das Gewordensein der vorhandenen Welt, ihr Hervortreten gemäß den »ewigen Regeln« der Natur[6] wollte er zeigen. Die Menschenwelt, der seine Wissenschaft dienen sollte, erschien eingebettet in große kosmische Prozesse; der humanistische Lobpreis des Menschen als des Zentralwesens der Schöpfung – eine sokratische Erbschaft, wie er erkannte – mußte zurückgedrängt werden durch die Einsicht in den materiell vermittelten Weltprozeß: »Lob der Sonne« statt »Lob der Würde des Menschen«. Anfang und Ende der Menschheitsgeschichte im Rahmen der Naturgeschichte traten so in den Blick: Die bisherigen Kulturen, auch ihre »Wahrheiten«, waren nichts anderes als Kinder ihrer Zeit (*la verità fu sola figliola del tempo*). Da alles in allem wirkte, da Mikro- und Makrokosmos korrespondierten, konnte Leonardo auch den Menschen als Modell der Welterkenntnis nehmen,[7] aber sein Denken strebte über den Menschen hinaus und setzte sich der Erschütterung aus, daß die Menschheit einmal ein naturgesetzliches Ende nehmen werde. Leonardo, der Künstler, verarbeitete dies zu Endzeitvisionen; Katastrophenskizzen und Sintflutbilder beschäftigten ihn zunehmend (bes. in den Codices der Royal Library von Windsor). Apokalyptische Schreckensbilder, die im frühen Mittelalter und seit dem 14. Jahrhundert tief einschnitten in die Theologie, die Kunst und die Politik, hatten zwischen Savonarola, den Wiedertäufern und dem Bauernkrieg einen erheblichen Einfluß. Aber dieser war von Autor zu Autor sehr unterschiedlicher Natur. Bei Leonardo lieh er Bilder für die drohende Entthronung des Menschen, für die kritische Sicht auf den klassizistischen Humanismus. Er signalisierte vor allem eine realgeschichtliche Situation, die sich in der Biographie Leonardos spiegelte. Der Toskaner war nach seinem Florentiner Jahrzehnt (1472–82) in den Dienst des Herzogs von Mailand getreten. Florenz war nicht mehr die Heimat aller Künste; die republikanische Freiheit war dem Spiel der Großmächte zum Opfer gefallen, und Leonardo zog daraus bedenkenlos die Konsequenz: 1513–16 lebte er im Rom Leos X., 1517 emigrierte er nach Frankreich, von Franz I. hoch geehrt. 1519 starb er bei Amboise.

58 Machiavelli und Luther

Von Augustin zu Machiavelli: Überschaut man diesen Entwicklungsgang, so zeigen sich wesentliche (aber nicht etwa alle) Motive des Weges von der christlichen Spätantike über das Mittelalter zur frühen Neuzeit. Die Aristoteles-Rezeption hatte gelehrt, Natur und Gesellschaft als autonome Sachbereiche zu betrachten. Das 14. Jahrhundert hatte die Konsequenzen aus dem Zusammenbruch der metaphysisch begründeten Universalmächte (Papsttum und Kaisertum) gezogen. Das 15. Jahrhundert hatte das Bewußtsein erzeugt, daß auf den alten Wissenswegen nicht mehr voranzukommen war und daß sich neue Wege nur mit Hilfe der wieder aktualisierten Antike eröffnen ließen. Es hatte den Gegensatz hervorgebracht zwischen einer nur formal-dekorativen, klassizistischen Antikebegeisterung und einem der Gegenwart zugewandten politischen Humanismus. Es hatte die Möglichkeiten und die Bedrohtheit der republikanischen, stadtbezogenen Freiheitserfahrung durchdacht. In NICCOLÒ MACHIAVELLI[1] († 1527) liefen diese Entwicklungen zusammen, verdichteten sich zu einer konkreten Analyse der Welt um 1500.

Das Mittelalter hatte die augustinische Idee des »Gottesstaates« vielfach verformt und, seit dem 13. Jahrhundert, davon abweichende theoretische Konzepte entwickelt. Aber Machiavelli polemisierte nicht mehr gegen sie; er war der erste, der wirklich frei von ihr war. Er kannte die letzten zeitgenössischen Repräsentanten dieser Idee aus persönlicher Anschauung: Er war als florentinischer Gesandter bei Maximilian gewesen; er hatte das Scheitern Savonarolas erlebt. Aus der Anschauung der gegenwärtigen Welt und aus dem Studium der antiken Geschichtsschreiber (vor allem Polybios und Livius) entwickelte er eine neue Sicht der Welt, einer neuen Welt der Profanität. Mit der Universitätsphilosophie hatte er nichts im Sinn, und wer die akademische Philosophie zum Maßstab nahm, mußte von Machiavelli sagen, ein Philosoph sei er gewiß nicht gewesen (so Croce, so Ridolfi). Doch die Konsequenz, mit der er augustinische und spätmittelalterliche Betrachtungsweisen aus seiner Analyse der Gegenwart fernhielt, die Beharrlichkeit, mit der er reale Erfahrungen des Jahrhundertbeginns thematisierte, die methodische Sicherheit, mit der er die antiken Autoren zum Verständnis der Gegenwart heranzog, die Klarheit des ethisch-politischen Impulses, sein Wissen von der Machtlosigkeit der Moral zur Verbesserung des menschlichen Lebens – dies alles weist ihn als einen Denker aus, der seine Zeit in Gedanken erfaßte. Er sprach die Desillusionierung aus, die sich nahelegte, wenn man sah, wie korrupt das Papsttum war, wie Italien durch die Schuld der Kirche zum Schlachtfeld der aufstrebenden Nationalstaaten wurde und wie die Idee der Stadtfreiheit durch innere Korruption und vor allem durch die neue internationale Konstellation obsolet geworden war. Machiavelli erfaßte theoretisch, was der Italienzug Karls VIII., was das Scheitern Savonarolas und was der Sieg der Medici über die republikanische Tradition von Florenz bedeutete. Er sah, daß die große Zeit nicht nur des Papsttums und des Kaisertums, sondern auch der Kommunen vorbei war. Er weigerte sich, in eine Theologisierung dieser verzweifelten Situation auszuweichen. Er verwarf den Ausweg einer bloß musealen, antiquarischen Beschäftigung mit der Antike. Er sah, daß die dekorative Rhetorik des klassizistischen Humanismus die vorhandene Resignation nur kaschierte. Er setzte sich der Desillusionierung denkend aus.

Dank trug ihm das wenig ein, weder in seiner Heimatstadt noch bei der Nachwelt. Als 1512 die Medici zurückkehrten, mußte Machiavelli, der seit 1498 im Dienst der Republik gestanden hatte, sein Amt quittieren. Für einige Tage saß er als Gefangener im Bargello; er wurde gefoltert. Schließlich durfte er sich nach S. Casciano, im Süden von Florenz, auf seinen kleinen Landbesitz zurückziehen. Dort schrieb er seine Hauptwerke, *Der Fürst* (*Il principe*) und die *Discorsi* über die *Erste Dekade des Livius*. Für das Verständnis Machiavellis sind auch die *Briefe* wichtig, die er aus dem Exil schrieb, vor allem die an Francesco Vettori, den florentinischen Gesandten in Rom.

Die Nachwelt hat Machiavelli alles Üble nachgesagt. Montesquieu zwar sah in ihm einen Denker der Demokratie, aber durchweg galt er als Lobredner der Tyrannei. Friedrich II. von Preußen schrieb gegen ihn seinen *Anti-*

Machiavelli. Mancher, der nicht die Courage hatte, so zu handeln, wie Machiavelli es beschrieben hatte, tadelte Machiavelli dafür, daß er den Mut hatte, dies auszusprechen. Fichte[2] und Hegel haben Machiavelli wieder zu Ehren gebracht in Deutschland. Fichte tat dies, nach der preußischen Niederlage von 1806/07, in nationalistischer Manier, d. h., er eliminierte Machiavellis Analysen der inneren Dissonanzen der Staaten und forcierte die Gegensätze zu anderen Nationen. Damit schuf Fichte die Möglichkeit, Machiavelli für den Faschismus zu reklamieren. Hans Freyer zog 1938 die Lehre Machiavellis dahin zusammen: »Die ideale Verfassung ist das Volk in Waffen.«[3] Freyer rühmte an Machiavelli, er habe Staaten und Verfassungen danach beurteilt, ob ein Volk »im Ernstfall einer totalen Mobilmachung fähig ist«.[4] Das war 1938. Nach 1945 kehrte dann die moralistische Verwerfung Machiavellis zurück. Machiavelli, hieß es jetzt, habe die Allgemeinverbindlichkeit der Moral verkannt; er sei »wertblind« gewesen. Jetzt appellierte man gegen den politischen Pessimismus Machiavellis an die Wertethik der zwanziger Jahre; man rügte den logischen Fehlschluß Machiavellis, der von einigen schlechten Machthabern auf alle Politiker geschlossen habe. Man bestand darauf, daß starke Hände rein sein könnten, und dachte dabei an die NATO. Daneben wirkten ältere Machiavelli-Bilder aus der liberalen Epoche weiter. Dilthey hatte Machiavelli als Begründer der politischen Wissenschaft gefeiert; er habe aus seinem Grundsatz von der übergeschichtlichen Gleichförmigkeit der menschlichen Natur die politische Wissenschaft abgeleitet.[5] Croce wollte Machiavelli aus dem Feld der Philosophie verweisen, billigte ihm aber zu, eine wesentliche Entdekkung gemacht zu haben, nämlich die der Autonomie der Politik. Die Trennung von Moral und Politik gilt seither vielfach als eine Grundgegebenheit des Denkens Machiavellis.

Es kann nicht die Aufgabe dieser wenigen Seiten sein, ein

neues Bild Machiavellis zu begründen. Hier genügt es, ältere Ansichten zu problematisieren, um Machiavelli als Denker der Übergangsjahrzehnte vom 15. zum 16. Jahrhundert ins Auge zu fassen.

Machiavelli machte im *Principe* die Bemerkung, in der letzten Zeit habe der Glaube an die Macht des Schicksals zugenommen. Seine Generation habe die Erfahrung gewaltiger Veränderungen gemacht und sei daher geneigt, an eine über allen menschlichen Mutmaßungen stehende geheimnisvolle Macht zu glauben.[6] Bei den »großen Veränderungen, die wir gesehen haben und noch jeden Tag sehen, jenseits jedweder menschlichen Mutmaßung«, mag Machiavelli gedacht haben an die Erschütterung des inneritalienischen Gleichgewichts durch das Auftreten Frankreichs und Spaniens auf der Halbinsel. Aber zu den Veränderungen, die man 1513 noch täglich erfuhr, gehörten ebenso die wachsenden sozialen Spannungen in Florenz, die selbst die Macht der Medici nicht bändigen konnte, die Verlagerung der ökonomischen Macht weg von Italien und weg von Deutschland, der Aufstieg der absolutistisch regierten Territorialstaaten, denen keine Partikulargewalt trotzen konnte. Die neue Waffentechnik machte den für die feudale Welt so charakteristischen Bau von Burgen und damit die militärische Grundlage des Partikularismus hinfällig. Die Handelswege verlagerten sich vom Mittelmeer zum Atlantik; die Zukunft gehörte nicht Florenz und Nürnberg, nicht Venedig und Lübeck, sondern Frankreich, Spanien, den Niederlanden und England. Diese weltgeschichtliche Achsendrehung verursachte psychische und intellektuelle Erschütterungen. Das Wiederaufleben des antiken Fortuna-Glaubens beruhte nicht nur auf dem ideengeschichtlichen Vorgang der Paganisierung, den man im 19. Jahrhundert für das Charakteristikum der Renaissance hielt. Das Fortuna-Motiv war von Boethius an unübersehbarer Stelle (im *Trost der Philosophie*) für das Mittelalter aufbewahrt worden und hatte im Denken wie in der Kunst längst vor 1500 eine wichtige Funktion. Was schließlich Machiavelli selbst angeht, so beschrieb er zwar das Anwachsen des Schicksalsglaubens, aber er teilte ihn nicht. Er gab für ihn eine historische Erklärung. Von einer Rückkehr zur antiken Mythologie der Fortuna kann bei ihm keine Rede sein. Er zeigte im Gegenteil, daß die Welt nur so lange den Charakter überwältigender Schicksalsmacht behält, als die Menschen einer konkreten Analyse der über sie hereingebrochenen »großen Veränderungen« nicht fähig sind. Er sah die zeitgenössischen Umwälzungen aus erforschbaren Ursachen hervorgehen. Er warf sich auf deren Erforschung, nicht um eine objektivistische »politische Wissenschaft« zu begründen, sondern um der menschlichen Freiheit gerade jetzt, in einer als erschütternd erfahrenen Situation des Überranntwerdens, neue Möglichkeiten zu schaffen. Die begriffene Erfahrung der Ohnmacht sollte ein Maximum an Gestaltungskraft (*virtù*) freisetzen; aus der tiefsten Korruption heraus sollte ein durch Machiavellis konkrete Analysen beratener Fürst die Selbstbestimmung Italiens wiederherstellen und die kommunale Freiheitstradition mit der veränderten Weltsituation ausgleichen. Nicht die »Ableitung« eines überzeitlichen Systems »politischer Wissenschaft« aus der starr gefaßten Gleichförmigkeit der »menschlichen Natur« (wie Dilthey meinte), sondern die Überwindung der wohlbegründeten Resignation durch phrasenfreie historisch-politische Analyse der Gegenwart und durch wohlabgemessene politische Aktion war das Ziel Machiavellis. Das Studium der Antike, insbesondere der Geschichte Roms im republikanischen Zeitalter, sollte lehren, wie man die genauen Gründe der Dekadenz Italiens analysiert; es sollte ein Hoffnungsbild abgeben, das aus geschichtlichem Stoff war. »Humanismus« war bei Machiavelli nicht die deklamatorische Lobrede auf die Freiheit und Würde des Menschen, sondern das Studium der antiken Texte im Hinblick auf die präzise Erforschung des Niedergangs, vor allem die Motivation einer radikal-reformistischen Politik. Beim Studium der Geschichte Roms machte er sich historische Regeln des Aufstiegs und Niedergangs politischer Mächte klar, die einen theoretischen Widerpart bildeten zu seinem Einsatz für die Rettung Italiens: Jene Regeln waren modifizierbar, aber nicht überwindbar. Die Regelhaftigkeit der Geschichte gestattete ihm zwar, allgemein vom Menschen als sozialem Wesen zu sprechen und situationsbezogene Verhaltensmuster herauszuarbeiten. Darauf hat Dilthey mit Recht verwiesen. Dies schwächte die Möglichkeiten eines politischen Neubeginns und bedeutete eine unausgeglichene Spannung im Denken Machiavellis.

Die spätmittelalterliche Kritik an überschwenglichem Vernunftvertrauen wiederholte Machiavelli nicht mehr; er setzte sie voraus und ging zu konkreteren Analysen und Zielsetzungen über. Mehrfach versicherte er, wie sehr er den Selbstzweifel des Denkens kenne, wenn die Wogen geschichtlicher Umwälzungen über unserem Kopf zusammenschlagen. Der Briefwechsel mit Francesco Vettori vom April 1513, zeitlich ganz nahe an der Abfassung des *Principe*, zeigt dies im einzelnen. Am 30. März 1513 schrieb der florentinische Gesandte, die Wahl des neuen Papstes sei ganz anders ausgegangen, als er bei seinen sorgfältigen Hypothesen vorher angenommen hatte; er, Vettori, wolle von jetzt an darauf verzichten, mit Vernunft an die reale Geschichte heranzugehen (*io non voglio andare più discorrendo con ragione*)[7]. Die Irrationalität der Geschichte wird dadurch zum Thema. Nach Vettori sind die menschlichen Begriffe unzulänglich, nicht nur die der Schulphilosophie, wie seit Ockham immer wieder gezeigt wurde, sondern auch die historisch-politischen Konzepte der florentinischen Diplomaten. Machiavelli antwortete darauf am 9. April 1513: Auch er kenne den

Überdruß an einer rationalen Erörterung der Geschichtsereignisse, weil der reale Weltlauf gar zu oft außerhalb unserer Erörterungen und Begriffe (*fuora de' discorsi et concetti che si fanno*) bleibe.[8] Dies war ein Vorantreiben der spätmittelalterlichen Vernunftkritik. Aber Machiavelli verstand dieses Scheitern als das Versagen eines Denkens, das zu abstrakt geblieben war. Es sei sein persönliches Geschick, das Nachdenken über den Staat nicht lassen zu können. Von Wolle und Seide verstehe er nichts, auch nichts vom Bankgeschäft; ihm sei es bestimmt, über den Staat nachzudenken. Am 9. April 1513 zeigte er Vettori an einem Beispiel – am plötzliche Friedensschluß zwischen Spanien und Frankreich, den Vettori für völlig unbegreiflich erklärt hatte –, wie sich die geschichtliche Logik scheinbar unbegreiflicher Ereignisse bei genauerem Eindringen erschließt. Die Unbegreiflichkeit der geschichtlichen Welt ist nur der Reflex einer zu beschränkten Art, über die Geschichte nachzudenken, so wie die Macht des Schicksals nur dadurch überwältigend wird, daß wir die »Eigenart der Zeiten« nicht bestimmt genug auffassen. Die Erfahrungen, auf die sich die Resignation beruft, sind das Ergebnis unserer Untätigkeit; die Irrationalität der Welt und die als schicksalhaft erfahrene Situation lassen sich durch ein ernüchtertes Denken und durch eine entschlossene Politik beseitigen. Ein ehtisch-humanistischer Impuls muß die Arbeit an der Beseitigung der gegenwärtigen Irrationalitätserfahrung und Schicksalsabhängigkeit motivieren – insofern ist es falsch, die »Entdeckung« Machiavellis in der Abtrennung der Politik von der Moral zu sehen. Eher lag sie in der Einsicht, daß eine neue, konkretere Analyse geschichtlicher Prozesse nötig und möglich ist, die nicht wertfrei verbleibt, wenn sie auch auf die Illusionen des stoischen, des neoplatonischen und des christlichen Moralismus zu verzichten hat lernen müssen.

Wie weit dieser Versuch ging, mit welcher Konsequenz

Machiavelli ihn gedacht hat, ist oft erörtert worden. Der Fürst, der seine Macht behalten will, muß nach Machiavelli lernen, grausam und vertragsbrüchig zu handeln, wenn es die »Notwendigkeit« gebietet (*Il principe* c. 15.18). Friedrich Meinecke sah daher, im Anschluß an Dilthey, Machiavelli als Entdecker der »Staatsräson«. Doch wenn Machiavelli in der Tat die Mechanismen der Macht illusionslos, ohne die ethisch-metaphysisch-theologischen Überbauten der neuplatonisch-stoisch-christlichen Theorie beschrieb, so hob er doch vor allem ab auf die gläserne Rationalität jener »Notwendigkeit«, die mit berserkerhaftem Wüten von Tyrannen nicht verwechselt werden kann. »Notwendigkeit« (*necessità*) ergab sich ihm aus der Tatsache, daß der Fürst einerseits auf Konsens angewiesen ist, ja, daß der Konsens bei Machiavelli – ähnlich wie bei Marsilius – der heimliche Souverän des Staates Machiavellis ist und daß es doch zu partiellen, manchmal dominierenden Interessengegensätzen zwischen Fürst und Volk (oder doch Teilen des Volks) kommt. Die »Notwendigkeit« – das sind die Bedingungen, die einen bestimmten Weg, die Interessen des Fürsten zu verfolgen, bei Strafe des Untergangs vorschreiben.

Machiavelli wollte die Moral nicht außer Kraft setzen, aber er verachtete das moralisierende Schwadronieren. Er sah, daß auch die Berufung auf Moral einem faktischen Interesse entspringt. Als Historiker beschrieb er den Prozeß der Zersetzung der Moral, die zur Verdeckung von Herrschaftsverhältnissen gebraucht und dabei verschlissen wurde. In seiner *Geschichte von Florenz* (*Istorie Fiorentine*) ließ er einen Führer der aufständischen Wollarbeiter von 1381 seine Kritik an der Hohlheit und Parteilichkeit der in den spätmittelalterlichen Verteilungskämpfen zur Phrase heruntergekommenen Moral formulieren: »Die kleinen Vergehen werden bestraft, die großen Verbrechen werden belohnt. Zieht euch nackt aus, dann werdet ihr sehen, daß wir gleich sind. Nur durch die Armut und durch den Reichtum sind wir ungleich. Die Sieger der Kämpfe der bisherigen Geschichte haben sich ihrer Untaten nicht geschämt, warum sollten die aufständischen Wollarbeiter aus moralischen Bedenklichkeiten auf halbem Wege stehenbleiben? Wer bisher reich und mächtig geworden ist, wurde es durch Betrug oder durch Gewalt. Wer auf diese Mittel verzichtet, muß immer arm und ohnmächtig bleiben; er befestigt damit die Fortdauer des Unrechts. Man muß also Gewalt anwenden, wenn es die geschichtliche Lage fordert.«[9]

Entscheidend ist hier die Aufmerksamkeit auf den Gebrauch, der von der Moral gemacht wird. Nach Machiavelli diente sie der Stabilisierung der Herrschaft, die allemal unmoralisch erworben worden ist: Die guten Menschen bleiben arm und ohnmächtig. Diese Situation kann nicht mit den Mitteln der bisherigen Moral beseitigt werden. Wird die Moral als Mittel durchschaut, dämmert das Bewußtsein vom Zerfall der Werte. Daß Machiavelli ihn illusionslos ausgesprochen hat, machte ihn für die Interessenvertreter der bisherigen Moral zum Immoralisten.

Es ist für das Verständnis der Welt des beginnenden 16. Jahrhunderts wesentlich, diesen Illusionsverlust nicht rein psychologisch zu deuten – als sei er nur das Schicksal des Individuums Machiavelli. Machiavelli sprach vielmehr eine Krise aus, in die nicht nur das humanistische Konzept des Menschen geraten war, sondern die insgesamt die von ethischen Vorgriffen mitbestimmte philosophische Tradition betraf. Nicht, als hätte Machiavelli die religiös und ethisch motivierte Metaphysik durch eine naturalistische ersetzen wollen; nicht, als hätte er die heidnische Fortuna an den metaphysischen Ort des bislang christlich oder jedenfalls moralistisch gedachten Weltprinzips setzen wollen. Sein gesamtes Denken zielte auf handlungsorientierte, politisch-historische Analyse und verließ den Raum der bisherigen

Metaphysik. Dies gilt auch für Machiavellis anthropologischen Pessimismus. Er drückte nicht etwa die theoretische Ansicht aus, die Gesamtheit der Menschen (oder ihre überwiegende Mehrheit) handle immer schlecht. Selbst wenn Machiavelli sich gelegentlich so ontologisch ausdrückte, intendierte er eine Einsicht anderer Art: Zu den Bedingungen politischen Erfolgs gehört es, zu unterstellen, der Handlungsraum sei von politischen Mächten umstellt, die ohne Rücksicht auf moralische Normen ihre Interessen durchzusetzen versuchen würden. Machterwerb und Machterhaltung werden nur gelingen, wenn der politisch Handelnde den gefährdeten Zustand jedes Status quo vor Augen hat, aber nicht in der globalen Weise eines als theoretische Lehre verallgemeinerten anthropologischen Pessimismus (dessen Universalität sich aus partikularen Erfahrungen in der Tat nicht wird begründen lassen), sondern als konkrete Aufmerksamkeit auf die Machtinteressen der Kontrahenten, eben als Illusionslosigkeit über den realen Gang der Dinge. Um Macht zu sichern oder zu erweitern, muß man von der Voraussetzung ausgehen, alle Menschen seien bösartig. Aber diese Einsicht beanspruchte nicht, aus objektivem Abstand ein Charakteristikum der menschlichen Spezies anzugeben; sie bezeichnet eine Maxime, von der praktisch ausgegangen werden muß, wenn es um Machtergreifung und Machterhaltung geht. Derjenige Politiker – so läuft Machiavellis Argumentation – wird sich durchsetzen, der die Übergriffe anderer gedanklich vorweggenommen und seine Gegenwehr vorbereitet hat. Dazu muß er annehmen, seine Kontrahenten würden keine Gelegenheit auslassen, in ein Machtvakuum vorzustoßen. Der »anthropologische Pessimismus« muß angenommen werden, als Handlungsregel, wenn Politik als Machterhaltung und Machterweiterung verstanden und wenn Sicherung von Macht als oberster Wert des Zusammenlebens von Menschen angesehen wird.

Diese Prämissen sind bestreitbar. Man könnte Politik anders denken. Aber daß in Europa bisher Politik so verstanden wurde und daß unter dieser Voraussetzung die humanistisch-rhetorische Gutmütigkeit und der stoisch-christliche Moralismus des Weltkonzepts zur bloßen Floskel, wenn nicht gar zum Anlaß des Irrtums und weiteren politischen Zerfalls verkamen – dies hat der Sekretär der florentinischen Republik in erbarmungslosen Analysen gezeigt. Nicht die moralistische Entrüstung über Machiavelli arbeitet an der Überwindung des real existierenden »Machiavellismus«, sondern die denkende, praktische Infragestellung jener Prämissen aller bisherigen Politik.

Luther und Machiavelli

MARTIN LUTHER († 1546) gehört nicht in die Geschichte der Philosophie, wenn man das Wort »Philosophie« im engen Sinne nimmt.[10] Er gehört aber in die Geschichte des europäischen Denkens, und wenn er sich selbst nicht als Philosophen sah, so stand doch seine Theologie im Zusammenhang der realgeschichtlichen wie der intellektuellen Entwicklung des Spätmittelalters: Sah man um 1500 die Korruption der römischen Kirche, so konnte man entweder eine zynisch-distanzierte Beobachterrolle gegenüber der Religion einnehmen, oder man mußte an das Gewissen des Einzelnen als an die Quelle der Erneuerung appellieren. Durchdachte man um 1500 die spätmittelalterliche Metaphysikkritik anhand der Texte Ockhams und Buridanus', erhielt man gar Kenntnis von den radikalen Aristotelikern in Padua, welche im Namen des Aristoteles die Unsterblichkeit bestritten (Pomponazzi), so lag es nahe, das Gottesverhältnis des Menschen allein auf den Glauben zu gründen. Überschaute man die Konflikte der spätmittelalterlichen spekulativen Theologie, so schien allein die Rückkehr zum ursprünglichen Wort der Schrift eine Gewißheit zu verheißen. Die Entdeckungen Luthers entsprachen also – sei's als einfache Fortsetzung, sei's als Korrektur – der spätmittelalterlichen Denkentwicklung. Ich kann dies hier nicht umfassend belegen; ich beschränke mich auf einige Hinweise, wie Luther vor dem Hintergrund des mittelalterlichen Denkens und im Zusammenhang mit dem Denken seiner Zeitgenossen zu verstehen sei. Es geht mir um die – skizzenhafte – Wiederherstellung einer historischen (nicht dogmatischen) Perspektive. Es hängt viel davon ab, eine geschichtliche Sicht Luthers zu erreichen, die unserem Bewußtseinsstand und einer vertieften Kenntnis des Mittelalters wie der Renaissance entspräche. Denn ohne sie sind weder die Eigenentwicklung der deutschen Geschichte noch die intellektuelle Situation zu Beginn des 16. Jahrhunderts zu verstehen.

Dabei genügt es nicht, Luther vorab als den Wiederentdecker der Theologie des Apostels Paulus zu sehen – mit ihrer Verwerfung selbstgewirkten Heils, mit ihrem Lobpreis der Gnade, die in der Schwachheit des Menschen zur Vollendung komme. Es ist nicht gänzlich falsch, entspricht aber mehr einer konfessionellen Perspektive, in Luther den Theologen zu sehen, der nach der langen Nacht des Mittelalters die Einsichten des Römerbriefes und des späten Augustin gegen eine jahrhundertelange Tradition der Abschwächung wiederhergestellt habe. Es gibt keine geschichtliche Selbstverständigung der Deutschen ohne eine Korrektur dieses konventionell gewordenen Luther-Bildes. Es mythisiert die Reformation; es blockiert die Einsicht in den Ausgang des Mittelalters. Deswegen empfehle ich, Luther einmal nicht als den Entdecker einer zeitlosen christlichen Wahrheit, sondern als Rezipienten der spätmittelalterlichen Schulwissenschaft und als Zeitgenossen Machiavellis und Pomponazzis zu sehen. Luthers Texte sind Dokumente der

Zeit um 1520. Sie erhalten ihr historisches Profil, wenn wir sie lesen neben den Schriften des Erasmus (z. B. neben dessen *Lob der Torheit*, um 1510), neben dem Buch des Pomponazzi *Über die Unsterblichkeit der Seele* (1516), neben Machiavellis *Discorsi*, neben der *Utopia* des Thomas Morus und neben dem Hauptwerk des Kopernikus (*De revolutionibus orbium caelestium*, 1543 erschienen, aber schon etwa 30 Jahre vorher konzipiert). Luthers Protest gegen den Ablaßhandel war eine geschichtlich folgenreiche Tat, aber verglichen mit den Gedanken der erwähnten Zeitgenossen, blieben Luthers Schriften im Rahmen ihres bescheidenen regionalen und kulturellen Umfelds. Volkstümlich mittelalterliche Vorstellungen behielt Luther nicht nur bei, er verstärkte noch ihr Gewicht. Sein theologisch-dogmatischer Radikalismus (der sich auf die Rechtfertigungslehre bezog und vieles Mittelalterliche unberührt ließ), seine bis zum Grobianismus getriebene Polemik gegen das korrupte System der römischen Kirche – sie dürfen nicht darüber hinwegtäuschen, daß er mit den weitertreibenden Tendenzen des Mittelalters und seiner Zeitgenossen brach, auch und gerade, indem er von ihnen zehrte:

Luthers Rechtfertigungslehre und Glaubenstheologie setzten die weltlichen Kulturbereiche frei und sanktionierten theologisch die Autonomie der Politik und der Kultur. Diese war allein durch die Aristoteles-Rezeption möglich geworden. Gleichzeitig brach Luther mit der Tradition des Aristotelismus, der in Padua eine freie Neugestaltung erfuhr.

Luther profitierte von Vallas Kritik an der konstantinischen Schenkung – Hutten hatte Vallas Schrift neu ediert –, aber er führte Vallas historische Kritik nicht der Sache nach weiter. Wie Valla befürwortete er das Studium der alten Sprachen, aber ohne die Meisterschaft Vallas zu erreichen. Die wirklichen Erben Vallas – auch bezüglich der Treue zum biblischen Text – waren Erasmus, der spanische Kardinal

Ximenes mit seiner mehrsprachigen Bibel, der sog. Complutenser Polyglotte, und Servet[11], nicht Luther. Seine Verdienste um das frühe Neuhochdeutsch bleiben unberührt, auch wenn man sieht, wie auch seine Bibelauslegung hinter das Erreichte zurücksank, da sie sich zeitlebens am lateinischen Bibeltext (Vulgata) orientierte. Gerade diese Befangenheit hatten Valla und Erasmus hinter sich gelassen.

Luther verwarf das neue Weltbild des Kopernikus, dem Cusanus schon vorgearbeitet hatte; er war »mittelalterlicher« als der Kardinal des 15. Jahrhunderts. Dies gilt nicht nur für die Kosmologie; es gilt vor allem für das Verhältnis zum Teufels- und Dämonenglauben, dem Luther eine Buchstäblichkeit beließ, die seit dem 13. Jahrhundert nicht mehr selbstverständlich war. In seiner Ergriffenheit durch dualistische Metaphern steht er weit hinter Meister Eckhart; allerdings entsprach seine erregte Rhetorik einer dramatischer gewordenen Geschichtserfahrung. Luther theologisierte die Antagonismen einer geschichtlichen Situation, während Machiavelli zeigte, wie man sie analysieren könnte.

Die um den Historismus erweiterte Luther-Verehrung fordert uns dazu auf, Luther »aus seiner Zeit« zu verstehen. Man entschuldigt damit seine plumpe Polemik, seine Anhänglichkeit an die Landesfürsten, seine Befangenheit in populär-mittelalterlichen Vorstellungen. Doch eine geschichtliche Betrachtung zeitigt andere Resultate als diese konfessionelle Apologetik. Was man bei Luther als »mittelalterlich« entschuldigt, war im Mittelalter selbst kritisiert worden. Luthers Aufruf, die Synagogen niederzubrennen, die Häuser der Juden zu zerstören und ihnen ihre heiligen Bücher wegzunehmen, gab dem volkstümlichen Judenhaß eine theologische Sanktion. Luther forderte öffentlich auf zur Judenverfolgung: »Erstlich, das man jre Synagoga oder Schule mit feur anstecke und, was nicht verbrennen wil, mit erden uber heuffe und beschütte, das kein Mensch ein stein oder schlacke davon sehe ewiglich [...] Zum andern, das man auch jre Heuser des gleichen zebreche und zerstöre, [...] Zum dritten, das man jnen neme alle jre Betbüchlin und Thalmudisten, darin solche Abgötterey, lügen, fluch und lesterung geleret wird.«[12]

Dieser direkte Aufruf zur Gewalttat war nicht nur ein Rückschritt gegenüber gelehrten Kennern des Judentums wie Pico und Johannes Reuchlin. Er stand weit unter dem Niveau Abaelards, Lulls und Nikolaus' von Kues. Luther verlöre, wenn man ihn mit mittelalterlichen Autoren auch nur mittleren Ranges vergliche. Seine Eucharistielehre war verdinglichter als die Berengars, und es bezeichnet Luthers reale geschichtliche Situation, daß er die Verurteilung Berengars durch den Papst des 11. Jahrhunderts ausdrücklich billigte[13] und daß er Zwinglis »Irrtümer« für siebenmal schlimmer hielt als die der »Papisten«. Es fehlte ihm die philosophische Kritik am Substanz-Akzidens-Schema, wie sie um 1300 bei Johannes von Paris und bei Dietrich von Freiberg bereits entwickelt war. Luther verblieb innerhalb des schulmäßigen Realitätsbegriffs, der seit dem Ende des 11. Jahrhunderts ein juristisch gefaßtes Kirchensystem stützte; der altchristlich-platonisierende Symbolismus blieb ihm fremd.

Man beginnt, Luther im Rahmen seiner Zeit zu verstehen, wenn man seine Stellung im Bauernkrieg studiert und sie vergleicht mit den Analysen Machiavellis über die Volksaufstände in der Valdichiana.[14] Gemeinsam ist beiden die erbarmungslose Härte. Sie weichen beide nicht mehr aus in die Phrasen einer moralisierenden Harmonisierung gesellschaftlicher Konflikte. Beide verschmähen die beschwichtigende Rhetorik. Insofern bezeugen beide eine neue Stufe der geschichtlichen Entwicklung. Idealisierende *ordo*-Konzepte sind ihnen obsolet geworden. Doch während Machiavelli aus dieser Desillusionierung theoretischen Gewinn zog und am Beispiel dieser Volksaufstände sein Konzept eines vorurteilslosen Machtkalküls demonstrierte, sah Luther die rebellierenden Bauern als vom Teufel besessen an: Er sah, daß »viel tausent bauern« ihr Los verbessern wollten. Aber sein theoretisches Instrumentarium war so durch eine buchstäblich-biblische Teufelsmetaphorik verkümmert, daß er den Aufstand unmittelbar auf Satan zurückführte, mit der bekannten Folge, daß die Obrigkeit die Bauern auf den Kopf schlagen sollte, ja, daß er jeden Christen aufforderte, diese Bauern zu schlagen, »als wenn man einen tollen hund totschlahen muß. schlegstu nicht, so schlegt er dich und eyn gantz land mit dyr«.[15]

Dieser Text stammt von 1525. Ich zitiere ihn, nicht um Luther auf ihn zu fixieren, sondern um Luthers Entwicklung und seine geschichtliche Stellung zu illustrieren. Vor 1525 hatte Luther dem antikurialen Affekt und dem deutsch-regionalen Protest gegen Rom mächtig Stimme verliehen. Er hatte, wie der kirchenreformatorische Humanismus vor ihm, auf eine verinnerlichte Religiosität gedrängt; er schien noch in einer Reihe zu stehen mit Valla, Savonarola und Erasmus. Im Unterschied zu diesem hatte er die Theologie des Römerbriefes und der antipelagianischen Texte Augustins restauriert; er hatte die Linie fortgeführt, die Thomas Bradwardine mit Wyclif und Gregor von Rimini verbunden hatte. Er hatte das Ablaß- und Reliquienwesen, die Geldwirtschaft der Kurie kritisiert. Ähnlich wie Valla hatte er die Vermengung des Neuen Testaments mit dem Schularistotelismus verworfen. Besonders durch seine Aristoteles-Kritik hatte er in die Wissenschaftsentwicklung und Bildungspolitik eingegriffen; auch damit setzte er eine mittelalterliche Entwicklung fort, die von Bonaventura und Olivi zu Cusanus und Valla nachweisbar ist. Er hatte das *Lob der Torheit* des Erasmus aufgegriffen und gelehrt, man könne nur dann ohne Gefahr mit Aristoteles philosophieren, wenn man zuvor ein Narr in Christo geworden sei.

Luther und Aristoteles

Ein erst 1979 editierter Text zu den philosophischen Thesen der *Heidelberger Disputation* von 1518 zeigt, wie sehr der frühe Luther, die humanistische Kritik am Schularistotelismus von Paulus her vertiefend, die philosophische Entwicklung des Mittelalters voraussetzte. Er sah die Gefallenheit des Menschen, auch und gerade in der Wißbegier des Intellekts, der seinen Gegenstand, die Wahrheit, auf perverse Weise suchte, nämlich im Hinblick auf seine eigene Ehre. Die Begierde nach dem Wissen müsse daher, wie der Mensch insgesamt, umgestaltend wiedergeboren werden. Die Gnade Christi heile das selbstsüchtige Gebrechen des Intellekts, so daß die wahre Philosophie nur unter Christen existieren könne.[16] Dies war ein Bruch mit der Aristoteles-Rezeption; es bedeutete die Kritik an dem Anspruch der antiken Philosophie, die Weisheit zu sein. Gelegentlich hatten Augustin und der späte Bonaventura ähnlich hart geurteilt.

1518 konnte man glauben, Luther habe die Intention, diese wahre, auf einem Bruch mit der Antike beruhende Philosophie inhaltlich zu entwickeln, und zwar mit Hilfe einer anderen antiken Tradition, nämlich der platonischen. Während er Aristoteles kritisierte wegen seiner Lehre von der Ewigkeit der Welt und der Sterblichkeit der menschlichen Seele, lobte er an Platon, daß er den Menschen auf das Bleibende, Unsterbliche, Abgetrennte verweise. Wie viele mittelalterliche Autoren vor ihm, setzte er der aristotelischen Kritik an der Ideenlehre Platons die Überzeugung Augustins entgegen, die Ideenlehre zeige die wahre Bestimmung des Menschen. Er zitierte den platonischen *Parmenides*, tadelte an Aristoteles, er habe gegen das Eine des platonischen *Parmenides* Luftstreiche ausgeführt. Er hob an diesem göttlichen Einen hervor, es sei zugleich in wie außer allen Dingen (*est extra omnia, et tamen intra omnia*)[17].

Diese Thesen hätten gefordert, den Gegensatz Platons zu Aristoteles philosophisch auszutragen, zumal Luther sah, daß die aristotelische Verwerfung des aktual Unendlichen seine metaphysische wie seine anthropologische Position bestimmte. Luther hob hervor, Anaxagoras habe das Unendliche als Akt gedacht, im Gegensatz zu Aristoteles; Anaxagoras sei ein hervorragender Philosoph gewesen.[18] Mit dieser Einsicht kam Luther in die Nähe des Cusanus zu stehen, ohne – wie dieser – zu einer inhaltlich bestimmten Gesamtrevision der Philosophie fortzuschreiten. Die beschriebenen thesenhaft bleibenden Ansätze von 1518 setzte Luther nicht fort zu einer prägnant formulierten Aristoteles-Kritik.

1520 handelte er im Sendschreiben *An den christlichen Adel deutscher Nation* auch von der Universitäts- und Studienreform (eine autonom vollzogene Erneuerung der Universität konnte er sich schon nicht mehr vorstellen) und wollte die *Physik*, die *Metaphysik*, die Schrift *Über die Seele* und die *Ethik* behördlich verboten wissen; nur die *Logik*, die *Rhetorik* und die *Poetik* sollten, in pädagogisch verkürzter Form, den Studenten zugänglich bleiben. 1520 hob Luther hervor, seine Aristoteles-Kritik komme nicht von außen: »Lieber freund, ich weysz wol was ich rede. Aristoteles ist mir so wol bekant, als dir und deynis gleychen.« Er stellte sich in Konkurrenz mit den großen Lehrern des Mittelalters: »ich hab yhn auch geleßen unnd gehoret mit mehrem vorstand, dan sanct Thomas odder Scotus«.[19] Aber so wie er im Bauernaufstand nur einen Beweis dafür sah, daß der Teufel die Geschichte dieser Welt in Händen hält, so sah er in dem Sieg des »toten Heiden« über die Bücher des »lebendigen Gottes« die Verwirrung der Köpfe durch den »bösen Geist«. Seinen Gegensatz zu Aristoteles formulierte Luther hier rein theologisch: Aristoteles widerspreche der christlichen Lehre durch seine These von der Sterblichkeit der menschlichen Seele; seine Ethik sei der Gnade und den christlichen Tugenden zuwider. Aristoteles solle fortan nur noch die formale Denk- und Disputationsschule bilden.

Die seit 1300 nachweisbare Tradition der materialistischen Deutung der Seelenlehre des Aristoteles sah Luther als die korrekte Aristoteles-Interpretation an, vielleicht folgte er darin der zeitgenössischen paduanischen Schule, vielleicht blieb er darin lediglich auf den Spuren Ockhams. Wie in der Bewertung des Bauernkriegs zeigte Luther auch bei der Beurteilung der aristotelischen Philosophie einen rhetorisch-beschwörenden Gestus: »O nur weyt mit solchen buchern von allen Christen!«[20] Ein Anlauf zur sachlichen Klärung lag darin nicht.

Luther und Erasmus

Wie Luther 1525 mit den Bauern brach, wie er den sozialen Horizont der Reformation um die radikalen Schwärmer und um die »vielen tausend« aufsässigen Bauern verminderte, so brach er auch mit dem Repräsentanten der humanistischen Bewegung, mit Erasmus. Der Bruch mit den Bauern und den »Schwärmern« band die Reformation an das städtische Patriziat, an das Bildungsbürgertum und an die Landesfürsten; dieser Verengung des sozialen Substrats der Bewegung um 1525 entsprach eine doktrinäre Verhärtung. Es zeigte sich, daß Luther die spätscholastische Manier zwar heftig getadelt, nicht aber – wie schon Cusanus – denkend überwunden hatte. Er hatte keine prinzipiellen Bedenken, die Theologie in der Form von Thesen vorzutragen.

Die leidenschaftliche Abgrenzung zu Karlstadt, zu Zwingli und zu Erasmus entsprach einer zunehmenden Erstarrung, der kirchenpolitisch die Anlehnung der neuen Gemeinden an das Landesfürstentum folgte. Der Streit mit Erasmus entzündete sich am Problem des freien Willens. Augustin hatte die göttliche Vorherbestimmung über den freien Willen siegen lassen; seitdem lagen menschliche Selbstbestimmung und ein anthropomorphistisches Bild der Souveränität Gottes im Streit. Augustin hatte die menschliche Freiheit zwar verbal nicht beseitigen wollen, aber den Vorrang der Gnade und die Unfähigkeit des menschlichen Willens zum Guten in seiner Spätzeit so forciert, daß es zu Konflikten mit dem menschlichen Selbstbewußtsein kommen mußte, das sich seit der karolingischen Antikerenaissance und der sozialgeschichtlichen Gesamtverschiebung des endenden 11. und des 12. Jahrhunderts entwickelt hatte. Schon Boethius hatte dem Problem eine einleuchtendere Form zu geben gehofft; das fünfte Buch seiner *Tröstung der Philosophie* bildete den Ausgangspunkt zahlloser mittelalterlicher Diskussionen. Lorenzo Valla hatte die harmonisierende Lösung des Boethius scharf kritisiert; damit war vielen mittelalterlichen Versuchen, Freiheit und göttliche Vorherbestimmung zu versöhnen, der Boden entzogen. Man konnte aus Vallas Buch sowohl die fideistische Unterwerfung des Intellekts unter das Mysterium der Gnade wie eine Kritik des vorstellungsgebundenen göttlichen Absolutismus folgern. Luther folgte ihm in der Destruktion der traditionellen Harmonisierung. Er kehrte zu Positionen des späten Augustin zurück, an deren Abschwächung ein Jahrtausend gearbeitet hatte. Nach Luther ist die Beziehung des Willens zum Guten ebenso korrumpiert wie die Beziehung des Intellekts zum Wahren. Daß menschliches »Rennen und Laufen« unnütz ist vor Gott, dies war ein wesentlicher Aspekt der Paulus-Interpretation Luthers (und des späten Augustin).

Damit trat aber die reformatorische Grundeinsicht Luthers in Konflikt mit dem Freiheitsbegriff, wie er im Rückgriff auf die Antike seit dem 12. Jahrhundert formuliert und durch die Humanisten des 15. Jahrhunderts intensiviert worden war. Diesen Konflikt sprach Erasmus aus, als er

1524 seine Schrift *Über den freien Willen* (*De libero arbitrio diatribe*) veröffentlichte. Die humanistische Bewegung, die Luthers Antikurialismus, seine Kritik an Ablaß- und Reliquienwesen unterstützen konnte und die Luthers Rückkehr zum Neuen Testament philologisch ermöglicht hatte, konnte seinen theologischen Angriff auf humane Selbstgestaltung nicht hinnehmen. Erasmus verteidigte daher die Willensfreiheit; sie war ihm eine Voraussetzung aller Moralität und aller Religion. Als Philologe und Kenner des Neuen Testaments stellte er klar, daß der Wortlaut der Schrift nirgends die radikal-antihumanistische Interpretation Luthers erzwinge. Als Gegner der Scholastik sah er in Luthers Lehren mit ihrer thesenhaften Härte und assertorischen Schroffheit eine Rückkehr zur Welt der Scholastik und der Mönchsstreitigkeiten, von denen Luther sich doch abwenden wollte. In der Tat hat Luther zeitlebens festgehalten an der scholastischen Thesenform und Disputationsmethode, die Cusanus in *De coniecturis* als eine der Wahrheit unangemessene Form kritisiert, die Luthers Zeitgenossen Erasmus und Thomas Morus, Leonardo und Machiavelli völlig hinter sich gelassen hatten.

Erasmus empfahl gegenüber Luthers Behauptungswut eine milde Skepsis; Luther warf ihm dafür vor, er habe zugunsten des Skeptizismus das Christentum geopfert. Er hielt, wie seine scholastisch geprägten Gegner, die eigene Interpretation der Schrift für das Christentum selbst, während Erasmus, ohne die ethische und doktrinelle Substanz des Christentums einem prinzipiellen Skeptizismus zu opfern, zwischen Gott und unserer Erkenntnis Gottes, zwischen idealer Aussageabsicht der Bibel und unserer Interpretation unterschied. Er wollte dadurch Toleranz der differierenden Standpunkte befördern. Luther höhnte über diese Art von Friedensliebe: Er sah 1525 die Situation bereits als so gespannt an, daß die relativierende Besonnenheit des Erasmus ihm nur die Macht des Papsttums zu stützen schien, während seine Bewegung die Befreiung bringen sollte. Erasmus sah das Thesengebundene, Tumultuöse dieser Art von Reformation; sie kam ihm barbarisch vor; er verschmähte die gesuchte Volkstümlichkeit, die Themen in der Volkssprache erörterte, an denen die subtilen Spekulationen der Scholastiker gescheitert waren.[21] Eckhart hatte diese Bedenklichkeit nicht gehabt. Aber seit seiner Verurteilung (1329) war ein Bruch von vorwärtsdrängender intellektueller Arbeit und volkstümlicher Darstellung eingetreten. Cusanus hatte die Weisheit der Laien dem verkrusteten Schulwesen der Philosophen und Theologen entgegengestellt, aber er hatte es in kunstvollen lateinischen Dialogen getan. Erasmus verteidigte gegen Luther jedoch nicht den esoterischen Charakter der humanistischen Bildungswelt. Er hatte durchaus eine ethisch-politische Absicht; ihm mißfiel Luthers »durch und durch grausames Schriftchen gegen die Bauern«. Um Frieden zu ermöglichen, wollte er vor allem unterschieden wissen zwischen dem religiös-ethischen Hauptinhalt des Christentums, der allen gepredigt werden müsse und bei dem Skepsis nicht am Platze sei, und individuellen Auslegungsversuchen (wie den Lehren Luthers über den sklavischen Willen), die unter Spezialisten im Bewußtsein ihres prekären Charakters zu diskutieren seien. Die Verwechslung dieser Sphären durch Luther hielt Erasmus für zerstörerisch. Besorgt sah er ein Zeitalter verminderter intellektueller Freiheit heraufkommen; in Luthers Dogmatismus sah er nicht nur ein Verblassen des kritischen Bewußtseins von der Differenz zwischen Wahrheit und Auslegung, sondern auch eine Gefahr für den Frieden. Mit scharfem Blick sagte er künftige Religionskriege voraus.[22] Wie er inhaltlich die Sache des freien Willens verteidigte, klang stellenweise halbherzig und kompromißlerisch, so wenn er sagte, der freie Wille vermöge mit Gott ein »klein wenig«, seine Wirksamkeit sei »überaus gering«.[23] Aber was er ablehnte, sagte er klar und mit durchdachter Argumentation:

1. Die Würde des Menschen ist bedroht, wenn wir nichts sind als Ton in den Händen des prädestinierenden Gottes. Der Mensch würde dann nur als Objekt gedacht: »Was ist denn der Mensch noch wert, wenn Gott so in ihm wirkt, wie der Töpfer am Lehm wirkt und wie er auch an einem Stein hätte wirken können?«[24] Moralische Selbstgestaltung wird unmöglich; ethische Imperative verlieren ihren Sinn: »Wenn Gott so an uns wirkt wie der Töpfer am Lehm, was kann uns dann als gut oder böse angerechnet werden?«
2. Wird die Erbsündenlehre dahin verschärft, daß der Mensch in bezug auf Gott nichts kann als ihn ignorieren und hassen, so zerstört man den Gottesbegriff. Gott bestraft dann mit ewiger Verwerfung was er selbst an uns bewirkt hat. Ein Gott, der so wahllos straft und grundlos vernichtet, verliert alle ethischen Prädikate; er wird zum Ungeheuer. Gottes Gebote wären dann nur dazu da, unseren Widerstand zu verstärken, Gott noch mehr zu hassen und dafür noch strenger bestraft zu werden. Wer so von Gott redet, macht in seiner frommen Rhetorik Gott zu einem schlimmeren Tyrannen als Dionysius in Sizilien es war. Diese Theologen machen die unendliche Güte zunichte. Sie lehren »einen grausamen Gott, der wegen der Sünde eines anderen (Adams) gegen das gesamte Menschengeschlecht wütet«. Wenn Gott alles mit Notwendigkeit bewirkt, bewirkt er auch das Böse; ein solcher Gott wird grausam und ungerecht.[26]

Diese Konsequenz war Luther nicht entgangen. Nur folgerte er daraus, daß die Vernunft, die zu diesen Schlüssen führt, zur Erkenntnis des wahren Gottes nicht tauge. Er weidete sich an der Objektrolle des Menschen, den er einem

Pferd verglich, das entweder Gott oder ein Teufel reitet. Er hob die Schwäche unserer Vernunft hervor, um einen fideistischen Irrationalismus zu empfehlen.

Genaugenommen sprach Luther nicht einfach von der »Schwäche« unserer Vernunft; er sah sie im Besitz des Satans, als Werkzeug einer widergöttlichen Instanz. Im selben Jahr 1525, das die Polemik gegen Erasmus brachte, schrieb er gegen Karlstadt. Dabei sagte er, was er von der Vernunft hielt. Er polterte gegen die Schwärmer, sie beriefen sich auf die Vernunft, »gerade als wüßten wyr nicht, daß die vernunft des teuffels hure ist und nichts kann denn lästern und schänden alles, was Gott redt und tut«.[27]

Dies war das Eingeständnis, daß die seit dem 11. Jahrhundert laufenden Bemühungen, den antiken Vernunftbegriff unter spätaugustinischen Prämissen fortzuführen, gescheitert waren. Es bedeutete die Etablierung eines Dualismus von Glauben und Wissen, von Christentum und Vernunft, von Innerlichkeit und politisch-rechtlicher Weltordnung, wie er mit dem zu Beginn des 16. Jahrhunderts erreichbaren Rationalitätsstandard nicht vereinbar war. Eine Reihe von Revisionen war daher absehbar; sie begann mit Melanchthons Wiederannäherung an Aristoteles, sie endete mit der Ausbildung einer neuen schulmäßigen Orthodoxie. Melanchthon, der zunächst dem Rat Luthers folgte und die *Logik*, die *Rhetorik* und *Poetik* für den Zweck der evangelischen Universität bearbeitete, weitete nach 1530 sein Programm auf die aristotelischen Realwissenschaften, einschließlich der *Metaphysik*, aus; anders war die Abtrennung der neugläubigen Universitäten von der internationalen, vor allem oberitalienischen Wissenschaftsentwicklung nicht zu verhindern. Die Polemik Luthers gegen Aristoteles war zu abrupt und zu global, um ohne Schaden für die höhere Bildung über Jahrzehnte fortgeführt werden zu können.

Dennoch bedeutete Luthers Wiederanknüpfung an den

späten Augustin eine einschneidende Wende; sie brachte für einen Teil der europäischen Menschheit das päpstliche Weltsystem zum Einsturz: Indem Luther die Weltkrise, wie sie sich zu Beginn des 16. Jahrhunderts abzeichnete, in ein theologisches Schema brachte, verdeckte er zwar für eine Weile die fruchtbareren Antworten auf diese Krise, wie sie in der Detailwut Leonardos und der anti-moralistischen Ernüchterung Machiavellis vorlagen, aber er erreichte die Mehrheit der Bevölkerung, die noch im mittelalterlichen Vorrang der Religion verharrte.

Nach Egon Friedell war Luthers Reformation im Vergleich mit der intellektuellen Revolution Meister Eckharts nur Mönchsgezänk. Aber sie verwandelte die politische Landkarte Europas. Gerade Luthers Provinzialität, seine im Vergleich zu Leonardo und Machiavelli unleugbare Befangenheit in einer durch die spätmittelalterliche Entwicklung selbst gesprengten »Mittelalterlichkeit« ermöglichten ihm seine breite Wirkung. Leonardo und Machiavelli hatten auf das Mißverhältnis von Vernunft und Weltlauf, wie es sich gegen 1520 abzeichnete, radikaler und origineller geantwortet. Indem Luther den anthropologischen Pessimismus, der sich jetzt nahelegte, theologisierte, verfestigte er die Zerrissenheit, die ohnehin vorhanden war.

Leonardo und Machiavelli, Erasmus und Thomas Morus arbeiteten an der Überwindung dieser Zerrissenheit, Luther stabilisierte sie. Sie nahmen dafür, aufs Nächste gesehen, ihre Ohnmacht in Kauf; aber dies beweist ihre geschichtliche Bedeutung. Mit ihnen, nicht eigentlich mit Luther, ging das Mittelalter zu Ende.

Anhang

Verzeichnis der Abkürzungen und Siglen

AHDLMA	Archives d'Histoire Doctrinale et Littéraire du Moyen Age. Fondées par E. Gilson et G. Théry. Paris 1926 ff.
Akad.	Grabmann, M.: Gesammelte Akademieabhandlungen. Hrsg. vom Grabmann-Institut. 2 Bde. München 1979.
Beiträge	Beiträge zur Geschichte der Philosophie des Mittelalters. Texte und Untersuchungen. Hrsg. von C. Baeumker. Münster 1891 ff.
CC	Corpus Christianorum. Series Latina. Turnhout 1953 ff.
CC Cont Med.	Corpus Christianorum Series Latina. Continuatio Mediaevalis. Turnhout 1966 ff.
Chart. Univ. Paris	Chartularium Universitatis Parisiensis. Hrsg. von H. Denifle und A. Chatelain. 4 Bde. Paris 1891–99. Nachdr. Brüssel 1964.
CSEL	Corpus Scriptorum Ecclesiasticorum Latinorum. Prag/Wien/Leipzig 1867 ff. Nachdr. New York / London 1965 ff.
Flasch, Einführung	Flasch, K.: Einführung in die Philosophie des Mittelalters. Darmstadt ^{3}1994.
Flasch, Hauptwerke	Flasch, K. (Hrsg.): Interpretationen. Hauptwerke der Philosophie: Mittelalter. Stuttgart 1998. (Reclams Universal-Bibliothek. 8741.)
Garin	Garin, E.: Storia della Filosofia Italiana. 3 Bde. Florenz 1945. Turin ^{2}1966.
Koch	Koch, J.: Kleine Schriften. 2 Bde. Rom 1973.
LMA	Lexikon des Mittelalters. München/Zürich 1980 ff.
Lohr (1)	Lohr, Ch.: Medieval Latin Aristotle Commentaries. In: Traditio 23 (1967) S. 315–413; 24 (1968) S. 149–245; 26 (1970) S. 135–216; 27 (1971) S. 251–351; 28 (1972) S. 281–396; 29 (1973) S. 93–114; 30 (1974) S. 119–144.
Lohr (2)	Lohr, Ch.: Renaissance Latin Aristotle Commentaries. In: Studies in the Renais-

	sance 21 (1974) S. 228–289. Fortgesetzt in: Renaissance Quarterly 28 (1975) S. 689–741; 29 (1976) S. 714–745; 30 (1977) S. 681–741; 31 (1978) S. 532–603; 32 (1979) S. 529–580.
MA	Geschichte der Philosophie in Text und Darstellung. Hrsg. von R. Bubner. Bd. 2: Mittelalter. Hrsg. von K. Flasch. Stuttgart 1982. (Reclams Universal-Bibliothek. 9912.)
Manitius	Manitius, M.: Die lateinische Literatur des Mittelalters. 3 Bde. München 1911–31.
MGH	Monumenta Germaniae Historica. Hannover [u. a.] 1826 ff.
MGL	Grabmann, M.: Mittelalterliches Geistesleben. 3 Bde. München 1926–56.
MM	Miscellanea Mediaevalia. Veröffentlichungen des Thomas-Instituts an der Universität Köln. Hrsg. von P. Wilpert [u. a.]. Berlin 1962 ff.
PG	Patrologiae cursus completus. Series Graeca. Hrsg. von J.-P. Migne. 161 Bde. Paris 1857–1866.
PL	Patrologiae cursus completus. Series Latina. Hrsg. von J.-P. Migne. 221 Bde. Paris 1844–1864.
S – I	Schulthess, P. / Imbach, R.: Die Philosophie im lateinischen Mittelalter. Ein Handbuch mit einem bio-bibliographischen Repertorium. Zürich/Düsseldorf 1996.
Stor. della Filos.	Storia della Filosofia. Hrsg. von M. Dal Pra. 10 Bde. Mailand 1975/76.
Sturlese	Sturlese, L.: Die deutsche Philosophie im Mittelalter 748–1280. München 1993.
Totok	Totok, W.: Handbuch der Geschichte der Philosophie. Frankfurt a. M. 1964 ff.
TRE	Theologische Realenzyklopädie. Berlin / New York 1976 ff.

Anmerkungen

Vorwort

1 Goethe, J. W., »Brief an C. F. von Reinhard vom 7. 10. 1810«, in: *Goethes Werke* (Sophien-Ausgabe), Abt. 4, Bd. 21, bearb. von A. Leitzmann, Weimar 1896, S. 394.
2 Goethe, »Maximen und Reflexionen aus Kunst und Altertum«, in: J. W. G., *Gedenkausgabe der Werke, Briefe und Gespräche,* hrsg. von E. Beutler, Bd. 9, Zürich ²1962, S. 507.

Für vollständigere bibliographische Informationen vgl. – außer Totok und Stor. della Filos. – jetzt vor allem S–I. Immer noch unentbehrlich sind: Geyer, B., (Hrsg.), *Die patristische und scholastische Philosophie* (Ueberweg, *Grundriß der Geschichte der Philosophie,* Bd. 2), Berlin 1928; Gilson, E., *La philosophie au moyen âge*, Paris ²1952; Vasoli, C., *La filosofia medioevale,* Mailand ⁴1972 (Stor. della Filos. II). – Neuere Gesamtdarstellungen sind: Vignaux, P., *Philosophie au moyen âge,* Paris 1958, jetzt in der Neuausgabe: Albeuve (Schweiz) 1987; Jolivet, J., »La philosophie médiévale en Occident«, in: Pavain, B. (Hrsg.), *Histoire de la philosophie*, Bd. 1, Paris 1969 (Edition de la Pléiade), S. 1198–1563; Weinberg, J. R., *Medieval Philosophy;* Princeton 1964; Dales, R. C., *The Intellectual Life of Western Europe in the Middle Ages,* Washington (D. C.) 1980; De Rijk, L. M., *La philosophie au moyen âge,* Leiden 1985; Flasch, K., Einführung [dieses Buch stellt eine Ergänzung des vorliegenden Werkes, nicht dessen Kurzfassung dar]; Beckmann, J. P. [u. a.] (Hrsg.), *Philosophie im Mittelalter. Entwicklungslinien und Paradigmen*, Hamburg 1987; Marenbon, J., *Early Medieval Philosophy. 480–1150. An Introduction*, London ²1988; ders., *Later Medieval Philosophy. 1150–1350*, London 1987; Knowles, D., *The Evolution of Medieval Thought,* London ²1988; Burns, J. H. (Hrsg.), *The Cambridge History of Medieval Political Thought,* Cambridge 1988; Vorländer, K.; *Geschichte der Philosophie mit Quellentexten,* Bd. 2: *Mittelalter,* bearb. von J. P. Beckmann, Hamburg 1990; *Knowledge and the Sciences in Medieval Philosophy, Proceedings of the Eighth International Congress of Medieval Philosophy,* Helsinki 1990; De Libera, A., *Penser au moyen âge,* Paris 1991; Lindberg, D. C., *The Beginning of Western Science. The European Scientific Tradition in Philosophical, Religious and Institutional Context*, Chicago 1992;

Dronke, P., *Intellectuals and Poets in Medieval Europe,* Rom 1992; De Libera, A., *La philosophie médiévale,* Paris 1993; Schönberger, R. / Kible, B., *Repertorium edierter Texte des Mittelalters aus dem Bereich der Philosophie und angrenzender Gebiete,* Berlin 1994; Rossi, P. / Viano, C. A., *Storia della filosofia,* Bd. 2: *Il Medioevo,* Rom 1994; Evans, G. R., *Philosophie und Theologie,* Bd. 2: *Mittelalter,* Stuttgart 1994; Bazán [u. a.] (Hrsg.), *Les philosophies morales et politiques au moyen âge,* 3 Bde., New York 1995; Imbach, R., *Quodlibeta,* Fribourg 1996; d'Onofrio, G., *Storia della teologia nel Medioevo,* 3 Bde., Casale Monteferrato 1996; Southern, R. W., *Scholastic Humanism and the Unification of Europe,* Oxford ²1997; Luscombe, D., *Medieval Thought,* Oxford 1997; Grant, E., *The Foundations of Modern Science in the Middle Ages. Their Religious, Institutional and Intellectual Contexts,* Cambridge 1997.

Einleitung

1 Baeumker, C., »Die europäische Philosophie des Mittelalters«, in: *Die Kultur der Gegenwart,* hrsg. von P. Hinneberg, T. 1, Abt. 5, Berlin/Leipzig 1913, S. 301.

2 Christ, K. / Kern, A., »Das Mittelalter«, in: *Handbuch der Bibliothekswissenschaft,* hrsg. von F. Milkau, G. Leyh [u. a.], Bd. 3,1, Wiesbaden ²1955, S. 244.

3 Vgl. Kurt Flasch, »Wozu erforschen wir die Philosophie des Mittelalters?«, in: W. Vossenkuhl / R. Schönberger (Hrsg.), *Die Gegenwart Ockhams,* Weinheim 1990 (VCH Acta humaniora), S. 393–409; ders., »Abschied von Dilthey. Historisches Wissen ohne ›Verstehen‹«, in: M. Ciliberto / C. Vasoli (Hrsg.), *Filosofia e cultura. Per Eugenio Garin,* Bd. 2, Rom 1991, S. 625–646; ders., »Historische Arbeit an Zeichen«, in: *Philosophie des Zeichens,* hrsg. von T. Borsche und W. Stegmaier, Berlin 1992, S. 136–148; ders., »Wie schreibt man Geschichte der mittelalterlichen Philosophie? Zur Debatte zwischen Claude Panaccio und Alain de Libera über den philosophischen Wert der philosophiehistorischen Forschung«, in: *Medioevo* 20 (1994) S. 1–29; ders., »Was heißt es: einen philosophischen Text historisch lesen? Philosophiehistorische Forschung in Deutschland und die Wirkung Martin Heideggers«, in: *Bochumer Philosophisches Jahrbuch für Antike und Mittelalter,* Bd. 1, Amsterdam 1996, S. 1–22.

Abschnitt 1

1 Zur geschichtlichen Situation vgl. Seeck, O., *Geschichte des Untergangs der antiken Welt,* Berlin ^{2}1920/21; Momigliano, A., *Cassiodorus and Italian Culture of his Time,* Oxford 1958; Hübinger, P. E., *Spätantike und frühes Mittelalter,* Darmstadt 1962; Jones, A. H. M., *The Later Roman Empire,* 3 Bde., Oxford 1964; White, L., jr. (Hrsg.), *The Transformation of the Roman World,* Berkeley 1966; Maier, F. G., *Die Verwandlung der Mittelmeerwelt,* Frankfurt a. M. 1968 (Fischer Weltgeschichte, 9); Brown, P., *The World of Late Antiquity,* London 1971; Momigliano, A., »La caduta senza rumore di un imperio nel 476 D. C.«, in: *Annali della Scuola Normale Superiore* 3,3 (1973) S. 397–418; Demandt, A., *Der Fall Roms. Die Auflösung des römischen Reiches im Urteil der Nachwelt,* München 1984; Engels, L. J. / Hofmann, H., »Spätantike. Mit einem Panorama der byzantinischen Literatur«, in: *Neues Handbuch der Literaturwissenschaft,* Bd. 4, Wiesbaden 1997; Demandt, A., *Geschichte der Spätantike. Das Römische Reich von Diocletian bis Justinian, 284–585,* München 1998; Fuhrmann, M., *Rom in der Spätantike. Porträt einer Epoche,* München 1998. – Zur Situation in Byzanz und zur byzantinisch-lateinischen Wechselwirkung vgl., außer den älteren Arbeiten von W. Ohnsorge: Haussig, H.-W., *Kulturgeschichte von Byzanz,* Stuttgart 1966; Maier, F. G., *Byzanz,* Frankfurt a. M. 1973 (Fischer Weltgeschichte, 13); Baker, D. (Hrsg.), *Relations between East and West in the Middle Ages,* Edinburg 1973; Beck, H.-G., *Das byzantinische Jahrtausend,* München 1978; Berschin, W., *Griechisch-lateinisches Mittelalter,* Bern 1980; »Buch und Gesellschaft in Byzanz«, in: *Jahrbuch der österreichischen Byzantinistik,* Bd. 16, Wien 1981; Cutler, A. / Spieser, J. M., *Das mittelalterliche Byzanz, 725–1204,* München 1996 [aus dem Frz., kunsthistorisch]; Konstantinou, E. (Hrsg.), *Byzanz und das Abendland im 10. und 11. Jahrhundert,* Köln 1997.

Abschnitt 2

1 Grundlegender Text für das Folgende sind Augustins *Revisionen (Retractationes)* aus den Jahren 426/427, in: PL 32,583–656; hier zitiert nach der Ausgabe von H. Knoell im CSEL, Bd. 36,1. Weitere Belege bei Flasch, K., *Augustin. Einführung in sein Denken,*

2., verm. Aufl., Stuttgart 1994 (Reclams Universal-Bibliothek, 9962).

Werke Augustins: Die vollständigste Ausgabe ist immer noch die von J. P. Migne, *Patrologia Latina,* Bd. 32–46, Paris 1861–62 (zit. als PL); meist bessere Ausgaben bietet das *Corpus Scriptorum Ecclesiasticorum Latinorum*, Wien 1887ff. (zit. als CSEL mit Band- und Seitenzahl sowie dem Namen des Herausgebers); durchweg gute Texte bringt das *Corpus Christianorum,* Series Latina, Turnhout 1955ff. (zit. als CC mit nachfolgender Band- und Seitenzahl sowie dem Namen des Herausgebers), daraus insbesondere: *Contra Academicos. De ordine. De beata uita,* ed. W. M. Green (CC 29); *De uera religione,* ed. K. D. Daur (CC 32); *Confessiones,* ed. L. Verheijen (CC 27); *De ciuitate Dei,* ed. B. Dombart et A. Kalb (CC 47 und 48). – Verwiesen sei auf das *Corpus Augustinianum Gissense* auf CD-ROM, hrsg. von C. Mayer, Basel: Schwabe-Verlag 1995. Es umfaßt das gesamte, derzeit bekannte Werk Augustins, einschließlich der neu entdeckten Predigten und schlüsselt die Sekundärliteratur nach den Stichworten des Augustinus-Lexikons auf: C. Mayer (Hrsg.), *Augustinus-Lexikon*, Bd. 1, Basel 1986–94.
Übersetzungen: *Augustinus,* ausgew. und vorgest. von K. Flasch, in: *Philosophie jetzt!,* hrsg. von P. Sloterdijk, München 1996; *Bekenntnisse,* übers. von K. Flasch und B. Mojsisch, Stuttgart 1989; *Philosophische Frühdialoge,* lat./dt., hrsg. und übers. von E. Mühlenberg [u. a.], Zürich 1972; *Quaestiones ad Simplicianum* I 2, lat./dt. von Walter Schäfer, in: K. Flasch, *Augustinus von Hippo. Logik des Schreckens. Die Gnadenlehre von 397,* 2., verm. und verb. Aufl., Mainz 1995; *De uera religione – Über die wahre Religion,* lat./dt., übers. von W. Thimme, Nachw. von K. Flasch, Stuttgart 1983; *Vom Gottesstaat*, übers. von W. Thimme, eingel. von C. Andresen, 2 Bde., Zürich ²1978.
Biographie: Brown, P., *Augustinus von Hippo,* dt. München 1973; Pincherle, A., *Vita di S. Agostino*, Rom 1980.
Gesamtdarstellungen und wichtige Monographien: Heidegger, M., *Augustinus und der Neuplatonismus,* hrsg. von C. Strube, *Heidegger-Gesamtausgabe,* Bd. 60, Frankfurt a. M. 1995; Marrou, I., *Augustin und das Ende der antiken Bildung,* Paris 1938, ²1949, dt. Paderborn 1982; Burnaby, J., *Amor Dei. A Study of the Religion of St. Augustine,* London 1947; Brown, P., *Die Keuschheit der*

Engel. Sexuelle Entsagung, Askese und Körperlichkeit am Anfang des Christentums, New York 1988, dt.: München 1991; Kirwan, Ch., *Augustine,* London 1989; Babcock, W. S. (Hrsg.)., *The Ethics of St. Augustine,* Atlanta 1991; Rist, J. R., *Augustine. Ancient thought baptized,* Cambridge 1994; Flasch, K., *Augustin. Einführung in sein Denken,* 2., verm. Aufl., Stuttgart 1994 (Reclams Universal-Bibliothek, 9962); Markus, R. A., *Sacred and Secular. Studies on Augustin and Latin Christianity,* Aldershot 1994; De Courcelles, D., *Augustin ou le génie de l'Europe,* Paris 1995; Flasch, K., *Logik des Schreckens. Augustinus von Hippo. Die Gnadenlehre von 397,* Mainz [2]1995; ders., *Was ist Zeit? Augustinus von Hippo, Das XI. Buch der Confessiones. Historisch-philosophische Studie,* Text, Übers., Komm., Frankfurt a. M. 1993; Horn, Chr., *Augustinus,* München 1995; Kreuzer, J., *Augustinus,* Frankfurt a. M. 1995.

2 Zu diesem wichtigen Begriff des mittelalterlichen Bildungssystems vgl. S. 152–157.

Abschnitt 3

1 Werke des Boethius: PL 64; *Opuscula,* ed. H. F. Stewart et E. K. Rand, London 1918 (mehrere Neuaufl.); *Consolatio philosophiae,* ed. L. Bieler, in: CC 94, 1957; die Aristoteles-Übersetzungen des Boethius edierte L. Minio-Paluello, in: *Aristoteles latinus,* Brügge/Paris 1961 ff.; Cappuyns, M., »Boèce«, in: *Dictionnaire d'Histoire et Géographie Ecclesiastique,* Bd. 9, Paris 1937, S. 348–380; Courcelles, P., *Les lettres grecques en Occident de Macrobe à Cassiodore,* Paris [2]1948; ders., *La consolation de philosophie dans la tradition littéraire,* Paris 1967; Obertello, L., *Severino Boezio,* 2 Bde., Genua 1974; Chadwick, H., *Boethius. The Consolations of Music, Logic, Theology and Philosophy,* Oxford 1981; Obertello, L. (Hrsg.), *Atti del Congresso internazionale di Studi Boeziani,* Rom 1981; Gibson, M., *Boethius. His Life, Thought and Influence,* Oxford 1981; Troncarelli, F., *Tradizioni perdute. La consolatio philosophiae nell'Alto Medioevo,* Padua 1981; Fuhrmann, M./Gruber, J. (Hrsg.), *Boethius,* Darmstadt 1984; Green-Pederson, N. J., *The Tradition of the Topics in the Middle Ages. The Commentaries on Aristotle's and Boethius' Topics,* München/Wien 1984; Obertello, L., *Boezio e dintorni. Ricerche sulla cultura altomedievale,* Florenz 1990; Magee, J., *Boethius on Signification and*

Mind, Leiden 1990. Textauszüge deutsch bei Flasch, MA 107–132. Für weitere Literatur vgl. Manitius I, S. 22–36; Totok I, S. 349–353; Stor. della Filos, V, S. 384–386; TRE 7 (1981) S. 25–28; Kaylor, W. H., *The Medieval Consolation of Philosophy. An Annotated Bibliography*, New York 1992.

2 Boethius, *In Categ. Aristotelis*, lib. II, PL 64,201.

3 Vgl. die Edition von G. Friedlein, Leipzig 1867, Nachdr. Frankfurt a. M. 1966.

4 Friedlein 10,14.

5 Boethius, *In lib. Aristotelis Peri hermeneias*, ed. sec. l. II praef. ed. C. Meiser, Leipzig 1880, S. 79.

6 Cicero, *Academica* I 4,17; ebd. I 12,43; ders., *De natura Deorum* I 7,16.

7 Die angeführte Stelle steht bei Boethius, *In Isagoge* II 1,5 PL 64,82; CSEL 48 Brandt 159–167. – Während ich im Abschnitt über Augustin (S. 37–53) keine Belegstellen erbracht habe, weil ich meine Auffassung in: Flasch, K., *Augustin. Einführung in sein Denken*, Stuttgart [2]1994, ausführlich begründet habe, führe ich bei Boethius und den folgenden mittelalterlichen Autoren die wichtigsten Belegstellen an.

8 In Isag. II 1,5 PL 64,83 D; CSEL 48 Brandt 163,2–3. – Zum Universalienproblem im Anschluß an Boethius vgl. Wöhler, H.-U. (Hrsg.), *Texte zum Universalienstreit*, 2 Bde., Berlin 1992–94; Mensching, G., *Das Allgemeine und das Besondere. Der Ursprung des modernen Denkens im Mittelalter*, Stuttgart 1992; De Libera, A., *La Querelle des universaux: De Platon à la fin du moyen âge*, Paris 1996; *Individuum und Individualität im Mittelalter*, MM 24.

9 In Isag. II 1,5 PL 64,83 D; CSEL 48 Brandt 163,2–3.

10 In Isag. II 1,5 PL 64,83 D; CSEL 48 Brandt 163,2–3. Dabei ist der Sprachgebrauch zu beachten: »Subjekt« steht da, wo wir »Objekt« sagen.

11 In Isag. II 1,5 PL 64,84 D; Brandt 165,1–3.

12 In Isag. II 1,5 PL 64,85 A; Brandt 165,13: *aufert ... a corporibus incorpoream naturam.*

13 In Isag. II 1,5 PL 64,85 C; Brandt 166,22.

14 In Isag. II 1,5 PL 64,86 A; Brandt 167,9.

15 In Isag. II 1,5 PL 64,84 D; Brandt 165.

16 In Isag. II 1,5 PL 64,86 A; Brandt 167,9.

17 In Isag. II 1,5 PL 64,85 Aff.; Brandt 162f.

18 Boethius, *Consolatio Philosophiae* V 4; bei Flasch, MA 120–127.

19 Ihre Titel lauten: (1) *Trinitas unus Deus ac non tres Dii;* (2) *Utrum Pater et Filius et Spiritus Sanctus de divinitate substantialiter praedicentur;* (3) *Quomodo substantiae in eo quod sint bonae sint cum non sint substantialia bona,* gen.: *De Hebdomadibus,* deutsch bei Flasch, MA 127–132; (4) *De fide catholica* ist vermutlich unecht, falls echt, eine nicht sonderlich originelle Auslegung des Credo mit Diskussion der letzten Häresien; (5) *Contra Eutychen et Nestorium,* also gegen die Monophysiten. Der Text sagt, er solle klären, was bei tumultuösen Konzilsdebatten nicht zu klären gewesen sei. Lat./engl. Ausgabe der Traktate von H. F. Stewart und E. K. Rand, London 1918 [u. ö.], lat./dt. von M. Elsässer, Hamburg 1988.

20 Stewart/Rand 4.

21 Kritische Ausgabe von L. Bieler im CC 1957. Übersetzung von K. Büchner mit einer Einführung von F. Klingner, Stuttgart 1971 (Reclams Universal-Bibliothek, 3154). Auswahl aus dem 3. und 5. Buch bei Flasch, MA 110–127; Gruber J., *Kommentar zu Boethius »De consolatione philosophiae«,* Berlin / New York 1978. Vgl. Schmidt-Kohl, V., *Die neuplatonische Seelenlehre in der »Consolatio Philosophiae« des Boethius,* Meisenheim 1965; Frakes, J. C., *The Fate of Fortune in the Early Middle Ages. The Boethian Tradition,* Leiden 1988; De Rijk, L. M., »On Boethius's Notion of Being«, in: Kretzmann, N. (Hrsg.), *Meaning and Inference in Medieval Philosophy. Studies in Memory of Jan Pinborg,* Dordrecht 1988, S. 1–29; Gersh, St., *Concorde in Discourse. Harmonies and Semantics in late classical and early medieval Platonism,* Berlin / New York 1996.

22 Vgl. Auer, A., *Johannes von Dambach und die Trostbücher vom 11.–16. Jahrhundert,* Münster 1928 (Beiträge 27,1/2); Notker von St. Gallen, *Werke,* hrsg. von E. H. Sehrt und T. Starck, 7 Bde., Heidelberg 1933–55; Moos, P. v., *Consolatio. Studien zur mittelalterlichen Trostliteratur über den Tod und zum Problem der christlichen Trauer,* München 1971.

23 Boethius, Cons. I 4,29 Bieler 9, Büchner 12f. Vgl. Aertsen, A. (Hrsg.), *Individuum und Individualität im Mittelalter,* Berlin / New York 1996 (MM 24).

24 Cons. I m. 5,31 Bieler 12, Büchner 16.

25 Cons. I 5,3 Bieler 13.

26 Cons. I 6,4 Bieler 15.

27 Cons. I 6,17 Bieler 15, Büchner 21.
28 Cons. II 1,8 Bieler 18.
29 Cons. II 2,7 Bieler 19, Büchner 27f.
30 Cons. II 2,9 Bieler 20, Büchner 28.
31 Cons. II 4,12 Bieler 24, Büchner 34.
32 Cons. II 4,22 Bieler 24, Büchner 35.
33 Cons. II 4,18 Bieler 24, Büchner 35.
34 Cons. II 8,4 Bieler 35, Büchner 50.
35 Cons. III 2,3 Bieler 38, Büchner 53.
36 Cons. III 2,3 Bieler 38.
37 Cons. III 10,2–10 Bieler 52–53, Büchner 75–76.
38 Cons. III 10,25 Bieler 54, Büchner 79.
39 Cons. III 10,36 Bieler 55, Büchner 80.
40 Cons. III 11,38 Bieler 59, wo Aristoteles, *Nikomachische Ethik*, als Quelle fehlt.
41 Cons. III 12,29 Bieler 62, Büchner 91.
42 Cons. III 10,2 Bieler 52, Büchner 75.
43 Deutsch bei Flasch, MA 115–116. Zur Wirkung im Mittelalter kurz, aber sehr informativ: Häring, N. M., in: *Lexikon des Mittelalters,* Bd. 2, Lfg. 2, München/Zürich 1981, S. 312–314.
44 Boethius, Cons. IV 4,29 Bieler 75: *extra ne quaesieris ultorem*, Büchner 112.
45 Cons. IV 6,12 Bieler 79f., Büchner 118: besonders schöner Beleg für Technomorphie.
46 Cons. IV 6,13 Bieler 80, Büchner 118.
47 Cons. IV 7,3 Bieler 85, Büchner 126.
48 Cons. IV 7,22 Bieler 87, Büchner 128.
49 Cons. V 6,4 Bieler 101: *aeternitas ... est interminabilis vitae tota simul et perfecta possessio*, Büchner 149.
50 Cons. V 4,24–5,12 Bieler 96–100, Büchner 143–148.
51 Cons. V m. 4,25 Bieler 98, Büchner 145.

Abschnitt 4

1 Die Werke des Dionysius sind gedruckt in: PG 3; kritische Ausgabe des *Corpus Dionysiacum*, Bd. 1, ed. B. R. Suchla, Bd. 2, ed. G. Heil/A. M. Ritter, Berlin 1990–91 (Patristische Texte und Studien, 33, 36). Die lateinischen Übersetzungen in: Chevalier, P., *Dionysiaca*, 2 Bde., Paris 1937; dazu auch: Théry, G., *Etudes dionysiennes,* 2 Bde., Paris 1932–37; die früheren deutschen

Übersetzungen sind überholt durch die Übertragungen von G. Heil (1986), B. R. Suchla (1988/90) und A. M. Ritter (1994) in: *Bibliothek der griechischen Literatur,* Bd. 22, 26, 33, 36, 40 [in Bd. 40 ausführliche Literaturübersicht von A. M. Ritter, 1994]. – Über ihn Koch, H., *Pseudo-Dionysius Areopagita in seinen Beziehungen zum Neuplatonismus und Mysterienwesen,* [o. O.] 1900; Roques, R., *L'univers dionysien. Structure hierarchique du monde selon le Pseudo-Denys,* Paris 1954; Völker, W., *Kontemplation und Ekstase bei Pseudo-Dionysius Areopagita,* Wiesbaden 1958; Ivanka, E. v., *Plato christianus,* Einsiedeln 1964; Hornus, J.-M., »Les recherches récentes sur le Pseudo-Denys l'Areopagite«, in: *Revue d'histoire et de philosophie religieuse* (1955) S. 408–448; (1961) S. 22–81; Gersh, St., *From Iamblichus to Eriugena. An Investigation of the Prehistory and Evolution of the Pseudo-Dionysian Tradition,* Leiden 1978; Rorem, P., *Pseudo-Dionysius. A Commentary on the Texts and Introduction to their Influence,* New York 1993; Rist, J. M., *Man, soul and body. Essays in ancient thought from Plato to Dionysius,* Aldershot 1996. – Über eine Reihe von Versuchen, Dionysius neu zu bewerten, seine Abhängigkeit von Proklos zu bestreiten und die Chronologie seiner Schriften zu ändern, vgl. Corvino, F., »La filosofia dell'Alto Medioevo«, in: Stor. della Filos. V, S. 32–37, bes. 396. Textauszüge deutsch bei Flasch, MA 133–163.

Abschnitt 5

1 I. v. Sevilla, *Etymologiae sive origines,* ed. W. M. Lindsay, 2 Bde., Oxford 1911; *Sententiae,* ed. P. Cazier, CC 111; Fontaine, J., *Isidor de Séville et la culture classique dans l'Espagne wisigothique,* 2 Bde., Paris 1959; Bischoff, B., *Mittelalterliche Studien,* Bd. 1, Stuttgart 1966, S. 171–194; Brunhölzl, F., *Geschichte der lateinischen Literatur des Mittelalters,* Bd. 1, München 1975, S. 268–286; Diesner, H. J., *Isidor von Sevilla und das westgotische Spanien,* Trier 1978; Fontaine, J., *Tradition et actualité chez Isidore de Seville,* London 1988 [u. ö.]; ders., in: LMA 5 (1991) Sp. 677–680. Für weitere Literatur vgl. Manitius I, S. 52–70; Totok II, S. 169–171; Stor. della Filos. V, S. 390.

2 Vgl. Le Goff, J., *Die Kultur des europäischen Mittelalters,* München/Zürich 1970, S. 201.

3 Ebd., S. 218.

4 Eine neue Ausgabe des wichtigen Textes hat G. Madec vorgelegt: *Iohannis Scotti De divina praedestinatione liber,* CC 50, S. V–XIX, 1–122.
5 Augustin, de div. quaest. PL 40,29; CC 44 Mutzenbecher 70.
6 Text bei Flasch, MA 115–117.
7 Dionysius Areopagita, de div. nom. V, PG 3,820 AB – 121 B, 824 C.
8 Boethius, *Quomodo substantiae,* ed. Stewart/Rand, S. 46 (vgl. Abschn. 3, Anm. 19), deutsch bei Flasch, MA 131.
9 Stewart/Rand 40, deutsch bei Flasch, MA 128: *Diversum est esse et id quod est.*
10 Stewart/Rand 42, deutsch bei Flasch, MA 128.
11 Augustin, *De trinitate* VII 5,10 PL 42,942; CC 50 Mountain 260.
12 de trin. VII 5,10 PL 42,942; CC 50 Mountain 261.
13 de trin. VII 6,11 PL 42,943,944; CC 50 Mountain 264.
14 de trin. IX 4,5 PL 42,963–964; CC 50 Mountain 297f.
15 de trin. IX 12,18 PL 42,972; CC 50 Mountain 310.
16 de trin. XV 17,29 PL 42,1089; CC 50 A Mountain 504.
17 de div. quaest. 83, qu. 35,1 PL 40,23; CC 44 A Mutzenbecher 50.
18 Vgl. S. 187–192.
19 Boethius, *De trinitate 2* Stewart/Rand 8.
20 Alcuin, *De fide trinitatis* 1,3–7 PL 101,16–18.
21 Boethius, de trin. 5 Stewart/Rand 24: *Non igitur dici potest praedicationem relativam quidquam rei de qua dicitur secundum se vel addere vel minuere vel mutare.*
22 de trin. 6 Stewart/Rand 30. Zur Erläuterung vgl. S. 93. Danach beherrscht Andersheit nicht nur das Verhältnis der Substanzen zueinander, sondern bestimmt die endliche Substanz in sich selbst.
23 *Contra Eutychen* 3 Stewart/Rand 84.
24 c. Eutych. 3 Stewart/Rand 86.
25 de trin. VII 6,11 PL 42,944.
26 c. Eutych. 3 Stewart/Rand 86.
27 Vgl. Petrus Damiani, *De divina omnipotentia,* ed. P. Brezzi et B. Nardi, Florenz 1943, Neuausg. in: *Sources Chrétiennes* 191 (1972). Eine abmildernde Auslegung versucht Moonan, L., »Impossibility and Peter Damian«, in: *Archiv für Geschichte der Philosophie* 62 (1980) S. 146–163.

28 Dionysius Areopagita, *De divinis nominibus* 9,1 PG 3,909 B, vgl. ebd. 9,2; 9,3.

29 de div. nom. 1,7 PG 3,597 A.

30 *De mystica theologica* 1,2 PG 3,1000 B.

31 Augustin, de trin. VIII 3,4 Mountain 272,15.

32 Instruktive Beispiele bei Halm, C., *Rhetores latini minores*, Leipzig 1868, bes. S. 155,28ff. sowie, aus karolingischer Zeit, S. 548,23ff.

33 Vgl. Duhem, P., *Le système du monde*, 10 Bde., Paris 1913–59; Crombie, A. C., *Von Augustinus bis Galilei*, dt. Köln/Berlin 1964; *Congrès international de philosophie médiévale, 3. Passo della Mendola 1964, Atti*, Mailand 1966, bes. die Einl. von B. Nardi, S. 3–23; Lindberg, D. C. (Hrsg.), *God and Nature. Historical Essays on the Encounter between Christianity and Science*, Berkeley / Los Angeles 1986; ders., *The Beginning of the Western Science*, Chicago 1992; *Knowledge and the Sciences in Medieval Philosophy. Proceedings of the Eighth International Congress of Medieval Philosophy*, 3 Bde., Helsinki 1990. Zu beachten sind alle Bände der Zeitschrift *Micrologus*, bis jetzt 6 Bde., Turnhout 1993–98.

34 Vgl. die Edition von Raekham, H. [u. a.], 10 Bde., London 1938–63 [mit engl. Übers.]. – Kroll, W., *Die Kosmologie des Plinius*, Breslau 1930.

35 Auf diese Stelle wies bereits B. Nardi (s. Anm. 33), S. 11, hin. Ich erwähne dies auch, um auf diesen in Deutschland zu wenig bekannten ausgezeichneten Kenner des Mittelalters hinzuweisen.

Kapitel I

1 Dopsch, A., *Wirtschaftliche und soziale Grundlagen der europäischen Kulturentwicklung aus der Zeit von Caesar bis auf Karl d. Gr.*, 2 Bde., Wien ^{2}1923/24; Pirenne, H., *Mahomet et Charlemagne*, Paris/Brüssel 1937; Lewis, A. R., *Naval Power and Trade in the Mediterranean A. D. 500–1000*, Princeton 1951; Pirenne, H., *Histoire économique et sociale du Moyen Age*, Neuausg. von H. Van Weveke, Paris 1963; Le Goff, J., *La Civilisation de l'Occident médiéval*, Paris 1964, S. 27–64 [die beiden letzten Werke auch in deutscher Übers.]; Hübinger, P. E. (Hrsg.), *Bedeutung und Rolle des Islam beim Übergang vom Altertum zum Mittelalter*, Darmstadt 1968; Duby, G., *Guerriers et*

paysans. VIIe–XIIe siècle. Premier essor de l'économie européenne, Paris 1973, dt.: *Krieger und Bauern,* Frankfurt a. M. 1983; Fourquin, G., *Histoire économique de l'occident médiéval,* Paris ³1979, S. 9–93; Doehard, R., *Le haut moyen âge occidental. Economies et sociétés,* Paris ²1982 [lesenswert; deutliche Akzentuierung der Kontinuitätsmomente]. Grundlegend für die Wirtschafts- und Sozialgeschichte des Mittelalters, also auch für die späteren Abschnitte sind: Postan, M. [u. a.], *The Cambridge Economic History of Europe,* Bd. 1–3, Cambridge ²1966; Aubin, H. (Hrsg.), *Handbuch der deutschen Wirtschafts- und Sozialgeschichte,* Bd. 1, Stuttgart 1971; Jones, Ph., *Economia e società nell'Italia medievale,* Turin 1980. Vgl. auch White, L. jun., *Die mittelalterliche Technik und der Wandel der Gesellschaft,* München 1968; ders., *Medieval Religion and Technology,* Berkeley 1978; Gimpel, J., *Die industrielle Revolution des Mittelalters,* Zürich 1980. Generell: Borst, A., *Lebensformen im Mittelalter,* Frankfurt a. M. 1979; Zimmermann, H., *Das Mittelalter,* 2 Bde., Braunschweig 1975–79; *Handbuch der europäischen Geschichte,* hrsg. von Th. Schieder, Bd. 1: *Europa im Wandel von der Antike zum Mittelalter,* hrsg. von R. Schieffer, Stuttgart 1976; See, K. v. (Hrsg.), *Europäisches Frühmittelalter,* Wiesbaden 1985; Gurjewitsch, A. J., *Das Weltbild des mittelalterlichen Menschen,* München ⁵1997; Tellenbach, G., *Ausgewählte Abhandlungen und Aufsätze,* 4 Bde., Stuttgart 1988–89; Angenendt, A., *Das Frühmittelalter. Die abendländische Christenheit von 400 bis 900,* Stuttgart 1990; Fried, J., *Die Formierung Europas 840–1046,* München 1991; ders., *Propyläen Geschichte Deutschlands,* Bd. 1: *Der Weg in die Geschichte. Die Ursprünge Deutschlands bis 1024,* Berlin 1994 [ausführliche Literaturangaben].

Abschnitt 6

1 Wer nicht glauben will, daß eine derartig unhistorische Betrachtungsweise vorkommt, studiere das Alterswerk eines so gelehrten Kenners des Mittelalters, wie Etienne Gilson, in dessen *Introduction à la Philosophie Chrétienne,* Paris 1960, die »christliche Philosophie« nur im Singular vorkommt. Gilson definiert sie in der 3. Zeile seines Buches als die von Papst Leo XIII. († 1903) geforderte christliche Philosophie, schneidet damit den geschichtlichen Reichtum der mittelalterlichen Philosophie ab und spricht nur

noch vom Thomismus, überdies in der oben angedeuteten einseitigen Weise, die noch nicht einmal der Lehre des Thomas von Aquino vom Sein und vom Seienden gerecht wird, wie Klaus Kremer in *Die neuplatonische Seinsphilosophie und ihre Wirkung auf Thomas von Aquin,* Leiden 1966, gezeigt hat.
Die kürzeste Kritik an der dogmatischen Verengung des großen Historikers Gilson formulierte Paul Vignaux, *De saint Anselme à Luther,* Paris 1976, S. 56: Man müsse unterscheiden zwischen dem dogmatischen und dem deskriptiven Sinn des Ausdrucks »christliche Philosophie«. Ähnliche Distanzierungen in dem Erinnerungsband: *Etienne Gilson et nous: La philosophie et son histoire,* hrsg. von M. Couratier, Paris 1980, bes. S. 63 (Martineau) und S. 49–58 (Vignaux).

2 Meister Eckhart, *Quaestio Parisiensis. Utrum in deo sit idem esse et intellegere,* n. 4, in: M. E., *Lateinische Werke,* Bd. 5, Stuttgart 1936, S. 40.

Abschnitt 7

1 Vgl. Abschn. 3, Anm. 22.

Abschnitt 8

1 Vgl. »Arts libéraux et philosophie au moyen âge«, in: *Actes IVe congrès international de philosophie médiévale,* Montreal/Paris 1969; Glorieux, P., *La faculté des arts et ses maîtres au XIIIe siècle,* Paris 1971, S. 14–58 [Einführung über die Freien Künste]. Zur Bildungsgeschichte vgl. »La scuola nell'occidente latino dell'Alto Medioevo«, in: *XIX. settimane di studio del centro italiano di studi sull'Alto Medioevo,* Spoleto 1972; Murphy, J. J., *Rhetoric in the Middle Ages. A History of Rhetorical Theory from Saint Augustine to the Renaissance,* Berkeley 1974; Koch, J. (Hrsg.), *Artes liberales. Von der antiken Bildung zur Wissenschaft des Mittelalters,* Leiden/Köln 1976; Hadot, I., *Arts liberaux et philosophie dans la pensée antique,* Paris 1984; Contreni, J. J., *Carolingian Learning, Masters and Manuscripts,* Hampshire 1992; Déchant, Fr., *Die theologische Rezeption der Artes liberales und die Entwicklung des Philosophiebegriffs in theologischen Programmschriften des Mittelalters von Alkuin bis Bonaventura,* St. Ottilien 1993; Englisch, B., *Die Artes liberales im frühen Mit-*

telalter. Das Quadrivium und der Komputus als Indikatoren für Kontinuität und Erneuerung der exakten Wissenschaften zwischen Antike und Mittelalter, Stuttgart 1994.

2 Martianus Capella, *De nuptiis Mercurii et Philologiae*, ed. A. Dick, Leipzig 1925.

3 Julius Solinus, *Collectanea rerum memorabilium*, ed. Th. Mommsen, Berlin 1864, [2]1895, Nachdr. 1958.

4 *Physiologus*, ed. F. Lauchert, Straßburg 1889, ed. F. Sbordone, Rom 1936, dt. von O. Seel, Zürich/Stuttgart 1960.

5 Le Goff, J., *La Civilisation de l'Occident médiéval*, Paris 1964, S. 150; Orosius, *Historia adversus paganos*, ed. C. Zangemeister, Prag [u. a.] 1882, Neudr. New York 1966 (CSEL 5).

6 Christ. K. / Kern, A., »Das Mittelalter«, in: *Handbuch der Bibliothekswissenschaft*, hrsg. von F. Milkau, G. Leyh [u. a.], Bd. 3,1, Wiesbaden [2]1955, S. 291.

7 Gregor d. Gr., *Dialogi* VI 2, prol. PL 66,126: *Recessit scienter nescius et sapienter indoctus.*

Abschnitt 9

1 Vgl. Thompson, J. W., *The Medieval Library*, Chicago 1939; Christ/Kern, in: *Handbuch der Bibliothekswissenschaft*, Bd. 3,1 (vgl. Abschn. 8, Anm. 6). Riché, P., *Education et culture dans l'Occident barbare, VIe–VIIIe siècle*, Paris [2]1967; ausgezeichnete Übersicht von L. J. Bataillon, »Les conditions de travail des maîtres de l'université de Paris au XIIIe siècle«, in: *Revue des sciences philosophiques et théologiques* 67 (1983) S. 417–433; Buzás, L., *Deutsche Bibliotheksgeschichte des Mittelalters*, Wiesbaden 1975; Ganz, P. (Hrsg.), *The Role of the Book in Medieval Culture*, 2 Bde., Turnhout 1986; Cavallo, G., *Le biblioteche nel mondo antico e medievale*, Rom/Bari 1988; Krämer, S., *Handschriftenerbe des deutschen Mittelalters. Mittelalterliche Bibliothekskataloge Deutschlands und der Schweiz*, Erg.-Bd. 1, München 1989; Caroti, S., *I codici di Bernardo Campagna. Filosofia e Medicina alla fine del secolo XIV*, Manziana 1991; Canone, E. (Hrsg.), *Bibliothecae selectae da Cusano a Leopardi*, Florenz 1993.

2 Nach Thompson, *The Medieval Library*, S. 630–635.

3 Zahlen bei Christ/Kern (vgl. Abschn. 8, Anm. 6), S. 251. Vgl. auch Lehmann, P., *Mittelalterliche Bibliothekskataloge Deutsch-*

lands und der Schweiz, Bd. 1, München 1918; Bischoff, B., »Biblioteche, scuole e letterature nelle città dell'alto medioevo«, in: *La Città Nell'Alto Medioevo*, Spoleto 1959, S. 609–644. Insgesamt zu beachten: Lehmann, P., *Erforschung des Mittelalters. Ausgewählte Abhandlungen und Aufsätze*, 5 Bde., Leipzig 1941–62; Bischoff, B., *Mittelalterliche Studien. Ausgewählte Aufsätze zur Schriftkunde und Literaturgeschichte*, Stuttgart 1966ff.

4 Bernhard von Clairvaux, Ep. 189, *Opera*, ed. J. Leclercq et H. Rochais, Bd. 8, Rom 1977, S. 13, zit. bei: Thompson, *The Medieval Library*, S. 636.

5 *Cassiodori Institutiones*, ed. R. A. B. Mynors, Oxford 1937. Über ihn vgl. O'Donnell, J. J., *Cassiodorus*, Berkeley 1979.

6 Vgl. Thompson, *The Medieval Library*, S. 40.

7 Eugippius, *Excerpta ex operibus*, s. Augustini, PL 62,599–1088; CSEL 9,1.2.

8 Gregor von Tours, *Historia Francorum* IV 31, zit. bei: Thompson, *The Medieval Library*, S. 26.

9 Gregor von Tours, hist. franc. VI 9, zit. bei: Thompson, *The Medieval Library*, S. 26.

10 Gregor d. Gr., *Moralia in Hiob* V 3, PL 79,355. Vgl. zum Ganzen Paul, J., *Histoire intellectuelle de l'occident médiéval*, Paris 1973, S. 101–103; Richards, J., *Gregor der Große*, [engl.] London 1980, dt. Graz/Wien/Köln 1983; über Gregor: Evans, G. R., *The Thought of Gregory the Great*, Cambridge 1986; Markus, R. A., *Gregory the Great and his World*, London 1997. Zu Bonifatius: Sturlese, S. 15–18.

11 Alkuin, Werke: PL 90; MGH Poetae I 1,160–351, Epistolae IV 1–493, 614–616; Fleckenstein, J., *Die Hofkapelle der deutschen Könige*, Bd. 1: *Die karolingische Hofkapelle*, Stuttgart 1959 (MGH 16,1); Wallach, L., *Alcuin and Charlemagne*, Ithaca (N. Y.) 1959; Edelstein, W., *Eruditio und sapientia. Weltbild und Erziehung in der Karolingerzeit. Untersuchungen zu Alkuins Briefen*, Freiburg i. Br. 1965; Alcott, C., *Alcuin of York. Life and Works*, New York 1974; Brunhölzl, F., *Geschichte der lateinischen Literatur des Mittelalters*, Bd. 1, München 1975, S. 268–286; Mähl, S., *Quadriga virtutum. Die Kardinaltugenden in der Geistesgeschichte der Karolingerzeit*, Köln/Wien 1969; Marenbon, J., *From the Circle of Alcuin to the School of Auxerre*, Cambridge 1981; Flasch, Einführung, S. 1–11.

12 Vgl. Heinemann, O. v., *Die Handschriften der herzoglichen Bibliothek zu Wolfenbüttel,* Bd. 3: *Die Weißenburger Handschriften,* Wolfenbüttel 1905. – Katalog von St. Gallen bei Lehmann, P., *Mittelalterliche Bibliothekskataloge Deutschlands und der Schweiz,* Bd. 1, München 1918, S. 66. Zum Gesamtbestand der Handschriften vgl. *Verzeichnis der Handschriften der Stiftsbibliothek von St. Gallen,* hrsg. vom Katholischen Administrationsrath des Kantons St. Gallen, bearb. von G. Scherrer, Halle 1875. – Die Handschriften der Stiftsbibliothek St. Gallen, beschreibendes Verzeichnis: *Codices 1726–1948 (14.–19. Jh.),* bearb. von B. M. v. Scarpatetti, mit einer Einl. zur Geschichte der Katalogisierung von J. Duft, St. Gallen 1983.

13 Vgl. die lateinischen Übersetzungen in Chevalier, P., *Dionysiaca,* 2 Bde., Paris/Brügge 1937–51.

14 Der Text ist ediert von J. Willis, *Commentarii in somnium Scipionis Ambrosii Theodosii Macrobii,* Leipzig 1963, engl.: *Commentary on the Dream of Scipio,* New York 1952 [mit längerer Einleitung]. Zu Macrobius vgl. Flasch, Einführung, S. 66–78; Flamant, J., *Macrobe et le néoplatonisme latin à la fin du IVe siècle,* Leiden 1977; Di Pasquale, B., *Macrobio. Etica e psicologia nei Commentarii in »Somnium Scipionis«,* Catania 1988; Hüttig, A., *Macrobius im Mittelalter. Ein Beitrag zur Rezeptionsgeschichte der Commentarii in »Somnium Scipionis«,* Frankfurt a. M. [u. a.] 1990. Zum stoischen Erbe im Mittelalter vgl. Verbeke, G., *The Presence of Stoicisme in Medieval Thought,* Washington (D. C.) 1983.

15 Vgl. jedoch S. 180.

16 Zur kulturellen Bedeutung des Buchdrucks vgl. umfassend Michael Giesecke, *Der Buchdruck in der frühen Neuzeit,* Frankfurt a. M. 1998 [Tb.-Ausg. mit Nachw., dort umfassende Literaturangaben]. – Zu Gutenberg: Ruppel, A., *J. Gutenberg. Sein Leben und Werk,* Berlin ^{2}1947; Kapr, A., *Johannes Gutenberg. Persönlichkeit und Leistung,* München 1987; Füssel, St., *Johannes Gutenberg,* Hamburg 1999. – Zu Medium und Inhalt: Goldschmidt, E. P., *Medieval Texts and Their Appearance in Print,* London 1943; Auerbach, E., *Literatursprache und Publikum in der lateinischen Spätantike und im Mittelalter,* Bern 1958; Febvre, L. / Martin, H.-J., *L'apparation du livre,* Paris 1958; Hirsch, R., *Printing, Selling and Reading,* Wiesbaden 1967; McLuhan, M., *Die Gutenberg Galaxis,* Düsseldorf 1968; Bing-

ham Stillwell, M., *The Awakening Interest in Science during the First Century of Printing, 1450–1550*, New York 1970; Geldner, F., *Inkunabelkunde*, Wiesbaden 1978; Eisenstein, E. L., *The Printing Press as an Agent of Change*, 2 Bde., Cambridge 1979; dies., *The Printing Revolution in Early Modern Europe*, Cambridge 1983; Möller, B. [u. a.] (Hrsg.), *Studien zum städtischen Bildungswesen des späten Mittelalters und der frühen Neuzeit*, Göttingen 1983; Stackmann, K. / Grenzmann, L. (Hrsg.), *Literatur und Laienbildung im Spätmittelalter und in der Reformationszeit*, Stuttgart 1984; Gumbrecht, H. U. / Pfeiffer, K. L. (Hrsg.), *Materialität der Kommunikation*, Frankfurt a. M. 1988; Raabe, P. (Hrsg.), *550 Jahre Buchdruck. Ausstellungskatalog der Herzog August Bibliothek*, Wolfenbüttel 1990; Füssel, St., *Gutenberg und seine Wirkung*, Frankfurt a. M. 1999.

Abschnitt 10

1 Quellen: Karls *Epistola de litteris colendis* von 784/785, in: Urkundenbuch des Klosters Fulda I n. 166; *Admonitio generalis* von 789, in: MGH I, n 22, vgl. auch nr. 30; Einhard, *Vita Caroli Magni* [viele Ausg.]. – Literatur: Fleckenstein, J., *Die Bildungsreform Karls d. Gr. als Verwirklichung der »norma rectitudinis«*, Freiburg i. Br. 1953; Lehmann, P., »Das Problem der karolingischen Renaissance«, in: *Settimane di studi del centro italiano di studi sull'alto medioevo*, Spoleto 1954; Wallach, L., *Alcuin and Charlemagne*, Ithaca (N. Y.) 1959; Riché, P., *Education et culture dans l'occident barbare. VIe–VIIe siècle*, Paris ²1967; Schramm, P. E., »Karl d. Gr.: Denkart und Grundauffassungen. Die von ihm bewirkte ›Correctio‹«, in: *Historische Zeitschrift* 198 (1964) S. 306–345; Braunfels, W., *Karl der Große*, Bd. 2: *Das geistige Leben*, hrsg. von B. Bischoff, Düsseldorf 1965; über Alkuin und seine Wirkung vgl. Ineichen-Eder, C., »Theologisches und philosophisches Lehrmaterial aus dem Alcuin-Kreise«, in: *Deutsches Archiv* 34 (1978) S. 192–201; Marebon, J., *From the circle of Alcuin to the school of Auxerre. Logic, Theology and Philosophy in the early Middle Ages*, Cambridge 1981; ders., *Early Medieval Philosophy (480–1150). An Introduction*, London 1983; Butzer, P. L. [u. a.], (Hrsg.), *Karl der Große und sein Nachwirken. 1200 Jahre Kultur und Wissenschaft in Europa*, 2 Bde., Turnhout 1997. Für weitere Literatur vgl. Totok II, S. 174–175; Stor. della Filos, V, S. 47–52, 400–401.

2 Vgl. Vauchez, A., *La spiritualité du moyen âge occidentale, VIIIe–XIIe siècle*, Paris 1975, S. 11.

3 *Libri Carolini sive Caroli Magni Capitulare de imaginibus*, ed. H. Bastgen, Hannover/Leipzig 1924 (MGH legum sectio 3, *Concilia*, Bd. 2, Suppl.). Dazu vgl. Steinen, W. v. d., *Entstehungsgeschichte der »Libri Carolini«. Quellen und Forschungen aus italienischen Archiven und Bibliotheken*, Bd. 21,1, Rom 1929/30; Liebeschütz, H., »Wesen und Grenzen des karolingischen Rationalismus«, in: *Archiv für Kulturgeschichte* 33 (1951) S. 17–44; ders., in: *The Cambridge History of Later Greek and Early Medieval Philosophy*, hrsg. von A. H. Armstrong, Cambridge 1967, S. 565–571.

4 Zur Argumentation der *Libri Carolini* habe ich mich eingehender geäußert in: Flasch, Einführung, S. 12–24.

Abschnitt 11

1 Die Werke Eriugenas sind unvollständig und fehlerhaft gedruckt in: PL 122. Wichtige Neuausgaben: *Periphyseon (De divisione naturae)*, hrsg. von Sheldon-Williams, I. P., Dublin 1968ff. [I–III, IV von E. Jeauneau; ders., Buch I, CC Cont. Med. 161, und Buch II, CC Cont. Med. 162, und Buch III, CC Cont. Med. 163]; *Carmina*, ed. M. W. Herren, Dublin 1997; Jeauneau, E., *Jean Scot, Homilie sur le prologue de Jean*, Paris 1969; ders., *Jean Scot, Commentaire sur l'Evangile de Jean*, Paris 1972; *Expositiones in Ierarchiam Coelestem*, ed. J. Barbet, CC Cont. Med. 31; *De praedestinatione*, ed. G. Madec, CC. Cont. Med. 50. Über ihn vgl. Staudenmaier, F. A., *Johannes Scotus Eriugena und die Wissenschaft seiner Zeit*, Frankfurt a. M. 1834; Cappuyns, M., *Jean Scot Erigène. Sa vie, son œuvre, sa pensée*, Löwen/Paris 1933; Gregory, T., *Giovanni Scoto Eriugena. Tre studi*, Florenz 1963; Sheldon-Williams, I. P., »Johannes Scotus Eriugena«, in: *The Cambridge History of Later Greek and Early Medieval Philosophy*, hrsg. von A. H. Armstrong, Cambridge 1967, S. 518–533; O'Meara, J. J., *Eriugena*, Cork 1969; O'Meara, J. J./Bieler, L. (Hrsg.), *The Mind of Eriugena. Papers of a Colloquium*, Dublin 1973; Roques, R., *Libres sentiers vers l'Ériginisme*, Rom 1975; Roques, R. (Hrsg.), *Jean Scot Erigène et l'histoire de la philosophie*, Paris 1977; Gersh, St., *From Iamblichus to Eriugena. An Investigation of the Prehistory and Evolution of the Pseudo-Dionysian Tradition*, Leiden 1978; Christiani, M., *Dall'Unanimitas*

all'Universitas. Da Alcuino a Giovanni Eriugena. Lineamenti ideologici e terminolocia politica della cultura del secolo IX, Rom 1978; Jeauneau, E., *Quatre thèmes érigéniens*, Montreal/Paris 1978; Lucentini, P., *Platonismo medievale. Contributi per la storia dell'Eriugenismo*, Florenz 1980; Beierwaltes, W. (Hrsg.), *Eriugena. Studien zu seinen Quellen*, Heidelberg 1980; Schrimpf, G., *Das Werk des Johannes Scottus Eriugena im Rahmen des Wissenschaftsverständnisses seiner Zeit. Eine Hinführung zu »Periphyseon«*, Münster 1982 (Beiträge, N. F. 23); Jeauneau, E., *Etudes érigéniennes*, Paris 1987; O'Meara, J. J., *Eriugena*, Oxford 1988; Moran, D., *The Philosophy of John Scotus Eriugena*, Cambridge 1989; Brennan, M., *Guide des études érigéniennes 1930–1987*, Fribourg 1989; Otten, W., *The Anthropology of J. S. Eriugena*, Leiden 1991; Beierwaltes, W., *Eriugena*, Frankfurt a. M. 1994; Flasch, Hauptwerke, S. 60–89. – Weitere Literatur bei Manitius I, S. 323–339; Totok II, S. 176–178; Stor. della Filos. V, S. 410–413; LMA 5 (1991) Sp. 602–605; Brennan, M., »A Bibliography of Publications in the Field of Eriugenan Studies, 1800–1975«, in: *Studi Medievali* 3,18 (1977) S. 401–477; Van Riel, G., *A Bibliographical Survey of Eriugenian Studies 1987–1995*, Löwen 1995.

2 Die Literatur zum Prädestinationsstreit verzeichnet Schrimpf, *Das Werk des J. S. Eriugena*, S. 73, Anm. 6.

3 *Œuvres théologiques et grammaticales de Godescalc d'Orbais*, hrsg. von D.-C. Lambot, Löwen 1945, S. 180–258. Vgl. Flasch, Einführung, S. 25–37; Sturlese, S. 31–36.

4 Isidor von Sevilla, *Sententiae* II 6,1 PL 83,606 A.

5 Hauck, A., *Kirchengeschichte Deutschlands*, Bd. 2, Berlin [8]1954, S. 674.

6 Vgl. Hrabanus, *Epistola ad Notingum* bei Lambot, *Œuvres théologiques*, S. 5.

7 Hrabanus, *Epistola ad Eberhardum*, ebd.

8 Eriugena, *De praedestinatione* I Madec 4.

9 Augustin, de vera rel. 5,8 PL 34,126 CC 32,193.

10 Eriugena, *De praedestinatione* I 1 Madec 5.

11 de praed. 2,3 Madec 7.

12 de praed. 2,5 Madec 16.

13 de praed. 4,3 Madec 28.

14 de praed. 4,5 Madec 31.

15 de praed. 5,4 Madec 37.

16 de praed. 5,9 Madec 41.
17 de praed. 4,6 Madec 31: *Est enim et vult et scit, vult se esse et scire, scit se esse et velle.*
18 de praed. 8,2 Madec 49: *Tota deinde animae natura voluntas est.*
19 de praed. 8,5 Madec 51: *Ubi est rationabilitas, ibi necessario erit libertas ... Est autem rationabilis substantialiter voluntas humana. Est igitur substantialiter libera.*
20 de praed. 9,1 Madec 56: *Signa secundum naturam non sunt, sed ex complacito hominum inventa.*
21 de praed. 9,2 Madec 56: vgl. de praed. 9,7 Madec 61: *Conficitur ergo praescientiam et praedestinationem similitudine rerum temporalium ad deum transferri.*
22 de praed. 10,1–2 Madec 62–63.
23 de praed. 16,1 Madec 93.
24 de praed. 16,6 Madec 101: *In omni enim peccatore simul incipiunt oriri peccatum et poena eius.*
25 de praed. 19,1–2 Madec 118–119.
26 *Adversus Iohannis ... erroneas definitiones;* PL 119,101 Bff.
27 Mansi, J. D., *Sacrorum Conciliorum nova et amplissima collectio,* bei Madec, Introduction, S. IX.
28 Es kam 1650 zu einer gedruckten Ausgabe, hrsg. von G. Mauguin.
29 Vgl. dazu Koch, J., »Augustinischer und dionysischer Neuplatonismus«, in: *Kant-Studien* 48 (1956/57) S. 117–133.
30 *De divisione naturae* umfaßt 5 Bücher. Das Wort »Einteilung« ist zu verstehen als begriffliche Zergliederung (Dihairese) der einen Wirklichkeit. – De div. nat. I–III, hrsg. von I. P. Sheldon-Williams, lat./engl., Dublin 1968ff., die folgenden Bücher bei Migne, PL 122, und bei Th. Gale, Oxford 1681. – Zur Würde des Menschen vgl. bes. De div. nat. V 31 Gale 269, Migne PL 122,943 A. Das *nulla interposita creatura* steht Gale 268, Migne 941 D.
31 de div. nat. I 455 c Sheldon-Williams 68.
32 de div. nat. I bes. 450 B Sheldon-Williams 54.
33 De div. nat. 472 B Sheldon-Williams 106. Zur Kategorienlehre Eriugenas vgl. Flasch, K., »Zur Rehabilitierung der Relation. Die Theorie der Beziehung bei Joh. Eriugena«, in: *Philosophie als Beziehungswissenschaft. Fs. für J. Schaaf,* Frankfurt a. M. 1971, S. 1–25.
34 de div. nat. 470 D–471 A Sheldon-Williams 102.
35 de div. nat. 471 A Sheldon-Williams 120.

36 de div. nat. I 469 B Sheldon-Williams 98.
37 de div. nat. I 452 B Sheldon-Williams 60.
38 de div. nat. II 570 B Sheldon-Williams II 100.
39 de div. nat. I 467 A Sheldon-Williams 92.
40 de div. nat. I 487 D Sheldon-Williams 138–140.
41 *Officina totius creaturae,* De div. nat. III 37 PL 122,733 B–C Sheldon-Williams 3.
42 *Res publica rerum omnium,* Expos. super hierarchiam caelest. I 127 A–B, vgl. 128 A–C, IX 212 A.

Abschnitt 12

1 Murray, A., *Reason and Society in the Middle Ages,* Oxford 1978, S. 50.
2 Ebd., S. 55.
3 Fleckenstein, J., »Königshof und Bischofsschule unter Otto d. Gr.«, in: *Archiv für Kulturgeschichte* 38 (1956) S. 38–62.
4 Vgl. dazu Christ/Kern (s. Abschn. 8, Anm. 6), S. 301–302.
5 Gerberts Werke: *Œuvres de Gerbert,* hrsg. von A. Olleris, Clermont 1867; *Opera mathematica,* ed. N. Bubnov, Berlin 1889; *Epistulae*, ed. P. Riché et P. Callu, Paris 1993; *Letters of Gerbert with his Papal Privileges,* [ins Engl.] übers. und hrsg. von H. Pratt Lattin, New York 1961; Picavet, F., *Gerbert, Un pape philosophe,* Paris 1897; Lindgren, U., *Gerbert von Aurillac und das Quadrivium,* Wiesbaden 1976; Riché, P., *Gerbert d'Aurillac. Le Pape de l'An Mil,* Paris 1987.

Abschnitt 13

1 Zur Situation des 11. Jh.s vgl. Bloch, M., *La société féodale,* Paris 1939 [u. ö.]; Southern, R. W., *The Making of the Middle Ages,* London 1953; Le Goff, J., *La Civilisation de l'Occident médiéval,* Paris 1964, dt. München/Zürich 1970; ders., *Das Hochmittelalter,* Frankfurt a. M. 1965 (Fischer Weltgeschichte, 11); Duby, G., *Le temps des cathédrales. L'art et la société 980–1420,* Paris 1976; ders., *Guerriers et paysans, VIIe–XIIe siècles,* Paris 1973, S. 179–300, dt.: *Krieger und Bauern,* Frankfurt a. M. 1983; Werner, E., *Häresie und Gesellschaft im 11. Jahrhundert,* Berlin 1975; Murray, A., *Reason and Society in the Middle Ages,* Oxford 1978; Duby, G. (Hrsg.), *Histoire de la France urbaine,* Bd. 2: *La ville*

médiévale, hrsg. von J. Le Goff, Paris 1980. Für die deutsche Geschichte vom 11. zum 13. Jh. vgl. Haverkamp, A., *Aufbruch und Gestaltung. Deutschland 1056–1273,* München 1984 [mit weiterführender Literatur]. Entscheidend wurde der Zusammenhang von Stadt und intellektueller Entwicklung. Dazu vgl. Ennen, E., *Die europäische Stadt des Mittelalters,* Göttingen [3]1979; Werner, E., *Stadt und Geistesleben im Mittelalter,* Weimar 1980; Elm, K. (Hrsg.), *Stellung und Wirksamkeit der Bettelorden in der städtischen Gesellschaft,* Berlin 1981; Diestelkamp, B. (Hrsg.), *Beiträge zum hochmittelalterlichen Städtewesen,* Köln 1982. Vgl. auch zur Präsenz der Klassiker: Munk Olsen, B., *L'étude des auteurs classiques latins aux XIe et XIIe siècle,* 3 Bde., Turnhout 1982–89; zur Logik vgl. d'Onofrio, I., *Logica antiquioris mediae aetatis,* Bd. 1, CC Cont. Med. 120.

2 Peter Brown, in: *Daedalus* 104 (1975) S. 135.

3 Vgl. Leclercq, J., *L'amour des lettres et le désir de Dieu,* Paris 1957; Vauchez, A., *La spiritualité du moyen âge occidental, VIIIe–XIIe siècle,* Paris 1975, bes. S. 43ff.; Duby, G., *L'an mil,* Paris 1980.

4 Vgl. Manegold von Lautenbach, *Ad Gebehardum liber,* in: *Libelli de lite,* Bd. 1, Hannover 1891, Nachdr. 1956 (MGH 8), S. 300–430; *Liber contra Wolfelmum,* ed. W. Hartmann, Hannover 1972. Über seine Ansichten von Politik und Philosophie vgl. Flasch, K., *Einführung in die Philosophie des Mittelalters,* Darmstadt 1987, Kap. 6; Sturlese, S. 77–86. Vgl. auch Fuhrmann, H., »›Volkssouveränität‹ und ›Herrschaftsvertrag‹ bei Manegold von Lautenbach«, in: *Fs. für Hermann Krause,* Köln 1975, S. 21–41. Zum Investiturstreit vgl. Tellenbach, G., *Libertas,* Stuttgart 1936. Zur Gesamtsituation um 1100 wertvoll: Erdmann, C., *Die Entstehung des Kreuzzuggedankens,* Stuttgart 1935. Zu Fulbert von Chartres: Cazeaux, M. (Hrsg.), *Le temps de Fulbert,* Chartres 1996.

5 Vgl. Blumenkranz, B., *Les Auteurs latins chrétiens du Moyen Age sur les Juifs et le judaisme,* Paris 1964; Dasberg, L., *Untersuchungen über die Entwertung des Judenstatus im 11. Jahrhundert,* Paris 1965; Murray, A., *Reason and Society in the Middle Ages,* Oxford 1968, S. 67–71.

6 Grundmann, H., *Ketzergeschichte des Mittelalters. Die Kirche in ihrer Geschichte,* Göttingen 1963; Werner, E., *Häresie und Gesellschaft im 11. Jahrhundert,* Berlin 1975.

Abschnitt 14

1 Vgl. Cicero, *De natura deorum* II 7. n. 18 Plasberg-Ax 65,18–21: *atqui certe nihil omnium rerum melius est mundo nihil praestabilius nihil pulchrius, nec solum nihil est sed ne cogitari quidem quicquam melius postest.* »mundus« und »deus« sind identisch. Vgl. Cicero, nat. deor. II 8 n. 21 Plasberg-Ax 57,20: *esse mundum deum.*

2 MacDonald, A. J., *Berengar and the Reform of Sacramental Doctrine,* London 1930; Cappuyns, M., »Berengar de Tours«, in: *Dictionnaire d'Histoire et Géographie Ecclesiastique* 8 (1935) S. 385–407; Capitani, O., *Studi su Berengario di Tours,* Lecce 1966; Montclos, J. de, »Note sur la controverse Berengarienne«, in: *Bulletin de la Société International pour l'étude de la philosophie médiéval* 4 (1962) S. 133–134; ders., *Lanfranc et Berengar. La controverse eucharistique du XIe siècle,* Löwen 1971; ders., »Berengar von Tours (um 1005–1088)«, in: *Theologische Realenzyklopädie* 5 (1980) S. 598–601; Flasch, K., »Berengar von Tours«, in: Flasch, Hauptwerke, S. 108–128.

3 Der zuerst von Lessing entdeckte Text Berengars, *De sacra coena adversus Lanfrancum,* ed. R. B. C. Huygens et W. Milde, Turnhout 1988 [unter dem Titel *Rescriptum contra Lanfrancum*].

4 Anselm von Canterbury, *Opera omnia,* ed. F. S. Schmitt, Edinburgh 1946ff.; Vignaux, P., »La méthode de St-Anselme dans le *Monologion* et le *Proslogion*«, in: *Aquinas* 8 (1965) S. 110–129; Southern, R. W., *St. Anselm and his Biographer,* Cambridge 1966; *Analecta Anselmiana,* hrsg. von F. S. Schmitt, 5. Bde., Frankfurt a. M. 1969–70; Evans, G. R., *Anselm and Talking about God,* Oxford 1978; dies., *Anselm and a New Generation,* Oxford 1980; Flasch, K., »Anselm von Canterbury«, in: *Klassiker der Philosophie,* Bd. 1, hrsg. von O. Höffe, München 1981, S. 177–197. Vgl. außerdem Flasch, MA 204–220. Im Hinblick auf diese leicht erreichbaren Texte gehe ich hier nicht ausführlich auf Anselm ein. Zum Verhältnis Anselm–Berengar verweise ich auf: Flasch, Hauptwerke, S. 108–128, ferner: ders., »Lessing e la storia della filosofia medievale«, in: *Giornale critico della filosofia italiana* 61 [63] (1982) H. 3, S. 253–277; und ders., Einführung zu: *Kann Gottes Nicht-Sein gedacht werden? Die Kontroverse zwischen Anselm von Canterbury und Gaunilo,* lat./dt., hrsg. von B. Mojsisch, Mainz 1989, S. 7–48. Vgl. auch Kienzler, K., *Glau-*

ben und Denken bei A. v. C., Freiburg i. Br. 1981; Briancesco, E., *Un tryptique sur la liberté. La doctrine morale de S. Anselme*, Paris 1982; Külling, H., *Wahrheit als Richtigkeit. Eine Untersuchung zur Schrift »De veritate« von A. v. C.*, Bern/Frankfurt a. M. 1984; Gersh, S., »Anselm of Canterbury«, in: P. Dronke (Hrsg.), *A History of Twelfth Century Western Philosophy*, Cambridge 1988, S. 255–278; Southern, R. W., *St. Anselm. A Portrait in a Landscape*, Cambridge 1992. Für weitere Literatur vgl. Manitius III, S. 88–93; Totok II, S. 183–191; Stor. della Filos. V, S. 444–447; S – I, S. 382–383.

5 Southern, *St. Anselm and his Biographer*, bes. S. 94–102.

Abschnitt 15

1 Zur Situation im 12. Jh. vgl. Paré, G. [u. a.], *La renaissance du XIIe siècle. Les écoles et l'enseignement*, Paris 1933; Le Goff, J., *Das Hochmittelalter*, Frankfurt a. M. 1965 (Fischer Weltgeschichte, 11); Baldwin, J. W., *Masters, Princes and Merchants. The Social Views of Peter the Chanter and his Circle*, 2 Bde., Princeton 1970; Morris, C., *The Discovery of the Individual*, London 1972; Brown, P., »Society and the Supernatural. A Medieval Change«, in: *Daedalus* 104 (1975) S. 133–151; Weimar, P. (Hrsg.), *Die Renaissance der Wissenschaften im 12. Jahrhundert*, Zürich 1981. Für die politische Geschichte, für die immer Hauck, A., *Kirchengeschichte Deutschlands*, T. 1–4.5, Hälfte 1.2., Leipzig 1887–96 [u. ö.], einzusehen lohnt, vgl. Fuhrmann, H., *Deutsche Geschichte im hohen Mittelalter von der Mitte des 11. bis zum Ende des 12. Jahrhunderts*, Göttingen ²1983; Haverkamp, A., *Aufbruch und Gestaltung. Deutschland 1056–1273*, München 1984; Töpfer, B./Engel, E., *Vom staufischen Imperium zum Hausmachtkönigtum*, Weimar 1976; Borst, A., *Reden über die Staufer*, Berlin 1978 [ausführliche Literaturangaben]. – Bei der Neufassung meiner Darstellung des 12. Jh.s waren für mich besonders wichtig: Sturlese, L., *Die deutsche Philosophie im Mittelalter 748–1280*, München 1993, S. 96–277, insbesondere mit den dokumentierten Hinweisen auf die Intellektuellen am Staufischen Hof; Southern, R. W., *Scholastic Humanism and the Unification of Europe*, Bd. 1: *Foundations*, Oxford 1995, besonders seine Nachweise von Wechselwirkungen zwischen Ideengeschichte und Realgeschichte, und Ricklin, Th., *Die »Physica« und der »Liber de causis« im 12. Jahr-*

hundert, Fribourg 1995, mit seinen Analysen der Übersetzungen im 12. Jh. – Ich danke Loris Sturlese und Thomas Ricklin für Belehrung in freundschaftlichen Unterhaltungen. – Doch vgl. auch zur Rolle der Übersetzungen Ellis, R. / Tixier, R. (Hrsg.), *The Medieval Translator*, 2 Bde., Turnhout 1996–98.

2 Zur Geschichte der Universitäten vgl. die zu Abschn. 26, Anm. 2, zitierte Literatur, besonders die Werke von H. Denifle und H. Rashdall. Zur Bildungsorganisation des 12. Jh.s vgl. Delhaye, P., »L'organisation scolaire au XIIe siècle«, in: *Traditio* 5 (1947) S. 211–268; Le Goff, J., *Les intellectuels au moyen âge*, Paris 1957; Grundmann, H., *Vom Ursprung der Universität im Mittelalter*, Darmstadt 1964; Classen, P., »Die Hohen Schulen und die Gesellschaft im 12. Jahrhundert«, in: *Archiv für Kulturgeschichte* 48 (1966) S. 155–180; Chenu, M.-D., »Civilisation urbaine et théologie. L'école de St-Victor au XIIe siècle«, in: *Annales* 29 (1974) S. 1253–63; Fried, J., *Die Entstehung des Juristenstandes im 12. Jahrhundert*, Köln 1974; Classen, P., *Burgundio von Pisa*, Heidelberg 1974; ders., *Studium und Gesellschaft im Mittelalter*, hrsg. von J. Fried, Stuttgart 1983; ders., *Ausgewählte Aufsätze*, hrsg. von J. Fleckenstein, Sigmaringen 1983.

3 Zum Wandel der Religiosität im 12. Jh. vgl. Leclercq, J. [u. a.], *La spiritualité du moyen âge*, Paris 1961; Vauchez, A., *La spiritualité du moyen âge occidental. VIIe–XIIe siècle*, Paris 1975; Duby, G., *Sankt Bernhard und die Kunst der Zisterzienser*, Paris 1977, dt. Genf [o. J.]; Elm, K. (Hrsg.), *Die Zisterzienser*, Köln 1980, Erg.-Bd., ebd. 1982; Angenendt, A., *Geschichte der Religiosität im Mittelalter*, München 1997.

4 Vgl. Simson, O. v., *Die gotische Kathedrale*, Darmstadt [3]1979.

5 Mollat, M., *Les pauvres au moyen âge*, Paris 1978, dt.: *Die Armen im Mittelalter*, München 1984.

6 Borst, A., *Die Katharer*, Stuttgart 1953; Nelli, R., *Ecritures cathares. Textes originaux traduits et commentés*, Paris 1959; Manselli, R., *L'eresia del Male*, Neapel 1963; vgl. den Artikel von Evans (s. Abschn. 16, Anm. 2); Duvernoy, J., *Le catharisme: La religion des cathares*, Toulouse 1976. Ferner Gonnet, J. / Molnar, A., *Les vaudois au moyen âge*, Turin 1974; Molnar, A., *Die Waldenser*, Berlin 1980; Merlo, G. G., *Valdesi e valdismi medievali*, Turin 1984; ders., *Eretici e eresie medievali*, Bologna 1989; ders., in: LMA 8 (1997) Sp. 1953–57. – Neuere Textausgaben: Thouzellier, C. (Hrsg.), *Livre des deux principes. Introduction, texte cri-*

tique, traduction, notes et index, Paris 1973; ders. (Hrsg.), *Rituel cathare*, Paris 1977; Rottenwöhrer, G., *Der Katharismus*, 3 Bde., Bad Honnef 1982–90; Borst, A., *Barbaren, Ketzer und Artisten. Welten des Mittelalters*, München 1988; Fichtenau, H., *Ketzer und Professoren. Häresie und Vernunftglauben im Hochmittelalter*, München 1992; Smahel, F. (Hrsg.), *Häresie und vorzeitige Reformation im Spätmittelalter*, München 1998.

7 Alanus von Lille, *Contra haereticos* PL 210.

8 Hugo von Amiens, *Contra haereticos* PL 194, 1255–98.

9 Gerhoh von Reichersberg, *Liber contra duas haereses* PL 192, 1162–84.

10 *Summa contra haereticos*, ed. N. J. Garvin et J. A. Corvett, Notre Dame 1958.

11 Vgl. Vauchez, A., *La spiritualité du moyen âge occidental*, Paris 1975, S. 134.

12 Raby, F. J. E., *The Oxford Book of Medieval Latin Verse*, Oxford 1959, S. 196.

13 *Carmina Burana*, ed. A. Hilka et O. Schumann, Bd. 1,2, Heidelberg 1941, S. 295 Nr. 177.

14 Haskins, Ch. H., *The Renaissance of the Twelfth Century*, Cambridge (Mass.) [7]1979; Paré, G. [u. a.], *La renaissance du XIIe siècle. Les écoles et l'enseignement*, Paris 1933; Chenu, M. D., *La théologie du douzième siècle*, Paris 1966; Gandillac, M. de / Jeauneau, E., *Entretiens sur la renaissance du XIIe siècle*, Paris 1968; Buck, A., *Zu Begriff und Problem der Renaissance*, Darmstadt 1969; Panofsky, E., *Die Renaissancen der europäischen Kunst*, übers. von H. Günther, Frankfurt a. M. 1979; Benson, R. L. / Constable, G., (Hrsg.), *Renaissance and Renewal in the Twelfth Century*, Oxford 1982; Dronke, P. (Hrsg.), *A History of Twelfth Century Western Philosophy*, Cambridge [2]1992; Speer, A., *Die entdeckte Natur. Untersuchungen zu einer scientia naturalis im 12. Jahrhundert*, Leiden 1995; Wieland, G. (Hrsg.), *Aufbruch – Wandel – Erneuerung. Beiträge zur Renaissance des 12. Jahrhunderts*, Stuttgart-Bad Cannstatt 1995; Verger, J., *La Renaissance du XIIe siècle*, Paris 1996.

Abschnitt 16

1 *Corpus Iuris Canonici*, ed. E. Friedberg, 2 Bde., Leipzig 1879–1881.

2 Grundmann, H., *Ketzergeschichte des Mittelalters. Die Kirche in ihrer Geschichte*, Göttingen 1963; Manselli, R., *Studi sulle eresie de secolo XII*, Rom 1953; Lourdaux, W./Verhelst, D., *The Concept of Heresy in the Middle Ages*, Löwen / Den Haag 1976; Evans, G. R., »Duo Principia: An Old Problem Rediscovered. Christians, Philosophers and Heretics in the Twelfth Century«, in: *Antike und Abendland* 24 (1978) S. 85–97; Manselli, R., *Il secolo XII: Religione popolare ed eresia*, Rom 1983; Borst, A., *Barbaren, Ketzer und Artisten. Welten des Mittelalters*, Stuttgart 1988; Patschovsky, A., in: LMA 4 (1989) Sp. 1933–37.

3 Vgl. Miethke, J., »Theologenprozesse in der ersten Phase ihrer institutionellen Ausbildung: Die Verfahren gegen Peter Abaelard und Gilbert von Poitiers«, in: *Viator* 6 (1975) S. 87–116; Häring, N. M., *Die ersten Konflikte zwischen der Universität von Paris und der kirchlichen Lehrautorität*, Berlin 1976 (MM 10), S. 38–51.

4 Borst, A., *Die Katharer*, Stuttgart 1953, Nachdr. 1992; Loos, M., *Dualist Heresy in the Middle Ages*, Prag 1974; Leroy Ladurie, E., *Montaillou. Ein Dorf vor dem Inquisitor*, Frankfurt a. M. 1980; Roché, D., *Die Katharerbewegung. Ursprung und Wesen*, Stuttgart 1992; Duvernoy, J., *Le catharisme. L'histoire des cathares*, ^{2}1989.

Abschnitt 17

1 Willner, H., *Des Adelard von Bath Traktat »De eodem et diverso«*, Münster 1903 (Beiträge, 4,1); Müller, M., *Die »Quaestiones naturales« des Adelardus von Bath*, Münster 1934 (Beiträge, 312); Haskins, Ch. H., *Studies in the History of Medieval Science*, Cambridge (Mass.) 1924, S. 20–42; Burnett, Ch., *Adelard of Bath. An English Scientist and Arabist of the Early Twelfth Century*, London 1987. – Für dieses und die folgenden Kapitel sind außer Loris Sturlese und Thomas Ricklin unentbehrlich: Gregory, T., *Mundana sapientia. Forme di conoscenza nella cultura medievale*, Rom 1992; Dronke, P., *Intellectuals and Poets in Medieval Europe*, Rom 1992; ders. (Hrsg.), *A History of Twelfth Century Western Philosophy*, Cambridge ^{2}1992; Westra, H. J.

(Hrsg.), From Athens to Chartres. Neoplatonisme and Medieval Thought, Leiden 1992; Lemoine, M., *Théologie et Platonisme au XIIe siècle,* Paris 1998.

2 Sudhoff, K., „Daniels von Morley *Liber de naturis inferiorum et superiorum«*, in: *Archiv für die Geschichte der Naturwissenschaften und der Technik* 8 (1917) S. 1–40; Neuausg. durch G. Maurach in: *Mittellateinisches Jahrbuch* 13 (1979) S. 204–255; Müller, M., »Die Stellung des Daniel von Morley in der Wissenschaft des Mittelalters«, in: *Philosophisches Jahrbuch* 41 (1928) S. 301–337.

3 Sturlese, S. 143–182; Ricklin, Th., *Die »Physica« und der »Liber de causis« im 12. Jahrhundert,* Fribourg 1995.

4 Hermann von Carinthia, *De essentiis,* ed. C. Burnett, Leiden/Köln 1998.

5 Nothdurft, K. D., *Studien zum Einfluß Senecas auf die Philosophie und Theologie des 12. Jahrhunderts,* Leiden 1963; Verbeke, G., *The Presence of Stoicism in Medieval Thought,* Washington 1983; LMA 7 (1995) Sp. 1749–51.

6 David von Dinant, *Quaternulorum fragmenta,* ed. M. Kurdzialek, in: *Studia Mediewistyczne* III, Warschau 1963.

Abschnitt 18

1 Zur Methode der mittelalterlichen Denker vgl. Grabmann, M., *Geschichte der scholastischen Methode,* 2 Bde., Freiburg i. Br. 1909–11 [vielfach revisionsbedürftig, aber grundlegend]; Weijers, O. (Hrsg.), *Méthodes et instruments de travail intellectuel au Moyen Age,* Turnhout 1990. Zur Quaestio vgl. L. Hödl, in: LMA 7 (1995) Sp. 149–150 [Lit.]. Zur Bibelauslegung vgl. Smalley, B., *The Study of the Bible in the Middle Ages,* Oxford ²1952; De Lubac, H., *L'exegèse médiévale. Les quatre sens de l'Ecriture,* 4 Bde., Paris 1959–64.

2 Sturlese, S. 117.

3 Vgl. Menhardt, H., »Der Nachlaß des Honorius Augustodunensis«, in: *Zeitschrift für deutsches Altertum und deutsche Literatur* 89 (1958/59) S. 23–69.

4 Den *Elucidarius* zitiere ich nach: Lefèvre, Y., *L'Elucidarium et les lucidaires,* Paris 1954, S. 361–477. Ich möchte, von Loris Sturlese freundschaftlich belehrt, hervorheben, daß ich von Honorius hier nur als von dem Autor des *Elucidarium* spreche. Ein anderes Bild ergäbe sich aus anderen Schriften, so vor allem aus der in der

Eriugena-Nachfolge stehenden *Clavis physicae*, ed. P. Lucentini, Rom 1974. Vgl. Lucentini, P., *Platonismo medievale*, Florenz 1980, S. 56–75; Steer, G./Gottschall, D., *Der ›deutsche‹ Lucidarius*, Tübingen 1994. Vgl. Sturlese, S. 119–142.

5 *Elucidarium*, S. 361.
6 Ebd., S. 362.
7 Ebd., S. 363.
8 Ebd., S. 365.
9 Ebd., S. 367.
10 Cicero, *nat. deor.* II 6, n. 18.
11 *Elucidarium*, S. 371.
12 Ebd., S. 373.
13 Ebd., S. 374.
14 Ebd., S. 375.
15 Ebd., S. 375.
16 Ebd., S. 377.
17 Ebd., S. 378.
18 Ebd., S. 381.
19 Ebd., S. 384.
20 Ebd., S. 427.
21 Ebd., S. 429.
22 Ebd., S. 456.
23 Ebd., S. 457.
24 Ebd., S. 449.

Abschnitt 19

1 Southern, R. W., *Medieval Humanism*, Oxford 1970. – Zur Ideengeschichte des 12. Jh.s vgl. außer Abschn. 15, Anm. 1, De Ghellinck, J., *Le mouvement théologique du XIIe siècle*, Brügge ²1948; Gregory, T., *Anima Mundi*, Florenz 1955; Lemay, R., *Abu Ma'shar and Latin Aristotelism in the Twelfth Century. The Recovering of Aristotle's Natural Philosophy through Arab Astrology*, Beirut 1962; Chenu, M. D., *La théologie au XIIe siècle*, Paris ²1966; Stock, B., *Myth and Science in the Twelfth Century. A Study of Bernard Silvester*, Princeton 1972; Davy, M. M., *Initiation médiévale. La philosophie au XIIe siècle*, Paris 1980; Le Goff, J., *La naissance du Purgatoire*, Paris 1981. Vgl. auch die in Abschn. 15, Anm. 1 und 14, zitierte neuere Literatur.

2 Thierry von Chartres, *Prologus in Heptatheuchon*, ed. E. Jeau-

neau, in: *Mediaeval Studies* 16 (1954) S. 174. Auch in: Jeauneau, E., *Lectio philosophorum*, Amsterdam 1973.

3 Bernhard von Clairvaux, *Contra quaedem capitula errorum Abaelardi*, Ep. 190 PL 182, 1054–55, in der Ausgabe von J. Leclercq, *S. Bernardi Opera*, Bd. 9: *Epistolae*, Rom 1977, S. 17–18.

4 Ebd.

5 Hierzu und zum folgenden vgl. Southern, *Medieval Humanism*, S. 50–60; Gregory, T., »La nouvelle idée de la nature et de savour scientifique aux XIIe siècle«, in: Murdoch, J. E. / Sylla, E. D. (Hrsg.), *The Cultural Context of Medieval Learning*, Dordrecht/Boston 1975, S. 193–218. Auch in: Gregory, T., *Mundana sapientia*, Rom 1992, S. 115–142.

6 Lehmann, P., »Die Vielgestalt des zwölften Jahrhunderts«, in: P. L., *Erforschung des Mittelalters. Ausgewählte Abhandlungen und Aufsätze*, Bd. 3, Stuttgart 1960, S. 225–246.

Abschnitt 20

1 Die Werke des Petrus Abaelard in PL 178; *Philosophische Schriften*, hrsg. von B. Geyer, Münster 1919, 1921, 1933 (Beiträge, 21,1, 21,2, 21,4); Dal Pra, M., *Pietro Abelardo, Scritti filosofici*, Florenz ²1969; Minio-Paluello, L., *Twelfth Century Logic. Texts and Studies*, Bd. 2: *Abaelardiana inedita*, Rom 1958; *Historia calamitatum*, ed. J. Monfrin, Paris ²1962; *Opera theologica*, ed. E. Buytaert, 3 Bde., Turnhout 1969ff. (CC Cont. Med. 11–13); *Theologia summi boni*, lat./dt. von U. Niggli, Hamburg 1991; *Dialectica*, ed. L. M. De Rijk, Assen ²1970; *Dialogus*, ed. R. Thomas, Stuttgart 1970; *Ethica*, ed. D. E. Luscombe, Oxford 1971; *Sic et Non*, krit. Ausg. von B. Boyer und R. McKeon, Chicago/London 1976. Deutsche Auszüge bei Flasch, MA 225–279. Über Abaelard vgl. Remusat, Ch. de, *Abélard*, 2 Bde., Paris 1845; Sikes, J., *Peter Abailard*, Cambridge 1932; Akad., bes. S. 565–606, 1361–1446 [zuerst 1930 bzw. 1937/38]; Jolivet, J., *Abélard ou la philosophie dans le langage*, Paris 1969; Luscombe, D. E., *The School of Peter Abelard*, Cambridge 1969; Weingart, R. E., *The Logic of Divine Love. A Critical Analysis of the Soteriology of Peter Abailard*, Oxford 1970; Peppermüller, R., *Abaelards Auslegung des Römerbriefes*, Münster 1972; Fumagalli Beonio-Brocchieri, M.-T., *Introduzione a Abelardo*, Bari 1974; Moos, P. v., *Mittelalterforschung und Ideologiekritik. Der Ge-*

lehrtenstreit um Héloise, München 1974; Buytaert, E. M. (Hrsg.), *Peter Abelard,* Löwen / Den Haag 1974; Louis, R. / Jolivet, J. (Hrsg.), *Pierre Abélard – Pierre le Vénérable,* Paris 1975; Dronke, P., *Abelard and Heloïse in Medieval Testimonies,* Glasgow 1976; Tweedale, M. M., *Abailard on Universals,* Amsterdam [u. a.] 1976; Fumagalli Beonio-Brocchieri, M.-T., *Eloisa e Abelardo,* Mailand 1984; Luscombe, D. E., in: P. Dronke, *A History of Twelfth Century Philosophy,* Cambridge ²1992, S. 279–307; Jolivet, J., *Abélard où la philosophie dans le langage,* Fribourg / Paris 1994; Mews, C., *Peter Abelard,* Aldershot 1995; Jolivet, J., *La théologie d'Abélard,* Paris 1997; Marenbon, J., *The philosophy of Peter Abelard,* Cambridge 1997; Moos, P. v., in: Flasch, Hauptwerke, S. 129–150. Weitere Literatur bei Manitius III, S. 105–112; Totok II, S. 1, 194–198; Stor. della Filos. V, S. 448–449; S - I, S. 537–538.

2 Vgl. dazu die instruktive Studie von N. M. Häring, »Abelard Yesterday and Today«, in: Louis/Jolivet, *Pierre Abélard – Pierre le Vénérable,* S. 341–403.

3 Benton, J. F., »Fraud, Fiction and Borrowing in the Correspondence of Abelard and Heloïse«, in: Louis/Jolivet, *Pierre Abélard – Pierre le Vénérable,* S. 469–506. Vorausgegangen war Schmeidler, B., »Der Briefwechsel zwischen Abaelard und Heloïse als eine literarische Fiktion«, in: *Zeitschrift für Kirchengeschichte* 54 (1935) S. 323–338. Die Verteidigung Schmeidlers gegen Gilsons Kritik in der *Revue Bénédictine* 52 (1940) S. 85–95. Zum neuesten Stand der Forschung vgl. die Aufsätze von D. E. Luscombe, J. F. Benton, P. Dronke und P. v. Moos in: *Petrus Abaelardus, (1079–1142), Person, Werk und Wirkung,* hrsg. von R. Thomas, Trier 1980, S. 19–102.

4 Veröffentlicht in den Akten des 1979 in Trier gehaltenen Kongresses: *Petrus Abaelardus,* Trier 1980, S. 41–52.

5 Monfrin, J., *Les lettres d'amour d'Heloïse et d'Abélard,* Paris 1979; Benton, J. F. / Prosperetti, E., »The Style of Historia Calamitatum«, in: *Viator* 6 (1975) S. 59–86; weitere Literatur bei Fumagalli Beonio-Brocchieri, M.-T., *Eloisa e Abelardo*, S. 216–217.

6 Zur Diskussion vgl. ebd., S. 507–511, und Silvestre, H., »Réflexions sur la thèse de J. F. Benton relative au dossier ›Abélard – Héloise‹«, in: *Recherches de Théologie ancienne et médiévale* 44 (1977) S. 211–216.

7 Dazu vgl. bes. die in Anm. 1 genannte aufschlußreiche Studie von P. v. Moos.
8 Abaelard, *Dialectica*, tr. 1, Liber partium vol. 2 liber 3, De Rijk ^{2}1970, S. 81.
9 Ebd., S. 91; bes. Z. 21–28, mit Berufung auf Macrobius.
10 Deutsch bei Flasch, MA 236.
11 Abaelard, *Logica »Nostrorum petitioni sociorum«*, Geyer 522, bes. Z. 10–32.
12 Vgl. die Texte aus der *Logica »Ingredientibus«* in deutscher Übersetzung bei Flasch, MA 255–248. Die *Timaios*-Anspielung in der *Logica »Nostrorum«*, Geyer 512,21 ff.
13 Über ihn vgl. Flasch, Einführung, S. 79–93.
14 Abaelard, *Theologia christiana* I 54–56 Buytaert 94.
15 *theol. christ.* I 61 Buytaert 96: *Primus autem nunc ille antiquissimus philosophorum et magni nominis occurrat Mercurius, quem prae excellentia sua deum quoque appellaverant.* Über die hermetischen Schriften vgl. Abschn. 20, Anm. 3.
16 *theol. christ.* I 61–67 Buytaert 96–100.
17 *theol. christ.* I 68 Buytaert 100.
18 *theol. christ.* I 72 Buytaert 101, bes. Z. 949.
19 Vgl. Lohr, Ch., »Peter Abälard und die scholastische Exegese«, in: *Freiburger Zeitschrift für Philosophie und Theologie* 28 (1981) S. 95–110.
20 Abaelard, *Theologia christiana* I 136 Buytaert 130, nach Lohr, S. 101.
21 Vgl. dazu Gandillac, M. de, »Intention et loi dans l'éthique d'Abélard«, in: Louis/Jolivet, *Pierre Abélard – Pierre le Vénérable,* S. 585–610.

Abschnitt 21

1 Clerval, A., *Les Ecoles de Chartres au moyen âge*, Chartres 1895.
2 Southern, R. W., »Humanism and the School of Chartres«, in: R. W. S., *Medieval Humanism,* Oxford 1970, S. 61–85; vgl. Dronke, P., »New Approaches to the School of Chartres«, in: *Anuario de Estudios Medievales* 6 (1969) S. 117–140, 824–839. Für weitere Literatur vgl. Totok II, S. 198–210; Stor. della Filos. V, S. 453–454; S–I, S. 396–397, 444–445. Zum Forschungsstand vgl. Häring, N., »Chartres and Paris revisited«, in: J. R. O'Don-

nell (Hrsg.), *Essays in Honour of Ch. A. Pegis,* Toronto 1974; Southern, R. W., *Platonism. Scholastic Method and the School of Chartres,* Reading 1979; ders., *Scholastic Humanism and the Unification of Europe,* Bd. 1: *Foundations,* Cambridge 1995; Lemoine, M., *Théologie et Platonisme au XIIe siècle,* Paris 1998.

3 Hermes galt seit dem 1. Jh. als der göttliche Verfasser einer Gruppe von Texten, die man als *Corpus Hermeticum* bezeichnet: Offenbarungsreden des Hermes Trismegistos, kosmologische, astrologische, theosophische Spekulationen. Ediert von A.-D. Nock und A.-J. Festugière, 4 Bde., Paris 1950–54; *Hermes Latinus,* CC Cont. Med. 141–148, engl. Copenhaver, B. P. (Hrsg.), *Hermetica. The Greek »Corpus Hermeticum« and the Latin »Asclepius«,* Cambridge 1992. Im Mittelalter bekannt war die Rede des Hermes an Asclepius, die dem Apuleius zugeschrieben wurde. Vgl. Garin, E., *Medievo e Rinascimento,* Florenz 1953.

4 Vgl. Sachregister, Stichwort »Mathematik«.

5 Southern, in: *Medieval Humanism,* S. 68–70, 81–83; Wetherbee, W., *Platonism and Poetry in the Twelfth Century. The Literary Influence of the School of Chartres,* Princeton 1972; ders., *The Cosmographia of Bernardus Silvestris,* New York 1973; Jeauneau, E., *Lectio philosophorum. Recherches sur l'Ecole de Chartres,* Amsterdam 1973; Dronke, P. (Hrsg.), *Bernardus Silvestris, »Cosmographia«,* Leiden 1978, dt. von W. Rath, Stuttgart 1989; ders., in: P. D., *A History of Twelfth Century Western Philosophy,* Cambridge 1992, S. 358–385; Lemoine, M., »Einleitung zur französischen Übersetzung: Bernard Silvestre, *Cosmographie«,* Paris 1998. Für weitere Literatur vgl. Manitius III, S. 198–202; Totok II, S. 199–201; Stor. della Filos. V, S. 453–454; S – I, S. 591; LMA 8 (1997) Sp. 692–693.

6 Zu Trivium – Quadrivium vgl. S. 139.

7 Thierry von Chartres, *Prologus in Heptateuchon,* ed. E. Jeauneau, in: *Mediaeval Studies* 16 (1954) S. 174: *Et trivium quadruvio ad generosae nationis philosophorum propaginem quasi maritali foedere copulavimus.*

8 Vgl. ebd., S. 173–174.

9 Die ältere Ausgabe von B. Hauréau, *Notices et extraits* I 49–68, ist ersetzt durch die von N. Häring, in: AHDLMA 22 (1955) S. 183–216; ders., »Kommentar zu *De Trinitate (Librum hunc)«,* in: AHDLMA 23 (1956) S. 257–325; jetzt in: N. H. (Hrsg.), *Commentaries on Boethius by Thierry of Chartres and his School,*

Toronto 1971; »Kommentar zu Cicero, *De inventione*«, ed. K. M. Fredborg, Toronto 1987; »Kommentar zu *Ad Herennium*«, ed. K. M. Fredborg, Toronto 1988.

10 Clarenbaldus von Arras, *Epistula*, ed. Häring, in: AHDLMA 22 (1955) S. 183.

11 Thierry, ed. Häring, S. 184.

12 Thierry, *De sex dierum operibus* n. 14 Häring 189.

13 Ebd. n. 17 Häring 190. Für *Calor vitalis* vgl. ebd. n. 14 Häring 189.

14 Thierry, *Prologus in Heptateuchon*, ed. Jeauneau, S. 174.

15 Thierry, *De sex dierum operibus* n. 17 Häring 189.

16 Ebd. n. 17 Häring 190: *Has virtutes et alias, quas »seminales causas« voco, Deus Creator omnium elementis inseruit et proportionaliter aptavit, ut ex illis virtutibus elementorum temporum ordo et temperies procederet.*

17 Southern, in: *Medieval Humanism*, S. 82–83.

18 Ich wünsche mir Leser, die eine Charakterisierung wie »eher atomistisch« ungenau finden. Aber die Unschärfe verweist auf die geschichtliche Andersheit in der Einheit des Problem- und Traditionszusammenhanges.

19 Thierry, *De sex dierum operibus* n. 18 Häring 190.

20 Nikolaus von Kues, *Apologia doctae ignorantiae*, Leipzig 1932, 24,6 Klibansky.

21 Thierry von Chartres, *De sex dierum operibus* n. 30–31 Häring 194–195.

22 Ebd. n. 32 Häring 195.

23 Vgl. auch in Anm. 5 Jeauneau, *Lectio philosophorum*.

24 Thierry von Chartres, *Abbreviatio Monacensis De hebdomadibus* n. 37 Häring 411.

25 Thierry von Chartres, *Glosa super Boethii De trinitate*, II 33–34 Häring 275–276.

Abschnitt 22

1 Dies ist der Titel eines kleinen Buches von M. D. Chenu, Montreal/Paris 1969.

2 Wilhelm von Conches, *Glossae super Platonem*, ed. E. Jeauneau, Paris 1965; *Philosophia mundi*, zweispr. Ausg. von G. Maurach, Pretoria 1974; dazu vgl. Vernet, A., »Un Remaniement de la Philosophia de Guillaume de Conches«, in: *Scriptorum* 1 (1946/

1947) S. 243–259; *Glossae in Iuvenalem,* ed. B. Wilson, Paris 1980; *Dragmaticon. Summa de philosophia in vulgari,* ed. I. Ronca, CC Cont. Med. 152. – Garin, E., *Studi sul platonismo medievale,* Florenz 1958; Gregory, T., *Platonismo medievale. Studi e ricerche,* Rom 1958; Dronke, P., *Fabula. Explorations into the Uses of Myth in Medieval Platonism,* Leiden 1974; Elford, D., in: P. Dronke (Hrsg.), *A History of Twelfth Century Western Philosophy,* Cambridge 1992, S. 308–327; Ricklin, Th., in: Flasch, Hauptwerke, S. 151–174. Für weitere Literatur vgl. Manitius III, S. 215–220; Totok II, S. 202–203; S – I, S. 444–445.

3 Wilhelm von St-Thierry, PL 180,333–340.

4 Wilhelm von Conches, *Dragmaticon,* ed. G. Grataroius, Straßburg 1567. Jetzt ed. I. Ronca, CC Cont. Med. 152, auch lat./engl., Notre Dame 1997.

5 Vgl. Gregory, T., *Anima mundi,* Florenz 1955.

6 Priscian – neben Donat die Hauptautorität des Mittelalters für die lateinische Grammatik – wurde ediert von H. Keil, *Grammatici Latini,* Bd. 2.3, Leipzig 1855–60.

7 Ich habe für meine Nacherzählung dankbar die neue Ausgabe von Peter Dronke und die Zusammenfassung bei Michel Lemoine, *Théologie et Platonisme au XIIe siècle,* Paris 1998, S. 102–106, ferner dessen Einleitung zu der französischen Übersetzung, Paris 1998, benutzt.

8 Johannes von Salisbury, *Metalogicon,* ed. J. B. Hall et K. S. B. Keats-Rohan, CC Cont. Med. 98. – Ebenfalls im CC erschien eine Neuausgabe des *Policraticus* I–IV, ed. K. S. B. Keats-Rohan, CC Cont. Med. 118.

9 *Scivias – Wisse die Wege* liegt seit 1978 in kritischer Ausgabe vor (A. Führkötter und A. Carlevaris, CC Cont. Med. 43 und 43 A); seit 1991 haben wir ihre *Briefe* I–XC, ed. L. Van Acker, CC Cont. Med. 91, XCI–CCL, CC Cont. Med. 91 A. 1995 erschien ihr ethisch-religiöses Hauptwerk: *Liber vite meritorum,* ed. A. Carlevaris, CC Cont. Med. 90. Seit 1996 haben wir ihr drittes großes Buch, den *Liber divinorum operum,* ihre Schöpfungslehre, in einer guten Ausgabe (A. Derolez und P. Dronke, CC Cont. Med. 92).

Neben zahllosen erbaulichen, volksmedizinischen und lokalpatriotischen Anpreisungen liegen auch einige wenige wissenschaftliche Arbeiten vor, die Hildegards Stellung im 12. Jahrhundert beleuchten, bes. Dronke, P., *Women Writers in the Middle Ages,*

Cambridge 1984, S. 144–201; aus dem Sammelband *Hildegard von Bingen. Prophetin durch die Zeiten,* Freiburg 1997, sind lesenswert die Arbeiten von Franz Staab, Peter Dronke, Walter Berschin, Monika Klaes, Lieselotte Saurma-Jeltsch und Christel Meier. Vgl. auch Zöller, M., *Gott weist seinem Volk seine Wege. Die theologische Konzeption des »Liber Scivias« der Hildegard von Bingen (1098–1179),* Tübingen/Basel 1997; Saurma-Jeltsch, L., *Die Miniaturen im »Liber Scivias« der Hildegard von Bingen. Die Wucht der Vision und die Ordnung der Bilder,* Wiesbaden 1998. Weitere Literatur: S–I, S. 466–467.

10 Hildegard von Bingen, *Scivias* II visio 6 c. 75, ed. A. Führkötter et A. Carlevaris, CC Cont. Med. 43, S. 289.

Abschnitt 23

1 Lemay, R., *Abu Ma'shar and Latin Aristotelism in the Twelth Century,* Beirut 1968.

2 Hugo von St-Victor, PL 175–177; *Didascalion,* ed. H. Buttimer, Washington 1939; engl. Übers. von J. Taylor, London 1961, frz. von M. Lemoine, Paris 1991. Vgl. Ehlers, J., *Hugo von St. Victor,* Wiesbaden 1973; Longère, J. (Hrsg.), *L'Abbaye parisienne de Saint-Victor au Moyen Age,* Turnhout 1991; Sicard, P., *Hugues de Saint-Victor et son école,* Turnhout 1991; Poirel, D., *Hugues de Saint-Victor,* Paris 1998 [mit ausführlichen Literaturangaben].

3 Vgl. Brady, I., »The Three Editions of the *Liber Sententiarum* of Master Peter Lombard (1882–1977)«, in: *Archivum Franciscanum Historicum* 70 (1977) S. 400–411; *Magistri Petri Lombardi Sententiae in IV Libris Distinctae,* editio tertia ad fidem codicum antiquiorum restitua, Vol. 2: *Liber III et IV,* Grottaferrata 1981. Über ihn: Colish, M. L., *Peter Lombard,* 2 Bde., Leiden 1994. Vgl. S – I, S. 551.

4 Stefan von Tournai, bei Le Goff, J., *Das Hochmittelalter,* Frankfurt a. M. 1965 (Fischer Weltgeschichte, 11), S. 160.

5 Alanus ab Insulis, *Regulae caelestis iuris,* ed. N. Häring, in: *Archives d'histoire doctrinale et littéraire du moyen âge,* 48 (1981), reg. 1, S. 98.

6 P. Lucentini, *Il libro dei ventiquattro filosofi,* Mailand 1999. Text nach F. Hudry, CC Cont. Med. 143 A.

7 Ich benutze die Hauptwerke Joachims in der von mir besorgten

photomechanischen Wiedergabe: *Concordia Novi ac Veteris Testamenti,* Venedig 1527, Teilausg. von E. R. Daniel, Philadelphia 1983; *Psalterium decem Chordarum,* Venedig 1527. Alle nachgedruckt Frankfurt a. M. 1964. Beginn einer Gesamtausgabe von R. E. Lerner (Hrsg.) u. a., Rom 1995 ff. Bis jetzt zwei Bände der *Opera minora.* Doch beachte: Selge, K.-V. (Hrsg.), *Introduzione all'apocalisse,* Rom 1995; Kaup, M. (Hrsg.), *De prophetia ignota. Eine frühe Schrift Joachims von Fiore,* Hannover 1998. Ferner ist wichtig: *Tractatus super quattuor evangelia,* ed. E. Buonaiuti, Rom 1930; *Liber figurarum,* ed. E. Tondelli, Turin ^{2}1953; *De ultimis tribulationibus,* ed. K. V. Selge, in: *Florensia* 7 (1993) S. 7–35. Über ihn vgl. Grundmann, H., *Studien über Joachim von Floris,* Leipzig/Berlin 1927; Benz, E., *Ecclesia spiritualis. Kirchenidee und Geschichtstheologie der franziskanischen Reformation,* Stuttgart 1934; Grundmann, H., *Neue Forschungen über Joachim von Fiore,* Marburg 1950; Ratzinger, J., *Die Geschichtstheologie des hl. Bonaventura,* München/Zürich 1959; Töpfer, B., *Das kommende Reich des Friedens. Zur Entwicklung chiliastischer Zukunftshoffnungen im Hochmittelalter,* Berlin 1964; Wendelborn, G., *Gott und Geschichte. Joachim von Fiore und die Hoffnung der Christenheit,* Wien/Köln 1974; Grundmann, H., *Ausgewählte Aufsätze,* Bd. 2: *Joachim von Fiore,* Stuttgart 1977; Lubac, H. de, *La posterité spirituelle de Joachim de Flore,* 2 Bde., Paris 1979–81; Schachten, W. H. J., *Ordo salutis. Das Gesetz als Weise der Heilsvermittlung. Zur Kritik des hl. Thomas von Aquin an Joachim von Fiore,* Münster 1980 (Beiträge, N. F. 20); West, D. C. / Zimdars-Swarts, S., *Joachim of Fiore. A study in Spiritual Perception and History,* Bloomington (Ind.) 1983; Mc Ginn, B., *The Calabrian Abbot Joachim of Fiore in the Western Thought,* New York 1985; *L'età dello spirito e la fine dei tempi in Gioachino da Fiore. Atti del II Congresso Internazionale di studi gioachimitici,* S. Giovanni in Fiore 1986; De Leo, P., *Gioachino da Fiore,* Soveria Manelli 1988. Die ältere Literatur verzeichnet Russo, F., *Bibliografia giochimita,* Florenz 1954. Vgl. auch Totok II, S. 210–212, De Fraja, V., in: *Florensia* 2 (1988) S. 7–59; LMA 5 (1991) Sp. 485–487; S – I, S. 478.

Abschnitt 24

1 Gilson, E., *La philosophie au moyen âge,* Paris 1952, S. 589. Das 13. Jh. als das Jahrhundert des hl. Thomas: ebd., S. 590.

2 Zur Wirtschaftsentwicklung vgl. Duby, G., *Le Temps des cathédrales,* Paris 1976, bes. S. 194–220; Fourquin, G., *Histoire économique de l'occident médiéval, Paris* ^{3}1979, S. 95–224; Cipolla, C. M., *Before the Industrial Revolution. European Society and Economy. 1000–1700,* London ^{2}1981, bes. 204–213. Zur Philosophiegeschichte vgl. Van Steenberghen, F., *La philosophie au XIIIe siècle,* Löwen/Paris 1966; Gregory, T./Maierù, A. [u.a.], *La filosofia medievale: I secoli XIII e XIV* (Stor. della Filos. VI); Zimmermann, A. (Hrsg.), *Die Auseinandersetzungen an der Pariser Universität im 13. Jahrhundert,* Berlin 1976 (MM 10); Maierù, A., *University Training in Medieval Europe,* Leiden 1994; Hoenen, M. J. F. [u.a.], *Philosophy and Learning. Universities in the Middle Ages,* Leiden 1995: Verger, J., *L'Essor des Universités au XIIIe siècle,* Paris 1998.

3 Immer noch lesenswert Hauck, A., *Der Gedanke der päpstlichen Weltherrschaft bis auf Bonifaz VIII.,* Leipzig 1905. – Tierney, B., *Origins of Papal Infallibility. 1150–1350,* Leiden 1972; Ullmann, W., *A. Short History of the Papacy in the Middle Ages,* London ^{2}1974.

Abschnitt 25

1 Dazu vgl. S. 48 und 150.

2 Auf die Bedeutung der Rechtssphäre und ihre Wandlung im 12. Jh. hat vor allem W. Ullmann hingewiesen: »Von Canossa nach Pavia. Zum Strukturwandel der Herrschaftsgrundlagen im salischen und staufischen Zeitalter«, in: *Historisches Jahrbuch* 93 (1973) S. 265–300.

3 Vgl. Birkenmajer, A., »Le rôle joué par les médicins et les naturalistes dans la réception d'Aristote aux XIIe et XIIIe siècle«, in: *La Pologne au 6e Congrès International des sciences historiques,* Warschau 1950, S. 1–15; Kristeller, P. O., »The School of Salerno«, in: *Studies in Renaissance Thought and Letters,* Rom 1956, S. 495–551; ders., »Beiträge der Schule von Salerno zur Entwicklung der scholastischen Wissenschaft im 12. Jahrhundert«, in: J. Koch (Hrsg.), *Artes liberales,* Leiden/Köln 1959, S. 84–90.

4 Über den Ursprung des Libertinismus im Italien des 14. Jh.s und insbesondere im Umkreis der Ärzte von Padua vgl. Federici-Vescovini, G., *Astrologia e scienzia. La crisi dell'aristotelismo sul cadere del Trecento e Biagio Pelacani da Parma*, Florenz 1979, bes. S. 372–410.

5 Vgl. Augustin, de civ. Dei XII 24,4 PL 41,791; er spricht von »inhumanem Wühlen in humanem Fleisch«.

6 Vgl. Edelstein, L., »Die Geschichte der Sektion in der Antike«, in: *Quellen und Studien zur Geschichte der Naturwissenschaften und der Medizin* 3 (1933) S. 50–106; Artelt, W., *Die ältesten Nachrichten über die Sektion menschlicher Leichen im mittelalterlichen Abendland*, Berlin 1940 (*Abhandlungen zur Geschichte der Medizin und der Naturwissenschaften*, 34); Diepgen, P., »Der Kirchenlehrer Augustin und die Anatomie im Mittelalter«, in: *Centaurus* 1 (1950/51) S. 206–211.

7 Vgl. Balthasar, K., *Geschichte des Armutsstreites im Franziskanerorden bis zum Konzil von Vienne*, Münster 1911; Werner, E., *Pauperes Christi. Studien zu religiös-sozialen Bewegungen im Zeitalter des Reformpapsttums*, Leipzig 1956; Grundmann H., *Religiöse Bewegungen im Mittelalter. Untersuchungen über die geschichtlichen Zusammenhänge zwischen der Ketzerei, den Bettelorden und der religiösen Frauenbewegung im 12. und 13. Jahrhundert und über die Grundlagen der deutschen Mystik*, Berlin 1935, Nachdr. Darmstadt 1961; Lambert, M. D., *Franciscan Poverty*, London 1961; Grundmann, H., *Bibliographie zur Ketzergeschichte im Mittelalter (1900–1966)*, Rom 1967; Miethke, J., »Povertà e richezza nella spiritualità dei secoli XI e XII«, in: *Atti del VIII convegno storico internazionale dell'Accademia Tudertina*, Todi 1969; Dufeil, M.-M., *Guillaume de St-Amour et la polemique universitaire parisienne. 1950–1959*, Paris 1972; Berg, D., *Armut und Wissenschaft. Beiträge zur Geschichte des Studienwesens der Bettelorden im 13. Jahrhundert*, Düsseldorf 1977. Zu Ockham vgl. S. 441–459.

8 Bernhard von Clairvaux, Werke in PL 182–183, Neuausgabe von Leclercq, J. [u. a.], Rom 1957ff., dieselbe Ausgabe mit deutscher Übersetzung hrsg. von G. Winkler, 10 Bde., Innsbruck 1990ff.; Klibansky, R., »Peter Abaelard und Bernard of Clairvaux«, in: *Medieval and Renaissance Studies* 4 (1961) S. 1–27; Leclercq, J., *St Bernard et l'esprit cistercien*, Paris 1966; Evans, G. R., *The Mind of St. Bernhard of Clairvaux*, Oxford 1983; Bauer, D./

Fuchs, G., *Bernhard von Clairvaux und der Beginn der Moderne*, Innsbruck/Wien 1993; Brague, R. (Hrsg.), *St-Bernard et la philosophie*, Paris 1993; Elm, K. (Hrsg.), *Bernhard von Clairvaux. Rezeption und Wirkung im Mittelalter und in der Neuzeit*, Wiesbaden 1994.

9 Die literarische Produktion der Dominikaner ist für die mittelalterliche Wissenschaftsentwicklung besonders wichtig. Der neueste Stand ihrer literarhistorischen Aufarbeitung bei Kaeppeli, Th., *Scriptores Ordinis Praedicatorum Medii Aevi*, Rom 1970ff. Vgl. *Le scuole degli ordini mendicanti (Secoli XIII–XIV)*, Todi 1978 (Convegni del Centro di studi sulla spiritualità medievale, 17). Zur kultur- und sozialgeschichtlichen Bedeutung der Dominikaner vgl. Freed, J. B., *The Friars and German Society in the Thirteenth Century*, Cambridge (Mass.) 1977. Vgl. dazu Abschn. 13, Anm. 1.

Abschnitt 26

1 Chart. Univ. Paris I, n. 515 bes. S. 615, auch n. 504, S. 589–590. Der Hinweis auf diese schöne Geschichte stammt von Bataillon, L.-J., »Les conditions de travail des maîtres de l'Université de Paris au XIIIe siècle«, in: *Revue des sciences philosophiques et théologiques* 67 (1983) S. 418.

2 Vgl. die Vorschriften des Kardinallegaten Robert von Courçon von 1215, die auf frühere interne Regelungen zurückgehen dürften: Chart. Univ. Paris I, S. 78–80. Zur Universität des Mittelalters vgl. Denifle, H., *Die Entstehung der Universitäten des Mittelalters bis 1400*, Berlin 1885; Rashdall, H., *The Universities of Europe in the Middle Ages*, hrsg. von F. M. Powicke und A. B. Emden, 3 Bde., Oxford 1951; Stelling-Michaud, S., »L'histoire des universités au moyen âge et à la renaissance au cours des vingtcinq dernières années«, in: *XIe Congrès International des sciences historiques*, Stockholm 1960; *Rapports*, Bd. 1, Uppsala 1960, S. 97–143; Le Goff, J., »Les universités et les pouvoirs public au moyen âge et à la renaissance«, in: *XIIe Congrès International des sciences historiques*, Wien 1965; *Rapports*, Bd. 3, Wien 1965, S. 189–206; Daly, J., *The Medieval University. 1200–1400*, New York 1961; Leff, G., *Paris and Oxford Universities in the XIIIth and XIVth Centuries*, New York 1968; Michaud-Quantin, P., *Universitas. Espression du mouvement communautaire du moyen*

âge latin, Paris 1970; Verger, J., *Les universités au moyen âge*, Paris 1973; Rüthing, H., *Die mittelalterliche Universität*, Göttingen 1973; Weijers, O., *Terminologie des universités au XIIIe siècle*, Rom 1987; Catto, J. I. (Hrsg.), *The History of the University of Oxford*, 2 Bde., Oxford 1984–92; Ridder-Symoens, H. (Hrsg.), *A History of the University in Europe*, Bd. 1: *Universities in the Middle Ages*, Cambridge 1992; Rüegg, W., *Geschichte der Universität in Europa*, Bd. 1: *Mittelalter*, München 1993; Weijers, O., *Le travail intellectuel à la Faculté des arts de Paris*, 3 Bde., Turnhout 1994–98; dies. (Hrsg.), *L'enseignement des disciplines à la Faculté des arts* [Paris et Oxford], Turnhout 1997; Hannesse, J. (Hrsg.), *Aux origines du lexique philosophique européen. L'influence de la latinitas*, Louvain-la Neuve 1997; Lafleur, C. (Hrsg.), *L'enseignement de la philosophie au XIIIe siècle*, Turnhout 1997. Zu beachten sind die in der Reihe CIVICIMA erscheinenden Publikationen von O. Weijers und D. Jacquart, Turnhout 1985 ff.

3 Vgl. Chenu, M.-D., *La théologie comme science au XIIe siècle*, Paris ^{3}1957. – Zur Artistenfakultät vgl. Glorieux, P., *La faculté des arts et ses Maîtres au XIIIe siècle*, Paris 1971.

4 Vgl. in: Chart. Univ. Paris I, S. 276.

5 Es war, wie gesagt, nie ein reiner Aristotelismus. Dazu waren Augustin und Dionysius zu sehr gegenwärtig. Im Pariser Statut von 1255 war auch das neuplatonische Werk *Buch der Grundbedingungen (Liber de causis)* als Textbuch der Artistenfakultät vorgeschrieben, das als Werk des Aristoteles galt. So war noch die Aristoteles-Rezeption mit einer Intensivierung der neuplatonischen Tradition verbunden.

6 Vgl. Glorieux, P., »L'enseignement au moyen âge. Techniques et méthodes en usage à la faculté de théologie de Paris, au XIIIe siècle«, in: AHDLMA 43 (1968) S. 65–186.

7 Kritische Ausgabe: Quaracchi 1916, Neuausg. Grottaferata 1981.

8 Deren Zusammenstellung durch Stegmüller, F., *Repertorium Commentariorum in sententias Petri Lombardi*, 2 Bde., Würzburg 1947, ist daher eines der wichtigsten Nachschlagewerke für das Studium der mittelalterlichen Philosophie und Theologie.

9 Vgl. Glorieux, P., *Répertoire des maîtres en théologie de Paris au XIIIe siècle*, 2 Bde., Paris 1933/34.

10 Das Verzeichnis der Kommentare zu Aristoteles, das Stegmüllers Verzeichnis der Sentenzenkommentare entspricht, verdanken wir

Ch. Lohr, »Medieval Latin Aristotle Commentaries«, in: *Traditio* 23 (1967) S. 313–413; 24 (1968) S. 149–245; 26 (1970) S. 135–216; 27 (1971) S. 251–351; 28 (1972) S. 281–396; 29 (1973) S. 93–197. Zum Problem der literarischen Gattungen des mittelalterlichen Wissens vgl. »Les genres littéraires dans les sources théologiques et philosophiques médiévales«, in: *Actes du colloque international, Löwen, Mai 1981,* Löwen 1982; bes. Bazán, B. C. [u. a.], *Les Questions disputèes et les questions quodlibétique. Typologie des sources du moyen âge occidental,* CC 44–45; Lafleur, C. (Hrsg.), *L'enseignement de la philosophie au XIIIe siècle,* Turnhout 1997.

11 Vgl. Glorieux, P., *La littérature quodlibétique de 1260–1320,* 2 Bde., Paris 1925–35.

Abschnitt 27

1 Zur Einführung in die Welt des mittelalterlichen Islam vgl. Grunebaum, G. E. v., *Der Islam im Mittelalter,* Zürich 1963; ders., *Das Fortleben der Antike im Islam,* Zürich/Stuttgart 1965; *L'occidente e l'Islam nell'Alto Medioevo,* 2 Bde., Spoleto 1965; Rosenthal, F., *Knowledge triumphant. The Concept of Knowledge in Medieval Islam,* Leiden 1970; Lombard, M., *L'Islam dans sa première grandeur,* Paris 1971; Hayes, J. R. (Hrsg.), *The Genius of Arab Civilisation. Source of Renaissance,* Oxford 1976; Paret, R., *Mohammed und der Koran,* 5., überarb. Aufl., Stuttgart 1980; Endreß, G., *Einführung in die islamische Geschichte,* München 1982. Zur Geschichte der Beziehung des Westens zur islamischen Welt vgl. Southern, R. W., *Western Views of Islam in the Middle Ages,* Cambridge (Mass.) 1962; Montgomery-Watt, W., *The Influence of Islam on Medieval Europe,* Edinburgh 1972; Daniel, N., *The Arabs and Medieval Europe,* London 1975; Rodinson, M., *La fascination de l'Islam,* Paris 1981 [engl. 1968]; Sénac, Ph., *L'image de l'Autre. L'Occident médiéval face à l'Islam,* Paris 1983; Busse, H., *Die theologischen Beziehungen des Islam zu Judentum und Christentum,* Darmstadt 1988; Endreß, G., *Der Islam. Eine Einführung in seine Geschichte,* München ^{2}1991; Schimmel, A., *Der Islam. Eine Einführung,* Stuttgart 1995; Watt, M. W., *A Short History of Islam,* Oxford 1996.

2 Vgl. Badawi, A., *La transmission de la philosophie grecque au monde arabe,* Paris 1968; Endreß, G., *Proclus arabus,* Wiesbaden

1973; Anawati, G., »Le néoplatonisme dans la pensée musulmane: état actuel des recherches«, in: *Plotino e il Neoplatonismo in Oriente e in Occidente. Atti del Congresso Internazionale*, Rom 1974, S. 339–405.

3 Zitiert bei: Padover, S. K., »Muslim Library«, in: J. W. Thompson, *The Medieval Library*, Chicago 1939, S. 367. Diesem Beitrag verdanken die vorausgehenden Seiten viel.

4 Texte: *Aristoteles Latinus*, ed. G. Lacombe [u. a.], Brügge [u. a.] 1939; übersichtlich bei Peters, F. E., *Aristoteles arabus. The oriental translations and commentaries in the Aristotelian corpus*, Leiden 1968.

5 Dazu: Lindberg, D. C., »Lines of Influence in Thirteenth-Century Optics: Bacon, Witelo and Pecham«, in: *Speculum* 46 (1971) S. 66–83. Vgl. von dems.: *John Pecham and the Science of Optics. Perspectiva communis*, Madison (Wisc.) 1970; *Theories of Vision from Al-Kindi to Kepler*, Chicago/London 1976; *Science in the Middle Ages*, Chicago/London 1978.

6 Vgl. de Boor, T., *Geschichte der Philosophie im Islam*, Stuttgart 1901; Haskins, C. H., *Studies in the History of Medieval Science*, Cambridge 1927; Horten, M., »Die syrische und arabische Philosophie«, in: B. Geyer (Hrsg.), *Die patristische und scholastische Philosophie* (Ueberweg, *Grundriß der Geschichte der Philosophie*, Bd. 2), Berlin 1928, S. 287–325; Mieli, A., *La science arabe et son rôle dans l'évolution scientifique mondiale*, Paris 1938, Neudr. mit bibliogr. Erg., Leiden 1966; De Menasce, P. J., *Arabische Philosophie*, Bern 1948; Watt, W. M., *Islamic Philosophy and Theology*, Edinburgh 1962; Walzer, R., *Greek into Arabic. Essays on Islamic Philosophy*, Oxford 1962; Sharif, M. M. (Hrsg.), *A History of Muslim Philosophy*, Wiesbaden 1963 ff.; Schipperges, H., *Die Assimilation der arabischen Medizin durch das lateinische Mittelalter*, Wiesbaden 1964; Corbin, H., *Histoire de la philosophie islamique*, Paris 1964; ders., »La philosophie islamique«, in: *Histoire de la philosophie*, Bd. 1, hrsg. von B. Parain, Paris 1969, S. 1046–1197; *Oriente e occidente nel Medioevo. Filosofia e scienze. Convegno internazionale*, Rom 1971; Badawi, A., *Histoire de la philosophie en Islam*, 2 Bde., Paris 1972; Rosenthal, E. I. J., »Politisches Denken im Islam. Kalifatstheorie und politische Philosophie«, in: *Saeculum* 23 (1972) S. 148–171; Bürgel, J. Ch., »Dogmatismus und Autonomie des wissenschaftlichen Denkens des islamischen Mittelalters«, in: ebd., S. 30–46; Montgomery-Watt,

W., *Islamic Philosophy and Theology*, Edinburg 1979; Zimmermann, A. / Crämer-Rügenberg, I. (Hrsg.), *Orientalische Kultur und europäisches Mittelalter*, in: MM, Berlin/New York 1985; Fakhri, M., *Histoire de la philosophie islamique*, Paris 1989; Leaman, O., *Introduction to Medieval Islamic Philosophy*, Cambridge 1990; Rosenthal, F., *Greek Philosophy in the Arabic World. A Collection of Essays*, Aldershot 1990; Endreß, G. / Gutas, D., *A Greek and Arabic Lexicon. Material for a Dictionary of the Medieval Translation from Greek into Arab*, Leiden 1992ff.; Morewedge, P., *Neoplatonism and Islamic Thought*, Albany (NY) 1992; Daiber, H. (Hrsg.), *Naturwissenschaft bei den Arabern im 10. Jahrhundert n. Chr.*, Leiden 1993; Maroth, M., *Die Araber und die antike Wissenschaftstheorie*, Leiden 1994; De Libera, A. [u. a.] (Hrsg.), *Langage et philosophie. Hommage à Jean Jolivet*, Paris 1997; Pines, S., *The Collected Works of S. Pines*, hrsg. von S. Stroumsa, Bd. 3: *Studies in the History of Arabic Philosophy*, Jerusalem 1997. Als Nachschlagewerk unentbehrlich: Sezgin, F., *Geschichte des arabischen Schrifttums*, Leiden 1967ff.

7 Aristoteles, *De anima* III 5,430a 10–25.

8 Albertus Magnus, *De intellectu et intelligibili*, *Opera*, ed. A. Borgnet, Bd. 9, Paris 1890, S. 477–521 Borgnet; Dietrich von Freiberg, in: *Opera omnia*, Bd. 1, ed. B. Mojsisch, Hamburg 1977, S. 131–210.

9 Die lateinischen Übersetzungen sind ediert bei A. Nagy, Münster 1897 (Beiträge, 2,5), arab.-frz. ed. J. Jolivet, Leiden 1997. – Die Bezeichnung des »vierten« Intellekts als »demonstrativus« beruhte auf einem Übersetzungsfehler. Vgl. dazu Jolivet, J., *L'Intellect selon Kindi*, Leiden 1971, S. 2, 12. Die ältere Position bei Théry, G., *Autour du décret de 1210*, Bd. 2: *Alexandre d'Aphrodise. Aperçu sur l'influence de sa noétique*, Le Saulchoir 1926; Gilson, E., »Les sources gréco-arabes de l'augustinisme avicennisant«, in: AHDLMA 4 (1929/30) S. 5–107. Zur weiteren Literatur vgl. Totok II, S. 255–258; Stor. della Filos. V, S. 463; S – I, S. 377f.

10 Al-Farabis Traktat über den Intellekt wurde hrsg. von E. Gilson, in: AHDLMA 4 (1929/30) S. 115–126. Andere lateinische Übersetzungen des Al-Farabi, hrsg. von Q. Camerarius, Paris 1638. Vgl. Alpharabi, *Philosophische Abhandlungen*, dt. von Fr. Dieterici, Leiden 1892, S. 61–81; Netton, I. R., *Al-Farabi and His*

School, London / New York 1992. Zur weiteren Literatur vgl. Totok II, S. 258–264; Stor. della Filos. V, S. 463–464.

11 Vgl. dazu Henry, P. / Schwyzer, H. R. (Hrsg.), *Plotini Opera*, Bd. 2, Paris/Brüssel 1959 [mit engl. Übers. aus dem Arab.].

12 Lateinische Übersetzung: *Opera*, Venedig 1508; *Avicenna latinus. Liber de anima seu sextus de naturalibus*, ed. S. Van Riet, Introduction G. Verbeke, Löwen/Leiden 1972; *Liber de philosophia prima sive scientia divina*, ed. S. Van Riet, Introd. G. Verbeke, Bd. 1: *Partes I–IV*, Bd. 2: *Partes V–X*, Löwen/Leiden 1977–1980. Zur Geschichte des lateinischen Avicenna vgl. d'Alverny, M.-Th., »Avicenna latinus«, in: AHDLMA 28 (1961) S. 281–316; 29 (1962) S. 217–233; 30 (1963) S. 221–272; 31 (1964) S. 271–286. *Die Metaphysik Avicennas*, dt. hrsg. von M. Horten, Leipzig 1907; Vicaire, M.-H., »Les Porrétains et l'avicennisme avant 1215«, in: *Revue des sciences philosophiques et théologiques* 26 (1937) S. 449–482; Goichon, A.-M., *La philosophie d'Avicenne et son influence en Europe médiévale*, Paris ²1951; Wickens, G. M. (Hrsg.), *Avicenna scientist and philosopher*, London 1952; Bloch, E., *Avicenna und die aristotelische Linke*, 1952 [u. ö.], Tb.-Ausg. Frankfurt a. M. 1963; *Avicenna nella storia della cultura medioevale. Relazioni e discussione. Riunione del 15 aprile 1955*, hrsg. von der Accademia nazionale dei Lincei, Rom 1957; Corbin, H., *Avicenne et le récit visionnaire*, 3 Bde., Teheran/Paris 1952–54; Goichon, A.-M., Art. »Ibn Sina«, in: *The Encyclopedia of Islam*, Bd. 3, Leiden/London 1971, S. 941–947; Verbeke, G., *Avicenna. Grundleger einer neuen Metaphysik*, Opladen 1983; Jolivet, J., *Etudes sur Avicenne*, Paris 1984; Gutas, D., *Avicenna and the Aristotelian Tradition*, Leiden 1988; Goodman, L. E., *Avicenna*, London / New York 1992; Davidson, H. A., *Alfarabi, Avicenna and Averroes on Intellect*, New York / Oxford 1992; D'Alverny, M. T., *Avicenne en occident*, Paris 1993; Gutas, D., »Avicenna«, in: Flasch, Hauptwerke, S. 90–107. Vgl. Totok II, S. 264–272; Stor. della Filos. V, S. 464; S – I, S. 390.

13 Roger Bacon, *Opus Tertium*, in: *Opera quaedam hactenus inedita*, ed. J. S. Brewer, Bd. 1, London 1859, S. 32. Zum Ganzen vgl. Gilson, E., »Avicenne en Occident au moyen âge«, in: AHDLMA 36 (1970) S. 89–121.

14 Thomas von Aquino, *In 1 Sententiarum* d. 2 qu. 1 a. 3.

15 Vgl. das dritte Argument in der *Summa theologica* I 2, 3, dt. bei Flasch, MA 321.

16 *In 1 Sententiarum* d. 8 qu. 3 a. 2.
17 *De veritate* I 1, dt. bei Flasch, MA 311–313.
18 Schon in *In 1 Sententiarum* d. 35 qu. 1 a. 1; Summa theol. I 45,5.
19 *In 1 Sententiarum* d. 3 qu. 2 a. 3.
20 *Summa contra Gentiles* III 87. – Eine Übersicht über die Stellung des Thomas zu Avicenna ergibt sich bequem aus den bei Forest, A., *La structure métaphysique du concret selon S. Thomas d'Aquin*, Paris 1931, S. 331–360, gesammelten Texten. Vgl. Zedler, B., »S. Thomas and Avicenna in the *De potentia*«, in: *Traditio* 6 (1948) S. 105–159; Vansteenkiste, C., »Avicenna-Citaten bij S. Thomas«, in: *Tijdschrift voor Philosophie* 15 (1953) S. 457–507; Anawati, G. C., *Introduction zu: Avicenne. La Metaphysique du Shifa*, Paris 1978, S. 63–78.
21 Al-Ghazali, *Tahafut al-Falsifah*, ins Engl. übers. von A. S. Kamali, Lahore (Pakistan) 1958, arab.-engl., hrsg. von M. E. Marmura, Provo 1997. Zur weiteren Literatur vgl. Totok II, 272–276; S – I, S. 376f. Die Widerlegungsschrift des Averroes gibt große Teile des Textes Al-Gazalis wieder: Averroes, *Tahafut al-Tahafut*, ins Engl. übers. von S. Van den Bergh, 2 Bde., London 1954. Der lateinische Text der *Destructio destructionum*, in: *Aristotelis opera cum Averrois commentariis*, 9 Bde., Venedig 1562–1574, Nachdr. Frankfurt a. M. 1962, Bd. 9, S. 155–147^{r}; Zedler, B. H. (Hrsg.), *Averroes' Destructio destructionum philosophiae Algazelis in the Latin version of C. Calonymus*, Milwaukee 1961; Montgomery-Watt, W., *Muslin Intellectuel. A study of Al-Gazali*, Edinburg 1963; Ormsby, M. E., *Theodicy in Islamic Thought. The Dispute over al-Ghazali's »Best of all possible Worlds«*, Princeton 1983; Bouman, J., *Glaubenskrise und Glaubensgewißheit. Die Theologie Al-Gazalis und Augustins im Vergleich*, Gießen/Basel 1990.
22 Vgl. Nicolaus von Autrecourt bei Flasch, MA 497.
23 *Corpus Commentariorum Averrois in Aristotelem*, ed. H. A. Wolfson [u. a.], Cambridge (Mass.) 1949ff.; immer noch unentbehrlich: *Aristotelis Opera cum Averrois commentariis*, Venedig 1562–74, Nachdr. Frankfurt a. M. 1962; *Die Metaphysik des Averroes*, dt. von M. Horten, 1912, Nachdr. Frankfurt a. M. 1962; Gauthier, L., *Ibn Roshd (Averroès)*, Paris 1948; Arnaldez, R., Art. »Ibn Rushd«, in: *Encyclopedia of Islam*, Bd. 3, Leiden/London 1970, S. 909–920. Vgl. Totok II, S. 277–283; Stor. della Filos. V, S. 465.

Zum Diskussionsstand vgl. *Multiple Averroes. Actes du Colloque international,* Paris 1978; Kassem, M., »La philosophie d'Averroès et ses rapports avec la scolastique latine«, in: *Actas del V Congresso internacional de filosofia medieval,* Bd. 1, Madrid 1979, S. 207–217; Bland, K. P., *The Epistle on the Possibility of Conjunction with the Active Intellect by Ibn Rushd with the Commentary of Moses Marboni,* New York 1982; Booth, E., *Aristotelian Aporetic Ontology in Islamic and Christian Thinkers,* Cambridge 1983; Rosemann, P. W., »Averroes. A. Catalogue of Editions and Scholarly Writings from 1821 onwards«, in: *Bulletin de la Société pour l'Etude de la Philosophie Médiévale* 30 (1988) S. 153–221; Leaman, O., *Averroes and his Philosophy,* Oxford 1988; Urvoy, D., *Ibn Rushd,* London 1991; Hayun, M. R. / De Libera, A., *Averroes et l'Averroisme,* Paris 1991; De Libera, A., *Averroès, l'intelligence et la pensée. Grand commentaire du »De Anima«* (Livre III), Paris 1998.

24 Thomas von Aquino, *De unitate intellectus* c. 2 n. 214, in: *Opuscula philosophica,* ed. R. Spiazzi, Turin 1954, S. 76, über Averroes: *qui non tam fuit Peripateticus, quam philosophiae peripateticae depravator.* Vgl. Flasch, Hauptwerke, S. 245–269. – Einen Überblick über die Averroes-Benutzung des Thomas gibt C. Vansteenkiste, »S. Tommaso d'Aquino ed Averroè«, in: *Rivista degli studi orientali* 32 (1957) S. 585–623.

25 Renan, E., *Averroès e l'averroïsme,* Paris ^{2}1861.

26 Ibn Roshd (Averroès), *Traité décisif sur l'accord de la religion et de la philosophie,* arab./frz. hrsg. von L. Gauthier, Paris ^{3}1983.

27 Ebd., S. 4.

Abschnitt 28

1 Vgl. Guttmann, J., *Die Philosophie des Judentums,* München 1933; Vajda, G., *Introduction à la pensée juive du moyen âge,* Paris 1947; Rosenthal, E. J., *Griechisches Erbe in der jüdischen Religionsphilosophie des Mittelalters,* Stuttgart 1960; Sirat, C., *La philosophie juive au moyen âge selon les texts manuscrits et imprimés,* Paris 1983. Zur Bibliographie vgl. Vajda, G., *Jüdische Philosophie,* Bern 1950. Für die neuere Literatur vgl. die Forschungsberichte von G. Vajda, in: *Die Metaphysik im Mittelalter,* hrsg. von P. Wilpert, MM 2, S. 126–135; Altmann, A. v., in: *Bulletin de la société internationale des études philosophiques*

médiévals 5 (1963) S. 261–264; Touati, C., in: ebd., S. 264–267; Simon, M. und H., *Geschichte der jüdischen Philosophie*, München 1984; Sirat, C., *La philosophie juive médiévale en terre d'islam*, Paris 1988; dies., *La philosophie juive médiévale en pays chrétien*, Paris 1988; Hayun, M. R., *La philosophie médiévale juive*, Paris 1991; Cohn-Sherbok, D., *Medieval Jewish Philosophy*, Richmond 1996; Pines, S., *The Collected Works*, Bd. 5: *Studies in the History of Jewish Thought*, Jerusalem 1997.

2 Kritische Edition mit deutscher Übersetzung von L. Goldschmidt, *Das Buch der Schöpfung*, Frankfurt a. M. 1894. Dazu vgl. Baeck, L., in: *Monatsschrift für Geschichte und Wissenschaft des Judentums* 70 (1926) S. 371–376; 78 (1934) S. 448–455, ferner Merlan, Ph., »Zur Zahlenlehre im Platonismus (Neuplatonismus) und im Sephir Jezira«, in: *Journal of the History of Philosophy* 3 (1965) S. 167–181. Für weitere Literatur vgl. Totok II, S. 293.

3 Vgl. Alunni, Ch., »*Codex naturae* et *libro della natura* chez Campanella et Galilée«, in: *Annali della Scuola normale superiore* 12 (1982) S. 189–239.

4 Vgl. dazu Scholem, G., *Von der mystischen Gestalt der Gottheit. Studien zu Grundbegriffen der Kabbala*, Frankfurt a. M. 1977; ferner die früheren Arbeiten von G. Scholem.

5 Ibn Gabirol (Avencebrol), *Fons vitae*, ed. C. Baeumker, 3 Bde., Münster 1892–95 (Beiträge 1,2–4). Eine hebräische Zusammenfassung mit französischer Übersetzung edierte S. Munk, *Mélanges de philosophie juive et arabe*, Paris 1859; frz. Übers. von J. Schlanger, Paris 1970. Über ihn vgl. Wittmann, M., *Die Stellung Avencebrols im Entwicklungsgang der arabischen Philosophie*, Münster 1905, (Beiträge 5,1); Bertola, E., *Ibn Gabirol (Avicebron). Vita, opere et pensiero*, Padua 1953; mehrere Beiträge in: *Freiburger Zeitschrift für Philosophie und Theologie* 13/14 (1966/1967); Schlanger, J., *La philosophie de Salomon Ibn Gabirol, Etudes d'un néoplatonisme*, Leiden 1968; Brunner, F., »Sur la philosophie d'Ibn Gabirol. A propos d'un ouvrage récent«, in: *Revue des Etudes Juives* 128 (1969) S. 317–337; Sirat, *La Philosophie juive au moyen âge*, S. 88–104. Für weitere Literatur vgl. Totok II, S. 296–298; Stor. della Filos. V, S. 470–471; Sirat, S. 471–472.

6 Avencebrol, *Fons vitae* I 1–2 Baeumker 1–5.

7 *Fons vitae* V 1 Baeumker 259.

8 *Fons vitae* V 3 Baeumker 262,11.

9 *Fons vitae* IV 2 Baeumker 215,10–20.

10 Ausgabe des arabischen Textes mit französischer Übersetzung: Munk, S., *Le guide des égarés,* 3 Bde., Paris 1856–66, dt. Leipzig 1923/24, Nachdr. Hamburg 1995 [mit Einl. von J. Maier und Bibliographie]; die lat. Übersetzung (um 1240) ed. A. Giustiniani, Paris 1520, Nachdr. Frankfurt a. M. 1964; Strauß, L. / Pines, S. (Hrsg.), *The guide of the perplexed,* Chicago 1963 [engl. Übers. mit einem Essay von L. Strauß]; Twersky, I. (Hrsg.), *A. Maimonides' reader,* New York 1972. Über ihn vgl. – außer den Gesamtdarstellungen der jüdischen Philosophie bei Guttmann, Vajda und Sirat (vgl. Anm. 1), S. 179–234 – Strauß, L., *Philosophie und Gesetz*, Berlin 1935; Altmann, A., »Das Verhältnis Maimunis zur jüdischen Mystik«, in: *Monatsschrift für Geschichte und Wissenschaft des Judentums* 80 (1936) S. 305–330; Federbusch, S., *Maimonides, his teachings and personality. Essais on the occasion of the 750th anniversary of his death,* New York 1956. Über den Einfluß auf lateinische Autoren vgl. Guttmann, J., »Der Einfluß der maimonidischen Philosophie auf das christliche Abendland«, in: *Moses ben Maimon,* hrsg. von J. G., Bd. 1, Leipzig 1908, S. 135–230; Rohner, A., *Das Schöpfungsproblem bei Moses Maimonides, Albertus Magnus und Thomas von Aquin,* Münster 1913 (Beiträge, 11,5); Kluxen, W., »Moses Maimonides und die Hochscholastik«, in: *Philosophisches Jahrbuch* 63 (1954) S. 151–165; Pines, S., »Les limites de la métaphysique selon al-Farabi, Ibn Bajja et Maimonides«, in: MM 13 (1981) S. 211–225; Pines, S. / Yovel, Y. (Hrsg.), *Maimonides and Philosophy,* Dordrecht/Boston 1986; Hayun, M. R., *Maimonides,* Paris 1987; Dienstag, J., »Art, Science and Technology in Maimonides Thought. A Classified Bibliography«, in: *The Torah U-Madda Journal* 5 (1994) S. 1–100; Wohlmann, A., *Maimonides and Thomas d'Aquin. Un Dialogue impossible*, Fribourg 1995; Niewöhner, Fr., »Maimonides«, in: Flasch, Hauptwerke, S. 175–192.

11 Koch, J., »Meister Eckhart und die jüdische Religionsphilosophie«, in: Koch I, S. 349–365.

12 Vgl. Flasch, K., »Die Intention Meister Eckharts«, in: *Sprache und Begriff. Fs. B. Liebrucks,* Meisenheim 1974, S. 292–318.

13 Maimonides, *Dux neutrorum,* Lib. 1 c. 57–60 Giustiniani, fol. 22a–24a.

14 Ebd. c. 57 Giustiniani, fol. 22a.

15 Thomas von Aquino, *Summa theologica* I 13,2. Vgl. auch Dienstag, J. I. (Hrsg.), *Studies in Maimonides and St. Thomas Aquina*, New York 1975.

16 Maimonides, *Dux neutrorum* I 67 Giustiniani, fol. 27a.

17 Vgl. auch Liebeschütz, H., »Meister Eckhart und Moses Maimonides«, in: *Archiv für Kulturgeschichte* 54 (1972) S. 64–96.

Abschnitt 29

1 Für die lateinische Philosophie des 13. Jh.s ist durchgehend heranzuziehen: Chenu, M.-D., *La théologie comme science au XIIIe siècle*, Paris ^{3}1969; Van Steenberghen, F., *La philosophie au XIIIe siècle*, Löwen/Paris 1966. – Van Steenberghen hat die seiner Darstellung zugrunde liegende Konzeption von Philosophie noch einmal zusammengefaßt: »La conception de la philosophie au moyen âge«, in: *Actas del V Congresso internacional de filosofia medieval*, Bd. 1, Madrid 1979, S. 38–47. Doch beachte man die Kritik an seiner Position durch T. Gregory, ebd., S. 49–57, und durch P. Vignaux, ebd., S. 81–85. Wichtige, in Deutschland nicht genügend beachtete Änderungen des Gesamtbildes ergaben sich durch die Forschungen von Bruno Nardi, z. B.: *Dante e la cultura medievale*, Rom/Bari ^{3}1983, mit wertvoller Einleitung von T. Gregory über Nardi. Ferner: *Saggi di filosofia dantesca*, Florenz ^{2}1967; *Studi di filosofia medievale*, Mailand ^{4}1972; Gregory, T., »Il Ducento«, in: *La filosofia medievale. I secoli XIII e XIV*, Mailand 1975 (Stor. della Filos. VI); Wieland, G., *Ethica-scientia practica. Die Anfänge der philosophischen Ethik im 13. Jahrhundert*, Münster 1981; Kretzmann, N. [u. a.] (Hrsg.), *The Cambridge History of Later Medieval Philosophy*, Cambridge 1982; De Rijk, L. M., *La philosophie au moyen âge*, Paris 1985; Schmitt, Ch. B. / Knox, D., *Pseudo-Aristoteles Latinus. A Guide to the Latin Works Falsely Attributed to Aristotle before 1500*, London 1985; Nederman, C. J. / Forhan, K. L., *Medieval Political Theory. A. Reader*, London 1993; Rosier, I., *La parole comme acte. Sur la grammaire et la sémantique au XIIIe siècle*, Paris 1994; Dales, R. C., *The Problem of the Rational Soul in the Thirteenth Century*, Leiden 1995; Braakhuis, H. A. G., *The Medieval Tradition of Aristotle's »Perihermeneias«*, Leiden 1996.

2 Vgl. Haskins, C. H., *Studies in the History of Medieval Science*, Cambridge (Mass.) 1924, S. 356–376; Ullmann, W., *The Indivi-*

dual and Society in the Middle Ages, Baltimore 1966; Lohr, Ch., »Die mittelalterliche Aristoteles-Deutung in ihrem gesellschaftlichen Kontext«, in: *Zeitschrift für Theologie und Philosophie* 51 (1976) S. 481–495. Für weitere Studien ist grundlegend: Kristeller, P. O., *Catalogus translationum et commentariorum. Medieval and Renaissance Translations and Commentaries,* 5 Bde., Washington 1960–85, Bd. 3–5 zusammen mit F. E. Cranz.

3 Zum Ganzen vgl. Ullmann, W., *Medieval Political Thought,* London ^{2}1975.

4 Thomas von Aquino, *De regimine principum* I 1–6, ed. J. Mathis, Turin/Rom ^{2}1948, S. 1–8; Tolomeo di Lucca, ebd. II 9, S. 28–29. Doch vgl. S. 646, Anm. 8.

5 Ebd. IV I und IV 8, S. 66–67 und 76. An dieser Stelle möchte ich Herrn Prof. Nicolai Rubinstein für Hinweise auf diese Texte herzlich danken.

6 Weisheipl, J. A., »The Nature, Scope, and Classification of the Sciences«, in: *Studia Mediewistyczne* 18 (1977) S. 85–101. Für die ältere Problemgeschichte vgl. Hadot, P., »Die Einteilung der Philosophie im Altertum«, in: *Zeitschrift für philosophische Forschung* 36 (1982) S. 422–444.

7 Die Quellen sind: Hugo von St-Victor, *Didascalion,* ed. H. Buttimer, Washington 1939; Dominicus Gundissalinus, *De divisione philosophiae,* ed. L. Baur, Münster 1903 (Beiträge, 4,2–3). Über Gundissalinus vgl. Baeumker, C., »D. G. als philosophischer Schriftsteller«, in: C. B., *Studien und Charakteristiken zur Geschichte der Philosophie, insbesondere des Mittelalters,* hrsg. von M. Grabmann, Münster 1927 (Beiträge 25,1–2).

8 Baur, S. 220.

9 Einen guten Einblick in die Wissenschaftslehre der Zeit um 1250 gibt *De ortu scientiarum* des Robert Kilwardby, jetzt zu benutzen in der kritischen Edition von A. G. Judy, Toronto/Oxford 1976. Das Werk zeigt, wie stark die aristotelische Klassifizierung schon eingedrungen war, bevor Thomas von Aquino seine Lehrtätigkeit begann. Zu beachten ist auch das Interesse Kilwardbys, die erlaubte Philosophie von der unerlaubten Magie abzugrenzen.

Abschnitt 30

1 Berthold von Moosburg, *Expositio super elementationem theologicam Procli,* prop. 178 B–C. Nach Cod. Oxford Balliol 224 B.
2 Vgl. Geiger, L.-B., *La participation dans la philosophie de saint Thomas d'Aquin,* Paris 1953.
3 Vgl. Bardenhewer, O., *Die pseudo-aristotelische Schrift »Über das reine Gute«, bekannt unter dem Namen »Liber de causis«,* Freiburg i. Br. 1882. – *Le »Liber de causis«,* ed. A. Pattin, Löwen 1966; Saffrey, H. D., »L'état actuel des recherches sur le *Liber de causis* comme source de la métaphysique au moyen âge«, in: *Die Metaphysik im Mittelalter,* hrsg. von P. Wilpert, Berlin 1963 (MM 2), S. 267–281.
4 Doch war es vorbildlich, wenn M. Wittmann 1922 ein Buch über die Ethik des Aristoteles schrieb, um im folgenden Jahr seine Monographie, *Die Ethik des heiligen Thomas von Aquin,* München 1923, folgen zu lassen.
5 Vgl. Picavet, F., *Esquisse d'une histoire comparée des philosophies médiévales,* Paris 1907.
6 Die These von Koch, J., »Augustinischer und dionysischer Neuplatonismus und das Mittelalter«, in: *Kant-Studien* 48 (1956/57) S. 117–133 (auch in: Koch I, S. 3–25), bedarf einiger Korrekturen.
7 Vgl. Van Ess, J., »Jüngere orientalische Literatur zur neuplatonischen Überlieferung im Bereich des Islam«, in: *Parusia. Studien zur Philosophie Platons und zur Problemgeschichte des Platonismus,* hrsg. von K. Flasch, Frankfurt a. M. 1965, S. 333–350.
8 Die Literatur zum Thema schwillt an. Vgl. Klibansky, R., *The Continuity of the Platonic Tradition during the Middle Ages,* London 1950; Garin, E., *Studi sul Platonismo medievale,* Rom 1958; Beierwaltes, H. W. (Hrsg.), *Platonismus in der Philosophie des Mittelalters,* Darmstadt 1969 (Wege der Forschung, 197); Faes de Mottoni, B., *Il platonismo medievale,* Turin 1969; Bredow, G. v., *Platonismus im Mittelalter,* Freiburg i. Br. 1972; Beierwaltes, W., *Denken des Einen. Studien zur neuplatonischen Philosophie und ihrer Wirkungsgeschichte,* Frankfurt a. M. 1985; Bos. E. P./ Meier, P. A. (Hrsg.), *On Proclus and his Influence in Medieval Philosophy,* Leiden 1992; Benakis, L. G. (Hrsg.), *Néoplatonisme et philosophie médiévale,* Turnhout 1997.

9 *Liber XXIV philosophorum*, ed. C. Baeumker, in: C. B., *Studien und Charakteristiken zur Geschichte der Philosophie, besonders des Mittelalters. Gesammelte Vorträge und Aufsätze*, hrsg. von M. Grabmann, Münster 1927 (Beiträge, 25,1–2), ist ersetzt durch F. Hudry, CC 143 A; *Liber Hermetis Mercurii Triplicis De VI Rerum Principiis*, ed. Th. Silverstein, in: AHDLMA 22 (1955) S. 217–302.

Abschnitt 31

1 Albert d. Gr., *Opera omnia*, Editio Coloniensis, Münster 1951 ff. Für die in dieser Ausgabe noch nicht erschienenen Werke: *Opera*, ed. A. Borgnet, 20 Bde., 1890–92. – Albertus Magnus, *Ausgewählte Texte*, lat./dt., hrsg. von A. Fries, mit einer Kurzbiographie von W. P. Eckert, Darmstadt 1981. Außergewöhnlich wichtig sind die Studien von B. Nardi, *Studi di filosofia medievale*, Rom 1960; ders., *Saggi e note di critica dantesca*, Rom 1966. Von der neueren Literatur erwähne ich: Craemer-Ruegenberg, J., *Albertus Magnus*, München 1980; Meyer, G. / Zimmermann, A. (Hrsg.), *Albertus Magnus, Doctor universalis. 1280–1980*, Mainz 1980; Zimmermann, A. (Hrsg.), *Albert der Große. Seine Zeit, sein Werk, seine Wirkung*, Berlin 1981; Fauser, W., *Die Werke des Albertus Magnus in ihrer handschriftlichen Überlieferung*, München 1982; Hossfeld, P., *Albertus Magnus als Naturphilosoph und Naturwissenschaftler*, Bonn 1983; De Libera, A., *Introduction à la Mystique Rhénane d'Albert le Grand à Maître Eckhart*, Paris 1984; Zimmermann, A. (Hrsg.), *Die Kölner Universität im Mittelalter*, Berlin 1981; De Libera, A:, *Albert le Grand et la philosophie*, Paris 1990; Sturlese, S. 324–388; Jeck, U. R., in: Flasch, Hauptwerke, S. 193–215. Für weitere Literatur vgl. Totok II, S. 362–376; Lohr (1) XXIII, S. 338–345; Stor. della Filos. VI, S. 430–434; S-I, S. 370–371.

2 Albert d. Gr., *Super Dionysii epistulas*, Ep. VII, Ed. Colon. 37,2 Simon 504,30–32.

3 Ebd., Ed. Colon, 37,1–2.

4 *de generatione et corruptione* I tr. 1 c. 22 Borgnet 4,363.

5 *Metaphysica* 1. 11 tr. 2 c. 1 Ed. Colon. 16,1 Geyer 482,22–24.

6 Met. 1. 11 tr. 3 c. 7 Ed. Colon. 16,1 Geyer 542,25–29.

7 de gen. et corr. 1. 1 tr. 1 c. 22 Borgnet 4,363b.

8 *De coelo et mundo*, Ed. Colon. 5,1 Hossfeld 101,7–12.

9 *De anima* 1. 3 tr. 3 c. 11 Ed. Colon. 7,1 Stroick 221,47ff.
10 Ebd., 221,90. Vgl. ebd., 224,82–90.
11 Ebd., 221,9: *Nos autem in paucis dissentimus ab Averroe;* ebd., 221,70f.: *In causa autem, quam inducemus, et modo convenimus cum Averroe in toto.*
12 *Summa de creaturis* II tr. 1 q. 55a 4 part. solut., Borgnet 35,470a.
13 de creat. II tr. 1 q. 7a 1 solut, Borgnet 35,93b. Vgl. Mojsisch, B., *Die Theorie des Intellekts bei Dietrich von Freiberg,* Hamburg 1977, S. 52–53.
14 *De anima* III tr. 2 c. 12 Ed. Colon., Stroick 193,57–60: *Quia tamen in essentia sua et perfectiori potestate non communicat corpori, ideo habet potestates absolutas a corpore.*
15 Ebd., 195,74–77: *universalis est intellectus secundum se, et ideo, quod est in ipso secundum se, est etiam secundum actum universale, et hoc oportet secundum Peripateticos concedere esse idem apud omnes.* Vgl. *De intellectuet intelligibili* 1. 1 tr. 1 c. 7 Borgnet 9,488b.
16 *De anima* Stroick 196,4–9: *Et hoc est, quod supra dixi, quod speculativi intellectus sunt unus, in eo quod intellectus sunt, sed sunt multi, secundum quod horum vel illorum sunt. Et in hac determinatione convenit nobiscum Averroes, licet in modo abstractionis intellectus aliquantulum differat a nobis.*
17 de int. et intellig. 1. 1 tr. 2 c. 1 Borgnet 9,490–493.
18 Ebd., 1. 2 tr. un. c. 9 Borgnet 9,517b.
19 *De XV problematibus* q 1. Ed. Colon. 17,1 Geyer 33,65–69.
20 *Alberto Magno Speculum astronomiae,* ed. St. Caroti [u. a.], unter der Ltg. von P. Zambelli, Pisa 1977.
21 Vgl. Albertus Magnus, *Ausgewählte Texte,* S. 96, 100–102, 104, 106.
22 Ebd., S. 104, Nr. 148.
23 Vgl. Weisheipl, J. A., *Albertus Magnus and the Sciences. Commemorative essays,* Toronto 1980. – Zu R. Grosseteste vgl. Baur, L., *Die philosophischen Werke des R. Grosseteste,* Münster 1912 (Beiträge, 9); R. G., *Commentaria in libros posteriorum Aristotelis,* Venedig 1514, Nachdr. Frankfurt a. M. 1965; ders., *Commentarius in VIII libros physicorum,* ed. R. C. Dales, Boulder 1964; *Opera,* hrsg von R. C. Dales und P. W. Rosemann im Rahmen des CC, erscheint seit 1995. Über ihn vgl. Crombie, A. C., *R. Grosseteste and the Origins of Experimental Science,* Oxford 1953; Southern, R. W., *Robert Grosseteste. The Growth*

of an English Mind in the Middle Ages, Oxford 1986; Mc Evoy, J. (Hrsg.), *Robert Grosseteste. New Perspectives on his Thought and Scholarship,* Steenbrugge 1994 [mit Bibliographie].

Abschnitt 32

1 Thomas von Aquino, *Opera omnia,* Editio Leonina, Bd. 1ff., Rom 1882ff. [handliche Einzelausgaben erschienen bei Marietti, Turin]; Imbach, R./Cheneval, F. (Hrsg.), *Thomas von Aquin. Prologe zu den Aristoteles-Kommentaren,* Frankfurt a.M. 1993. Über ihn vgl. Grabmann, M., *Thomas von Aquin. Persönlichkeit und Gedankenwelt,* München 1946; Chenu, M.-D., *Das Werk des hl. Thomas von Aquin,* Heidelberg 1960; Weber, E.-H., *La controverse de 1270 à l'université de Paris et son retentissement sur la pensée de saint Thomas d'Aquin,* Paris 1970; Kenny, A. (Hrsg.), *Aquinas. A Collection of Critical Essays,* London/Melbourne 1970; Vanni-Rovighi, S., *Introduzione a Tommaso d'Aquino,* Rom/Bari 1973; Weisheipl, J. A., *Friar Thomas d'Aquino. His Life, Thought and Work,* Oxford 1974; *1274. Année charnière. Mutations et continuité,* Paris 1977 (Colloque du Centre Nationale de la Recherche Scientifique); Owens, J., *St. Thomas Aquinas on the existence of God,* in: *Collected Papers of Joseph Owens,* hrsg. von J. R. Catan, Albany / New York 1980; Van Steenberghen, F., *Le problème de l'existence de Dieu dans les écrits de saint Thomas d'Aquin,* Löwen 1980; Kluxen, W., *Philosophische Ethik bei Thomas von Aquin,* Mainz 1964, Hamburg 1980; ders. (Hrsg.), *Thomas von Aquin im philosophischen Gespräch,* Freiburg i.Br. / München 1975; Bernath, K. (Hrsg.), *Thomas von Aquin. Philosophische Fragen,* 2 Bde., Darmstadt 1978–81; Chenu, M.-D., *Thomas von Aquin in Selbstzeugnissen und Bilddokumenten,* Reinbek bei Hamburg ²1981; Van Steenberghen, F., *Le Thomisme,* Paris 1983; Congar, Y., *Thomas d'Aquin: sa vision de théologie et de l'église,* London 1984; Wippel, J., *Metaphysical Themes in Thomas Aquinas,* Washington 1984; Elders, L. J., *Die Metaphysik des Thomas von Aquin,* Salzburg 1985; Jordan, M. D., *Ordering Wisdom. The Hierarchy of Philosophical Discourses in Aquinas,* Notre Dame 1986; Aertsen, J. A., *Nature and Creature. Thomas Aquinas Way of Thought,* Leiden 1988; Davis, B., *The Thought of Thomas Aquinas,* Oxford 1992; Gauthier, R.-A., *S. Thomas d'Aquin. Somme contre le Gentils. Introduction,*

Paris 1993; Torell, J.-P., *Magister Thomas. Leben und Werk des Thomas von Aquin,* Freiburg 1995; Aertsen, J. A., *Medieval Philosophy and the Transcendentals. The Case of Thomas Aquinas,* Leiden 1996; Hoping, H., *Weiheit als Wissen des Ursprungs. Philosophie und Theologie in der »Summa contra gentiles«,* Freiburg 1997; Kretzmann, N., *The Metaphysics of Theism. Aquinas natural Theology in »Summa contra gentiles I«,* Oxford 1997; Flasch, K., »Thomas von Aquino«, in: Flasch, Hauptwerke, S. 245–269. Für weitere Literatur vgl. Totok II, S. 377–455; Stor. della Filos. VI, S. 449–461; Lohr (1) XXIX, S. 159–172; aktuelle Bibliographie: *Rassegna di letteratura tomistica,* Rom 1966ff.

2 Vgl. Roland-Gosselin, M.-D., *Le »De ente et essentia« de saint Thomas d'Aquin,* Paris 1926.

3 Aristoteles, *Analytica posteriora* B 7,92b 4–8.

4 Thomas von Aquino, *De ente et essentia,* c. 3 n. 19.

5 Thomas Aquinas, *Scriptum super Sententiis,* ed. P. Mandonnet und F. Moos, 4 Bde., Paris 1929–47. Jetzt auch in: *Opera omnia,* hrsg. von R. Busa, Bd. 1, Stuttgart-Bad Cannstatt 1980.

6 Vgl. dazu Thomas von Aquin, *In de trinitate* IV 1.

7 Vgl. dazu Kühn, W., *Das Prinzipienproblem in der Philosophie des Thomas von Aquin,* Amsterdam 1982, bes. S. 415ff.

8 Doch vgl. Mohr, W., »Bemerkungen zur Verfasserschaft von *De regimine principum«,* in: *Virtus politica. Fs. A. Hufnagel,* hrsg. von J. Möller, Stuttgart-Bad Cannstatt 1974, S. 127–145.

9 Thomas von Aquin, *Summa theologica* II–II 13,3, vgl. 10,7, 10,8, 3.

10 Chart. Univ. Paris. I, S. 487.

11 Vgl. Weber, E.-H., *Dialogue et dissensions entre saint Bonaventure et saint Thomas d'Aquin à Paris (1253–73),* Paris 1974; ders., *La controverse de 1270 à l'Université de Paris et son retentissement sur la pensée de saint Thomas d'Aquin,* Paris 1970.

Abschnitt 33

1 Bonaventura, *Opera omnia,* 10 Bde., Quaracchi 1882–1902; die wichtigen *Collationes in Hexaëmeron* in einer abweichenden Überlieferung hrsg. von F. Delorme, Florenz 1934; lat./dt. Ausgaben des *Itinerarium* und *De reductione artium ad theologiam* von J. Kaup, München 1961, des *Soliloquium* von J. Hosse,

München 1958, der *Collationes in Hexaëmeron* von W. Nyssen, München 1964; Auswahl bei Flasch, MA 329–354; *Quaestio disputata de scientia Christi,* lat./dt., Hamburg 1992. – Gilson, E., *La philosophie de saint Bonaventure,* Paris [3]1953, dt. Leipzig 1929; Ruh, K., *Bonaventura deutsch,* Bern 1956; Bougerol, J.-G., *Introduction à l'étude de Saint Bonaventure,* Paris 1961; Van Steenberghen, F., *La philosophie au XIIIe siècle,* Löwen/Paris 1966; Bougerol, J.-G. (Hrsg.), *Lexique saint Bonaventure,* Paris 1969; Quinn, J. F., *The historical constitution of St. Bonaventure's philosophy,* Toronto 1973; Bettoni, E., *S. Bonaventura da Bagnoregio. Gli aspetti filosofici del suo pensiero,* Mailand 1973; *S. Bonaventura, 1274–1974. Volumen commemorativum,* 5 Bde., Grottaferrata (Rom) 1973–74 [in Bd. 5 die Bibliographie von J.-G. Bougerol]; Vanni-Rovighi, S., *San Bonaventura,* Mailand 1974; Vasoli, C., »S. Bonaventura. Filosofo francescano«, in: *Atti del XIV Convegno di Studi San Bonaventura francescano,* Todi 1974 [auch separat]; Berubé, C., *De la philosophie à la sagesse chez St Bonaventure et Roger Bacon,* Rom 1976; Cousins, E. H., *Coincidence of opposites. The theology of St. Bonaventure,* Chicago 1978; Corvino, F., *Bonaventura da Bagnoregio francescano e pensatore,* Bari 1980; Argerami, O., »San Bonaventura fronte al Aristotelismo«, in: *Patristica e Medievalia Buenos Aires 2* (1981) S. 21–36; Distelbrink, B., *Bonaventura scipta authentica, dubia vel spuria critice recensata,* Rom 1985; Poppi, A., *Studi sull'etica della prima Scuola francescana,* Padua 1996; Putallaz, F.-X., *Figures franciscaines. De Bonaventure à Duns Scot,* Paris 1997; Imbach, R., »Bonaventura«, in: Flasch, Hauptwerke, S. 270–291. Für weitere Literatur vgl. Totok II, S. 310–361; Lohr (1) XXIII, S. 389; Stor. della Filos. VI, S. 436–440; S – I, S. 402.

2 Zur Biographie vgl. Manselli, R., »Bonaventura«, in: *Dizionario Biografico degli Italiani,* Bd. 9, Rom 1969, S. 612–619.

3 Vgl. Bougerol, J.-G., »Dossier pour l'étude des rapports entre saint Bonaventure et Aristote«, in: AHDLMA 48 (1973) S. 135–222.

4 Bonaventura, Coll. in Hex. col. VI n. 2–4 Opera V 360–361.

5 Coll. in Hex. col. VI n. 5 Opera V 361b.

6 Coll. in Hex. col. VI n. 2 Opera V 361 mit Bezug auf Aristoteles, *Nicomachische Ethik* A 4. Dazu vgl. Giocarnis, K., »Eustratius' of Nicea's Defensse of the Doctrine of Ideas«, in: *Franciscan Studies* 24 (1964) S. 159–204. – Der Kommentar Alberts zur Ethik

(1250–52) gab die Kritik des Eustratius wieder: Albert, *Super Ethica,* Editio Coloniensis, Bd. 14, Münster 1968, S. 1.

7 Bonaventura, Coll. in Hex., col. III n. 3–4 Opera V 343b.

8 Coll. in Hex. col I n. 3 Opera V 335b.

9 *Itinerarium mentis in Deum,* Prologus n. 3 Opera V 296a.

10 Ebd. III n. 2–3 Opera V 303–304.

11 Coll. in Hex. col. V n. 21 Opera V 357b.

12 Coll. in Hex. col V 19 n. 19 Opera V 357a.

13 Vgl. Flasch, K., *Die Metaphysik des Einen bei Nikolaus von Kues. Problemgeschichtliche Stellung und systematische Bedeutung,* Leiden 1973.

Abschnitt 34

1 Roger Bacons wichtigste Werke: *Opus majus,* ed. H. Bridges, 2 Bde., Oxford 1897–1900, Nachdr. Frankfurt a. M. 1964; *Opus tertium. Opus minus. Compendium studii philosophiae,* ed. J. S. Brewer, in: R. B., *Opera hactenas inedita,* London 1859; *Roger Bacon's Philosophy of Nature,* a crit. ed. with engl. transl., introd. and notes of »De multiplicatione specierum« and »De speculis comburentibus«, hrsg. von D. C. Lindberg, Oxford 1983. Werner, K., *Die Psychologie. Erkenntnis- und Wissenschaftslehre des Roger Bacon,* Wien 1879; Liebeschütz, H., »Der Sinn des Wissens bei Roger Bacon«, in: *Vorträge der Bibliothek Warburg* 9 (1932) S. 28–63; Vasoli, C., *Ruggero Bacone,* Mailand 1967; Pinborg, J., »Roger Bacon on signs. A newly recovered part of the *Opus majus«,* in: *Sprache und Erkenntnis im Mittelalter,* Bd. 1, Berlin 1981, S. 403–412; Lindberg, D. C., »On the Applicability of Mathematics to Nature. Roger Bacon and his Predecessors«, in: *The British Journal for the History of Science* 15 (1982) S. 3–25; Huber, M., »Bibliographie zu Roger Bacon«, in: *Franciscan Studies* 65 (1983) S. 98–102; Lindberg, D., *Roger Bacon's Philosophy of Nature,* Oxford 1983; Maloney, T. S. (Hrsg.), *Roger Bacon. Compendium of the Study of Theology,* lat./engl., Leiden 1988; Hackett, J., *Roger Bacon. An Annotated Bibliography,* New York 1991; Lindberg, D. C. (Hrsg.), *Roger Bacon and the Origins of Perspectiva in the Middle Ages,* Oxford 1996; Jeck, U. R., »Roger Bacon«, in: Flasch, Hauptwerke, S. 216–243.

2 Zur Literatur vgl. Totok II, S. 340–342; Stor. della Filos. VI, S. 423–426.

3 Roger Bacon, *Compendium studii Theologiae,* ed. H. Rashdall, Aberdeen 1911.

4 *Epistula de secretis operibus artis et naturae,* c. 4, ed. J. S. Brewer, London 1859, S. 533 [als Anhang zur Edition des *Opus tertium*].

Abschnitt 35

1 Siger von Brabant, wichtige Texte: *Quaestiones in Metaphysicam,* ed. C.-A. Graif, Löwen 1948; *Quaestiones in tertium »De anima«. »De anima« intellectiva. De aeternitate mundi,* ed. B.-C. Bazàn, Löwen 1972; *Quaestiones super »Librum de causis«,* ed. A. Marlesca, Löwen 1972; *Ecrits de logique, de morale et de physique,* ed. B.-C. Bazàn, Löwen 1974; *Quaestiones in Metaphysicam,* ed. W. Dunphy, Löwen 1981; *Quaestiones in Metaphysicam,* Texte inedit de la reportation de Cambridge, ed. A. Maurer, Löwen 1983. – Über ihn: Van Steenberghen, F., *Maître Siger de Brabant,* Löwen 1977. Zur Forschungssituation vgl. Zimmermann, A., »Dante hatte doch recht. Neue Ergebnisse der Forschung über Siger von Brabant«, in: *Philosophisches Jahrbuch* 75 (1967/68) S. 206–207; Ermatinger, J., »Another copy of a recently discovered Sigerian work«, in: *Manuscripta* 24 (1960) S. 51–57; Maurer, A., »Siger of Brabant on fables and falsehood in religion«, in: *Mediaeval Studies* 43 (1981) S. 515–530; Van Steenberghen, F., »Les leçons de Siger sur la Métaphysique«, in: *Revue philosophique de Louvain* 81 (1983) S. 638–645; Gauthier, R. A., »Notes sur Siger de Brabant«, in: *Revue des Sciences Philosophiques et Theologiques* 67 (1983) S. 201–232, 68 (1988) S. 3–48; Bianchi, L., *Il vescovo e i filosofi,* Bergamo 1990; Putallaz, F.-X. / Imbach, R., *Profession: Philosophe. Siger de Brabant,* Paris 1997; Pluta, O., »Siger von Brabant«, in: Flasch, Hauptwerke, S. 292–317. Zur Wirkungsgeschichte vgl. *L'Averroismo in Italia. Convegno Internazionale,* Rom 1979.

2 Vgl. Belege bei Van Steenberghen, *Maître Siger,* S. 236 n. 12. Vgl. auch S. 239 n. 17, 254 n. 61, 341–342.

3 Vgl. bes. *In tertium »De anima«,* ed Bazan, S. 5–8.

4 Boethius von Dacien, *De summo bono,* in: *Opera omnia,* Bd. 6,2, ed. N. G. Green-Pederson, Kopenhagen 1976. Erste Übersetzung in eine moderne Sprache bei Flasch, MA 363–371. Über ihn vgl. Pinborg, J., »Zur Philosophie des Boethius de Dacia. Ein Überblick«, in: *Studia Mediewistyczne* 15 (1974) S. 165–185; Fioravan-

ti, G., in: Mojsisch, B. / Pluta, O., *Historia Philosophiae Medii Aevi*, Bd. 1, Amsterdam 1991, S. 271–283.

5 Vgl. Fioravanti, G., »La *scientia sompnialis* di Boezio di Dacia«, in: *Atti della Accademia della Scienza di Torino* 101 (1966/67) S. 329–369; ders., »›Scientia‹, ›Fides‹, ›Theologia‹ in Bozio di Dacia«, in: Ebd. 104 (1969/70) S. 525–632; Le Goff, J., »Les rêves dans la culture et la psychologie collective de l'Occident médiéval«, in: *Scolies* 1 (1971) S. 123–130; Ricklin, Th., *Der Traum der Philosophie im 12. Jahrhundert. Traumtheorien zwischen Constantinus Africanus und Aristoteles,* Leiden 1998.

Abschnitt 36

1 Für die spätmittelalterliche Agrardepression vgl. bes. Abel, W., *Geschichte der deutschen Landwirtschaft vom frühen Mittelalter bis zum 19. Jahrhundert,* Stuttgart [3]1978, S. 111–156; ders., *Die Wüstungen des ausgehenden Mittelalters,* Stuttgart [3]1976; ders., *Massenarmut und Hungerkrisen im vorindustriellen Deutschland,* Göttingen [2]1977. Für die Wirtschafts- und Sozialgeschichte insgesamt vgl. Sapori, A., »I secoli d'oro del mercante di Firenze«, in: *Libera Cattedra di storia della civiltà fiorentina. Il Trecento,* Florenz 1953, S. 177–199; Sestan, E., »Il comune nel Trecento«, in: Ebd., S. 19–38; Brucker, G. A., *Florentine Politics and Society 1343–78,* Princeton 1962; Mollat, M. / Wolff, Ph., *Ongles bleus, Jacques et Ciompi. Les révolutions populaires en Europe aux XIVe et XVe siècles,* Paris 1970; Cipolla, C. M., *The Fontana Economic History of Europe. The Middle Ages,* London 1972; Fourquin, G., *Les soulèvements populaires au moyen âge,* Paris 1972; Postan, M. M., *The Medieval Economy and Society. An Economy History of Britain in the Middle Ages,* London 1972; Heers, J., *Précis d'histoire du moyen âge,* Paris 1973; Duby, G., *Le temps des cathédrales. L'art et la société 980–1420,* Paris 1976, S. 223–327; Mollat, M., *Genèse médiévale de la France moderne,* Paris [2]1977; ders., *Les pauvres au moyen âge,* Paris 1978; Fourquin, G., *Histoire économique de l'Occident médiéval,* Paris [3]1979; Cipolla, C. M., *Before the Industrial Revolution. European Society and Economy, 1000–1700,* London [2]1981; Heers, J., *Le travail au moyen âge,* Paris [4]1982. Zur Philosophiegeschichte vgl. Michalski, K., *La philosophie au XIVe siècle. Six études,* hrsg. und eingel. von Kurt Flasch, Frankfurt a. M. 1969; Pluta, O., *Die Philosophie im 14.*

und 15. Jahrhundert. In memoriam K. Michalski, Amsterdam 1988; Wilgus, St. (Hrsg.), *Marsilius von Inghen. Werk und Wirkung*, Lublin 1993.

2 Vgl. den Sammelband: *Il tumulto dei Ciompi. Un momento di storia fiorentina ed europea*, Florenz 1981.

3 Vgl. Ziegler, Ph., *The Black Death*, London 1969.

4 Villani, M., *Cronica* I 4, ed. G. Aquileccia, Turin 1979, S. 301. Dort ist die gesamte Schilderung lesenswert: I 4–5, S. 300–303.

5 Ebd. I 2, S. 299.

6 Über die intellektuellen Folgen der Pest vgl. bes. Campbell, A., *The Black Death and Men of Learning*, New York 1931; Ziegler, *The Black Death*, S. 259–279.

7 Quidort, J., *Über königliche und päpstliche Gewalt*, textkrit. Ed. mit dt. Übers., hrsg. und übers. von F. Bleienstein, Stuttgart 1969. Zur kirchengeschichtlichen Situation vgl. Delaruelle, E. [u. a.], *L'Eglise au temps du Grand Schisme et de la crise conciliaire, 1378–1449*, Paris 1962; Chaunu, P., *Le temps des réformes. La crise de la Chrétienté, 1250–1550*, Paris 1975.

8 Vgl. Bayley, C. C., »Petrarch, Charles IV. and the Renovatio Imperii«, in: *Speculum* 17 (1942) S. 323–341; Seibt, F., *Karl IV. Ein Kaiser in Europa, 1346–78*, München 1978.

9 Vgl. Winter, E., *Frühhumanismus. Seine Entwicklung in Böhmen und dessen europäische Bedeutung für die Kirchenreformbestrebungen im 14. Jahrhundert*, Berlin 1964.

10 Über den kulturellen Aufschwung unter Karl V. unterrichtet umfassend der Katalog der Ausstellung: *Les Fastes du Gotique. Le siècle de Charles V.*, Paris 1981.

Abschnitt 37

1 Vgl. Le Goff, J., *Das Hochmittelalter*, Frankfurt a. M. 1965 (Fischer Weltgeschichte, 11), der den Abschnitt »Die Christenheit in der Krise« mit der Zeit um 1270 beginnen läßt; Duby, G., *Le temps des cathédrales. L'art et la société 980–1420*, Paris 1976, sieht die Zäsur um 1280.

2 Der Text in Chart. Univ. Paris. I 544, deutsch bei Flasch, MA 358–362.

3 Belege bei Hisette, R., *Enquête sur les 219 articles condamnés à Paris le 7 Mars 1277*, Löwen 1977, S. 153f.

4 Vgl. ebd.

5 Die Eidesformel ist abgedruckt in: Chart. Univ. Paris. I 586–587.
6 Olivi, P. J., *De perlegendis philosophorum libris,* ed. F. M. Delorme, in: *Antonianum* 16 (1941) S. 31–44, Seitenzahlen nach Delorme. Das 2. Buch von Olivis Sentenzenkommentar, der sein differenziertes Verhältnis zur Philosophie bezeugt, wurde ediert von B. Jansen, Quaracchi 1922–26. Über ihn vgl. ders., »Olivi, der älteste scholastische Vertreter des heutigen Bewegungsbegriffs«, in: *Philosophisches Jahrbuch* 33 (1920) S. 137–152; Manselli, R., *La Lectura super Apocalipsim di Pietro di Giovanni Olivi,* Rom 1955; ders., »Profili del Secolo XIII: Pietro di Giovanni Olivi«, in: *Humanitas* 10 (1955) S. 121–135; Bettoni, E., *Le dottrine filosofiche di Pietro di Giovanni Olivi,* Mailand 1960; Burr, D., »The apocalyptic Element in Olivi's Critic of Aristotle«, in: *Church History* 40 (1971) S. 15–29; Schneider, T., Die Einheit des Menschen. Die anthropologische Formel »anima forma corporis« im sogenannten Korrektoristenstreit und bei P. J. Olivi, Münster 1973 (Beiträge, N. F. 8); Koch II, S. 169–274; Burr, D., *The Persecution of P. Olivi,* Philadelphia 1976; ders., *Olivi and Franciscan Poverty,* Philadelphia 1989; Putallaz, F.-X., *Figures franciscaines. De Bonaventure à Duns Scot,* Paris 1997 [mit guter Bibliographie].

Abschnitt 38

1 Prantl, C., *Geschichte der Logik im Abendlande,* Bd. 3, München 1867, S. 146 Anm. 1.
2 Ebd., S. 156 Anm. 77.
3 Pieper, J., *Scholastik,* München 1960, Tb.-Ausg., ebd. 1978.
4 Editio Moguntina [Mog.], Mainz 1721 ff.
5 Lullus, R., *Opera Latina* [ROL], Palma de Mallorca 1959 ff., jetzt in: CC Cont. Med., 1966 ff. Die *Logica Nova* Lulls wurde herausgegeben von Ch. Lohr, mit einer Einleitung von V. Hösle, Hamburg 1985.
6 Battlori, M. (Hrsg.), *Obras essencials,* 2 Bde., Barcelona 1957–60.
7 *Opera Latina,* Bd. 8, ed. H. Harada, CC Cont. Med. 34, 1980.
8 Vgl. Colomer E., *Nikolaus von Kues und Raimund Lull,* Berlin 1961; ders., *Da la Edad media al Renascimiento. Ramòn Llull – Nicolás de Cusa – Juan Pico della Mirandola,* Barcelona 1975.
9 Grundlegend: Carreras y Artau, R. und J., *Historia de la Filosofia Espanola. Filosofia cristiana de los siglos XIII al XIV,* Madrid 1939; Pring-Mill, R., *El Microcosmos Lulliâ,* Palma de Mallorca

1961; Platzeck, E. W., *R. Lull: Sein Leben. Seine Werke. Die Grundlagen seines Denkens,* 2 Bde., Düsseldorf 1964; Hillgarth, N., *R. Lull and Lullism in Fourteenth-Century France,* Oxford 1971; Madre, A., *Die theologische Polemik gegen R. Lull,* Münster 1973 (Beiträge, N. F. 8); Lohr, Ch., »Ramon Lull«, in: Flasch, Hauptwerke, S. 331–351. – Neuerscheinungen in den *Estudios Lulianos.* Vgl. Brummer, R., *Bibliographia Lulliana,* Hildesheim 1976, und Dominguez Reboiras, F. [u. a.] (Hrsg.), *Aristotelica et Lulliana. Fs. für Charles Lohr,* Turnhout 1995.

10 Lullus, *Logica Nova,* dist. 1 c. 5, Palma de Mallorca 1744, S. 10.

11 Lullus, R., *Disputatio Petri Clerici et Raimundi phantastici,* ed. M. Müller, in: *Wissenschaft und Weisheit* 2 (1935) S. 312.

12 Text in Lullus, ROL VIII, CC Cont. Med. 34, 1980, S. 272–309. Dt. von E. W. Platzeck, *Das Leben des seligen R. Lull,* Düsseldorf 1964.

13 ROL IV 20, 239 CC Cont. Med. 34,284–285.

14 ROL V 21–25 CC Cont. Med. 34,286–289.

15 ROL VI 25–27 CC Cont. Med. 34,289–291.

16 ROL I 5 CC Cont. Med. 34,275.

17 ROL I 6 CC Cont. Med. 34,275.

18 ROL I 7 CC Cont. Med. 34,276.

19 ROL III 13 CC Cont. Med. 34,280–281.

20 ROL IV 19 CC Cont. Med. 34,283.

21 Ed. Mog. 3,2.

22 Ebd. 3,14 c. 24,3.

23 *Wissenschaft der Logik,* in: Ebd. 4,46 Glockner.

24 Vgl. Colomer, E., »De Ramòn Llull a la moderna informatica«, in: *Estudios Llullianos* 23 (1979) S. 113–135.

25 Lullus, *Vita coetanea,* in: ROL VI 26–27, CC Cont. Med. 34, 290–291.

26 Ebd., CC Cont. Med. 34,290.399 [u. ö.].

27 *Liber de quaestione alta et profunda* II 4 ROL 8,167.

28 *Liber de ente* VI 4 ROL 8,221.

Abschnitt 39

1 Dietrich von Freiberg, *Opera omnia,* veröff. unter Ltg. von K. Flasch, Hamburg 1977ff.; dt. Übers. von *De intellectu et intelligibili*: B. Mojsisch, Hamburg 1980; *De visione beatifica*:

B. Mojsisch, in: Flasch, MA, S. 414–431; *De accidentibus*: B. Mojsisch / H. Kandler, Hamburg 1994.

2 Die neuere Literatur über Dietrich habe ich zusammengestellt im Vorwort zu Bd. 3 der *Opera Omnia*, Hamburg 1983, S. VII–IX, sowie im Vorwort zu Bd. 4, ebd. 1985, S. VII–IX, ältere Literatur in der Einleitung zu Bd. 1, ebd. 1977, S. IX Anm. 1–3. Hinzuzufügen ist: Sturlese, L., *Dokumente und Forschungen zu Leben und Werk Dietrichs von Freiberg*, Hamburg 1984; Flasch, K. (Hrsg.), *Von Meister Dietrich zu Meister Eckhart*, Hamburg 1984. Libera, A. de, *Introduction à la Mystique Rhenane d'Albert le Grand à Maître Eckhart*, Paris 1984; Flasch, K., »Von Dietrich zu Albert«, in: *Freiburger Zeitschrift für Philosophie und Theologie* 32 (1985) S. 7–26; Largier, N., *Zeit, Zeitlichkeit, Ewigkeit. Ein Aufriß des Zeitproblems bei Dietrich von Freiberg und Meister Eckhart*, Bern 1989; Sturlese, L., *Storia della filosofia tedesca. Il secolo XIII*, Florenz 1996, S. 181–275; Mojsisch, B., »Dietrich von Freiberg«, in: Flasch, Hauptwerke, S. 318–332.

3 Sturlese, *Dokumente und Forschungen*, S. 3–5.

4 Vgl. Flasch, K., »Bemerkungen zu Dietrich von Freiberg, *De origine rerum praedicamentalium*«, in: K. F., *Von Meister Dietrich zu Meister Eckhart*, S. 35.

5 Sturlese, *Dokumente und Forschungen*, S. 22.

6 Ebd., S. 34.

7 Thomas von Aquino, *Quodlibeta* 8,2,1.

8 Dietrich von Freiberg, *De origine rerum praedicamentalium* 5 (5) ff., *Opera omnia* III 182 ff.

9 *De ente et essentia, Opera omnia* II 25–42; *De quiditatibus entium, Opera omnia* III 91–118.

10 *De accidentibus, Opera omnia* III 52–90.

11 *De animatione caeli, Opera omnia* III 11–46. Für den ganzen Zusammenhang verweise ich auf meine ausführliche Einleitung zu Bd. 3, bes. S. XV–LX.

12 *De visione beatifica, Opera omnia* I 13–124. Deutsche Auszüge bei Flasch, MA 412–431.

13 Sturlese, L., »Il *De animatione caeli* di Theodorico di Freiberg«, in: *Xenia Medii aevi historiam illustrantia oblata Thomas Kaeppeli O. P.*, Rom 1978, S. 175–247.

14 These 138–139, Chart. Univ. Paris. I 551.

15 These 92, Chart. Univ. Paris. I 548.

16 These 123, Chart. Univ. Paris. I 550.

17 These 115, Chart. Univ. Paris. I 550.
18 Text in: *Opera omnia* III 279–282.
19 Dietrich von Freiberg, *De intellectu et intelligibili*, in: *Opera omnia*, Bd. 1, S. 137, 210. Eine deutsche Übersetzung von B. Mojsisch erschien in der »Philosophischen Bibliothek«: *Abhandlung über den Intellekt und den Erkenntnisinhalt*, Hamburg 1980.
20 Vgl. Crombie, A.-C., *Robert Grosseteste and the Origins of Experimental Science*, Oxford 1953, S. 233–289; Wallace, W. A., *The Scientific Methodology of Theodoric of Freiberg*, Fribourg 1959.

Abschnitt 40

1 Rosenberg, A., *Der Mythos des 20. Jahrhunderts*, München [7]1942, S. 233.
2 Eckharts Werke werden zitiert nach: Meister Eckhart, *Die deutschen und lateinischen Werke*, hrsg. im Auftrag der Deutschen Forschungsgemeinschaft, Stuttgart 1936 ff. [DW: Deutsche Werke; LW: Lateinische Werke]; daraus die Teilausg. von N. Largier, *Meister Eckhart, Werke. Texte und Übersetzungen*, 2 Bde., Frankfurt a. M. 1993 (Bibliothek des Mittelalters, 20, 21) [mit verdienstvoller Bibliographie]. – Kopper, J., *Die Metaphysik Meister Eckharts*, Saarbrücken 1955; Lossky, V., *Théologie négative et connaissance de Dieu chez maître Eckhart*, Paris 1960; Wackerzapp, H., *Der Einfluß Meister Eckharts auf die ersten philosophischen Schriften des Nikolaus von Kues*, Münster 1962 (Beiträge, 39); Koch I, S. 201–455; Mojsisch, B., *Meister Eckhart. Analogie, Univozität und Einheit*, Hamburg 1983; Zum Brunn, E. [u. a.] (Hrsg.), *Maître Eckhart à Paris. Une critique médiévale de l'ontothéologie*, Paris 1984; Ruh, K. (Hrsg.), *Abendländische Mystik im Mittelalter. Symposion Kloster Engelberg 1984*, Stuttgart 1986; Flasch, K., »Procedere ut imago. Das Hervorgehen des Intellekts aus seinem göttlichen Grund bei Meister Dietrich, Meister Eckhart und Berthold von Moosburg«, in: K. Ruh (Hrsg.), *Abendländische Mystik im Mittelalter*, S. 125–134; Flasch, K., Einführung, S. 166–180; ders., »Meister Eckhart und die ›Deutsche Mystik‹. Zur Kritik eines historiographischen Schemen«, in: O. Pluta (Hrsg.), *Die Philosophie im 14. und 15. Jahrhundert. In memoriam K. Michalsky*, Amsterdam 1988, S. 439–463; ders., »Meister Eckhart – Ver-

such, ihn aus dem mystischen Strom zu retten«, in: P. Kloslowski (Hrsg.), *Gnosis und Mystik in der Geschichte der Philosophie*, Zürich/München 1988, S. 94–110; Ruh, K., *Meister Eckhart. Theologe, Prediger, Mystiker*, München ²1989; ders., *Geschichte der abendländischen Mystik*, 4 Bde., München 1990–99; Stirnimann, H. / Imbach, R. (Hrsg.), *Eckardus Theutonicus, homo doctus et sanctus. Nachweise und Berichte zum Prozeß gegen Meister Eckhart*, Fribourg 1992; Sturlese, L., *Meister Eckhart. Ein Portrait*, Regensburg 1993 (Eichstätter Hochschulreden, 90); Goris, W., *Einheit als Prinzip und Ziel. Versuch über die Einheitsmetaphysik des »Opus tripartitum« Meister Eckharts*, Leiden 1997; Jacobi, K. (Hrsg.), *Meister Eckhart. Lebenssituationen – Redesituationen*, Berlin 1997; Steer, G. / Sturlese, L. (Hrsg.), *Lectura Eckhardi. Predigten Meister Eckharts von Fachgelehrten gelesen und gedeutet*, Stuttgart 1998 [S. 317–326 ausführliches Verzeichnis der neueren Literatur]; Flasch, K., »Predigt Nr. 52 ›Beati pauperes spiritu‹«, in: G. Steer / L. Sturlese (Hrsg.), *Lectura Eckhardi*, S. 163– 199; ders., »Converti ut imago – Rückkehr als Bild. Eine Studie zur Theorie des Intellekts bei Dietrich von Freiberg und Meister Eckhart«, in: F. Cheneval [u. a.] (Hrsg.), *Albert le Grand et sa réception au moyen âge*, Fribourg 1998, S. 130–150; Saccon, A., *Nascita e Logos. Conoscenza e teoria trinitaria in Meister Eckhart*, Neapel 1998. Zur Bibliographie vgl. O'Meara, Th. F. [u. a.], »An Eckhart-Bibliography«, in: *The Thomist* 42 (1978) S. 313–336; Largier, N., *Bibliographie zu Meister Eckhart*, Fribourg 1989.

3 Eckhart, *Quaestiones Parisienses*, LW V 37–64.

4 Quaest. Par. I LW V 37–48: *Utrum in Deo sit idem esse et intellegere.* Die Literatur verzeichnet B. Mojsisch, *Meister Eckhart*, S. 21 Anm. 7. Hinzuzufügen ist: Zum Brunn, *Maître Eckhart à Paris.*

5 Quaest. Par. I n. 8 LW V 45,4–5.

6 Quaest. Par. I n. 7 LW V 44,1–2.

7 Quaest. Par. I n. 12 LW V 47,15.

8 Quaest. Par. I n. 8 LW V 44,10–12.

9 Quaest. Par. II, LW V 49–54.

10 Aristoteles, *De anima* III 4.5.

11 Eckhart, Quaest. Par. I n. 4 LW V 40,12–13.

12 *Prologus generalis in opus tripartitum*, n. 2 LW I 149,1; ebd. n. 7 LW I 151,15; ebd. n. 7 LW I 152,4.

13 Ebd. n. 12 LW I 156–157.
14 Ebd. n. 22 LW I 165,11–12.
15 Ebd. n. 22 LW I 165,9–13.
16 Vgl. Mojsisch, *Meister Eckhart,* S. 42–56. Dort, S. 42 Anm. 1, die Literatur.
17 Eckhart, *Prologus opus propositionum,* n. 4 LW I 167,9–10.
18 Ich verzichte auf eine Erörterung der hierhergehörenden Analogielehre Eckharts. Vgl. dazu Mojsisch, *Meister Eckhart,* S. 42–56.
19 Eckhart, *Expositio sancti evangelii secundum Iohannem,* n. 2–3 LW III 4. Für die Art, wie Eckhart dieses Problem durchführte, siehe vor allem ebd. n. 13, 36, 82–83, 125, 137, 142, 160, 173.
20 Z. B. In Ioh. n. 14 LW III 13.
21 In Ioh. n. 26 LW III 21.
22 *Predigt* 5b DW I 90,8–91,2.
23 *Predigt* 6 DW I 103.
24 *Predigt* 6 DW 106,7–107,4.
25 Vgl. Chart. Univ. Paris. I 71 n. 12.
26 Vgl. Preger, W., *Geschichte der Deutschen Mystik,* Bd. 1, Leipzig 1874, Nachdr. Aalen 1962, S. 461 ff.; mit Korrekturen bei H. Haupt, »Beiträge zur Geschichte der Sekte vom freien Geiste und des Beghardentums«, in: *Zeitschrift für Kirchengeschichte* 7 (1885) S. 556.
27 Der Text bei Guarnieri, R., »Il movimento del libero Spirito. Testi e documenti«, in: *Archivio italiano per la storia della pietà* 4 (1965). Zum Zusammenhang mit Eckhart vgl. Ruh, K., »*Les miroir des simples âmes* der Marguerite Porete«, in: *Verbum et signum. Fs. F. Ohly,* Bd. 2, München 1975, S. 365–387; ders., »M. Eckhart und die Spiritualität der Beginen«, in: *Perspektiven der Philosophie* 8 (1982) S. 323–334; ders., *Vorbemerkungen zu einer neuen Geschichte der abendländischen Mystik im Mittelalter,* München 1982; ders., *M. Eckhart. Theologe, Prediger, Mystiker,* S. 95–114.
28 Die Liste der begardischen Irrtümer jetzt bei Patschowsky, A., »Straßburger Beginenverfolgungen im 14. Jahrhundert«, in: *Deutsches Archiv für die Erforschung des Mittelalters* 30 (1974) S. 144–148. Zum Hintergrund vgl. Lerner, R. E., *The Heresy of the Free Spirit in the Later Middle Ages,* Berkeley [u. a.] 1972; Schmitt, J. C., *Mort d'une hérésie. L'Eglise et les clercs face aux béguines et aux béghards du Rhin supérieur du XIVe au XVe siècle,* Paris 1978.

Abschnitt 41

1 Zur Bewertung dieser Richtung vgl. bes. Moody, E. A., »Empiricism and Metaphysics in Medieval Philosophy«, in: *The Philosophical Review* 67 (1958) S. 145–163. Materialreiche Darstellung bei Michalski, K., *La philosophie au XIVe siècle. Six études*, hrsg. von K. Flasch, Frankfurt a. M. 1969. Weiterführend: Maierù, A. / Paravicini-Bagliani, A., *Studi sul XIV secolo in memoria di Anneliese Maier*, Rom 1981. Darin, S. 513–530, der Überblick von H. O. Oberman, »The Reorientation of the 14th Century«. Zur Wissenschaftsgeschichte vgl. Grant, E., »The Condemnation of 1277, God's Absolute Power and physical Thought in the Late Middle Ages«, in: *Vivarium* 10 (1979) S. 211–244. Zur Theologie vgl. Leff, G., *The Discussion of the Medieval Outlook. An Essay in Intellectual and Spiritual Change in the Fourteenth Century*, New York 1976. Zum Forschungsstand vgl. Kaluza, Z. / Vignaux, P. (Hrsg.), *Preuve et raisons à l'Université de Paris: Logique, ontologie et théologie au XIVe siècle*, Paris 1984; Bianchi, L., *Filosofia e teologia nel Trecento. Studi in ricordo di Eugenio Randi*, Turnhout 1994.

2 Die alte Ausgabe der Werke des Duns Scotus durch L. Wadding, 12 Bde., Lyon 1639, Neuausg. Paris 1891–95, wird jetzt abgelöst durch die *Opera omnia*, Rom 1950 ff. Immer noch nützlich: *Duns Scotus. Philosophical Writings*, hrsg. von A. B. Wolter, Edinburg 1962; *Johannes Duns Scotus, Abhandlung über das erste Prinzip (Tractatus de primo principio)*, lat./dt., hrsg. von W. Kluxen, Darmstadt 1974. Aus der Literatur ist hervorzuheben: Wolter, A. B., *The Transcendentials and Their Function in the Metaphysics of Duns Scotus*, New York 1946; Gilson, E., *Jean Duns Scot. Introduction à ses positions fondamentales*, Paris 1952, dt.: *Johannes Duns Scotus. Einführung in die Grundgedanken seiner Lehre*, Düsseldorf 1959; Bettoni, E., *Duns Scoto filosofo*, Mailand 1966; *De doctrina Ioannis Duns Scoti*, Rom 1968 (Akten des Scotus-Kongresses Oxford/Edinburg 1966); *Deus et homo ad mentem I. Duns Scoti*, Rom 1972 (Acta tertii congressus scotistici internationalis); Bérubé, C., *Regnum hominis et regnum Dei*, 2 Bde., Rom 1978 (Acta quarti congressi scotistici internationalis); Honnefelder, L., *Ens inquantum ens. Der Begriff des Seienden als solchen als Gegenstand der Metaphysik nach der Lehre des Johannes Duns Scotus*, Münster 1979 (Beiträge, N. F. 16); Goémé, Chr., *Jean*

Duns Scotus ou la révolution subtile, Paris 1982; Bérubé, C., *De l'homme à Dieu selon Duns Scot, Henri de Gand et Olivi,* Rom 1983; Honnefelder, L., *Scientia transcendens. Die formale Bestimmung der Seindheit und Realität in der Metaphysik des Mittelalters und der Neuzeit,* Hamburg 1990; ders. [u. a.] (Hrsg.), *John Duns Scotus. Maetaphysics and Ethics,* Leiden 1996; Pasnau, R., *Theories of Knowledge in the Later Middle Ages,* Cambridge 1997. Für weitere Literatur vgl. Totok II, S. 501–516; Stor. della Filos. VI, S. 497–498; S – I, S. 414–415.

3 Duns Scotus, *Ordinatio*. prol. pars 1 q. 1 n. 5 *Opera omnia* I 4.
4 Ebd. n. 8 Opera I 6.
5 Ebd. n. 12 Opera I 9.
6 Ebd. n. 71 Opera I 43.
7 Ebd. pars 5 q. 2 Opera I 155 ff.
8 Vgl. Pluta, O., *Kritiker der Unsterblichkeitsdoktrin in Mittelalter und Renaissance*, Amsterdam 1986, S. 20–21.
9 Duns Scotus, *Ordinatio* I dist. 2 pars 2 q. 2 Opera II 129–148.
10 Ebd. prol. pars 1 q. unica n. 41 Opera I 23–24.
11 Ebd. pars 3 q. 2 n. 194 Opera I 130.
12 Ebd. q. 3 n. 204 Opera I 138.
13 *Ordinatio* II dist. 3 q. 9 nn. 6–7 Opera VII 552–556.

Abschnitt 42

1 Vgl. Baudry, L. »Le philosophe et le politique dans Guillaume d'Ockham«, in: AHDLMA 12 (1939) S. 209–230; Scholz, R., *Wilhelm von Ockham als politischer Denker und sein »Breviloquium de principatu tyrannico«,* Leipzig 1944. Vor allem Miethke, J., *Ockhams Weg zur Sozialphilosophie,* Berlin 1968.
2 Die *Opera politica* wurden von J. R. Sikes u. a. kritisch ediert, 3 Bde., Manchester 1940–54, Neuausg. ebd. 1956 ff. Die kritische Edition der philosophischen und theologischen Werke wurde, nach einigen Vorarbeiten Böhners, erst in den 60er Jahren begonnen. Sie ist inzwischen abgeschlossen: *Opera philosophica et theologica,* New York 1967 ff. [OP: Opera politica; OT: Opera theologica] (Franciscan Institute St. Bonaventure). Erschienen ist 1967 die *Ordinatio* (von Ockham redigierter Kommentar zum 1. Buch der Sentenzen des Petrus Lombardus) = OT 1–4; die *Reportatio* (Nachschrift zu den Büchern 2–4 des Lombarden) = OT 5–7; ferner die *Quodlibeta septem,* ed. J. C. Wey, 1980

(= OT 9). Wichtig auch die *Summa logicae,* ed. Ph. Boehner [u. a.], 1974 (= OP 1), dt. von P. Kunze, Hamburg 1984; *Dialogus,* lat./dt. Teilausg. von J. Miethke, Stuttgart 1995.

3 So im Anschluß an Boehner, Ph., *Collected Articles on Ockham,* ed. E. Buytaert, New York 1958 (Franciscan Institute St. Bonaventure); auch Junghans, H., *Ockham im Lichte der neueren Forschung,* Berlin/Hamburg 1968.

4 Vgl. Moody, E. A., »Empiricism and Metaphysics in Medieval Philosophy«, in: *The Philosophical Review* 67 (1958) S. 145–163; ders., *Studies in Medieval Philosophy, Science and Logic. Collected Papers 1933–69,* Berkeley/London 1975.

5 Als Ausgangspunkt des Studiums empfiehlt sich Imbach, R. (Hrsg.), *Wilhelm von Ockham. Texte zur Theorie der Erkenntnis und der Wissenschaft,* lat./dt., Stuttgart 1984; ders., »Wilhelm Ockham«, in: *Klassiker der Philosophie,* Bd. 1, hrsg. von O. Höffe, München 1981, S. 220–244. Nützlich auch die lat./engl. Ausgabe von Ph. Boehner, *Ockham. Philosophical Writings,* London [4]1967. Aus der umfangreichen Literatur nenne ich besonders Hochstetter, E., *Studien zur Metaphysik und Erkenntnislehre Wilhelms von Ockham,* Berlin 1927; Vignaux, P., die Artikel »Nominalism« und »Occam«, in: *Dictionnaire de la théologie catholique,* Bd. 11, Paris 1931; Moody, E. A., *The Logic of William of Ockham,* London 1935; Vasoli, G., *Guglielmo d'Occam,* Florenz 1953; Baudry, L., *Lexique philosophique d'Ockham. Etudes et notions fondamentales,* Paris 1958; Leff, G., *William of Ockham. The metamorphosis of Scholastic Discourse,* Manchester 1975; Bannach, K., *Die Lehre von der doppelten Macht Gottes bei W. v. Ockham,* Wiesbaden 1975; Kretzmann, N. [u. a.], *Later Medieval Philosophy,* Cambridge / New York 1982; Goddu, A., *The Physics of W. of Ockham,* Leiden 1984; McCord Adams, M., *William of Ockham,* 2 Bde., Notre Dame 1987; Tachau, K. H. *Vision and Certitude in the Age of Ockham,* Leiden 1988; Vossenkuhl, W. (Hrsg.), *Die Gegenwart Ockhams,* München 1990; Panaccio, C., *Les mots, les concepts et les choses. La sémantique de Guillaume d'Ockham et le nominalisme d'aujourdhui,* Paris 1992; Schulthess, P., *Sein, Signifikation und Erkenntnis bei Wilhelm von Ockham,* Berlin 1992; Kaufmann, M., *Begriffe, Sätze, Dinge. Referenz und Wahrheit bei Wilhelm von Ockham,* Leiden 1994; Vossenkuhl, W., *Wilhelm von Ockham,* München 1995; Schulthess, P., in: Flasch, K., Hauptwerke, S. 402–446 [dort Lit.]. Zu

beachten: Courtenay, W. J., *Capacity and Volition. A History of the Distinction of Absolute and Ordained Power,* Bergamo 1990.
6 Wilhelm von Ockham, In 1. Sent. prol. q. 7 OT 1,183–205.
7 Ebd. 182, 205.
8 Ebd. 199. Ockham bezieht sich auf Thomas von Aquinos *Summa theologica* I 1,2, ferner I 1,5 und I 1,6.
9 Ockham, In 1. Sent, prol. q. 7 OT 1,186.
10 *Ordinatio* lib. 1 prol. q. 1 OT 1,74, Z. 22: *pluralitas non est ponenda sine necessitate.* Diese Formulierung geht zurück auf Duns Scotus, aber schon Aristoteles hatte sich dafür ausgesprochen, die Prinzipien eher gering an Zahl zu halten.
11 Ord. prol. q. 1 OT 1,59 [u. ö.]: *solutio dubiorum ad* 2. Ebd. OT 1,60, Z. 20: *omne absolutum potest separari ab alio absoluto.*
12 *Quaestiones in libros Physicorum Aristotelis,* q. 137 OP 7,770 Z. 21–22; *Quodlibeta* IV q. 17 OT 9,382 Z. 45–46. Im *Sentenzenkommentar* ist das 1. Corrolarium zur 1. Quaestio des Prologs zum 1. Buch wichtig: OT 1,38–44.
13 Quodl. V q. 5 OT 9,498 Z. 61–64.
14 Ebd., Z. 73–74.
15 Vgl. den Text bei Imbach, R., *Wilhelm von Ockham,* S. 66–74.
16 Außer den bereits zitierten Autoren, bes. Miethke und Baudry, vgl. ferner Kölmel, W., *Wilhelm von Ockham und seine kirchenpolitischen Schriften,* Essen 1962; Lagarde, G. de, *La naissance de l'esprit laique,* Bd. 4.5, Löwen/Paris 1962/63; McGrade, A.-S., *The political thought of William Ockham. Personal and institutional principles,* London / New York 1974; Damiata, M., *Guglielmo d'Ockham: povertà e potere,* 2 Bde., Florenz 1978/79.
17 Vgl. Hoffmann, E., *Die Schriften des Oxforder Kanzlers Lutterell,* Leipzig 1959; vgl. die Dokumente bei Koch, Bd. 2, S. 275–365.
18 Imbach, in: *Klassiker der Philosophie,* Bd. 1, S. 226.

Abschnitt 43

1 Zur Literatur vgl. Totok II, S. 519; Stor. della Filos. VI, S. 512; S – I, S. 594 f. Daß darüber die skeptische Tendenz in der englischen Tradition nicht vernachlässigt werden darf, zeigt gut dokumentiert: Kennedy, L. A., »Philosophical Scepticism in England in the Mid-Fourteenth Century«, in: *Vivarium* 21 (1983) S. 35–57.

2 Bradwardine, Th., *De causa Dei,* lib. I, corr. 35, ed. H. Savilius, London 1618, 318 C.
3 Leff, G., »Thomas Bradwardine's *De causa Dei*«, in: *Journal of Ecclesiastical History* 7 (1956) S. 21–29, bes. 29: »*De causa* is essentially the response of faith to scepticism. [...] His [Bradwardine's] answer to the challenge of scepticism was the authority of dogma«.
4 Bradwardine, *De causa* Dei I 35,309 A.
5 de c. Dei I 1.
6 de c. Dei I 1 32,27. *Adhuc quaeso Philosophe, dic mihi quid plene cognoscis?* Wie der Fortgang zeigt, kam es Bradwardine auf dieses *plene* an, was Leff verkennt.
7 Leff, in: *Journal of Ecclesiastical History,* S. 27–28.
8 Ebd., S. 26: »a radical break with tradition«. – Dagegen Oberman, H. A. / Weisheipl, J. A., »The Sermo Epinicius ascribed to Thomas Bradwardine (1346)«, in: AHDLMA 33 (1958) S. 306.
9 Oberman / Weisheipl, ebd., S. 314.
10 Ebd., S. 319.
11 Cod. 93. Vgl. Marx, J., *Verzeichnis der Handschriften-Sammlung des Hospitals zu Kues,* Trier 1905, S. 94.
12 Bradwardine, *De causa Dei* I 1 32,27 E.
13 de c. Dei I 40,140 B–C.
14 Letzteres: de c. Dei I 40,144 D–E.
15 Vgl. z. B. de c. Dei I 2 2,165 D; I 5 177 D–E.
16 de c. Dei I 40,131 C–D.
17 de c. Dei I 39,104.
18 Oberman/Weisheipl, »Sermo«, S. 306.
19 Leff, »Thomas Bradwardine«, S. 27–28.
20 Bradwardine, *De causa Dei* I 1 34,71 C; I 1 40,137 A; I 2 160 D.
21 de c. Dei I 1 40,138 C – 139 A.
22 de c. Dei I 1 40,142 C. Zum *Secretum Secretorum* vgl. de c. Dei I 1 39,110 A.
23 de c. Dei I 1 39,325 A: *sed volunt quod [gratia] vendatur a Deo et ematur ab eis aliquo precio licet vili, congruo tamen, ut asserunt, non condigno.* Das geht gegen Thomas von Aquino.
24 Vgl. Lappe, J., *Nicolaus von Autrecourt. Sein Leben, seine Philosophie, seine Schriften,* Münster 1908 (Beiträge, 6,2); deutsch bei Flasch, MA 484–500. Über ihn vgl. Weinberg, J. R., *Nicolaus of Autrecourt,* Princeton 1948; Kaluza, Z., »Serbi un sasso il nome. Une inscription de S. Gimigniano et le rencontre de Bernard

d'Arezzo et Nicolas d'Autrecourt«, in: B. Mojsisch / O. Pluta (Hrsg.), *Historia philosophiae medii aevi. Fs. für Kurt Flasch*, Amsterdam 1991, S. 437–466; ders., *Nicolas d'Autrecourt.* In: *Histoire littéraire de la France*, Bd. 42,1, Paris 1995.

25 Siehe bes. die zusammenfassende Formulierung Nicolaus' bei Lappe, »Nicolaus von Autrecourt«, S. 35*, mit der Erklärung: *Et in hoc consistit totum motivum quod tunc habui.*

26 Ebd., S. 37*.

27 Ebd., S. 40*.

28 Kant, I., *Versuch, den Begriff der negativen Größen in die Weltweisheit einzuführen,* in: *Kants gesammelte Schriften,* hrsg. von der Preußischen Akademie der Wissenschaften, Abt. 1, Bd. 2: *Die vorkritischen Schriften II,* Berlin 1912.

29 Bei Lappe, »Nicolaus von Autrecourt«, S. 9*, 16–19. Insgesamt verweise ich auf den 2. Brief an Bernhard von Arezzo, deutsch bei Flasch, MA 490–500, der die philosophische Position Nicolaus' zusammenfaßte.

Abschnitt 44

1 Lateinischer Text des Marsilius von Padua hrsg. von R. Scholz, Hannover 1932 [ich zitiere nach Scholz]; lat./dt. von H. Kusch, 2 Bde., Darmstadt 1958. Über ihn vgl. Grabmann, M., *Studien über den Einfluß der aristotelischen Philosophie auf die mittelalterlichen Theorien über das Verhältnis von Kirche und Staat,* München 1934, jetzt in: *Gesammelte Akademieabhandlungen,* Bd. 1, Paderborn 1979, S. 809–966; Gewirth, A., *Marsilius of Padua and Medieval Political Philosophy,* New York 1951; Grignaschi, M., »Le rôle de l'Aristotelisme dans le *Defensor Pacis*«, in: *Revue d'histoire et de philosophie religieuses* 25 (1955) S. 301–348; Kusch, H., »Friede als Ausgangspunkt der Staatstheorie des Marsilius von Padua«, in: *Das Altertum* 1 (1955) S. 116–125; Segall, H., *Der »Defensor Pacis« des Marsilius von Padua,* Wiesbaden 1959; Lagarde, G. de, *La naissance de l'esprit laique au déclin du moyen âge,* Bd. 3: *Le »Defensor Pacis«,* Löwen/Paris 1970; Quillet, J., *La philosophie politique de Marsile de Padoue,* Paris 1970; Vasoli, C., »Marsilio da Padova«, in: *Storia della cultura veneta.* Bd. 2: *Il Trecento,* Vicenza 1976, S. 207–237. Die Bände 5 (1979) und 6 (1980) der Zeitschrift *Medioevo* enthalten wichtige Studien zu Marsilius, vor allem die Aufsätze von E. Berti, A.

Gewirth, M. Grignaschi, N. Rubinstein und C. Vasoli; Lohr (1) XXVII, S. 334; Sternberger, D., *Der Staat und das Reich in der Verfassungslehre des M. v. P.*, Wiesbaden 1981; Miethke, J., »Marsilius von Padua. Die politische Philosophie eines lateinischen Aristotelikers des 14. Jahrhunderts«, in: H. Boockmann (Hrsg.), *Lebenslehren und Weltentwürfe im Übergang vom Mittelalter zur Neuzeit*, Göttingen 1989, S. 52–76; Löffelberger, M., *Marsilius von Padua. Das Verhältnis zwischen Kirche und Staat im »Defensor pacis«*, Berlin 1992; Wielgus, St. (Hrsg.), *Marsilius von Padua, Werk und Wirkung*, Lublin 1993. Für weitere Literatur vgl. Totok II, S. 566–567; Stor. della Filos. VI, S. 505–506. Kritische Übersicht über die Literatur von 1958–92 von J. Miethke, in: *Bulletin de philosophie médiévale* 35 (1993) S. 150–165.

2 So vor allem die in Anm. 1 zitierte Arbeit von J. Quillet.

3 Zur Biographie vgl. Scholz, »Einleitung zum *Defensor Pacis*«, Buch 54–58. – In der Interpretation folge ich Vasoli, »Marsilio da Padova«, und Carr, D. R., »The Prince and the City«, in: *Medioevo* 5 (1979) S. 279–291.

4 Marsilius von Padua, *Defensor Pacis* I 13 § 2 Scholz 70,15.

5 Def. Pac. I 4 § 3 Scholz 18.

6 Def. Pac. I 4 § 1 Scholz 16. Vgl. immer auch Vasoli, C., »La *Politica* di Aristotele e la sua utilizzazione da parte di Marsilio da Padova«, in: *Medioevo* 5 (1979) S. 237–257.

7 Marsilius von Padua, *Defensor Pacis* I 4 § 1 Scholz 16.

8 Def. Pac. I 14 § 1 Scholz 78,6.

9 Def. Pac. I 12 § 5 Scholz 65.

10 Def. Pac. III 2 § 33 Scholz 609. – Gleichrangigkeit der Bischöfe: Def. Pac. III 2 § 17 Scholz 606.

Abschnitt 45

1 Grant, E., *A Source Book in Medieval Science*, Cambridge (Mass.) 1974. Für die Bio-Bibliographie der einzelnen Autoren sei noch einmal verwiesen auf das Repertorium der Aristoteles-Kommentare von Ch. Lohr. Vgl. auch *Dictionary of Scientific Biography*, 14 Bde., New York 1970–76. – Auf P. Duhem und A. Maier gehe ich weiter unten ein. Außer ihren Werken sind grundlegend: Michalski, C., *La physique nouvelle et les differents courants philosophiques au XIVe siècle*, 1928, in: *Six Etudes*, hrsg. von K. Flasch, Frankfurt a. M. 1969, S. 205–278; Thorn-

dike, L., *History of Magic and Experimental Science*, 8 Bde., New York 1923–58; Dijksterhuis, E. J., *Die Mechanisierung des Weltbildes*, Amsterdam 1950, dt. Berlin 1956; Crombie, A. C., *Von Augustin bis Galilei. Die Emanzipation der Naturwissenschaft*, London 1957, dt. Köln/Berlin 1964; Clagett, M., *The Science of Mechanics in the Middle Ages*, Madison (Wisc.) ²1961; Koyré, A., »Rezension von A. Maier, *Die Vorläufer Galileis im 14. Jahrhundert*«, in: *Archives internationales d'histoire et sciences*, N. S. 30 (1951) S. 769–783; ders., »Aux origines de la science moderne«, in: *Diogène* 16 (1956) S. 14–42; Drake, S., »Impetus Theory Reappraised«, in: *Journal of the History of Ideas* 36 (1975) S. 27–46; ders., ebd. 38 (1977) S. 19–32; Nelson, B., *Der Ursprung der Moderne. Vergleichende Studien zum Zivilisationsprozeß*, dt. Frankfurt a. M. 1977; Wolff, M., *Geschichte der Impetustheorie. Untersuchungen zum Ursprung der klassischen Mechanik*, Frankfurt a. M. 1978; Caroti, St. (Hrsg.), *Studies in Medieval Natural Philosophy*, Florenz 1989; Sylla, E. D., *The Oxford Calculators and the Mathematics of Motin, 1320–1350. Physics and Measurement of Latitudes*, New York 1991.

2 Vgl. LeGoff, J., »Temps de l'église et temps du marchand«, in: J. L., *Pour un autre moyen âge. Temps, travail et culture en Occident. 18 essais*, Paris 1977, S. 46–65; ders., »Le moyen âge de Michelet«, in: Ebd., S. 19–45.

3 Vgl. Murray, A., *Reason and Society in the Middle Ages*, Oxford 1978.

4 Franciscus de Marchia, In 4 Sent. q. 1, bei Michalski, *La physique nouvelle*, S. 254: *Melius tamen videtur, quod huius modi virtus sit in corpore quam in medio, quicquid de hoc dixerit Philosophus et Commentator: verum, quia frustra fit per plura, quod potest fieri per pauca.*

5 Duhem, P., *Etudes sur Léonarde de Vince*, 3 Bde., Paris 1906–13; ders., *Le système du monde: histoire des doctrines cosmologiques de Platon à Copernic*, 10 Bde., Paris 1913–59. Die *Quaestiones super libros quattuor de caelo et mundo*, ed. E. A. Moody, Cambridge (Mass.) 1942. Zur Literatur vgl. Totok II, S. 578; Stor. della Filos. VI, S. 512–513.

6 Vgl. Maier, A., *Die Vorläufer Galileis im 14. Jahrhundert*, Rom 1949; dies., *Zwei Grundprobleme der scholastischen Naturphilosophie*, Rom 1951; dies., *Metaphysische Hintergründe der spätscholastischen Naturphilosophie*, Rom 1955. Vgl. die Aufsatz-

sammlung: *Ausgehendes Mittelalter,* Rom 1964 ff.; dazu Koyré, A., in: *Archives internationales d'histoire des sciences,* N. S. 30 (1951) S. 769–783; Caroti, S., »Nicole Oresme precursore di Galileo e di Descartes?«, in: *Rivista critica di storia della filosofia* 32 (1977) S. 10–23, 413–435.

7 Johannes Buridanus, *Quaestiones super octo physicorum libros,* Paris 1509, Nachdr. Frankfurt a. M. 1964, fol. 121ʳ a; De Rijk, L. M. (Hrsg.), *Johannes Buridanus, »Summulae de praedicabilibus«,* Nijmwegen 1995. Über Buridanus vgl. bes. Pinborg, J. (Hrsg.), *The Logic of John Buridan. Acta of the 3rd Symposium on Medieval Logic and Semantics,* Kopenhagen 1976; Michael, B., *Johannes Buridanus. Studien zu seinem Leben, seinen Werken und zur Rezeption seiner Theorien im Europa des späten Mittelalters,* 2 Bde., Berlin 1985.

8 Vgl. Michalski, *La physique nouvelle,* S. 257–259.

9 Zur Literatur vgl. Totok II, S. 580–581, 584–585; Stor. della Filos. VI, S. 515; S – I, S. 480 f.

10 Vgl. Michalski, *La physique nouvelle,* S. 263–268; Nicole d'Oresme, *Le livre du ciel et du monde,* hrsg. von A. D. Menut und A. J. Denomy, in: *Mediaeval Studies* 3 (1941) S. 185–280; 4 (1942) S. 159–297; 5 (1943) S. 167–333; frz./engl., Madison 1968; *In Aristotelis »De anima«,* ed. Patar, B., Löwen/Paris 1995; Teilausgabe der *Physik* durch St. Caroti, in: AHDLMA 61 (1994) S. 343–385. Über ihn: Souffrin, P. / Segonds, A. (Hrsg.), *Nicolas d'O'resmes. Tradition et innovation,* Padua/Paris 1988; Quillet, J. (Hrsg.), *Autour de Nicolas d'Oresmes,* Paris 1990.

11 Franciscus de Mayronis, In 2 Sent. dist. 13 q. 4, Venedig 1520, Nachdr. Frankfurt a. M. 1966, fol. 150ᵛ b: *Dicit tamen quidam doctor si terra moveretur et caelum quiesceret, hic esset melior dispositio.* Zur Literatur vgl. Totok II, S. 517; Stor. della Filos. VI, S. 502.

12 Maier, A., *Studien zur Naturphilosophie der Spätscholastik,* 4 Bde., Rom 1952–68.

Abschnitt 46

1 Vgl. Robson, J. E., *Wyclif and the Oxford Schools,* Cambridge 1961; Kenny, A., *Wyclif,* Oxford 1985. Für weitere Literatur vgl. Totok II, S. 600–601; Stor. della Filos. VI, S. 516–517.

2 Zur Literatur vgl. Totok II, S. 582–584.

3 Zur Literatur vgl. Totok II, S. 581–582.
4 Johannes Pico della Mirandola, *Opera*, Venedig 1557, fol. 61r und v. Zum Problem des Humanismus sind vor allem die Arbeiten von Eugenio Garin heranzuziehen. Ohne das qualitativ Neue an Humanismus und Renaissance zu nivellieren, hat er Humanismus und Mittelalter gleichermaßen mit historischem Sinn analysiert. Vgl. von ihm vor allem: *Der italienische Humanismus*, Bern 1947; ders., *Medioevo e Rinascimento. Studi e Ricerche*, Bern ²1961; ders., *La cultura filosofica del Rinascimento italiano*, Florenz ²1979; ders., *Rinascita e Rivoluzioni. Movimenti culturali dal XIV al XVIII secolo*, Bari 1975; ders., *Il ritorno dei filosofi antichi*, Neapel 1983. Um meinem Leser bei dieser Fülle die Auswahl zu erleichtern, füge ich hinzu, daß für mich die Schriften von H. Baron, P. O. Kristeller und C. Vasoli von besonderer Bedeutung waren. Ich werde sie im einzelnen zitieren. Hier möchte ich noch hervorheben: Cantimori, D., *Umanesimo e religione nel Rinascimento*, Turin 1975; Kohl, B. G. / Witt, R. G., *The Earthly Republic. Italian Humanists on Government and Society*, Manchester 1978; Batkin, L. M., *Die historische Gesamtheit der italienischen Renaissance*, dt. Dresden 1979; Margolin, J. C., *L'humanisme en Europe au temps de la Renaissance*, Paris 1981; umfangreiche Hinweise zur Literatur über Philosophie und Kultur des 15. Jh.s bei Flasch, K., *Nikolaus von Kues. Geschichte einer Entwicklung*, Frankfurt a. M. 1998, S. 195–247.
5 Kristeller, P. O., *Renaissance Thought*, New York 1961, S. 3–23; ders., *Eight Philosophers of the Italian Renaissance*, Stanford 1964, S. 3ff.

Abschnitt 47

1 Petrarcas Werke sind nur zum Teil in der Edizione Nazionale erschienen, insbesondere: *Rerum Memorandarum Libri*, ed. G. Billanovich, Florenz 1943. Für die lateinischen Werke ist die vollständigste Ausgabe noch immer die von Basel 1581. Doch die wichtigsten Texte lat./ital. in: F. Petrarca, *Opere latine*, hrsg. von A. Bufano, 2 Bde., Turin 1975. Nach dieser Ausgabe wird hier zitiert. Vgl. auch F. Petrarca, *Prose*, hrsg. von G. Martelotti, Mailand/Neapel 1955. Eine deutsche Auswahl von H. W. Eppelsheimer erschien in der »Fischer-Bücherei«, Frankfurt a. M. 1956. Nicht vergessen werden sollte: *Briefe des Petrarca. Eine Auswahl,*

übers. von H. Nachod und P. Stern, Berlin 1931. – Aus der Literatur über Petrarca waren für mich besonders wichtig: Garin I, S. 241–282; ders., »Petrarca e la polemica con i moderni«, in: E. G., *Rinascita e Revoluzioni,* Bari 1975, S. 71–88; Kristeller, P. O., in: *Eight Philosophers of the Italian Renaissance,* Stanford 1964. Darüber hinaus ist zu nennen: Eppelsheimer, H. W., *Petrarca,* Frankfurt a. M. ²1971; Bosco, U., *Petrarca,* Turin 1964, Bari ³1968; Billanovich, G., *Petrarca letterato,* Rom 1947; Wilkins, E. H., *Life of Petrarch,* Chicago 1961; Baron, H., »From Petrarca to Leonardo Bruni«, in: *Studies in Humanistic and Political Literature,* Chicago/London 1968; Sichirollo, L., »Petrarca e la filosofia. Quattro imagini e relative postille«, in: *L'Approdo letterario* 67/68 (1974) S. 35–48; Dotti, U., *Petrarca e la scoperta della coscienza moderna,* Mailand 1978; Trinkaus, Ch. E., *The Poet as Philosopher. Petrarch and the Formation of the Renaissance Consciousness,* New Haven 1979; Dotti, U., *Vita di Petrarca,* Bari 1987; Billanovich, G., *Petrarca e il primo umanesimo,* Padua 1996; Hoffmeister, G., *Petrarca,* Stuttgart 1997; Rotondo Secchi Tarugi, L. (Hrsg.), *Petrarca e la cultura europea,* Mailand 1997. Zur Rezeptionsgeschichte und zur Literatur vgl. Fedi, R., *F. Petrarca,* Florenz 1975. An dieser Stelle möchte ich Herrn Fedi herzlich danken für eine Reihe von Hinweisen zu Petrarca und Boccaccio. Zur Literatur vgl. Totok III, S. 99–100.

2 Für weitere Literatur vgl. Totok III, S. 99–110.

3 Gilson, E., *La philosophie au moyen âge,* Paris ²1952, S. 723.

4 Petrarca, *Familiari* XII 13.

5 Zur Gegnerschaft gegen die Scholastik vgl. ebd. I 6; XII 3; XVII 1.

6 *Secretum* I 78: *Quid, obliti rerum, inter verba senescitis.*

7 Windelband, W., *Lehrbuch der Geschichte der Philosophie,* hrsg. von H. Heimsoeth, Tübingen ¹⁷1980, S. 306.

8 Cassirer, E., *Individuum und Kosmos in der Philosophie der Renaissance,* Leipzig/Breslau 1927, S. 39.

9 Garin I, S. 245–246.

10 Hirschberger, J., *Geschichte der Philosophie,* Bd. 2, Freiburg i. Br. ⁸1969, S. 51.

11 Ebd.

12 Petrarca, *De secreto conflictu curarum mearum,* in: *Opere latine,* ed. Bufano, Bd. 1, S. 45.

Abschnitt 48

1 Zur realhistorischen Entwicklung vgl. außer der unter Abschn. 34, Anm. 1, angegebenen Literatur: Hay, D., *Europe in the Fourteenth and Fifteenth Centuries*, London 1966; Romano, R. / Tenenti, A., *Die Grundlegung der modernen Welt*, Frankfurt a. M. 1967 (Fischer Weltgeschichte, 12); Miskimin, H. A., *The Economy of Early Renaissance Europe 1300–1460*, Cambridge 1969; Heers, J., *L'occident au XIVe et XVe siècles. Aspects économique et sociaux*, Paris 1973; Braudel, F. / Labrousse, E. (Hrsg.), *Histoire économique et sociale de la France*, Bd. 1: *1450–1660*, Paris 1977; Meuthen, E., *Das 15. Jahrhundert*, München/Wien 1980. Zur Ideengeschichte vgl. Thorndike, L., *Science and Thought in the Fifteenth Century*, New York 1929; ders., *A History of Magic and Experimental Science*, Bd. 3.4, New York / London 1934; Combes, A., *La théologie mystique de Gerson. Profil de son évolution*, 3 Bde., Paris 1963/64; Oberman, H. A., *Spätscholastik und Reformation*, Bd. 1: *Der Herbst der mittelalterlichen Theologie*, Zürich 1965. Zur Universitätsgeschichte vgl. Ritter, G., *Die Heidelberger Universität. Ein Stück deutscher Geschichte*, Bd. 1: *Das Mittelalter*, Heidelberg 1936; Kleineidam, E., *Universitas Studii Erfordensis. Überblick über die Geschichte der Universität Erfurt im Mittelalter*, Leipzig 1969; Maschke, E. / Sydow, J. (Hrsg.), *Stadt und Universität im Mittelalter und in der frühen Neuzeit*, Sigmaringen 1977; Isewijn, J. / Paquet, J. (Hrsg.), *The Universities in the Late Middle Ages*, Löwen 1978; Rüegg, W. / Wuttke, D. (Hrsg.), *Ethik im Humanismus*, Boppard 1979; Schmitz, R. / Krafft, K. (Hrsg.), *Humanismus und Naturwissenschaft*, Boppard 1980; Reinhard, W. (Hrsg.), *Humanismus im Bildungswesen des 15. und 16. Jahrhunderts*, Weinheim 1984; Buck, A. (Hrsg.), *Renaissance – Reformation. Gegensätze und Gemeinsamkeiten*, Wiesbaden 1984; Vasoli, C., *Filosofia e religione nella cultura del Rinascimento*, Neapel 1988; Merkel, I. / Debus, A. G. (Hrsg.), *Hermetism and the Renaissance*, Washington/ London 1988; Vasoli, C., *Tra ›maestri‹, umanisti e teologi. Studi quattrocenteschi*, Florenz 1991; Grafton, A., *New Worlds, Ancient Texts. The Power of Tradition and the Shock of Discovery*, Cambridge (Mass.) / London 1992; Canone, E. (Hrsg.), *Bibliothecae selectae. Da Cusano a Leopardi*, Florenz 1993; Monfasani, J., *Language and Learning in Renaissance Italy*, Aldershot 1994;

Fumagalli Beonio Brocchieri, M.-T. [u. a.], *L'intellettuale tra Medioevo e Rinascimento*, Rom 1994; Rummel, E., *The Humanist-scholastic Debate in the Renaissance and Reformation*, Cambridge (Mass.) 1995. Weitere Literatur bei Meuthen, *Das 15. Jahrhundert*, S. 177– 212; Lohr, Ch., *Latin Aristotle Commentaries*, Bd. 2: *Renaissance Authors*, Florenz 1988; Schmitt, Ch. B. [u. a.] (Hrsg.), *The Cambridge History of Renaissance Philosophy*, Cambridge 1988; Rossi, V. / Bessi, R., *Il Quattrocento*. In: *Storia letteraria d'Italia*, Padua 1992; Rossi, P. / Viano, S.-A., *Storia della filosofia*, Bd. 3: *Dal Quattrocento al Seicento*, Rom 1995; Flasch, K., *Nikolaus von Kues. Geschichte einer Entwicklung*, Frankfurt a. M. 1998, S. 195–247.

2 Kuksewicz, Z., »Criticism of Aristotelean Psychology and the Augustinian – Aristotelean Synthesis«, in: *The Cambridge History of later Medieval Philosophy*, hrsg. von N. Kretzmann [u. a.], Cambridge 1982, S. 628.

Abschnitt 49

1 Vgl. Paqué, R., *Das Pariser Nominalistenstatut. Zur Entstehung des Realitätsbegriffs der neuzeitlichen Naturwissenschaft* (Occam, Buridan und Petrus Hispanus, Nicolaus von Autrecourt und Gregor von Rimini), Berlin 1970, bes. S. 85–91 [für die Logik]. Für die philosophische Psychologie vgl. Pluta, O., *Kritiker der Unsterblichkeitsdoktrin in Mittelalter und Renaissance*, Amsterdam 1986, S. 37.

2 Belege bei Pluta, S. 40.

3 Für weitere Literatur vgl. Lohr (1) XXVI, S. 161–183; Stor. della Filos. VI, S. 512–513; Totok II, S. 578.

4 Pierre d'Ailly, *Quaestiones super libros Sententiarum*, Straßburg 1490, Nachdr. Frankfurt a. M. 1968; *Tractatus et sermones*, Straßburg 1490, Nachdr. Frankfurt a. M. 1971; *De anima*, ed. O. Pluta, in: *Die philosophische Psychologie des Peter von Ailly*, Amsterdam 1986. Auf diese Studie verweise ich auch wegen der Forschungsgeschichte und der neueren Literatur.

5 Gregor von Rimini, *Lectura super primum et secundum Sententiarum*, Bd. 1–6, ed. D. Trapp et V. Marcolino, Berlin / New York 1981–84. Vgl. Leff, G., *Gregor of Rimini. Tradition and Innovation in Fourteenth Century Thought*, Manchester 1961.

6 Vgl. Pluta, O., »Albert von Köln und Peter von Ailly«, in: *Frei-*

burger Zeitschrift für Philosophie und Theologie 32 (1985) S. 263. Dort auch S. 262–266 ein Abriß der Wirkungsgeschichte Peters von Ailly. Vgl. Oberman, H. A., *Spätscholastik und Reformation*, Bd. 1: *Der Herbst der mittelalterlichen Theologie*, Zürich 1965.

7 Federici-Vescovini, G., *Le »Quaestiones de anima« di Biagio Pelacani da Parma*, Florenz 1974; dies., *Astrologia e scienza. La crisi dell'aristotelismo sul cadere del Trecento e Biagio Pelacani da Parma*, Florenz 1979. Der Nachweis des Titels *doctor diabolicus*, ebd., S. 21; dies. / Baroncelli, F. (Hrsg.), *Filosofia, Scienza ed Astrologia nel Trecento Europea: Biagio Pelacani di Parma*, Padua 1992. Für weitere Literatur vgl. Lohr (1) XXIII, S. 381–383; Garin I, S. 456; S – I, S. 400.

8 Federici-Vescovini, *Le Quaestiones*, S. 74.

9 Ebd., S. 79.

10 Dies., *Astrologia*, S. 21.

11 Vgl. Tiraboschi, G., *Storia della letteratura italiana*, Bd. 8,1, Modena 1793, S. 334–335, bei Federici-Vescovini, *Astrologia*, S. 11. Über sachliche Gemeinsamkeiten vgl. Tiraboschi, S. 365.

12 Vgl. Federici-Vescovini, *Astrologia*, S. 17.

13 Ebd., S. 404, 143–145.

14 Ebd., S. 11.

15 Biagio, *Quaestiones de anima* III 2 Federici-Vescovini 129.

16 Federici-Vescovini, *Le Quaestiones*, S. 33.

17 Vgl. Brentano-Keller, N., »Il libretto di spese e ricordi di un monaco vallombrosano per libri dati o avuti in prestito«, in: *Bibliofilia* 41 (1939) S. 129–158.

18 Vgl. Tanturli, G., »Rapporti del Brunelleschi con gli ambienti letterari fiorentini«, in: *Atti del Convegno internazionale di studi su F. Brunelleschi*, Florenz 1977; dazu Federici-Vescovini, *Le Quaestiones*, S. 32–33.

Abschnitt 50

1 Aus der unübersehbaren Literatur nenne ich außer J. Burckhardts *Kultur der Renaissance in Italien* [viele Auflagen, zuerst 1860], hier nur: Garin, E., »Die Kultur der Renaissance«, in: *Propyläen Weltgeschichte*, Bd. 6, Berlin [u. a.] 1964, S. 431–534. Ein ebenso anschauliches und wissenschaftlich fundiertes Werk zur Einführung ist: *Firenze rinascimentale*, unter Ltg. von A. Sapori und C. Vasoli, Florenz 1978.

2 Vgl. Ermatinger, J., »Averroism in early Fourteenth Century Bologne«, in: *Mediaeval Studies* 16 (1954) S. 35–86; Nardi, B., *Saggi sull'aristotelismo padovano dal secolo XIV al XVI*, Florenz 1958; Boas, M., *The Scientific Renaissance, 1450–1630*, London 1962; Randall, J. H., *The School of Padua and the Emergence of Modern Science*, Padua 1961; Vanni-Rovighi, S., »Gli averroisti bolognesi«, in: S. V.-R., *Oriente e Occidente nel Medioevo*, Rom 1971, S. 161–183; Piana, C., *Ricerche sulle Università di Bologna e di Parma nel secolo XV*, Florenz 1963; Lohr (2); Schmitt, Ch. B., *A Critical Survey and Bibliography of Studies on Renaissance Aristotelism*, Padua 1971; Rose, P. L., *The Italian Renaissance of Mathematics. Studies on Humanists and Mathematicians from Petrarc to Galileo*, Genf 1975; Cochrane, E., »Science and Humanism in the Italian Renaissance«, in: *American Historical Review* 82 (1976) S. 1039–59; *Platon et Aristote à la Renaissance, XVIe Colloque international de Tour*, Paris 1976; Schmitt, Ch. B., *Aristotle and the Renaissance*, Cambridge (Mass.) 1983; Rummel, E., *The Humanist-Scholastic Debate in the Renaissance and Reformation*, Cambridge (Mass.) 1995; Kessler E. (Hrsg.), *Method and Order in Renaissance Philosophy of Nature*, Aldershot 1997; Kraye, J. (Hrsg.), *Cambridge Translations of Renaissance Philosophical Texts*, Cambridge 1997; Kopenhaver, B. P. / Schmitt, Ch. B., *Renaissance Philosophy*, Oxford 1997; White, K. (Hrsg.), *Hispanic Philosophy in an Age of Discovery*, Washington 1997.

3 Zur politischen und ökonomischen Geschichte von Florenz unter den Medici vgl. Rubinstein, N., »The Beginning of Political Thought in Florence«, in: *Journal of the Warburg and Courtauld Institutes* 5 (1942) S. 198–227; Sapori, A., *Studi di storia economica*, Florenz ^{3}1956; Martinez, L., *The Social World of the Florentine Humanists*, Princeton 1963; De Cover, R., *The Rise and Decline of the Medici Bank (1397–1494)*, Cambridge (Mass.) 1963; Becker, M. B., *Florence in Transition*, 2 Bde., Baltimore 1967/68; Tenenti, A., *Firenze dal Comune a Lorenzo il Magnifico, 1350 a 1494*, Mailand 1970; Burke, P., *Renaissance Italy 1420 to 1540*, London 1972; Brucker, G., *The Civic War of Early Renaissance Florence*, Princeton 1977; Bec, C., *Cultura e società a Firenze nell'età della Rinascenza*, Rom 1981.

4 Über ihn vgl., außer den bereits genannten Werken von H. Baron und E. Garin: Martin, A. v., *Mittelalterliche Welt- und Lebensanschauungen im Spiegel der Schriften Coluccio Salutatis*, Berlin

1913; Ullmann, B. L., *The Humanism of Coluccio Salutati,* Padua 1963; Garin, E., »I cancellieri umanistici della repubblica fiorentina da Coluccio Salutati a Bartolomeo Scala«, in: E. G., *Scienza e vita nel Rinascimento italiano,* Bari 1965, S. 1–32; Herde, P., »Politik und Rhetorik in Florenz am Vorabend der Renaissance«, in: *Archiv für Kulturgeschichte* 47 (1965) S. 141–220; Kessler, E., *Das Problem des frühen Humanismus. Seine philosophische Bedeutung bei Coluccio Salutati,* München 1968; Petrucci, A., *Coluccio Salutati,* Rom 1972; Witt, R. G., »The Rebirth of the Concept of Republican Liberty«, in: *Studies in Honor of Hans Baron,* hrsg. von A. Molho und J. A. Tedeschi, Florenz 1976, S. 175–199; ders., *Coluccio Salutati and his Public Letters,* Genf 1976; De Rosa, D., *Coluccio Salutati. Il cancelliere e il pensatore politico,* Florenz 1980; *Atti del convegno su Coluccio Salutati,* Buggiano Castello 1981 [mit Aufsätzen von E. Garin und C. Vasoli; Bibliographie]. Vgl. Garin I, S. 241–282. Für weitere Literatur vgl. Totok III, S. 110–112.

5 Vgl. bes. Coluccio Salutati, *De nobilitate legum et medicinae,* ed. E. Garin, Florenz 1947; dazu Garin in den soeben zitierten *Atti,* S. 17–25. Wichtig sind die Briefe Salutatis: *Epistolario di C. Salutati,* ed. F. Novati, 4 Bde., Rom 1891–1911; ferner die *Invectiva in Antonium Luschum,* ed. E. Garin, in: E. G., *Prosatori latini del Quattrocento,* Mailand/Neapel 1953, S. 9–37; *De laboribus Herculis,* ed. B. L. Ullmann, 2 Bde., Zürich 1951; *De saeculo et religione,* ed. B. L. Ullmann, Florenz 1957.

6 Vgl. Cammelli, G., *I dotti bizantini e le origini dell'umanesimo,* Florenz 1941.

7 Giovanni Dominici, *Lucula noctis,* ed. R. Coulon, Paris 1908.

Abschnitt 51

1 Kristeller, P. O., *The Classics and Renaissance Thought,* Cambridge (Mass.) 1955; ders., *Studies in Renaissance Thought and Letters,* Rom 1956.

2 Über Leonardo Bruni vgl. Baron, H., *Leonardo Bruni Aretino. Humanistisch-philosophische Schriften mit einer Chronologie seiner Werke und Briefe,* Berlin 1928; ders., *The Crisis of the Early Italian Renaissance,* 2 Bde., Princeton 1955; ders., *From Petrarch to Leonardo Bruni,* Chicago/London 1968 [dort S. 217–263 die *Laudatio florentinae urbis*]: ders., »Progress in Bruni Scholarship«, in: *Speculum* 56 (1981) S. 831–839; Goldbrunner, H., »Du-

randus de Alvernia, Nicolaus von Oresme und Leonardo Bruni. Zu den Übersetzungen der pseudo-aristotelischen Ökonomik«, in: *Archiv für Kulturgeschichte* 50 (1968) S. 224–232; Siegel, I. J., *Rhetoric and Philosophy in Renaissance Humanism,* Princeton 1968; Garin, E., *Dal Rinascimento all'Illuminismo. Studi e ricerche,* Pisa 1970, S. 3–18. Vgl. Garin I, S. 283–294. Zu den Übersetzungen Brunis vgl. Birkenmajer, A., *Der Streit des Alfonso von Cartagena mit L. Bruni Aretinus,* Münster 1922 (Beiträge, 22,5), S. 129–210; Grabmann, M., *Mittelalterliches Geistesleben,* Bd. 1, München 1926, S. 440–448. Zur weiteren Literatur vgl. Totok III, S. 112–115; Stor. della Filos. VII, S. 790–793; Lohr (2) XXVII, S. 316–320.

3 Leonardo Bruni, *Prologus in Phaedonem Platonis,* ed. H. Baron, in: H. B., *Leonardo Bruni Aretino,* S. 3–4.

4 *Praemissio ad Translationem Ethicorum Aristotelis,* ed. Baron, in: Ebd., S. 79.

5 *Praemissio ad Translationem Politicorum Aristotelis,* ed. Baron, in: Ebd., S. 74.

6 *De Studiis et litteris,* ed. Baron, in: Ebd., S. 6.

7 Ebd., S. 11.

8 Ebd., S. 12–13.

9 Ebd., S. 14.

10 Ebd., S. 14.

11 Ebd., S. 15.

12 Ebd., S. 16.

13 Ebd., S. 17.

14 Ebd., S. 18.

15 Ebd., S. 19.

16 *Isagogicon moralis disciplinae,* ed. Baron, in: Ebd., S. 28.

17 *Historia Florentini populi,* ed. E. Santini, in: *Rerum Italicarum Scriptores,* 2 Bde., Città di Castello 1914, XIX 3.

18 W. Windelband, *Lehrbuch der Geschichte der Philosophie,* hrsg. von H. Heimsoeth, Tübingen [17]1980, S. 306.

19 Ambrosius Traversarius, *Epistolae*, 2 Bde., Florenz 1759, Nachdr. Bologna 1968. Über ihn vgl. Mercati, G., *Ultimi contributi alla storia degli umanisti,* Bd. 1: *Traversariana,* Rom 1939; zum Konzil vgl. Gill, J., *The Council of Florence,* Cambridge 1959.

20 Vgl. PG 160,821–1020; Masai, F., *Plethon e le platonisme de Mistra,* Paris 1956.

21 Georg von Trapezunt, *Comparationes philosophorum Aristotelis et Platonis,* Venedig 1528, Nachdr. Frankfurt a. M. 1965.
22 Bessarion ist abgedruckt bei Becker, J., in: *Aristotelis opera,* Bd. 3, Berlin 1831, S. 481–536. Werke des Bessarion in: PG 161, und in: Mohler, L., *Kardinal Bessarion als Theologe, Humanist und Staatsmann,* 3 Bde., Paderborn 1927–42.
23 Giannozzo Manetti, *De dignitate et excellentia hominis,* Basel 1532, Nachdr. Frankfurt a. M. 1975, Neuausg. von R. Leonardi, Padua 1975.

Abschnitt 52

1 Vgl. die Scholastikkritik von L. Bruni, *Ad Petrum Paulum Histrium Dialogus,* ed. E. Garin, in: E. G., *Prosatori latini del Quattrocentro,* Mailand/Neapel 1952, S. 52–61.
2 Valla, L., *Annotationes in Novum Testamentum,* Neuausg. von A. Perosa, Florenz 1971. Unentbehrlich: L. Valla, *Opera omnia,* Vorw. von E. Garin, 2 Bde., Turin 1962. Bd. 1: Nachdr. der *Opera* von Basel 1540, Bd. 2: neuere Ausgaben kleinerer Texte. Wichtige Neueditionen: *Antidotum primum. La prima apologia contra Poggio Bracciolini,* ed. A. Wesseling, Assen 1978; *Antidotum in Facium,* ed. N. Regoliosi, Padua 1981; *Repastinatio dialecticae et philosophiae,* ed. G. Zippel, 2 Bde., Padua 1982. Aus der Fülle der Literatur hebe ich besonders hervor: Vasoli, C., *La dialettica e la retorica dell'umanesimo,* Mailand 1968, bes. S. 28–77; Camporeale, S. I., *Lorenzo Valla. Umanesimo e teologia,* Florenz 1972; Gerl, H. B., *Rhetorik als Philosophie. Lorenzo Valla,* München 1974; Branca, V. (Hrsg.), *Giorgio Valla tra scienza e sapienza,* Florenz 1981; Besomi, O. / Regogliosi, M. (Hrsg.), *Lorenzo Valla e l'umanesimo italiano*, Padua 1986; Camporeale, S. L., »The Transcending of Philosophy through Rhetoric«, in: *Rinascimento*, sec. ser. 30 (1990) S. 269–284; Regogliosi, M., *Nel cantiere del Valla. Elaborazione e montaggio delle »Elegantiae«*, Rom 1992; Lanfranchi, M., »Il rinnovamento della filosofia nella ›Dialectica‹ di L. Valla«, in: *Rivista di Filosofia Neoscolastica* 84 (1992) S. 13–60, und ebd. 86 (1994) S. 44–109; Mack, P., *Renaissance Argument. Valla and Agricola in the Traditions of Rhetoric and Dialectic*, Leiden 1993. Für weitere Literatur vgl. Garin I, S. 352; Totok III, S. 119–122; Stor. della Filos. VII, S. 796–798.

3 Valla, *De vero falsoque bono,* ed. M. de Panizza-Lorch, Bari 1970, S. 14–15.

4 *De vero falsoque bono* ist jetzt, trotz möglicher Einwände, zu benutzen in der Ausgabe von M. de Panizza-Lorch, Bari 1970; *De libero arbitrio* auch bei E. Garin, *Prosatori latini,* S. 524–565.

5 Die wichtige Selbstinterpretation der beiden Dialoge in *De libero arbitrio,* ed. Garin, S. 526, betont, *De vero falsoque bono* sei Widerlegung von Boethius: *De consolatione philosophiae* I–IV, *De libero arbitrio* die von de cons. phil. V.

6 Valla, *De vero falsoque bono,* ed. Panizza-Lorch, S. 112.

7 Ebd., S. 114.

8 Ebd., S. 2: *ipsorum philosophorum rationibus.*

9 Ebd., S. 3. Dazu vgl. die Einführung von E. Garin zu *Erasmo da Rotterdam. Elogio della follia,* Mailand 1984, bes. S. XV.

10 Valla, *De vero falsoque bono,* ed. Panizza-Lorch, S. 14.

11 Ebd., S. 77–78.

12 Vgl. Hirschberger, J., *Geschichte der Philosophie,* Bd. 2, Freiburg i. Br. [u. a.] 1969, S. 21.

13 Leibniz, G. W., *Theodizee* n. 405, in: *Opera philosophica omnia,* ed. J. E. Erdmann, Berlin 1840, S. 620b.

14 Valla, *De libero arbitrio,* in: Garin, *Prosatori latini,* S. 560: *Nescimus huius rei causam: quid refert?*

15 *Repastinatio* (1. Fass.) I 1 Zippel 364,4–6.

16 Rep. I 3 Zippel 371,28–29.

17 Rep. I 9 Zippel 390–391.

18 Rep. I 12 Zippel 401,15–25.

19 Rep. II prooem. Zippel 447,18.

20 Rep. Zippel 98,22–23. Die Kritik an den Himmelssphären ebd., Zippel 421,35–422,13.

21 Rep. Zippel 7,16.

Abschnitt 53

1 Über Paolo Toscanelli vgl. Garin, E., *Ritratti di umanisti,* Florenz 1967, S. 41–67.

2 Der große Kommentar Bertholds von Moosburg, eine Quelle des Cusanus aus der Schule Alberts und Dietrichs von Freiberg, wird jetzt wieder zugänglich im *Corpus Philosophorum Teutonicorum Medii Aevi,* Bd. 6,1, hrsg. von M. R. Pagnoni-Sturlese und L. Sturlese, mit einer Einl. von K. Flasch, Hamburg 1984.

3 Cusanus, *Opera*, Paris 1514, Nachdr. Frankfurt a. M. 1962. Es ist noch immer die vollständigste Ausgabe. Neue kritische Edition: Nicolai de Cusa, *Opera omnia*, seit 1932 in Leipzig, dann Hamburg, unter Leitung der Heidelberger Akademie (= H). Eine Reihe von deutschen Übersetzungen, auch einige lat./dt. Parallelausgaben erschienen im Rahmen der Philosophischen Bibliothek bei Meiner, Hamburg. – Nikolaus von Kues, *Philosophisch-theologische Schriften*, lat./dt., hrsg. von L. Gabriel, 3 Bde., Wien 1964–1967 [bisweilen korrekturbedürftig]; Auswahl: Vansteenberghe, E., *Le cardinal Nicolas de Cues*, Paris 1920; Hofmann, E., *Nicolaus von Cues. Zwei Vorträge*, Heidelberg 1947; Gandillac, M. de, *Nikolaus von Cues*, Düsseldorf 1953; Colomer, E., *Nikolaus von Kues und Raimund Lull*, Berlin 1961; Wackerzapp, H., *Der Einfluß Meister Eckharts auf die frühen Schriften des Nikolaus von Kues*, Münster 1962 (Beiträge, 39,3); Jaspers, K., *Nikolaus Cusanus*, München 1964; Meuthen, E., *Nikolaus von Kues. Skizze einer Biographie*, Münster [2]1964; Blumenberg, H., *Die Legitimität der Neuzeit*, Frankfurt a. M. 1966; Flasch, K., *Die Metaphysik des Einen bei Nikolaus von Kues*, Leiden 1973; Blumenberg, H., *Nikolaus von Kues. Die Kunst der Vermutung*, Frankfurt a. M. 1975; Watts, M. P., *Nicolaus Cusanus. A Fifteenth-Century Vision of Man*, Leiden 1982. Die neuere Literatur verzeichnen die *Mitteilungen und Forschungsbeiträge der Cusanus-Gesellschaft*, hrsg. von R. Haubst, Mainz 1961 ff. Aber vgl. auch Flasch, K., *Nikolaus von Kues. Geschichte einer Entwicklung*, Frankfurt a. M. 1998.

4 Vgl. bes. Cusanus, *De beryllo*, c. 5, *Opera omnia* (H), Bd. 11,1, ed. L. Baur, Leipzig 1940, S. 6–7.

5 Vgl. bes. *De coniecturis, Opera omnia* (H), Bd. 3, ed. J. Koch, Hamburg 1977, und *De mente, Opera omnia* (H), Bd. 5, ed. L. Baur, Leipzig 1937.

6 Vgl. bes. *Apologia doctae ignorantiae*, ed. R. Klibansky, Leipzig 1932, bes. S. 14–17.

7 Vgl. bes. *De coniecturis, Opera omnia* (H), Bd. 3, ed. J. Koch, Hamburg 1972.

8 Vgl. Cusanus, *De beryllo*, c. 21, ed. Baur, S. 25,11: *Hii omnes et quodquod vidi scribentes caruerunt beryllo.*

Abschnitt 54

1 Giannozzo Manettis Werke sind ediert in Basel 1532, Nachdr. Frankfurt a. M. 1975 (danach zitiere ich; Neuausg. von R. Leonardi, Padua 1975). Für weitere Literatur vgl. Totok II, S. 115–119; Stor. della Filos. VII, S. 790–793.

2 Manetti, *Opere*, S. 34.

3 Ebd., S. 159.

4 Ebd., S. 163.

5 Ebd., bes. S. 183.

6 Burckhardt, J., *Die Kultur der Renaissance in Italien. Ein Versuch*, in: J. B., *Gesammelte Werke*, Bd. 3, Darmstadt 1962, S. 94–96; Garin, E., »Il *Rinascimento* del Burckhardt«, Vorrede zur italienischen Ausgabe von J. B., *Die Kultur der Renaissance in Italien*, Florenz 1984.

7 Alberti, L. B., *I libri della famiglia*, hrsg. von R. Romano und A. Tenenti, Turin 1969, Text nach: *Opere volgari*, hrsg. von C. Grayson, 3 Bde., Bari 1960 ff. Von Alberti vgl. *Intercoenales*, in: E. Garin, *Prosatori latini del Quattrocento*, Mailand/Neapel 1953, S. 636–657; *Intercenali inedite*, ed. E. Garin, in: *Rinascimento* 4 (1964) S. 125–258 [ich zitiere nach dieser Ausgabe; Einzelausg. Florenz 1965]; *L'architettura (De re aedificatoria)*, lat./ital., hrsg. von G. Orlandi und P. Portoghesi, 2 Bde., Mailand 1966; *Momus o Del principe*, ed. G. Martini, Bologna 1942; *De commodis litterarum atque incommodis, Defunctus*, ed. G. Farris, Mailand 1971. Über Alberti vgl. Mancini, G., *Vita di L. B. Alberti*, Florenz [4]1911; Tateo, F., *Alberti Leonardo e la crisi dell'umanesimo*, Bari 1971; Garin, E., »Il pensiero di L. B. Alberti e la cultura del Quattrocento«, in: *Belfagor* (1972) S. 500–521; *Convegno internationale indetto nel V centenario di L. B. Alberti*, Ed. Accademia Nazionale dei Lincei, Rom 1974; Panza, P., *L. B. Alberti: filosofia e teoria dell'arte*, Mailand 1994; Rykwert, J. / Engel, A., *L. B. Alberti*, Mailand 1994. Für weitere Literatur vgl. Garin I, S. 345–348; Totok III, S. 115–119; Stor. della Filos. VII, S. 793; Rossi, V. / Bessi, R., *Il Quattrocento. Storia letteraria d'Italia*, Padua 1992, S. 260–266.

8 *Garin, Il pensiero di L. B. Alberti*, S. 508.

Abschnitt 55

1 Näheres zur Wirkungsgeschichte bei Kristeller, P. O., »The European Significance of Florentine Platonism«, in: Headley, J. M. (Hrsg.), *Medieval and Renaissance Studies,* Chapel Hill 1968, S. 206– 227. Die *Opera omnia* Ficinos in der Basler Ausgabe von 1576 wurden in 4 Bänden nachgedruckt, Turin 1959; Kristeller, P. O., *Supplementum Ficinianum,* 2 Bde., Florenz 1937; Ficino, *Commentaire sur le banquet de Platon,* hrsg. von R. Marcel, Paris 1956. Den Kommentar zum platonischen *Sophistes* edierte M. J. B. Allen, Berkeley 1989; Briefe edierte S. Gentile, *Lettere* I, Florenz 1990. – Es ist wichtig zu sehen, daß es neben der platonischen Tradition einen fortdauernden Aristotelismus gab. Dazu vgl., außer den Verzeichnissen von Ch. Lohr: Nardi, B., *Saggi sull'aristotelismo padovano dal secolo XIV al XVI,* Florenz 1958; Kristeller, P. O., *La tradizione aristotelica nel Rinascimento,* Padua 1962; Schmitt, Ch. P., *Aristotle and the Renaissance,* Cambridge (Mass.) 1983; ders., *The Aristotelian Tradition and Renaissance,* London 1984; Kessler, E. [u. a.], *Aristotelismus und Renaissance. In memoriam Charles Schmitt,* Wiesbaden 1988.

Über Ficino vgl. Della Torre, A., *Storia dell'Accademia Platonica di Firenze,* Florenz 1902; Festugière, A.-M.-J., *La philosophie de l'amour de Marsile Ficine et son influence sur la littérature française au XVIe siècle,* Paris 1941; Kristeller P. O., *Il pensiero filosofico di Marsilio Ficino,* Florenz 1953; Marcel, R., *Marsile Ficine,* Paris 1958; Gentile, S. (Hrsg.), *Marsilio Ficino e il ritorno di Platone,* Florenz 1984; Garfagnini, C. (Hrsg.), *Marsilio Ficino e il ritorno di Platone,* Florenz 1986; Klutstein, I., *Marsilio Ficino et la théologie ancienne,* Florenz 1987; Kristeller, P. O., *Marsilio Ficino and His Work after Five Hundred Years,* Florenz 1987; Vasoli, C., »Marsilio Ficino«, in: *Dizionario biografico degli Italiani,* 1987. Für weitere Literatur vgl. Lohr (2) XXVII, S. 322– 323; Garin I, S. 374–421; Totok III, S. 154–158; Stor. della Filos. VII, S. 812–814.

2 Vgl. bes. Walker, D. P., *Spiritual and Demonic Magic from Ficino to Campanella,* London 1958; Yates, F. A., *Giordano Bruno and the Hermetic Tradition,* London/Chicago 1964.

3 Text bei Garin, E., *Prosatori latini del Quattrocento,* Mailand/Neapel 1953, S. 716–791.

4 Vgl. dazu Flasch, K., »Nikolaus von Kues und Pico della Mirandola«, in: *Mitteilungen und Forschungsbeiträge der Cusanus-Gesellschaft* 14 (1980) S. 113–119. Die *Werke* Picos benutze ich in der Ausgabe Venedig 1557. Neuere Teileditionen: *De hominis dignitate. Heptaplus. De ente et uno,* ed. E. Garin, Florenz 1942; *Disputationes adversus astrologiam divinatricem,* ed. E. Garin, Florenz 1946ff.; *Conclusiones,* ed. B. Kieszkowski, Genf 1973; *Œuvres philosophiques,* ed. O. Boulnois et G. Tognon, lat./frz., Paris 1993. Über ihn vgl. Kibre, P., *The Library of Pico della Mirandola,* New York 1936; Garin, E., *Giovanni Pico della Mirandola,* Florenz 1937; Cassirer, E., »Giovanni Pico della Mirandola«, in: *Journal of the History of Ideas* 3 (1942) S. 123–144, 319–346; Monnerjahn, E., *Giovanni Pico della Mirandola,* Wiesbaden 1960; Garin, E., »Ricerche sur Giovanni Pico della Mirandola«, in: E. G., *La cultura filosofica del Rinascimento italiano,* Florenz [2]1979, S. 231–292; *L'opere e il pensiero di Giovanni Pico della Mirandola,* hrsg. von E. Garin, 2 Bde., Florenz 1965; Lubac, H. de, *Pic de la Mirandole, études et discussions,* Paris 1974; Toussaint, S., *L'esprit du Quattrocento. Le »De ente et uno« de Pic de la Mirandola,* Paris 1995. Zur weiteren Literatur vgl. Garin I, S. 458–459; Totok III, S. 159–165; Stor. della Filos. VII, S. 825–828; Rossi, V. / Bessi, R., *Il Quattrocento.* In: *Storia letteraria d'Italia,* Padua 1992, S. 496–501, 599–602.

5 Girolamo Savonarola, *Scritti filosofici,* hrsg. von G. Garfagnini und E. Garin, Bd. 1, Rom 1982. Über Savonarola vgl. Ridolfi, R., *Vita di G. Savonarola,* 2 Bde., Rom 1952; Garin, E., *Ritratti di umanisti,* Florenz 1967, S. 163–184; Cordero, F., *Savonarola. Voce calamitosa,* Bari 1986. Zur weiteren Literatur vgl. Garin I, S. 472–478; Totok III, S. 182–186.

Abschnitt 56

1 Vgl. dazu Kaegi, W., *Jacob Burckhardt. Eine Biographie,* Bd. 3: *Die Zeit der klassischen Werke,* Basel/Stuttgart 1956, S. 717: »Wisse Sie, mit dem Individualismus – i glaub ganz nimmi dra; aber i sag's nit; si han gar e Fraid.«

2 Material bei Ferguson, W. K., *The Renaissance in Historical Thought,* Cambridge (Mass.) 1948. Vgl. auch Hay, D., »Storici e Rinascimento negli ultimi venticinque anni«, in: Boas, M. / Chastel, A. [u. a.], *Il Rinascimento. Interpretazioni e problemi,* Bari

1979, S. 3–41. Für das Verhältnis Mittelalter–Renaissance vgl. auch Burdach, K., *Vom Mittelalter zur Reformation. Forschungen zur Geschichte der deutschen Bildung,* Berlin 1962; Falco, G., *La polemica sul Medio Evo* (1933), hrsg. von F. Tessitore, Neapel 1974; Mommsen, Th. E., »Petrarch's Conception of the ›Dark Ages‹«, in: *Speculum* 18 (1942) S. 226–282, dt. bei Buck, A., *Zu Begriff und Problem der Renaissance,* Darmstadt 1969, S. 151–179; Chabod, F., *Scritti sul Rinascimento*, Turin 1967. Vgl. Lapeyre, H. (Hrsg.), *De Machiavel à B. Croce,* Genf 1970; *Concetto, storia, miti e immagini del Medio Evo,* hrsg. von V. Branca, Florenz 1973 [darin bes. die Beiträge von E. Garin und R. Manselli]; Buck, A. (Hrsg.), *Die Rezeption der Antike. Zum Problem der Kontinuität zwischen Mittelalter und Renaissance,* Hamburg 1981.

Abschnitt 57

1 Croce, B., »Leonardo filosofo«, in: *Saggio sullo Hegel,* Bari 1913, S. 213–240. Die Schriften Leonardos zitiere ich nach: *Scritti scelti,* ed. A. M. Brizio, Turin [2]1966. Nützlich auch die ital./dt. Auswahl von Zamboni, G., *Philosophische Tagebücher,* Hamburg 1958. Die Faks.-Ausg. der einzelnen Codices und ihre Transkriptionen verzeichnet Totok III, S. 234–235. Die 1965 entdeckten Madrider Codices: *Codices Madrid,* Faks.-Ausg. mit Transkr. und Komm. von L. Reti, dt. von G. Iweichen [u. a.], 5 Bde., Frankfurt a. M. 1974. Über ihn vgl. Duhem, P., *Etudes sur Léonard de Vinci. Ceux qu'il a lus et ceux qui l'ont lu,* Paris 1909 [vor allem Bd. 2]; Olschki, L., *Geschichte der neusprachlichen wissenschaftlichen Literatur,* Bd. 1, Heidelberg 1919, S. 252–334; Pedretti, C., *Studi vinciani,* Genf 1957; Fumagalli, G., *Leonardo ieri e oggi,* Pisa 1959; Garin, E., »Il problema delle fonti del pensiero di Leonardo«, in: E. G., *La cultura filosofica del Rinascimento italiano,* Florenz 1961, S. 388–401; Dionisotto, C., »Leonardo uomo di lettere«, in: *Italia medioevale e umanistica* 5 (1962) S. 183–216; Garin, E., »La cultura fiorentina nell'età di Leonardo«, in: E. G., *Scienza e vita civile nel Rinascimento italiano,* Bari 1965, S. 57–86; ders., *Universitalità di Leonardo,* ebd., S. 87–108; Fumagalli, G., *Leonardo. Omo sanza lettere,* Florenz [2]1970; Pedretti, C., *Leonardo. A study in chronology and style,* London 1973; Vasoli, C., *La lalde del sole,* Florenz 1973; Reti, L., *Leonardo. Künstler, Forscher, Magier,* dt. Frankfurt a. M. 1974; Perrig,

A., »Leonardo. Die Anatomie der Erde«, in: *Jahrbuch der Hamburger Kunstsammlungen* 25 (1980) S. 51–80; Kemp, M., *Leonardo da Vinci,* London 1981; Brizio, A. M. [u. a.] (Hrsg.), *Leonardo, der Künstler,* dt. Stuttgart/Zürich 1981; Zammatico, C. [u. a.] (Hrsg.), *Leonardo, der Forscher,* dt. Stuttgart/Zürich 1981; Heydenreich, H. [u. a.] (Hrsg.), *Leonardo, der Erfinder,* dt. Stuttgart/Zürich 1981; Bellone, E. (Hrsg.), *Leonardo et l'età della ragione,* Mailand 1982; Perrig, A., »Der Renaissancekünstler als Wissenschaftler«, in: *Funkkolleg Kunst,* Tübingen 1985 (Studienbegleitbrief, 10), S. 45–80; Kemp, M. / Roberts, J., *Leonardo da Vinci. Artist, Scientist, Inventor,* New Haven 1992; Chastel, A., *Leonardo da Vinci. Studi e ricerche 1952–1990*, Turin 1995. Für weitere Literatur vgl. Garin II, S. 616–620; Totok III, S. 232–244; Stor. della Filos. VII, S. 852–856.

2 Über die »Quellen« Leonardos vgl. die in der Textausg. *Scritti scelti* von A. M. Brizio, S. 655–675, gesammelten Stellen. Sie ergeben ein komplexes Bild und bestätigen nicht die einsträngigen Konstruktionen von Duhem und Cassirer. Cusanus wird nicht erwähnt, wohl aber, außer den im Text genannten: Galen, Theophrast, Roger Bacon und El Cusano medico, ein lombardischer Arzt (bei Brizio, S. 673). Dazu vgl. De Toni, W., *Contributo alla conoscenza dei manoscritti 8936 e 8937 della Bibliotheca nazionale di Madrid,* Brescia 1967 [Verwertung der Hinweise der Madrider Handschriften für das Problem der »Quellen« Leonardos].

3 Leonardo, *Scritti scelti,* S. 157.

4 Ebd., S. 70.

5 Vgl. dazu Marinoni, A., »Postilla«, in: *I rebus di Leonardo da Vinci,* Florenz 1954, S. 104 [in Auseinandersetzung mit C. Luporini, *La mente di Leonardo,* Florenz 1953, der eine materialistische Deutung vorschlug.

6 *Scritti scelti,* S. 98.

7 Ebd., S. 60.

Abschnitt 58

1 Die Werke Machiavellis zitiere ich nach: *Tutte le opere,* ed. M. Martinelli, Florenz 1971. Zu beachten ist die Neuausg. von *De principibus* durch G. Inglese, Rom 1994. Bequem ist die Tb.-Ausg. bei Feltrinelli in Mailand, z. B. die *Lettere*, ed. F. Gaeta, Mailand 1961. Deutsche Übersetzung der *Gesammelten Schriften,*

hrsg. von H. Floerke, 5 Bde., München 1925. Zur Biographie: Ridolfi, R., *Vita di N. Machiavelli,* Florenz [7]1978. Über das Denken Machiavellis: Dilthey, W., *Weltanschauung und Analyse des Menschen seit Renaissance und Reformation,* in: W. D., *Gesammelte Schriften,* Bd. 2, Leipzig/Berlin 1923, S. 24–35; Chabod, F., *Scritti su Machiavelli,* Turin 1964; Strauß, L., *Thoughts on Machiavelli,* Seattle/London 1958, Nachdr. 1969; Sasso, G., *N. Machiavelli. Geschichte seines politischen Denkens,* dt. Stuttgart 1965 [Erweiterung des 1958 erschienenen italienischen Buches, bes. wertvoll]; Garin, E., »Aspetti del pensiero di Machiavelli«, in: E. G., *Dal Rinascimento il Illuminismo. Studi e ricerche,* Pisa 1970, S. 43–77; Sternberger, D., *Machiavellis »Principe« und der Begriff des Politischen,* Wiesbaden 1974; Pöggeler, O., »Machiavelli und Hegel«, in: *Philosophische Elemente in der Tradition des politischen Denkens. J. Derbolav zum 65. Geburtstag,* hrsg. von E. Heintel, Wien 1979, S. 173–198; Namer, G., *Machiavel ou les origines de la sociologie de la connaissance,* Paris 1979; Guillemain, B., *Machiavel. L'anthropologie politique,* Paris 1980; Begert, R., *Elemente einer politischen Ökonomie im Werk Machiavellis,* Bern/Stuttgart 1983; Münkler, H., *Machiavelli. Die Begründung des politischen Denkens der Neuzeit aus der Krise der Republik Florenz,* Frankfurt a. M. 1984 [dort Literatur]; Sasso, G., *Machiavelli e gli antichi e altri saggi,* 3 Bde., Mailand/Neapel 1987–1988; Garin, E., *Machiavelli fra politica e storia,* Turin 1993; Sasso, G., *N. Machiavelli,* 2 Bde., Bologna 1993; Procacci, G., *Machiavelli nella cultura europea dell'età moderna,* Rom 1995. Zur weiteren Literatur vgl. Bertelli, S. / Innocenti, P., *Bibliografia Machiavelliana,* Verona 1979; Totok III, S. 122–148; Stor. della Filos. VII, S. 829–832; Ruffo-Fiore, S., *N. Machiavelli. An Annotated Bibliography,* New York 1990.

2 Fichte, J. G., »Über Machiavelli«, in: *Fichtes Werke,* hrsg. von I. H. Fichte, Bd. 11: *Vermischte Schriften aus dem Nachlaß,* Bonn 1835, Nachdr. Berlin 1971, dort Bd. 11, S. 401 ff.

3 Freyer, H., »Machiavelli und die Lehre vom Handeln«, in: *Zeitschrift für deutsche Kulturphilosophie* 4 (1938) S. 137.

4 Ebd., S. 137.

5 Dilthey, W., *Weltanschauung und Analyse des Menschen seit Renaissance und Reformation,* in: W. D., *Gesammelte Schriften,* Bd. 2, bes. S. 29.

6 Machiavelli, *Il principe* c. 25,1 Martelli 295.

7 *Il principe*, bei Martelli, S. 1130; in der Tb.-Ausg. der *Lettere*, ed. Gaeta, S. 237.

8 Ebd., Martelli 1131; Gaeta 239.

9 *Istorie Fiorentine* III 13 Martelli 701.

10 Luthers Werke werden zitiert nach der kritischen Werkausgabe, Weimar 1883 ff. [WA]. – Die neueste, immer beachtenswerte, aber einschätzungsbedürftige Deutung durch die evangelische Theologie bei Oberman, H. A., *Werden und Wertung der Reformation. Vom Wegestreit zum Glaubenskampf*, Tübingen 1977; Lohse, B., *M. Luther. Eine Einführung in sein Denken und sein Werk*, München 1981; Oberman, H. A., *Luther. Mensch zwischen Gott und Teufel*, Berlin 1982; Löwenich, W. v., *Martin Luther. Der Mann und das Werk*, München 1982; ders., *Probleme der Luther-Forschung und der Luther-Interpretation*, München 1984. Von der älteren Literatur bleiben erwähnenswert: Harnack, Th., *Luthers Theologie mit besonderer Beziehung auf seine Versöhnungs- und Erlösungslehre*, 2 Bde., Erlangen 1862–1886; Denifle, H., *Luther und Luthertum*, 2 Bde., Mainz 1904–1909; Boehmer, H., *Luther im Lichte der neueren Forschung*, Leipzig/Berlin [5]1918; Holl, K., *Gesammelte Aufsätze zur Kirchengeschichte*, Bd. 1, Tübingen [7]1949; Vignaux, P., *Luther. Commentateur des sentences*, Paris 1935; ders., *De S. Anselme à Luther*, Paris 1976. Wertvoll für eine neue Betrachtung ist Cantimori, D., *Umanesimo e religione nel Rinascimento*, Turin 1975. Vgl. Brendler, G., *Luther. Theologie und Revolution. Eine marxistische Darstellung*, Köln 1983; Wendelborn, G., *Luther. Leben und reformatorisches Werk*, Wien/Köln 1983; Ebeling, G., *Lutherstudien*, 3 Tle., Tübingen 1971–89; Andreatta, C., »Lutero contro Aristotele. Le tesi e le prove filosofiche della disputa di Heidelberg«, in: *Studia Patavina* 37 (1990) S. 27–62; Lohse, B., *Luthers Theologie in ihrer historischen Entwicklung und ihrem systemischen Zusammenhang*, Göttingen 1995; Greschat, M. / Lottes, G., *Luther in seiner Zeit*, Stuttgart 1997. Die Neuerscheinungen verzeichnet das Luther-Jahrbuch. Doch vgl. zur Bibliographie auch: Wolf, H., *Germanistische Lutherbibliographie*, Heidelberg 1985; Moda, A., *Martin Lutero. Un decennio di studi* (1975/76 – 1986/87), Bari 1989.

11 Deutschen Lesern muß ich an dieser Stelle Michael Servet vorstellen: In Spanien (Villanueva) geboren, wurde er Sekretär des Erasmus. Er erlernte dessen philologische Kunst, aber ver-

schmähte dessen Diplomatie. Etwa 20jährig veröffentlichte er 1531 ein Buch *Über die Irrtümer der Trinitätslehre (De trinitatis erroribus),* Hagenau 1531, in dem er mit überlegener Textkenntnis und sicherer Methode nachwies, daß die seit Augustin festgesetzte Trinitätslehre dem Neuen Testament fremd war. Servet mußte vor der Inquisition nach Frankreich fliehen, studierte Medizin und entdeckte den kleinen Blutkreislauf. Wiederum auf der Flucht vor der Inquisition, wurde er auf der Durchreise in Genf verhaftet, unter Calvin zum Tode verurteilt und verbrannt (1556).

12 Luther, *Von den Juden und ihren Lügen,* WA 53,523.

13 Ders., *Vom Abendmahl Christi. Bekenntnis,* WA 26,442, Z. 38.

14 Machiavelli, *Tutte le opere* 13–16 Martelli.

15 Luther, *Wider die räuberischen und mörderischen Rotten der Bauern,* WA 18,358.

16 Text bei Junghans, H., »Die *probationes* zu den philosophischen Thesen der *Heidelberger Disputation* Luthers im Jahre 1518«, in: *Luther-Jahrbuch* 46 (1979) S. 34, Z. 22–25.

17 *Conclusio nona,* in: Ebd., S. 58, Z. 365.

18 Text ebd.; *Decima Conclusio,* in: Ebd., S. 58, Z. 373.

19 Luther, *An den christlichen Adel deutscher Nation,* WA 6,458. Vgl. auch S. 457 ganz.

20 Text bei Junghans, S. 458, Z. 16.

21 Die Schrift des Erasmus ist bequem zugänglich in: Erasmus von Rotterdam, *Ausgewählte Schriften,* hrsg. von W. Welzig, Bd. 4, Darmstadt 1969, S. 1–195. Luthers Gegenschrift in der Weimarer Ausgabe, Bd. 18, S. 600–787. – Die in Deutschland ohnehin verbreitete Tendenz, die kraftprotzende Rhetorik und den bildhaften Antropomorphismus Luthers der vornehmen Reserviertheit des Erasmus vorzuziehen, kulminiert in Bd. 2, von Kohls, E.-W., *Luther oder Erasmus,* Basel 1978. Auch die neueste Literatur verläßt die Grenzen des dogmatischen Denkens nur zum Schein: Chantraine, G., *Erasme et Luther, libre et serf arbitre. Etude historique et théologique,* Paris 1981, enthält außer etlichem Material und neukatholischen Glaubensbekenntnissen (des Typus: »Das Sein ist Geschenk«) immerhin die Einsicht, es sei Luther nicht gelungen, uns zu erklären, was »Wille« bedeutet, wenn er nicht freier Wille sei. Dagegen schlägt sich Bader, G., *Assertio. Drei fortlaufende Lektüren zu Skepsis, Narrheit und Sünde bei Erasmus und Luther,* Tübingen 1985, zuletzt, nach

geistreichen Exkursen, assertorisch auf die Seite Luthers. Methodisch bedenklich, nicht nur wegen des Desinteresses an der neueren Literatur. Durch methodische Sorgfalt und Besonnenheit im Urteil überragt das Werk von M. O'Bourke Boyle, *Rhetoric and Reform. Erasmus' Civil Dispute with Luther,* Cambridge (Mass.) 1983, alles bisher Genannte. Doch vgl. Kerlen, D., *Assertio. Die Entwicklung von Luthers theologischem Anspruch und der Streit mit Erasmus von Rotterdam,* Wiesbaden 1976; Behnk, W., *Contra liberum arbitrium pro Gratia Dei: Willenslehre und Christus-Zeugnis bei Luther und ihre Interpretation durch neuere Lutherforschung,* Frankfurt a. M. / Bern 1982; Margolin, J. C., *Cinq années de bibliographie érasmienne,* 1971–1975, Paris 1997.

22 Erasmus von Rotterdam IV 16, *Ausgewählte Schriften* 4,186–188.

23 Ebd. IV 7, *Ausgewählte Schriften* 4,168–170.

24 Ebd. IV 16, *Ausgewählte Schriften* 4,190.

25 Ebd. IV 11, *Ausgewählte Schriften* 4,176.

26 Ebd. IV 14, *Ausgewählte Schriften* 4,182.

27 Luther, *Wider die himmlischen Propheten,* WA 18,164, Z. 25–27.

Zeittafel

	Politik, Wirtschafts- und Sozialgeschichte	*Philosophie, Kunst- und Kulturgeschichte*
300		
	Konstantin d. Gr. (308–337)	
	Schlacht an der Milvischen Brücke (312)	
	Edikt von Mailand (313)	
		Arianischer Streit (318–381)
	Konzil von Nicäa (325); Verurteilung des Arius	
	Verbot der Opfer (341)	
	Schließung der Tempel durch Konstantin (346)	
350		
		Augustin (* 354)
	Julian Apostata (360–363)	
	Konzil von Konstantinopel (381)	
		»Bekehrung« Augustins (386)
	Todesstrafe für Ehen zwischen Juden und Christen (388)	
	Letzte Olympische Spiele der Antike (394)	
	Reichsteilung: West- und Ostrom (Byzanz) (395); das Christentum als staatsbeherrschende Macht (395)	
		Augustin, *Bekenntnisse* (396); Augustins Gnadenlehre (397ff.)

	Politik, Wirtschafts- und Sozialgeschichte	*Philosophie, Kunst- und Kulturgeschichte*
400	Verwüstung Galliens durch die Vandalen (um 400)	
		Beendigung der lat. Bibelübersetzung *Vulgata* (406)
	Einbruch der Vandalen in Spanien und Nordafrika (408–447)	
	Verwüstung Roms durch Alarich (410)	
		Pelagianischer Streit (411–431)
		Augustin, *Gottesstaat* (413–426)
		Augustin († 430)
		Nestorianischer Streit (430)
		Martianus Capella († 429 oder nach 470)
	Konzil von Ephesus: Verurteilung der Nestorianer (431)	
	Attila König der Hunnen (434–454)	
450		
	Schlacht bei den Katalaunischen Feldern (451)	
	Plünderung Roms durch die Vandalen (455)	
	Absetzung des letzten weströmischen Kaisers (476)	
		Proklos († 485)
	Theoderich d. Gr. (493–526)	
	Taufe Chlodwigs in Reims (496)	

	Politik, Wirtschafts- und Sozialgeschichte	*Philosophie, Kunst- und Kulturgeschichte*
500	Germanenstaat auf römischem Boden unter formeller Anerkennung der Oberherrschaft Ostroms: »Nachsommer« der Spätantike	Dionysius Areopagita (um 500)
		Benedikt von Nursia verfaßt seine Regel (520)
		Prozeß gegen Boethius und Symachus
		Boethius († 524)
	Justinian Herrscher in Ostrom (527–565): Wiedereroberung von Teilen des Westreichs; Kodifizierung des Römischen Rechts	
		Justinian schließt die Schule von Athen (529)
		Erstes Goldenes Zeitalter der byzantinischen Kunst (Hagia Sophia)
		Monte Cassino gegr. (530)
		Cassiodor in Vivarium (nach 540–583)
550		
	Byzanz erobert Südspanien (554)	
	Lombarden erobern Italien (568)	
		Mohamed (* 570)
	Bevölkerungsabnahme (Pest, Hungersnöte)	
	Fall von Córdoba (584)	Im Westen Zusammenbruch antiker Lebensformen

	Politik, Wirtschafts- und Sozialgeschichte	*Philosophie, Kunst- und Kulturgeschichte*
550		
	Die Westgoten nehmen das Christentum an (589)	
		Gregor von Tours, *Geschichte der Franken* (594)
600		
		Gregor d. Gr. († 604)
		Mohammed († 632)
	Syrien und Persien von Arabern erobert (634–643)	
		Isidor von Sevilla († 636)
650	Nordafrika von den Arabern erobert; Teilung des Frankenreiches in Austrasien und Neustrien (um 650)	
	Zerstörung Karthagos durch die Araber (698)	
700		
	Übergang der Araber nach Spanien (711)	
	Beginn der Mission des Bonifatius (718)	
	Karl Martell vereinigt die Alemannen und das Frankenreich (730)	
		Bilderstreit in Byzanz (730–786)

	Politik, Wirtschafts- und Sozialgeschichte	*Philosophie, Kunst- und Kulturgeschichte*
700		
	Vordringen der Araber im Westen beendet: Schlacht bei Tours und Poitiers; Bonifatius in Thüringen und Hessen (732)	
		Beda Venerabilis († 735)
	Kämpfe gegen die Araber in Südfrankreich (737–739)	
	Fälschung der »Konstantinischen Schenkung« (um 740)	
		Fulda gegr.; Fulda I, Saalkirche beg. (744)
		Bonifatius († 754)
750		St-Denis, 2. Kirche beg. (750); Araber übersetzen griech. Klassiker der Philosophie und Naturwissenschaft (Bagdad, etwa 750–900)
	Absetzung des letzten Merowingers; Krönung Pippins in Soissons (751/752)	
	Das Papsttum schließt sich dem Frankenreich an (751)	
	Gründung des Kalifats von Córdoba (755–1031)	Bau der Moschee von Córdoba (vollendet 990)
	Begründung des Kirchenstaates (756)	
		Lorsch gegr. (764)

	Politik, Wirtschafts- und Sozialgeschichte	*Philosophie, Kunst- und Kulturgeschichte*
750		
	Karl d. Gr. (768–814)	
		Rom, S. Maria in Cosmedin erweitert (772–780)
	Sachsenkriege (775–780)	
	Taufe Widukinds (785)	
	Kalif Harun al-Rashid (786–809)	
		Aachen: Pfalzkapelle beg. (nach 786)
		Wiederherstellung der Bilderverehrung durch die oströmische Kaiserin Irene (787)
	Absetzung Tassilos von Bayern (788)	
		Fulda II beg. (791)
		Germigny-des-Prés (799–818)
800	Kaiserkrönung Karls (800)	
	Letzter Feldzug gegen die Sachsen (804)	Alkuin († 804)
		Hildebrandslied (810/820)
	Ludwig der Fromme (814–840)	
		Seligenstadt (828–840)
	Wikingerangriffe auf Britannien (um 830)	
	Palermo von den Arabern erobert (831)	
		St-Denis, Außenkrypta (832)

	Politik, Wirtschafts- und Sozialgeschichte	*Philosophie, Kunst- und Kulturgeschichte*
800		
	Normannische Plünderungen im Loiregebiet (834)	
	Karl der Kahle (840–877)	
	Vertrag von Verdun: Teilung des Karolingerreichs (843)	
	Plünderung der Apostelgräber durch die Sarazenen (846)	
	Alfred d. Gr. (848–900)	
		Gottschalk verurteilt (849)
850	Normanneneinfälle (um 850)	Johannes Eriugena lehrt an der Hofschule Karls des Kahlen (um 850)
		Päpstlicher Primat von Papst Nikolaus I. (858–867) forciert
	Wikinger in England (865)	
	Schisma zwischen griech. und lat. Kirche (Patriarch Photius, 867)	
	Norweger auf Irland (870)	Köln. Domweihe (870)
		Corvey, Westwerk (873–885)
		Al-Kindi († 873)
		Johannes Eriugena († 877)
	Syrakus von den Arabern erobert (878)	
		Reichenau: Oberzell, Langhaus (um 890)

	Politik, Wirtschafts- und Sozialgeschichte	*Philosophie, Kunst- und Kulturgeschichte*
900		
	Sizilien arabisch (902)	
		Benediktinerabtei Cluny gegr. (910)
	Otto I. deutscher König (936–973)	
950		Al-Farabi († 950)
	Ungarn auf dem Lechfeld, Slawen an der Recknitz geschlagen (955)	
	Kaiserkrönung Ottos I. in Rom (962): Ende der arabischen, ungarischen und wikingischen Invasionen	
		Luitprand von Cremona in Ostrom (969)
		Hochschule in Córdoba gegr. (970)
		»Ottonisches Kirchensystem«, Wiederanknüpfung an karolingische Antikerezeption
		Erzbischof Willigis beginnt Dombau in Mainz (975)
	Otto III. Kaiser (983–1002)	
		»Gottes-Frieden«-Bewegung
	Hugo Capet König von Frankreich (987–996)	

	Politik, Wirtschafts- und Sozialgeschichte	*Philosophie, Kunst- und Kulturgeschichte*
1000		
		Gerbert von Reims (von Aurillac) = Sylvester II. († 1003)
		Fulbert Bischof von Chartres (1007–28)
	Seesieg von Genua und Pisa über die Sarazenen (1016)	
		Notker von St. Gallen († 1022)
		Mont-St-Michel beg. (1023)
		Speyer I (1030–61)
	Vereinigung des Königreichs Burgund mit dem Reich (1034)	
		Avicenna († 1037)
	Heinrich III. Kaiser (1039–56)	
	Synode zu Sutri und Rom: Absetzung aller drei Päpste (1046)	
		Reims, St-Rémi vollendet; Poitiers, St-Hilaire I gew.; Köln, St. Maria im Kapital 1. Weihe (alle 1049)
1050		Ibn Gabirol († um 1050); Klosterreformbewegung
	Endgültiges Schisma zwischen Rom und Byzanz (1054)	

	Politik, Wirtschafts- und Sozialgeschichte	*Philosophie, Kunst- und Kulturgeschichte*
1050		
	Wirtschaftlicher Aufschwung (seit der 2. Hälfte des 11. Jh.s), Rodungen, Städte und Geldwirtschaft; nach einer »Agrarrevolution«: Dreifelderwirtschaft, Eisenpflug, Kummet	
	Robert Guiskard: Eroberung Siziliens und Süditaliens durch die Normannen (1056–85)	
	Heinrich IV. Kaiser (1056–1106)	
	Papstwahldekret; die Normannen nehmen ihre Staaten vom Papst zu Lehen (1059)	Berengar verurteilt (1059, 1079); Hirsau, St. Aurelius beg. (1059)
		Como, S. Abbondio beg. (1063?); Venedig, S. Marco beg. (1063)
	Wilhelm, Herzog der Normandie, besiegt König Harald von England bei Hastings (1066)	
	Bürgeraufstand in Worms und Köln (1073–74)	
		Gregor VII. formuliert seine Grundsätze im *Dictatus Papae* (1075); Florenz, S. Miniato beg. (um 1075)

	Politik, Wirtschafts- und Sozialgeschichte	*Philosophie, Kunst- und Kulturgeschichte*
1050		
	Reichstag und Synode in Worms; Versuch, Gregor VII. abzusetzen; Kirchenbann gegen Heinrich IV.; Fürstentag in Tribur: Fürsten auf seiten des Papstes (1076)	Investiturstreit (1076–1122)
	Heinrich in Canossa (1077), Lösung vom Bann	Teppich von Bayeux (1077)
		Anselm von Canterbury, *Monologion, Proslogion* (um 1080); Speyer II (um 1080–1160)
		Mainz, Ostchor und Mittelschiff (1081 – um 1130)
	Anlage des Domesday-Book (1086)	
		Berengar von Tours († 1088)
		Maria Laach beg. (1093)
	Papst Urban II. leitet den 1. Kreuzzug (1096–99)	
		Modena beg. (1099)
1100	Regelmäßige Märkte in der Champagne von überregionaler Bedeutung (um 1100)	Entwicklung der Rechtshochschule von Bologna (bes. ab etwa 1100)
	Reichstag zu Mainz, Reichslandfriede (1103)	
		Speyer II und Modena, Krypta (1106)
		Anselm von Canterbury († 1109); Cluny III (1109–23)

	Politik, Wirtschafts- und Sozialgeschichte	*Philosophie, Kunst- und Kulturgeschichte*
1100		Al-Gazali († 1111)
		Autun (1120–32)
		Gratian ordnet das kirchliche Recht (um 1120–40)
	Wormser Konkordat, Kompromiß im Investiturstreit (1122)	
		Verona, S. Zeno und S. Lorenzo; Parma, Dom beg. (alle 1125)
		Synode von Sens: Abaelard verurteilt (1140)
		Hugo von St-Victor († 1141); Abt Petrus Venerabilis regt erste lat. Übersetzung des Koran an (1141), ausgeführt von Hermann von Carinthia, der auch Ptolomaeus übersetzt
		Jacobus Veneticus übersetzt die *Physik* des Aristoteles (um 1140)
		Petrus Abaelard († 1142)
		Adelard von Bath († 1142)
	Ausrufung der Republik in Rom unter Arnold von Brescia (1143)	
	Wendenkreuzzug (1147)	
1150		Florenz, Baptisterium (1150–80); Wilhelm von Conches († nach 1150)
	Friedrich I. Barbarossa, Kaiser (1152–90)	

	Politik, Wirtschafts- und Sozialgeschichte	*Philosophie, Kunst- und Kulturgeschichte*
1150		Bernhard von Clairvaux († 1153)
	Haus Anjou-Plantagenet in England (1154)	Gilbert von Poitiers († 1154)
		Thierry von Chartres († um 1155)
	Österreich Herzogtum (1156)	
		Bernardus Silvestris († um 1159)
		Petrus Lombardus († 1160)
		Pisa, Baptisterium (1163); Paris, Chor (1163–82)
		Rolandslied (um 1170); Laon (1170–90)
		Bourges (1172–1218)
		Canterbury, Neubau (1175)
	Friedrich I. bei Legnano von Mailand geschlagen (1176)	Straßburg, Neubau beg. (1176)
	Friede von Venedig (1177)	
		Maulbronn gew. (1178)
		Johannes von Salisbury († 1180)
		Soissons (1180–1200)
		Dominicus Gundissalinus († 1181)
		Eberbach vollendet (1186)
		Gerhard von Cremona († 1187)
		Köln, St. Aposteln (1192–1219)
		Mainz, Westbau (1197–1239)
		Averroes († 1198)

	Politik, Wirtschafts- und Sozialgeschichte	*Philosophie, Kunst- und Kulturgeschichte*
1200		*Carmina Burana*; Padua, Palazzo della Ragione (beides um 1200)
		Joachim von Fiore († 1202)
	Kreuzfahrer erobern Konstantinopel (1204)	Moses Maimonides († 1204)
		Florenz, S. Miniato vollendet (um 1207)
	Albigenser-Kriege (1209–29)	Erste franziskanische Gemeinschaft (1209)
	Friedrich II. Kaiser (1212–50)	
	Schlacht von Bouvines (1214)	
	4. Lateran-Konzil; Magna Charta Libertatum (1215)	
	Bestätigung der Dominikaner (1216)	
		Le Mans: Chor (1217–21)
		Köln, St. Gereon (1218)
		Franz von Assisi († 1219)
		Amiens, Westfassade, Langhaus (1220–26)
		Maulbronn, Kreuzgang (1220–30)
		Michael Scotus übersetzt Averroes (1220–30)
		Burgos beg. (1221)
	Bestätigung der Franziskaner (1223)	
		Universität Neapel gegr. (1224)

	Politik, Wirtschafts- und Sozialgeschichte	*Philosophie, Kunst- und Kulturgeschichte*
1200		
	Geistliche Fürsten erhalten landesherrliche Rechte (1226); Ludwig der Heilige von Frankreich (1226–70)	
		Assisi, S. Francesco (1228–60)
		Chartres, Abschluß (1230–60)
	Weltliche Fürsten erhalten landesherrliche Rechte (1231)	
	Inquisition den Dominikanern übertragen (1232/33)	
		Limburg a. d. Lahn gew. (1235); Magdeburg, Langhaus und Querschiff (1235–53)
		Florenz, Sta. Maria Novella beg. (1238)
	2. Kirchenbann Friedrichs II. (1239)	
	Schlacht bei Liegnitz, Abwehr der Mongolen (1241)	
		Paris, Ste-Chapelle (1243–48); Trier, Liebfrauenkirche (1243–53)
		London, Westminster: Chor (1245–60)
		Venedig, SS. Giovanni e Paolo beg. (1246)
		Köln, Dom beg. (1248)
		Generalstudium in Köln gegr. (1248)

	Politik, Wirtschafts- und Sozialgeschichte	*Philosophie, Kunst- und Kulturgeschichte*
1250		Troyes beg. (1250); Siena, S. Francesco (1250–1326)
	Erste Goldwährung in Florenz (1252)	
		Robert Grosseteste († 1253)
		Reims, St-Rémi: Fassade (1255–90)
	Interregnum in Deutschland (1256–73)	
		Siena, Dom: Langhaus (1259)
		Roger Bacon, *Opus maius* (1266)
	Hinrichtung des letzten Staufers Konradin (1268)	
		Erste Philosophenverurteilung in Paris (1270)
	Marco Polo in China (1271–75)	
	Rudolf von Habsburg deutscher König (1273–91)	
	2. Konzil von Lyon; Union mit Ostkirche (1274)	Thomas von Aquino, Bonaventura (beide † 1274)
		Verurteilung der 219 Thesen durch den Bischof von Paris (1277)
		Albert d. Gr. »von Köln« († 1280)
	Sizilianische Vesper, Karl von Anjou (1282)	
		Boethius von Dacien († 1284)
	Philipp der Schöne von Frankreich (1285–1314)	

	Politik, Wirtschafts- und Sozialgeschichte	*Philosophie, Kunst- und Kulturgeschichte*
1250		Siger von Brabant († 1286)
		Roger Bacon († 1292)
	Krieg zwischen Frankreich und England (1294–97); Bonifatius VIII. Papst (1294–1303)	
		Petrus Johannis Olivi († 1298)
1300	Bulle »Unam Sanctam«; Konflikt des Papstes mit dem König von Frankreich; 1. Berufung der Generalstände (1302)	
		Giotto malt die Scrovegni-Kapelle in Padua aus (1304–06); Wien, Chor (1304–40)
		Amsterdam, Oude Kerk gew. (1306)
	Prozeß gegen die Templer in Frankreich (1307–12)	
		Duns Scotus († 1308)
	Päpste in Avignon (1309–77)	Venedig, Dogenpalast (1309–1404)
		Margareta Poreta hingerichtet (1310)
	Italienzug Heinrichs VII. (1311–13)	
	Konzil von Vienne (1312)	
		Soest, Wiesenkirche beg. (1313)

	Politik, Wirtschafts- und Sozialgeschichte	*Philosophie, Kunst- und Kulturgeschichte*
1300		
	Ludwig der Bayer Kaiser (1314–46)	
	Große Hungersnot (1315–17)	
		Raimundus Lullus († 1316)
		Simone Martini und Pietro Lorenzetti: Maler in Siena (um 1320); Dietrich von Freiberg († um 1320); Franciscus de Marchia († 1320)
		Soest, Wiesenkirche: Chor (um 1320)
		Dante († 1321)
		Köln, Dom: Chor (1322)
		Marsilius von Padua, *Defensor Pacis* (1324)
	Italienfeldzug Ludwigs des Bayern (1327–30)	
		Meister Eckhart († um 1328)
		Florenz, Campanile beg. (1334); Avignon, Papstpalast (1334–42)
	Hundertjähriger Krieg zwischen England und Frankreich (1337–1453)	
		Petrarca in Rom zum *poeta laureatus* gekrönt (1341)
		Marsilius von Padua († 1342/43)
		Prag, Kathedrale beg. (1344)
	Karl IV. Kaiser (1346–78)	

	Politik, Wirtschafts- und Sozialgeschichte	*Philosophie, Kunst- und Kulturgeschichte*
1300		
	Versuch der Errichtung einer Republik in Rom durch Cola di Rienzo (1347)	
	Die Große Pest (1348–49)	Universität Prag gegr. (1348)
		Thomas Bradwardine († 1349); Wilhelm von Ockham († um 1349)
1350		Nicolaus von Autrecourt († nach 1350)
	Goldene Bulle (1356)	
	Bauernaufstand in Frankreich (1357/58)	
		Gregor von Rimini († 1358)
		Buridanus († um 1360)
		Berthold von Moosburg († 1361); Lehrstuhl für Griechisch in Florenz
		Paris, Louvre (1362–80)
	König Karl V. von Frankreich (1364–80)	
		Universität Wien gegr. (1365)
		Paris, Bastille (1370–82)
		Löwen, Kathedrale beg. (1373)
		Petrarca († 1374)
		Boccaccio († 1375)
		Brügge, Rathaus (1376–87)
		Guillaume de Machaut († 1377)

	Politik, Wirtschafts- und Sozialgeschichte	*Philosophie, Kunst- und Kulturgeschichte*
1350		
	Aufstand der Ciompi in Florenz; Schisma: ein Papst in Rom – ein Papst in Avignon (1378)	
	Bauernaufstand in England (1381)	
		Nicolaus Oresme († 1382)
		John Wyclif († 1384)
	Eidgenossen besiegen die Habsburger bei Sempach (1386)	Universität Heidelberg gegr. (1386)
		Mailand, Dom beg. (1387)
		Albert von Sachsen († 1390)
		Ulm, Turm und Langhaus beg. (1392)
	Visconti Herzöge in Mailand (1395)	
		Chrysoloras (ab 1397)
		Straßburg, Münsterturm (1399–1439)
1400	Ruprecht von der Pfalz deutscher König (1400–10)	
		Brüssel, Rathaus beg. (1402)
		Ghiberti, Portal am Baptisterium in Florenz (1403)
	Ausbreitung der Macht Venedigs (seit 1404)	
		Coluccio Salutati († 1406)
		Donatello, »David« (1408)
	Konzil von Pisa (1409)	Universität Leipzig gegr. (1409)

	Politik, Wirtschafts- und Sozialgeschichte	*Philosophie, Kunst- und Kulturgeschichte*
1400		
	Konzil von Konstanz (1414–18)	
	Schisma beendet; Hus verbrannt (1415)	Frankfurt a. M., Domturm beg. (1415)
		Biagio Pelacani da Parma († 1416)
	Hussitenkriege (1419–36)	
		Pierre d'Ailly († 1420)
		Venedig, Cà d'Oro (1421–34)
	Türken belagern Konstantinopel (1422)	Florenz, Masaccio-Fresken (seit 1422); S. Lorenzo beg. (1422)
		Jean Gerson († 1429)
	Hinrichtung der Jeanne d'Arc (1431); Konzil von Basel (1431–49)	
	Medici in Florenz (1434)	
		Florenz, S. Spirito beg. (1436)
	Pragmatische Sanktion von Bourges (1438); Unionsverhandlung mit der griech.-orth. Kirche (1438–39)	
	Konzil von Florenz (1439)	Plethon in Florenz (1439)
	Friedrich III. Kaiser (1440–93)	
		Jan van Eyck († 1441)
	Schlacht von Varna (1444)	Leonardo Bruni († 1444)
		Brunelleschi († 1446)

	Politik, Wirtschafts- und Sozialgeschichte	*Philosophie, Kunst- und Kulturgeschichte*
1400		
	Nikolaus V. Papst (1447–55); Vatikanische Bibliothek gegr.	Löwen, Rathaus (1447–63)
	Wiener Konkordat (1448)	
		Brüssel, Rathausturm beg. (1449)
1450		Erfindung des Buchdrucks (um 1450)
	Ende des Hundertjährigen Krieges zwischen England und Frankreich; Türken erobern Konstantinopel (1453)	
	Bürgerkrieg der Roten und Weißen Rose (1455–85)	Fra Angelico († 1455)
		Lorenzo Valla († 1457)
		Giannozzo Manetti († 1459)
		Nikolaus von Kues († 1464)
		Donatello († 1466)
	Lorenzo I. Medici in Florenz (1469–92)	
		Bessarion († 1472)
		Leon Battista Alberti († 1472)
		Paolo Uccello († 1475)
		Botticelli, »Primavera« (1477)
	Wiederaufnahme der Kämpfe gegen die Mauren (1481)	
	Portugiesen erreichen die Kongomündung (1482)	

	Politik, Wirtschafts- und Sozialgeschichte	*Philosophie, Kunst- und Kulturgeschichte*
1450		
	Torquemada Großinquisitor in Kastilien (1483); Karl VIII. von Frankreich (1483–98)	
	Maximilian deutscher König (1486)	
	Portugiesen umfahren das Kap der Guten Hoffnung (1487)	
	Schwäbischer Bund (1488)	
	Eroberung von Granada; Entdeckung Amerikas (1492)	Piero della Francesca († 1492)
	Vertreibung der Medici aus Florenz (1494); französische Feldzüge nach Italien (seit 1494)	Pico della Mirandola († 1494)
	Reichstag zu Worms: Reform der Reichsverfassung (1495)	
		Leonardo, »Abendmahl« (1497)
	Herrschaft Savonarolas in Florenz (1498)	Savonarola hingerichtet (1498)
		Marsilio Ficino († 1499)
1500		
	Julius II. Papst (1503–15)	Rom, Neubau der Peterskirche (1503–13)
	Neapel und Sizilien zu Spanien (1504–1713)	
	Heinrich VIII. von England (1509–47)	Calvin (* 1509)

	Politik, Wirtschafts- und Sozialgeschichte	*Philosophie, Kunst- und Kulturgeschichte*
1500	Heilige Liga des Papstes gegen Frankreich (1511)	Erasmus, *Lob der Torheit* (1511)
	Wiedereinsetzung der Medici in Florenz (1512); 5. Lateran-Konzil (1512–17)	Matthias Grünewald »Isenheimer Altar« beg. (um 1512)
	Durchquerung der Landenge von Panama (1513)	Machiavelli, *Il Principe* (1513)
	Eroberung Mailands durch Frankreich, Sieg von Marignano (1515)	
		Thomas Morus, *Utopia* (1516)
		Luther, Anschlag der 95 Thesen (1517)
	König Karl von Kastilien und Aragonien als Karl V. Kaiser (1519–56); Erste Erdumsegelung durch Magalhães (1519–22)	Leonardo da Vinci († 1519)
	Wormser Edikt, Reichsacht gegen Luther (1521); 1. Krieg Frankreichs gegen Karl V. (1521–26)	
	Bauernkrieg (1524–25)	
	2. Krieg Frankreichs gegen Karl V. (1526–29); Vertreibung der Medici aus Florenz	
	Karl V. erobert Rom (1527)	Machiavelli († 1527)

	Politik, Wirtschafts- und Sozialgeschichte	*Philosophie, Kunst- und Kulturgeschichte*
1500	2. Reichstag in Speyer: Die evangelischen Reichsstände »protestieren«; 1. türkische Belagerung Wiens (1529)	
	Wiedereinsetzung der Medici in Florenz (1530)	Augsburgische Konfession; Collège de France gegr. (1530)
	Schmalkaldischer Bund (1531); Pizarro erobert Peru (1531–34)	Zwingli († 1531)
	Nürnberger Religionsfriede (1532)	
	Ignatius von Loyola gründet den Jesuitenorden; Suprematsakte: Der König ist Oberhaupt der englischen Kirche (1534)	Luther, erste vollständige Bibelübersetzung (1534); Wiedertäufer (1534–35)
	Calvin reformiert Genf (1536)	Erasmus († 1536)
	Liga katholischer Reichsstände (1538)	
		Kopernikus († 1543)
	Konzil zu Trient (1545–63)	
		Luther († 1546)
1550		
		Servet hingerichtet (1556)

Nachbemerkung

Daß das philosophische Denken eine Geschichte hat, wird kaum jemand bestreiten, und ist doch schwer zu denken, wenn man darunter versteht, daß es seine spezifische Art von Geschichtlichkeit hat, die weder identisch ist mit seinen realgeschichtlichen, textgeschichtlichen oder institutionsgeschichtlichen Zusammenhängen noch mit dem bloß faktischen Auftauchen bleibender Wahrheiten in einem Winkel der Geschichte.

Die Geschichtlichkeit des Denkens zwischen 400 und 1500 ist der Gegenstand dieses Buches. Es plädiert dafür, die realgeschichtlichen, textgeschichtlichen und institutionsgeschichtlichen Bedingungen des Denkens zu zeigen, ohne eine dieser Bedingungen zum *primum movens* zu erklären oder gar aus einem solchen Ersten etwas »abzuleiten«. Historiker leiten nicht ab; sie beschreiben und analysieren historisch.

Wer die Einleitung dieses Buches liest und auch nur einen Blick auf die Darstellungs*praxis* wirft, kann sich leicht überzeugen:

1. Das Buch setzt nicht einen *Primat* der praktischen Vernunft voraus; es beharrt auf der Untrennbarkeit von Wertungen und Theorien; es spekuliert nicht scholastisch über deren Rangordnung. Philosophisch beruht es auf dem Versuch, die Denkform von Prinzip und Prinzipat, von Ursprung und Abgeleitetem zu verlassen und statt dessen in Wechselwirkungen zu denken. Es impliziert in unangestrengter Form eine angestrengte Kritik klötzchenhafter Ontologien, insbesondere auch der schularistotelischen.

2. Das Buch ist aus den Quellen gearbeitet; es geht empirisch vor. Ich habe mir allerdings erlaubt, bei der Geschichtserzählung mitzudenken und festzuhalten, wenn ein Autor des Mittelalters schärfer und konsequenter als andere die eine oder andere Implikation der Traditionsmasse her-

ausgearbeitet oder Bedürfnisse seiner Jahrzehnte respektiert hat. Dies gilt besonders für Denker des 14. Jahrhunderts wie Meister Eckhart, Wilhelm von Ockham und Nicolaus von Autrecourt. Meine Bewertung ist historisch konzipiert; sie besagt nicht, ich betrachtete eine dieser Philosophien als die definitiv wahre und brächte *normativ* die Idee des Fortschritts ins Spiel. Wenn ich von *Fortschritt* spreche, dann einzig innerhalb historisch-kontingenter Prämissen und innerhalb des abgesteckten Zeitrahmens.

3. Rezensenten, die auf meine historiographische Konzeption näher eingegangen sind, haben hervorgehoben:

– Dies ist seit über fünfzig Jahren die erste Gesamtdarstellung des mittelalterlichen Denkens in deutscher Sprache.
– Sie setzt einen besonderen Schwerpunkt mit der Philosophie des 15. Jahrhunderts, also mit der sog. »Renaissance«.
– Es empfiehlt sich, das vorliegende Buch zusammen mit meiner *Einführung in die Philosophie des Mittelalters* (3. Aufl., Darmstadt 1994) zu lesen, weil diese Einführung keine Kurzfassung des größeren Buches, sondern eine Ergänzung und Vertiefung im Hinblick auf Methodenfragen bringt.
– Das Buch handelt zwar von Landwirtschaft und Handelswegen, von Kirchenorganisation und Bibliotheksbeständen, »leitet« aber philosophische Theorien nicht aus ihnen »ab«.

4. Weniger aufmerksam wurde wahrgenommen, daß ich mich zwar von der Problemgeschichte distanziere und mit vagen Formen von Vulgär-Idealismus breche, daß ich aber

– die Selbständigkeit des Denkens hervorhebe und von seiner *Rückwirkung auf die Realverhältnisse* spreche, wie dies magistral R. W. Southern im einzelnen vorführt,
– vom Verhältnis von Denkinhalt und Individualität sage, es sei *problematisch bis zur Paradoxie*,
– von der Notwendigkeit ausgehe, einen *ständigen Wechsel der Sehweise* vorzunehmen, also einen Methodenmonis-

mus verwerfe. Alle Feststellungen, ich betriebe diese oder jene partikulare Methode und diese Methode sei falsch oder richtig, berühren nicht die Konzeption meines Buches. Daß ich in der *Einleitung* von Methoden einer *Gesamtdarstellung* spreche und keine methodische Anleitung zu den verschiedenen Arten von *Einzelforschung* gebe, liegt auf der Hand.

Als Kuriosum halte ich fest: Kritiker, die mein Vorgehen als *reduktiv* rügten, haben keinen *einzigen philosophischen Gedanken* namhaft gemacht, der meiner *Reduktion* zum Opfer gefallen wäre. Ich hätte gerne von ihnen gezeigt bekommen, worauf ich zum Beispiel Boethius *reduziert* hätte. Ich nehme daher an, daß sie von Reduktion sprachen, weil sie *ihre* Philosophie in meinem Buch nicht wiederfanden. Dies lag auch nicht in meiner Absicht.

5. Ein Rezensent hat bedauert, daß ich einzelne Autoren kürzer behandelt habe als andere. Er hat gemeint, ich hätte Anselm und Thomas von Aquino marginalisiert. *Dem Manne kann geholfen werden*. Wer Ausführlicheres von mir über Anselm oder Thomas zu lesen wünscht, findet es u. a. an folgenden Stellen:

Zu Anselm von Canterbury: K. Flasch, »Der philosophische Ansatz des Anselm von Canterbury im Monologion und sein Verhältnis zum augustinischen Neuplatonismus«, in: F. S. Schmitt (Hrsg.), *Analecta Anselmiana*, Bd. 2, Frankfurt a. M. 1970, S. 1–43; ders., »Anselm von Canterbury«, in: K. Fassmann (Hrsg.), *Die Großen der Weltgeschichte*, Bd. 3, Zürich 1973, S. 294–305; ders., »Die Beurteilung des Anselmianischen Arguments bei Thomas von Aquin«, in: *Analecta Anselmiana*, Bd. 4,1, Frankfurt a. M. 1975, S. 111–125; ders., »Anselm von Canterbury«, in: O. Höffe (Hrsg.), *Klassiker der Philosophie*, München 1981, S. 177–197; ders., *Einführung in die Philosophie des Mittelalters*, Darmstadt, [3]1994, S. 50–61; ders., »Einleitung« zu: *Kann Gottes Nicht-Sein gedacht werden? Die Kontroverse* zwischen Anselm von Canterbury und Gaunilo von Marmoutier, lat./dt., hrsg. und übers. von B. Mojsisch, Mainz 1989, S. 7–48; ders., »Berengar von Tours, Rescriptum contra Lanfrancum. Die Vernunft und das Abendmahl«, in: ders., (Hrsg.), *Interpretationen. Hauptwerke der Philosophie: Mittelalter*, Stuttgart 1998, S. 108–127.

Zu Thomas von Aquino: K. F., *Geschichte der Philosophie in Text und Darstellung*, Bd. 2: *Mittelalter*, Stuttgart 1982, S. 280–328. Das Thomas-Kapitel ist eines der längsten Kapitel in diesem Buch und enthält nicht nur Texte, sondern auch deren Interpretation; ders., *Einführung in die Philosophie des Mittelalters*, Darmstadt, 1987, 3. Aufl. 1994, S. 137–139; ders., »Die Seele im Feuer. Aristotelische Seelenlehre und augustinisch-gregorianische Eschatologie bei Albert von Köln, Thomas von Aquino, Siger von Brabant und Dietrich von Freiberg«, in: M. J. F. M. Hoenen / A. de Libera (Hrsg.), *Albertus Magnus und der Albertismus. Deutsche philosophische Kultur des Mittelalters*, Leiden 1995, S. 107–132; ders., »Thomas von Aquino, De unitate intellectus contra Averroistas«, in: ders. (Hrsg.), *Interpretationen. Hauptwerke der Philosophie: Mittelalter*, Stuttgart 1998, S. 245–269.

Über alles Weitere unterrichtet das *Vorwort* zur Neubearbeitung.

K. F.

Personenregister

Es sind nur die Namen der im Text erörterten Autoren verzeichnet. Dabei sind für die Autoren des Mittelalters in der Regel die Vornamen maßgebend.

Sachregister

Über den Autor

KURT FLASCH, 1930 in Mainz geboren, in Frankfurt am Main promoviert (1956) und habilitiert (1969), war von 1970 bis zu seiner Emeritierung 1995 Ordinarius für Philosophie an der Ruhr-Universität Bochum. Er ist Mitglied der Römischen Akademie der Wissenschaften (*Accademia Nazionale dei Lincei*), der Toscanischen Akademie der Wissenschaften und der Literatur (*La Colombaria*) und der *Deutschen Akademie für Sprache und Dichtung.*

Sein Hauptarbeitsgebiet ist die Philosophie der Spätantike und des Mittelalters. Er verfaßte Monographien zu Nikolaus von Kues und zu Augustinus: *Augustin. Einführung in sein Denken* (1980, ²1994), *Logik des Schreckens* (1990), *Was ist Zeit? Das XI. Buch der Confessiones* (1993), *Augustinus* (1997). Er untersuchte die *Philosophischen Gedichte* des Tommaso Campanella (1996). Er schrieb über Meister Eckhart und Dietrich von Freiberg; er ist Begründer des CORPUS PHILOSOPHORUM TEUTONICORUM MEDII AEVI, das ungedruckte lateinische Texte aus der Umgebung Meister Eckharts erstmals veröffentlicht.

Er übersetzte und kommentierte das *Decameron* des Giovanni Boccaccio: *Poesie nach der Pest* (1992).

Für ein breites Publikum schrieb er die *Einführung in die Philosophie des Mittelalters* (1987 u. ö.).

Er veröffentlichte: *Nikolaus von Kues. Geschichte einer Entwicklung* (1998) und gab zusammen mit Dominique de Courcelles heraus: *Augustinus in der Neuzeit* (1999). Demnächst erscheint: *Die geistige Mobilmachung. Die deutschen Intellektuellen und der Erste Weltkrieg* (2000).

Lateinische Literatur und Philosophie des Mittelalters und des Humanismus

IN RECLAMS UNIVERSAL-BIBLIOTHEK

Zweisprachig (Auswahl)

Abaelard, Der Briefwechsel mit Heloisa. 419 S. UB 3288

Giovanni Boccaccio, De claris mulieribus / Die großen Frauen. Lat./Dt. 287 S. UB 9341

Heinrich Bebel, Comoedia de optimo studio iuvenum / Über die beste Art des Studiums für junge Leute. Lat./Dt. 176 S. UB 7837

Carmina Burana. Lat./Dt. 348 S. UB 8785

Dante Alighieri, Monarchia. Lat./Dt. 371 S. UB 8531

Einhard, Vita Karoli Magni / Das Leben Karls des Großen. Lat./Dt. 96 S. UB 1996

Erasmus von Rotterdam, Adagia. Lat./Dt. 224 S. UB 7918 – Colloquia familiaria / Vertraute Gespräche. Lat./Dt. 79 S. UB 9822 – Familiarium colloquiorum formulae / Schülergespräche. Lat./Dt. 87 S. UB 7784 – Das Lob der Torheit. 136 S. UB 1907

Gesta Romanorum. Lat./Dt. 275 S. UB 8717

Jacobus de Voragine, Legenda aurea. Lat./Dt. 280 S. UB 8464

Lateinische Lyrik des Mittelalters. Lat./Dt. Mit 18 Abb. 524 S. UB 8088

Lateinische Prosa des Mittelalters. Lat./Dt. 492 S. UB 9362

Die Lieder des Archipoeta. Lat./Dt. 87 S. UB 8942

Ramon Lull, Das Buch vom Heiden und den drei Weisen. 307 S. UB 9693

Philipp Melanchthon, Glaube und Bildung. Texte zum christlichen Humanismus. Lat./Dt. 224 S. UB 8609

Nikolaus von Cues, Gespräch über das Seinkönnen. 76 S. UB 8855

Wilhelm von Ockham, Texte zur politischen Theorie. Exzerpte aus dem »Dialogus«. Lat./Dt. 400 S. UB 9412 – Texte zur Theorie der Erkenntnis und der Wissenschaft. Lat./Dt. 248 S. UB 8239

Francesco Petrarca, Die Besteigung des Mont Ventoux. Lat./Dt. 69 S. UB 887 – Reisebuch zum Heiligen Grab. Lat./Dt. 109 S. UB 888

Enea Silvio Piccolomini, Euryalus und Lucretia. Lat./Dt. 127 S. UB 8869

Giovanni Pico della Mirandola, Oratio de hominis dignitate / Rede über die Würde des Menschen. Lat./Dt. 125 S. UB 9658

Johannes Reuchlin, Henno. Komödie. Lat./Dt. 72 S. UB 7923

Thomas von Aquin, De ente et essentia / Das Seiende und das Wesen. Lat./Dt. 119 S. UB 9957 – Über die Herrschaft der Fürsten. 93 S. UB 9326

Widukind von Corvey, Res gestae Saxonicae / Die Sachsengeschichte. Lat./Dt. 262 S. UB 7699

Philipp Reclam jun. Stuttgart

Deutsche Philosophie der Gegenwart

IN RECLAMS UNIVERSAL-BIBLIOTHEK

Dieter Birnbacher, Tun und Unterlassen. 389 S. UB 9392 – Verantwortung für zukünftige Generationen. 297 S. UB 8447

Hans Blumenberg, Ein mögliches Selbstverständnis 221 S. UB 9650 – Wirklichkeiten, in denen wir leben. 176 S. UB 7715 – Lebensthemen. 173 S. UB 9651

Günter Figal, Nietzsche. Eine philosophische Einführung. 293 S. UB 9752 – Der Sinn des Verstehens. 157 S. UB 9492

Kurt Flasch, Augustin. Einführung in sein Denken. 487 S. UB 9962 – Das philosophische Denken im Mittelalter. Von Augustin zu Macchiavelli. 809 S. Geb.

Manfred Frank, Selbstbewußtsein und Selbsterkenntnis. Essays zur analytischen Philosophie der Subjektivität. 485 S. UB 8689 – Stil in der Philosophie. 115 S. UB 8791

Hans-Georg Gadamer, Die Aktualität des Schönen. Kunst als Spiel, Symbol und Fest. 77 S. UB 9844 – Der Anfang der Philosophie. 175 S. UB 9495 – Der Anfang des Wissens. 181 S. UB 9756

Gerhard Gamm, Der Deutsche Idealismus. 274 S. UB 9655

Lutz Geldsetzer, Die Philosophenwelt. In Versen vorgestellt. 306 S. UB 9404

Lutz Geldsetzer / Hong Han-ding, Grundlagen der chinesischen Philosophie. 328 S. UB 9689

Volker Gerhardt, Pathos und Distanz. Studien zur Philosophie Friedrich Nietzsches. 221 S. UB 8504 – Selbstbestimmung. Das Prinzip der Individualität. 463 S. UB 9761

Jürgen Habermas, Politik, Kunst, Religion. 151 S. UB 9902

Dieter Henrich, Bewußtes Leben, 223 S. UB 18010 – Selbstverhältnisse. Gedanken zu den Grundlagen der klassischen Philosophie. 212 S. UB 7852

Otfried Höffe, Den Staat braucht selbst ein Volk von Teufeln. Philosophische Versuche zur Rechts- und Staatsethik. 174 S. UB 8507

Paul Hoyningen-Huene, Formale Logik. Eine philosophische Einführung. 335 S. UB 9692

Geschichte der Philosophie in Text und Darstellung

Band 1: *Antike.* Hrsg. von W. Wieland. 407 S. UB 9911

Band 2: *Mittelalter.* Hrsg. von K. Flasch. 543 S. UB 9912

Band 3: *Renaissance und frühe Neuzeit.* Hrsg. von St. Otto. 469 S. UB 9913

Band 4: *Empirismus.* Hrsg. von G. Gawlick. 448 S. UB 9914

Band 5: *Rationalismus.* Hrsg. von R. Specht. 440 S. UB 9915

Band 6: *Deutscher Idealismus.* Hrsg. von R. Bubner. 443 S. UB 9916

Band 7: *19. Jahrhundert.* Positivismus, Historismus, Hermeneutik. Hrsg. von M. Riedel. 463 S. UB 9917

Band 8: *20. Jahrhundert.* Hrsg. von R. Wiehl. 546 S. UB 9918

»Diese Unternehmung besticht durch einen gescheiten Ausweg aus dem Dilemma, in das uns die Einsicht führt, daß es einen unparteiischen Standpunkt vielleicht nur für den lieben Gott gibt. Sie verfügt über eine Konzeption, die die je verschiedene Eigenart der geistigen Standpunkte und Perspektiven schon durch die Kombination der literarischen Gattungen herausstellt. Die Brauchbarkeit für das philosophische Bildungswesen wird dadurch sehr gefördert. Besonders für die neu gestaltete Oberstufe des Gymnasiums, in der dem Fach Philosophie eine besondere Bedeutung zukommt, scheint die Mischung von Text und Darstellung geeignet.
Der Philosophieunterricht, der sich dieses Angebot zunutze macht, stellt die geistespolitischen Kategorien bereit, die für das Verständnis der westlichen Staatstheorien im Fach Gemeinschaftskunde erforderlich sind.«

Eckhard Nordhofen, F. A. Z.